（第11版）

像哲学家一样思考

［美］詹姆斯·克里斯蒂安　著

赫忠慧　译

11 Edition
Philosophy: an introduction to
the art of wondering

James Christian

上

著作权合同登记号　图字：01-2013-3716

图书在版编目(CIP)数据

像哲学家一样思考. 第11版/(美)克里斯蒂安(Christian, J.)著；赫忠慧译. —北京：北京大学出版社，2015.3
　ISBN 978-7-301-25396-0

Ⅰ. ①像… Ⅱ. ①克… ②赫… Ⅲ. ①哲学史－世界－青少年读物 Ⅳ. ① B1-49

中国版本图书馆 CIP 数据核字 (2015) 第 016614 号

Philosophy: an introduction to the art of wondering, 11e
James Christian
EISBN: 978-1-111-29808-1
Copyright © 2013 by Wadsworth, a part of Cengage Learning.
Original edition published by Cengage Learning. All rights reserved.
本书原版由圣智学习出版公司出版，版权所有，盗印必究。
Peking University Press is authorized by Cengage Learning to publish and distribute exclusively this simplified chinese edition. This edition is authorized for sale in the People's Republic of China only (excluding Hong Kong, Macao SAR and Taiwan).No part of this publication may be reproduced or distributed by any means, or stored in a database or retrieval system, without the prior written permission of the publisher.
本书中文简体字翻译版由圣智学习出版公司授权北京大学出版社独家出版发行。此版本仅限在中华人民共和国境内（不包括香港特别行政区、澳门特别行政区及中国台湾）销售。未经授权的本书出口将被视为违反版权法的行为。未经出版者事先书面许可，不得以任何方式复制或发行本书的任何部分。
Cengage Learning Asia Pte. Ltd.
151 Lorong Chuan, #02-08 New Tech Park, Singapore 556741
本书封面贴有Cengage Learning防伪标签，无标签者不得销售。

书　　名	像哲学家一样思考（第11版）（上下册）
著作责任者	［美］詹姆斯·克里斯蒂安　著　赫忠慧　译
责任编辑	徐文宁
标准书号	ISBN 978-7-301-25396-0
出版发行	北京大学出版社
地　　址	北京市海淀区成府路 205 号　100871
网　　址	http://www.pup.cn　新浪微博：@北京大学出版社　@培文图书
电子信箱	pkupw@qq.com
电　　话	邮购部 62752015　发行部 62750672　编辑部 62750112
印 刷 者	三河市国新印装有限公司
经 销 者	新华书店
	720 毫米 ×1020 毫米　16 开本　46.5 印张　800 千字
	2015 年 3 月第 1 版　2022 年 9 月第 11 次印刷
定　　价	120.00 元（上下册）

未经许可，不得以任何方式复制或抄袭本书之部分或全部内容。
版权所有，侵权必究
举报电话：010-62752024　电子信箱：fd@pup.pku.edu.cn
图书如有印装质量问题，请与出版部联系，电话：010-62756370

泰阿泰德：不，这些难题确实很离奇，我对它们到底是什么意思感到疑惑。有时候我一想起来就头晕。

苏格拉底：这表明塞奥多洛对你的本质所作的评价没有错。这种疑惑感是哲学家的一个标志。哲学确实没有别的起源，把伊里斯说成是萨乌玛斯的女儿的人，真是一位好系谱学家。

——柏拉图，《泰阿泰德篇》

人们是由于惊异才开始研究哲学；过去就是这样，现在也是这样。他们起初是对一些眼前的问题感到困惑，然后一点一点前进，提出了比较大的问题，例如日月星辰的各种现象是怎么回事，宇宙是怎么产生的。一个人感到惊异，感到困惑，是觉得自己无知。所以人们研究哲学是为了摆脱无知。

——亚里士多德，《形而上学》第一卷第二章[①]

[①] 《西方哲学原著选读》上卷，北京大学哲学系外国哲学史教研室编译，商务印书馆，1995年，第119页。——译注

简明目录

上 册

前言：你说的哲学是什么意思？ 8

第一部分　完美的惊疑艺术

1-1　世界之谜 2　｜"哲学王"奥勒留　我在烛光下与自己对话 19

1-2　探究精神 26　｜苏格拉底　我只知道我一无所知 39

1-3　批判分析 46　｜柏拉图　我有一个梦想——理想国 68

1-4　全景整合 75　｜亚里士多德　我为这个世界所着迷 88

第二部分　处境与奥德赛

2-1　困境 96　｜加缪　我反抗故我在 110

2-2　自我 115　｜兰德　我用自己的脑袋思考 128

2-3　成长 136　｜弗洛伊德　我在我梦中 153

2-4　生命/时间 159　｜伏尔泰　我笑是为了不让自己发疯 182

第三部分　真实的世界：已知的和未知的

3-1　知识 190　｜洛克　我的心灵是一张白纸 200

3-2　感官 206　｜贝克莱　你能感知到我的存在吗？ 219

3-3　心灵 225　｜柏格森　我是一朵生命的火花 237

3-4　真理 244　｜詹姆斯　我的人生我做主 253

第四部分　精神世界的奇幻历程

4-1　精神 260　｜佛　我心慈悲 273

4-2　时间 279　｜康德　我是一个天生的求知者 296

4-3　自由 305　｜萨特　自由是我唯一的癖好 317

4-4　符号 323　｜维特根斯坦　我要解开生命的谜线 335

下 册

第五部分 微妙的共存：人类的爱恨境况

- 5-1 历史 344　　｜黑格尔 我是一只夜间飞行的猫头鹰 370
- 5-2 法律与良知 376　｜梭罗 我要按我自己的方式呼吸 388
- 5-3 生活方式 394　　｜第欧根尼 我的生活就是我的哲学 410
- 5-4 政治学 415　　　｜曼德拉 我喜欢自由的滋味 435
- 5-5 伦理学 441

第六部分 原生质冒险

- 6-1 生命 460　｜达尔文 我也是生存链上的一环 485
- 6-2 人类 491　｜克尔凯郭尔 我就是"那个人" 508
- 6-3 地球 513　｜史怀哲 我在给自己的心找一个家 527
- 6-4 未来 535　｜尼采 我不是一个人，我是一桶甘油炸药 558

第七部分 微观、宏观、宇宙

- 7-1 自然知识 568　　　｜毕达哥拉斯 我在聆听自然的和声 581
- 7-2 空间、时间、运动 587　｜爱因斯坦 我只是比一般人更好奇 602
- 7-3 宇宙 607　　　　　｜伽利略 我要用我自己的眼睛去看这个世界 622
- 7-4 生物宇宙 628　　　｜萨根 我在开往星星的夜车上 640

第八部分 终极关怀

- 8-1 终极关怀 648　｜坎贝尔 我要做自己的英雄 664
- 8-2 终极实在 671　｜默顿 我在默坐中看到世界的另一面 682
- 8-3 死亡/永生 687　｜海亚姆 我怎能坐看流光飞逝 701
- 8-4 意义/存在 707　｜卡赞扎基斯 我不知道我会在哪里停泊 715

后记：圣人的故事 722

编后记 723

目 录

（上册）

前言：你说的哲学是什么意思？ … 8

1 第一部分
完美的惊疑艺术

1-1 世界之谜 …………………… 2
既然如此…… 2
人类境况 3
追寻意义 7
"为什么"问题 11
世界之谜 14
"哲学王"奥勒留
　我在烛光下与自己对话 19

1-2 探究精神 …………………… 26
爱智慧 26
希腊奇迹 28
惊奇和提问题的自由 29
一个西方困境 33
信念、怀疑、批判思考和信仰 34
苏格拉底
　我只知道我一无所知 39

1-3 批判分析 …………………… 46
哲学思维 47

批判技能 49
批判思维的例子 58
一种特殊的聆听 66
柏拉图
　我有一个梦想——理想国 68

1-4 全景整合 …………………… 75
他（人类）想去了解它 75
拼图游戏般的生命 76
清除界限 78
如何做整合哲学 81
整合之路：风险与回报 84
亚里士多德
　我为这个世界所着迷 88

2 第二部分
处境与奥德赛

2-1 困境 …………………… 96
连贯的世界观 96
自我中心困境 97
贵族中心式宣称 99
时空中的自我中心错觉 102
我们生活在两个世界 104
加缪　我反抗故我在 110

目录·上册 CONTENTS

2-2 自 我 ………………… 115
我在多大程度上是我？ 115
自我感 118
价值感 119
自主性自我 122
兰德 我用自己的脑袋思考 128

2-3 成 长 ………………… 136
当事情出错 136
我们戴的面具 140
在我知道全部事实之前，
　我不会停下来 141
成长和不安全 143
提供答案者 144
权威危机 145
发展自我意识 149
"智慧来自苦难"定律 151
弗洛伊德 我在我梦中 153

2-4 生命/时间 ………………… 159
世界是一个舞台…… 159
绘制人生图景 160
概要大纲 162
婴儿到儿童 163
青春期 166
成年 169
中年期 172
成年后期 176

最后阶段 178
伊万·伊里奇的尖叫 181
伏尔泰 我笑是为了不让自己发疯 182

3 第三部分
真实的世界：已知的和未知的

3-1 知 识 ………………… 190
认知意识 190
感官：经验知识 192
来自他人的知识 195
推理：使用已知事实 196
直觉：来自内心深处的知识 198
洛克 我的心灵是一张白纸 200

3-2 感 官 ………………… 206
我们从来没有看到真实世界 206
心灵生成经验 209
我们的感官会骗人 213
感官局限与现实 215
认知孤独 216
认识的实用性 217
贝克莱
　你能感知到我的存在吗？ 219

3-3 心 灵 ………………… 225
务实的思想家 225
为什么我们会抽象思考 226

目录·上册

分类和标签　228
我们的心理网格　234
柏格森　我是一朵生命的火花　237

3-4 真　理 ……………………… 244
真值测试　244
符合性检验　244
一致性检验　246
实用性检验　248
实用性悖论　250
詹姆斯　我的人生我做主　253

4 第四部分
精神世界的奇幻历程

4-1 精　神 ……………………… 260
探索内心世界　260
赫胥黎的深层思考　267
神秘的合一　268
禅宗开悟　269
宗教狂喜　270
奇幻之旅　271
佛　我心慈悲　273

4-2 时　间 ……………………… 279
哲学时间　279

时钟时间　281
心理时间　281
真实时间　284
圣奥古斯丁：
　上帝的时间和我们的时间　284
牛顿：绝对时间　285
过去的时间　286
未来的时间　286
当下的时间　288
时间与个体存在　290
康德
　我是一个天生的求知者　296

4-3 自　由 ……………………… 305
自由的感觉　305
决定论的两难困境　307
决定论的例证　309
自由选择的例证　313
萨特　自由是我唯一的癖好　317

4-4 符　号 ……………………… 323
语言的功能　323
语言的许多功用　324
交流沟通分析　326
定义和上下文　332
维特根斯坦　我要解开生命的谜线　335

前言：你说的哲学是什么意思？

1 有时，在你有空时，你可以去一家大型书店或图书城随便逛逛。你可以随意翻看多种书籍，像心理学、人类学、物理、化学、考古学、天文学和其他非虚构类书籍。看一下每本书的最后一章。你会吃惊地发现，绝大多数作者都会通过概述这本书讲了些什么来收尾。也就是说，在写了一本关于某一专业领域（作者可能是该领域的权威）的书后，作者发现他/她对自己所写的东西的更大意义或语境也有自己的想法。最后一章有许多不同叫法，比如可能会叫"结论""尾声""后记""我的个人观点""启示""评论""推论"或是"那又怎样？"等。但在每个实例中，作者都会尽力阐释他/她所看重的主题可能产生的更大影响，说清他/她觉得它会怎样与其他领域或生活发生联系。他/她想告诉我们他/她所说的所有事实合到一起有什么样的意义。他/她想与我们一起分享他/她所写的东西有可能产生的更广泛的影响或后果。

当他或她这样做时，他/她就已经超出了他/她所扮演的某一领域专家的角色。他/她正在做哲学。

2 这是一本整合哲学（synoptic philosophy）入门书。它是一个邀请，邀请你从一种尽可能开阔的视角去思考那些人类存在中难以承受之重的问题和长久存在的难题。它是一个邀请，邀请你在对智慧的永恒追寻中去思考：去怀疑，去提问，去猜测，去推理，甚至是去幻想。总之，整合哲学想要在迥然不同的人类思想领域之间串起内在联系之线，希望像千年的曙光一样生发出新的见解。

3 就其本质而言，哲学是一件"自己做"(do-it-yourself) 的事。人们普遍有一种误解，认为就像化学或历史一样，哲学也有一个主要内容或主题可以提供，由教师来讲，由学生来学。实际情况并不是这样。既没有事实，也没有理论，自然也就更没有打着"哲学"名义的最终真理、一个人们应该接受并信以为真的最终真理。相反，哲学是一种技能，它更类似于数学和音乐，它是某种一个人学着去做的东西。

哲学是一种方法。学哲学，就是学习如何去提出问题并再次提出问题，直到出现有意义的答案。学哲学，就是学习去哪里找寻最可靠、最新的信息，进一步深入了解一些问题。学哲学，就是学习如何复核 (double-check) 那些宣称的事实，以证实或证伪它们。学哲学，就是学习如何拒绝荒谬的宣称的事实，无论宣称者有多么大的权威或名声，或者一个人如何发自内心地想要去相信它们。

4 苏格拉底一生中的大部分时光都是在集市上与雅典公民进行缜密的对话中度过，自那之后，哲学的要旨一直都是那般平常普通，然而，日常思考并不足以解决重要的生活问题。如果我们真想找到解决办法，我们就有必要学会更仔细、更有批判性、更准确地去思考日常生活问题。

5 自从约两千六百年前哲学诞生以来，出现了很多关于哲学的定义。下面是一条最简单的定义，我们将会用它来作为本书的指引：哲学是关于思考的批判性思考，它的目标是尽最大可能接近关于现实的真相，它的最终目标则是更好地看到"全景"(Big Picture)。

人们常说，哲学家有两项基本任务："拆分"——分析观念或想法，发现我们是否真正知道我们认为我们知道的东西；"整合"——把我们获取的所有知识合到一起，看看我们能否得出更加开阔、更好的对生活的看法。也就是说，哲学家会尽一切努力尝试挖得更深、飞得更高，为的是解决问题，在生命问题上得到些许智慧，让生命变得更精彩。

关于如何才能做到这一切，哲学家们已经说了很多。他们与进入这一领域的任何人都进行对话。他们相互之间争论不休。但是，他们的争论并非通常种类的辩论，而是哲学辩论，每个参与者都会尽力澄清其发言或陈述背后的推理，

〔法〕高更,《我们从哪里来？我们是什么？我们到哪里去？》,1897 年

没有人在乎胜负，因为在哲学辩论中每个人都是赢家。

哲学家也会相互询问彼此的定义，以确保自身思维明晰；他们相互说服，相互推动，追寻他们的想法和陈述的影响。他们督促自己和他人去考察他们的信仰和论据赖以为基础的基本假设。

哲学家是人类知识方方面面持久而执着的探险家，这些知识常被忽视或有意忽略。这是一场令人兴奋而又不安有时甚至会让人感到有些厌倦的心灵冒险。

6 然而，哲学家从事这一批判任务，并非只为自寻烦恼。事实上，哲学家的核心目的一直都是——构建一幅整个现实的图景，在这一图景中，人类知识的每一个成分，人类经验的每一个方面，都会找到自己恰当的位置。简而言之，哲学就是人在追求知识的统一：它包括一个不间断的奋斗，努力创造概念或观念，其中宇宙可被设想为一个整合的宇宙，而不是一个多样的宇宙。哲学史就是关于这种尝试的历史。哲学问题就是在试图把握这个总的统一时遇到的问题……

7 学生们应该认识到，哲学从来就不是那种可以用单一方法去完成单一任务的活动。一直以来都有许多种类的哲学：圣人的安静哲学，圣人看得多说得少，因为语言无法包容生活的全部；苏格拉底式向每个人发问的伶牙俐齿、嘈杂喧闹的辩证法哲学；冷静的、有逻辑的阿奎那护教学（基督教神学的一部分）；普罗提诺和庄子的神秘哲学；罗素与维特根斯坦的数理和符号哲学；第欧根尼与伊壁鸠鲁有血有肉的日常实践哲学；黑格尔宏大的抽象逻辑哲学；萨特和加缪以自身人生体验为中心的个体主义哲学。

每种哲学流派都会集中关注人类知识的某个方面。逻辑/分析哲学做了漫长而艰难的工作，主要致力于研究使得我们的很多思考和交流失败的混乱/困惑所在。实用主义哲学关心为人类的社会存在问题找到解决办法。存在主义哲学一直关注使生活变得对每个独一无二的个体来说有意义。行动主义哲学认为，哲学家在理解世界上花了太多时间，在尽力改变世界上花的时间则太少。许多哲学流派，无论是东方的还是西方的，都建议个体远离让人异化的社会，寻求与自然或终极实在（Ultimate Reality）和谐相处。

每种哲学都在它所关注的领域作出了巨大贡献。每种哲学无疑都是时代精神的一部分，是时代精神促成它的诞生，它则面对时代精神发出自己的声音。它们都有一个共同点，就是尽力清理我们的思想，以便我们可以更知情、更准确、更诚实地去进行思考。

8 从某方面来说，哲学的材料可能具有欺骗性。因为它是通过考察我们每天询问的问题来应对生活，它的一些主题在我们听来可能会觉得再简单熟悉不过。

事实是，哲学必须认真研究任何主题，不是去记忆数据，而是让心智继续工作，去提出更大的概念，把不同的想法联系到一起，看到单纯的文字和事实后面隐藏的东西。某种意义上，智力发育会碰巧发生在我们身上；它并不是我们真正能够去做的某件事。只有当我们的头脑有机会满足它们的要求去运作，我们的智力才会发育。它们有自己处理信息的方式。当然，这部分是有意识完成的，但在很大程度上，这则是一种无意识过程。这就是为什么许多哲学洞见都是突然出现，就像光从大地深处突然升起，而不是来自刻意的理性推理。

只有带着一种开放的心态进行严谨的研究，才能产生哲学意识。洞见和意识仍然只会来自持续不断的劳动。遗憾的是，在这个什么事情都已成为速食的时代，并不存在速食智慧。

9 我们中没有哪两个人会有完全相同的信息，会从完全相同的视角去看事物，或有完全相同的价值观。因此，我们每个人都必须用自己独有的、个性的方式去做整合哲学。大家开始进行哲学思考活动时，一定要警惕发展出与别人或一些机构预先包装好的哲学相似或太过相近的世界观。我们大多数人都懒于进行哲学思考，很容易挪用他人的想法并为我们的偷懒找寻正当理由。英国逻辑学家维特根斯坦告诫我们："一种不是独立的思想是一种只理解了一半的思想。"同样，一种不是从一个人自身经历中主动得出的人生哲学，也是一种只被理解了一半的哲学。

我们中也不会有任何一个人能成功地提出一种一劳永逸的哲学；因为随着一个人的生活发生改变，一个人的思维也会随之改变。人生哲学必然会随着生活而改变。做哲学是一项永无止境的活动。

因为这一原因，本书仅仅是整合哲学的一个例子。我不得不这样做，因为我有我的观点、我的兴趣、我的知识领域、我的个体关注和我的局限。但是，你的世界观则会有所不同，因为那是你的，只属于你一个人的。

这就是为什么说我的整合哲学尝试顶多也就是一个指引，展示它可能会如何做；但我至少也表达了一个希望，希望有那么一天，你也能用你自己的方式，解决你自身存在中（知识上和精神上）遇到的矛盾，进而以一种更加视野开阔、更有成就感的方式去看待生活。

第一部分 完美的惊疑艺术

- 1-1 世界之谜
- 1-2 探究精神
- 1-3 批判分析
- 1-4 全景整合

1-1
世界之谜

大约两千五百年前，哲学家们就在试着去理解我们所说的人类境况令人费解的荒谬感；他们想要找到造成我们忧虑、绝望、痛苦和愚蠢的根本原因，同时也想找到办法让我们可以得到最大的快乐，找到我们人之为人的意义。本章提出了哲学家试图回答的一些问题：人的心智能否理解世界？它能识别关于人类存在的真理吗？生活是否有意义？（我们所说的"意义"又是什么意思？）我们真正追寻的是什么？约瑟夫·坎贝尔 (Joseph Campbell) 警告我们："主宰人生舞台演出的是从人的内心深处浮起的东西。"我们能否知道那是什么？或者说我们是否注定要在不理解什么驱动我们的情况下盲目地勇往直前？我们是否总是会被生活击败？还是真有"英雄旅程"这回事？

既然如此……

1 前不久日食将要在印度中部发生之际，一位印度物理学家，他同时也是婆罗门阶层的一员，在一所大学给他的学生上课。他准确地告诉他们日食将会如何发生，详细地介绍了月球的轨道将会如何介于太阳和地球之间。在他们所在的城市将会只能看到偏食，但在墙上的地图上，他指出了日全食将会横穿地球北部的区域。他们讨论了日冕、太阳耀斑、美丽的圆环和日全食期间罕见的"贝利珠"[①]。一些农村来的学生从小就听大人讲过巨龙吞日的故事，但是他们老师针对日食所做的清晰介绍，已经消除了他们心中对巨龙的恐惧。

放学后，教授回到了他所在的村庄，由于他是一个婆罗门，他要履行祭司的职责。他披上法衣，数起念珠，大声呼唤神灵的名字。人们宰杀了一头山羊，献给黑暗女神迦梨（Kali），后者是地震、风暴和其他邪恶事情的起源和控制者，是最大的恶魔。人们向她祈祷，希望她能吓走巨龙。祭司和人们齐声高呼："荣耀属于迦梨之母。"

在课堂上用天体力学术语描述日食没有任何不合逻辑之处，向黑暗女王敬献礼物也没有什么不对——既然这样……

人类境况

2 对所有年龄段中那些敏感的灵魂来说，生活中充满了让人痛苦的矛盾和苦涩的反讽。人类遭遇的经验变化无常，我们有限的心智无法每时每刻都能看透生活，确切地知道接下来将会发生什么。我们只能看到生活的片段，从来看不到完整的生活。在这一点上我们与玩积木的孩子没有什么两样，努力想要将让人困惑不解的宇宙图片不相匹配地拼接到一起。

只是在整个人类事业的表面之下，隐藏在我们所有的思考和行为之下，还存在一个永恒的问题：存在的意义是什么？它是所有人都在追寻的终极问题，但它

人生的意义

[①] 日食时出现的一种亮点现象：当月球即将全部遮住日轮的瞬间，黑色的月球边缘会突然出现一圈耀眼的光芒，这就是钻石环。英国天文学家贝利1838年最早描述并研究了这种现象，故称"贝利珠"。——译注

却必须由我们每个人自己重新开始（去回答）。如果我们拒绝认为生命中的矛盾是理所当然的，如果我们不能接受预先包装好的解决办法，或者如果我们无法说服自己去把一种生活片段作为所有的生活接受下来，那么对我们所有人来说，这个问题就会依然存在。我们在找寻令人满意的答案的路上会遇到很大的困难，但我们也知道，面对这个问题，我们无路可逃。

3 在现实生活场景中，人类的悲喜剧随时随地都在不断上演，我们的问题可以进一步划分成两个实际问题。从积极的一面来说：我们怎样才能使生活值得过下去？从消极的一面来说：我们怎样才能防止生活演变成一场悲剧？

古往今来，人类一直都在通过宗教和哲学去寻找生命意义的线索。迄今为止，它们也给了我们巨大的帮助，但是，当今时代对人类追求的概述，给我们提供了过剩的答案，事实上，答案是如此之多，以至于我们很难在它们之间作出决断，任何决断看上去都是主观的和有限的。

此外，经过更加重要的批判反思，我们发现，绝大多数宗教和许多哲学都在其最后分析中得出结论：今世生活不值一过。最好的情况也不过是，它是一段必须忍受的麻烦时光，直到我们能够抵达一个更好的阶段为止。但这对我们中那些仍然相信生活是值得过的人来说，并没有太大帮助。

4 在阿列克谢·潘兴（Alexei Panshin）的《成年仪式》（*Rite of Passage*）一书中，女主角，一个年轻女孩，坦率地指出："你若想要接受生活，你就必须接受整个世界暴力的一面。"也许吧。但是，我们怎样才能真正"接受"一个充斥着狂野和毁灭性的矛盾的世界？毕竟，我们看上去对终极实在既矛盾又困惑，就像前面那位印度物理学家兼祭司。

今天的自然世界：天文学、物理学、化学、地质学、气象学的世界，已不再像约四百年前新科学诞生前那样神秘。我们相当确信我们通常对自然世界所做的数学描述。可以肯定的是，在量子层面会有异常的和不可预知的事件发生；因果关系会为概率统计所代替；量子力学表明，大爆炸后似乎有一段时间，我们熟知的数学和物理公式全都不再适用。但总的来说，我们对自然世界运行的体验有这么多的数学一致性，以至于我们在自然问题面前已经接受了自然主义的世界观。我们已经或多或少得到了内心平和。物质世界——从星系和重力场到微芯片和激光磁盘——这一挑战古代思想家和让他们迷惑不解的宇宙，对我们来说已不再是一个令人困惑的问题。

因此，摆在我们面前的严重问题，潜藏在生物领域内的某个地方，潜藏在原生质的冒险中（我们习惯上称其为生活）。借用巴克明斯特·富勒（Buckminster Fuller）的话来说，让人困扰的似乎是这一原生质冒险（生活）没有使用说明书。我们现在对我们来自何方已经有了一些相当明确的了解，但对我们是谁的了解却是微乎其微，对我们将会走向哪里更是没有一点预知。

5 在现代心理学诞生很久以前，一些有着敏锐洞察力的个体就已感触到人类机体深处的感情，但最终却是弗洛伊德和荣格投身其中，深入研究人类的内心世界。由于这些来自维也纳和苏黎世的医生揭示了人类心灵的秘密（让人为之震撼不已），人们已不再否认：正是潜意识（没有得到我们有意识的许可）在推动我们莽撞地作出各种形式的非理性行为。弗洛伊德认为，潜意识是一个巨大的储存室，里面是受到情感指责的经历，因为某种原因，我们不愿或无法面对；那些被压抑的因素在很大程度上决定着我们如何去感受、思考和行为。荣格甚至走得更远，认为我们最有意义的一些经验的根源在于累积模式（他称其为"原型"），它嵌入在整个人类的"集体无意识"中。

认识到我们在不明原因的情况下做了数不清的事情，这对我们中那些想要相信是我们自己掌控我们自己行为的人来说，是一个让人心烦（灵魂不和谐）的发现。我们看上去就像是一个木偶，被我们极少能控制的内力所操纵。我们急匆匆地作出一些疯狂的活动，所完成的也就是满足苛刻"上司"的心血来潮。我们不知道我们的动机，不明白我们在做什么，我们的多数奋斗时间都只能给我们带来极小的满足感。

不过，是否仍有可能，我们所说的"生命意义"可以在这些非理性深度的某个地方、以某种方式被发现，在那里我们受到控制的智识一直是一片未知土地上的外星人？在这里我们可能会发现我们的生命无意义的一个来源：我们并不清楚我们到底在追寻什么，但却仍在盲目地奋力向前寻找什么东西。坎贝尔通过研究世界神话来探测人类心灵的深处，他警告我们："人们不停地谈论寻找生命的意义，实际上你所寻找的不过是一种真正活着的体验。"

6 不少哲学家都认为，我们人类被困在一种无药可救的荒诞情境中。例如，法国存在主义哲学家加缪相信，（客观）世界没有问题，人也没有问题；但是，两者之间的互动却绝对是荒诞的，因为它们是不相容的。进化成功地促生出一种有知觉的生物，它会思考，会感觉，会渴望，会制订计划，会为创造美好未来奋力前行。我们梦想着梦想（重复着同样的事情），然后却发现世界的目的是粉碎而非成就那些梦想。我们准备带着善意生活，却发现我们必须持续不断地与邪恶斗争。在自我保护本能的驱使下，我们从来没有办法避开死亡在我们内心深处投下的阴影。我们珍惜诚实，却发现整个世界和人类都配不上以诚相待。世界因此通过疯狂破坏了我们的人性。依照加缪的看法，有一个办法可以解决我们的困境，那就是作出一种有勇气的英雄行为，奋力抗争。

7 在弗洛伊德的世界里，生活既是一个祝福也是一个诅咒，因为厄洛斯（eros，生命力）永远都在与桑纳托斯（thanatos，死亡本能）进行殊死搏斗。一方面，我们拥有自我保存的欲望，这一欲望高于所有其他欲望。我们担心自己会停止呼吸和丧失意识。"不要让我看到让我恐惧的死亡！"三千年前《吉尔伽美什史诗》中的同名英雄就曾这样向上苍呼喊。活着时，我们梦着我们的梦，努力实现我们的目标，感受到活动和成长的乐与痛。所有这一切都表明我们有多么渴望活着；为了活着，我们将会战斗到死。

另一方面，佛教则告诉我们："活着就是受罪"，我们设计出种种巧妙的方法去逃避存在。我们感觉到我们的梦想徒劳无益；内心的声音责怪我们去渴求那些无法实现的目标。当我们得到了我们追求的某些东西时，心中常会有一种空空若无的感觉，不知道我们为什么会想要它。环顾四周，我们只看到无边的孤独、没有道理的仇恨、无谓的施虐狂。梅菲斯特说出了大多数人的心声："地狱并非寓言，因为生活就是地狱。"远离所有这一切，我们被拉向死亡，真要死去将会是一件幸事。

出于无奈，也许我们应该追问一下：这么多宗教和哲学都抱有的基本看法——这个世界不适合人类居住——是否可能是正确的？也许真有什么事情从根上就错了。佛教教导我们说世间所有的存在在本质上都是无法让人满意的，这一点可能是正确的。当叔本华写道，生活从来就不是它应该是的样子，他的话也有几分道理。诺曼·布朗（Norman Brown）的看法可能更接近问题的核心，他说人类的存在本身就是一种"疾病"。这种想法并没有什么不可思议的，因为某种意义上，自我毁灭已经是一个既成事实。

阿尔贝·史怀哲（Albert Schweitzer）曾写道，他之所以能够始终保持乐观主义态度，是因为希望是日常生活中不可缺少的成分，但当他花了很长时间去研究人类的历史，他也难逃悲观主义的忧郁。有人问英国哲学家艾伦·沃茨（Alan Watts，1915—1973）是否"对这些日子 [指 1960 年代末和 1970 年代初] 的世界状况感到乐观"，他回答说："我必须这样，别无选择。因为要我打赌的话，我敢赌到 2000 年人类将会自我毁灭。但是我们却没有地方去下注。"

追寻意义

8 心理学家维克多·弗兰克（Viktor Frankl）写道：现代人陷入了一种"存在的虚空"（existential vacuum，生活中的无意义感导致空虚和虚无感）。我们无法摆脱我们的生活总的无意义感。我们越来越觉得生活没什么值得过的。在我们所有人身上都有一种内心的空虚。我们可以理解这种精神上的空虚，因为它有两个来源，自从我们开始成为人就已出现。首先是我们丧失了本能，丧失了我们与所有其他动物共有的本性。这是一个古老的损失。一个更近的（心灵）创伤则是，我们失去了那些对我们有约束力的神话和传统，那些神话和传统可以确保我们行动安全，举止泰然。现代人由此迷失了自己，弗兰克写道，由于"没有本能或直觉告诉他该怎么做，没有传统告诉他应该做什么，所以很快他就不知道他想要做什么"。

9 寻找生命的意义，如果可以成功做到的话，必然是一种积极的个体奥德赛。我们每个人都会与哲学相遇。莫里斯·赖斯灵（Maurice Riseling）写道："生活迟早会让我们所有人都变成哲学家。"我们中没有一个人会不想去理解我们自身的存在，某种程度上我们每个人都在寻求满足感。我们的体验多种多样汹涌而入，它们并非整齐地包装好贴上标签才出现在我们面前。我们每个人都必须（自己亲自进行）选择和吸收，组织和安排，评价和应用。所以一旦觉醒，我们所有人都注定是哲学家，而不是通过选择去成为哲学家。可以肯定的是，我们必须寻求那些在我们之前就已探寻过的人的指导；我们可以倾听那些已经找到对他们起用的答案的人。但在最后的分析中，没有人能给予我们洞见。洞见必须来自我们的自身经历（土壤）。我们对意义的追寻，也不是堂吉诃德大战风车般的庸人自扰。许多人都在某种程度上发现了他们正在寻找的东西，他们找到了引领他们走上正确方向的线索。他们鲜活地证明了：有可能去寻求并找到促生更高本性而非更低本性的路径，引领他们得到洞见和满意感，使得他们的生活值得一过。下面提到的人，都在他们追寻道路上的某个时点找到了属于他们自己的答案，至少也是找到了一种属于他们自己的视角，从而改变了他们的整个生命存在质量。

10 白天在兰巴雷医院里与病人度过漫长而炎热的一天后，史怀哲会在晚上退回到自己的研究中，再次思考那些他无法逃脱的问题。他想要找到一种积极的道德原则，文明可以安全地屹立其上。（关于史怀哲追求生命意义的更多信息，可以参阅书中第 527 页）。他写道：

> 几个月来，我一直在紧张地思考。即使诊所里的日常工作没能使我分散心思，但我的思索也没有取得任何进展。肯定世界、人生和伦理？它们的共同本质？我迷失于灌木丛中，找不到出路。我顶着坚硬的铁门。
>
> 在这种状况下，我必须乘船在河上航行一段时间，……船缓慢地在河流中行驶。当时正值旱季，我们必须在沙滩之间寻找水路。我心不在焉地坐在驳船的甲板上，苦苦思索着在哲学中找不到的基本和普遍的伦理概念。只是为了能集中于这一问题，我逐页写着并不连贯的句子。第三天傍晚，在落日的余晖中，一群河马游过驳船旁，我的脑海里突然出现了一个概念："敬畏生命"。铁门倒下了，灌木丛中的小径出现了。现在我面对着这样一个观念，它能够把肯定世界和人生与伦理结合起来！

我意识到，伦理地肯定世界和人生的世界观及其文化理想，能够在思想中得到论证。①

敬畏生命的哲学将世界视为它现在所是的样子。世界意味着光荣中的可怕，丰满意义中的无意义，快乐中的悲伤。不管我们自己如何去看待这个世界，世界仍将是一个谜。

但这并不意味着我们面对生活问题就要束手无策，我们必须放弃那种认为历史进程中的重大事件都有一个意义的希望。敬畏生命给我们带来了一种与世界的精神联系，这个世界独立于所有的宇宙知识……每一次我们带着思考的态度去看待我们自身和我们周围的生活，它都会在我们心中自我更新。

敬畏生命。"在这一原则中，"史怀哲写道，"我的生命找到了一个坚实的立足点，找到了一条明确的前行之路。"

11 亚伯拉罕·马斯洛（Abraham Maslow）去世后，一家杂志社的编辑们发表了一个简短的声明。他们在声明中说：他"对生活抱有一种积极快乐的肯定态度，他通过长长的磁带口授给我们，鼓励我们的杂志去探讨那些没有简单答案的问题。我们非常喜爱这个有着美好心灵的人，但是我们不明白他的勇气来自何处，直到我们收到最后一盒磁带"。他们说，在那盘带子中，马斯洛博士带着深刻的自省谈到了早期的一次心脏病发作，当时他刚完成一项重要工作。"我真的已经精疲力竭。这是我能做到的最好的，这时就是死了也值了，事实上我真的愿意在那时死去……这是大卫·利维（David Levy）所说的'完成行动'。这就像一个好的结局，一个好的结束。我觉得演员和剧作家身上都有那种良好结局的合适时机感，现象学意义上的很好的完成感——那是一种你无力再添加什么的感觉……在那之后我对生活的态度变了。我现在所说的生活是'死后生活'（end-life）。我原本很可能死于心脏病发作，以至于我的生活

---

① 〔法〕阿尔贝特·施韦泽，《对生命的敬畏：施韦泽自述》，陈泽环译，上海人民出版社，2006年，第14页。——译注

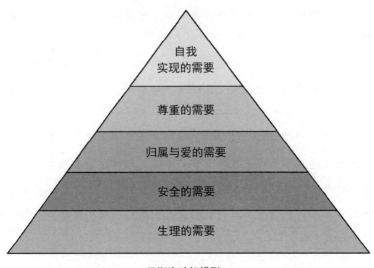

马斯洛动机模型

现在成了一个额外的奖励。这全是意外之财。因此，我可以就像我已经死了那样活着。'死后生活'有一个非常重要的方面，那就是，一切都变得倍加珍贵，变得刻骨般重要。你为事物本身而感动，为尽情绽放的鲜花而感动，为笑意盈盈的婴儿而感动，为美好的事物而感动，而美好的事物正是活着本身，是走路和呼吸，是饮食、交友和聊天。每样事物似乎看起来都要比先前更美好，一个人的心中会生发更多的奇迹感。我猜你可能会说，'死后生活'可以使人作出一种自发性行为，这种行为要比其他任何行为都可以使事物成为可能。如果你不甘心白白死去，甚或是你相当确信你将会死得其所，死得很有尊严，那么每一天的每一刻都可发生转化，因为无孔不入的暗流（对死亡的恐惧）已被移除……我正过着一种'死后生活'，在这种生活里，一切事物都会按其本性走向结束，我不应该浪费任何时间去为将来做准备，或是忙着采取各种方法推迟生命的终结。"

12 在为弗兰克《追寻意义的人》（*Man's Search for Meaning*）一书所写的序言中，戈登·奥尔波特（Gordon Allport）博士讲述了弗兰克被关在纳粹集中营的故事，在那里他"发现了自己赤裸裸的存在"。除了他的妹妹，他失去了他所有的直系亲属；他们要么死于劳改营，要么就是被送入毒气室。失去了一个人在生活中所珍视的所有东西：所有物，爱人，希望，自尊，理想，随时都要面对饥饿、痛苦，甚至是灭绝，一个人如何才能求助于任何事物使生活变得有意义？

　　弗兰克与大家共同分享了他的灵魂之旅，揭示了生存所需的绝技。当一个人最终意识到他"并没有什么可失去的，除了他那如此可笑的赤裸裸的生活"，他会做些什么？首先是分离感和好奇感：正在发生什么事？接下来是想到一些有希望的策略，可以用来挽救剩下的任何事物。饥饿感、恐惧感和深藏的愤怒感，永远不会离个体太远；深深的羞辱感会影响到个体的每一个想法；这些感情成为个体成长的真正敌人。这些残忍的事实可以被软化和容忍，通过珍爱的亲人在我们心中留下的形象，通过一个人的信仰，通过笑中带泪的幽默感，甚至是通过一瞥稍纵即逝的自然美景，如沙漠中的一棵树、篱笆旁的一朵花，或是西天上的一抹斜阳。

　　但是，所有这些都是不够的。仍然缺少的是活下去的意志，只有通过理解看上去像是荒诞的和没有意义的苦难，才能恢复这一意志。这也成为弗兰克所有作品关注的焦点："活着就是要受苦，要想活下去就要在苦难中找到意义。"如果一个人的生命有意义，那么一个人生命中的所有东西都有意义，其中尤其包括一个人受的苦难和垂死挣扎。这是一次非常私密的旅程，每个人都必须为自己进行。没有人能代替我们告诉我们目的是什么或如何找到它。最终找到答案时，必须接受它并为之而活。如果一个人成功地为其所受的痛苦赋予了意义，那么不管发生过什么事情，他都会进一步成长。弗兰克喜欢引用尼采的一句话："知道活着意义的人，能够忍受世间任何苦难。"

"为什么"问题

13　我们身上有一种似乎是无法抗拒的冲动，那就是遇到事情时会追问"为什么？"例如，如果半山腰发生了雪崩，雪块滑落下来，瞬间就把60名学童埋在了下面，从人道主义角度来说，这些孩子的家人是否可能不去追问事情为什么

> ◁ 专栏 ▷
>
> **左巴**：告诉我，为什么年轻人会死去？为什么会有人死去？
>
> **学者**：我不知道。
>
> **左巴**：那你读那么多破书有什么用？如果它们没有告诉你为什么，它们到底告诉你了什么？
>
> **学者**：它们告诉了我，回答不出像你问的问题的人的痛苦。
>
> ——卡赞扎基斯，《希腊左巴》(*Zorba the Greek*)

会发生？

　　自然主义式的答案无法让人满意，哪怕它极其科学。"雪崩的产生是，在一周时间内，温暖的白昼和寒冷的夜晚交替出现。在这样的白昼，大量积雪融化，到了夜里融化的雪水再次冰冻，膨胀的冰逐渐使得雪坡出现松动。雪块下滑往往发生在白昼，因为融化的积雪最终会产生足够的流水，溶解将雪坡固定在山体边缘的摩擦表面。积雪垮下，顺着斜坡滑落下去。"

　　这一因果解释，从科学角度来讲，非常合理，难道不是吗？然而，在孩子们的集体葬礼上，在你心中想象一下主持牧师用这一科学理由来解释悲剧的发生——但是且慢，我们先在这里停一下。

　　这岂不是证明了弗兰克提出的主题吗：首要的是，我们人类必须在生活中最终则是在死亡中找到意义（一种超出明晰智识的东西）？

14　　知道"生活具有超越性的意义"让人欣慰，知道"凡事皆有目的"令人愉悦。但是，我们对意义的需求，使得我们在面对"为什么"的问题时，会去找寻简单的和荒谬的答案。例如，公元 410 年，哥特人阿拉里克率领部下攻下罗马城，"异教徒"将这一巨大的悲剧归咎于基督徒放弃了罗马真神，而圣奥古斯丁则花了十年时间写出《上帝之城》(*The City of God*)来证明：罗马衰落是神的计划（征服异教和建立神治）的一部分。

　　1755 年 11 月一场极其严重的地震摧毁了里斯本市大部分城区。几分钟内就有三万多人丧生或受伤。这一事件发生在万圣节，当时全国各地的教堂挤满了礼

思考者与行动者

拜者。法国哲学家卢梭认为，里斯本人民遭受这一苦难，是因为他们住在层层叠叠的多层住宅中，要是他们生活在开阔的乡村或林地，就极少会有人丧生。

但是，法国神职人员则认为，这一灾难是对葡萄牙人所犯罪过的惩罚。新教徒指责这一事件是对天主教徒的暴政，罗马神职人员则将这一事件归咎于下面这一事实：在信奉天主教的葡萄牙，有如此多的新教异端。在英国，卫理公会的创始人约翰·卫斯理（John Wesley），在一篇题为"地震的起因及防治"的布道文章中，指责原罪"是地震的道德起因，无论地震的自然原因可能是什么……"

1970年4月，在近乎悲剧性的阿波罗十三探月任务被中止后，美国一位政党领袖在国家电视台发言表示，任务失败是上帝的旨意：它是上帝的一个警告，警告我们不要试图进一步冒险进入太空。"这是一个警告"，他说；人类的进一步尝试将会引发悲惨后果。

世界之谜

15 在东非一家酒店，一身疲惫的猎人们结束了一天的草原游猎，在酒店里歇息放松。在酒店的休息室，可以看到舒适的沙发上铺着斑马皮，一面墙上挂着几张狮子皮，中间隔着一打左右的马赛矛。墙壁高处，镶嵌着各种捕获动物的头盖骨。抬头望去可以看到多种多样的非洲羚羊头：有着又长又直的角的旋角大羚羊；有着螺旋扭曲尖顶的捻（非洲大羚羊的一种）；娇俏的瞪羚；有着长的、背部弯曲的角的高贵的貂羚；有着短的、上翘的角的牛羚。其他俯视游客的动物还包括传说中的非洲水牛、双角犀牛和疣猪。各种小游猎动物的标本则镶嵌在较大的动物头盖骨之间。

通过长时间的进化，每种动物都发展出了防御和/或猎杀的手段。压倒性的和独特的进化推力，看上去一直都在产生一些针对攻击者的生存机制：陷入困境时抵抗天敌的牛角；咬死对手的尖刺长牙；獠牙/毒牙，利爪，锋利的蹄子；坚硬的皮肤；强大的下颚；适于奔跑跳跃的壮实的双腿。

每种动物都是在与会杀死它的其他生物无休止的竞争中求得生存。一物降一物。就像阿尔弗雷德·丁尼生写到的，"自然界是残酷无情的"。

动物对这一切无话可说。没有动物可以"自由"地去选择一种"生活方式"。它在世间万物中的位置早就已被注定。事实上，任何一种个体动物都可以自由地选择其合适的位置，或塑造其角色，或行使其自主权，以掌控其生命的意义，是一种多么奇怪而不恰当的思想呀。

究竟是什么力量将生物设计成为彼此的猎物，同时又灌输给每种生物感受无限痛苦和苦难的能力？

这是一个多么苦涩的悖论：在这一"致命的生命盛宴"中，我们每个人要想活下去，就必须杀死和消费其他活着的东西，而后者则拥有与我们同样的生命动力。生命以生命为食。

16 相当多的科学家都在争辩说，我们的问题是（我们人类身上）特有的，很有可能源于遗传。德斯蒙德·莫里斯（Desmond Morris）在《裸猿》（*The Naked Ape*）中指出，问题出在"我们这一物种根深蒂固的生物学特性"上，并辩称，某些社会行为模式"将会永远与我们同在,至少也要等到我们的构造发生了一些新的重大变化后才可能有所改变"。我们是自我毁灭机制的牺牲品,其他动物则已逃离了这一机制。"进化出特殊猎杀技术去对付其猎物的物种,在与自己的同类打交道时很少会使用这些技术。"(关于人类暴力起源的更多内容,参见书中第362页。)

在《论攻击》(*On Agression*) 一书中,动物行为学家康拉德·洛伦兹(Konrad Lorenz) 提出了类似的观点。我们人类的烦恼来自人类作为"一种基本上是无害的杂食性动物",既缺乏天生武器杀死其猎物,同时自身"内置的安全装置"又告诉食肉动物不要杀害自己物种的成员。

17 早春时节,雅克·库斯托船长①的海洋科考船"卡里普索号"在加州南部岛屿的岸边抛锚停泊。一天晚上,他的船员发现了一片翻腾的水域,船上的灯都打开了。就见水中成群的鱿鱼,每条都有6—10英寸长。库斯托和他的手下意外地发现了鱿鱼的温床。这些小鱿鱼每隔两三年就会回到这里交配,产卵,然后死去。数百万条鱿鱼同时赶到这里,成群地乱转,等待着。

然后狂热的交配开始了。雌性鱿鱼把它们的卵放入管状卵鞘(egg cases)。鱿鱼飞奔,雄性鱿鱼会抢夺雌性,把她们紧紧抱在怀中。有一个特殊的触角用来输入精子。交配会持续很多天。

然后雌性鱿鱼会从它们的身体中排出细长的卵鞘,将其附着在下面的岩石上,卵鞘会在水中随着水波轻轻摇动。每个雌性鱿鱼都会细心地放置六到八个卵鞘。随着最后一个卵鞘粘连好,她的时间也用完了;她会浑身发软,慢慢死去。这时雄性鱿鱼早已死去,它们的授精任务已经完成了。

几天后,库斯托的潜水员搜遍这片区域,找寻生命的迹象。然而,什么东西都没有存活下来。海底满是鱿鱼们那毫无生气的白色身体。它们活着的目的已经实现。潜水员发现唯一活着的东西就是蔓延数英亩的卵鞘。在每个卵鞘里,

---

① 库斯托船长(Jacques-Yves Cousteau, 1910–1997),法国著名海洋探险家、海洋环保学家。他发明了水肺型潜水器和水下使用电视的方法,成功让大众了解到海底世界。拍有著名的海洋世界电影和电视如《寂静的世界》(1953)、《活跃的大海》(1963)、《三次探险:加加拉帕戈群岛、的的喀湖和蓝洞》(1973)、《雅克·库斯托:海洋世界》(1985) 等。——译注

◁ 专栏 ▷ "童年的终结"

从目前已知的情况来看。智人（人的现代形式）已在地球上存活了约十万年，这一时间长到足以构成一个种群。除非发生灾难性事故，可以预见，人类将会继续在地球上生活数百万年。借用一种带有想象意味的算法，用人来打比方，可以推算出，目前人类的年龄相当于一个人生命中非常早的童年时期。进一步使用这种略显牵强的算法，读、写出现在一年前，柏拉图、帕台农神庙和基督出现在几个月前，实验科学仅仅出现在几周前，电力出现在几天前；再过十万年，人类才会进入青春期。从这个角度来看，到目前为止，人类一直主要关注客观世界发生的事、倾听童话故事、谋取快乐或出离愤怒，这是很自然的。生命的意义，人的问题和社会的问题，只有在以后的发展过程中，才会成为占据主导地位的当务之急。随着人类逐渐走出童年，正确运用科学知识，不仅可以帮助人类储存食物、制造玩具、记录寓言、神话和童话，还可以帮助人类尽可能地去理解生活的本质和人的本质，从而给人类的生存赋予更多的意义和价值。

——勒内·杜波斯（René Dubos），《生命的火炬》（*The Torch of Life*）

都有下一代鱿鱼就要诞生了。它们会自己爬出卵鞘，游入大海，继续生命的循环。然后在指定时间，它们同样会返回这里产卵，然后死去，就像它们的父母和它们的父母的父母在它们之前所做的那样。

在鱿鱼生活的最后日子里，"卡里普索号"的两名船员潜入水底，遇到一条雌性鱿鱼正在尽力从她的身体里排出最后一个卵鞘。他们轻轻地帮她拉出，将其粘连到一块岩石上。然后，她便融入了她的鱿鱼大家庭，她也死了。

18 履行繁殖周期的本能是如此之深，以至于没有哪条鱿鱼能够阻止或改变它。对鱿鱼来说，"存在的意义"就是增加物种；它是通过不可撤销的本能来确保这一点的。

是否可以认为，我们人类已经完全脱离了过去这种进化（本能决定着所有重大行为）？如果我们的问题真的是增加物种，是否也就不会出现不断增多的"意义–冲动"（目标导向本能）？是否可能依然有这样的遗留冲动在驱动我们，在最隐秘的地方脉冲式地刺激我们，以至于我们意识不到它们但它们却仍在决定着我们最基本的行为模式？

作为一位心理学家，马斯洛认为他已认识到这样的驱动。他深信：

> 人类自身内部有一种压力（除了其他压力），促使人类向着以下目标发展：人格整合，富于表现，个性十足，认同自我，看到真相而不是盲从，具有创造性，做个好人等等。也就是说，人类就是这样被构造的，他必须朝着一个更全面的人发展。
>
> 对人类来说，有一个单一的终极价值，一个所有人都在努力追寻的深远目标。这就是在不同作者那里有着不同说法的自我实现，整合，心理健康，个性化，自主性，创造力，生产力，但他们都一致认为这无异于实现人的潜力，也就是说，成为一个完人，一个一切都可以成为的人……

19 可是问题仍未解决：我们人类，所有活着的事物中最独特的一种，可以自由生活，但却迷失了自我。萨特也许是正确的，他说我们"命中注定是自由的"。可能确实没有女神，没有上帝，没有精神，没有命运，没有道德律，没有不断演化的生命冲动，没有本能——也没有生命的意义。

克尔凯郭尔（Kierkegaard）或许是正确的："没有真理，除了对我来说的真理。"虚无主义的存在主义者一直认为宇宙是令人沮丧的无意义的，人类社会是荒谬的。我们的生活可以获得意义，但这只出现在我们敢于把握摆在我们面前的选择，并能作出任何有意义的反应之时。

20 但是，随后出现的是20世纪一位非常受人尊敬的圣人的智慧。约瑟夫·坎贝尔虽然目睹了20世纪所有的反人道行径和人间苦难，但却从未动摇过他对生活的肯定态度。

> 人们问我："你对这个世界乐观吗？"我说："是的，自然便是伟大。你不可能改变它，没有人能把世界变得更好。它也永远不会变得更好。这就是它，要不要随你。你不可能改变它。"
>
> 顺其自然本身就是喜悦。我不相信有人意欲如此，但生命就是如此。

詹姆斯·乔伊斯有一句值得记诵的话:"历史是我企图从中醒来的噩梦。"从中醒来的方式就是不要恐惧,并且认识到所有的这一切都只是创造力量的自然表现。事情的终结总是痛苦的。但只要世界存在,痛苦就是其中的一部分。①

21 1896年春夏之际,理查德·施特劳斯(Richard Strauss)根据十二年前尼采所写的《查拉图斯特拉如是说》一书中的一些段落,创作了一首同名交响诗。施特劳斯写道:

> 我想通过音乐传达一种关于人类发展的想法:从人类的起源,经过不同的发展阶段,经过宗教和科学,直到尼采的"超人"想法。整首交响诗是对尼采身上天才的一个致敬……
>
> 人的心灵能解开这个谜一般的世界吗?几个平静的开场小节,接着是小号声,PP,庄严的C-G-C,所谓的世界谜思主题,不同的节奏变奏,贯串整个交响诗始终。简单而富有表现力的序曲强度逐渐加快,庄严的高潮C大调和完整的管弦乐队结束……
>
> 然后是神秘的结论,采取了两种不同的变调,在乐曲第一次演出时曾引起很大争议。长号固执地坚持C-E-F骤降,小提琴和木管乐器则在B大调上展示向上主题的理想……与此同时,所有贝司的拨奏曲,听起来就像是在重复C-G-C世界谜思。显然,巨大的问题仍未解决。

---

① 〔英〕约瑟夫·坎贝尔、比尔·莫耶斯,《神话的力量》,朱侃如译,万卷出版公司,2011年,第89—90页。

"哲学王"奥勒留

我在烛光下与自己对话

当柏拉图在《理想国》中写道:"哲学家必须成为国王或国王必须成为哲学家,世界才会有和平。"他是在梦想一个科学虚构的世界或某种乌托邦国家。然而,他的话却异常准确地描述了罗马第十四任帝国皇帝马可·奥勒留(161—180年在位)。奥勒留是一位有远见的政治家、立法者和一个有影响力的罗马军团指挥官,军团负责保卫帝国边界,抵抗外敌持续的入侵。但他留给后人印象最深的却是其人格特质,这一人格特质可以让一个平凡的灵魂变成一位圣人。

奥勒留的伟大之处在于:他成功地生活在现世,同时拒绝让他的理想与普通人物沉迷其间的琐碎东西相妥协,使得这一切成为可能的关键所在就是他的人生哲学:**他的生活**应该由**他自己**去安排。他唯一的作品——忙里偷闲时所进行的反思,常被称为《沉思录》,但他自己提到它时则称其为《写给自己的东西》——是对自我发现的一种锻炼。它是一个人的生活指南。

સ્જ

他出生在罗马一个古老的西班牙人家,属于颇具影响的安尼乌斯家族,全名马可·阿尼厄斯·维鲁斯。虽然还是个孩子时就已失去双亲,但他仍然清楚地记得他们,对他们充满感激之情。他写道:从父亲那里"我学会了正直和果敢";他的母亲是一个有文化教养的女人,从她那里他学会了"她的虔诚,她的仁爱,戒除恶行,甚而戒除恶念的品质"。他深爱他的母亲,他的母亲教导他"要远离奢侈的简朴生活方式",虽然他的母亲非常富有,但是"她生活俭朴,一点也不像有钱人"。

奥勒留接受了最好的教育,一开始就进行了全面的阅读、写作和算术学习。他总是对他所受的教育心存感激;他是幸运的,他告诉我们他"在家中享有好的教师,懂得了在这些事情上一个人要不吝钱财"。

12岁时,他开始接受中学教育:学习几何、戏剧、音乐、数学、绘画和文学。在当时的罗马世界中,接受教育意味着要彻底了解希腊语和希腊文学,所以他被交到一个希腊语老师和两个拉丁语老师手中,很快就精通了这两种语言。14岁时,他穿上了成年服(toga virilis),一件白色的宽袍,标志着他是一个成年人和一位正式的罗马公民。他的第三阶段教育开始了,他专注于研究演讲术,其中包括进一步研究希腊和拉丁文学及哲学。他有三个导师:一个希腊语演讲导师,一个拉丁语演讲导师,一个法律导师。所有这一切给了他一个完整的大学文科方面的教育。

138年1月,发生了一个重大事件。哈德良皇帝任命奥勒留的叔叔安东尼接替他的权力;但是哈德良选择安东尼上位有一个条件,那就是,反过来,安东尼要让奥勒留作为他的继任者。因此,16岁的奥勒留非常清醒地知道,终有那么一天(命中注定)他将不得不承担起让帝国顺利运转这一令人敬畏的责任。在他被收养的那天晚上,他做了一个梦,在梦中,他的肩膀似乎是象牙做的,他担心自己担当不起治理帝国的重任,但他从梦中醒来,恢复信心,相信他的肩膀将会变得足够强大。

因此,17岁时,奥勒留成为皇位继承人。他被指定为财务官,负责管理帝国的公共财政。他报名进入祭司学院并搬入皇宫。后来他在书中写道,"生活有可能会在皇宫中进行,所以在皇宫中应该同样可以过一种**正确的生活**"。

145年春天,24岁的奥勒留迎娶了表妹安妮娅·盖利娜,后者在历史上被称为福斯蒂娜二世。在他后来的反思中,奥勒留感谢上帝送给他这样一位妻子:她是"如此听话,如此热心肠,如此不矫揉造作"。他们生了十四个孩子,包括两对双胞胎。

奥勒留开始面对他的生命中的死亡之痛。149年,福斯蒂娜生下一对双胞胎儿子,奥勒留发行了一枚硬币以示庆祝,里面有两个小男孩的半身像,四围则有题词"Temporum felicitas"(幸福的时光!)。不久,硬币上显示,奥勒留和福斯蒂娜有了一个小女孩和一个小男孩;那一年晚些时候,新的硬币上显示只有一个小女孩。在《沉思录》中奥勒留曾多次提到,孩子夭折成为悲痛的起因。他写到,我们常常祈求,"请您不要让我失去我的孩子",然而我们本应祈祷"当我失去他时请让我不再害怕"。

152 年他们的另一个儿子出生了,不幸的是这个孩子也夭折了。钱币上先是显示出两个小女孩和一个男婴,但到 156 年,上面只有两个小女孩与他们的父母。难怪奥勒留会如此经常地反思人的必死性。

25 岁时,奥勒留开始一有时间就全心投入研究斯多葛哲学。终其余生,他一会儿忙于履行他的世俗义务(他精力充沛地、机智地利用常识去完成),一会儿忙于滋养他的精神生活。当他的职责让他感受到巨大的压力时,他会偷空返回他的思想中,在深夜,在战场旁的帐篷中,借着烛光,继续进行他的沉思。

161 年,39 岁的奥勒留成为皇帝,称号"大将军恺撒·马可·奥勒留·安东尼·奥古斯都"。他对权力感觉不适,厌倦其职责中敷衍了事的公众仪式;他告诫自己:"不要滥用权力!"他写道,他非常害怕自己可能会"变成恺撒"。但所有了解他的人都作证说,就其个性特点而言,奥勒留不论是作为皇帝还是作为个体公民,都是讲求诚信,严守纪律,有道德,生活简朴。

奥勒留的肖像在硬币和铭文上常能见到。他有一张英俊的脸庞,一双深陷沉思的眼睛,一头黑色卷发,一副浓密的胡须。他的身体不太强壮;他有胸痛、消化系统疾病和溃疡,以至于他长期都在与病魔作斗争;他生活中的多数时间都离不开医生的照料。他睡觉不规律或者根本就没有规律,经常工作到深夜。他喜欢拳击,击剑,摔

奥勒留与自己对话

跤，既是参与者又是观众。他还是一位有才华的画家。

在那些认识他的人眼中，他是一个温和、含蓄、严肃的人，一旦决定做什么事，就会做得非常彻底；他十分注重细节，几乎达到完美的地步。他的传记作者卡西乌斯·迪欧（Cassius Dio）说："他不论是说、写或做什么事，从来都是将其当成一件重要的事情来对待。"他一生都非常关注奴隶、孤儿和未成年人的生活状况，这可以告诉我们关于他的很多信息。

他那压在其肩头沉重责任的预感终于成真。他在位的多数时间都花在了反击不列颠、意大利、西班牙、叙利亚和埃及的入侵上。正是在他生命的最后十年，在迎战莱茵－多瑙河边境的日耳曼部落的同时，他写出了《写给自己的东西》，一本用雄辩的希腊语写成的私人日记。它分为十二卷。在最后写成的第一卷中，他表达了对家人、朋友和对其影响很大的老师的敬意。他感谢他们所有人，并告诉我们他从每个人身上学到的东西。其他十一卷则是他从生活中学到的经验的总结。

༄༅

奥勒留必须制定出一种生活哲学。他的日记表明，他有多么强烈地需要有意义的哲学信念的力量和支持。打从 12 岁起，他就非常熟悉斯多葛哲学，只是这一思想一直处于休眠期；在其早期生活中，他很少用到它们。

但是，或迟或早，我们所有人都必然会成为哲学家。经过一段时间之后，奥勒留开始需要一套连贯的想法，使生活变得可以理解，帮助他接受他必须接受的，改变他可能改变的；他必须做到这一点，才不会失去自身的完整性或他的理智。因此，对奥勒留来说，重要的不是他能否找到生活的答案（可能有不止一种），而是他能否找到可以**对他起用**的答案。

奥勒留可能首先会问：一个人是否真的必须活在世上？毕竟，外面的世界太过现实。也许有一条温和的道路可走。

但对奥勒留来说，事情并不是这样。若是可以另有选择，他肯定会选择一些其他生活路径，以便他有足够的时间去沉思，反省，画画，写诗，谱曲，以便他可以去过那种他喜欢的精神生活。既然命运选择奥勒留出生在 2 世纪的罗马，并赋予他斯多葛派的想法，也就意味着他要接受安排给他的条件和责任。

他写道："人们寻求各种逃避他人的方法：乡下房子，海边住宅，山中小屋；你可能也会非常渴望这样的事物,但这却是那种最常见的人的标志。"相反,聪明人会去过那种被称为"社会动物"的生活,对他们归属其中的人类同胞负责。

所以,就像奥勒留看到的,**问题**在于找到一种在这个世界上生活的方式,而不是被这个世界所摧毁。奥勒留认为,答案在于,在你能够负责的事情和不能负责的事情之间作出一个深刻而持久的区别,换句话说,也就是在我们能够施加一些控制的内在世界与我们极少或不能控制的"外在"真实世界之间作出区分。

显然,我们无法控制构成人类历史的宏大事件。全球性事件仅仅是命运提供给我们的一个舞台,我们在这个舞台上演出我们的生活。"世界是一个舞台,"后来的莎士比亚写道,"所有的男男女女都不过是一些演员……"但我们必须清楚地明白,我们在我们必须扮演的角色上别无选择。命运分配给我们在生活中的角色。例如,在成为皇帝或与福斯蒂娜结婚上,奥勒留都没有选择;在与帕提亚人或夸迪人交战上,他同样没有选择。既没有公开选拔,也没有收回成命。此类事件是历史这场大戏中的宏大场面,少数人被选中发挥主导作用,我们大多数人都只是执矛者。一旦被分定角色,我们就有一种神圣的责任,去扮演我们的角色,并把它们演好,因为历史将会根据我们的角色演得好坏来判断我们。此外,相当多的提供给我们扮演角色的舞台道具也是事先就定好的,远远超出我们的控制范围。我们无法改变我们出生的时间和地点,无法改变我们的父母,无法改变衰老而亡的事实,无法改变我们的基因构成。那么,为什么还要自寻烦恼、愤怒地去与你无法改变的东西相抗争呢?

我们都应该是有道理的演员(method actors),用精湛的技艺去扮演我们的角色,但从不陷入戏剧情节中破坏性的激情里。斯多葛学派有一个词来形容它:apatheia,我们常常错译为"冷漠"。实际上它源于希腊语,a 的意思是"不",pathos 的意思是"痛苦",合起来的意思就是对让人痛苦的事情漠不关心。

奥勒留辩称,我们必须做的是回到我们的内在世界并负起责任。奥勒留将自我比喻成一片值得我们珍惜的园地,我们每个人都是自身这一园地的看守。每个人都必须细心照看这一花园,照料好它,不让杂草生长,让植物得到保护,灌溉,成长,发育。

对奥勒留来说,这就是生活的目标:防卫和保护自我的健康。我们的精神生活处于宁静之中,应该是一种正常的、自然的状态,永远不会离开我们。明智的人"不会违背心中的神,而是会将他最深的内在自我保留在宁静中。他会首要地保持自己的自主性和完整性，不让任何事情将他与其自身疏远开"。一个人如何保持这一基本状态？首先，我们可以勤加练习。我们可以时时革新自我。没有人会坏得没法再坏，也没有人会好得没法再好；我们所有人都可以继续一步一步地成长，但这需要练习。

奥勒留将他的实践归纳为四项美德，他从来没有停止过练习它们。**智慧**：学习什么是好什么是坏，包括什么是有益的什么是有害的，哪些关注是高尚的哪些是有辱人格的。**正义**：做到诚实和公平，使你总能尊重自己；不要自大，把你想象得超出你所是的样子；但千万也不要看轻自己，认为自己什么都不是。**坚韧**：发展力量，勇敢地承受"命运暴虐的毒箭"（莎士比亚后来所言）。**节制**：控制激情，抵制过激行为，学习在所有的生活中取得平衡。

奥勒留写道："你是否会看到我因为这样那样发生在我身上的事情而不高兴？一点不会。相反，我很高兴，尽管它发生在我身上。为什么呢？因为我仍然存在，没有痛苦，既不会被现在压碎，也不会对未来恐惧。因为这样的事情将会发生在每个人身上。"

"然后，剩下的就是"——奥勒留提醒自己——"不要忘记在适当的时候隐退到内在自我这一小小的领土上（这是一个属于你自己的世界），在这里你是自由的，作为一个人，你可以据以观察从你身边流转的世界。"

§

奥勒留在位第十九年，军队扎营在维也纳时，他被疾病（天花）击倒；他感受到了死亡这个永久存在的古老侵略者，正在一步一步地向他逼近。他把儿子康茂德叫到床边，告诉他抗击日耳曼侵略者的战略。为了不让疾病传染人，他不再吃东西，也不再喝东西，想要加速自己的死亡。到了第六天，他起身离开卧榻，带着康茂德走出营帐，将其作为新皇介绍给他的军队："这是我的儿子……他在生命的风浪中还需要你们的指引和点拨……你们要经常劝诫他，这样你们才能给自己也给每个臣民带来一位贤明的君主……事实上，这是你们可以让我的记忆永存不朽的唯一方法。"然后，他回到营帐，躺了下来，蒙上脑袋就像在睡觉一样，再也没有醒来。他死时即将年满59岁。这一天是180年3月17日。

此前他曾写道："不要像你将会活上一万年那样去行动。死亡始终在你头顶上方

〔法〕德拉克罗瓦,《马克·奥勒留的临终遗言》,1844 年

窥视着你。趁你现在你还活着,趁你还能有所作为,好好做人吧。"①

他承受了管理帝国的重担,承受了失去妻子和孩子的痛苦,承受了最值得信赖的朋友的背叛,承受了堕落的战争,承受了无聊的空洞演讲和毫无意义的仪式,承受了时时都要忍受的个人疾病,以及无时不在的死亡阴影——然而,尽管有所有这些事情需要承担,他仍然保持了他的敏感,他的正派,他的人性。在最终的胜利回师中,他的遗体被运回罗马。

---

① 〔古罗马〕马可·奥勒留,《沉思录》,何怀宏译,中央编译出版社,2008 年。——译注

1-2 探究精神

本章涉及一种非常痛苦的两难境地，迟早我们大多数人都要面对这一困境：是去自己进行思考并试着去了解，还是不假思索就是相信。无一例外，我们都出生在以宗教信仰为根基的文化传统中，它们随时都已做好准备，为我们提供关于宏大的生命问题的答案。因此，我们每个人都有义务决定：对我们来说，正确的答案是什么。自从最早的古希腊思想家时代以来，哲学家们就在不停地劝告我们借助理性找出世界上真正发生了什么，这其中就包括探询我们是谁、我们人类是什么、生活是怎么一回事，以及应该如何去生活。

爱智慧

1 "哲学"一词来自两个希腊单词：philein（"爱"）和 sophia（"智慧"），这意味着一个哲学家是（或应该是）一个"爱智慧者"。在无数的哲学定义中，这仍是最简单也是最好的定义之一。

所以，想成为哲学家的人会毫不掩饰地承认，他想让自己变得明智起来。然而，他所寻求的智慧，不只是获得信息，消除无知。（在我们这个时代，人们常说，我们已被淹没在信息的海洋中，但却并未得到多少知识。）相反，"智慧"的反义词是"愚蠢"，它是"愚蠢"的解毒剂。事实上，"傻瓜"就是那些获得了大量信息但却不知道如何使用的人。变得"明智"，就是拥有理解力和技能，对日常生活中会用到的知识，作出成熟的判断。

　　但是，这种智慧是难以捉摸的。在你极其渴盼它的时候，它会消失；在你想要运用它的时候，它却让人束手无策。在这一点上，"智慧"与老子所说的"道"没有什么不同：如果定义得过于具体，就会失去其本质；如果太过努力地去寻求，就会错过它。

2　　然而，哲学家至少知道他/她正在寻找什么：智慧。什么？"智慧！什么样的智慧？"苏格拉底大喊道。"我肯定不会有关于这样的智慧的知识，谁说我有，谁就是骗子和故意诽谤者。"因此，公元前399年在雅典的法庭上受审时，苏格拉底为自己辩护道。

> 你们当然都认识凯勒丰……有一天，他去德尔菲向[阿波罗]神请教问题……他问了这样一个问题：是否有人比我聪明。女祭司回答说，没有……
>
> 当我听到神谕后，我对自己说："神的旨意是什么呢？他为什么不讲明白呢？我只是充分意识到自己毫无智慧，那么他说我是世界上最聪明的人又是什么意思呢？……"
>
> 在对神谕迷惑了一段时间以后，我终于强迫自己用下述方法去证实神谕的真理性。我去访问了一位具有极高智慧声誉的人……我全面地考察了这个人。我在这里不提他的名字，在我考察他时，他是我们城邦的政治家之一。经过交谈，我的印象是，虽然在很多人看来，特别是他自己认为他聪明，但事实上他并不聪明……离开他后我反复思量，"我确实比这个人聪明。很可能我们谁都没有任何值得自夸的知识，但他对不知之物自认为有知，而我则非常自觉地意识到自己的无知。无论如何，在这点上我比他聪明，起码我不以我所不知为知。"
>
> 在那之后，我访问了一个人又一个人，我悲哀和恐惧地意识到，我这样做正在让自己变得不受欢迎……当我遍访了政治家后，我又去访问诗人、戏剧家、抒情诗人和其他各种人……在我看来，显然诗人们在写诗时也是这样。我还注意到这样一个事实，他们是诗人，所以就自以为无所不知，而实际上他们对其他学科完全无知。于是，我怀着在离开政

治家们时同样的优越感放弃了对诗人们的拜访。

　　最后，我又去访问熟练的手艺人。我很清楚，我对技术一窍不通，因而我相信我能从他们身上得到给人以深刻印象的知识……但是，尊敬的陪审员们，这些从事专门职业的人看来有着与诗人们同样的缺点，我是指他们自恃技术熟练，就声称他们完全通晓其他学科的知识，不管这些学科多么重要……

　　尊敬的陪审员们，我对人们进行调查的后果，使得很多人都对我产生了敌对情绪……这是因为这一事实：无论何时，当我在某个特定问题上成功地难住了一个自认为聪明的人，旁观者们就断定我对这个问题无所不通。但尊敬的陪审员们，事实完全不是这样，真正的智慧只属于[阿波罗]神。他借助上述神谕启迪我们，人类的智慧并没太多价值，或者根本就没有价值。在我看来，神并不是认为苏格拉底最聪明，而只是以我的名字为例告诫我们，"你们当中像苏格拉底那样最聪明的人，他也意识到自己的智慧是微不足道的。"

——柏拉图《申辩篇》①

希腊奇迹

3　哲学和科学的诞生日期，通常都是定在公元前585年，因为大约就在那一时间，哲学家米利都的泰勒斯，提出一个假设，打破了他所在时代的世界观。他认为，所有的事物都由一个单一的物质（很可能是水）组成，变化的过程可能就在物质自身内部出现。也就是说，运动原理可能是构成宇宙的基本物质本身所固有的。

　　为什么这一假设很重要？在泰勒斯那个年代，人们常用超自然原因来解释自然现象。由于宇宙被称为是居住着各种神和女神、地方神灵、半神、妖魔鬼怪、祖先的鬼魂和其他好坏不一的精灵，得出推论认为事情的发生是**因为它们**

---

① 〔古希腊〕柏拉图，《柏拉图全集》第一卷，王晓朝译，人民出版社，2002年。——译注

是上帝（或别的神灵）的旨意，也就再合理不过。

如果出现雷击，那一定是宙斯投掷了另一个晴天霹雳。当太阳在天上运行时，所有人都知道那是阿波罗在驾驶着火热的战车。如果希腊人在特洛伊战争中落败，或者若是伊阿宋的船只安然穿过海妖斯库拉的巨岩和卡律布狄斯的旋涡，那就是奥林匹亚诸神又在捣鬼。

因此，在这些最早的哲学家出现的时代之前，所有的**自然**事件都是由于超自然原因所致。切斯特顿（G. K. Chesterton）曾经说过，对于那些持有这种世界观的人来说，太阳每天横过天空，只因为上帝在太阳（神）之前起床并告诉他，"太阳（神），快起来去外面转上一圈。"

最早一批哲学家对这一切都不太满意。也许他们已经意识到，如果不论你问什么问题，都会得到同一个答案（"神意使然"），那么你并不会得到什么有意义或有用的东西。所以米利都派哲学家，包括泰勒斯与他的学生阿那克西曼德和阿那克西米尼在内，寻求一种不同**类别**的解释：当他们追问事件的起因时，**他们提出了假设**，答案有可能会在"自然"或物质本身中找到。换句话说，他们忽略了拟人化的希腊诸神那不可预知的意志。（克勒芬的色诺芬说出了许多这些思想家的想法，他指出："埃塞俄比亚人的神有短而扁的鼻子和黑头发，色雷斯人的神有灰色的眼睛和红色的头发"，由此他推断出，这些神是由我们人类创造出的，看上去和我们很相像，因此我们可以无视它们而不受惩罚。）

这一假设在西方标志着知识的开端。这一突破一直被称为"希腊奇迹"。

惊奇和提问题的自由

4 哲学是与自由探究一起诞生的。这两者谁离了谁都不可能存在。如果我们拥有自由，我们就会探寻。但若我们的探寻自由太过有限，那么自由（无疑是一先决条件）本身就会成为我们奋斗的目标。

当然，在整个西方历史上，宗教情绪一直都在抵制对若干问题（其终极答案据说已知）进行深入的批判探究。例如，神的存在问题，就被认为无须商榷。在近现代历史上，一直反对深入了解人的本性，尤其是人的进化起源及其内心世界的运转。实验室中合成生命的可能性也一直让人恐惧，遭到强烈的谴责和反对。在这些领域，科学家们长久以来一直都在进行探测（其他人则害怕去探寻），并通过定量分析减少了事物的神秘性。

对哲学家来说，就像对科学家一样，没有不可侵犯的圣地，除非世间万物都是圣地。

5 尽管我们有古希腊理性主义的背景，西方世界中的理性还是经历了一段受苦受难的时期。犹太－基督教传统明确表示，我们因信得救，而不是因为我们的理性智识或学位证书得救。

义人的缩影是亚伯拉罕，他愿意杀掉他的儿子以撒去遵从耶和华的神谕。他认为自己没有权利（根据《创世记》22章中的故事）去质疑神的命令，他也没有机会去与耶和华辩论这一命令是否合乎道德。（然而，就在《创世记》18：20-33中，亚伯拉罕，没错就是这同一个亚伯拉罕，却在一个相似的道德问题上与耶和华进行了持久的争论，而且还赢了！）牺牲以撒，要求做到绝对服从，因为他的这一谦卑服从，三千多年来，亚伯拉罕一直被视为理想的"正直的人"。救赎是信仰和服从的奖励。

6 在福音派传统中，多马是如果我们能亲眼所见亲手所触我们就会相信的例子。多马怀疑主的存在。他想要在相信他人告诉他的他们看到的东西之前看到更好的证据，也就是说，比他可以相信的关于一个乍看似乎极不可能的事件带有情感的二手报道更好的证据。最终，"怀疑的多马"被告知，把他的手放在耶稣身上的钉痕上和肋骨旁，然后他就可能会相信。但是，这种怀疑并不值得称道，因为据说耶稣说过，"那没有看见就信的有福了！"（《约翰福音》20：29）

同样，圣保罗对人类的智慧和那些寻求它的人有着很深的疑虑。看上去，他在雅典与一些斯多葛学派和伊壁鸠鲁学派哲学家打交道时，有一种相当不愉快的经历。"智慧人在哪里？文士在哪里？这世上的辩士在哪儿？"他写信给哥林多的基督徒："神岂不是叫这世上的智慧变成愚拙吗？"（《哥林多前书》1：20）在写给他在吕加斯谷的朋友的信中，也有类似的劝告语："你们要谨慎行事，不要像蒙昧人，当像智慧人。"（《以弗所书》5：15）

圣保罗在雅典

圣保罗发现,哲学家们的心智最难改变;在对他们感到绝望的情况下,他移居小镇,在那里他可以找到有信仰能力的人。

7 依照正统西方神学,在获得救赎上,理性和知识没有多少价值。相反,它们还会是一个实实在在的阻力。我们因信得救。得到拯救的文盲与得到拯救的受教育者一样多。在基督教中,保罗提醒我们:既没有犹太人,也没有外邦人;既没有男人,也没有女人;既没有奴隶,也没有自由民。"在与基督的联合中,所有的人都是一个人。"也就是说,在救赎这件事上,所有信的人都是平等的。

教父和学院派哲学家当然会追随保罗的领导。圣奥古斯丁(354—430)总是强调信的首要性:"以信求知"。一位教会历史学家写道,奥古斯丁"从未放弃或轻视理性,他只是让理性服从信仰,让理性屈从于揭示真相"。

坎特伯雷的圣安瑟姆(1033—1109)采取了同样的立场:"信仰寻求理解。"

启示的真理必须先被接受，有了这一确定性，一个人就能知道如何解释一切。启示的真理自身不能受到怀疑。

彼得·阿贝拉尔（Peter Abelard，1079–1142）则坚决不同意上述论断，并宣称实际情况恰好相反。理解是第一位的，然后一个人才能决定该相信什么。阿贝拉尔不怕会遇到无数的问题和疑虑："因为通过怀疑，我们可以探寻；通过询问，我们可以发现真相。"

不用说，在历史上，奥古斯丁和安瑟姆赢了，阿贝拉尔输了。我们常说圣奥古斯丁和圣安瑟姆，而不说"圣阿贝拉尔"。

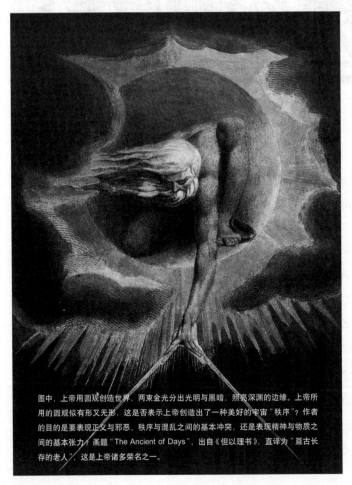

〔英〕威廉·布莱克，《上帝》，1794 年

图中，上帝用圆规创造世界，两束金光分出光明与黑暗，照亮深渊的边缘。上帝所用的圆规似有形又无形，这是否表示上帝创造出了一种美好的宇宙"秩序"？作者的目的是要表现正义与邪恶、秩序与混乱之间的基本冲突，还是表现精神与物质之间的基本张力。画题"The Ancient of Days"，出自《但以理书》，直译为"亘古长存的老人"，这是上帝诸多荣名之一。

一个西方困境

8 无数次,我们在想要了解自己时发现,我们必须回到两个伟大的传统,这两个传统一起组成了我们的西方遗产。像智识考古学家一样,我们必须挖开黏土,拂拭掉蒙在昔日遗迹上的灰尘。

我们的祖先传下了两个世界:古希腊罗马世界和犹太世界,从中继承的无数构想,已经协调成一种相当一致的世界观,西方生活也因为有了它而变得更加丰富。但是,就像历史的长河中有一道不和谐的暗流,一些古希腊信念与犹太 – 基督教信念始终无法相容,思想家们竭尽全力想要使其共存,却都以徒劳无功告终。

在这一章,我们现在已经遇到了关于生活的基本假设,这一假设涉及终极承诺/信守,并在逻辑上和情感上是不兼容的。两千多年来,我们一直被这一冲突所撕裂。尽管有一些伟大的头脑作出的各种愈合尝试,我们仍然在智识/知性上是二分法。

古希腊信念是合理地去调查存在的本质。这一信念使我们能够认识我们生活其中的自然世界,从而奠定了了解人类的基础。

另一方面,犹太 – 基督教信念则一直都是超越人类理解的宗教信仰。上帝(Infinite Mind)揭示的东西,是有限的头脑所无法理解的;"信仰的奥秘"仍然超出我们的理解,因为"我们是在透过一片黑色的玻璃去看"。我们生活的目的不应该是去分析无限或是整合生命的碎片。相反,我们的目标应该是"形成一种与上帝的正确关系",通过信仰去完成上帝的意志,期盼一种超越凡人存在的永恒。

这是一个西方困境,对许多人来说,它都是非此即彼。在这里出现了岔路,一个人可能会被迫选择其日后将会走上的道路。许多人都想在它们中间杀出一条出路,但是迄今为止,人们仍未找到一条明晰的路径。

9 在这种二分法下,哲学家们通常都会选择与苏格拉底为伍。哲学家们并没有质疑与神亲近带来的转化力量和宗教信仰的实用价值,但是哲学家们认为,勇敢地质询,进而从获得的知识中得到成长,可以对个体能够取得的成就和人类的未来抱有更大希望。

"我曾说过一些我并不是特别有信心的东西,"苏格拉底曾经说过,"但是如果我们认为我们应该去质询,而不是一直沉迷在慵懒的幻想中,认为想要知道我们不知道的东西是不可能的也没什么用处,我们将会变得更好、更勇敢、更少无助感——这是一个我准备通过言行尽我最大力量来捍卫的主题。"

信念、怀疑、批判思考和信仰

10 在对这个问题的反思中,我们在没有精确定义我们所用术语的情况下,处理了几种不同的信仰(faith)和信念(belief)。信仰与信念是不一样的,所以需要进行仔细区分。相信、有信心、进行批判思考是三种不同的心理活动,它们可以互相补充、互相丰富、互相平衡。

我们先从信念说起。在本书中,"信念"这个词将被用来指代"盲信",不假思索地接受一个想法或系统的想法,就像"我信它,我信它,不要用相反的事实来混淆我!"信念是对一种想法作出承诺以便那一想法能够为你所用的一个过程。想法既可以来自继承,也可以来自权威,还可以是自由选择。不管在什么情况下,我们都会首先考虑这一想法,认同它,投身其中,调整我们自己去适应它,找到应用它的方法。信念是一个复杂的心理过程,通过它,我们让想法为我们所用;它是一个让想法变成真实的过程。

我们所有人都是信徒;都会依赖某种想法而活,忠诚于它。承诺/忠诚有许多形式。最深的也是最严格的信念是,我们愿为一种想法上刀山下火海;哪怕这一想法在现实生活中可能早已失去其效力,我们仍然忠信于它。我们这样做,或是出于对某人或某机构(我们从他们那里获得想法)的忠诚,或是出于对一种专制/权威资源的恐惧("[我认为]这是真的,"我们被警告说,"因此,你最好也认为它是真的!"),或者是因为这一想法已经与我们的自我密切地联系在一起——基于多种原因而非这一想法的固有价值。即使在一种想法早该寿终正寝之后,我们往往还是会带着这一想法而活。

盲信者的情感立场是一道防线。他/她会在这一想法周围扎营安寨，时时警卫，抵挡任何察觉到的攻击。这种防御姿态会将一个人封闭在其自我中心困境中，干扰他/她去获得更多知识，从而有效地阻止了对他人感同身受。固执的信徒通常无法理解他人的道德价值观、民族习俗、宗教信仰、哲学旅程。一个人的成长由此受到抑制，失去了洞察、理解和冒险的丰富来源。

11 然而，也有其他形式的承诺，不会妨碍一个人的学习和成长。美国神学家保罗·蒂利希（Paul Tillich）最爱用"信仰"一词来描述信念的一种形式，它既对新想法保持开放态度，同时也允许我们自身认同日常生活的想法。蒂利希写道：

> 对信仰最常见的误解是，认为这是一种行为知识，没有多少证据……如果是这个意思的话，一个人说的其实是信念而不是信仰……信仰与知识之间几乎所有的斗争，都植根于误将信仰视为一种知识类型：证据很少但有来自宗教权威的支持。神学和大众宗教最糟糕的错误之一就是，作出一些有意或无意地违背现实结构（the Structure of Reality）的声明。这种态度不是信仰的一种表达，而是混淆信仰与信念的一种表达。

12 真正的信仰始终是基于疑问。信仰是一种在对一种想法进行过"加工处理"（即提出疑问，分析它，应用它）后忠于这一想法的行为。这一想法经过多种测试继续保持活力，一个人才会对其抱有信心。它可能不会被"证明"，它可能只是暂时有用——谁知道呢？可能需要有更多证据来确定其真理地位。尽管存在所有这些犹豫之处，你仍愿在这一想法上花费时间，并将其用于日常生活中。这就是信仰。

此外，"信仰"指的是一种勇气，可以使一个人基于能够得到的最好的事实和想法（尽管它们是不完整的，也没有签署保证满意的结果）去采取行动。因此，在一般意义上，信仰就是一种在考虑到可能性和概率而非绝对性和必然的情况下继续活下去的勇气。

13 蒂利希写道，每种信仰行为都含有风险，所有的风险都伴随着疑问。真正的疑问"是信仰结构中始终存在的一个元素……没有一种信仰会没有内在的'可是',会没有在终极关怀状态中肯定自身的勇气……如果出现疑问,不应视其为对信仰的否定,而应视为信仰行为中总是存在并将永远存在的一个元素。"

哲学家将疑问视为一种正常的惯技(modus operandi),坚持怀疑宣称的事实,迫使它为自身辩护。历史学家曾经说过,所有的知识都始于一个"良好的、健康的疑问"。17世纪理性主义者勒内·笛卡尔(René Descartes)的作品,典型地例证了在获取知识的过程中疑问所起的生产性作用。笛卡尔怀疑一切他所能怀疑的,希望能够由此得出一些可以不用进一步怀疑的"事实"。当他找到这样一个事实("我思故我在"),他开始通过演绎法确立明确的第一原则。这一别具一格的疑问,在所有的知识收集科学中,发挥了重要作用。

笛卡尔在他的《第一哲学沉思集反驳和答辩》(Meditations)中,与我们分享了他是如何得出富有成效的怀疑的:

> 由于很久以来我就感觉到我自从幼年时期起就把一大堆错误的见解当做真实的接受了过来,而从那时以后我根据一些非常靠不住的原则建立起来的东西都不能不是十分可疑、十分不可靠的,因此我认为,如果我想要在科学上建立起某种坚定可靠、经久不变的东西的话,我就非在我有生之日认真地把我历来信以为真的一切见解统统清除出去,再从根本上重新开始不可。……现在……我要认真地、自由地来对我的全部旧见解进行一次总的清算。可是,为了达到这个目的,没有必要去证明这些旧见解都是错误的……不过,理性告诉我说,和我认为显然是错误的东西一样,对于那些不是完全确定无疑的东西也应该不要轻易相信,因此,只要我在那些东西里找到哪怕是一点点可疑的东西,就足以使我把它们全部都抛弃掉。①

我思故我在

---

① 〔法〕笛卡尔,《第一哲学沉思集反驳和答辩》,庞景仁译,商务印书馆,1998年。——译注

14　所有这一切是否会使得人类的存在变得有点不太确定，有点不太安全，要求我们多一点勇气，并愿面对冒险？没错！"对任何人类成长来说，不安全的飞行都是一场灾难。"人格主义哲学家彼得·贝尔托奇（Peter Bertocci）写道，"然而，逃离不安全，会让你错过成为人的关键所在。"艾伦·沃茨提出了类似的看法："几乎所有的精神传统都认识到，在一个人的成长过程中有一个阶段，必须把信念（与信仰不同）及其给人带来的安全感抛在身后。"

马斯洛在探寻什么是他所说的"自我实现"人格时，有一个重大发现。

> 我们那些健康的实验对象，全都不觉得未知的事物对他们来说有什么可怕或威胁之处，这一点与一般人完全不同。他们接受未知的事物，他们与之相处融洽，甚至常常被未知事物所吸引。用弗伦克尔-布伦瑞克（Frenkel-Brunswick）的话来说就是，"他们可以容忍不明确的东西"……由于对健康的人来说未知的事物并不可怕，他们不会花费任何时间去驱除鬼魂，路过墓地吹口哨壮胆，或是用一般人会采用的其他方式来保护他们自己不会遇到危险。他们不会忽略未知的事物，也不会否认它，或是逃离它，或是设法相信它确实是已知的，他们也不会过早地将其予以处理、进行分类、贴上标签。他们不会固守熟悉的事物，他们对真理的追求也不是出于那种遭遇灾难时的需要：为了确定性、为了安全、为了明确性和秩序。自我实现者，在客观形势需要时，能够舒服地适应杂乱无序、邋遢、含糊、怀疑、不确定、不明确、混乱、散漫、不精确或不准确。

15　伯特·威廉斯（Bert Williams, 1874–1922）是位哲学教授和一所教会学院的院长。他常会对新入学的学生们讲下面这段话：

> 在我看来，大学是一个探求者的共同体，共同体中的人不仅仅是致力于去追寻欣赏和保存过去，更是致力于去发现伟大的真理。这个共同体中的人不相信任一领域的一切真理都已被发现，他们拒绝任何一贯正确/永不犯错的话语、书籍、信条、机构或个体。这个共同体中的人致力

于所有领域中他们已经知道但相信还有更好的应被知道的东西。这一共同体中的人应该是怀疑者和怀疑论者，他们搁置判断，质疑所有的假设和结论，使每个人在批判分析的法庭面前被迫自圆其说。这种态度从来都不容易为他们赢得朋友，或是影响那些认为自己拥有真理的信念者。

因此，有信仰的人，就像任何盲目的信徒一样，也会完全忠于自己的想法，但他们会作出决定，为自己选择这一将会以之为生的想法而负责。因此，这就是哲学冒险的内容：批判思考，既不多也不少，而就是好好审查我们正在思考的想法，然后作出承诺，遵循我们能够得出的最好的想法去生活。

苏格拉底

我只知道我一无所知

色诺芬告诉我们,有一次苏格拉底在雅典城里蜿蜒曲折的街道中迷了路,向他问道:"一个人可以去哪里买食品杂货?"指过方向后,色诺芬接受了苏格拉底进一步的询问,"一个人可以在什么地方去学习成为一个诚实的人?"色诺芬没有回答,苏格拉底招了招手:"跟我来,我会告诉你。"

大约两千四百多年前苏格拉底被一杯毒芹酒置于死地,但他却一直都是我们的同时代者,他的存在一直伴随着我们。单看他的外表,很是耐人寻味。阿里斯托芬说他走起路来像水鸟,说话时常爱翻白眼。有些人认为他长相丑陋,有一次在德里昂(Delium)与斯巴达人的战斗中,他怒视敌人化险为夷,敌人转身就跑。亚西比德(Alcibiades)说他像萨梯(希腊神话中半人半羊的森林之神),在石像雕刻师的橱窗中人们发现了森林之神西勒诺斯[①]的面具:宽脸、圆嘴、厚唇、浓密的胡子,光头圆顶,健壮敦实的躯干,像牛一样;还有一个大肚子,他曾坦言,他想通过跳舞来减肥。不过,亚西比德指出了高贵的一点:苏格拉底虽然长得像西勒诺斯,"可是打开他的胸膛,你就会在那里面发现神的影像"。

这就是苏格拉底:谁能比过最强壮的运动员,打过最坚强的步兵,喝过最能喝的酒鬼,比希腊最聪明的头脑思考得更多?

---

① Silenus,希腊神话中的一个小丑,赫尔墨斯/潘的儿子,酒神狄俄尼索斯的抚养者和伴神,常以矮胖、滑稽的小老头形象出现,充满智慧且有预言才能。——译注

公元前 469 年，苏格拉底① 出生在雅典，他在那里长大，在那里生活，并长眠在那里。他的母亲是一位助产士，叫菲娜拉底（Phaenarete），他的父亲是一位石匠，叫索弗洛尼斯科（Sophroniscus）。由于家境贫寒，懂事后苏格拉底便跟着父亲学习雕刻，以便日后可以靠这一手艺谋生。不久，父亲早逝，幸好有一位好心人伸出援助之手，他才得以在雕刻之外有时间学习。这是苏格拉底人生中的一个转折，由此走出了父亲为他设计好的道路，进入了知识的世界。他向各种有学问的人虚心求教，读了许多古代哲学家的书，听当代哲学家阿那克萨哥拉讲学，听智者学派的雄辩。苏格拉底爱好广泛，学习体育、音乐，逐渐形成了自己的人生观。20 岁时他跟随阿那克萨哥拉的弟子学习自然知识，他喜欢思考探索，对许多问题都想弄个明白；但是由于对老师的答案不满意，自己又想不出个所以然，他便放弃了对自然知识的追究，转而关注起身边的社会。

某种意义上，苏格拉底追随了父母的脚印：他说，他的使命就是帮助别人"生下"他们的想法。"我和我的母亲都被神赋予了助产士的艺术；她帮助的是妇女，我帮助的则是那些高贵和公平的年轻人。"他补充说："经常冲我而来的羞辱是我应得的，因为我经常问他人问题但却没有回答那些问题的机智。神使我成为一名助产士，但却不许我进一步展示。"（阿里斯托芬通过助产士的比喻来取笑苏格拉底：他写道，苏格拉底促生的经常都只是些"流产的想法"。）

中年时，苏格拉底娶了赞西佩（Xanthippe），一个被当成"泼妇"而存在于人们记忆中的女人，其实这一不好的名声对她来说很不公平。事情更有可能是，她是一个忠于职守的主妇和母亲。与苏格拉底一起过日子可能一直都非常困难，她对他老不在家的抱怨是可以理解的，因为苏格拉底几乎一天到晚都是人不落屋，而是在进行哲思。而且他也不是那种养家糊口之人。一位当代诗人评论说，他"把每件事都想透了，唯独忽视了如何给自己挣到金钱"。苏格拉底说，他忍受着赞西佩的发作，这样他才能培养自律。他们有三个儿子。苏格拉底临死时，大儿子约 17 岁，小儿子还在赞西佩怀中抱着，被带去看望监狱里的父亲。

---

① 苏格拉底（Socrates）：这一名字在希腊语中由 σως（sos，意为"全部"）和 κρατος（kratos，意为"权力"）组成，合起来的意思就是"全部权力"。——译注

苏格拉底认为，获得知识的唯一途径就是通过对各种不同的想法／观念进行讨论，所以他的一生都花在了与他的弟子、朋友和市区广场上遇到的旁观者进行交谈上，他希望就是在阴间也能继续从事这一事业，找出"谁是真的明智，谁是假装明智"。市区广场（agora）是雅典公民聚会的地方，一个繁华的市场，北边不远处就是山城（Acropolis）。雅典人在这里进行各种买卖交易，争论如何管理政治大事，从事宗教活动，而首要的就是说话。（"广场"一词源自希腊语 agoreuein，意思就是对着人群"讲话""演说""高谈阔论"——"说话"。）喜剧诗人欧布罗斯（Eubulus）描述了广场这一小世界："你会发现，在雅典的这同一个地方，所有东西都在同时进行销售：无花果，传唤目击证人，成串的葡萄，萝卜，梨，苹果，提供证据者，玫瑰花，欧楂，麦片粥，蜂窝，鹰嘴豆，诉讼，初乳布丁，紫薇，鸢尾，羊羔，水钟，法律，起诉。"有一次，在琢磨过广场上摆放的各种货物后，苏格拉底的反应极其典型："我不需要的东西何其多！"

色诺芬告诉我们，苏格拉底总是人群的一部分，他很喜欢混迹人群，"一大早，他就习惯赶往人行道和体育馆，出现在满是人的广场上，以及任何他会遇到最多人的地方。"苏格拉底"属于人民"或者也可说是一个为民而生的人，与朋友们说话时，他只讲他们听得懂的大白话。

广场是苏格拉底的情绪、精神、智力之家。有一次菲德洛斯逗他说："你这人可真够奇怪的，先生，你跟人说起话来就像个旅行者而不是当地人，你似乎从未来过这

广场上的苏格拉底

个国家或是到过城外。"苏格拉底无疑笑看着他的同伴答道:"叫我说,我的好朋友,这是因为我爱知识,而知识则是城中的人教给我,而不是国家或树木。"

苏格拉底后来被指控为不敬——不支持官方认可的雅典城邦的神——引进新神。但是色诺芬告诉我们,人们经常看到苏格拉底"在城邦的公共祭坛上献祭"。在对他的审判中,苏格拉底以阿波罗为证:他的"智慧"是不自大;他有一个特殊使命,就是"像猎狗追逐猎物一样追寻真理的足迹",揭露那些假装有智慧的人。

苏格拉底在雅典的广场上生活了约半个世纪,传播和阐释他的信念:"对一个人来说,未经考察的生活是不值得过的。"

⁂

西塞罗写道,苏格拉底把哲学从天上带到了地上,并把它引入城市和人群。在苏格拉底之前,哲学的追问处理的都是物理世界。泰勒斯认为万物由水构成,阿那克西米尼说由空气构成,赫拉克利特宣称由火构成。德谟克利特提出了自己的理论,认为宇宙是由不可分割的原子组成。毕达哥拉斯则凭直觉认为,宇宙并不是被原子"充满",而是由数和数学关系组成。

所有这一切,苏格拉底都不大感兴趣。他主要关注人与人之间的关系世界——关注我们的思想世界、伦理世界、政治世界。色诺芬指出,"他总是对人类事务滔滔不绝"。"未经考察的生活——**人类**生活——是不值得过的。"他把德尔斐神庙墙上的题词"认识你自己"当成自己的座右铭。因此,苏格拉底与占据主导地位的过去的哲学一刀两断;在西方思想史上他的主要意义是,他是第一个伟大的思想家,关注把人类的智慧之光应用于人类自身。

苏格拉底最关注的是人与人之间的关系即伦理的崩溃。他认为,所有不合伦理的行为都可被视为是无知的结果,不知道去做正确的事。当我们知道什么是正确的,我们就会去做正确的事。因此,发现我们该如何做人应被放在首位。一旦阐明我们该做什么,就会让人以之为目标作出良好的行为。

但是,怎样才能使这成为可能呢?我们常见的体验之一就是:我们很清楚应该做什么,但就是不去做或做不到。对此苏格拉底会怎么说?毕竟,他是这方面的一个老手。他辩称,真正的道德行为,总是会增加一个人的幸福感;任何能增加一个人幸福感的行为都是道德的行为。(显然,这是一个定义问题。)苏格拉底认为,因而,没有人会故意作出那种不利于自己得到幸福感的行为。在决定采取行动的时刻，我们所有人都会认为，我们将要作出的行动，在某种程度上，无论多小，都会增加我们的快乐和幸福。甚至复仇都是甜蜜的，所有我们犯下的其他罪恶，就像我们认为的那样，都会给我们的生活添加些许甜味。

苏格拉底认为，所有这一切错就错在我们打错了算盘。我们作出各种我们误认为会增加我们幸福的行动。为什么我们会作出误判，认为某一特定行动会带来快乐的结果，实际上它则并不会呢？因为我们并没有很好地了解我们自身。我们越是更好地了解自己，我们就越是能够更好地判断出什么会导致幸福什么则不会。"认识你自己"，苏格拉底不停地催促我们。只有有了彻底的、诚实的自知之明，一个人才能准确地判断出什么会产生快乐的结果什么则不会。因而，道德知识就是自知之明。道德知识会引领人作出道德行动。

苏格拉底自身就是道德良知的最好例子。他在思考问题时既理性又清晰，以判定在特定情况下他该如何行动，然后他就会照着他的理智告诉他是正确的东西去做。

这一切与传统宗教伦理形成鲜明对比，那些牧师知道什么是正确的，但给人的感觉却是他们自己并不会那样去做。例如，圣保罗苦苦思索："我做了我憎恨的事情……我没有做我想要做的好事；我做了我不想做的错事。"这里的问题是意志——无力去行事的意志，用精神分析术语来说就是缺乏"自我力量"。圣奥古斯丁也遇到了圣保罗的困境。他从母亲的教导中知道了什么是正确的，但他自己就是无法做到。其他深层驱动的需求导致他去作出他被教导过不要去做的那些错事。他没有意志去做那些正确的事情，他没有能力去做那些正确的事情。只有当圣灵给了他力量，增强了他的意志力，他才有意愿和能力去做正确的事情。因而，当他们成功地做了正确的事情后，圣保罗和圣奥古斯丁补充说，他们不能将自己做了正确的事归功于自己，"那全是圣灵的意愿使然"。

相比之下，苏格拉底认为是自己在控制着自己的内部力量。是他自己，独自一人，通过仔细思考不同的想法和涉及的价值观，来决定什么是正确的。然后，他——仍是独自一人——将会下定决心准备去做他判定是正确的事。然后他就会依照他的决心去做。

公元前 399 年的春天，三名男子，其中一人还是一位德高望重的公民，提出起诉苏格拉底：

> 我们起诉苏格拉底。他犯下的罪有：不信城邦认可的神，引入其他新的神灵。他还犯了腐蚀青年的心灵罪。我们要求判处苏格拉底死刑。

雅典的制度是一种年轻的民主实验。每年有六千人成为候选者，需要时，陪审团会从中进行挑选。每个陪审团有 501 人，由来自不同行业自由的男性雅典公民组成。公民个人提起诉讼，被告自己为自己辩护。

对苏格拉底的审判在 Heliaia 进行，这是雅典最重要的一个法院，位于广场西南角一个大的正方形大理石建筑内。现场挤满了观众，陪审员先是听取了起诉方的说法。双方发言时有水钟计时。轮到苏格拉底为自己辩护时，他否认了对他的指控，说他只是试着教导真理，并要求控方出示关于他"腐蚀青年"的证据。

双方发言结束，进行了投票表决：281 票有罪，220 票无罪。如果只有 30 名陪审员来投票，历史上演的就可能是另一个故事；我们可能从来就不会听说过有苏格拉底这个人。陪审员提出缴纳罚金，每一方都可提出适当的惩罚建议。控方要求判处死刑。事情也有可能是这样：他们从未真想要这位"牛虻圣人"去死，但却有意想要判他自我流放。

但是，苏格拉底的回应是那些灰色的历史事件之一：至于他是坚持了勇敢的道德立场，还是愚蠢地嘲笑了检察官，全看一个人如何去解释历史记载。因为他觉得他有罪的地方只是教导真理——对雅典来说这是一个价值巨大的贡献——因此他提出建议，应该由国家出钱供养他的余生。陪审团对这项建议的反应，可以从随后的投票结果看出：支持判处死刑的 361 票，支持无罪释放的 140 票。

根据柏拉图的记载，苏格拉底用一段安慰陪审员的话结束了自己的申诉："因此，法官先生们，你们也必须充满自信地看待死亡，并有这样一种坚定的信念：没有任何邪恶的事情能够伤害一个好人，而且无论今生还是来世，诸神都不会对他的命运无动于衷……离开这里的时候已经到了，我们各自走各自的路——我去赴死，你们继续生活。我们中谁更幸福，只有神才知道。"

〔法〕大卫,《苏格拉底之死》,1787年

苏格拉底被关入监狱,这里离他心爱的广场西南角只有一箭之遥。因为赶上一个宗教节日,死刑推后了一个月。到了执行的那一天,黄昏时分,狱卒带来了一杯毒芹酒。苏格拉底问:"你有没有得到允许可以让我给神祭酒?"门卫回答没有。苏格拉底端起杯子,做了一个简短的祈祷,一饮而尽。

他在房间里踱了一会儿步,直到感觉双腿发沉。然后他躺在床上,数落了他的朋友们嘈杂的哭声:"我就是怕这样才不让女人们待在这里,应该让一个人平静地死去。"当麻木感达到腹部,他突然精神一振,对克里托说:"我还欠阿斯克勒庇俄斯一只公鸡,记着帮我还上!"——据推测,他这句话的意思很可能是给负责健康和治疗的医神献祭。他再次躺下,很快身体有些微微颤抖。他已经死了。

"这就是我们这位同伴的结局,"柏拉图写道,"我们可以公正地说,在这个时代我们知道的所有人中间,他是最勇敢、最聪明、最正直的。"

1-3 批判分析

亚里士多德曾经写道，哲学始于我们在观看我们身外的世界时，突然意识到我们不知道的事物何其多、对其不了解何其深；结果便出现了一种"令人敬畏的无知感"，我们被驱赶着去寻求答案，方法就是持续不断地去观察世界，仔细思考，并提出正确的问题。是亚里士多德首先发展出了好的思想（good thinking）的规则，如果我们想要找到关于重要生活问题的可靠答案，我们就必须遵循这些规则。本章介绍了哲学思想的若干特征，并讨论了三大思维能力：核查"宣称的事实"，澄清概念，推理验证。

1 亚里士多德给哲学插上了翅膀，将其明智地定位于：他自己内心深处的惊奇感。他看见了一个无限多样的世界，他对世间万物都有一种发自内心深处的好奇。我们知道，他花了很多时间去米蒂利尼大潟湖观察潮间生物，解剖鱼，思考彩虹是怎样形成的，追寻星星的运转轨迹，沉思四季轮回的原因，反思其他种种事情。在这一心灵探险历程中的某一时点上，他写道：

> 惊奇感使得人们开始去研究哲学，这一点在远古时代就像在今天一样。他们的惊奇，首先是被一些身边眼前的小事所激发，但他们持续不断地从那里出发，继续怀疑较少带有世俗色彩的事物，如月亮、太阳、星星的变化，宇宙的起源。这一惊异的结果是什么？一种令人敬畏的无知感。人们开始进行哲学思考，以摆脱无知。

哲学就是始于这一惊奇。自从两三百万年前人类有了意识以来，我们人类就一直对我们生活其中的这个世界充满好奇。晚上蜷缩在相思树下，最初的人类无疑思索过悬挂在他们头顶的星星，围捕猎物时听到过夜间动物发出的各种声响，爱过，战斗过，逃跑过，流血过——好奇这是一种怎样的生活。

我们所有的疑惑可被归入两个无所不包的问题，对这两个问题我们人类必须找到答案。(1) 世界是如何运作的？(2) 我们在这个世界上处于什么位置？这是人类宗教需要解决的两个终极问题。每种伟大的宗教传统，都有一套完整的关于这两个问题的答案，这是在许多世纪或千年前就已完成的，远早于任何数据收集学科的出现。但是，无论我们碰巧出生在什么地方和什么时间，若是想让我们的灵魂可以更容易得到安歇，我们每个人都必须在内心深处清楚地了解我们生活在一个怎样的宇宙和它对我们有什么要求。

从公元前6世纪开始，哲学就已在设法解决这些问题，它的解决方式是：观察世界，仔细找出什么是真正的存在。哲学家带着探寻的激情想要找到"月亮、太阳、星星的变化，宇宙的开端"这些问题的答案，找出我们是谁、我们来自哪里、我们应该如何生活。这是哲学最初也是最终的目标——理解世界，理解我们在世界上所处的位置。

哲学思维

2 所有有见识的人都曾体验过亚里士多德描述的"令人敬畏的无知感"，只有那些无知者才不会有这种感觉。如果一个人不知道的东西非常多，他就不会知道他不知道的东西何其多；但若他知道的东西有很多，他就会意识到他仍不知道的东西有多多。

一个人怎样才能消除无知感、获得关于事物的真理？第一步就是提问题。

真正想弄明白世界是怎么回事的思维，即哲学思维，是一种提问题的思维。当我们提问题时，我们正在做的当然是在执行那种我们童年时曾拥有的美妙的好奇感，但在我们大多数人身上，这种好奇感后来都被压制了，因为事实证明

点播"未经考察的生活"

它会烦扰对我们来说很重要的他者,所以我们内心深处对这个世界和万事万物的潜在兴趣也就陷入沉寂,得不到发展。对我们中的很多人来说,学着对事物提问题,涉及让自己的好奇心重新苏醒过来和提出此前从未提过的问题。

但对一个深思熟虑的头脑来说,不是任何答案都会起用;答案必须是诚实的,使我们能够更好地去领悟我们生活其中的这个棘手的现实世界。答案必须是批判思考的产物。千百年来,尤其是在 20 世纪,哲学家们开发出各种各样的批判技能,旨在帮助我们获得真相,进而更好地了解世界。这些技能非常实用,富有成效;有了它们,我们就可以化解争议,进入问题的核心,进行思维碰撞,对我们自己和他人诚实以待。

3 "批判"这一概念可能会让人产生误解。在我们的社会中,"批评主义"带有负面内涵。"不要批评我!"通常是指"不要对我指手画脚"。"他好批评人",是指他动不动就爱指责别人,有一种从负面角度去评价他人的习惯。

但这并不是"批判"一词的原意,也不是哲学中使用它的方式。我们所说的"批评""批判主义""批评家",都来自古希腊语 krino,意思是"我判断"。"批判"的意思就是"把 [某些东西] 置于判断之下",这在哲学中意味着,看到

> ◁ 专栏 ▷ **惊奇·混乱·耐心**
>
> "混乱"是所有知识最初必经的一个阶段,没有混乱,一个人就不会进步到清晰。对真正渴望思考的个体来说,重要的事情是,他不能过于匆忙,而是要忠实于他当下精神行程的每一步,努力避免遥远而迷茫的方面,促使他得出更精确的结论。
>
> ——奥尔特加·加塞特 (Ortega Gasset),《哲学的起源》(The Origin of Philosophy)
>
> 老师的责任是有足够的耐心,允许他正在努力帮助的每个学生自行思考作出决定。如果他的学生没有根据其自身的存在和自身的局限性作出选择,他们就不会成为有道德的人;如果他们不是有道德的人,不去追寻自己的道德现实,他们就不会是独立的个体;如果他们不是独立的个体,他们就不会去学习。
>
> ——克尔凯郭尔,《看法》(The Point of View)

一个想法或观念,思考它,(从正反两面)判断它的有效性和价值,然后决定如何处理它。批判思维是一个辨别过程,决定哪些想法是好的、哪些是坏的。变得有批判性,意味着我们每个人都要对我们信赖的想法的真实性和有效性负起责任。

批判技能

4 有三大批判技能。它们是:(1)复核"宣称的事实",(2)澄清概念,(3)推理验证。

(1) 复核"宣称的事实"

"宣称的事实"是指作为一种知识提交审议的任何想法。在认识论上,"宣称的事实",只有经过仔细检查和真值测试(参见第3-4章)被接受后才成其为事实。如果它通过了批判核查,它就可以有效地被称为"事实"(虽然在何谓

"事实"上还存在一些定义问题）。

宣称的事实：外面下雨了。

这似乎是一个相对简单的"宣称的事实"，事实确实如此。我该如何去验证它的真实性或伪造性？所有我需要做的就是走到外面去观察一下。如果我的观察与我的感觉告诉我外面是在下雨，我就可以断定，我心中的这个想法充分对应了我的感觉告诉我的真实事情，我就可以认为这样的事实是真正的事实。如果外面没在下雨，这一"宣称的事实"就是虚假的。在这个例子中，我们使用了三个真值测试中的两个：一致性真值测试和实用性真值测试。

5　宣称的事实：水在零度会结冰。

乍一看，在我们的脑海中，这不过是一个抽象概念，但我们想知道的是，这一事实是否为真。那么，我们如何才能找出这是否为真？我们可以去找些水，把它放在室外（冬天）或是放入冰柜，确保温度在零度或零度以下，看看会发生什么事情。如果温度降到零度它结冰了，这一看法就是真实的；如果没有结冰，上述看法就是虚假的。美国哲学家威廉·詹姆斯（William James）认为，抽象的想法既不真也不假，直到它被放入真实事例，发现它确实起效才为真（或在证实无效后为假，也即没有准确地描述一个真实事件）。在"水在零度结冰"这个例子中，这个想法自然是真的，它已得到多次检验证实，所以我们相信只要满足条件它就会起效。（请注意，真实存在只是一个起用想法的特征之一。）这是一致性真值测试和实用性真值测试应用的另一个例子。

6　宣称的事实：公元451年匈奴王阿提拉在沙隆战役中被撒拉逊人击败，掉头入侵穆斯林，要不是这样，穆斯林人就会征服欧洲将其变成一个伊斯兰帝国。

这一陈述是真是假？怎样才能证实或证伪这一宣称的事实？我不可能去到一个地方，找到过去发生的事情来核对这一想法；再说公元451年已是很久很久以前的一段时光。我必须做的是查找历史记载，找到关于阿提拉、匈奴、撒拉逊人（穆斯林）和伊斯兰教、沙隆之战等任何与这一事件有关的记载。如果我发现历史记载支持上述宣称的事实，我就可以接受这一陈述是真的，但若没有找到相关的历史记载，我就必须质疑上述说法（即我必须暂停对这一陈述的真假作出最终判断）；或者如果我发现历史记载与上述宣称刚好相反，那我必须得出结论：这一说法是假的。

那么，这一声明是真是假？（也许在接着往下读之前你会想亲自去查找一下史料。）

我在历史记载中发现，公元451年确有沙隆之战，匈奴王阿提拉是胜利者。但我发现与阿提拉对阵的是罗马军团，而不是撒拉逊人。事实上，当我查找撒拉逊人、穆斯林和伊斯兰教时，我发现，伊斯兰教直到7世纪才出现（先知暨伊斯兰教创始人穆罕默德生于570年卒于632年）。这一宣称的事实中关于萨拉逊人的陈述与历史记载不符。因此我可以得出结论：这一陈述是假的。这里应用了相关性真值测试。

7 这三个真值测试（3-4章中有更充分的概述）可以用来判定所有宣称的事实是真是假。如果我们想要确保我们自己思维清晰，那么确保我们正在使用的数据合乎情理非常重要。我们花费时间和精力去确立一个想法有何意义——如果事实表明它是假的？亚里士多德是第一个意识到这一点的批判哲学家，他说，我们必须确保我们开始思考的"事实"（"出发点""第一原则"）是真的。只有在它们是真的情况下，我们后续的思考才有更好的机会成为准确的和富有成效的。

(2) 澄清概念

8 我们很少会去想一些和说一些没有隐藏的假设及含义的事情。这是一些潜入我们思想之中不请自来的意义，以至于我们的陈述并没有表达出我们真正想要说的，或者是他人没有表述出我们真正想要说的；事实上，我们往往会说一些我们并不想说的话。而更常发生的则是，我们的推理中含有隐藏的目的与逻辑谬误，使得我们的论据无效。但是，如果我们对自己的思想足够诚实（哪怕只对我们自己诚实），那么总是会要求我们予以澄清。比如，考虑下面这个例子。

一位年轻的银行职员被指控犯有贪污罪，所有证据看上去都指向定他的罪。

但他知道自己是无辜的，他的妻子也相信他。很快就有另一位银行职员告诉她，他知道一些文件的下落，这些文件将会揭出真正的贪污犯，证明她丈夫是无辜的。但她的信息提供者也明确表示，只有在她愿意跟他过夜的情况下他才会把证据交给她。这对夫妻是虔诚的天主徒，但是为了洗去丈夫头上无须有的罪名，她迅速作出决定，不论需要付出什么样的代价，她都要得到信息。于是，她跟那位银行职员共度了几个晚上。最后，文件被提取出来，她的丈夫被无罪释放，真正的贪污犯则被抓起来判了刑。

为什么在这个例子中迫切需要对相关概念予以澄清呢？因为这名女子坚称她并没有做什么道德错误的事，而教会当局则坚称她故意违反第七诫因此犯下道德错误。双方都可以找到支持自己的证据，但在我们为每种看法辩护之前，有必要先澄清一下其背后隐藏的假设和含义。（关于我们在作出道德判断中所用伦理标准的进一步扩大讨论，可以参阅书中第448–454页。）

首先，请注意，我们这里所做的事情属于伦理学，它是哲学的一个分支，涉及评估某类事件（人的意图和行动），我们通常会评价其是好或坏、是对或错、是有罪或无辜、是道德或不道德。伦理学的目的是：确立在理想状态下我们人类应该怎样去思考、感受其他人类（和其他生物）并对其作出回应。（注意：评价不是"宣称的事实"，虽然我们通常会用无数宣称的事实来支持我们的道德判断。在我的陈述"你不该那么做"中不涉及任何事实，它仅仅是一个判断，基于我对人们该做什么或不该做什么的思考和感觉。）

那么，本例中的女人，我们姑且叫她丽塔，应被判为是道德的还是不道德的呢？天主教会使用正式的标准作出道德判断。在这种情况下，作出价值判断的抽象规则是："不可奸淫"（《旧约·出埃及记》20：14）。这一规则具有普世意义：就像罗马教会解释它的那样，它应该同等地适用于全人类。这是上帝赐予的法律，每个人都应提前熟悉它，并准备将它应用到任何合适的场合。可以说，这是一种绝对法——没有谈判、修改或违反的余地。在这种情况下，丽塔早就知道这一规则，她明知故犯打破了规则，因此她被判定犯了不道德行为罪。这一逻辑是有效的，教会的判决是合理的。

但丽塔认为，她所做的决定是一件有爱心、有同情心的事情。她发现自己处于一种道德困境中，被迫要在几个不同的行动中作出选择，每个选择都会让人非常痛苦；她看不出有哪一个真正的选择不会导致灾难性后果。那么，在一个人只能作出被迫选择并且只有不好的选择是可能的情况下，一个人该怎么去做——是去遵循抽象规则，还是去做有爱心的事情？在本例中，丽塔选择了将她的丈夫从"铁定有罪"和多年刑期中救出。为了她爱的人她牺牲了自己（"为了得到需要的信息我愿意去下地狱"）；她认为，在这一可怕的创伤性困境中，她选择了她能选择的最好办法。根据情境伦理学，如果一个人在心中看到自己的选择可以增加另一个人（或他人）的福祉并作出了这一选择，那么这个人就是真正意义上的有道德。使用情境标准，丽塔的行动富有同情心，她的逻辑是有效的，她的道德判断是合理的。（关于情境伦理的更多信息，可以参阅书中第448—450页。）

既然这样，那么丽塔的行为到底是道德的还是不道德的？**我们可以采用两种方式中的任何一种对她作出有效判断**。我们对她的行为的**评判**，完全取决于我们选择哪一个标准。这两个标准都有强大的后盾，都有无数卷宗可以支持其判断。显然，我们中的很多人都不会对这种优柔寡断的答案感到满意，我们不喜欢含糊其辞。因此，接下来要做的就是试着判定哪个标准更好或更正确，但这已是另一回事了。

9 在这一案例中还有更多的假设和含义需要澄清和明确，就以我们在这里尝试澄清的一件事来说：作出道德评价的标准。不管怎样，从这一简短的讨论中，可以推断出三个道德公理。(1) 没有哪种评价（包括伦理判断在内）可被理解，除非是对用来作出判断的标准有一个明确而清楚的了解。(2) 任何行为或事件（包括所有人类行为事件），从逻辑上来说，都可被评价为好或坏、对或错，具体就看评价者选择什么样的判断标准。(3) 伦理知识丰富的人知道，日常生活中存在着截然不同的标准，人们往往也是使用着不同的标准，我们所有人在应对生活中的道德困境时，都会尽可能地选择（对自身）最好（最有利）的；这种意识可以帮助我们更好地去了解充满激情的分歧，而这则似乎是我们的社会生活中一个固有的部分。

（3）推理验证

10 第三种批判技能涉及亚里士多德发明的基本推理规则，后世称其为亚里士多德式或古典逻辑。逻辑可被定义为一门有效推断的科学，用来澄清想法与想法之间的关系。它包括归纳推理和演绎推理两种。

我们可以用"恶的问题"（或"神正论"）来说明有效推理是什么意思。这一问题在所有伟大的宗教中都有广泛讨论，一直是一个巨大的愤怒之源、悲痛之源，被在日常生活中遭遇毁灭性悲剧的信徒所质疑。

犹太基督教圣经《约伯记》里有对"恶的问题"的经典表述。在散文诗般的开篇前言中，约伯被描绘成一个富有的男子，过着一种悠然和正义的生活。一天，耶和华神和撒旦（其字面意思是"对手"，在犹太人的思想中是一种检察官，而不是后来神学中演化出的至恶之神）讨论约伯和他对神的敬畏。上帝称赞了约伯坚定不移的忠诚，撒旦则认为约伯之所以这么忠诚，只是因为有耶和华的保护，他所拥有的一切都是耶和华赐福所致，如果他像其他人一样遭受厄运，他就会抛弃虔诚，诅咒上帝。于是，他们约定测试一下约伯的忠诚。基本规则是：撒旦可以用他喜欢的任何方式折磨约伯，但绝不能加害约伯。于是，约伯

◀ 专栏 ▶ **"未经考察的生活"**

雅典人啊，我爱你们，我尊重你们，但我宁愿遵循神意而不是你们的意见，只要我还有生命和力量，我永远不会停止哲学思考和哲学教育……我就是上天赐予我们城邦的牛虻，一天到晚我都烦在你们大家身边，鼓励你们，说服你们，责怪你们。……我可以告诉你们，你们所说的（让我闭上嘴）违背了天意，因而我不能什么都不说……对一个人来讲最好的事情就是每天探讨美德的问题，每天仔细考察别人和我们自己的内心世界……未经考察的生活是不值得生活的……在那个世界，我可以继续我对真实和虚假知识的研究……在那个世界，他们不会因为一个人爱问问题就判其死刑：绝对不会。①

---

① 〔古希腊〕柏拉图，《柏拉图全集》第一卷，王晓朝译，人民出版社，2002年。——译注

经受了一系列毁灭性的灾难。他相继失去了所有的物产，他的财富，他的家人，最终则是他的健康。当约伯的苦难达到忍无可忍的地步时，他的三个朋友赶来安慰他。但约伯诅咒自己的生日，怨恨自己无法得到安慰。他的朋友们采用标准的犹太信仰（痛苦是罪的结果）质问约伯，因为约伯的痛苦证明他有罪。如果他肯认罪并肯悔改，他的痛苦就会停止。经过三轮对话，约伯重申了自己的清白，抗议他所受的痛苦是荒谬的、无意义的，上帝让他遭受这样的苦痛实在是太不公平了。

"恶的问题"可以这样来总结：如果上帝是全能的，如果上帝是慈悲的，那么为什么我们人类会受苦？这个问题使得我们痛苦地尝试用神的方式来为我们自己辩护。到了《约伯记》的结尾，关于神正论各种可能的解决方案都进行了探索。

11 约伯的故事中隐藏着多种假设和含义。借用一些古典逻辑的重要指导方针，并把上述论据变成三段论形式，我们就可以找到一些隐藏的含义。

犹太教中关于约伯所受痛苦的道德律看法，可以这样来表述：

罪（只有罪）会造成痛苦
约伯遭受了痛苦
―――――――――――――――――――
因此，约伯犯了罪

还请注意下面这一信念的有效性，该信念明确出现在《约伯记》中：

一个人痛苦的程度与其犯下罪过的程度成正比
如果一个人罪大，那他受到的痛苦也大
如果一个人罪小，那他受到的痛苦也小
约伯受到的痛苦太大
―――――――――――――――――――
因此，约伯犯的罪也大

这一教义也假定罪与痛苦之间有因果关系，如果一个人改变了因，就会改变果：

> 罪（只有罪）会造成痛苦
> 如果你停止犯罪，你就会停止受苦
> 约伯一直没有停止受苦
> ─────────────────
> 因此，约伯一直没有停止犯罪

由于因果之间（犯罪与痛苦）存在时间滞后，所以承认既定事实和忏悔自己犯下的罪，可能会得到上帝的宽容：

> 如果你认识到并承认自己的罪过，你就会停止受苦
> 你还在受苦
> ─────────────────
> 因此，你还未承认你犯的罪

另一方面，当我们站在约伯的角度去反思这一说法时，我们就会开始明白，为什么这一教条会产生这么多的精神痛苦和智力痛苦。约伯可能会说："我的朋友们都同意——"

> 罪（只有罪）会造成痛苦
> 我很痛苦
> ─────────────────
> 因此，我犯了罪

"但是他们都错了！我认为我是无辜的，我没有做过任何不当行为，没有说过任何亵渎神明的话，我没有犯罪。我确信——"

> 我没有犯罪
> 我很痛苦
> ─────────────────
> 因此，苦难并不是（仅）由罪引起的

"那我为什么会受苦呢？为什么？"

> 公正的上帝不会让一个无辜的人受苦
> 上帝是公正的
> 因此，上帝不会让我受苦

"但他却让我受苦！因此，也许——"

> 公正的上帝不会让一个无辜的人受苦
> 我是无辜的
> 我在受苦
> 因此，上帝是不公正的

"但这怎么可能？上帝——如果他是上帝的话——必须是公正的。那么，答案是什么？"

> 我必须得出结论（依从信念和定义）神是公正的
> 我必须得出结论（依从经验和逻辑）神是不公正的
> 因此，上帝既是公正的又是不公正的（上帝同时在同样的意义上既是 A 又不是 A）

"但这是不可能的！那这又是为什么，哦，上帝，为什么？我要怎样做才能找到解脱的办法？"

12 我们可以感受到约伯的痛苦——无数其他信徒也能感受到这一点，他们发现自己陷入了这种人性化的困惑，并试图去理解这一困惑。实在是没有出路可走，在与这个问题纠缠了许久之后，《约伯记》的作者仍然未能找到解决办法。这个问题涉及逻辑矛盾，鉴于他的前提和他有限的数据，约伯（或《约伯记》的作者）不可能解决这个问题。由于我们作为读者享有特权成为故事的局外观察者，使得我们从一开始就知道故事的秘密所在：我们知道这场痛苦的大戏是对约伯信仰的一个测试。上帝与撒旦和善地同意让约伯经受一些苦难，看看他在陷入什么境地中会忍不住爆发出来，诅咒上帝给他造成的不幸。

千百年来，这一"道德律"教条一直让神学家和哲学家头痛不已。而对于我们想要达到的目的来说，只需注意这里所用逻辑分析的作用：将论据变成逻辑形式，可以帮助我们从犹太教的道德律中作出有效的推断。逻辑并没有解决问题，它只是澄清了我们思考这个问题的几个方面；而且对一些人来说，它可能已经部分地消解了这个问题。实际上，单就这个问题而言，一些方法，比如直接调查人类所受苦难的原因，要比演绎逻辑更易找到解决这个问题的办法（参见书中第196—197页）。

你也许会对《约伯记》的作者给出的答案感兴趣。一个答案可以在《约伯记》40：6—42：6中找到——耶和华在旋风中的回答。但是，如果你对这个答案感觉不满意，你可以读一下《约伯记》散文诗般的前言（1：1—3：1）和尾声（42：7—16）。那里提供了完全不同的答案。这些不同的解决方案仅仅说明了：如果在既定的前提条件下认真对待和处理这个问题，将会遇到什么样的挑战。

批判思维的例子

13 下面是一些如何利用批判技能来继续进行批判思考的简明例子。在每个例子中，你会怎样回应引用的语句？你会提出的第一个问题是什么？里面涉及什么样的定义？隐藏的假设是什么？声明中采用的推理又是什么？

"探究的心智想要知道。"

这一说法来自《国家询问者》（*The National Enquirer*）所做的一个电视广告，一份在我们的超市收款台边都可看到的每周发行一次的小报。面对这一陈述，你会首先提出什么样的问题？你会如何去批判评价它？

对此可以提出许多批评意见，这里列出的只是其中之一。就像陈述所声明的，从定义上来说，它自然是真实的。"探究的心智"的定义是什么？答：那些"想要了解[事情真相]的"头脑。但这是一种商业宣传员的促销腔调，所以我

批判思考很容易

知道他们想要卖给我一些 [我并非真正需要的] 东西,所以我必须提高警惕。与所有的广告一样,我必须决定,我是否真的想要它们想要我买的东西。

在这种情况下他们想要卖给我什么呢?自然是《国家询问者》。他们希望我想要他们提供给我的他们的报纸,这样我就会买他们的报纸。他们正在试图说服我,如果我有探究精神——他们知道我肯定会声称有探究精神,在我们的社会中探究精神仍是一种受人尊敬的商品——我就会购买他们的报纸,他们的报纸会告诉我,我的心智(探究精神)想要知道的事情。

但我并不想知道他们非要告诉我的东西。我的心智告诉我有更好的事情去做。在这一点上,我有三个明确的理由。(1)周日小报上的多数材料,我都会给其贴上八卦的标签,这是最坏的一种,因为它涉及耸人听闻的消息、个人隐私、病态的消息。(2)因此,它会迎合我下流的激情,浪费我的时间。它几乎不会给我提供任何想法或信息,帮我成为一个更明智的人。(3)它上面刊登的那些"宣称的事实"未经批判,也未经核实。我无法相信它想传递给我的信息。因为我想要的是真相,我不得不去其他地方找寻。

14 "现在就呼叫我们！我们的电话号码是 1-900-555-2823，你的问题将会得到一位心灵网络成员的回答，它可以准确预测你的未来。未来并不一定就是未知的。我们不只是预测未来，我们还会改变未来！"

"未来并不一定就是未知的"这一声明，可能会让我们觉得这是一个严肃的问题，因为它违背了我们的常识经验。但要是我们能够知晓未来，这难道不是一件美妙的事情吗?！它有这么多的生存价值：我们可以看到很快就会在我们身上发生的事情，提前做好准备。我们是如此强烈地渴望能够看到未来将会发生的事情，以至于所有宗教都发展出牧师这一角色来满足这一非常人性化的需要。每个社会都有其预言家、通灵者、降神术、占星术、龟甲术、手相术、塔罗牌和水晶球。

但在拿起电话之前，我们需要先仔细审视一下"可以知道未来"这一想法。如果未来还没有发生（这是它的定义），那它不可能现在就知道。如果它尚未发生，那它现在也不存在。既然它不存在那又如何能够知道一些事情呢？另一方面，如果它现在就可以知道，则它已经发生。如果它已经发生了，它又怎么能改变呢？我们又怎么能证明它已经改变了呢？

了解未来可以分为两种类型：一种是软预测，另一种是硬预测。在软预测中，基于现有的知识和经验，我们可以预测未来。经济学家预测，第三季度将会看到失业率上升、利率下调，以及更低的住房开工率。我也可以预测，如果你是在三十岁后半段，那么要不了多久你就可能要面临中年危机。但是，这种软预测既可能会也可能不会发生，它们不会只是因为我或"专家"做了预测就必然会发生。它们不是逻辑上必然要发生的事情。它们都是"如果-那么"式的预测：如果经济持续沿着过去的趋势发展，那么就会有更多的人失业，等等。但是经济也可能不会遵循过去的趋势，它似乎有自己的想法，所以它在今年可能会发生狂热的、飘忽不定的、未预期的事情。

硬预测则是另一回事。在这种情况下，有人，比如预言家、占卜师、通灵者或一个人的自我（可能在梦中），会预测未来发生的事情，就像它们将会发生的那样；由于它们是被预见的，他们的解释中往往含有神启这一个元素，所以它们一定会照预见的那样发生。这被恰切地称为预知。这方面的一个著名案例是亚伯拉罕·林肯梦见自己的葬礼。在被刺杀前几天，林肯做了一个梦，梦见白宫的一角在举行葬礼。送葬者都穿着黑衣服，其中一些人他都认识。在梦里他问这是给谁举行的葬礼，人们告诉他"总统被枪杀了"。当然，这个梦看起来就像真正的预知，它对林肯有相当大的影响。他把这个梦讲给了他的几位密友和内阁成员。

问题是，这样的情节，在流行的神话中到处泛滥，没有丝毫证据可以证明这样的预测有任何超越纯属巧合的有效性。林肯的梦看似是一个典型的预知的例子，实则属于心理学上很容易解释的一类经验。林肯心里很清楚，南方的同情者有多恨自己，他收到了无数的死亡威胁。即使他有意压抑了他的意识和他的恐惧，他的潜意识仍要面对这些恐惧，并会在梦中对其采取行动。瑞士深层心理学家荣格发展出了一套理论，认为潜意识（不会被目前的现实情况和有意识的头脑所调和吸收）可以连接感情和事件，准确地预见到有意识的头脑无法看到的事情。但即使这样，它也只是一种软预测，只是象征性地展现出来，而不是一种正宗的硬预测。

15 "妈咪，金尼说我……[哭泣] 金尼说我是你们收养的。妈咪，我是你们收养的吗？"

"收养"有几个不同的含义，在不同的社会中有着多种多样的意思。首先，它是一个法律术语，在一些社会中，指的是——

——且慢！我们必须非常小心才行。每件事都有一定的时间地点，而这里可能未必是批判分析的时间。有了孩子，我们所有人要听的东西远多于词语本身所代表的；或者在更好的情况下，词语总是带有更多的含义，超出狭义定义所能捕捉到的。显然，在这种情况下，智性反应似乎有些不相关。想要辨别哪些反应是适当的并不容易，但我们可以肯定，我们每天都会遇到这样的决策时间。"结婚二十五年来，我从来没有问过你：你爱我吗？"这是电影《屋顶上的小提琴手》(1971)中特维向妻子提出的问题；或女人的尖叫声"我家房子着火了！"——在这种情况下，适当的反应可能是不做批判分析。不过这并不是说，理性的智力无法帮助我们决定什么样的反应是最合适的——它当然可以做到这一点；而是说，批判分析，作为一种回应，可能是最后才会要求去做的一件事。

16 神灵在发烧，天国里小号齐鸣，不朽的铙钹响成一团。这里弥漫着一种神秘感，就像传说里神山中的仙云一般……

读着这样的话，我很是困惑。神灵如何会发烧？什么是不朽的铙钹？神秘感如何能像"仙云一般"？毕竟，神秘感是一种主观体验，而不是一个东西"悬挂在那里"。而且说到底，"它"又是谁呢？

但是——我再次偏离了主题。这是诗。如果我抱着作者想要向我传达我能准确理解的意义的想法去理解这几句诗，我就会错过诗的韵味。这几句诗出自早期伟大的科幻小说家洛夫克拉夫特（H. P. Lovecraft）之手，展示了他喜爱的、有创意的文字游戏——这就是诗里所讲的。在断定什么样的反应是适当的时，必须总是考虑到材料的性质和原创者的意图。

17 "我讨厌西兰花，它的味道真是糟透了，我现在是总统，我再也不吃西兰花了！"

这个情节，对许多美国人来说，是美国总统老布什在任期间所要面对的重要问题之间一个令人愉快的插曲。它是一种高层次幽默，从中我们可以感受到，在一个短暂的瞬间，总统放下了他的公众形象，而仅仅是一个普通人（露出他作为常人的本色）；在他的坦白相告中，我们发现了他迷人的一面，觉得他这人是可信的。我们喜欢这样，我们喜欢自己能与一个轻松自然、毫不设防的总统在一起。

然而，如果我们决定对这句话进行分析，我们就会注意到，这一"西兰花宣判"由四个独立的、相当有趣的陈述组成。

(1) 老布什做了一个私人的"宣称的事实"："我讨厌西兰花！"是对一个个人事实的陈述，如果他的报告足够准确，那它就是无可辩驳的。如果听到这句话我回应说"不，你不讨厌西兰花。你喜欢西兰花！"那就未免太傻了。"宣称的事实"是真实的，如果他说事情就是这样，事情也就结了；只有他可以报告他正在经历什么，最终，只有他自己知道这一陈述是真是假。

(2) 老布什作出的评价中涉及一种谬论。他的陈述"它的味道真是糟透了！"应该受到一定前提条件的限制，说成是"它的味道对我来说真是糟透了！"这样一来，事情就变得很清楚，他也就不会把糟糕的味觉体验加诸客体对象身上：毕竟，西兰花不会品尝，而是我们在品尝。是我们的味蕾在品尝，而不是西兰花。所有这些特质（如美感、声音、味道、气味），都应适当地限定在体验者自我身上，而不是放诸整个现实世界。

(3) 老布什做了一个简单的"宣称的事实"："我是总统"，对此可能会有小小的争论；但它很容易得到验证。

(4) 他做了一个软预测，其中包括一项预定的承诺："我再也不吃西兰花了！"预测既不是"宣称的事实"，也不是对事件的评价。预测是对一种个人期望的陈述，或是对一种希望达到的目标（一个人会努力去做到）的陈述，或者是一种影响他人行为朝着一个目标使劲的政治声明。在本例中，老布什的声明可能是第二类（与第三类也沾点边），他告诉我们，他打算付诸一些努力，做到不再吃西兰花。

18 时间有一个开端：大爆炸。很多人都不喜欢"时间有一个开端"这一想法，可能是因为它给了"神意干预"一记耳光。

关于时间的这个想法，可以在斯蒂芬·霍金的畅销书《时间简史》(1988年，第46页）中找到。是的，他是正确的，很多人都不喜欢时间有一个开端这一想法，但却并不是因为他给出的那些理由。相反，这是因为霍金假设时间是真实的，就像任何真正的事物，可能有一个开始和一个结束。我们可以郑重地质疑"时间是真实的"，即使这是物理学家和宇宙学家作出的一个假设。

首先，一个人怎么可能写出一本"时间简史"来？我们只能写一些已经存在的事物的历史，也就是持续存在了一段时间的事物。这也是"历史"这个词的意思，难道不是吗？我可以写凤凰城的历史，因为它的存在经历了很长时间，或者我可以写工业革命的历史，因为它持续存在了一段时间。我也可以写时间的历史，但只有在时间已经在时间中存在的情况下，这一时间又在另一时间中存在，另一时间又在另一时间中存在……依此类推。所以，除非物理学家能够提出一些特殊定义，时间有开始有结束这一概念会导致一种荒谬的时间概念。几乎可以肯定，时间是一种经验，而不是一个真正的东西（参见本书第279—295页）。

许多当代物理学家对待物理公式就像它们是真实的，一如许多数学家倾向于认为数字是真实的。出现这一谬误的根本原因是，几乎所有的物理学对象（原子、分子、生物、岩石、树木、行星、星系、黑洞、脉冲星等）都涉及运动，而事物移动则需要时间。此外，事物总是在一定的空间移动。所以，物理学家用来描述移动实体的公式和方程也就假设存在空间和时间；离开这一假定，运动就没有意义，也无法被测量。但是，假设是必要的，这样才能使我们的方程发挥功效，并不表明空间和时间就是真实的，虽然假设是自然的。因为有了爱因斯坦，当今几乎所有物理学家都在讲"时空连续"，仿佛"它"是一个真实的事情，实际上这涉及另一个谬误：把时间当成空间，其实，时间和空间是独立和独特的实体，不应被混淆；也就是说，我们必须审慎地不把时间给空间化，也不把空间给时间化。事情可能只是，现代物理学理论的根基建立在一个错误的概念上，总有一天，它将不得不承受痛苦的重新评估。

19 万字饰是让人痛恨的纳粹恐怖的象征。

既是也不是。在数百万人的心目中，万字饰是希特勒的标记，是纳粹的标记，是大屠杀的标记，是第二次世界大战中轴心国的标记；它自然会为人憎恨。但重要的是，我们要提醒自己留意一个语义事实：符号本身没有任何意义。符号不具有任何意义，它们仅仅是被赋予意义。它们是由我们的态度赋予其意义；

万字饰

语义学永远提醒我们，我们人类可以用任何事物代表任何意义。含义并不是符号的属性，而是一种附着于我们头脑中的经验。

这是一个历史事实：希特勒用"卐"来代表第三帝国，因为他的这一行为，这一符号也就变得意味着怪异和可怕的事情。但同样是历史事实的是，在印度教中，三千多年来，"卍"一直象征着吉祥和神圣的青睐；对耆那教信徒来说，它则一直意味着救赎。它是耆那教旗帜上的标志符号。因此，就像所有符号一样，我们可以赋予"卍"不同的含义；所有符号的意义，包括词语的意义，都必须从它们被使用的生活背景中去确定。

20 "谁发现了美洲——哥伦布还是维京人？请收看周一晚八点TLC学习频道。"

这一主张宣称："哥伦布发现了美洲"。除了定义"何为美洲"这一问题，使得这一陈述显得有问题的关键词语就是"发现"。

何谓发现？你去冰箱看到苹果馅饼不见了，这是一个"发现"吗？这一"发现"给了你先前没有的新信息，所以它是一个发现。1909年海军上将皮尔里（Peary）到达北极，这是一个"发现"吗？自从地理学家知道地球是圆的，绕着一个轴旋转，他们就在理论上知道北极一定存在于某个地方。皮尔里是第一个到达真正极点的人，他发现了它，并在那里插下了一面国旗，所以在精确的意义上我们可以说是"皮尔里发现了北极"。

让我们定义一下这个词："发现"的意思是"第一个找到，第一个听到，第一个观察到"。只有个体才会发现，虽然有时也会有几个人在同一时间"发现"从而说"我们发现"。因此，"发现"是指遇到发现的个体以前不知道的东西。哥伦布和他的船员们是否"发现"了一个有人生活其上的新大陆？是的，当然。这对他们来说是新东西，因为哥伦布的脑子里想的是航行到一个新世界，代表西班牙（一个大的想法）和"欧洲文明"（一个更大的想法）作出他的"发现"，回国后与他人共享关于先前（他们）未知的土地和人民的新知识。对欧洲人来说，这是一个有价值的新知识，"发现"是欧洲经验的一部分。

对这一新大陆的原住民来说，看到有人生活在隔海相望的东方对他们自身来说也是一个发现，这是一个他们先前不曾知晓的新知识。宣称发现了什么，总是要求限定一个视角，只有在这一视角下，才会作出发现。勇敢的亨利·斯坦利（Henry Stanley）穿越非洲各地寻找伟大的传教士医生大卫·利文斯通（David Livingstone），并在回到家后对世人宣称是他"发现"了利文斯通；但是利文斯通则抗议说，他自身并没有迷失，他并不喜欢被人"发现"。同样，"美洲土著人"也可以告诉哥伦布，他们没有迷失。哥伦布可以正确地声称他为自己和欧洲基督教"发现"了他们，但若哥伦布想要声称这件事真的很重要，土著人很可能会反驳道："我很高兴你'发现'了我们，因为那是从你的角度出发作出来的。现在你可以回去了，我们会继续留在这里！"

美洲土著人的后代对这一"发现"事件的评价可能完全不同，因为伴随哥伦布而来的是偏见、奴役、疾病和死亡，此外还带来了猪、柑橘类水果、甘蔗。因为他所带来的破坏性影响，今天许多人仍在否认哥伦布发现新大陆的荣誉；因为发现新大陆而赞美他被视为是一种侮辱。他们觉得，荣誉应该属于莱夫·埃里克森（Leif Erickson）和他的维京人，或是属于5世纪被吹离航线的中国和尚慧深（Huishin），或是别的人。推动这种否定态度的原因之一是：个体和群体不认同欧洲中心主义视角，那种视角下的哥伦布是一个英雄；或是觉得那一视角贬低了他人的观点，没有给予后者充分的价值。如果可以把这一宣称理解成"哥伦布发现了一些新的岛屿和岛上的当地居民，欧洲人先前从不知道这些岛和岛民"，那么围绕这句话所产生的多数混乱都可避免。但是由于这一说法似乎隐含着一种意思，即哥伦布发现了一个巨大的大陆，其存在从来都不为任何人所知，因此这一陈述带有冒犯色彩让人不快，作为对一个历史事件的描述，应该是站不住脚的。

一种特殊的聆听

21 一位批判思想家会进行一种特殊的聆听。在我们交流想法的大部分时间里，我们都会聆听别人说些什么；但是，一个哲学家不仅会聆听你说了什么，更会听到你的话语背后隐藏的思维过程。

你可能会说："我的结论是……"哲学家会回应："很好，告诉我你是怎么得出你的结论的。"

你可能会说:"在我看来……"哲学家会在听过你的看法后接着追问:"你是怎样得出你的观点的?"

你可能会说:"我相信……"哲学家会说:"很高兴你相信那些东西。你是怎样获得这一信念的?"

有人可能会告诉你:"我认为如此这般在道德上是错误的。"作为一个哲学家,你会说:"我明白你的意思。现在请告诉我,你是如何得出这一评价的。"

有人可能会反驳:"我不同意你的看法。"作为一个哲学家,你会说:"谢谢你,现在告诉我使你不赞成我的一系列思考过程。我们可以一起来分析一下,看看里面是否有什么问题,然后接着对话。"

柏拉图

我有一个梦想——理想国

他叫阿里斯托克勒（Aristocles），第八十八届奥林匹克赛会举办那年：公元前427年5月29日，出生在雅典的沙戈林。他的父亲阿里斯顿（Ariston）是古雅典最后一位君主科德鲁斯（Codrus）的后裔，他的母亲佩里克蒂娥妮（Perictione）是雅典伟大的立法者梭伦的后裔。他出身名门，终其一生都在与政治家、剧作家、艺术家和哲学家来往。

柏拉图幼年丧父，母亲改嫁，他的青少年时期就在继父家中度过。继父是伯里克利的支持者，曾出使波斯等国家，对他产生了良好的影响，后来在对话篇中他曾热情歌颂过他的继父。青少年时期的柏拉图，赶上了希腊戏剧黄金时代的尾声，亲眼看到名家剧作的演出，培养了良好的文学修养，写了不少颂诗和抒情诗。

我们叫他柏拉图，这个名字是他的体育老师给他起的绰号，源于希腊词 platon，意为"宽广的肩膀"（一说宽阔的前额）；在科林斯的地峡运动会上，他擅长运动和摔跤。多才多艺的他在各个领域表现都很突出。他在伯罗奔尼撒战争中参加过三大战役，被授予勇敢勋章。

21岁时，柏拉图参加悲剧竞赛会，在剧场前亲自聆听了苏格拉底的宣教后，茅塞顿开的他为苏格拉底的魅力所吸引，毅然烧掉自己的剧作，投身哲学，他称哲学为"一个珍贵的喜悦"；虽然他只当了8年苏格拉底的学生，他们之间的联系却在接下来两千年内设定了西方思想的进程。

苏格拉底没有建造一所有教学楼和校园的学校。他的教学全在广场进行，那里是雅典的一个开放市场，人们聚到那里交换商品，从事他们的政治生活，在商店给自己做衣服，出价买家具，定制楹联匾额，在祭坛周围举行宗教仪式，兑换货币。雅典人的所有生活都在这里上演。首要的是，雅典人爱说话，他们穿行在柱廊之间，说闲话，讨价还价，交谈，聆听教师、政治演说家、神秘团体的传教士、诗人和剧作家等各色人等的话语。

在雅典当学生期间，柏拉图一直待在苏格拉底身边。他可能住在广场附近的私人住宅。他可能会和大部分同学一起吃饭，大部分时间都是观看和聆听苏格拉底的言行举止，与其他人交流——交谈和研究想法。柏拉图出生在雅典卫城周围，在其漫长的一生中，多数时间都生活在这里并死在这里。

当雅典最终输掉战争并被斯巴达人在公元前404年驻防时，柏拉图已被非人道的战争、寡头的暴政、暴徒的兽性所吓坏，雅典人自己的无情和贪婪使得他对他们的看法进一步降低。混乱的社会、无序的政治、堕落的精神，使柏拉图看到雅典的成文法和习惯皆被败坏，世风急转日下，他写道："因此，尽管我一开始极度热衷从事政治活动，但是，一想到所有这些事情，看到它们以惊人的速度向四面八方急剧恶化，我就变得头晕目眩，茫然不知所措。"29岁时，他亲眼目睹了对他老师的审判和处决，这种荒诞感的体验变成了个体切身的感受。苏格拉底因为不敬神和腐蚀青年的莫须有罪名被定罪处死。"这就是我们这位同伴的结局，我们可以公正地说，在这个时代我们知道的所有人中间，他是最勇敢、最聪明、最正直的。"

柏拉图把雅典的噩梦抛在身后，开始作出一系列认真的尝试。他抱着寻求理想政体的愿望，游走了十几年：先是在同为苏格拉底弟子的欧几里德的邀请下去了麦加拉，了解了巴门尼德哲学；然后去了昔勒尼，提高了自己的数学、天文学知识；还去了埃及，那里先进的文化教育、发达的政治制度、森严的职业分工、领先的科学成就，给了他很深的感触；不过，最重要的还是去了南意大利（在那里他吸取了毕达哥拉斯学派的理论，并与学派领袖兼政治领导人结下深厚友谊，当地推行的温和民主政治，成为柏拉图日后追求的哲学王的一个雏形）；游历的最后一站是西西里，当时的君主狄奥尼修一世在推行僭主统治的同时也招募文化人咨政，在君王的小舅子兼大臣狄翁的邀请下（他是柏拉图的好朋友，想制定新政，用最好的法律管理国家），想要实现自己政治理想的柏拉图进了宫。由于一见面柏拉图就谈起僭主政体的弊端，惹恼了狄奥尼修一世，下令将其处死；在狄翁的劝阻下，狄奥尼修一世将其交给斯巴达使节，想要借刀杀人；使节不肯直接下手，又将其带到自己的出生地（那里因为此前战争缘故，对来到这里的雅典人一律不是处死就是卖为奴隶）交给当地人处置；由于受审时柏拉图表现得像其老师一样镇定自若，当地人免其死刑卖为奴隶；幸好一位昔勒尼朋友在场，将其赎回，送回雅典。这次游历开阔了柏拉图的视野，丰富了他的知识，并开始逐渐形成属于自己的思想。这次游历也使他看到了现实与理想之间的距离，认识到"没有重视的朋友和可靠的伙伴，做任何事都不可能成功"；并得出结论："所有现存的城邦都处于极坏的统治下，它们的法律已经坏到无可救药的地步……因而，除非真正的哲学家获得政治权利，或者城邦中拥有权力的人变成真正的哲学家，否则，国家和人类都将永无宁日。"

回到雅典的柏拉图已39岁。这一年他在朋友们的资助下，购置土地，创建了一所学校，他把余生的时间和精力都花在了这所学校上：阿卡德米学园，世称"柏拉图学园"，这是西方世界第一所综合性大学；柏拉图希望借助学园培养一批既懂哲学、自然科学又能治理国家的人才（即哲学王）去改变社会现状，间接实现自己的理想。（学园一直存在了九百多年。公元529年，拜占庭皇帝查士丁尼下令关闭学园，因为在他眼里，这里是一个异教的大本营。）

柏拉图学园

60岁时,柏拉图被请到叙拉古教育新国王狄奥尼修斯二世。他也很想在现实生活中测试一下他在《理想国》中所描述的社会心理学理论。但是,事实证明,年轻的国王难于教化,宫廷里的政治阴谋迫使哲学家返回雅典。

67岁时,在叙拉古的另一个使命遭到失败后,柏拉图于7月间在伯罗奔尼撒半岛参加了奥林匹克赛会,然后回到雅典,在教学和写作中度过了余生。他最伟大的作品写于40岁之前——他在作品中把苏格拉底当成他的文学英雄——它们包括《申辩篇》《克吕同》《理想国》。在生命的最后时期,他写了《巴门尼德篇》《泰阿泰德篇》《法律篇》等。这时的他受到广泛的钦佩和尊敬。80岁生日那天,他的一个学生邀请他参加一场婚礼盛宴。他应邀出席,故事告诉我们:他一直跳舞跳到深夜。最后他离开他的学生们,回家休息。他在睡梦中去世。按照传统,这是第108届奥林匹克赛会后第一年:公元前347年。

✀

柏拉图的生活中有两个至高无上的成就:建立学园,通过写作使得苏格拉底名垂千古。他和苏格拉底两个人,深刻地影响了西方世界。

阿卡德米学园位于雅典西北郊两公里的一个公共公园,离迪普利翁门西北约一英里。旁边不远处就是克菲索斯河。这里有橄榄树、塑像和传说中的希腊英雄阿卡德摩(Academus)的神庙,学园的名字就来自它。同样是在这片土地上,有报告厅、教室和一个学习的神社——就像某种教堂,由柏拉图自己修建,崇拜缪斯——宙斯的九个女儿,她们是激励所有艺术和科学发展的神灵。旁边挨着一个大型体育健身房。

在这里,柏拉图在他周围聚起了一个认真学习的学生圈子,并将他们组织成一个有纪律的教育社区。年轻的男男女女来自希腊世界的各个地方,致力于研究文学、历史、数学(包括音乐和几何)和哲学,其中要遵循要求非常严格的程序。他们将会**受到教育**(educated)**而不是受到训练**(trained)。通过智力和道德发展,他们将会成为合格的城邦领导。他们住在学园附近。他们不用支付任何费用,但他们的父母会给学校捐赠丰厚的礼物,因此,没过几年,学校便得到重新翻建。这里的学生是希腊最优秀的青年学生,他们在这里住上几年,有的一住就是一辈子,从事严格的学习和研究。

学园除为各城邦提供政治、法律服务与咨询,也开展自然科学研究,尤其重视数学和几何学。当时学园已对动物学、植物学、生物学进行了初步的分类研究，后来亚里士多德正是在此基础上，依据学园收集的资料，深入地研究了生物学。

今天再去追寻柏拉图的阿卡德米学园难免会让人失望。你可以沿着雅典娜节日大道向北，穿过雅典卫城的山门（Propylaea），经过阿塔洛斯柱廊（Stoa of Attalos），路程不足二里。然后，道路便被铁轨和充满汽车尾气油烟的现代雅典大街阻挡住。在昔日学园所在的地方，只有一片开阔地，里面杂草丛生，点缀着黄色的雏菊和红色的 paparumas，几个大理石鼓，一些残缺的（柱顶过梁和挑檐间的）雕带、（墙顶的）饰带和后期罗马石棺。这里有待考古学家进行挖掘，也许他们可以告诉我们关于这一"希腊荣耀"的学园的一些秘密。

☙❧

柏拉图心中对自己想要做什么有一个极其清晰的愿景：教育青年男女去寻求真理，希望他们有资格在世界上担当起领导职位，把这些真理付诸实践。

柏拉图在创立学园时，已经在其有生之年目睹了无数的悲剧。他注意到，人类有一种不幸的倾向：穿着一层又一层厚厚的防御的盔甲，透过狭窄的缝隙，去看待身外的一切。我们依据简化论视角采取行动，宣称自己无所不知。出于非理性的或是基于虚假的、不充分的信息，或者是基于神话和谬论，我们画出分割线，立起"堡垒"，大动干戈。

谎言和有限的信息会让人疏远，清醒地认识到普遍真理则会将人联结在一起。柏拉图认为，真理如果真是真理，必然是普遍的。对所有人来说，真理只能有一个或一组。因此，如果人类能照事物真正所是的样子去理解的话，即如果他们拥有真理，他们就不会让自身陷入狭隘的"营地"，以及出于无知和傲慢，用言语和刀剑与他人残酷地打斗在一起，最终落得两败俱伤。

在柏拉图的阿卡德米学园入口处，有这样一句话："不懂几何者请勿入内"（MEDEIS AGEOMETRETOS EISITO）。这句话的隐含意思远远超出了其字面意思。几何（包括数学在内）是一门普遍科学。这是柏拉图追寻普遍真理的一个比喻。

因此，我们可以说，柏拉图是理性哲学的创始人；而柏拉图则可能会说，哲学是一门发展普遍观念的艺术和科学。

什么是普遍观念？

一个想法是头脑里产生的一个抽象的概念,使其能够处理大量特定观测。例如,我的经验,一个孤独的草地鹨在树上唱歌,是一个单一的直接感知,但是我的"鸟"的概念(即抽象之鸟,"鸟性"——所有的鸟都有的共同点)则是一个想法——一个普遍的想法。前者是我对一个真正的对象(草地鹨)的**感知**(perception),后者则是我对一个理念(鸟)的**概念**(conception)。

我们如何发展出普遍观念?

假设在我迄今为止的一生中,我只看到六只乌鸦和十只火鸡。我确实有一个关于鸟的想法(它将只包含乌鸦和火鸡的共同点),但我的想法可能不太准确(或非常有用),因为我没有看到过足够多的鸟。这确实是一个开始,但它太过有限。

现在,假定我看到了一百只雀、一千只鸥和一对鹈鹕。见过**更多的**鸟后,我对"鸟"也就有了一个**更加准确**的看法。再假定在我的一生中我看到了数以百万计的无数种鸟类。我心目中的"鸟"的观念,将会更具包容性,更精确,更具普遍性——也更实用。

在日常生活中,我们滥用观念是种不幸。而实际发生的事情往往就是这样。雅典人只看到海鸥和燕鸥,可是他们会告诉你,他们有一个清晰的"鸟"的观念。亚历山德里亚的人看到了秃鹫、鸢和朱鹭,他们也有一个清晰的"鸟"的概念。来自意大利的拉丁人一样有一种清晰的"鸟"的想法,因为他们看到了雀、麻雀和三趾鹬。每个人都有一个清晰的"鸟"的概念。但要是雅典人、亚历山德里亚人、拉丁人聚到一起讨论鸟类,会发生什么呢?他们会对"鸟是什么"有不同的**理念**(Ideas),如果他们不能及时澄清和界定他们的想法,他们很快就会吵嘴打架,因为每个人都认为别人的"鸟"的想法是错的。

为这么一件琐碎的事情(对"鸟"的不同想法)而去打斗似乎是愚蠢的。但对我们那些(同样是不完整的)关于正义、美德、道德、正派、正确的、错误的、罪恶、邪

"树上藏只小燕子"
"不对,是只小麻雀"

1-3 批判分析

恶、快乐、幸福、忠诚、自私、骄傲、人性,以及无数其他想法,包括信仰、希望、爱、善、真相与美的想法,又是怎样呢?柏拉图观察到,在尝试找出这些差异的根源和原因之前,我们似乎都被一个恶魔般的驱动所拥有,为我们之间的分歧而打斗。

柏拉图相信,只有了解事情的真相,人们才会停止争吵或战斗。这是哲学的任务和教育的目标。进行哲学思考就是交换和完善思想——通过谈论它们,即通过对话。如果雅典人和斯巴达人能够坐到一起好好交流一下各自关于荣誉和正义的想法,也许他们就永远不会打起来。

"除非真正的哲学家获得政治权利,或者城邦中拥有权力的人变成真正的哲学家……否则,国家和人类都将永无宁日……"

1-4 全景整合

哲学家们分析不同的想法或观念，以便使他们的思考达到一定的精确度和清晰度，但是许多思想家也试图把点点滴滴的知识组合成一个可以连贯起来理解的全景。世界真的就像是一个巨大的拼图游戏，"整合哲学"的目标就是整合分散的图片，看到拼图完整的全貌，在时空中一个给定的时点人类可能的范围内尽可能准确和清晰地去理解它。本章介绍了几种组合拼图建构整体视觉的方法。

他（人类）想去了解它

1 整合哲学的目标就是希腊词"sun-optikos"所暗含的意思："把（每件事）合起来看"和"philein-sophia"："爱智慧"。把这两个根词合到一起，意思再明显不过：整合哲学就是爱那种可以获取一个（将每件事都连到一起的）连贯画面即整个人生全景的智慧。

"整个人生全景"！还有什么样的人类事业能比这更宏大或更宏伟？威廉·霍尔沃森（William Halverson）写道："这种尝试代表了人类心智所尝试的最大胆的事业，没有别的什么事业能与之相提并论。只需思考片刻：这里是人类，被浩瀚的宇宙所包围，在这个宇宙中，他仅仅是微不足道的一部分——他想去了解它。"

2 请允许我打个比方。我们养了一只猫叫泰格，它喜欢每天早上被放出去爬爬树和追逐蜥蜴。因此，吃过早饭，我们就会打开纱门把它放出去。但是我们这样做有些不太情愿，因为我们心中有一个更大的图景，知道泰格不知道的一些事情。我们生活在远郊，多年来，我们已经失去了一些深爱的家庭成员，它们成了郊狼和山猫的猎物。外面是有危险的，让泰格出去要冒一定风险，只有在它极想出去和我们的狼狗在住处周边巡逻的情况下我们才会让它出去。泰格自然对更大的图景一无所知，它在树下欢快地打滚，爬上桉树上蹿下跳，喵喵地叫着，明亮的眼眸中透出无限的自由的喜悦。

哲学与这种方式没有什么两样。在每种情况下，都会有比我们立刻意识到的事情更多的故事。任何情况或经验背后，总是会有一个更大的图景环绕着，包裹着，装饰着；那一更大的图景，对过上一种成功的、智慧的人类生活非常重要。

哲学寻求的是视角。它试图在考虑到整体的情况下去理解部分。在天文学中，哲学家试着在整个宇宙的故事背景下，去解释一个特定恒星的运动。在生物学中，他会试着在整个生物现象的范围内这一背景下，去理解一朵特定的蒲公英或一只特定的麻雀。在历史学中，他会试着在整个人类过去的背景下去理解一个特定的事件。在社会学中，他会试着在我们所有人类集体行为知识的背景下，去透视特定的社会事件。一句话，哲学的工作就是：通过试着看到具体事件置身其中的更大的背景，去寻求视角和启示。如果我们做不到这一点，我们就会变得眼光短浅，脆弱不堪——而且不够明智。

拼图游戏般的生命

3 我们将生活视作一个由无数碎片组成的巨大的拼图，尝试用整合哲学来把这一拼图难题拼好。这个拼图难题不会包裹在一个纸盒内，盒子外面画着不同的图块，摆在我们面前，所以我们真的不知道，最终拼出的图案会是什么样子。

可以肯定的是，一直都有人在告诉我们终极图案是什么。但这也正是问题

人生拼图

所在。有这么多人都在告诉我们并努力想要让我们相信，他们描述的不同的图案是最终的拼图。我们由此可以得出一个合乎逻辑的结论，那就是他们也尚未窥到图案的全貌。

我们的最终目标是把所有的碎片拼接到一起，这样我们就可以清晰地看到整个图案。但这是一个复杂程度令人难以置信的难题，我们可能永远都无法成功地拼好整个画面。迄今为止所有的尝试都失败了，虽然很多人已经能够组合出分散的集群。你和我可能会成功地填好一些随机的空间，或在这里和那里把一些小碎片合成一个小群体。不过，对我们所有人来说，在人类认识进程的这一点上，整个图案是模糊的、不确定的，带着尚未被理解的或明或暗的阴影。这项任务需要无尽的耐心。如果与此同时我们能够享受仅仅是努力拼出全图的乐趣，这一妥协可能会是一个相当大的奖励。

因此，整合哲学的目标就是清晰无误地、切实地看到拼图的全貌，不多也不少。

4 拼图隐喻有助于澄清整合哲学的几个特点。

首先，全景整合的目标是看到整个画面。它既不会满足于一个支离破碎的零散的设计，也不会让自己受到诱惑去信以为真任何单纯的片段就是真正的全貌。整合哲学的任务是不断地把碎片拼合到一起，直到看到整个图案，难题被解决。

历史哲学家阿诺德·汤因比（Arnold Toynbee）写道：到20世纪后半期，我们已经集体过渡到一种新的世界观；在这一世界观中，占主导地位的看法将是，我们是一个更大的宇宙的有意义的部分。这些新的关系/纽带与正在被我们抛在身后的旧世界形成鲜明对比，在昔日那个世界中，占据主导地位的意识是，我们每个人都相信我们自己是一个完整的、自足的宇宙。

借用拼图比喻来说，我们大多数人迄今为止都是在做一个单片的拼图游戏。我们在我们的有生之年，一直都生活在这个小图案的情节中；我们落地生根，非常熟悉这一小小的现实。最终我们相信，我们置身的板块是所有拼图中最重要的一块，其余广阔的场景，都是从我们自己的迷你拼图的角度去进行判断。最终的错觉紧随其后：我们相信自己这块单一的拼图就是整个图案的全貌。

为了摆脱这种困境，整合哲学鼓励我们每个人走出难题，看看邻近的图块，试着去理解这么多的图块是怎样组合到一起的。它敦促我们从一个图块走到另一个图块，直到清晰地意识到，没有一个单一的图块是整个图案。只有通过不停地和敏锐地穿行在令人费解让人迷惑的图块中，我们才能就整个现实是什么样的，得出一个诚实的结论。

清除界限

5 至少从亚里士多德那个时代起，整合哲学一直就是一项终极的跨学科事业。当亚里士多德和他的逍遥派学生走在吕克昂的小径上相互交谈时，主题明确的专业化尚未开始，知识尚未被"系统地"划分成无数门类：生物学，心理学，物理学，等等。亚里士多德仍对所有的人类知识都充满敬畏和惊奇。他的冒险心智仍然是自由的，尚未被训练成沿着精心定义的边界去运作，尚未用凌乱的分类体系将人类的认识细分成相互竞争的学科。

曾有人说，亚里士多德是最后一位确实知晓所有将要被认知的事物的西方思想家。在他那个时代之前,没有太多东西需要去知道;在他之后,则有太多东西需要去知道。专业化成为必然。

但重要的是要认识到,生活是无法被专业化的。生活是跨学科的。在职业上,我们可以是电子工程师、神经外科医生或会计师,但在专业时间外,我们会"恢复"成为一个人,发现我们自己又在像通才一样思考。

整合哲学是对生活的一种反映。我们每个人都是社会学、人类学、历史学和地理学。我们是物理学(将你的手指放进电源插座感受一下)。我们是天体物理学和宇宙学(银色的月光让我们心情舒畅,正午的阳光则会晒伤我们)。我们是生物学、生物化学和遗传学(除非鹳的故事是真实的)。我们是心理学、生理学和心理生理学(是否喝醉过或受过脑震荡?)。我们是所有这一切,在人类的知识中没有我们不是的。所以,当我们进行整合思考时,我们就是在回归生活。生活无法专业化。纵使人类心智将其分成无数碎片,它仍是它以前所是的那样:完整的,整一的。

6 这难道不是试图超越有限的人类心智的能力,获得整个人生的图景吗?

答案是,整合者从未想要"知道一切"。他并不想去记住专门化领域中积累起的大量硬信息。令人高兴的是,下面这种情况并不少见:着迷于某一领域,结果发现自己比一开始所想的陷得更深(了解得更多)。尽管如此,当事情涉及专门化的细节时,整合者仍是一个门外汉,他不会让自己忘记这一事实。

整合者的任务是:确保自己始终能够知晓不同领域专家得出的最新结论、基本原理、假说、模型和理论。他知道自己不是某一领域的专家,他也没打算与那些专家竞争,因为他并不是像他们那样的知识收集者。他只是利用他们辛勤工作发现的数据,因此他总是欠他们的人情债。当然,他也会受到他们的支配,他希望他能找到正确的专家得到正确的信息。如果他听了错误的来源和接收到错误的答案,那他实际上也就(用不属于拼图的图块)结束了拼图游戏,他再想接着用不合适的图块去完成拼图,纯属浪费时间。

人的心智能否获得"整体视角"?这个问题预先就假定了一定程度的信心。目前,"全景"的复杂性,让我们的心智踌躇不前;完整的理解似乎是一个缥缈的梦想。然而,对人类来说,整体论视角并非一个不切实际的目标。当然,这并不是说我们有一个选择。由于这一驱动是本体论的，我们将继续在个体层面和集体层面为之努力，因为我们除此之外没有什么可做。在我们自己短暂的生命时光里，我们能够期望的顶多也就是部分成功。但是，哪怕只是个人层面上一点点的进步，事实也早已证明，我们可以从中得到极大的回报。

目前，历史站在乐观主义这一边。从更长远的历史视角来看，人类尝试收集经验知识进而发现有关其自身及世界真相的故事才刚刚开始；人类认识的进步在各个方面是如此迅速，以至于任何开盘手都建议押赌：原则上人类心智能够持续不断地去理解人类及其所处宇宙的基本性质。诚然，这一判断也可能会是错的。（大脑）灰质可能会产生意想不到的限制，现实世界可能太过复杂，以

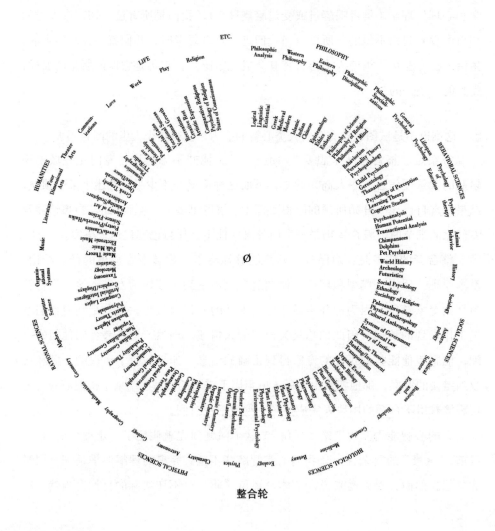

整合轮

至于无法化简成人类的抽象物。尽管如此，理解需要的是一般原则，而不是细节。（详细信息可由电脑处理，我们则可集中精力去理解。）根据现有证据，对这一任务而言，人类概念化的能力足以满足这一需要。

如何做整合哲学

7 一个人如何去"做"整合哲学？

一个开始的好方法是，把你自己放入我们所说的"整合轮"（参见左图）的中心。你站在中心，往四边看。轮子边沿是所有人类已知的知识收集学科，再加上各种艺术、技能和一些哲学专业。这个示意图仅仅是将我们的哲学困境予以可视化的一种方式：当我们对生活中的一些顽固问题感到不知所措，不知求助哪条路径时，就可以转动整合轮去请教专家，分享他们的知识和见解。

注意车轮上呈现的概略区域。

在解决一个问题时，整合者会沿着一个类似下面的步骤序列去做。

8 第一，遇到一个哲学问题（或为一个哲学问题所苦恼），首先应该尽可能地进行哲学分析，尽你所能澄清和找出所有隐藏的意义，只需做到这些，问题就有可能完全消解。

然后，在时间和材料允许的范围内，找出昔日哲学家对这个问题所做的思考。在哲学史上，你我必须处理的问题大都早就有人从不同角度思考过，这些早期思考可以减轻我们的劳动，给我们提供一些思路。极有价值的见解，往往出自那些以一种特殊方式被一个特定问题所困扰并深陷其中的个体之手。

一旦提出一个问题，我们就可以用不同方式将其重新予以表述，这样我们就可以明了，什么样的信息可以帮助我们解决它。（没有哪个问题不能以多种方式提出。下面的交流——"上帝是否存在？""你说的什么意思？""我的意思是：上帝是否存在？"——显然不属于任何哲学讨论。）整合者会尝试发展出一种从不同角度去提问和再问的直觉，直到他们得出需要的信息，对问题作出解释。

9 第二，从你在整合轮中心的角度来看，问一下自己哪些领域最有可能包含与你的问题相关的信息。一开始只是提问相关的问题，以及它如何，一个接一个，与概略图边缘各个领域发生联结。例如……

问题：上帝是否存在？（首先问自己：你的问题是否是一个真正的问题？你是否真的想要一个客观的答案？或者你是否想要一个与你"已知的"相一致的"客观"答案？不管是什么问题，如果你已经知道了超越任何可能的怀疑的答案，你必须接着思考它是否是一个真正的哲学问题。）如果它是一个真正的问题，那就转到心理学，提出这一问题：什么样的"宗教经验"似乎可以表明上帝存在？像圣特蕾莎的"金箭"、五旬节"摇头丸"和"降神附体"的神秘经验是什么？人类宗教领域的众神是否可用我们的心理需要来解释？

然后转向语言学，追问："上帝"这个词指的什么？它是指的实体还是仅仅是其他词语？你认为它是从哪里获得其意义的？对佛教徒来说呢？对美洲土著人来说呢？你可以使用的上帝的其他名字有什么：物质，非人力，圣灵，气，爱，能？转向物理学：是否有任何真实的事物不能用已知的物理因素来解释？物质的起源是否除了原动力或造物主的想法就无法解释？转向历史：过去发生的什么事件可以证明有超自然干预这一假设？我们能否分辨出人类历史上任何种类的模式或"戏剧性情节"，去指示方向、规划或目的？

转入生物学：生命进程能否用自然生化事件来解释？DNA遗传学、物种形成、进化模型中是否有任何事件，必须假设一个超自然的"至关重要的冲动"？转向医学：是否有证据充分的治愈案例，无法用医学解释或是无法被我们对人的心理生理机体的理解所解释？如果是这样，我们必须怎么定义"奇迹"这个词？转向宇宙生物学：你想象的上帝形象是拟人化（即像人一样）的吗？它会以什么形式恰当地向外星人展示自己？转向天文学：在我们今天所知的不可思议的浩瀚的宇宙中，上帝的概念可能是什么样的？……

以上仅是对在回答一个问题前必须提出的问题种类所举的最简明的例子。毫无疑问，这一任务很是艰巨，但它也可以成为我们最令人兴奋的冒险之一。要做好整合任务，必须紧跟各个领域的最新进展，并愿听取任何拥有有用信息的人。

做完这一初步调查，下一步便是进入那些有希望解决问题的领域收集信息。

记住：整合者会寻找目前相关领域专家采纳的结论、假说和模型。你在收集材料时，别忘了不断提出问题，将信息与你的核心问题联系到一起，从中得出跨领域的见解。

10 第三，在不同领域画出交叉线，绘制"具有启发作用的互连线"，这样做时别忘了不时停下来，用新的想法去思考先前的问题，看看是否会出现你想要的体悟。

从第一个问题到最终的答案，往往是一个漫长的旅程。事实上，做整合哲学很像开始一趟旅程，所有你所知道的就是你现在在哪里、你想到达哪里——也就是你这个时候能想出的最好的答案。你并不清楚抵达那里的路径，哲学旅行极少会是提前就能在地图上画出整齐的标记。所以，只需抬腿上路。如果你来到一条小路指向新的信息，你就可以拐入那条路。就这样一直走下去，直到你走到新的知识十字路口，或是看见一个路牌指向另一个方向。不要怕没有地图漫步。就让旅程自行展开。事实自会把我们带到我们要去的地方。

11 第四，回到你一直在找寻答案的最初的问题上，试着用一种更开阔的方式去理解它。既然我们如此容易失去角度，我们完全可以在需要的时候停下来，问问自己是否现在可以更好地看到整个画面，毕竟你已在分析和综合问题上花费了大量时间。

这样一种更宽广的视角观点，不大容易在不到二十分钟内得到。我们的头脑会用丝线编织出美丽的织锦，但它们只会在属于它们自己的时间内才会做到这一点。最重要的是，我们想要看到更大的生活模块，我们在思考问题时养成了在越来越大的框架下思考的习惯。

12 想要看到生活拼图的全景这一尝试，也会带来一些危险，对此我们需要事先提醒一下。忠告1：不要在你并未真正看到的情况下勉强自己说你看到了更大的拼图。看看别人怎么拼的这一诱惑非常大，在内心对自己坦承"我还没有看到那部分拼图"或者说"我知道并没有关于那方面的真实信息，没人能在这种情况下绝对确信它的存在"，需要不小的勇气。我们都很清楚，在我们身边有如此多的人都在大声宣称他们知道答案的情况下继续承认"我不知道"有多难。孔子有一个温和的告诫，对这一问题有一定疗效："如人饮水，冷暖自知。"

13 忠告 2：对我们来说，需要有相当多的自我认识，去抵制"我们知道答案"（其实我们并不知道）这一需要的压力。我们的文化背景使我们相信：我们对几乎所有事情都"很确信"，至少也是"有自己的看法"（如果没有，我们就会漠不关心）。所以，准备答案以满足我们自己的竞争/生存情况的需要非常强大。认识我们自己，识别我们的动机，保持戒心以免这些个人压力驱使我们去声称超出我们知道的，是不容易的。但这是必要的，这样我们不仅可以扮演明确的角色，更可以在我们实际上知道什么不知道什么上忠实于我们自己。

就像一位逻辑学家所说的，我们的一小部分思维是以需求为导向，它由众多主观因素决定和指导。"想要成为一个明智的思想家，就有必要做到：用特定技术严格训练自己，充分理解主观因素的性质和运作，并采取必要措施减少它们的影响。"

在最后的分析中，如果我们拒绝绕开我们知道"那是什么"的目标，对我们自己和他人都好。如果我们对事实满不在乎或是对价值判断毫不在意，我们就会很难与自己融洽相处；除非我们公平地对待我们的经验，他人没有很好的理由去相信我们或是尊重我们的判断。

除非整合者仍然忠于他的视野，认为自己什么也没看见而不是看见了整个拼图，在这个世界上，真的没有人会继续努力去知道完整的故事。对那些目不转睛地盯着一小部分拼图宣称他们发现了全景的人来说，世界之谜很大程度上已经被放弃了。我们最好相信这一点。

整合之路：风险与回报

14 专业化的风险是多方面的，但因专业化是当今社会的趋势所向，我们通常并不会立马意识到它们的风险——往往都是在事情过去很久以后，才以一种痛苦的方式意识到，而到那时为时已晚。一个风险是，一个人的专业化程度越深，也就越容易忽视那些让人依然成为人的生活常识。众所周知的对科学家的定义是:"一个对越来越少的事物知道得越来越多直到他对无关紧要的东西知道得透透彻彻的人",这个定义用在每个专家身上都可谓再恰当不过。一个狭窄的领域,往往表明有一个狭窄的头脑。一个对生活的需要发展出平衡意识的人,更可能过上一种充实的生活。

专业化另一个常见的结果是:失去了交流沟通的能力。包裹/封闭自己是所有人类疾病中最常见的一种,"死亡率"首屈一指。如果我们没能培养出共有的生活经历,也就没有桥梁可以弥合我们之间的差异。人们常说专家往往是孤独的人,这很可能是真的。

当代美国理性主义哲学家布兰德·布兰沙德(Brand Blanshard),曾警告那些将要成为专家的人,要尽最大可能保持他们的沟通线路良好无碍。

> 你越是深入到自己学科的最深处,你就会变得与那些可以表明你的心智在生长的兴趣更加疏远和孤立。我很佩服超越言语的科学定义,例如,普朗克可以定义 h 的值。但是,如果我坐下来与一个人谈话,他向我大讲特讲 h,我们的谈话将会非常短暂,因为就我而言,h 是无法讨论的。
>
> 人与人通常接触的理由是什么?那就是所有人都有的共同体验。我们所有人,不论多么卑微,都体验过痛苦和得意、鼓舞人心和郁郁寡欢、欢笑和痛苦,如果我们能将它们表达出来,我们也会成为诗人和散文家。事实上,文学包含的就是这样的体验,如果可能,我们也会表达出来……
>
> 成为一个专家,很好;但更好的是成为一个好人。

15 整合者同样会遇到有危险的风险。也许最让人难受的就是可能会被专家视为外行。每当我们向专家寻求信息,在专家眼里,我们"只是一个门外汉"——从来不会被当成权威或行家。我们总是在战略上处于劣势。因为我们想要对每样事(基础学科)都了解一些东西(基本结论),我们很容易给人留下这样一种印象:我们关注的东西很肤浅,我们的思想从来都不够深入。

不过,一个更大的危险是,我们实际上有可能成为半吊子——在所有已知和未知的事物上浅尝辄止。半吊子与整合者的区别就在于:整合者会将收集到的数据编织成一个连贯的世界观。浅尝辄止者和半吊子则会东拼西凑出一些信息，在人前张扬，希望给人留下博学的印象。与此相反，整合者的立场是向自己和他人承认他不知道什么；在所有未知事物的背景下，他清楚地知道，自己深不可测的无知并没有什么可夸耀的。整合经验主义者的目标不是想要去收集零零碎碎的信息，而是要把不同部分的知识编织成一条鲜艳的挂毯。

一个双重的风险是这样一个事实：专家对外行（不论后者本意有多好）误解和滥用他们所在领域的发现很生气。他们（正确地）警惕他们的工作被"普及"和歪曲。当然，这种恐惧也是可以平静下来的，那就是诚实准确地处理来自他们专业领域的信息。我们在道义上有理由求得他们的帮助，只要我们愿用智慧和诚信去理解吸收他们提供的信息。

16 整合之路的回报在大多数情况下都是非常个人化的，个体必须应对"我们是什么"，或是我们如何可以成为人。

一个奖励是：我们可以学会"思考得越来越全面"。自从哲学出现以来，它的首要关注一直是这样一个事实：人类思想的范围过于狭窄（对所有时间的所有人来说都是这样）。对此科幻作家拉里·尼文（Larry Niven）有一个很好的表述：生活在一个星球上的人有一个麻烦，那就是居住者趋向于思考得越来越窄。当我们从很窄的视角去思考问题，我们从来不会很成功地将生活中的事件安排成一个有效的优先系统，这一系统可以保证最佳的生长和成就。我们思考得不够全面，以至于无法知道在我们的生活中什么重要什么不重要、应该把我们的时间和精力投入何处、应该忽略什么。

整合哲学是应对"小思考（狭隘思考）"的一种解药。其结果是，许多（我们认为是）生活中的问题都可以很简单地消解掉。看到更大的图景，会给予我们判断力和力量，去剔除那些琐碎的、无关紧要的事件。

整合思维也会在我们对日常生活的感知中产生更大的兴趣。我们都希望能变得比我们现在更好：我们想要变得更聪明（智商提高 30 或 40！）；我们想要对生活中发生的痛苦事件有更合适的理解；我们想要能带来更强烈愉悦感的"高峰经验"、更多的冒险，等等。总之，大家都深切地渴望更多更好的生活，无论是在数量还是质量上。整合哲学通过为这样的经验奠定坚实的基础，正在朝那个方向发展，因为它听到了这种本体论的呼声。整合思维会引领我们对自己有一种更加清晰的认识，进而去理解他人。反过来，这也意味着更好的沟通，更少的异化、隔离和孤独。在其他条件都相同的情况下，这是在人类境况的背景下获得更大满足的良好基础，这可能是我们在我们的一生中可以合理期望的。

另一个奖励是，我们那些有意识和无意识的活动，会在一个条理清晰的世界观下，运行得更加有效，这一世界观没有内在的矛盾和冲突。内在的冲突意味着压力和缺少心理能量。如果在构成我们性格结构认知内容的想法与情感之间存有两败俱伤式的冲突，那么我们生活中潜在可用的多数能量就会损耗于这些内部斗争中。在我们的前行之路上都会遇到阻力，我们无法做到万事顺心。一种适合我们的世界观，是那种其组成元素不再在我们内部争斗并已开始携手合作的世界观。

最后需要注意的是：学习可能是我们的生命中最令人兴奋的冒险之一。只要有就会，哪怕只有一次，也要抓住今日前沿领域发生的新发现——它是震撼人心的、惊心动魄的、令人难以置信的……令人上瘾的！一个人很难不想与人共享这一行动。

只要愿意，我们每个人都可以自由地成为一个爱知识者，接触到天文学、心理学、分子生物学、海洋学、物理学、历史学等领域发生的令人难以置信的冒险。专家知晓这些远景，但却无法与我们分享，除非我们决定开放自己进入他们所在的世界。即使迄今为止这些领域中的一些内容一直被烦人的老师和无聊的课堂弄得沉闷不堪，重新发现它们和在我们心中重燃自己的惊奇感，可能是我们健康成长和提高生活能力的一个好办法。

亚里士多德

我为这个世界所着迷

  约有一个世纪的时间，古希腊哲学主要由苏格拉底、柏拉图、亚里士多德这三位雅典思想家的成就所主导。苏格拉底把自己一生的大部分时间都花在了广场上，那是雅典卫城下面一个拥挤、繁忙的市场，他想要让雅典青年认识到，日常思维太过松散，无力解决重要的生活问题。苏格拉底传统由他的学生柏拉图在阿卡德米学园（广场东北两英里远）得到延续，柏拉图想要奠定智力和道德的基础，使雅典青年能在日后成为合格的政治家：他相信，除非政治家是哲学家，或者哲学家成为政治家，否则这个世界不会有和平。第三位伟大的雅典思想家是柏拉图的学生亚里士多德。他在他的学园吕克昂（广场南边一英里）讲学十二年，他教导他的学生要追寻真理性的东西，而非主要使他们成为政治家，因为这可以让人持续成为人并给他们带来快乐。

  三个决定性的时刻可以说明亚里士多德的一生。

  首先，17岁时他旅行来到雅典，就读于阿卡德米学园，成为柏拉图的学生。他来自查尔基迪克半岛上的斯塔基拉，他的父母尼各马可（Nicomachus）和菲斯蒂丝（Phaestis）生活在那里，他出生于公元前384年。尼各马可从马其顿帝国的首都佩拉返回，在那里他曾担任国王的医师。亚里士多德早年就过着忙碌的生活，似乎看到了太多东西：他一点都不喜欢王子和尔虞我诈的宫廷。双亲相继去世后，成为孤儿的亚里士多德由姐姐和姐夫抚养，两个人十分关心弟弟的教育，让他在斯塔基拉继续接受教育，在那里他表现得非常出色。亚里士多德终生都对姐姐姐夫感激不尽，为了报答养育之恩，后来让女儿嫁给他们的儿子，并立其为遗产继承人。

公元前366年，亚里士多德来到柏拉图学园，显示出惊人的多种才能，并在那里一待就是二十年。这是他的智力成熟期，我们知道他爱学习，对书籍有激情——对他这一品质，柏拉图可能带着亲切的口气尊称他为"学园之灵"和"书虫"。亚里士多德开始收集书籍，最终为自己建造起一座巨大的图书馆。

柏拉图发展出了一种全面连贯的世界观（他是第一个这样做的西方思想家），亚里士多德被深深地吸引住了。但是，最伟大的老师和最有才华的学生往往无法和睦相处（两个人有着完全不同的气质），两个人经常互相争辩又互相倾慕。柏拉图曾幽默地说：他的学园由两部分组成：其他学生构成学园的身体，亚里士多德则是学园的头脑。很快，当亚里士多德发展出自己的经验世界观时，他就不得不从他的心灵深处将其老师的世界观推至一旁。

因此，柏拉图去世后，38岁的亚里士多德离开学园，航行到小亚细亚，那里有他的一个老朋友，现在是阿塔内斯（Atarneus）城邦的统治者。他在那里住了三年，40岁时娶了国王的侄女比娣娅（Pythias）。他结识了此后一直影形不离的合作者兼日后学园的继承人泰奥弗拉斯特，组织了一个哲学圈子，仿照阿卡德米学园组建了一个小群体，来探寻政治问题和道德问题的答案。

此后有时亚里士多德和比娣娅会搬到莱斯博斯岛，在那里他继续研究爱琴海沿岸的海洋生物。生物学是亚里士多德最初的最爱。他后来的书中揭示了关于世界上这一地带海洋生物的详细知识，从这时起，引导他的哲学思辨的范式和隐喻都来自生物学。

这些年是亚里士多德收获颇丰和快乐的日子，但是好景不长，因为在生下他们的女儿（为了纪念她的母亲，也起了母亲的名字）后没多久比娣娅就过世了。我们不知道她的过世发生在何时何地，我们也一直没再听到他们女儿的消息，直到亚里士多德在遗嘱中提到她。后来，可能是在雅典，亚里士多德与一位女士赫碧丽丝（Herpyllis）生活在一起，她是他的妻子或伙伴（"同伴"），后来生了一个儿子。他们给他取名尼各马克，以纪念亚里士多德的父亲。

  42岁那年,亚里士多德生活中的第二个历史事件发生了。他接到菲利普国王的召唤,返回马其顿宫廷,给菲利普的儿子亚历山大当老师。王储只有13岁,但在6年内,他将登上宝座,率领希腊军队对抗波斯帝国。在他对当时已知世界闪电般的征服过后,我们都已知道他叫亚历山大大帝。

  亚里士多德教导了亚历山大三年。下面是那些让历史学家烦恼不已的特殊事件之一:两个人之间的关系如此丰富,但我们却对其一无所知。两人必定相互影响,但他们在激情、目标和生活策略上却是生活在两个不同的世界。亚里士多德的使命是让皇太子成为一位成功的马其顿国王,灌输给他管治国家的良策,使他在判断上人性化、政策上智识化,最终作出成熟的决定。在历史记载中,他们从来没有忘记对方。据记载,亚历山大东征时,还不忘让他的手下收集奇异的动植物标本,运回雅典,放入亚里士多德的花园和博物馆。

  亚里士多德生活中的第三个重大事件始于公元前334年的春天。亚历山大进军亚洲,想要征服世界,亚里士多德则回到雅典创立了自己的学校:吕克昂(Lyceum),一所存在将近800年的高等院校。校址选在卫城南部郊区一英里的地方,与城西北角的柏拉图学园相呼应。它包括一个绿树成荫的花园、林荫覆盖的人行道、一座建在祭祀阿波罗·吕克昂(光明使者)神庙地基上的公共体育馆。不过,因为不是雅典公民,亚里士多德无法获得这片土地的产权,所以他被迫租赁土地建造学校。体育馆是当时城市三大休息大厅之一,毫无疑问,亚里士多

亚里士多德与亚历山大

德的学生有时也会在开始上课一分钟后才冲进教室，刚才他们正在运动场上锻炼。

吕克昂开园时，亚里士多德已经50岁了。他是一个温和、敏感的人，一个善于鼓舞人心的老师。十多年来，他监督学园的发展，制定研究方案，教书，写作。他会在公园和林荫覆盖的人行道上边漫步边讲课。用他同时代人的话来说，他"衣着讲究，秃顶，有点大腹便便，双腿细长，目光敏锐……在激励引导他的学生走上智慧之路时喜欢咬文嚼字。他生性不喜安静，给学生讲课时总是无法坐在一个地方一动不动，尤其是在上午听课人少的时候。他和他的学生在走廊上踱来踱去，阐述他的观点，回答他们的问题"。时间一长，他的学园就被称为"逍遥学派"而广为人知。通常，上午他会讲解技术性学科，下午他会露天向公众讲座热门话题，如修辞学和政治学。晚上他会与人交谈和写作。

亚里士多德是形式逻辑的发明者，他是第一个将人类的推理简化为一套规则的思想家，有了这些规则，就可以区分有效的即好的思维和坏的思维。他认为他对逻辑的研究并非作为一门科学本身，而是作为一套可被用来让人进入所有科学领域的初步预备技能。他对逻辑的研究，主要体现在六篇论文中，这六篇文章在他去世后被收集到一起起名《工具论》(Organon)。

在其中一篇论文《前分析篇》(Prior Analytics) 中，亚里士多德将演绎逻辑用三段论形式予以表达。他相信这是一种完美的推理形式。一个三段论由三个命题组成：一个大前提，一个小前提和一个结论。一个真正的三段论只包含两个前提，结论来自于前提。例如：

> 所有希腊人都是哲学家
> 亚里士多德是希腊人
> ―――――――――――――
> 因此，亚里士多德是一位哲学家

这个三段论的结论隐含在前提中；经过正确推理得出的结论，就被认为是有效的，就像在上面的例子中一样。逻辑，顾名思义，就是有效推理的科学（或研究）。亚里士多德在他的论文中，以非凡的洞察力开发出这些三段论类型的含义，接下来两千三百年所有的形式逻辑都未超出他的文章中的阐述。

在另一篇论文《后分析篇》(Posterior Analytics)中,亚里士多德致力于研究归纳问题和科学方法。归纳是一种推理模式:从特定的事实得出一般原则。例如,考察过几个行星的运动之后,约翰·开普勒(Johann Kepler)得出一个结论:所有天体都在沿着椭圆形轨道运转。他仅仅依据少数几个观察案例就作出了概括。亚里士多德指出:你基于极少数观察到的事实得出的结论有可能是真的,观察到的例子越多,得出的结论也就越可能是真的。但在所有的归纳情况下,只能得出可能性,而永远得不到证实。事实上,几个行星沿着椭圆形轨道运转这一事实,并不一定就意味着所有的行星都会沿着椭圆形轨道运转。那么,我们需要观察到多少个行星沿着椭圆形轨道运转才能绝对肯定这样的一个概化是普遍的真理?无限多,因为沿着椭圆形轨道运转的天体的数量可能是无限的。但真要做到这一点是不可能的。因此,谁也不能绝对肯定一个通过归纳推理得出的概论。它所需要的就是一个不是沿着椭圆形轨道运转的小行星的实例——一个沿着完美的圆形轨道运转的行星——来表明关于椭圆形轨道的概述是虚假的。

因此,一些概括要比另一些可靠,这取决于支持性证据的质量和数量。只得到少数实例支持的概化,或者是忽视了相反例子的概化,都很难说是一个合理的概化。另一方面,得到众多观察支持没有相反证据的一般命题将更加可靠,并将成为科学预测的基础:迄今为止所观察到的所有天体(上百万多!)都沿着椭圆形轨道运转,因此有很高的概率:未来观测到的天体也是沿着椭圆形轨道运转。

有了这样的例证,亚里士多德明确了逻辑的原理,即"正确的推理规则",并由此建立了一切科学的基础。

与柏拉图的阿卡德米学园强调数学和几何不同,亚里士多德的吕克昂学园被设计成一个科学研究和科学方法教学中心。亚里士多德的学园重点强调自然科学,特别是生物学。亚里士多德发现,为了成为一名科学家,他必须成为一名收藏者和(图书馆)管理者。在学园内和周边,他建起了一个动物园和植物园,后来又建立了实验室和一座藏书甚丰的图书馆。就像今天的教科书中一样,他用解剖图来说明他的观察结果,这些图被钉在学园的墙上,一如它们被钉在现今教室的黑板上。因此,亚里士多德提供了丰富的材料,为后来者提供了一个很好的起点。借助他所开发的科学技能,他把注意力转向了几乎是每一个已知的主题。

亚里士多德研究动物

他想知道恒星、行星、太阳和月亮、高山和海洋、热和冷、雨、雪、云、雷电、彩虹的秘密。

他研究植物和动物,研究万物之间的关系,包括生态系统和动物行为;软体动物,鱼类,昆虫,鸟类,哺乳动物;知觉和运动器官,交配和繁殖器官,疾病与失调。

他思考心智与情绪,男人和女人,爱情和基因。他琢磨感知、概念、单词和含义、谬误;诗歌,雕塑,戏剧,音乐。他研究成文宪法和强权政治;他评估多种政府形式,如君主制、贵族制和金权制。

毫无疑问,亚里士多德在深入研究我们这个世界的奥秘中获得了巨大的享受,但他对事实的收集则是偶然的和不重要的。他所寻求的是全面理解,他对部分的详细了解使他能够进而作出概论。

因此,他从自己的观察中阐明了抽象概念:运动,变化,实在性,可能性,过程或生成,因果关系;地质时期,生物进化,生命原理(生物遗传学);分类体系,真理和有效性的概念,定义,分类,本原(第一原则,公理),演绎和归纳;美德、正义、人性、灵魂(心灵)、幸福的概念;形式和内容,目的论,原动力的概念。

我们可以从我们现在所处的有利地位来作出判断,亚里士多德奠定了物理学、天文学和气象学等科学的基础;奠定了分类学、生物学、法医病理学、动物心理学的基础;奠定了心理学、认识论和逻辑学、美学的基础;奠定了政治科学和伦理学的基础;最终则是奠定了形而上学的基础——哲学家用来理解他所在宇宙的统一场论。

除此之外，我们还可以添加上一幅画面：一个人思考、写作和演说更受欢迎的科目，如教育、修辞和语法、数学和几何、治国术、戏剧和文学，以及过上美好生活的方法。

亚里士多德是一个真正的科学家——他有一颗诚实的心灵，不停地去寻求实证信息，提出解释性假说；他是一个真正的哲学家——一个听任自己陷入对生活的好奇心中的惊异者。

❧❧

公元前323年夏天，当年轻的亚历山大意外死在巴比伦的尼布甲尼撒宫中时——有可能是死于疟疾和饮酒过量——雅典的地狱之门打开了。在雅典人眼里，亚里士多德仍是一个外国人，来自北部一个希腊殖民地，与马其顿的征服者来往过密。亚历山大去世后，马其顿人被赶下台，公民的愤怒转向了亚里士多德。他被指控宣扬"无神论"或"渎神"——把新神引入雅典。（这是一个标准的指责；普罗塔戈拉和苏格拉底都曾被这样指责过。）在这一危急时刻，一位老朋友给他提供了保护，所以亚里士多德退回雅典以北约40英里的埃维亚岛①上的卡尔基斯。他忍受流亡将近一年，于公元前322年去世，享年62岁。

亚里士多德的一些性格显露在他的最后遗嘱中，遗嘱由一位稍后的历史学家保存下来。他在遗嘱中把书籍和手稿留给了他的朋友泰奥弗拉斯特。他给予他的一些奴隶自由身，有一些则没有，但没有一个被卖出。他给赫碧丽丝留下了足够的生活所需，感谢她"对我忠贞可靠的感情"。然后，他写道："无论把我埋在哪儿，都要满足比娣娅生前的心愿——将我们合葬到一起。"

---

① 埃维亚岛：希腊仅次于克里特岛的第二大岛，位于爱琴海中部，和西北的一些小岛组成埃维亚州，首府卡尔基斯。与大陆仅隔一狭窄海峡。——译注

part 2

2-1 困境
2-2 自我
2-3 成长
2-4 生命/时间

第二部分
处境与奥德赛

2-1 困 境

所有的哲思都植根于我们的存在中一个简单的事实：我们每个人都被困在自我中心困境，这一困境对我们看待世界的方式及与他人的关系设置了一定的限制。本章介绍了这种困境，并考察了其后果：与现实异化/疏远，我们对他人的感知失真，各种没有根据的事实宣称。这一困境提出了一个问题：我们能否克服这种根深蒂固的麻烦的境况？如果能的话，怎么去克服？对缜密思考来说，理解自我中心困境是一个不可回避的前提，尤其是在认识论和伦理学中。

连贯的世界观

1 我们每个人都会有一种世界观，只因我们是人。世界观是一个或多或少一致的、包罗万象的参考框架，我们通过它去理解世界；它是一种主观的尝试，以便给一个人的整体体验提供统一性和连贯性。因为我们无法容忍过多的碎片化，我们必须试着找到一个具有包容性的结构，尽可能地把我们的多数体验都协调起来。

对大多数人来说，他们的世界观都是给定的。我们一出生就置身其内，并生活其中；我们极少会能摆脱它，甚至意识不到它的存在。大体上，这一继承的框架包含了对一个有意义的存在来说所有必需的成分：起着指引如何了解他人作用的社会结构，有关对错的鲜明的价值体系，表示可接受行为和不可接受行为的代码；语言、传说、提供群体认同的英雄故事、回答了许多关于我们生活其中这个世界终极问题的神话。任何可以提供所有这些维持生命的元素的世界观，都应被视为一个成功的世界观。

我的世界观太小了

2 哲学的目的之一就是帮助个体确立一种实用的世界观。我们每个人都拥有一个我们可以称之为天真幼稚的世界观，里面的许多元素都尚未被合成。体验的线团还有待被编织成一幅和谐的图画；未了结的部分仍在保持原样。我们的经验"合集"，是一个相互矛盾的价值观和信仰的大杂烩。

理想的世界观具有内在的一致性、务实的现实性、个体的满足感。哲学可以作出指引，并为实现这一目标提供材料。

这里并没有暗示说只能有一种可行的世界观。这样的说法明显是假的，因为我们观察到存在许多不同的世界观，比如从原始人世界观到印度教世界观，再到早期基督教世界观、道教世界观，直至当今的经验主义世界观。虽然同一文化中的个体往往有着相似的世界观，但事实上每种世界观都是独特的、个人的，并在某种程度上是一个人自身经历的（充满希望的）产物。

自我中心困境

3 1910年，美国哲学家拉尔夫·佩里（Ralph Perry），在一家哲学杂志上发表了一篇文章，题目叫"自我中心困境"。佩里想就我们对真实的物体/事件（objects/events）的知识提出一个明确的观点。长期以来，西方哲学家们一直对这样的外部现实是否在某种程度上取决于我们对它们的认知或是会随我们的认知而改变争论不休。就像一位哲学家可能会追问的：什么是真实的物体/事件的形而上地位（状况）？除了我们对它的感知，真实世界是什么样的？或者我们能否确切知道这样的物体/事件作为物自体到底是什么样？

借助清晰的逻辑，佩里得出了一个似乎显而易见的看法：要知道任何真正的物体/事件是什么，我们必须认识它。我们可能永远也无法观察到事物的"原始"状态，因为它们可能存在于我们对它们的看法之外。那么我们如何知道我们对它们的看法是否会改变？由此，在我们关于现实世界的知识中，我们便陷入一种逻辑困境，"困境"的定义是一种找不到解决办法的有问题的情形。

正如我们将要看到的，当我们进入认识论，仔细研究人类知识的性质时，有关我们对现实世界的理解这一问题，离我们并不像它们看上去那么远。

4 我们可以从另外一个角度重新审视"自我中心困境"，超越佩里得出的结论。

我们每个人从生到死都被锁定在一个无从逃脱的物质器官中。我们为身体所困，身体则包含了我们所有的感知和信息处理设备。我们每个人，只要活着，都会局限于一种特定的系统，只要那一系统正常运转我们就可以感受生活。这是一个明显的局限，但它也是一个我们要与之抗争的局限：有谁愿在其存在的时限内被关在一个约有一米八高的狭窄的躯体中，没有丝毫逃跑的希望？

然而，显然我们必须顺从这一情况。无论我们有多想跳出我们的躯体，进入另一个人感性的外壳，从他/她的中心去看外面的世界，我们都做不到。总是有人提醒我们，我们应当有一个简单有利的视角，从这一视角出发我们可以评估存在。

因此，这似乎是一个不可改变的事实：我们可能永远都不会知道任何其他活着生物感受到的存在是怎样的。

5 自我中心困境涉及一种错觉。在我们有限的存在时间内，我们必须占据物质器官，必须"占领"时空中的一个点。这里就存在一种自我中心错觉，因为似乎在我们每个人看来，我们所处的中心就是整个

我这辈子都被困在自己的身体里

宇宙的中心，或者反过来说，整个宇宙都在围绕我们所处的时空点旋转。

这种自我中心错觉一直伴随着我们，无论我们移动到时空中的哪一点上。如果我将我的中心移动到北京或南极，在我看来就像宇宙移转其中心以适应我。如果我在仙女座星系的星球上旅行，那里离我们的银河系有200万光年远，在我看来，我仍会认为宇宙在绕着我的自我中心运转。

从感知上来说，我当然知道我是我的宇宙的中心，而不是整个宇宙的中心。但我依然认为自己是宇宙的中心。这一错觉并非仅限于人类。每一个有意识感知的生物体都有自我中心错觉，因为它会占据其在时空中的点。每一个这样的生物都会被封闭在其物质器官（身体）中，所以才会看上去像是宇宙在围绕着它旋转。

如果活着的生物真的认为其自身就是宇宙的中心点，这是一种意识错觉。我们没有一个人是宇宙的中心，其他数十亿生物也不是。

总之：每一个活的、有意识的生物都会有自己是宇宙真正中心的体验，但说实话，宇宙并没有中心。相反，宇宙中充满了共有自己是宇宙中心这一错觉的生物。

贵族中心式[①]宣称

6 在这一点上，几乎我们所有的人类都会更进一步认为，我们的非人类生物可能不会有这种错觉。如果真把自我中心错觉当回事，我们就会进而作出贵族中心式宣称。任何人只要未能纠正其自我中心错觉并觉得自己真的是宇宙的中心，再进一步，如果他认为别人应该像他是中心一样对待他，那他就已朝着错觉迈出了巨大的一步。他正在提出一种贵族中心式主张，一种对优越（性）的不合理要求。他可能会用各种方式断定他是特殊的，坚持认为整个世界都应宠爱他。他可能会声称，他的存在在某种程度上具有特殊意义，他有一种特殊的

[①] 贵族中心式（Aristocentric）：一种认为自己或自己的群体更优秀的看法，源自希腊语。——译注

知识或信息，或者说，他被赋予了特别的恩典或权力。在每一种情况下，我们都可以认为他已陷入自我中心错觉。

我们很少会以第一人称的形式作出这样的贵族中心式宣称，因为我们中不拘是什么人，谁要是说"我是宇宙的中心"，都会为我们的错觉所嘲笑。所以我们在作出贵族中心式宣称时，都是采用的第一人称复数形式，如"我们是特殊的""我们是宇宙的最爱"，我们可以强化这样的宣称，这样它就是可信的。成为特殊的并属于某一特殊群体，会让人感觉良好，如果我们的人数足够大，我们甚至可能说服整个世界对我们认真以待。当宣称是集体作出的，我们就能避免那种赤裸裸地站在人前孤零零地说出站不住脚的"我是"的荒谬感。

7 社会学家保罗·霍顿（Paul Horton）和切斯特·亨特（Chester Hunt）在书中提及任何形式的贵族中心主义时，使用了"种族优越感（种族中心主义）"这一术语。他们写道：

> 所有的社会和所有的群体都认为他们自己的文化更优越……我们身上都有种族中心主义，因为（1）我们都如此习惯于我们的文化模式，其他模式无法让我们感到满意；（2）我们不明白陌生的特质对它的使用者来说意味着什么，因而我们会错误地归咎于对方；（3）我们从小就被培训成种族中心主义，（4）我们发现，面对我们自身的不足之处，种族中心主义是一种令人舒服的防御方式。种族中心主义（1）促进了群体团结，忠诚和士气，从而加强了民族主义和爱国主义；（2）保护文化不受社会变迁的影响，包括那些需要保护的文化；（3）强化了偏执，让群体看不清关于他们自身和其他群体的真实事实，有时则会阻止他们成功地调适自身适应其他群体和文化。

8 一位精神病医师记下了一种最夸张的贵族中心式宣称：有三名男子，每个人都声称自己是基督和上帝。所有这三个人都被制度化为偏执型精神分裂症患者，其"夸大妄想"采取了救世主幻想的形式。

米尔顿·洛基奇（Milton Rokeach）博士想要知道，如果把这三名男子搁到一起，他们会作出什么样的调整。毕竟，他们每个人都作出了终极的排他的宣称："只有我自己一个人是上帝。"洛基奇在他的《伊普西兰蒂的三位基督》(*The Three Christs of Ypsilanti*) 一书中，记下了他们的相遇给他们带来的痛苦。

第一次见面时，要求每个人都做一自我介绍。约瑟夫感谢道："好的，我是上帝。"克莱德承认"上帝"和"耶稣"是他的六个名字中的两个。莱昂说，他是主中之主和王中之王，并补充说："我的出生证明上也写着，我是拿撒勒人耶稣基督转世……"

洛基奇指出，"冲突显然让人苦恼。"

> 很清楚，这三个人都感受到了威胁。他人的宣称所引发的深刻矛盾，不知何故深入内心，转化成两种基本信念间的一个内在冲突：每个人对自己身份妄想般的信念和他对现实的信念，即只有一个人能有任一给定的身份。约瑟夫多次说道："只有一个上帝"；克莱德则常说："我是唯一一个"；莱昂说："我不否认你们两位是工具性的神——小'上帝'。但我是唯一一个在时间开始之前创造世界的上帝。"

三位基督最终作出了相似的调整。每个人都认定，他虔诚的同情心和大度的品质让他接受这样的事实：其他两个人都是精神错乱。每个人都改变了他们自身的立场，"富于同情心地接受了"其他陷入迷惑中的凡人。

9 洛基奇博士写道：

> 克莱德、约瑟和莱昂其实是不开心的人类的漫画像；在他们身上我们可以清晰地看到，一些因素会导致任何人放弃现实的信念，采用一个更宏大的身份。
>
> 他们也在另一种意义上是所有人的一幅漫画。德国哲学家费希特曾在许多年前指出，一定程度上，我们所有人都在努力想要变成神或基督那样。这个主题的另一面可以在大量西方文学中找到，比如在舍伍德·安德森、威廉·福克纳和陀思妥耶夫斯基的作品中。罗素说得最好："如果可能的话，每个人都希望自己是上帝；有些人觉得很难承认这一不可能性。"

时空中的自我中心错觉

10 我们每个人都有的这种自我中心错觉,会使我们产生扭曲的视角。例如,我们可以考虑一下时间中的自我中心错觉。从地质时期或人类历史角度来看,我们的寿命很短,但是我们却倾向于从我们有限时光的角度去看待万事万物的存在。

时间让我们的心智难以承受。难道我们真的相信,寒武纪时期化石里的三叶虫会在海沙上飞奔,快乐地活着,避开敌人,寻找食物?手握一个有着5亿年历史的化石动物,会让我们的时间感瞬间动摇。看着只有5万年历史的我们南方古猿的祖先或是只有5000年历史的苏美尔文字,我们又会有何感想?他们真的也像我们一样曾经是有血有肉、劳动、生气、说谎、做爱、对荒诞的故事哈哈大笑、害怕死亡吗?我们中的大多数人都相信他们曾经真实地存在过。

我们很容易陷入这样一种信念:我们有生之年发生的事情,以前从来没有发生过。我们把我们所处的时间视为常态,或是历史的高潮,或是最好的时代,或是最坏的时代,或是别的什么。我们可能会忘记,或者是不想去知道,所有活过的人都有着与我们相同的信念。

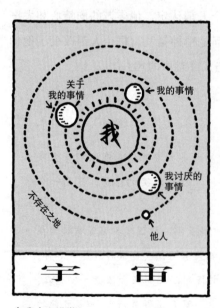

自我中心错觉

11 我们同样会因为在空间中也存在自我中心错觉而出现扭曲的视角。无论我们的空间定位器官在什么地方,我们周围的空间都会呈现出鲜艳度和清晰度,并包含了所有对我们有意义的东西;我们的生活空间变成所有事物的中心,更遥远的地区(即便我们知道它们真实存在)则多少都会缺少我们邻近的现实性。

古希腊世界最重要的神庙是德尔斐神庙,阿波罗神会在那里现身。来自地中海周围的使者和朝圣者从四面八方赶来，想要了解自己的未来。进行预言时，神庙年轻的女祭司会坐在一个铜鼎上，铜鼎位于一个石洞中。这一石洞就是"肚脐"或宇宙的中心。从这一"肚脐"会生出麻醉香，诱导女祭司进入一种欣喜若狂的出神状态。当年轻的女祭司脑中一无所想时，阿波罗就会开口说话。

这种空间困境会产生关于各种圣地的宣称。例如，日本神道教认为，日本列岛是"宇宙的中心"，由原始森林神伊邪那岐和伊邪那美创造而成。"从这一中心真理出发，自然就会得出天皇是神的直系后裔、日本高于其他所有国家的信条。没有其他国家有权与她平起平坐……"中国提出了类似的主张：中国是"中央王国"，即圆盘形地球的中心。一切值得称道的事物都出现在该中心，离中国这一中心越远，所有的事情就会变得越不太文明和越不受尊敬。

空间中的自我中心错觉是各种形式的部落主义和民族主义的起因之一。我们倾向于贬低那些在地理上进而则是在心理上与我们相隔遥远的地方和人民。在人类经验的地图上，遥远的空间仍是未知领域。

12 人类出现以前，似乎任何动物都不太可能拥有足够的自我意识，去评估其自身的生存条件。缺少了抽象思考各种体验的能力，没有哪种生物有希望走出其自我中心世界观。

然而，人类却能发展出这样的自我意识。他们能够去理解和超越。"理解我们的民族优越感（种族中心主义），有助于我们避免被其严重误导。我们无法避免产生种族优越感的感觉，但是理解到这一点，我们就不会受到这些非理性情感的驱使去采取行动。"

人的成长需要我们超越自我中心错觉，通过具有道德勇气的行动，整修我们的贵族中心式的感情和信仰。

13 想要在有用的对我们自己的文化和亚文化的自豪感，与领会其他群体真正的特质之间做到有效的平衡，是一项艰巨的任务。这既需要一种成熟的情感，使个体在没有夸张的自尊作防御的情况下去面对他所处的世界，也需要对文化进程的复杂性有一种智识上的理解。没有哪种方式可以保证获得这样的成熟度……但是，除非我们能够理解和控制我们的种族优越感冲动，否则我们就将继续重复前人的失误。

——保罗·霍顿 & 切斯特·亨特

我们生活在两个世界

14 "我们每个人从生到死都被锁定在一个无从逃脱的躯体中。"这种情况一直被称为"包裹"，由此产生的后果深远而重大。这意味着，我们每个人都必须生活在两个截然不同的世界：内在的世界，即主观经验的世界，体验自我的世界；外在的世界，即真实的世界，物质运动的世界。这一两个世界的困境，是所有有感觉生物的特征，从蟋蟀到蓝鸟到狐猴再到智人，概莫能外。事情就是这样，它不可能是别的样子。

但有一个问题：我们常会把这两个世界混到一起。有许多发生在我们自我体验中的事情，我们却认为它们发生在现实世界中。这种混乱的后果十分严重。我们都犯过这一错误。这种习惯是我们的思维本性中固有的，它内置于我们的语言中，凝结成文化假设，我们从母亲的乳汁（或精神食粮）中就吸取了它。

包裹，使得我们在思维过程中出现了三个相关的错误：客体化，物化，人格化。客体化（objectify）意味着使外在化，即赋予现实一个主观性质；在这里它指的是虚假归因，也就是将一些性质安在一个对象身上，而这个对象并没有这一性质。例如，如果在感官体验正在发生的情况下我说玫瑰有气味，而不是我的鼻子（我的嗅觉皮层）嗅到气味，那我就把一种感官体验客体化了。物化（reify）是指把一个抽象概念或理念当成具体的或物质的存在。如果我认为艺术是真实的，那我就把一个抽象概念给物化了，因为所有的艺术都是一种理念。人格化（personify）是指把无生命的物体或抽象物视作像一个活生生的人一样拥有自己的想法和感受。正义是一个常见的例子：我们把抽象的"正义"描述成一个女性形象——正义女神蒙住眼睛，手里举着一个标志着平等的天秤。理解"包裹"的后果时，这三个术语必不可少，它们都描述了歪曲事实真相的习惯，使我们相信谎言。

15 "我们把这两个世界混在了一起。"让我来清理一下混淆的方式。

首先,我们会把我们的感官体验给客体化和物化。试想一下,桌子上放着一个柚子。我们从来没有"看"到柚子。我们看到的是柚子表面反射的光线。反射的光线约6000埃,我们很自然(但不准确)地将其称作光谱中的黄色部分。但请注意:辐射是无色的。光谱中的光线只有不同的波长。颜色是由活着生物的心智所创造出来的,当辐射的各种波长抵达视网膜上的视锥细胞,它们又沿着神经通路,把电子消息传导到大脑中的视觉皮层。只有在那里,大脑才会将不同的波长转换成各种颜色的感受。因此,颜色是大脑的创造。物理学和生理学上有丰富的数据支持这一事实。天空不是蓝色的,枫叶不是金黄色的,红宝石不是红色的。所以,是心灵将颜色予以物化并投射到了原本没有颜色的现实世界的物体上。我们会客体化和物化我们所有的感官体验——听觉、味觉、嗅觉和触觉。

16 我们把抽象概念物化(具体化)。我能想到的可以说明这种习惯延伸范围之广的例子,没有比下面这个例子更好的了:印度帕西人所持有的世界观,虽然所有的"宗教"思维都充满了这种谬论。琐罗亚斯德教的神学设想了一个如同战场般的宇宙观(一个非常大的想法),描绘了永恒的光明力量与黑暗势力(这也是一个非常大的被物化的想法,但信徒们则热切地相信它们是真正的实体)之间的对决。光明的一边处于神阿胡拉·玛兹达(被物化和人格化的完美之神)的领导下,黑暗的一边由阿里曼(邪恶的化身)带领。两军由善恶精灵组成,所有这些都是物化、人格化的概念。其中有"良好的思想"(Vohu Manah,动物保护神),"正义"(Asha,人类保护神),"良心"(Daena,女性,人格化),"繁荣"(Haurvatat,女性,人格化,水神),"永生"(Ameretat,植物神使阿米里塔),"权威"(Khshathra,男性,人格化),"服从"(Sraosha)。恶魔势力则由"谎言"(Druji)和"邪恶的思想"(Aka Manah)指挥。通过这种方式被物化的想法的数量无穷无尽,它们提供了宇宙大战的步兵。这一琐罗亚斯德教的世界观非常连贯,存在了一千多年,为帕西人提供了他们信奉的有意义的想法。作为一个整体,它解释了我们生活中的"恶",给予每个人的灵魂一个存在的理由:加入光明力量一边,与黑暗势力抗争。

这一切听来与卢卡斯电影公司出品的《星球大战》很是耳熟。达斯·维达是邪恶——黑暗面——的化身，与其相对的则是善的化身原力。"愿原力与你同在"，自然是"愿上帝与你同在"的一种委婉说法。

通过类似方法，我们物化死亡（"然后我看到死神骑着一匹白马奔过天空"——黑人灵歌），智慧（"智慧变成一个美丽的女人来到我面前"——波埃修斯），真理（"真理就站在那里"——《X档案》），和谐（对道教徒来说，没有什么比"宇宙和谐"更真实的，即阴[女性]阳[男性]平衡，所有这些都是物化的概念），时间（"上帝在创造世界的时候创造了时间"——圣奥古斯丁），命运（"命运是猎手"——电影标题），自然（"自然谷麦片：自然馈赠的麦片"——电视广告）。

17 我们物化我们的判断和意见。判断是评估，不是事实，但这一洞见几乎普遍被忽略，因为我们想要让我们的判断被认为是事实。考虑"邪恶"这个范例。邪恶是一种判断，我们会渲染一个人或事件，如"种族隔离是邪恶的""他想出邪恶的想法"。那就是邪恶所是——一种判断。但大多数人都相信，邪恶是某种客体，真实存在。一位印尼福音传教士曾告诉我："撒旦在印尼苏门答腊北部整编部队准备攻击基督传教士。"对他来说，撒旦（又叫魔鬼）和他的（他的！）恶灵组成的军队是真实的，就像他的神殿里的善灵一样，如上帝、圣灵、大天使、天使、圣徒等，是真实的。每种主要宗教中都能找到最邪恶的人物，并被起有人的名字：魔鬼（Devil）、撒旦（Satan）、Shaitin、埃布里斯（Iblis）①、玛拉（Mara）、洛基（Loki）、阿里曼（Ahriman）。当邪恶这一概念被物化和人格化后，就会出现这样的人物形象。

其他常见的物化判断有："恶心得我都没法去说它"——一位观众看到菲尼克斯电视台意外播出色情视频时说的一句话（恶心是一种体验，并非色情视频的品质）。"法官裁定这本书让人作呕"（忘了呕吐只会出现在肚子里）。"被子承受了对你未婚妻的诅咒"（咒骂某一东西是一种评估，诅咒并不是一种"东西"）。"一辆真正的智能汽车"——电视广告（车没有智商，哪怕是宝马也没有）。"他

---

① 埃布里斯（Iblis）：一名堕落炽天神侍，以"火之子焉可拜土之子"为由拒绝为凡人服务，因此被贬。——译注

在卖肮脏的照片"——墨西哥提华纳的一位游客所说（图片从来不会是肮脏的，它只是会被那样评价；肮脏，像美丽一样，都是"情人眼里出西施"）。

18 我们物化价值。 价值当然也是一种判断形式。物化价值是一种最常见的谬误，电视上和超市里的商品标签上最容易看到这一物化的影子。"原价399，现价仅售119。"事物的价值仅仅来自于想要拥有它的人，但是商家会让我们认为他们的产品具有内在价值。"这个蓝钻值1万美元。"这只是因为卖方希望你以那个价格买下！经典的测试是有启发性的：如果你在沙漠中口干舌燥，这时给你一块黄金和一杯水，你最看重哪个？

价值这个词是一个抽象概念，只与想法有关；如果对评价没有什么想法，那么事物（在上面的例子中就是钻石）也就没有价值。依照这一事实推理下去：黄金没有价值，水没有价值，阳光没有价值，食品没有价值，诗歌没有价值，音乐没有价值，计算机没有价值，书籍没有价值，爱情没有价值。在任何情况下，事物本身都没有价值，除非有一个评估者出现。看上去这句话似乎也有例外，例如，水和阳光对植物是有价值的。但植物是一个评价者，如果没有植物，也没有其他活物去使用水，它也就没有任何价值。

19 我们物化符号。 在许多人心中，意义与其独有的符号相连，就像这一相连是亲密的和必要的。如果被问及大卫之星、十字架、纳粹党徽、诺亚方舟或国旗的意义，很少有人明白，这样的符号就其自身而言没有一点意义。符号的意义来自我们这些"使用者"，任一符号都可被用来代表任一意义。符号与（它通常被认为代表的）意义之间没有必然联系。我们的符号之所以变得别有深意，是因为我们几年或几十年地使用它们，在这段时间内，意义变得比以往更紧密地与符号关联。

物化符号一个突出的例子来自数学家。麦吉尔大学数学家阿瑟·霍尔伯格指出："数学家在真实符号与精神符号之间不作任何区别。他们总是把数学当成是真实的。"数学物理学家罗杰·彭罗斯（Roger Penrose）在《通向实在之路》（*The Road to Reality*）中写道："将数理结构视为拥有它们自己的现实，会得出一些重要的事情。"因为数学与自然界的物理运行适应得如此紧密，物理学家倾向于认为数字多少都是真实的。最早思考数字的古希腊思想家毕达哥拉斯认为，"宇宙由数字组成"，也就是说，数字，像砖头一样，是真实的积木，可以聚合成为可见的结构。令人震惊的是，明智的数学家们仍然相信这一点。

20　我们物化分类系统。所有文化都会物化其分类系统，并确信它们的分类标签描述了真实的性质。种族是一个我们都很熟悉的例子。种族分类所指的并非什么真实的东西，没有经验事实能够证明现今世界的种族分类。（基因库则是另一回事。）但在每种文化中，黑人、白人、有色人种（南非）的概念都真实存在，并成为一个被人们盲目相信的神话。一种文化若是必须处理与被广泛接受的分类系统不相容的个体：如自由派共和党人、合法犯罪、有异性伴侣的女同性恋、白皮肤的黑人等，就会问题重重。流行的分类，如自由、保守、右翼、左翼、民主党人、共和党人、犹太人、印第安人、亚裔、天主教徒、新教徒、穆斯林等，几乎普遍被视为描述了现实，事实上它们只是被物化和经常被人格化的抽象物。

21　我们物化深刻的人类体验。要明确这一点，我们一方面需要区分身体体验、情感体验、审美体验，另一方面则要区分其概念化。例如，恶心是一种身体感受，但是我们可以创造出一个关于恶心的想法而不会感觉到它。对所有的身体感觉和情感，如爱、愤怒、嫉妒、恐惧、恐慌、骄傲、无聊等来说，这都是真实的，无一例外。我们都还记得强烈地感受到这些情绪的时刻并希望它们中的一些，例如恶心和恐慌，永不再来。但我们可以为它们一一形成一个概念，这样当我们想起这些经验时就不会感觉到它们。这种模式也适用于审美体验。我们可以创建关于事件的抽象记忆，而不用重新经历当初的情感。在所有这些情况下，深刻的体验和关于它的概念是完全不同的两样东西。可以说，概念和心理图像是原初体验的符号替身。

举一个起用的范例，可以考虑最简单的经典问题：美的位置。美的品质是否"位于"绘画、音乐、秋天金黄的红叶中？尽管历史上一直对其争执不休，但答案是明确的：美是一种体验，它位于我们的思想和感情之中；没有经历过美的体验的体验者，也就毫无美感可言。美存在于美丽的事物中这一神话，导致一连串错误的结论和空洞的辩论：例如，这幅画比另一幅画更美；如果你看不出这幅画美在哪里，你的审美感觉就有缺陷（"我喜欢莫奈，如果你不喜欢，你就有审美缺陷，并且可能是不道德的审美缺陷"）。理解了美发生在我们的思想和感情中，使得我们可以对实际上正在发生的品质作出一个诚实的评估。我甚至可以进行有效的比较（例如，柴可夫斯基的《天鹅湖》要比拉威尔的《波莱罗舞曲》更能唤起我的审美情感）。

22 **物化普遍存在**。社会学家发现，所有文化都会物化很大一部分它们持有的想法。这种"投射"的想法构成了"现实"——一个社会将其视为一种独立于人类体验的存在。一般人将这一现实视为理所当然，它则为他们提供了秩序和意义。虽然这种假定的知识涉及特定的文化和历史时间，但是个体则往往将其视为一种极其自然的看世界的方式。由于他人也持有这种世界观，并且通过社会互动不断增强这一世界观，其现实被不加批判地接受为真实的事物。他可能也会凭直觉模糊地意识到，在什么构成"外在的"世界上，其他文化会作出完全不同的假设，但他并不将其真当回事。

因此，物化与虚假归因是两种普遍的人类惯习。如何把认识者与被认识者分离开这一问题，涉及将人类体验的内容与现实世界的内容区分开。这是有教养的人开始归类什么属于哪一领域的标志。细心的思想家知道，中国、美国、欧洲和阿根廷都只是一些想法，宗教、有神论和无神论、自由主义和保守主义、佛教、伊斯兰教和基督教也都一样。他知道，价值是被看重一些东西的人所创造出来的。他知道战争是一个想法，而不是一个真正的事件（"战争"是对一系列事件的解释）。他知道种族并不像真正的实体一样存在，"种族"只是一种划分关于个体和由个体组成的群体的信息的方式。他知道词语（即符号）可能会也可能不会指任何真正的东西。他知道，十字架、安卡、卍、大卫之星和新月、印度教奥姆，仅仅是一些想法（我们赋予事物以符号），它们的意义并非符号所固有，而只存在于赋予符号以意义的使用者那里。

知悉我们有物化这一惯习，是一个极其宝贵的见解。这种意识不会制止我们所有不良的思维习惯，但它确实会教给我们一种关于我们文化的语言模式，并帮助我们避免被无处不在的谎言所迷惑。能够看透符号的神秘化（后者不断地从我们无意识的文化中吞噬我们），是一种深沉的满足。

加缪

我反抗故我在

在第二次世界大战最黑暗的日子，法国人泄气的心被地下报纸《战斗报》的编者匿名发表的一系列文章所鼓舞，这份报纸是纳粹占领法国时期抵抗运动的喉舌。就在整个世界都被天翻地覆的这一非常时刻，他们意识到，一位充满勇气的知识分子正在积极工作，对他们声言，这位知识分子在疯狂的局势下仍能保持理性。即便在这一非常时期，仍然有人在试图理解这个疯狂的世界。

同样是在战争期间，29岁的哲学家阿尔贝·加缪，写出了两本令人不安的书：一本是《局外人》，另一本是《西西弗斯神话》。这两本书处理了我们人类发现自己面临的带有毁灭性的荒谬，只因我们存在。

直到战争结束后的1946年，人们才发现，抵抗报纸的编者和这两本书年轻的作者原来是同一个人。法国有了一位新的哲学家和一个新的英雄。美国新闻杂志报道，一股哲学浪潮席卷巴黎，马路边的咖啡店再次成为诞生不同想法的市场，这一骚动导致如火如荼的哲学辩论。现年32岁的加缪，几乎是在一夜之间，成为新运动的代言人和良心。

☙ ❧

1913年加缪出生在阿尔及利亚。他写道，那个世界的三种景象支配了他的生活：热情的阿尔及利亚阳光，凉爽的地中海，和他默默忍受痛苦的母亲。加缪还不满一周岁时，他的父亲（生前是一位雇农和酒窖工人）就在第一次世界大战中丧生，他的母亲带着他和他哥哥回到娘家,在贫困和孤独中,在沉默中(丈夫丧生带来的刺激使得她变得失聪,沉默少语),靠帮佣为生,勉强支撑着这个家庭。

加缪从小就在贫民区长大,由于被承认为战争阵亡者的孤儿每年可以得到一点抚恤金,得以维持最低水平的生活和上小学念书。那里人人都得干活挣钱,只是在母亲的大力支持下加缪才始终没有辍学。但在中学期间,每年暑假他都要打工挣钱,干各种临时工活;进入大学,则当家庭老师,辅导参加会考的高中生,后来还当过汽车零件推销员等,始终处在贫穷的阴影下。

上小学时,有时他会一个人站在海滩上,口中含着小石子,对着大海大声朗诵诗歌,锻炼自己的演说能力。由于身体较弱,比起与大家一块玩,他更喜欢看书。他在学校是一个领头的,但他喜欢用语言而不是拳头来领导大家。在学校里大家都有外号,唯独他没有。在敬佩他的朋友眼中,他就像是在扮演一个角色,十岁时他的言行举止中就透出一种高雅姿态,后来的中学及大学同学谈及他时印象最深的总是这一点。

能在上学期间遇上一位好老师是许多人梦寐以求的,因为它会极大地改变一个人的人生。加缪就是这么一个幸运者:十岁时他进入特级教师路易·日耳曼的班上,

贫穷与阳光 (http://sc.168g.com/scew/desk/html/d_49892.html)

后者尽可能地"推动"他向前,从而改变了他的未来。后来他把诺贝尔演说词献给了他这位小学老师。

进入中学后,最初几年,足球场比学习对他来说要更重要。从中他得到了自己的人生感悟:"球从来都不会从你预想的地方传来,认识到这一点对我的生活很有帮助。"

高二那年,来了个新的哲学老师格勒尼埃,他知识丰富,热爱生活,爱好写作,与学生打交道没有架子,再次改变了加缪的人生轨迹,加缪终生都称其为"老师"。由于这时加缪得了困扰他一生的肺结核,不得不放弃了踢球和其他活动(并重上了一年高二),转而去读书思考。在格勒尼埃老师的帮助下,他可以看到巴黎出的新书、最新的文学杂志,从中吸取新思想,感受到书籍的力量。

教育是一件珍贵的商品,加缪克服重重困难,靠打零工和得之无愧的奖学金,从阿尔及尔大学毕业了。23岁时,他提交了他的硕士论文:早期基督教和希腊思想的相互影响。然后在1937年,24岁的他出版了他的第一本书《正与反》,书中探讨了诸多主题:死亡,异化,孤独,以及试图从这一切中获取意义的人的灵魂。

25岁时,他成了一名记者,稍后成为一家阿尔及利亚报纸的夜班编辑。二战爆发后,他作为一名记者被外派到巴黎,当巴黎落入德国人手上时,加缪和巴黎晚报的工作人员转移到里昂。在那里,他与弗朗辛·福尔喜结良缘。他们简短地在阿尔及利亚生活了一段时间,但在加缪回到巴黎后,盟军进入北非,在二战余下的日子里,夫妇俩被迫分离。

加缪加入《战斗报》,撰写文章大力抗击所有这些"荒谬"。他努力发展一种抵抗伦理。他没有否认世界是疯狂的这一事实,他试图超出那种单纯接受荒谬的做法,超出当时流行的道德相对主义,得出一种观点,为战争中的人提供一个道德支点。

随着战事的进一步发展,加缪对重建过去的旧体系不再抱什么希望,在做了一些徒劳的想要影响法国和阿尔及利亚政治的事情后,他从公共生活中撤退出来,开始投身写作。他最引人注目的作品是他的早期作品《局外人》和《西西弗斯神话》;另一本哲学著作:《反叛者》;再加上《鼠疫》《堕落》,许多杂文,短篇小说,戏剧,包括《卡利古拉》。

1957年加缪获得诺贝尔文学奖。他用一部分奖金在法国南部普罗旺斯的卢马兰村买下一座小别墅,在那里他可以在一种更加融洽的气氛中休息和写作。1960年1月4日,在与一位朋友返回巴黎的路上,他在一场车祸中不幸遇难。当时他才47岁。

∽∽

　　加缪的哲学围绕着"荒诞"这一概念构建而成——荒诞是他对人类生存境况和我们的困境的全面概述。加缪从分析荒诞感开始，进而发展出其背后隐含的哲学。

　　问题在于个体与世界之间的关系。人不是荒诞的，世界也不是荒诞的。恰恰是在人与世界之间的互动中，出现了荒诞。这一互动是既定的，我们被困在其中。我们做着我们的梦，可是这个世界并不是设计来实现我们的梦想。我们渴盼诚实，但是这个世界却不值得我们诚实以待。我们渴盼一个公正的世界（实际上是我们的本性所想往），但是这个世界一点也不公正。这就是荒诞境况。

　　但是我们并不应该受到所有这些惩罚。这是不公平的。我们天生就是清白无辜的，准备投入地爱一次，准备好好地活一回。我们渴望能够生活在一个美好的世界——我们确实也应该生活在一个美好的世界，但是我们生活的世界却并不美好。单是通过它的疯狂给我们带来的重压，就使我们受到伤害和挫败。尽管如此，即使在最终的困惑和愤怒中大声疾呼，我们身上那种根本的无辜感依然鲜活地、不可动摇地存在着。

　　现在，考虑到这一境况无从逃避，我们面临的问题就是如何生活。清晰地认识到荒诞的存在，仅仅是一个起点。大卫·丹顿（David Denton）写道："加缪尝试去做的，是找到一种生活方式，直面荒谬，无需躲在理性主义或非理性主义这两个相互竞争的哲学神灵的背后。既然现实是荒谬的、知识是有限的，问题也就变成：是否有可能带着乐观态度去生活？"加缪写道，荒诞哲学是"一个明晰的邀请，去在沙漠中间生活和创造"。"在沙漠之中"保持乐观？如何做到？

　　我们首先就是接受，我们内在的主体性与现实世界之间互动的荒谬本质。我们必须不否认这一点。我们必须避免犯下身体自杀（否定主观方面）和精神自杀（操控我们对世界的认识，使其看上去显得意气相投）。

　　接受了这个世界是荒诞的，对它的回应必然是反抗。"接受我们周围一切事物的荒诞性是第一步，是一个必要的经验：它不应该成为一条死路。这会引起反抗，带来卓有成效的后果。"加缪强调，反抗是一种方法，一个过程，而不是一种学说。

　　反抗意味着放弃那些僵化的思想分类：狭隘的世界观，生硬的观点，有局限的信仰，确定无疑的教条；使得我们说谎的观念扭曲和语义扭曲；想做什么就做什么的不

西西弗斯推石头上山

道德的世界，此前我们曾在这个世界里寻求一种道德的存在。反抗是指拒绝与一个将其不诚实和会摧毁我们梦想的体系强加到我们身上的社会合作。

结果是自由和清白。在反抗中，人会变得自由：一个人可以做他想做的任何事。没有绝对律，也没有道德律，没有给一种行为贴上对错标签的不变。所有的都被允许，因为所有的都同等正确和错误。而且，在这种情况下，一个人可以恢复无辜，因为他现在可以不带罪感自由地去做所有的事情。罪感是荒诞的一部分，通过反抗，个体可以将自己从罪感的束缚中释放出来。他可以再次肯定自己是清白无辜的，从而去过一种完整的生活。

加缪的最后一个挑战是存在主义式地生活。他的本体论是一种个人抵抗运动，要求头脑清醒和富有勇气地去反抗荒谬。这意味着，从来不会为了将来而放弃现在，或是生活在过去。这意味着，信任个体的经验主义体验，作为善与对的指导。

加缪的人道主义是一个自由战士反抗一个荒诞世界的个人宣战，它是一种呼唤——呼唤个体去进行反抗和超越。

2-2 自我

许多哲学家都认为,发展出一个真实的自我,是我们每个人核心的终身事业。梭罗问道:"如果我不是我,我会是谁?"克尔凯郭尔宣称:"每个人都应成为一个个体,没有一个人被排除在外,除非他通过融入人群将自己排除在外。"本章追问的是:"自我"是什么意思?自我是我们天生就有的,还是后天发展而来的?是有一个自我,还是有很多自我?我们可能想要问"我在多大程度上是我"?"寻找人生的意义就是寻找展现一个真实的自我。"自我是否是那种我们可以了解和理解的事情?在一个异化疏远、让人困惑和充满敌意的世界,寻找(自我的)真实性是一个可行的目标还是一个白日梦?

我在多大程度上是我?

1 在无限时空中的这一刻,我想我知道我是**谁**、**我在**哪里。当我(其希腊语意思是"自我")写下这句话时,我正在一张宽大的办公桌前做我的研究。时间是晚上 11:40,身后的壁炉内闪着温暖的亮光。

但当**你**读这句话时,你处在时空中的什么地方?**你是谁**?你正在体验什么样的经历?我们认为需要有一个"谁"去体验,但若进一步追问**你**和**我**到底是谁,可能并不是一件太荒谬的事情。

我是谁？

2　认真思考"自我"性质的哲学家，遇到了让人畏惧的含糊之处。通常情况下，我们可以求助专业领域的专家了解一些确凿的事实，但在这个问题上，精神病学和心理学方面的文献并没有给我们太大帮助。"自我"这个词似乎有着无穷多的含义。有时它被用来指人的整体，包括所有精神的和身体的运作。有时它仅指（有意识和无意识的）心理活动，身体被排除在外。有时，"自我"指一个有组织的灵魂，决定着一个人如何去思考、感受和行为。有时，"自我"仅仅是指一种精神建构，用来描述观察到的行为模式。

那么，什么是"自我？或者可能更能说到点子上的是，当我问我是谁时，我（！）是否在问一个有意义的问题？

电影《埃及艳后》

3　在辉煌的职业生涯临近结束的时刻，马克·安东尼身受重伤，躺在克娄巴特拉的怀中，谈到他即将到来的死亡，"我的自我与我自己的最终分离"。显然，他的意思是他的"genius"自我将要脱离他的身体自我，因为当时罗马人有种信念：每个男人都拥有一个"genius"（每个女人都拥有一个juno），一种类似灵魂一样的本质，与物质的身体迥然不同，它给予他身份，并有能力保护他。但是我们并不能十分确定他所说的意思。

独家新闻

一名男子因为挪用公款而被起诉，但他从来没有被抓到，他用一个假名生活了26年。然后，他在不经意间的一个反常举动暴露了他，一位亲属把他交给了警方。他承认："是我挪用了公款。"

但是，真的是他挪用的吗？经过26年的风风雨雨，在何种意义上他还是先前同一个"自我"？在一个不同的姓名下生活了四分之一世纪，他已形成一种新的身份（认同）。他也不再有着与过去相同的身体；科学家告诉我们，人的身体每隔七到十年就会彻底自我更新一次。这个"人"（即：其个性、自我形象、做事风格）已经改变了，经过这么多年的岁月洗礼，他**感觉像变了个人**。

原来的人——"自我"或"身体"——有多少仍然存在？可以肯定的是，他确实记得过去发生的事件。这是否就使得他有罪呢？假如说通过压制，他已从脑子里清除掉这一让人痛苦的事件，不记得自己犯的罪，事情又会怎样？在这种情况下，即便他（？）认罪了，他是否还是有罪的呢？

史蒂夫·格兰德（Steve Grand）邀请他的读者回想"童年时的体验。有些事情你记得非常清楚，有些东西你可以看到，感觉到，甚至嗅到，就像你真的回到了那时候（身临其境）。毕竟，那时候你真的就在那里，对吧？否则你怎么还会记得呢？但这里就是问题关键所在：你**不**在那里。当事情发生时，你当下的身体没有一个原子在那里……物质从一个地方到另一个地方流动，并在顷刻间组合成你。因此，无论你是谁，你并不是你最初所是的那个你。如果这不能让你后颈上的汗毛根根竖立，你可以再看一遍直到根根竖立，因为这一点很重要。"

《第六感》（ABC电台）

在证人在场的情况下，医生给一位年轻女士催眠，让她（？）退回到上周四下午的一个时间，问她（？）她（？）在哪儿。"我（？）正坐在湖边一块石头上。""你（？）看到了什么？""我（？）不是真的在湖边，我（？）在大楼里看着我（？）将要杀死的人。""可你（？）并不在大楼，对吧？"他（？）坚持这样说道。"是的，我（？）在湖边坐着。"他（？）回道："没错，我（？）知道，因为我（？）就坐在你（？）身旁。"

你能试着找出是谁在对谁说着关于谁和谁在何时何地做什么吗？

自我感

4 在我们的人生中，我们每个人会变成一个什么样的人，由两个基本条件决定：(1) 我们体验到一致的自我或认同感的程度是更多还是更少，(2) 我们发展出的看待自我的态度是积极的还是消极的。

这两个条件在我们的早年生活中至关重要。如果我们在其中生活的环境抑制我们形成一个整合性的自我和/或灌输一些关于那一自我的负面情绪（自我憎恨有许多形式），那么我们的生存质量就会永久受损。不排除在以后的日子里我们也会面对我们自身的内在问题，发展出迟来的自我感和自我价值感，但是，这一治疗路径往往是长期的和痛苦的。

5 在我们的独立岁月中，我们每个人都必然会持续追问"我是谁？"这一身份（认同）问题。从青春期开始，我们都会经受"身份危机"。在青少年早期，没有哪个青少年会有一种自我的一致感。尽管他仍然认同权威当局，但也正是在这些年里，急剧的生理和情绪变化正在发生，并在灵魂中激起相应的动荡。身体和自我都在改变和发展。

在这些年里，通常都会出现与此前作出决策设定行为的权威相分离的情况。每一个正在发展的自我，都会开始逐渐发现自己的感情和想法；他必须探索属于自己的行事"风格"。当他体验到越来越多自发的和真实的表达自己的存在，他就会开始产生一种（身份）认同感。他会发现，在自己的行事、思考、感受中，有一种一致和独特的方式。这是一个循序渐进的过程，不会一蹴而就。在这些独立的年月中，必然会不断追问"我是谁？"这个问题，虽然不是用言语明确提出，但却隐含在所有的自我形成过程中。

6 当一个人在行动中感知到他的"自我"、思考着他自己的想法、感受着他自己的感情时，其个性就会发展，或是任其发展。我们大多数人最常遇到的问题就在下面这一事实中：相互冲突的元素已由不同的权威"编程"灌输给我们。我们中极少会有人一直受到相互一致的权威的指导。我们大多数人都是在两个或两个以上"重要他者"的引导下长大的，这些人有着不同的信仰和价值观。他们对我们的要求有很大不同。由于我们依赖他们，我们不得不把他们的标准当回事并照着行事。

所以，当独立/分离发生时，就会体验到自由，这些不同的元素必须被整合成一个"自我"。渐渐地，它必须成为一个和谐、顺畅的运作系统。在行动中体验到自我一些年之后，一个人就会产生一种认同感。然后一个人就会意味深长地说："我知道我是谁了。"

借用一个空间技术的比喻，自我成为一个"自载制导系统"。该系统切断脐带，依靠内在力量运行。它会自动运转，顺利运行，如期操控。

价值感

7 决定存在质量的第二个主要条件是：一个人对自己发展出的自我持有什么样的态度。一般情况下，如果事情恰好照着我们所想的那样发展，我们就会形成积极的情感：自我价值，自尊，自爱。无论使用什么样的术语，我们指的都是就我们的自我和自我所做的事情形成一簇具有建设性的感情。

谁身上有这些积极情感，谁就会在他是谁、他是什么上感觉自己很荣幸，他也会喜欢和自己在一起。

在我们的早年间我们对我们的自我有着什么样的感觉，强烈地反映了别人对我们的感受。如果我们为他人喜爱，我们就会觉得自己是可爱的，我们就会喜爱自己。如果我们得到他人认可，我们就会觉得自己是被认可的，我们就会认可自己。如果我们得到他人信任，我们就会觉得自己是值得信赖的，我们就会相信自己。如果我们的存在被他人认为是有价值的，我们就会觉得自己是有价值的，我们就会看重自己。

在我们的早期成长阶段，不可能避开一个严峻的事实：我们完全依赖于他人的情感反射。

8

> 我们知道，"自我"概念是习得的。人们按照其成长过程中身边人对待他们的方式去学习他们是谁、他们是什么。这是沙利文所说的从他人之镜中学习自我。人们从他们在生活中的体验——不是来自说教而是来自亲身体验——发现他们的自我概念。人们会从一直被喜欢、被需要、被认可中发展出喜欢、需要、认可和成功。一个人知道他是这样的，不是通过被告知，而是只有通过亲身体验（体验到别人这样对待他）。
>
> ——亚瑟·库姆斯（Arthur Combs）

9 一个人若是在其成长期一直得到他人喜爱，就也会喜爱自我。然而，"自爱"与"自私"常被混为一谈。自爱既不是对自己的身体或智力品性的自恋，也不是利己主义，一种无节制的欲望，不惜牺牲他人利益来满足自身利益。心理学家弗洛姆提醒我们："如果作为一个人爱我的邻居是一种美德，那么爱我自己也必须是一种美德（而非相反），因为我也是一个人。"无论"人"这一范畴包括什么样的品行，都既适用于我，也适用于他人；没有一种"人"的概念能把我排除在外。圣经中的指令"爱邻人如爱自己"意味着，爱自己是善意的和高尚的，而不是一种自私行为。心理学研究早已清楚地表明：尊重自我，爱自我，是尊重他人和爱他人的先决条件。如果一个人恨其自我，不管别人待他多么好，通常他都会恨别人。爱别人和爱自己不是相互排斥的替代品，尽管我们的宗教遗产教导我们说它们是。弗洛姆写道:"恰恰相反,在所有有能力去爱别人的人身上,都能发现爱自己的态度。"

10 总之,如果我们站在幸运者中间,即我们既有认同感又有自尊感,那么可以肯定,下面的事情就会发生在我们身上。

我们被人喜爱,而不是被人拒绝,因此我们是可爱的。
我们在学习社会行为上被给予一致的指导方针。
我们了解到,我们因为我们是什么而有价值,而不是因为我们做了什么。
我们已做好准备去应对新的经验,我们可以自由探索人生。
我们提供的支持,使我们能够承受伤害和失败的打击而不丧失自尊。
我们可以真诚地表达我们的感情,不用担心因为说实话而被惩罚。
我们测试界限,对其作出切合实际的估计。
我们得到鼓励,把不稳定和变化的时期,作为成长过程中很自然的一部分予以整合。
我们逐渐发现,我们可以离开父母的保护,独立存在。
最后,我们获得一种独立身份(自我认同),觉得我们自己的价值体系和信仰很受用。

11 我们大多数人从来都没有超越自我意识。在"我是谁?"这一阶段,我们无法确定我们该如何去应对周围不同的人、不同的信条、不同的情境。我们一直习惯于照着别人教给我们的那样去作出回应,但是现在问题已经变成:"我怎样才能真的以我自己的方式去作出回应?"因此,我们尝试新的行为方式,探索新的体验。"**我**是否喜欢吃猪肝和洋葱?""**我**对他有何感觉?""**我**真的相信那种说法吗?"

在逐步解决身份认同这一问题时,我们也被迫进入自我意识。但在一个人已经养成一种风格相投的行为后,他就不再想知道他将如何回应,他也不打算再知道他的反应:他只是作出回应。在自己对事物是怎么想的、对事物有什么感觉上,他问自己的次数越来越少,他仅仅是去思考和感觉。因此,作为发展阶段一个必要组成部分的自我意识,开始逐渐消失。

12 佛教明确主张无我的教义:"没有自我"。"自我"是一种幻象。佛教认为,感受到个性是一个涵化条件。"自我"是一些社会编程所造成的不幸的结果,那些社会编程已经说服我们,让我们认为我们是独立的、独特的个体。

无我状态是一种纯自发/无意识经验。理想情况下,好的佛教徒,通过多年严修,会试着驱逐任何受到文化调控的"自我",这种自我会说"这是好的"或"这是合适的行为方式",或是"这是我的行事方式"。相反,自发/无意识行为超出了涵化(文化适应),它是客观的,因为它不是文化上产生的或是自我界定的。它是一条以非中介方式体验万物的路径。我们可以看着一支蜡烛,体验到纯净的火焰,不是将其视为主客体关系,而是作为非中介的直接经验,就像体验者直接燃烧着火焰。

在西方,我们习惯于给万事万物都起一个名字,这样我们就可以将其保存起来,召唤回来,谈论它们,或是在以后的时间依稀回想再次体验。东方人更加看重原始体验的质量,没有任何形式的概念或词语干预。因此,佛教的观点是,自我会干扰纯粹体验,一旦一个人开始知道纯粹体验,他就不再需要自我居中进行调解。

佛教在无我的背后有很强的自我。也就是说,经过严格定义,我们可以说,很强的自我(西方)已经超越自我意识,进入自发体验,抵达了一种类似佛教无我状态的状态。如果一个人成功地形成一种自我系统,运转顺利和谐,那么身份认同问题对他来说也就变得毫无意义。他所有的经验中都弥散着很强的整合为一感,他已经忘记了他"有"一个自我。

自主性自我

13 "自主"一词是指一个人(在其真实自我的意义上)独立行事的能力。衡量一个人自主性的,是他决定自身行为并作出决定(与他真正是什么相一致)的能力——与顺从他人设定的规范行为相反,这些规范行为可能与他自己的生存需要不相协调。

作出自主决定的能力有几个前提。首先，它要求一个人意识到自己的需要，这只能来自经验/体验。这意味着能认识到自己的情感，从同化的需求中区分出自己的真实需求。

其次是自我肯定的勇气。一个人需要具备足够的勇气才能接受自身的所有方面，尤其是一个人的自我中那些令人（权威或同辈群体）反感的方面、（抱有完美主义者态度的父母觉得）不完美的方面、不被（社会）认可的方面。自我接纳总是包含着一个隐含的"尽管"："我肯定我的存在，尽管我有坏习惯、脾气不好、有依赖需求。"这一勇气会随着我们在具体情况下的自我肯定经验而增长。

再次是了解一个人生存其中的文化模式。意识不到一个人无意识遵循的信仰和价值观，很难区分开自主行为与顺从行为。

14　一个获得自主性的个体会如何感受他的存在呢？

一方面，在身份方面，他知道他是谁、他不是谁。他的自我非常完整，不觉得需要从事竞争行为来维护自己的身份。他感觉非常真实。他不会给人这种感觉：像一个空壳，必须假装里面有东西在内。自我（某个人）居住在里面。这是一种被整合为一体的感觉。

具有明确自我意识的人都知道自己的好恶。关于对错，他有自己独特的个体感觉；他不会借用别人那里贴着"道德"标签的指南来指引自己的言行举止。他也不会有那种恐慌感：很容易被人说服去做他并不想做的事情，甚或是成为他不想成为的人。当然，偶尔他也会去选择乃至被迫去做一些他不希望或不喜欢做的事；但他知道——除非是被洗过脑——永远都没有人能够强迫他成为他不是的样子。

"我希望你们都能成为我说的那种自主性自我！"

◀ 专栏 ▶ **真正自我的能力**

"寻找生命的意义就是寻找展现一个真实的自我。"詹姆斯·马斯特森在《寻找真正的自我》一书中介绍了,真正的自我如何在童年早期开始发展,它的能力/职责是什么,以及它是如何被认同的、合为一体的,通过测试和实验给外部世界带来和谐。马斯特森也写到了"虚假的自我":当真正的自我"受损",借助自毁性行为来保护自己避开疼痛时,就会出现虚假的自我。我们会为这些防御模式付出昂贵的代价:失去自尊,感受失败,失去希望,失去梦想,最终则是走向绝望。

相反,如果我们可以获得一个强大真实的自我,我们就能开发出一种能力,使我们"健康生活和与他人分享我们的生活,直截了当地表达我们最深切的需要和欲望,并在这样做的过程中找到成就感和意义"。

马斯特森描述了健康自我的十种能力:

(1)"充满活力、欢乐、兴奋和自发性地体验多种多样深层情感的能力。"好运降身,我们会兴高采烈;事情出错,我们会失望、悲伤或愤怒。真正的自我不会阻止任何适当的感情,不论它们是好的或坏的,是愉快的或不愉快的。所有的情感"都是生活中必要的和基本的一部分,真正的自我不会设置障碍,压抑这些感觉或将其隐藏起来。它会接受范围广泛的情感,不怕表达出它们。"

(2)"期待适宜权限的能力。从早期的掌控经验,加上父母对真实自我的承认和支持,健康的个体会养成一种权利意识,适当体验掌控和乐趣。我们会逐渐期待我们能在事实上掌握我们自己的生活,获取我们认为对自己好的东西。"

(3)"自我激活和坚定的能力。这种能力包括,有能力识别自己独特的个性、愿望、梦想,以及坚定地自主表达它们的能力。它还包括采取必要步骤,使这些梦想变成现实,在其受到攻击时敢于站出来支持和捍卫它们。"

(4)"确认自尊。这种能力可以让一个人去识别和承认,他能用一种积极的和有创造性的方法去有效地解决问题或危机……很多人都有下面这种倾向:只看到事物不好的一面,包括他们误认为自己缺乏才能,而无视他们取得的成功。"

(5)"抚慰/平复让人痛苦的情感的能力。真正的自我不会让我们在痛苦中郁郁寡欢。当事情出错我们受到伤害时，真正的自我会想方设法最大限度地减少和平复痛苦的情感。"我们允许自己承受多少疼痛与事件有因果关系。除此之外，真正的自我会努力恢复良好的感觉／情感。

(6)"作出承诺和忠于承诺的能力。真正的自我允许我们在人际关系和职业目标上作出承诺。尽管会遇到障碍和挫折，有着很强真实自我感的人不会放弃他们的目标或决定，当它们明显是好的并对他们有利时。"

(7)"创造力……是用新的、同样成功或更成功的方法去取代旧的、熟悉的生活模式和解决问题模式的能力。"新的形势要求我们具备有创意的资源，我们可能不得不拿出新的思路，新的优先次序，新的方法和技术。此外，创造力往往会承认和保护自身。"创造力不仅是找到解决我们身边世界里生活问题的办法的能力，它也是重新排列那些阻碍自我表达（没有自我表达也就没有创造力）的心灵内部模式的能力。"

(8)"亲密关系：在与另一个人的亲密关系中，充分和诚实表达真正自我的能力，不用担心被遗弃或吞没。"当一个人受到伤害时，自尊可以给其一种说"不"的能力，而不必担心受到排斥，它是一种保持亲密关系同时也追求其他目标的能力。"

(9)"独处能力。真正的自我允许我们独自待着而没有被遗弃感。在我们的生活中没有什么特别的人时，它能使我们管好我们自己和我们的感情；但不要把这种类型的孤独与心灵孤独混淆，后者源起于一个受到损害的真实自我，驱使我们陷入绝望，或是病态的需要，只为避免面对受到损害的真实自我。"它是一种从生活中寻找意义的能力；我们不是依赖别人而是依赖自己来激活我们真正的自我。

(10)"自我的连贯性。这是一种认识和承认我们每个人都有一个贯穿时空的核心的能力……无论是向上或向下，无论心情好坏，无论是接受失败或拥抱成功，拥有真实自我的人都会有一个内在的核心保持不变，哪怕他已长大成熟。直到生命的尽头，'我'仍是许多年前出生的那个相同的'我'。"

——詹姆斯·马斯特森 (James Masterson)，
《寻找真正的自我》(*The Search of the Real Self*)

15 当一个人有一种整体的自我感时，他也会有一种真实感。他感到自身是真正的而不是虚假的。他不会对自己的行为产生一种演戏感，仿佛他所有的社会互动都只是在一出无尽的戏剧中背台词。

有了真实的自我，真实性就会随之而来，所以他可以与他人坦诚相待，自由自在，自愿而非强迫服从形式主义规则。在正常的关系中，他发现不需要去操纵（控制他人）或迂回（旁敲侧击）。他也不会用他的诚实去伤害别人。

对一个自主的人来说，社会关系的游戏模式有着不同的含义。他会决定他参与玩游戏——社会角色，等级角色，政治策略，良好的行为礼仪，等等，但他的玩游戏不会被注入一种严肃感或强迫感（"不自在感"）。他们不是慌张的表演者，因为他们内心没有表演的需要；他们身上没有孤注一掷的感情投资。他会从容不迫地随着情景需要玩游戏，在意识到游戏结构和现行规则的情况下与人交往。他可以接受游戏并遵守规则，但他不会利用规则、政策、法律或法律条文，去满足神经质的需要：避免承担责任、作出决策或与他人真诚相待。

自主感有一个重要结果，他不怕"看到自己的内心深处"，也不怕让别人看到并了解他。他没有必要耍手段，以防别人了解他。只要是想，他就可以去掉自己的面具，仿佛在说："这就是我。"如果别人拒绝了他，他的生活并不会就此破灭。他的自我的完整性仍然保持不变，他的自我价值感也不会受到过多影响。

16 明确的（身份）认同感，往往会带来一种轻松愉快的存在。生活中少了焦虑和紧张。知道自己是谁的人，既不用在内心进行一场身份危机的战斗，也无需强迫自己去证明给别人看他是什么，或他能做些什么。（这并不意味着在情境需要的情况下他无法进行有效竞争。）他并不需要向人证明自己的价值，其价值早已牢牢根植其内心。

这种安全感，可以使人以一种开放心态去接纳新观念。他与封闭性自我恰好相反，后者认为每个问题都有一个答案、所有的想法都是确定不变的。矛盾的是，强烈的（身份）认同感，会使他去尝试新的想法、新的体验、新的生活方式。他不认为那些新事物会威胁到他。他会积极尝试新的生活方式和新的想法，看看它们是否适合自己。如果不适合，他就会很自然地将其放到一边；如果适合，他则会因之而变得更丰富。即便它们不适合他，他也可以通过这一尝试，更好地了解别人的想法和做法。

17 在一篇题为"功能充分发挥的人格"的文章中,早川博士总结了两位著名人本主义心理学家马斯洛和罗杰斯关于人的潜能的研究。这两位科学家曾想独立地发现,那些高效能利用自身能力的人共有什么样的素质。马斯洛把这些人叫做"自我实现"的个体;罗杰斯称其为"功能充分发挥的人"和"有创造力的人";早川则选择了这一术语:"真正有头脑的人"。无论在何种情况下,所有这样的人都有六个鲜明的特点:

(1) 自我实现的个体在顺从社会规范上并非总能"很好地调适",但他们也不会故意悖逆社会。他们会随着具体情境的要求去顺从或不顺从,因为就其本身而言这两者都不重要。最重要的是,他们拥有自己经过良好发展的行为规范。

(2) 他们并不太常关注自身内部正在发生什么。他们能充分体验到自己的想法和感受。自我意识是伟大的,自欺欺人则是渺小的。他们对自身有着现实的看法,不会求助于关于自身或生活的迷思。

(3) 他们不为未知的事物所烦恼。他们能与混乱无序、模糊、怀疑、不确定性融洽相处。他们不觉得自己必须知道所有答案。他们可以接受"那是什么?"而不会试图把所有的生活内容都组织得井井有条并给其贴上标签。

(4) 他们是存在主义者:他们能够更加充分地享受生活中当下这一刻,而不去担忧未来。他们的生活不是持久地为未来做准备,他们享受当下的生活。

(5) 他们很有创意,这些创意并非只是像常见的画家或音乐家那样的创意,而是在他们做的每件事情上都有创意。最常见的事情——从谈话到洗碗——都会以一种略有不同、更具创造性的方式进行。他们与众不同的风格会在他们所做的一切事情上都留下痕迹。

(6) 自我实现的个体"在最深层意义上是道德的"。他们极少会去遵循肤浅的、传统的道德行为规范。他们认为大多数所谓的道德问题都微不足道。他们展现自身道德关怀的方式是以一种积极的、建设性的态度去对待所有人和事物。由于他们很容易与他人的境况产生共鸣,他们会关心他人,他们的关怀是他们道德本性的源泉。

兰德

我用自己的脑袋思考

"谁是约翰·高尔特?"

这个问题,在整个 1960 年代和 1970 年代,都可以在保险杠贴纸、T 恤、海报、墙上发现;它在谈话中被引述,在广播和电视上被问到,甚至印在日本一家佛教寺院的瓷砖上。这无疑是那个时代最有名的标语。

答案呢?

"十二年来,你们一直在问:谁是约翰·高尔特?我就是约翰·高尔特。我就是那个热爱自己的生命,从不牺牲自己的爱和价值观的人,我就是那个令你们免受迫害,并因此摧毁了你们的世界的人,假如你们这些惧怕真相的人想知道自己为什么正走向灭亡?那么现在我就来告诉你们。"①

然后开始了美国文学中最有名的演讲之一:"约翰·高尔特"演讲,演讲开始于兰德的《阿特拉斯耸耸肩》第 936 页。35000 字的演说词,作者写了两年,占了书里 57 页,概述了 20 世纪最有影响也是最有争议的作家之一的哲学。她之所以如此受欢迎,是因为她明确地召唤美国青年加入她的队伍,去思考价值观,作出与这些价值观相应的道德承诺,并坚定地支持一个人的原则。她提供了一箩筐的对与错,并叮嘱她的忠实追随者为了她的事业而团结一致。

兰德支持的事物有:理性,个性化,充实的生活,勇气,幸福,成功,生活,快

---

① 〔美〕安·兰德,《阿特拉斯耸耸肩》第七章,杨格译,重庆出版社,2007 年。——译注

乐，喜悦，自由，亚里士多德，阿奎那，无神论，爱情，友谊，浪漫，尊重，自尊，钦佩，自私的乐趣，资本主义，强壮的男人，金钱……

兰德反对的事物：没有理性，自我牺牲，殉难，信念，损害自尊的任何事，盲从，受苦受难，失败，死亡，痛苦，享乐主义，随心所欲，尼采，平等，奴役，利他主义，柏拉图，康德，寄生虫，萨特，存在主义，税收，意志薄弱……

                    ∽∽

兰德在1926年来到美国。作为一个来自俄罗斯的流亡者，她无家可归，身无分文，只会讲一点英语。然而仅仅十二年后，1938年的她已熟练掌握了英语，形成了一种激进哲学，并在写剧本、短篇小说、哲学论文，以及很快就会出名的小说——所有这些写作，都插上了她的哲学信念的翅膀。

1905年她出生在圣彼得堡，父母给她起名阿丽莎·罗森鲍姆。她的父亲弗朗兹（Fronz）是一个化学家，有一个属于自己的店铺。他严肃，沉默，武断，是一个有着坚定信念和道德操守的人。阿丽莎尊重他，但却不太喜欢他，从他那里得到的东西也很少。她的母亲，安娜，受过教育，见过世面，很喜欢管理家务和在家中举行各种活动；律师、医生和科学家们经常拜访她家，并参加她举行的派对，他们很是钦佩她。"我很不喜欢她，"兰德后来写道，"我们真的合不来。"尽管母亲人很聪明，但在阿丽莎心中，她就是一个交际花，完全缺乏实质和思想。"她在每个方面都不赞成我的看法，除了一点：她为我的聪慧而骄傲，并自豪地在其他家庭成员面前进行炫耀。"无论阿丽莎从她的家庭中获得了什么样的自尊和钦佩，她天生就展现出了她聪颖的头脑。

9岁时，她决定长大后当一名作家。1914年，她与家人正在伦敦度假时，第一次世界大战爆发了，他们在回家的事情上遇到了麻烦。1917年俄国革命推翻了他们昔日那个熟悉的世界，她的父亲的生意被收归国有，她那熟悉的安全生活已经消失。她开始把身外这个世界视为善恶之间的一个大战场。所有人都在奋斗，所有人都在受苦，所有人都陷入绝望。但她也发现，在她的脑海里，她可以创建美丽的世界和人民，他们与勇敢的人一起过着体面而快乐的生活。在她想象的全景中，智能占据上风。因此，日后她会写作并将其一生都奉献给创建和保全人类精神中最高贵的部分。

阿丽莎16岁那年进入了列宁格勒大学。虽然学校号召大家主要学习数学和工程学这样可以为共产主义事业作出贡献的学科，但她还是选择了历史作为她的专业。她广泛阅读，喜欢上了亚里士多德的"生成哲学"；鄙视柏拉图的理念论和尼采的权力哲学。她梦想着男人和女人生活在一个自由的社会，在那里他们可以建造摩天大楼，写他们愿意写的东西。她写了一些短篇小说，并计划写一本小说，小说讲述了一个英勇的年轻人，在一个集权国家里，艰难地维持着自己的个性。

21岁时，在住在芝加哥的亲戚的邀请下，阿丽莎来到了美国。先前她已读过有关自由企业制度的政治和经济机会，现在她有机会参观这个能够保证她所渴望的个人自由的国家。她想融入美国梦中：成为自由的，成为她自己，想她所想，过她自己想过的生活。她"十分厌恶"集体主义的俄罗斯。在路上，她把自己的名字改为安·兰德——Ayn（与"我的"和"你的"押韵）这一名字借用自一位芬兰作家；Rand则来自她的老雷明顿·兰德打字机。一个新的名字，一种新的生活。她知道她再也不会回俄罗斯了。

从芝加哥开始在美国的生活，是个不错的选择，但她渴望看到好莱坞。几乎是刚到那里不久，她就向西进发，身上只带着几元钱和一些可能会变成剧本的脚本。"没有人帮我，"她后来写道，"我也从不认为任何人有责任来帮我。"她在塞西尔·德米尔的工作室找到了一份工作，并在他的关于耶稣的史诗故事《万王之王》(*The King of Kings*)中当了一名群众演员。

她写脚本，写短篇故事，写故事大纲，但她的故事太过理想，让人觉得不太可信，它们从来没有卖掉。她拼命干活，爱上了她的新生活，并迅速知晓美国是如何工作的。她不再写那些浪漫故事，而是转向精心策划的故事情节，同时伴随着两个使她的作品显得强有力的特质：哲学概念和充满激情的信念。她发自内心地想写，她相信自己能够讲述一个好故事；事情很快就变得一目了然，因为她有话要说。

1929年，她遇到了《万王之王》剧组中的弗兰克·奥康纳（Frank O'Connor）。她嫁给了这个安静、英俊、高大、金发碧眼的男人，他成了她小说中"英雄"的模型。两年后，作为一位美国公民的妻子，她加入了美国籍。在他们五十年的婚姻生活中，他一直深爱着他这位聪慧、充满激情的妻子；尽管他并未真正理解她，但他还是为她的智识发展和文学成就提供了必要的稳定性。

兰德在RKO制片厂道具部工作了三年。1932年，她把一个脚本卖给了环球影业，但当环球影业将电影卖给派拉蒙时被封杀了，工作室决定不出品。接下来两年，她一边写自己的小说,一边给环球、派拉蒙、米高梅写电影剧本。1934 年,她的剧本《阁楼传奇》(Penthouse Legend)成功地在好莱坞上演。评论家称赞它的人物刻画及其吸引人的结局,但却没人关心她的哲学思想。

1935 年奥康纳夫妇搬到了纽约。虽然这是失望和贫困的一年,但是《阁楼传奇》在百老汇上演后获得普遍好评;在那之后,奥康纳夫妇的命运开始改变。1936 年她的第一部小说《生而为人》(We the Living)出版,评价褒贬不一:评论家说,这本书很好读,但她的福音宣讲让他们感到厌烦。这本书销量不佳,仅仅卖出 3000 册后,出版商便销毁了底版。

她不受失败的影响,继续写着自己想写的东西。她开始写一本关于一位建筑师的"伟大小说",所以她贪婪地阅读起有关建筑师的东西,并在一家建筑公司找了一份秘书工作,学习商业实用的一面。与此同时她写完了一个短篇小说,关于一个在集权国家奋力挣扎的英雄。她给它起名《一个人》(Anthem),在美国没能找到一家出版商愿意考虑出版后,这本书最终在英国出版。

经过八年紧张的劳动,她于 1943 年出版了《源泉》(The Fountainhead)。这是一个男人的故事,他有坚强的力量,拒绝在他的道德原则上进行妥协,最终成功地越过了难对付的阻碍。这一次评论家终于注意到了,有些评论家甚至注意到了她的故事背后隐藏的哲学主题。这本书获得了极大的成功,当年年底华纳兄弟买下了这本书的电影改编权;兰德亲自改写剧本。由于当时正处于战争时期,直到 1949 年影片才拍完。到那时,这本书已经卖出 50 万册。电影上影时,主演是加里·库珀和帕特里夏·尼尔,书的销量猛增,但是尽管有明星出演和商业炒作,电影的票房成绩却很失败。

在那之后,兰德又辛劳了九年,写出了她的代表作《阿特拉斯耸耸肩》(Atlas Shrugged)。它于 1957 年由兰登书屋出版。尽管有一些负面评论,其号召力却是巨大的,截止 1994 年一共卖出了 300 万册。显然,兰德已经有了一些自己的信徒。

《阿特拉斯耸耸肩》讲述了一个女人和四个男人的故事，所有人都是英雄形象，他们恐慌地看到美国文明正在螺旋式下降，逐步转向社会主义。这些有才华的工业领导人决定组织一场罢工来扭转美国经济颓势。他们从世界各地撤回他们的人才，以及他们公司的服务。这些都体现了兰德的价值观：理性的自利、自尊、个人主义、热爱财富和愉悦。在适当的时候，它们会再次出现在世界上，提供必要的智慧和领导能力，以挽救它。

写完《阿特拉斯耸耸肩》，兰德放弃了小说写作，转而写起哲学随想。1961年，她出版了《致新知识分子》，同年还出版了《自私的美德》，为个人主义道德辩护；1966年出版了一本关于批判哲学的书：《客观主义认识论概论》。她计划写一个专栏，对她的整个哲学做一总结。她的一生都在努力工作，希望人们能够认真对待她的哲学思想；现在，可以说，她的哲学思想即便没有得到专业人士的认真对待，也已得到了知识分子和世界各地大学生的认真对待。

由她开启的哲学运动——她称其为"客观主义"——欣欣向荣。她被一个由支持者组成的核心圈子所环绕，该圈子由纳撒尼尔·布兰登（Nathaniel Branden）和伦纳德·佩科夫（Leonard Peikoff）领导，前者在十八年间都是她的同伴和"知识产权继承人"，后者则是她的传记作者和遗嘱执行人。布兰登组织了一个纳撒尼尔·布兰登研究所（位于帝国大厦），定期出版会讯，开发课程，举行讲座，传播她的客观主义哲学。兰德在大学讲学，并出现在电台和电视上，在那些地方她永远都是一个才华横溢的、令人生畏的、有争议的人。有人给她作传，有人给她编选集，她收到了美国著名大学的荣誉学位。在专业期刊上的文章和书籍中，她常为其简单率真的道德、令人不快的认识论、幼稚的经济学和政治学而受到指责；而在大众媒体上，她则因为捍卫个人自由和自由企业制度而得到普遍支持。

兰德令人印象深刻：她身材敦实，头发乌黑，一双火热的眼睛——一位记者说"她的眼神能烧着你的内心"。她优雅的发言，带有一些俄罗斯口音。在公开场合，她是一个好竞争好辩论的人，她从来都是毫无保留地告诉别人自己的看法，理性思考，不考虑感情。反应灵敏，单刀直入，她从来没有在即时的反驳中处于不知所措的状态。她命中注定容易被人误解，这也使得她时刻处于守卫状态，准备辩护并解释她那有争议的想法。只有在她的追随者中，她才会免于被攻击，他们做了充分准备去理解她所说的。她总是耐人寻味，永不沉闷，从来不怕做或说一些未预期或玩世不恭的事情和话语；她经常戴着一个美元符号形状的金饰针。

这是兰德生活和职业生涯的高峰。1968年，她的世界开始瓦解。这一运动发生了一个主要的分裂。兰德指责布兰登利用（她）和有道德越轨行为，他被驱逐出去，研究所也被关闭，《客观主义者简讯》开始衰落。兰德继续写东西，偶尔做一些公共演讲，就政治问题发言，(1976年)出版了《兰德的信》。1975年，她的健康状况开始恶化，这主要是由于她终生吸烟不断。她接受肺部手术。1979年她的丈夫去世，82岁。1982年3月6日，正在改写《阿特拉斯耸耸肩》电视脚本的她在纽约去世，享年78岁。

❧❧

"我的个人生活，"安兰德曾经写道，"是我的小说的注脚，我这样说可不是在开玩笑。我一直生活在我的书中提出的哲学理念中，它对我一直起效，就像对我书中的人物一样起效。"

兰德在她生命的早期就开始鄙视那些在我们的社会中传布的坏想法创造出的失败者和反英雄。她敌视下述观念：生活必然充满苦难，人是一个邪恶的生物注定要被其罪恶本性打败，有自己意志的人不会做任何好事，生活是一场反对邪恶的圣战，人总是迷失在这个世界上。这样的想法给我们的生活蒙上了惨淡的黑暗阴影，她说，这些评价都是假的。它们都不是对生活是什么或应该是什么的描述。

她写道，只要有一点点理性，我们就会看到，我们生活在一个仁慈的宇宙中。现实是友好的，真实的一面就在我们身边。可以肯定，这样的生活是不完美的，但它就像其所是的那样是伟大的，我们的理想在这里可以实现。幸福不应被视为一个奇妙的例外，而应被视为一种常态，一种任何正确生活的自然条件。

所以，兰德致力于探索人的潜能，她在书中把人写成一个英雄的存在，有着无限的成长和幸福的能力。"我决定成为一名作家，不是为了拯救世界，也不是为了我的男同胞，而是为了简单的、个人的、自私的、自我的幸福，这一幸福就是创造我喜欢、尊重、欣赏的人和事。"

她说，一个人要想实现其终极价值，必须坚守三个基本价值观念：理性、目的和自尊。

理性能力是一个人最大的资产。理性地指导一个人的生活，意味着承认并接受，理性是知识的唯一来源、判断价值的唯一途径、唯一可靠的行动指南。"这意味着对一个充分、自觉意识的总的承诺,在所有的问题上、所有的选择上、所有醒着的时候保持一种完整的精神关注。"这意味着保持批判般的警觉,在没有停下来对其进行思考获得清晰的理解(只要有必要)的情况下,不让任何事实或任何价值判断进入一个人的内心。"一个人必须从来不把任何价值或考虑看得高于其对现实的感知。"没有神话,没有自我妄想,没有逃避现实的幻想。现实是理性的人通过理性做到他能做到的最好的。我们所有人都必须成为真正的经验主义者。

变得理性,意味着接受"根据自己的想法作出自己的判断和过自己生活的责任……这也就意味着,一个人永远都不要牺牲自己的信念屈就他人的意见或意愿……不应以任何方式篡改现实。"在我们的日常生活中,理性的人做的所有事情都由我们的智识所计划并指导。情绪使我们更丰富,愉悦是快乐的本质,幸福是我们生活的目标,但对掌控我们自己生活的人来说,唯有理性才是塑造我们的情绪、选择我们的愉悦、踏上幸福旅程的指南。

对一个人的生产力来说,目的感必不可少。"富有生产性的工作,是一个理性人的生活的核心目标,是整合并确定其所有其他价值层次结构的核心价值观。"一个人的工作,必须位于所有其他目标和承诺之前,甚至位于家人和朋友之前。"一个没有目标的人,是一个随着随机感情或不明敦促而飘移不定的人,可能会做任何邪恶的事,因为他的生活完全不由他自己掌控。为了控制你的生活,你必须有一个目标,一个富有生产性的目标。"还有就是,对每个人来说,有些工作动力是一个人自己独有的,一个人自己可以完成的创造性职业;找到或发现那样的工作并用坚韧和热情干到我们人生最后的日子,是我们每个人自己的责任。所有其他美德都来源于对目的一心一意。

兰德警告说:"欺骗自己从事一种比你的心智能够应对的更大的工作,就是变成一头害怕被腐蚀的猿,依赖借来的动力和借来的时间过活;而从事一项低于你的心智能力的工作,则是切断你的动力,判处自己另一种运动:衰变……"

自尊,对我们每个人来说,都有至高无上的价值。"不看重自己的人,也就不会看重任何事或任何人。"自尊是指评估一个人的心灵和尊重它:通过信任它,爱它,滋养它,有尊严地应对它,而不是通过轻视它,否定它,贬低它。如果不信任它,破坏它,背叛它,寒酸对待它,说它是无用的,无价值的,不称职的,心灵是不会发挥功效的,或是不会很好地发挥功效。自尊可以创造出心灵正常发挥功效所需的信心。

"人都知道，他迫切需要自尊，这是一个生死攸关的问题。"但若我们被告知我们人类天生就是邪恶的或堕落的，或是告诉我们活在这个世界上真的是不值得，或是告诉我们人类所有的努力都是无奈的徒劳的，关于自我的这一直觉的确定性就会被挫败。这些说法都是骗人的，兰德说，真理是：人类是有无限能力可以取得创造性成就的生物；我们一直在基因编程中被设定了快乐和幸福；我们可以自由地创建让人满足的未来，无论是作为个体还是作为人类。健康的自尊是我们让这些承诺转化为现实的前提条件。

"你已得到足够的自尊。"

她将作为20世纪人类自我的首席捍卫者而被历史记住。一些作家可以简化为一个原则，一些作家可以简化为一个短语，兰德则可被简化为一个词语：自我。有些人可能会嘲笑她过于强调自我，从以下方面去解释她的所作所为：作为一个在男人世界中的女人，作为一个在美国的俄国人，兰德缺少信心，从而有些矫枉过正。有些人可能会对她有一种复杂的感觉，就像历史学家雅各布·布克哈特讨论自我时所说："自我是男人的该隐标志和他的光荣冠冕。"有些人认为兰德是一个现代的蒙田，蒙田曾写道："如果这个世界发现我的过错是说了太多关于我自己的事情，我则发现这个世界的过错是甚至不会想到它自己。"还有人认为她是美国20世纪的沃尔特·惠特曼，惠特曼曾说过："整个宇宙的所有理论都指向一个单一的个体，即你。"

——詹姆斯·贝克（James Baker），《安·兰德》（*Ayn Rand*, 1987）

2-3 成　长

人的自我是有弹性的，随时准备自愈；但它也是细腻的，比较容易受伤，因此，它无法成为它想成为的功能充分发挥的自我。本章进一步探讨自我的发展，并列出了一些会使这个敏感的有机体出错的事情。我们受到精神伤害时会发生什么事？虽然自我可以碎裂成多个自我，但是否仍有一个"微小的声音"深藏在我们每个人内心深处，当它受到侮辱、虐待和伤害时会大声呼喊？这个声音是否会永久沉默？当世界拒绝自我的各个方面，我们的自我觉得难以接受，我们就会戴上面具，以保护真正的我们；有了面具，我们很容易做到不与面具背后真实的自我相分离。当我们摘下面具（如果能的话），会发生什么？在那之后，我们又会变成什么？

当事情出错

1 哈洛夫妇多年来一直都在研究猕猴的成长模式。在美国威斯康星大学的灵长类动物实验室，哈洛夫妇发现，他们用来做研究的猴子有一个正常的成长顺序，在正常条件下会产生互惠互利的社会行为。小猴子的情绪发展依照以下顺序进行：(1) 亲密感和安全感，(2) 恐惧和调适，(3) 社会性互动。如果这一成长顺序被打乱，年轻猴子的内心世界就会出现不同程度的悲剧性结果。

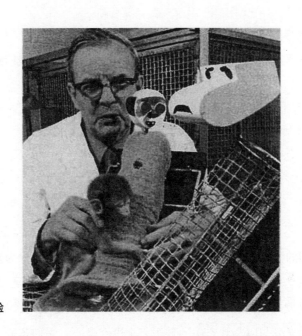
哈洛实验

2 在猴子最早的成长阶段中，亲密感和安全感是最基本的。通常情况下，他最早会在与母亲的关系中感受到这些情感。她会安慰他，在他开始体验身外世界时，母亲是让人舒服的安心的主要来源。

哈洛夫妇发现，如果猴子一出生就与母亲分开，但仍有机会与同龄群体一起生活一起长大，它们之间也会产生亲密的感情纽带。它们的情感纽带，产生于它们一起玩耍的时候。

3 对一个小猴子来说，可能发生的最糟的事情是，既被剥夺了母亲，又被剥夺了玩伴。一旦出现这种情况，在它身上就不会发展出情感纽带和信任。"在所有被隔离养大的猴子中，恐惧是一种无法抗拒的反应。虽然它们看上去身体健康，但在进入新环境时，它们会缩成一团，就像受到惊吓一样……它们畏缩不前，不敢参与任何游戏。在六个月的游乐活动期间，它们从不会超出最小的游戏行为，如自己玩玩具。它们所做的最小的社交活动，就是与群体中其他被孤立的个体在一起。当其他动物朝它们发动攻击，它们会逆来顺受，不做一点反抗来保护自己。对这些动物来说，社会机会来得太晚了。恐惧感阻止了它们参与社会交往，进而发展出情感纽带。"

2-3 成长   137

如果小猴子被隔离饲养了很长一段时间（最长十二个月），它们一生的行为都会受到严重影响，很少或者根本就没有什么措施可以挽回这一损失。

4 "我们继续测试被隔离半年和一年的猴子数年时间。结果很是让人吃惊。在隔离状态下长大的猴子现在开始恶毒地攻击起其他猴子，而在此之前，它们一见对方就会吓得蜷缩起来……最初半年一直在铁笼中被隔离养大的猴子，现在已经3岁了。它们仍然害怕所有的陌生人，甚至是幼小无助的小猴子。但尽管仍有恐惧，它们却从事不受控制的侵略，经常对大的成年男性发动自杀式袭击，有时甚至还会攻击小猴子，这种行为在与它们同龄的正常猴子身上几乎从未见过。时间的流逝似乎只是增加了它们的不合群和反社会行为。

在这些猴子中，积极的社会行为从未出现，开心的玩耍想都不要想，给对方梳理毛发并没有出现，性行为根本不存在，或是极为欠缺。对人类而言，这些生活在无爱与隔离状态中的猴子完全没有爱心，它们苦恼，不安，行为不良。

综观我们的研究，我们有一种越来越深的印象：通过正常路径长大的猴子能够作出恰当的社会行为（依照我们的标准），包括对同辈的感情，能够控制恐惧和侵略，有正常的性行为。在得到保护的实验室条件下，同龄人之间的社会互动，母子之间的社会互动，似乎对婴幼儿的发展有很大影响。恒河猴可以超越母亲缺失的情况，只要它能与同辈在一起；同样，它也可以超越与同辈社会化的缺乏，只要它的母亲可以提供亲情。与同龄伙伴一起长大，似乎足以补偿母亲的缺失……

在美国威斯康星大学进行了纷繁多样的研究后，我们得出的结论是：除非同辈情感先于社会攻击出现，猴子们不会调适自身；它们要么变得不可理喻都具有攻击性，要么就是成为它们所在群体里被动的替罪羊。"

5 哈洛夫妇描写的是恒河猴，而不是人，所有认真谨慎的科学家们担心他们的实验结果会从一个物种身上被扩展到其他不同物种身上。然而，有证据表明，人类的成长模式与此非常相似。

对人类来说，就像对哈洛夫妇的猴子一样，正常的心理发展同样遵循一定顺序：(1) 安慰／安全感／信任感；(2) 勇气／攻击／探索；(3) 自我／自主／成熟。

如果这一成长顺序被中断或是不管在哪个阶段都不提供必要条件，我们也会变成精神紊乱的生物，畏缩在生活的角落里，双手掩面。

出问题时，人们不禁会问：与人类相比，小猴子是否要更为幸运？猴子的行为是一种"需求剥夺"的自发表达；它想知道为什么自己会"精神紊乱"这一点则值得怀疑。它仅仅是那样而已。但对人来说，我们的自我意识则会变得十分痛苦；我们大多数人都知道，有些事情已经错了，我们很想知道这是为什么。

6 当对我们来说事情已经错得无法收场、我们的"需求剥夺"非常严重，我们心中的自我形象就会是扭曲的、困惑的、不准确的。在没有安慰和支持的情况下长大的我们，仍然容易受到多样的、不一致的他人反应的伤害。也没有一个与权威的分离期，在此期间我们可以发展出一种健康的依赖，依赖我们自己的想法和感受。我们保持在一个水平上：脆弱的"镜像"（即别人怎么想我们和看我们）继续在强化一个碎片化的自我。我们与潜在的真实自我相疏远，而真实自我的残存仍会不时地从内心深处发出呼喊。

7 如果很早的时候我们得不到他人的爱，我们很快就会知道我们是不可爱的。

如果我们为他人的言行所拒绝，我们就会学会拒绝我们自己。

如果我们发现我们做什么比我们是什么更重要，那么做"正确的事"就会变得最重要；事实上，我们会拼命努力去成为我们所做的。

如果我们的父母对我们放任自流，使我们产生他们"不关心"我们的印象，我们就会感到自己不被人需要和没有什么价值。

如果我们的父母"照顾"我们太多，特别是在他们将其称为"爱"的情况下，我们可能永远都不会自力更生。

如果别人对我们的行为发出最后通牒，要求压制真实感受，我们将会形成一个顺应要求的不真实自我。

如果我们一直得不到我们渴望的温暖，我们就会有一种永远无法满足的空虚感之疼。

我们戴的面具

8 现在地球上有 60 多亿人,其中没有一个人会一直被当成一个个体对待。这是为什么呢?因为我们真的不认为人是(独立的)个体,在这一点上事物与人都一样。我们把个体生物和事物分成不同种类,称呼它们物种、阶层、种族、牛群、羊群、亚洲人、法国人,等等。当我们仿照这种方式将所有事物都聚集成群时,我们就不用去考虑单个对象。这些群体被称为抽象。

但是,抽象的群体并不存在,除了存在于人的脑海中。群体不是真实的,它们仅仅是一种精神集合体而已。不管你喜欢与否,世界都由单一对象组成。只有个体的人和事物才是真实的。

成为一个个体并不容易。在我们的日常生活中,我们所处的社会会迫使我们去扮演许多角色。在不同的场合下,我们会是不同的"个体",或是戴上不同的"面具"("人"这个词出自拉丁语,意为"面具"或"假脸",指罗马舞台上演员扮演的角色)。我们必须照着不同角色指定的"工作说明"去行事。通常情况下,这些人物或角色与我们真正所是的样子截然不同或有很大不同。我们中有些人会变得非常善于戴上面具或变换面具,由此我们可以确保,我们随时都已准备好去扮演一个角色,去适应具体情况。这样我们就可以讨取他人欢心,减少被人排斥。如果我们想要在社会中如鱼得水,佩戴不同面具是不可避免的;事实上,大家每天都会扮

我们都戴着面具

演许多不同角色。

9　然而，扮演角色和戴面具也有危险。理想情况下，我们应该完全意识到我们扮演的角色并充分了解我们所做的事情。但在明了我们真的是谁与我们所扮演角色之间的界限是模糊的之前，我们扮演的角色也会影响和塑造我们真的是谁。我们的面具有可能成为我们自我的一部分，让我们感到熟悉和非常自然。然而，不同的面具合到一起则会扼杀真正的自我，因而，如果有人喊话："真正的自己，请站起来！"我们就会恐慌地发现，没有一个人站起。

　　一些哲学家得出结论，一个人生活的真正目标是实现一个真实的自我。瑞士心理学家荣格称这一成长过程为"个体化"。个体化的目标是恢复自我（你已经是，或过去是）。考虑到我们在生活中要扮演的角色有那么多，实现这种真实性可能是一场终身的斗争。这意味着，活出一个人真我的风采，依据自己的欲望和需求作出选择，依据自己真正的信仰和价值观作出决策。这意味着，摘下所有面具，获得坚实的自我意识。

　　"在最后的分析中，"荣格写道，"每种生活都是一个整体，即一个自我的实现，基于这一原因，这一实现可被称为'个体化'……[每个人]被每个人的命运和目的所控制，单是实现这一个体化，就会使人生具有意义。"

　　出问题时一个人不知道"他是谁"这种感觉，可能来自自身直觉，也可能间接来自他人，但这也许是我们要坦白的最后一件事。摘下面具给人带来的痛苦实在是太大了。我们不敢冒险将真实的自我展现在他人面前。我们一直担心，有人可能会在我们的面具下看到并发现……什么都没有。

在我知道全部事实之前，我不会停下来

10　俄狄浦斯是一个获得关于自我的知识并为之付出惨痛代价的人物的原型。剧中的问题是：俄狄浦斯应该知道他做了什么吗？俄狄浦斯应该知道他是谁、他的身世是什么吗？

> 俄狄浦斯之所以是一个英雄,正是因为他不让任何人代替自己去获得关于自己的知识。他是英雄,因为他面对了属于自己的现实。他在痛苦中哭了一次又一次,但他也一再说道:"在我知道全部事实之前,我不会停下来。"
>
> ——罗洛·梅(Rollo May),《爱与意志》(*Love and Will*)

11 人在潜意识深处有一种回到天真无邪的童年的渴望,这是一种他怀旧般地(误)将其解释为幸福快乐的状态。我们凭直觉就能感觉到,知识可以带来洞见,洞见则会给人带来痛苦。大多数人所信奉的宗教,在其神话中都会有一个地方或国度,在那里他的痛苦会消失,他则会进入一个未知的天堂。伊甸园是一个天堂,只要知识的果实仍然不被碰触。这个故事似乎是在说,最好是一直处于天真状态,这要好过理解(给人带来)的痛苦。一旦失去纯真,也就没有回头路可走。一旦我们拥有知识,我们便必须离开伊甸园——我们将永远离开它。

天真就是不知道。天真就是像小孩子一样,像小孩子一样就是不知道某些事实或经验。一个小孩子不可能拥有某些供他任意使用的信息、别人确实拥有的信息,与这些领域有关的所有决定都由他人作出。

因此,**天真就是依赖**。如果一个人无法自行作出决定,他人就必须代为决定。对一个孩子来说,这是一种正常情况,他也会接受这一点。这一无能为力,使得他处于他所依赖的人的控制下,不过,只要基本需求能够得到满足,这是一种幸福的依赖。

依赖要求信任和信心。对天真的孩子来说,这是没有办法之选。他必须相信别人为他所做的决定是正确的、是好的,他必须对告诉他的信息是正确的和真实的充满信心。

依赖要求服从。只要有依赖,就会要求服从,但若信任不是这种依赖关系的一部分,那么顺从就是勉强为之。然而,有了信任,人们会心甘情愿甚至欢天喜地地顺从;也不会去质疑其所服从的权威。

天真是一种控制手段。知识和技能是具有潜在危险的资产——所谓危险,是对那些拥有它们但还没有成熟到可以很好地利用它们的人而言,是对那些希望保持控制状态的人而言。父母守卫自己的孩子,不让他们接触某些种类的知识和经验，直到他们"足够大"（即，直到他们有意识并能负起责任）可以建设性地去利用它们。一个孩子可能会被告诉去做一些他不明白或不想去做的事情；但是，服从权威是必要的，因为权威（即掌握知识的人）可以作出更真切的判断。显然，在命运攸关的重要时刻，让一个孩子在没做好准备的情况下被迫作出关键决定，很可能会酿成一场悲剧。

所以，当我们还是孩子时，我们想事就像孩子一样天真：没有信息，没有意识。我们的体验非常简单，我们的行为受到那些我们依赖的人的引导。

成长和不安全

12 德斯蒙德·莫里斯用两个有用的概念来形容恐惧和好奇这两种人身上天生就有的交替出现的情感：对新事物的恐惧，对新事物的强烈兴趣。

对新事物的恐惧，意思就是说，我们害怕新的事物、他人身上不熟悉的行为模式、我们自身奇怪的情感，或是生活中我们不理解的任何其他新的具有威胁性的东西。害怕未知的事物，其实再自然不过。在潜在的危险面前感到恐惧，具有极为明显的生存价值。生活可以比作我们永远行走在黑暗的边缘，不知道在我们优先的经验圈子之外存在着什么。

我们可以理解哈洛夫妇描述的幼猴的第一次体验，尽管个中滋味让人痛苦。在被放入一个堆满陌生东西的房间后，没有母亲或舒适的"同伴"陪伴，幼猴没有能力去探索一个满是未知事物的房间。它的恐惧感实在是太大了，它只能蜷缩在房间的角落里，用它的小手蒙上它的眼睛。

但当把会让它产生安全感的母亲，甚至是一个柔软舒适的毯子或母亲代替物放进去，从那里它可以随时找到安慰和安全感，它就会一步一步地探索起房间的角角落落。它会去触摸、搬动、操作、玩耍一个事物，然后会回到母亲（或毛毯）那里"休息一会儿"，然后再去探索另一个事物，直到熟悉了所有事物。一点一点地，它会减少它对房间所有事物的恐惧。

当它从自己的经验中知道，房间里的物品对它没有任何危险，它就会安心地在房间内随意走动。它成功地使得所有未知的事物成为它的世界的一部分。

13　对新事物的强烈兴趣与对新事物的恐惧则正好相反。我们迷上了新的和未知的事物，我们被新事物、新经验、新生活方式所吸引——被好奇心、冒险欲、刺激感所吸引。正是这一喜新的冲动，为我们提供了成长的可能性。如果我们渴望探索未知的欲望被恐惧所淹没，我们就会退缩不前。我们就会回到我们原来的角落。但若在我们需要的时候我们有足够的安全感，我们就会去探索越来越多的未知事物，同化它们，探索更多，拓宽我们的视野，茁壮成长。

这一成长是开放的，不受限制。总是会有新的世界等着去探索，总是会有新的冒险让人变得兴奋以待，总是会有新的生活方式等着被体验，总是会有新的思想等着去发现，总是会有新的问题等着去解决。

14

对自我抱有积极看法的人，会冒险尝试；他不会害怕新的和不同的东西。就像一艘坚实的船可以从港口大胆地驶向更远的地方，一个合格的人同样能够没有恐惧地推动自己进入新的、未尝试过的、未知的地方。积极看待自身，可以让人变得有创造性、独创性和自发性。更重要的是，他会大大方方、轻松自在地参与到周围世界中。在可以自由支配这么多事物的情况下，他也可以给出这么多。

真正胜任的人会在各种各样的体验面前最大限度地放开自己。也就是说，他们的知觉场能够适时作出变化和调整，以尽可能充分利用他们的经验。

——亚瑟·库姆斯

提供答案者

15　在我们提出问题之前，已经有多种专门机构和个体为我们提供了答案。这样做的理由是：他们希望保护我们免受危险想法或不良影响，他们必须防止我们做错事，他们希望把我们引导到正路上，有正确的感觉、思考和行为。他们给我们提供答案，因为（他们会说）我们"需要知道"。

事实是，提供答案者有必要去进行说服。他们的目标之一就是把我们包纳在一种纯真无知的状态，从而控制我们。他们的真正动机可能会披上最常见的人类理性化的伪装：他们是真正在帮助我们。事实上，我们需要答案这一说法被如此广泛地接受，以至于我们不会再进一步去提问，而是直接认为这一说法是真实的。

不假思索地接受像这样提供的答案，会让我们付出很高的代价。

它会阻止个体亲自去想法解决生活中遇到的问题，去提出可以促进自身情感和智力成长的问题。一旦被训练得习惯于接受给定的答案，人们可能永远都学不会提出有意义的问题，如他是谁或生活对他来说意味着什么。

此外，习惯于接受答案的人，往往会形成一种僵硬的概念框架（认知模式），这一框架会对新的思路和经验早早地关上大门。他知道如果他缺少答案，权威可以提供。所有他必须做的就是要求给他一个答案而不是自己去找寻答案。他也不会去质疑答案。我们很容易就能找到一个可以一字不差地重复"正确"答案的人，但在质疑其含义时，他们就会表现出对其知之甚少的样子；如果继续往下追问，他们唯一的办法就是依赖其他"记得"的答案。

一直以这种方式得到保护的人，已不可能再去知晓"痛苦的洞见"和"忘我的成长"。他已得到保证，他这辈子都不会遇到让人痛苦的问题。

权威危机

16 时间：公元2198年。演讲者：米娅，一个刚刚通过"测试"的年轻女孩，这一"测试"是一种成长仪式，可以让年轻人做好准备去面对他们自身和他们置身的世界。

只是在我通过测试回来之后，我才对成熟包括什么有了属于自己的看法。成熟是一种从伴随你成长而来的被广为接受的谎言和自欺中分辨出部分真理的能力。现在很容易看出，过去的宗教战争有多么无关紧要，看到资本主义本身并不是邪恶的，看到为了荣誉而去杀人是一件蠢事，

◀ 专栏 ▶　**五个自我：艾米的故事**

　　什么是自我？它对一个人来说意味着什么？

　　艾米的母亲是一个好心的但情感丧失的酗酒者，她的父亲是一个经常找不到活干的日工，常对家人有暴力行为。作为七个孩子中最小的一个和父亲最喜欢的孩子，艾米成为父亲性关注的焦点。她想法逃避父亲的进逼，却被残酷地拒绝，这使她感到自身忘恩负义、毫无价值。

　　感觉不堪重负，无奈之下，她发展出另一个自我：塞西，让她来应对父亲的要求。与艾米完全不同，塞西妖艳娇媚，熟练地适应了父亲的进逼，以免他发火。

　　由于母亲变得越来越遥远，艾米试着把家人聚在一起，可是尽管她尽了最大的努力，最终孩子们还是被送给收养人，在寄养家庭之间穿梭。

　　其中一户寄养家庭是天主教徒，艾米适应了他们的天主教世界，认同了这些人的想法、价值观和观点。她发展出一个"天主教自我"，这个自我可以成功地和他们生活在一起；毕竟，他们的接纳和喜欢，对她在这个家庭中待下去很有必要。这一天主教自我叫雷切尔。

　　17岁时，艾米找到一份工作，在一家大公司当一名档案管理员。她的管理组织能力很快显现出来，单位领导鼓励她去参加夜校培养她的能力。这里出现了另一个自我：丽莎。这个自我超级冷静，独立能力强，学东西快，理解东西快，高效，专业，她是一个繁忙的初级行政人员的理想助手。

　　第五个自我：贝丝，时弱时强。当艾米独自一人时，贝丝便会出现，大声尖叫，大发脾气，仿佛一个被忽略的自我被限制在一个房间里，只有付出极大努力才能站起来，或者就像她是一个被人遗忘的囚犯，锁在黑牢里，尖叫着想要引起注意。贝丝常会控制不住地抽泣，然后安静下来，逐渐消失。

　　随着岁月的推移，艾米身上的五个自我也在意志的力量下持续发展。当她去看望她的天主教家庭时，雷切尔自我会出现，并正常运作。一切都很顺利。当她去看望她的父亲时，塞西自我会出现，展现她妩媚的一面，然后消失。同样，丽莎"成长得极有智慧又有力量"，因为她在公司里竞争成功并获得奖励。在每种情况下，适当的自我都会得到巩固和加强。只要艾米能让正确的自我出现在合适的时间和地点，她的存在（即便不是没有一点压力）基本也就可以保持稳定。

在她作为个人助理的任职期间，她遇见并爱上了一位年轻主管。她第一次认真的浪漫爱情，惊醒了与她父亲对她性关注相关的悬而未决的痛苦和内疚。压力不断增加，塞西出现了，并控制了局面。丽莎试图继续谈恋爱。不久，不同自我之间微妙的平衡开始瓦解，艾米陷入急剧的痛苦和抑郁中，她觉得自己就像掉入了一个陷阱。她变得动弹不得。她无法工作或面对朋友。她想要自杀。

艾米被送进医院，她被诊断为患有多重性格。她开始接受治疗。治疗方案是选出和强化一个最真实的"核心"自我，同时削弱和瓦解其他自我。他们选择了丽莎，因为她在现实生活中做得很好。仔细控制她的环境绝对必要。治疗期间，丽莎／艾米不许看到她的家人、朋友或同事，也不许她的家人、朋友或同事去见她，那样做只会强化他们熟悉的其他自我。治疗需要几个月时间。这是一段隔离、丧失、没有方向、抑郁的时间。这也是一段愈合的时间。丽莎逐渐控制住了局面，其他自我（不再被需要，不再被强化）也都逐渐消失了。丽莎／艾米获得了力量、连贯性和意志。

如今丽莎／艾米结了婚，并有一个属于自己的家庭。这是一个成功的故事。可以肯定的是，她并不是没有一点情绪问题：她的自我中的塞西一面，仍然需要去取悦并害怕被排斥，并未完全解决。但艾米是一个人，一个自我。她非常了解其先前自我，因为她体验过它们给她带来的伤痛，所以她对人类灵魂的脆弱境况拥有一种特殊的洞察力和同情心。艾米成功的关键之一是她有一种诚实的心态，她愿意面对关于自我的真相，不管那可能是什么。

那么，什么是自我？自我与身体的关系是什么？（记住，艾米的身体中有五个自我。）什么是一个人？"自我"和"人"可以互换吗？在伦理研究中，通常认为一个"人"是伦理关怀的适当对象。在艾米的例子中，什么（或谁）应该是我们的道德关注点？我们是否生来就有一个自我，或者说自我也会随着时间和经验而成长？自我可以在我们所有人身上都被削弱和增强吗？说某个人有一个"弱自我"或"强自我"是什么意思？在艾米的例子中"自尊"意味着什么？我们所有人都在扮演角色：我们这些扮演不同角色（根据"职位描述"）的人，与艾米（她扮演的显然是她自己的角色）之间有何区别？

看到爱国主义在 21 世纪可能毫无意义，看到正确系领带很少有什么真正的社会价值。很难去批判评价你自己所处时代的疯狂/精神错乱，特别是如果你已不假怀疑地接受它们的话。如果你从来没有做过这样的尝试，无论你是干什么的，你都算不上成熟。

——阿列克谢·潘辛，《成年仪式》

17 自主的主要障碍之一是，未能做到与权威分离。一旦没能摆脱对养育我们长大的人的依赖，我们就会延长对他们的需要，依靠他们为我们作出决定，为我们的行动发出指令。即使在长期分离的时间内，我们仍在继续采用他们的价值观。当然，依赖也意味着安全；在依赖状态下，我们既不需要去面对大多数生活，也不需要去承担许多责任。维持依赖和顺从不是我们自己的模式，会让

你有几个自我？
（毕加索《镜前少女》局部）

人感觉很舒服。

依赖持续的时间越长，分离就会变得越发困难。除非是在某一时刻我们体会到一种独立自我的感觉，否则自主这一想法可能仍然毫无意义。

渴望自主（渴望自己想要的生活）的自我并不容易被放下。如果权威不愿放弃控制，或者分离的自我无法长大摆脱依赖，分离过程往往都会延长，并会引发危机。但矛盾的是，只要有痛苦，就会有希望；分离过程一直没有被放弃。

18 这种"权威危机"在双方身上都会被感觉到。对争取自主的自我来说，剪断脐带会给他/她带来恐惧和内疚。他/她做的事恰恰是权威发现不可接受的事。他/她的行为"很糟糕"或是"错得很离谱"。一个人在放弃权威指定的价值观和信仰时，普遍会感觉自己就像是一个叛徒；无可避免地，权威也会受到伤害。他们可能会体验到一种失败感，乃至是背叛感。分离危机对权威和分离的个体来说往往一样痛苦，因为权威在防守让自我切断联系时会有一段困难的日子。毕竟，一个权威形象（他给自己界定的角色）消失了。他经常会（无意识地）感到，如果别人不再需要他，他的生活目的也就失去了；如果别人不再需要他，他们之间的关系也将失去根基。他将独自一人。因此，权威经常将我们与他们捆绑在一起，努力赋予自己的生活以意义。如果从这个角度来看，依赖关系显然是双向的。

发展自我意识

19 如果一个人想要恢复整个自我，有一个前提条件就是发展自我意识。如果我们感到在身份（认同）或自我价值的发展中有什么事情不对头，而我们又真心希望成长，那么自我知识就是必不可少的——只有依据这些知识，才能作出一些深思熟虑的选择。

当我们在生活中经历多种多样的活动后，发现我们自己一再被负面情绪如焦虑、恐惧、愤怒、沮丧、抑郁所控制的情况并不少见。我们可能会搞杂事情和众多关系，期望（或者只是希望）事物会像我们希望的那样发生。但事情并不会像我们希望的那样发生。在我们坦承内心的时刻，我们可以承认我们渴望生活，但是有些内在的东西却使得我们停留在原地，动弹不得。在最深的情感层面，事情也是一样。

20 当我们放松自己去体验我们的自我——它们是什么样就是什么样——而不是为它们不是什么而感到焦虑或内疚，就会引发情感变化。我们内心接触到的所有事物，都会进入我们的意识。无论我们有什么样的缺点（无论依照什么样的标准它们被判定为"缺点"），这些都必须被作为一个人自我的一部分接受下来。这里会出现刻意选择。我们所有人的内心世界都会藏有一些不愉快的事情，我们可能会倾向于忽略它们，但是有了自我意识，我们就可以有意选择停留片刻，承认此前受到压制的事件，开始一个"清除"它们的过程。

关于情感的一个事实是，在许可表达的情况下它会发生改变，自生自灭。当一个人可以让自己去感受一种情感，不再去压制它和将其合理化，往往就会发生真正的改变。

例如，此前的独白可能一贯是这样："我感到难过，我不想感到难过，所以我会假装我不觉得难过。别人不会注意到我这样，我可以骗过自己。"如果我们与我们的情绪玩这种游戏，在这种情况下，我们也就没有什么机会去改变被压抑的悲伤。它将会作为受控的能量系统继续存储在心灵中。当然，对所有让人痛苦的情绪，像愤怒、仇恨、失望、恐惧等来说，这都是真实的。

另一方面，独白则可以这样进行："我感到难过，我不想感到难过，但我不会否认已经存在的事物。相反，我有一种充满力量的感觉，可以让那种不好的感觉自生自灭。它会自行消失。"这样，当我们选择不去压抑情感，我们就会发现它的力量会一点点减弱，我们可以逐渐获得更好的感受。因为诚实地应对了事情，被压抑的情感也就不会再在日后返回来发泄报复。

通过这种方式，有了自我意识和深思熟虑的选择，一个人就可以开始把他所是的方方面面整合到一起。这是整体复苏的第一步，因为生活在一个支离破碎的世界，我们大多数人必然会有一定程度的迷失和遗忘。

"智慧来自苦难"定律

21　我们人类早已意识到，成长不可能不付出代价：痛苦。古希腊悲剧作家埃斯库罗斯认为，人受到宙斯颁布的一个"认识定律"的控制："智慧只有经历磨难才能得到。"查利·布朗则说得更简洁，莱纳斯在失去对大南瓜仙的信心后说："在这个世界上，没有什么事能比重挫一个人珍视的信念更让人心烦意乱的。"

　　洞见给人带来的痛苦我们并不陌生。

　　发现你并非独一无二而是芸芸众生之一的痛苦。

　　你童年的信仰在你最需要的那一刻崩溃的痛苦。

　　怀疑你知道的是对的、猜想你认为是错的可能是对的痛苦。

　　看着你的孩子进入一个你无法进入、不能接受又不能全部指责的新世界的痛苦。

　　听着你的孩子谴责一切你信以为真并教给他们的东西的痛苦。

　　感觉就像是你父母的叛徒的痛苦——你发现你必须放弃他们珍爱的信念，因为对你来说，他们的信念是不真实的。

　　必须忘却你已学到的并重新学习，因为教给你的都是不真实的痛苦。

　　憎恨他人让你成为你现在这个样子的痛苦，而你心中真切地知道他们只能那样做。

　　别人不担心只有自己担心的痛苦。

22　发现一个人之所以坚守一种信念，只是因为需要有一种信念，而不是因为这一信念是真实的，这是一个痛苦的洞见。这是那种一个人希望它消失的洞见，就像一个人希望尽力赶走一场噩梦一样。

　　但是，这种伴随自我意识而来的洞见，也是最难消除的。这个过程一旦开始，一个人检查信仰满足的需要的性质，接下来他就会追问这一信仰是否也是真的——并常会发现，它不是真的。洞察需要的本质，对所有实用目的来说，已经摧毁了信仰的疗效。

　　当洞见已经摧毁了信念而我们仍然需要它时，我们的疼痛感可能会特别尖锐。理智告诉我们:"你不可以再相信它,因为你已经看穿了它。"然而,一个人心灵中的其余部分,仍会在空虚中呼唤它已失去的。

这是灵魂在哭泣,它仍然需要愈合,但却发现治愈者已经失去了它们的效力。这是一个圣保罗,被冲突所撕裂,意识到摩西的律法只会增加他的内疚。这是一位路德,仍然向往灵魂和平,但却发现,他对圣礼的信仰让他很是失望,它们无法给他带来和平。

这是被异化的自我之痛,他们发现自己与他们的根被一刀切断,他们仍然渴望值得相信的东西,但却发现旧神已走,同时却没有新的东西来填补它们的位置。

23

你问我,我是如何成为疯人的。事情是这样的:早在众神诞生之前,有一天,我从熟睡中醒来,发现我的面具被偷光了——整整七副面具,那是我自己打造的,并戴了七生七世——我光着脸跑过拥挤的大街,喊道:"小偷,小偷,该死的小偷!"

男男女女都嘲笑我,有人因害怕我而跑回了屋。当我到达市集时,一个年轻人站在房顶喊道:"他是个疯子。"我抬起头来望着他,太阳第一次吻了我毫无遮掩的脸。太阳吻着我赤裸的脸庞,这还是第一次呢,我的灵魂受到了感染,燃起了对太阳的爱,我再也不想戴面具了。

恍惚中,我哭喊道:"请保佑,保佑偷我面具的小偷吧。"

就这样,我变成了一个疯子。[1]

——纪伯伦(Kahlil Gibran)

---

[1] 〔黎〕纪伯伦,《先知》,冰心译,译林出版社,2008年。——译注

弗洛伊德

我在我梦中

　　1856年弗洛伊德出生于摩拉维亚,但却是在维也纳长大并在那里度过了他一生中的大部分时光。在那里他就开始鄙视让人压抑的社会氛围,并通过到奥地利乡村长距离散步来逃离那种氛围,在乡村他可以像松树一样挺胸直立,采集野花进行研究("它们既没有性格也不复杂"),呼吸阿尔卑斯雪山上的新鲜空气。

　　他是年轻母亲阿马利娅(Amalia Freud)的"长子",也是8个孩子中她最喜欢的孩子,她经常喜形于色地说她儿子将会有一个伟大的未来。这个儿子后来写道:"一个一直为其母亲喜欢的人,终生都会有一种征服者的感觉,有一种成功的信心,这一信心往往会导致日后获得真正的成功。"他的父亲雅各布·弗洛伊德(Jacob Freud)是一个服装商。弗洛伊德从父亲身上习得了智慧的天赋、工作的意愿、旺盛的精力;但是父亲那严峻的权威形象也像幽灵一样终身缠绕着他,就像天堂猎犬①。弗洛伊德7岁时,有一次与父亲发生了不愉快的事情,那天晚上他的父亲抱怨道:"那个男孩永远不会有出息!"弗洛伊德后来写道:"这对我的野心来说是一个可怕的侮辱,因为这一幕在我的梦中一再出现,而且经常伴随着枚举我的成就和成功,虽然我很想说:'你看,我最终还是有出息了!'"

---

① 弗朗西斯·汤普森(Francis Thompson, 1859–1907),英国诗人和苦修者。《天堂猎犬》(*The Hound of Heaven*)是其代表诗篇,诗人将天主比喻成天堂里一条高贵的猎犬,以他神性的恩典追逐人类游荡的灵魂。——译注

年轻的弗洛伊德喜欢内省反思。对孤独的需求，支配了他的生活。他住在一个小的、不通风的私人卧室，里面点着一盏油灯，在这里，他沉醉于书中，贪婪地读着他能到手的一切东西。在这个年龄，他已经拥有一种无法满足的对各种各样知识的渴求。在他十几岁时，他很少与家人一起吃饭，基本上都是一个人在自己的小房间里吃，在那里他一有时间就会聚精会神地读他的书。

他的正规教育始于当地一所高级中学（"文法学校"），在那里他度过了他最初的八年学校时光，贪婪地阅读，做了大量笔记。后来他写道，即使在这么早的年龄，他已觉得自己有一种方向感："在我的青春岁月，我有一种极其强烈的迫切需要，想要了解这个谜一样的世界上的某些东西，并愿投身其中，找到解决它们的办法。"17岁那年夏天，他以优异成绩（获得学校最高荣誉）毕业。

他决定习医，所以他进入维也纳大学，并急切地开始探索各种科学；但他很难找到适合自己的位置，他从一个系转到另一个系，徘徊不定。最后，还是恩斯特·布吕克（Ernst Brücke）教授邀请他加入自己的实验室，研究人类生理学。1882年，他成为维也纳全科市医院的实习医生，并担任临床神经学家。不久，他成为一名住院医生。1885年春天，他被任命为维也纳大学医学院神经病理学讲师。

那年夏天，在布吕克教授的推荐下，他获得了一笔奖学金，前往巴黎，师从著名医生沙可（Charcot）学习一种治疗技术（催眠）。弗洛伊德在沙可那里待了大半年，这是一段很有收获的时期，他在心里琢磨着一种激动人心的可能：用催眠来治愈过去发生的让人痛苦的事件，这些事件似乎潜藏在他的病人的问题背后。同样是在巴黎的春天，郁金香开始开放。他与一位小姐陷入爱河，但是直到四年后才完婚。他在城市里游逛，在免费的下午参观巴黎圣母院大教堂，在那里他"在怪物和怪兽之间攀爬"。他渴望回到维也纳。

那位年轻小姐名叫玛莎·伯莱斯（Martha Bernays）。1886年秋他们正式结为夫妇，当时他30岁，她25岁，他们的婚姻持续了53年。对弗洛伊德来说，她是温柔的和忠实的，她唯一的人生目标（她的丈夫后来说）"就是照顾好他和爱他"。她是出于本能和使命去做一个家庭主妇，打理好家里经济的方方面面，有效率地管好6个孩子，确保孩子们的爸爸能够完成他的工作。

弗洛伊德专注于一个目标：竭力找寻人的心灵深处到底正在发生什么。

1889年在一次前往南锡拜访一位法国乡村医生的过程中，事情有了突破，那位医生叫利布莱特（Liébeault），他在治疗情绪疾病患者方面取得了很大成功。从利布莱特医生丰富的经验中，弗洛伊德第一次看到了他一直在摸索的事物："一种可能性，人的意识中潜藏着一种强大的心理过程。"通过简单的术语，弗洛伊德发现了潜意识的存在。从此，他越来越多地突破了过去，揭启了新的方向。

❧❧

弗洛伊德认为，自从成为人以来我们便为我们自己压抑的痛苦所阻止，看到关于我们自身的真相，有可能释放出巨大的被层层束缚的能量，去过一种丰富多彩和负责任的生活。

弗洛伊德的理论认为，人的个性由三个动态的组织系统互动组成：本我、超我和自我。本我不是一个有组织的系统，而是一种混沌的原始能量，促使我们采取行动；它是我们身体和心理需求的复合体，为情感驱动。它按照"快乐原则"行事，追求享乐，避免疼痛。

超我是我们的道德价值观系统——该做什么（"自我理想"）和不该做什么（"良心"）——可以通过与世界的互动来获得。它始于我们的父母告诉我们，自我能做什么不能做什么；他们的指令被我们内化，成为我们自己心理结构的一部分。

自我是一种心理系统，按照"现实原则"行事，在盲目的本能驱动的自我（"我想要我想要的，现在就要！"）与真实的世界（"不行！就是行也得以后再说……"）之间进行协调。自我是一个谈判仪器——讨价还价，操纵，妥协，推迟满足。如果自我发展得当，它可以成为一个强大的调解人，有效协调并切实满足我们的需求；如果它没有得到适宜的发展，它就无法承担其积极作用，作为寻求快乐的自我和受到约束的世界之间的中介。

自我、本我和超我

在一个"健康的"个体身上，自我受到控制，有效地调解本我和超我，满足我们的需求；我们有一种整体感、有效性和幸福感。当这些系统相互之间不能和谐运作时，即当它们相互交战时，我们就会被内在的冲突所控制，没有力量有效地利用环境处理事情，满足我们的需求。这些动态系统之间的冲突被称为"神经症"。

弗洛伊德最伟大的一点是发现了潜意识的存在及其做法。通常情况下，有意识的心智知道它的内容，它是感知、记忆图像和用来解决问题的看法的"意识"。但是，心智中有意识的部分仅仅是冰山的一角，三个能量系统之间的多数动态互动都发生在意识层面之下；也就是说，我们"意识"不到它们。

弗洛伊德接下来发现的东西，构成了他留给后人的遗产中令人痛苦的、但却具有解放（人的心智）作用的智慧。有意识与无意识之间的关系，是那种敌对者之间的关系：逃避、欺骗、拒绝和冲突。"我们的整个心理活动，都趋向于获取快乐、避免痛苦，"弗洛伊德说。"正是简单的快乐原则，编织成了人生目的的程序。"当快乐原则与现实世界相冲突并受到排斥，这些能量就会被压抑到无意识中，淡出人们的视线和心智。

压抑是头脑的一种固有功能。所有的心智都有压制，所有人都处于一种压抑状况中。由于压抑是我们神经症的来源，所有人都是神经质。因此，神经官能症并非只会在少数不幸的人身上被发现，就像我们以前认为的那样。神经官能症是普遍的。没有一个人心理完全"健康"。我们之间的不同，只在于我们内心冲突的程度不同。

潜意识是阻塞能量的水库。它们可以不动或处于休眠状态。能量，顾名思义，必须做点事情。因此，它们必须找到一个出口，哪怕是通过不正当渠道，这些渠道为有意识的头脑所拒绝承认。它们驱使我们去做我们不理解和想要否认与之有关系的事情。这是弗洛伊德具有深远意义的发现之一：无意识动机。我们人类远非古希腊传统所刻画的是理性的人，我们的行为主要为深层次的、无法控制的、无法识别的非理性冲动所控制。"人的本质"一点都不是我们所认为的那样。

所有的神经质都代表一种逃离，逃离直接对抗现实，在这一妥协中，我们的人性被否认、被扭曲并转变为痛苦。我们最终通常都是，戴着伪装的面具，用药物和酒精来应对痛苦。

正如弗洛伊德认为的，人是这样一种动物，他会按照社会的要求来压抑自己，把自己最基本的快乐冲动压抑到潜意识中。事实上，弗洛伊德认为，人类相对于其他动物的优越性，就是他的压抑能力和神经质能力。

弗洛伊德的理论和治疗的要点就是"发现潜意识"。心理学这门科学"将会持续不断地将无意识过程转化为有意识过程"，心理治疗将会有助于个体看明白其无意识中那些不和谐的事件，这样他就能在其精神能量系统之间实现一个更加和谐的合作。

几乎所有的心理治疗学派，从弗洛伊德那个时代一直到现在，都在按照这位大师的指点行事：他们的目的是帮助我们与我们被压抑的潜意识里未确认的内容达成和解。有些疗法试图加强自我，以便它可以更好地处理或"应对"事务；有些疗法则试图通过改变我们对世界的看法，来改变我们应对世界之道；还有一些疗法则把目光投向了一个宏伟的目标：废除压抑，实现"整体化"或"个性化"，以便我们最终可能了解整体性的经验。

⁂

对弗洛伊德理论的反对甚至在弗洛伊德理论出版前就已开始爆发。同事和外行严厉谴责他对催眠的兴趣和他对歇斯底里的心理起源（每个人都知道，这样的问题有生理起源）的看法。此外，他已开始准备提出大量新的关于潜意识的结构和动力学的理论。使他们感受到威胁的是弗洛伊德理论的实证基础，弗洛伊德理论的逻辑一致性，以及这样一个事实：它们打倒了时间悠久的假设。"我不认为我们的治疗方法可以与洛德丝竞争，"他带着几分苦涩写道。"有那么多的人宁愿相信圣母的奇迹，也不相信无意识的存在。"他谴责得越多，他自身也就变得愈发坚持。他的导师和以前的老师，一个接一个与他断绝关系：布吕克，迈内特，布洛伊尔。维也纳医学会因为他那"发狂的想法"而攻击他。他的母校维也纳大学轻蔑地拒绝了他的职位申请。由于他的猜想"我们的神经症有性方面的起源"，他被大众媒体贴上了偏常者和离经叛道者的标签。在他40岁中期时，他也处在了像当初达尔文所置身的风暴眼中。

尽管弗洛伊德在人生的最后几年取得了光辉的胜利，但是这些迟来的荣耀却因身体痛苦和人世悲哀而变得黯淡许多。1923年，他接受了癌症手术治疗，他的死似乎一触即发（事实上，他又活了16年），但与肉体上的痛苦相比，更大的痛苦是他熟知的文明的崩溃。

他被列入希特勒的黑名单。1933年，他的书被当街烧毁。"我们取得了多么大的进步啊。这要是在中世纪，他们会把我烧死；而现在，他们仅仅烧掉我的书就心满

> 狗爱朋友，咬敌人。这点跟人类很不一样。人类没有能力单纯地去爱，永远都是爱恨交织。
> ——弗洛伊德

弗洛伊德和他的松狮犬

意足了。"他说。1938年5月21日，盖世太保闯入他的住处。他们没收了他的护照和钱，把房间洗劫一空，搜查文章，毁掉书籍。弗洛伊德平静地忍受了这一切。

他的朋友最终说服他离开奥地利，但是纳粹要求支付一笔巨额赎金。希腊公主提供了赎金，但是纳粹要求更多赎金。在罗斯福总统出面求情下，纳粹接受了赎金。

1938年6月4日，弗洛伊德带着抢救出的一些书籍和古物，告别了维也纳。与他同行的是玛莎、他的女儿安娜、几位朋友和他的松狮犬。他们登上东方快车前往巴黎，两天后到达伦敦，安全地躲开了大屠杀。

短暂休息过后，他便在他们的新家中恢复了他的工作日程。他八点起床，接受医生检查，看一个病人，吃午饭，然后写作，看更多病人，在花园散步，养花，与松狮犬玩耍（"她的行为总是具有精神分析特点"）。

他只活了一年。让人痛苦的癌症进一步恶化，他死于1939年9月23日。没有举行宗教仪式，他的遗体直接被火化，他的骨灰被放入一个古老的希腊花瓶（他从维也纳带来的）。花瓶下方大理石上有一个简单的落款：弗洛伊德：1856-1939。

2-4
生命 / 时间

一个人的生命是结构性的（精心组织系统安排的），它呈现为不同的阶段，（打个比方）我们沿着"生命的道路"进行我们的人生旅程，就像它是一幅地图，帮助我们指引大的方向。方向——？这是否是说，生活是有目标的？我们是否会被内心深处的无意识所驱动，趋向某些东西或是远离某些东西？是否生命在本质上是有意义的，载着我们奔向终极目的，或者它是无意义的？本章介绍了我们生活和成长过程中发生了什么经验，以及每个阶段遇到的挑战。这表明，宝贵的见解既可以得自对我们共同的阶段性状况的概述，也可以得自确认我们自己和他人在这趟人生旅程上位于什么地方。最后，托尔斯泰对伊万·伊里奇的描述，对我们所有人来说都是一个刺耳的警告。

世界是一个舞台……

1 每一个单独的生命／（存在）时间，都是永恒背景下特定时空中上演的一出活生生的戏剧。正如莎士比亚所写的那样：

> 世界是一个舞台
> 所有的男男女女都不过是一些演员，
> 他们都有下场的时候，也都有上场的时候；
> 一个人的一生中扮演着许多角色。

在每一个生命身上,帷幕已经拉开,戏剧正在上演。我们还没有看过剧本,情节仍是未知。我们无法预见下一幕将会上演什么场景,或是最终收场会是什么样子,因为在这一鲜活的剧场中,情节的发展是即兴的,一场接一场,一幕接一幕。

2　然而,在极少数情况下,我们都能在一定的理解范围内看到和感受到整个的生活/时间。看完一本传记,或是看了一场有着死亡场景的戏,这样的景象(看到整个人生)就可能会浮现在我们的脑海中。在葬礼上,我们经常都会处于一种反省的心境中,因为我们就站在一个生命刚刚结束的地方。

　　只有剧终大幕垂下,舞台灯光亮起,我们才会看到每一部分与其他部分的关系。我们可以追溯出后来生活主旨/动机的起源。我们可以看出优势是如何逐步产生的,缺陷又是如何导致失败的,我们可以指出造成所有这些不同的决策和岔路。

绘制人生图景

3　在划分不同的人生阶段上,人们已经做了那么多的尝试,以至于一个人几乎要对得出一个合理的具有普遍性的人生图景感到绝望。例如,社会学创始人奥古斯特·孔德(Auguste Comte)和存在主义之父克尔凯郭尔都认为,一个人的生命可以分为三个阶段。孔德认定,恰当的生活总是从神学阶段,经过形而上学阶段,进入科学阶段,并将显示出一个自然进程:从对自然抱持一种神话认识,到对其抱持一种经验因果关系的认识。克尔凯郭尔的看法则正好相反:生活总是始于审美阶段,这一阶段为感觉和冲动所驱使;成熟到道德阶段,这一阶段为抽象原则所指导;最终抵达宗教阶段,在这一阶段,信仰,而不是理性,指引个体获得其个人真理和承诺。你喜欢他们谁说的,随你挑。

4　自从有了时间,印度教徒便认为,人的生命可以自然地分为四个阶段,每个阶段都有与之相对应的精神自我应该做的和追求的事情,并随着岁月的流转而进步。四个阶段（ashramas）中的第一个是学生阶段，这是一段准备时间，要学习多年和遵守教规德操。第二个阶段是自立家庭阶段，即作为"一家之主"，对家庭负责，对所处的社会群体生活负责。第三个阶段就传统而言始于 50 岁左右，这时他已尽完自己的世俗义务，皮肤开始起皱，头发开始变白，或者是他的第一个孙子已经出生。这是"隐修"阶段，他开始退出现实世界，越来越多的时间都是一个人待着，沉思冥想，寻求舍弃世界的精神力量。在生命的最后一个阶段，游历苦行阶段，他独自住在森林里；他话不多，只拥有他的一块遮羞布，一个钵，一个水罐。在履行完自己对这个世界应尽的所有义务之后，他充分重视他的精神需要，为的是提升自身，超越诸神，接近上天。他的灵魂早已做好准备，获得了和平，并准备融化到婆罗门这一宇宙精神之中。

5 在日本的民间传说中，人的生命被划分为五部分。"10 岁，是个动物；20 岁，是个疯子；30 岁，是个失败者；40 岁，是个骗子；50 岁，是个罪犯。"在这一让人欢乐的评估外，有人补充道："60 岁，一个人开始劝告自己的朋友；70 岁（意识到无论说什么都会被人误解），保持沉默，被视为圣人。"（约瑟夫·坎贝尔）那么 80 岁呢？"80 岁？你说的什么意思？"

6 弗洛伊德将一个人从零岁到 18 岁的发展分成五个不同阶段。即其有名的口唇期、肛门期、阴茎崇拜期、性欲潜伏期、性器期，在这之后，弗洛伊德认为，在我们余生的成长过程中不会有太大变化发生。耶鲁大学精神病学教授丹尼尔·莱文森（Daniel Levison），对这一相当沉闷的预测发表评论，"心理学家说的话给人的感觉就像是，发展在你进入 6 岁或 18 岁时就会出现。然后是一个长期的平台，在这个平台上会随机发生一些事情，然后，在 60 或 65 岁左右，你会进入老年学家进行研究的衰退期。"莱文森说，这是一种错误的分析，一个广泛持有的神话。这是因为，不仅我们的早期经验无法被用来预测日后的生活质量，而且后期阶段自身也可能是极其新的和令人兴奋的，充满挑战、压力、变化和满足感。基于现有认识，莱文森说，在我们的成长岁月中，"同样有所谓的成人发展，就像是早期发展的进一步演变"。

7 给人印象最深的人类生命周期分段,出自莎剧《皆大欢喜》(第二幕第七场)中的巴德之口。莎士比亚用抑扬顿挫的诗句描述了人的"七个时期"。第一个时期是"婴孩,在保姆的怀中啼哭呕吐。然后是背着书包、满脸红光的学童,像蜗牛一样慢腾腾地拖着脚步,不情愿地呜咽着上学堂"。接下来是情人,"像炉灶一样叹着气,写了一首悲哀的诗歌";接着是一个军人,"满口发着古怪的誓,(胡须长得像豹子一样,爱惜着名誉,动不动就要打架,在炮口上寻求着泡沫一样的荣名)";然后是法官,"满嘴都是格言和老生常谈"。在第六个时期,他"鼻子上架着眼镜","他那朗朗的男子的口音又变成了孩子似的尖声"。在最后一个时期,"终结这段古怪、多事历史的最后一场,是孩提时代的再现,全然的遗忘,没有牙齿,没有眼睛,没有口味,没有一切。"

概要大纲

8 所有这些关于生命如何逐步发展及在不同阶段会有什么样生活的人生图景,无疑都有一定的道理。不过,它们中的大多数都将生活视作古希腊悲剧;其实我们也完全可以把生活看作是一出讽刺喜剧。经过这样悲观的生命阶段预言,对人类冒险更准确的写照(基于现代科学得出的数据),是一种喜悦的轻松;生命中的每一个阶段都既有其奖励和让人满意之处,也有其伤口和疤痕。

科学研究发现,我们身体内部有一个心理生理时间表,为每一个体的人类戏剧提供了情节。这一时间表的展开,给我们的生活带来了可以预见的结构,使我们能够获得关于一个完整的人类生命从出生到死亡的一般概览。

依据埃里克·埃里克森(Erik Erikson)和其他发展心理学家的看法,生活是按照一个挑战序列逐步展开的,在迎接下一个挑战之前必须先解决上一个挑战。每一个挑战都可被看作是一种遗传性的心理生理准备,将具体经验整合进我们正在发展的自我中。随着战胜每一个挑战,成长随之发生,我们可以继续如期向前迈进,面对接下来的准备期。我们生命中的每一个阶段都来自圆满完成了上一个挑战。精确的挑战时间表对个体来说都是独一无二的,并确定了相应形势下的生命本质。

阅读以下各节可以对整个生命周期有一个大致了解，看到人的一生。快速通读所有小节几次，要比研究细节（在这里没必要这样去做），更容易做到这一点。

婴儿到儿童

婴儿期

9 在生命的最初 12–15 个月，我们被环绕我们身边的世界所唤醒。我们完全依赖他人，我们的需求必须在他人的帮助下才能得到满足。因此，这一阶段的关键挑战就是发展一种信任感，我们对他人的信任度取决于我们如何得到照顾。我们是否能发展出这方面的能力不是我们所能控制的，我们是我们所处环境的孩子。

如果这十多个月过得很愉快，我们就会开始敞开自己迎接生活。我们会感觉到饥饿、痛苦、孤独（无论是否是真实的），知道有人会满足我们的需求，有

男人的一生

人关心在乎我们。由此我们以一种自然的方式学会了成为我们自己，并对他人的行为保持开放。我们信任他们。相反，如果我们所处的环境是反复无常或敌对的，我们就会变得担惊受怕；我们处处小心防范；我们无法在他人面前敞开自己。实事求是地讲，我们没有理由去信任他人。

这一阶段很关键。在此期间，如果我们没能发展出信任和开放，后面就会出现严重的冲突。一些人格理论家走得更远，他们相信，如果我们在这一早期阶段没有体验过（他人对自己的）爱，那么爱就会从我们的生活中永远消失。我们将永远不会去爱或被爱。

儿童早期

10 当我们开始学习站立行走，学会一些东西，就进入了一个新阶段。更好的运动控制——在我们好奇的双手范围内——给我们带来了一个全新的世界。我们冒险进入新房间，玩弄新玩具（每样东西都是一个玩具），拉开抽屉，打开柜子，看看里面都藏着什么。

儿童早期的重要挑战是：在做任何我们想做的事情的无限自由与必要的限制和控制（别人想要的）之间取得平衡，这些限制和控制是我们在生活中必须接受的。指导方针/行为准则必须是一贯的和坚定的。不能挫伤我们探索新事物的冲动，但我们也必须学会接受限制；我们必须学会适应不能做我们想做的一切这一挫折感。如果我们能在自由与限制之间找到一个令人满意的平衡，我们就可以继续既安全又快乐地去探索我们身外的世界。但是，如果有太多自由，我们就将学会抗拒所有对我们施加限制的权威；而在另一方面，如果有太多约束，我们就会逐渐丧失探索生活的动力，变成一个被动的恐新症患者。这两种极端，都会给我们造成问题，在日后的生活中冒出来打扰我们。

儿童中期

11 接下来的挑战是一种不同的挑战：我们会发现他人和我们处于两个不同的世界。我们会意识到这样一个事实：在生理心理学上，我们与我们的家人和朋友有很大不同。

这个阶段的心理挑战是，在我们所有的关系范围内，成功地接受我们作为男孩或女孩的自我。也就是说，我们会逐步澄清和理解我们的性别角色认同。在权威的积极引导下，我们会在没有任何压力、不带任何罪感的情况下，接受我们的性别角色。我们开始觉得：当一个女孩或男孩是一件再自然不过的和好的事情；我们没有天生成为另一种性别，并不是一个错误，或是一场可怕的事故。

提及下面这一点我有些犹豫（但只有一点点）：一些知名的男性思想家在性别问题上提出了一些有趣的想法。柏拉图、亚里士多德、圣托马斯·阿奎那都认为女人是个错误。依照阿奎那的看法，女人是自然的一个败笔，自然总是试图产生一个男性，但当有些地方出错时，结果就会产生女性；更重要的是，她是一个有缺陷的和意外的生物。柏拉图的看法与此很是相似："女人仅仅是小一号的男人。"据我所知，没有一位哲学家发表声明认为男人是个错误，但是我敢肯定，可以建构一个有趣的论点支持这一看法。

那些采用弗洛伊德式概念的人认为，在这一阶段也有一个恋母情结冲突需要解决。当做女儿的意识到她与她的母亲是同一性别时，就会发现自己在内心深处与母亲相互竞争；同样，做儿子的也会感到与父亲之间的竞争——每个人都在争取父母另一方的爱和性别角色的认可。为了解决这些冲突，便引出了一种（与周围人及周围世界）新的关系，其根基建立在性别认同的现实情况之上。

儿童后期

12 大约 6 岁时，开始进入一段较长的、平稳的成长期，一直持续到青春期开始，持续时间为 5 年或 6 年。这是一段巩固我们迄今取得的成长收益的时间。它是一段休息期，接下来很快就要接受快速变化的考验。但是，如果早期成长的挑战还没有得到解决，这一"休息期"很可能会是一种进一步解决这些冲突的加速时间。

如果一切顺利，随着我们性格中的独特元素变得更加连贯，我们会有一种不断加深的认同感。可以肯定，人格仍处于发展阶段；它仍然是摇摇欲坠，敏感脆弱。我们的自我还没有牢牢扎根。因此，如果在这一时期我们置身其中的环境对我们充满敌意并拒绝我们，就会导致出现让人痛苦的不适感。被我们的同辈所接受在这一点上是很重要的，我们积极地寻求（被他人接受），虽然并非经常直接表现出来。我们想要感受到：我们跟别人很相像，别人喜欢我们。

如果在这个稳定的阶段一切顺利的话，那么，为我们生命周期中下一个关键考验设置的舞台就是：青春期。

青春期

青春期早期

13 突然的生理发育启动了青春期，我们进入了一个"大动荡"时期，一段不仅会影响我们自身、还会影响我们周边所有人的动荡时间。

青春期是一个过渡时期。在此之前，我们每个人一直都是一个孩子。我们一直被视为儿童，我们的思想情感也一直都是孩子式的。我们已经通过了具有冲突特性的童年。

当向成年过渡开始时，这一切会迅速发生改变。我们越来越多地认为自己是成人，别人对待我们也越来越多地视为年轻的成年人。我们被强行投入成年。自由和独立的诱惑不停地向我们招手，但是，自我怀疑和害怕负责任又将我们吸引回来。青春期的标记是成长和回归的爆发。自始至终，挥之不去的小男孩或小女孩的情感都在困扰着我们；我们日复一日地被拉回和撕扯，不知道我们是什么或我们是谁。

青春期早期的主要挑战是，接受我们身体内潜在发生的生理变化和明显的性器变化。一时间，我们可能会觉得自己就像居住在一个陌生的生物体中。这个生物体几乎每天都会有新的变化，它是不稳定的和不可预测的。身体化学成分的改变强化了我们的情绪，其中不少情绪对我们来说都是新的。荷尔蒙变化带来剧烈的、无法控制的情绪波动。

就像这一切还不够似的，我们还痛苦地认识到，社会对我们的性特征和性行为制订了规范。我们发现,社会希望我们按照一种特定的方式成长,我们急切地想要知道我们是否符合这一标准。潜藏在所有这一切背后的是弥漫性的、不确定的、无孔不入的性不安/拘束。

但是最终,在鼓励之下,我们调整自身适应了这些剧变,也接受了这个新的身体。我们发现(百感交集)别人开始对我们这一新身体有不同的反应。年轻女子可能会对自身有性吸引力这一事实感到尴尬、担忧、喜悦,年轻男子则开始有令人振奋的性感受,但是他们都可能与焦虑、内疚、困惑所妥协。

综上所述,青春期早期的主要挑战是能在我们的身体和情绪发生剧变时"hold"得住自己,载着我们过渡到成年,让我们为繁衍后代和养育子女做好准备。

青春期中期

14 在青春期中期,身心动荡仍在继续,但是随着我们感觉自己更像成人,独立于权威即独立于其他成年人的问题成为我们的当务之急。这是分离的挑战。感觉越来越像不同的人,我们开始按照自己的想法前行。用空间技术术语来说,它是一段借助内部电源前行的时间。我们在对生活的探索中想去更远的地方冒险,想要尝试各种新的经验。这是一段试验和犯错的时间,我们会品尝成功,但也会在没有实现我们的目标时学会接受失败。独立意味着学习为自己设定目标,有些目标难免会是不现实的。目前的挑战是学习接受失败而不会感觉自己像个失败者,也即不会因为失败而丧失自尊。渐渐地,我们也就学会了如何设置更加切合实际的目标。

分离往往涉及一段痛苦而长期的时间:反抗权威,反对父母和其他直接"控制者"(真实的或想象的)及控制符号。但在寻求独立的同时,我们通常会抛开我们对权威的情感,我们认为他们可能会阻止我们获得所需的分离。这或许是一个陈腐的短语,但"权威危机"仍然准确地描述了青春期中期的体验。我们受到的限制和压抑越多,我们的抗议呼声就会越大,我们对那些约束和约束者的攻击就会越尖锐;或者,若是不允许直接进行攻击,我们就会越多地攻击那些替罪羊。

> ◁ 专栏 ▷ **象征性的分离**
>
> 近来有大量研究表明，实现决定性的自我整合的青少年人数正在递减。伊丽莎白·杜旺（Elizabeth Douvan）和约瑟夫·阿德尔森（Joseph Adelson）发现，只有少数青少年才会通过认真的价值观和意识形态测试。看起来，真正的独立仅出现在下层阶级青少年和一些上层中产阶级青少年身上，因为这两个极端与核心的青少年文化有着如此大的不同。但在研究青少年中"沉默的大多数"时，他们只是发现了象征性的亲子冲突，进而则是象征性的成熟和自主。他们发现，对许多青少年来说，同辈群体仅被用于学习和展示社会技能——这是一种有意设计的游戏围栏，以免让孩子受到伤害。虽然对许多人来说，同辈群体是一个自我对抗的舞台，但它的作用更多的是阻碍差异化和成长。
>
> ——《今日发展心理学》

分离过程中会产生很大的矛盾。我们忠诚于那些关心我们的人，分离对所有人来说都很痛苦。当别人受到伤害（我们常说"我们伤害了他们"，其实实际情况并非如此），我们就会感到内疚。为了减轻罪恶感，我们寻求认同那些被我们伤害的人，也就是说，我们想要求得他人原谅。但我们这样做却是在祈求一件不可能给予的事情。家长和权威也会感到被拒绝，他们通常不理解也无法接受我们的"分离行为"。因此，个体化进程的一部分，就是学习不带自责和内疚地去接受这一事实：我们必须在没有得到这一过程中所涉及的重要他人赞成的情况下进行分离。具体情况会是什么样子，取决于我们父母的成熟度；但很容易看出，操纵游戏和激烈的冲突如何使得青春期中期这些年变得复杂化，并经常完全阻挠了成功确立独立的身份。事实上，接下来一些年，我们的父母会持续地看着我们，我们也会看着他们，相互持久而痛苦地纠缠着。

在这些让人心烦痛苦的时刻，我们会从同辈群体那里寻求理解和支持，青春期中期的一个重要特征就是"同辈顺从"。我们的父母对我们的误解和拒绝越多，我们需要来自和我们有着类似经历的同辈的支持就越多。而他们也完全能理解这一点。

青春期后期

15 如果这些挑战都被带着持续的自尊顺利度过,那么青春期后期的特点就将是一种强烈的自我意识。我们感觉自己更像是一个不同的、完整的人。

有了一个顺利运作的自我,我们可以承担越来越大的责任。事实上,我们会享受责任和它给我们带来的满足感。潜藏在生活中所有体验下面的是一种不断发展的力量,帮着我们顺利渡过难关。

如果我们照着时间表上的安排如期走过,我们会对我们的身体和自我有一种积极的感觉,那么我们就会顺利而自然地发展出亲密感的能力——不只是性亲密关系,更是在我们所有的关系中保持一种诚实和开放感。性亲密关系的能力,仅仅是信任、同情、共享这一综合能力的一部分,虽然经常是很重要的一种。我们对自己的感觉越好,我们就会越发渴望与他人保持亲密关系。

因此,青春期后期的挑战就是巩固一种与他人相联系的自我感,发展出一种亲密感能力,逐步放下对我们作为独特自我能够完成什么的疑虑和恐惧,以新的姿态出现在人生舞台上,为成人生活做好准备。

成年

成年早期

16 在1970年代重要转变出现之前,生命周期研究几乎全都是关注从婴儿期到青春期这一阶段,极少有研究者去细心研究生命中的成年阶段。当这些阶段的研究开始后,结果令人大吃一惊,先前一些关于这一没有特色的成年平台期的假设,也从教科书中被删除。

20–30岁这段年龄主要是结婚和做父母的时间,但是这个阶段面临的基本挑战是发展亲密关系的能力。我们的身心都为亲密关系和性活动(这两者并不是一回事)及养育后代做好了准备。亲密关系不仅是满足性伴侣的能力,更是一种根本上的开放感和信任感的品质,开放感和信任感是婚姻和后代福祉所不

女人的一生

可缺少的东西。

这一阶段生活的特点，用作家琳达·沃尔夫（Linda Wolfe）的话来说就是："这是生命中的一段时光：求爱和婚配；青少年时结下的友谊，如果不再是可取的就会被放弃，如果似乎值得未来投资就会被整固。"新的依赖取代了旧的依赖。

莱文森博士将这一阶段描述为"进入成人世界"的时候。我们尝试社会为我们指定的角色、规则和责任。这可以是一段创造和生产的时间，一段将一个人的创造力释放到不同活动中去的时间，养育孩子只是其中一项活动。我们中的许多人都会在这个时候选择我们的职业，以及各种持久的业余爱好。所有这一切都是表达我们自己个性本质的方法。我们的创造冲动可以在艺术、职业、服务他人的角色、激烈的商业竞争、体育比赛等中得到实现。

在这些年中，我们可能会第一次清晰地看到我们的能力和局限，我们将不得不在余下的生活中与其相伴。我们可能会发现，我们必须接受一些基本的限制。与此同时，我们也会产生一种成长潜力的感觉，并在我们到底会成为什么样的人上开始设定现实的目标。

成年中期

17 30—40岁是另一个过渡时期，对有些人来说则是一种"成长危机"，它会将我们推出我们正在行进的车辙，迫使我们去面对新的选择。这一转型期的一个基本因素是一种感觉：某种形式的改变势在必行。停滞被认为是一种真正的可能性，必须加以避免。罗杰·古尔德（Roger Gould）博士描述了停滞的感觉：自我中一些深层的及个人的方面"正在被消灭/摧毁"。这是一段重新评估事物重要性/优先顺序、关系、承诺和目标的时间。男性和女性都会有一种感觉：他们多少都已被限定在自己从事的职业和生活方式中。这样的角色被认为是"违反或背叛了他们想要追求的梦想"。看上去相当稳定的婚姻，经常会变得紧张；婚姻伴侣往往会转向别处寻求陪伴和满足。女人常常发现，她们陷入了"郊区家庭主妇综合征"，并想通过寻求外面的兴趣来改变自己的角色，比如找份工作、回到学校、考虑职业。"短暂的过渡时期，可能会引起内心的混乱：抑郁，困惑，与环境抗争，与内在自我抗争，或者它也可能会涉及一种比较安静的重新评估和强化努力。"（莱文森）

紧随这一初步转变之后，三十多岁这段时间最好被形容为一个沉淀下来寻求稳定的时间。内心的混乱现在消失了：寻求认同的青少年时期和追求亲密关系的成年早期都已成为过去。生命/生活转向了外面：看问题变得更加客观。男性和女性都会关注自己在社会中的优势和推进自己职业生涯中的优势。

三十多岁末期的特点经常是重新寻求自治/自主。在青春期中后期，我们的奋斗指向发现自我和自主，但在我们二十多岁时，我们获得的一些收益会丢失。我们刚刚脱离父母，就要重新建立与配偶和导师的依赖关系，就像迟来的义务，这些问题最终都必须一一被处理。过去，成功找到合适配偶的人会更早遇上这些问题。但是现在，在三十多岁晚期，会出现一种强烈的需求：打破对老导师尤其是一个人工作或职业上老导师的依赖关系。为了做到这一点，男性和女性通常会换工作，甚至重新定位自己的职业和地域。

生命中这一阶段的一个重要挑战是成长和取得成就。如果我们能够从容自信地用自身掌握的技能承担起压在我们肩上的责任，实现目标会给我们带来深沉的满足感。我们可以享受我们的劳动果实。自主和自尊也可以加深。我们的孩子长大了。社会和物质收益也得到了。随着获得越来越多的生活知识和技能，我们可以感受到一种不断扩大的自我意识。这一阶段可以是一段让人满足的时光。

但在另一方面，它们也可以是一段危险的时光。如果我们对自身作出不切实际的要求，设定高不可攀的目标，滑入失败模式，那么生活，在一定程度上，就会变成地狱般的，我们会遇上无尽的麻烦。此外，如果我们变得如此在意去实现社会目标和物质目标，以至于忽略了设定那些有助于促进我们自身成长为人的目标，接下来几年为我们设定的舞台，就会让我们措手不及，一无所获。

追逐前方的蜃景是一个关键挑战，将会在很大程度上决定我们余下的生活是否值得一过。

中年期

18　40–50岁的挑战，可以说是自青春期过渡转型的动荡以来最不稳定的一段时间。这也是一段转型时间。这一"中年危机"（约始于四十岁左右，上下浮动几年时间）现在会召唤我们已经发展出的所有资源。

中年是一段总结反思评估的时间。一个人到达了他已不再年轻的地步，他不再将一切都视为理所当然。他意识到，青春已逝，他已无法再对其做些什么。重要的挑战可以这样表述："我已走完一半人生，我没有辜负我的生命/时间，我知道我只剩下这么多的时间，我的生命将会结束。我能感受到我是一个凡人。有一天我也会死去。那么，在余下的日子里，我真正想要做些什么呢？"

中年危机的背后是一种深深的焦虑感：不论你是富人穷人，不论你是内向人外向人，不论你是成功的企业家还是社会退出者，都要面对它。这是一个本体论问题；它是我们人人之为人的一部分。在这一危机面前，协商失败预示着不满，协商成功则会带来进一步的成长和更大的满足感

无论一个人过着什么样的生活，都会开始进入反省时间。世俗的成功符号可能已经达到，但这样的成就却让人感到空虚和没有意义。"生活中比这更重

要的事情有的是。一定有。我不知道它是什么，但我想要找到它。"因此，内心的焦虑（"难道人活一辈子就为了这？"）被转译成一种新的行动："我失去了什么？"

通常，你会发现一个商人，他一辈子都在忙着管人、存钱等等，或者是一个蓝领工人，他一直都是一个负责任的养家糊口者和"可靠的市民"。不拘按照什么标准，他都被视为成功人士，并按照社会标准受到人们的赞扬。然而，在其内心深处，他很可能会有一种未竟的事业感。他相信他迄今过着这样的生活是他应该过的：他选择了一种职业，确立了自身，并取得了一定程度的安全感和稳定感。但在所有这一切中，他却又有一种矛盾感。事实上，他会说："我是成功了，但我不知道我已变成了什么。作为一个人，不知为什么，我觉得我把自己抛在了身后。"

◁ 专栏 ▷ **现在几点了？**

这是一种共同的体验：孩子眼里的时间似乎比成人眼里的时间过得更慢。对一个人来说，比起他对童年岁月的回忆，一年时间转瞬即逝。西摩尔·凯蒂（Seymour Kety）核查了现有可得的信息，通过氮氧化物技术得出，脑血流量和氧气消耗明显与年龄相关。据他报告，从儿童到青春期，脑血流量和氧气消耗快速下降，然后在余下的生命周期中则是一个渐进的下降。脑耗氧量放缓与逐渐增多的岁数，使得时间在人老时显得过得较快，事实也是如此。

对空间和时间的感知与代谢速率相关，因为后者的变化会带来相应的知觉变化。当代谢速率增加时，生物钟就会跑得快，进而就会高估时钟时间，个体就会提前到达约会地点，觉得时间似乎过得很慢。当生物钟运行缓慢（相应的代谢速率下降），时钟时间被低估，个体就会在约会时迟到，觉得时间过得真快，日子似乎"像变魔术一样"飞逝而去。

代谢速率与时间感之间关系的另一个表现，可以通过勒孔特·迪努伊的实验［涉及肌肉组织愈合］来体现……杜诺伊推算了时间中"我们的流逝"的印象，对一个20岁和50岁的人来说，相比一个5岁孩子来说，分别要快上4和6倍。

家庭主妇和母亲身上发生的情况也很典型。事情日渐明了，她忽略了自己的生命。她也有自己想做的事情，对她来说追求自己兴趣的时候已经到来。几十年来她一直致力去完成指定给家庭主妇和/或母亲要做的任务。她或多或少地满足了社会对其角色和职责的期望。但在这样做时，她发现，她放弃了很多她自己的深刻的人性需求。最糟糕的是，她可能已经发现，萧伯纳苦涩的公理是真的："如果一开始你就牺牲自己来满足那些你所爱的人，那么到头来，你就会憎恨那些你牺牲自己所满足的人。"

一项研究显示，35岁以上重回学校的女性中有近90%的人，都是因为对自己的生活感到不满，对自己的个人成长状况感到不安。许多人用下面这样的话表达了她们的不满：

  高中毕业时我曾想过将来从事一种职业，并想在进入大学后为它做准备。但在第一年，我遇到了我的丈夫，我们结婚了。我选择了退学，找了一份工作，这样我的丈夫可以继续接受教育。等他拿到学位找到一份工作，我们已经有了两个孩子。

  但这都已是十多年前的事了。现在，孩子们都已长大，我强烈地感到，我应该回到学校，在我离开的地方重新起步。

所有这些妇女都表示，她们从未放弃过完成学业的希望。近年来，她们中的大多数都是将她们的婚姻/家庭状况视作自己（被中断的）"成为一个真正的人的梦想"的一个插曲。

一些事件可能会合并到一起，从而有助于这一盘点反思时期的开始。（1）我们的孩子可能已经与我们实现了分离，我们不再像为人父母时那样为他们所需要。我们摆脱了长期以来一直被视为理所应当肩负的责任。过去那个熟悉的角色已不再是我们生活的目的。（2）随着这一角色变化，丈夫和妻子许多年来常常是第一次遇到对方。他们发现，他们有着不一样的自我。在不知道这一点的情况下，双方都已经改变了，突然间他们的关系需要经历一个"痛苦的重估"。在这种情况下，通常必须发展出一种新的关系。我们也可能会发现，我们已经在往不同的方向移动，重建亲密关系——这一关系对我们顺利度过以后的生活而不会有彻底的孤独感很有必要——可能有很大困难。如果这样的亲密关系在年轻-成人期间从来没有实现的话，要想重建这种关系可谓是难上加难。

某种程度上，男人和女人在这一中年时期的挑战中的体验有所不同。更年期可能会让女人产生一种自我形象危机，男人则不会遇到这一危机。如果一个女人的主要价值感长期以来一直与其作为母亲的角色相连，那么失去生育能力（伴随而来的则是她的孩子长大成人，离开家庭，不再需要作为母亲的她）可能会给其造成严重的调整问题。

外表也是出现自我形象问题的常见原因之一。如果一个女人的自尊感主要来源于她的身体/性吸引力，那么当她看到这些素质褪色，她的自尊心也可能会褪色。她可能会觉得，她不拥有任何其他可以让她获得自尊的素质。她可能会觉得这是一个无法弥补的、悲剧性的损失。她可能会把她以后的时间都花在试图夺回她（她相信，其他人）如此看重的婚配时的吸引力。她可能会尝试将其身体/性吸引力的形象永久化，而在别人眼里她昔日的形象早已消失。22岁时卖弄风情可能是一种合适的举动；但在55岁时还这样做，显然表明出现了角色混淆，在他人看来可能会是一种让人难受的不合时宜之举。

在40或45岁时，一个男人可能会注意到自己的头发已有一些花白，年轻人都称他"先生"。他可能会冲自己笑笑，并认识到，别人对他的反应正在改变。（他也可能会误解别人叫他"先生"的意思，认为别人是在对他表示尊重。）就像女人可能会试图延续青春美丽的神话，男人同样试图夺回一个正在逝去的青春的形象。

如果在中年时期没能加深一个人的自主感和真实感——与一心一意追求外部成就相反——未来就会处于岌岌可危的状态。我们日后生活更深层经验必须建立其上的诚信基础，就会变得极不稳定。这是不可避免的老化过程中一个重要的问题。

自治/自主的男人和女人（践行真实性）将会变得更加现实。他们从未试图成为他们所是样子之外的样子，当改变到来时，他们完全可以做到坦然接受，不抱一丝幻想。自主的个体重视自己，别人对他的反应会发生改变，但他的自尊依然完好。余下的岁月可以没有问题（更不会达到危机地步）地顺利度过。

平安地度过中年转型期，四十岁期间其余的岁月就会成为一段再稳定和复兴的时期。罗杰·古尔德称之为一段"从此前岁月的内部撕裂中得到解脱"的时间。这是一段平静的时光。婚姻变得更加稳定。男人和女人都对自己的伴侣有了更多的理解、同情和感情。悲剧和损失也都可以在平静的力量下接受，而不会有早年的愤怒和悔恨。

因此，中年的主要挑战是决定在余下的生活中我们如何活下去，我们希望变成什么样子。解决中年挑战的办法，很大程度上取决于我们在我们是谁这个问题上再次为自己设定有意义目标的能力，以及我们给自己留下的时间。

成年后期

19 如果中年挑战得到某种程度的成功应对，那么50岁以后就会是一段让人满意的时光。我们将会继续成长，实现我们的目标，享受生活。我们的生理过程将会开始下降，我们可能会经受各种疾病的折磨。但今天我们知道，大多数情况下，我们的智力和情感能力仍可维持乃至扩大。这些能力不会褪色。当然，可以肯定的是，从未得到发展的能力完全可能会变暗，但若我们的基本机能一直被优化使用，那么我们存在的质量就不会随着生物器官的衰落而必然下降。

男人和女人现在可以真正被称为"成人"。挥之不去的倾向——为我们遇到的问题而责怪自己的父母——终于停下。我们会带着赞赏的心情意识到或记住他们，他们已经尽了自己最大的努力。这时的我们经常会享受人与人之间的关系，而这在早先竞争激烈的岁月是不可能做到的。我们日益意识到有一天我们也会死去，并能接受这一想法。我们的创造力往往达到更高的境界，仿佛障碍全都不复存在；个人和专业成就仍在继续，或者增加。这段时间一直被称为"安详热身时光"，经常有一种分得清生活大小事、知道什么是真正有价值和有意义的成功感。

事实上，直到晚年我们才会获得一种有品质的经验，而这很少能在较早的时间体验到。这是一种在我们所是和所做的事情中感到的新的终极感。我们可能会在对简单事物的体验中感到一种向往、怜惜、深邃之美，看到先前没有注意到的意义模式，并找到看待他人的新视角，一种迟来的对他人的欣赏。存在自身这一事实——不只是人类生活，而是所有的生活，所有的存在——可以成为一个让人愉悦的奥秘，一个人感到非常荣幸参加了"一场宇宙戏剧，我实际上是它的一部分！"如果生活一直是一场不断扩大的冒险，那么在这以后的岁月中，会有一种难言的生活之爱——可以用意识、睿智、冷静来衡量——即便能够，我们也不会拿早年身体的活力来交换。

我们生命/时光中的70岁和80岁，也可能会带来一种坚定感，注意力集中于生命中的一些事情上，给其打包。但与此同时，我们也会有一种冲动，很好地品尝生活提供给我们的所有感觉。如果我们一直都在过着真正的生活，我们就会尽可能多地享受温暖和亲密的人际关系——可能比以往任何时候都多。

诚然，这枚硬币的另一面也不鲜见。如果中年冲突仍未得到解决，那么这些后来的时光可能会充满绝望和幻灭。如果亲密感从未在中年得到重建，空洞感和距离感就是我们后来所有关系的特征，进而就会导致一种无孔不入的孤独感，成为生活中一个真正的悲剧：一个与他人没有任何关系的人。

20

缺乏整合感的成人，在这个意义上，会希望他能从头再活一次。他认为，如果在过去的同一时间他作出了不同的决定，他就会成为一个与现在不同的人，他的人生就会是成功的。他害怕死亡，无法接受自己的生命周期已经走到尽头。极端情况下，他会对人生感到厌恶和绝望。绝望表示，留给他的时间太短，无法再去尝试新的道路，获取一种整体性。厌恶则是一种隐藏绝望的手段，一种对生活的轻蔑的不满。与先前阶段的危险和解决办法一样，怀疑和绝望是没有克服的困难，整合感也没有得到实现。大多数人都会在两个极端之间摇摆不定，既没有上升到彻底整合的高度，也没有下降到彻底厌恶和绝望的深渊。

甚至在成年期，一种合理健康的人格也会让人获得安全感，即便在先前的发展阶段遭遇过不幸。个体可以找到新的信任的来源。幸运的事件和境况可能会给个体在他争取自主的斗争中助上一臂之力。想象力和

> 主动性可能会为新的责任所激起，自卑感可以通过成功的成就来克服。甚至是在生命中这一较晚的阶段，一个人也仍有可能获得一种真正意义上他是谁、他做了什么的感觉，赢得一种与他人的亲密感，享受培养和给予的快乐。
>
> ——埃里克·埃里克森

21 在我们的成年末期，对我们来说出现下面这种情况并不鲜见：回到我们早前岁月中已被遗忘或忽视的某种形式的宗教中。愤世嫉俗者会指责我们试图"明哲保身"或从中得到安慰，因为我们害怕死亡。当然，这一看法自有其一定道理，但在这一举动中还有更多的意涵。这是我们在成年末期的生活中向往终极性的一种表现。我们中的许多人进入成年晚期，都没有深厚的"精神"（即终极性）资源。生活已经在其他方面吸走了我们的精力。在探测终极性，探测深度，探测存在的意义（这对顺利度过人生必不可少）上，我们知道我们是有局限的。对我们中的很多人来说，唯一实际的解决办法，可能就是重新回到较早阶段我们了解的宗教中。晚期回归宗教的大部分内容都是：回到早前阶段的生活。然而，对中年挑战（"我真正想要什么样的生活？"）更机智的解决方案，可能会引领我们获取一种更有效和更有意义的终极性。它可以使我们独特而深刻的个体存在开花结果/繁盛成为可能。在任何情况下，这种宗教回归都应被视为一种尝试：探索生命的意义，在余下的短暂时光中实现迄今尚未达到的终极性。

最后阶段

22 对我们中的一些人（并非所有人）来说，我们的生命周期还有一个最后阶段。它始于我们必须面对这一事实：我们自己的死亡迫在眉睫。这不仅仅是意识到人都有一死。相反，这是接受一个绝对的事实：我们自己的生活/时间差不多已经用完。现在这种感觉可能会变得很强大：我们必须放手未竟的事业，接受我们的意识很快就会停止这一事实。快要死去更多地出现在我们心里，死亡符号渗入我们的梦境——可能就像英格玛·伯格曼（Ingmar Bergman）导演的

《野草莓》中的时钟

《野草莓》(*Wild Strawberries*)中那个没有指针的时钟。

如果我们已经活了很久,我们可能已经通过多年来与死亡相伴,为我们自己的离去做好了准备。我们周围的人已经离去,其中许多都是我们认识的:亲人,朋友,同事,熟人,同时代的显贵。这种与死亡生活在一起,是为我们自己的离去所做的一个重要的准备时间。它有助于减少我们对死亡的恐惧感。

我们也有可能再次回到过去,体验过去发生的事件。我们经常批评那种开始"活在过去"的人,当然,如果在最后阶段之前很久我们就出现这样的习惯,那它可能是从生活中过早撤出的标志。但在最后阶段,它的出现则是自然的和正常的。这既部分是一种尝试,在脑海中看到所有上演的人生之戏,然后添加一个很好的结局,也部分是对自己离去的一个最后准备。这是一个回放,浏览自己一生的活动,回味自己取得的成就,最后一次盘点生活经验——留意我们将会留下什么。

◀ 专栏 ▶ **英雄的旅程**

"很久很久以前,当人们的愿望还能够实现的时候……"约瑟夫·坎贝尔引用《格林童话》开始了他对英雄之旅的叙述。坎贝尔一生都在研究世界各地的人类神话,并发现了一个在每一个伟大的神话传统中都会出现的主题。在所有揭示人类冒险秘密的神话中,普遍存在的英雄之旅是最为本质的、也是最有说服力的。

英雄可能是一种精神人物,如佛、大雄、古鲁、耶稣、摩西,或是一个神话人物,如普罗米修斯、奥德修斯、伊阿宋或吉尔伽美什。一些英雄是部落的;他们代表一个特定的群体,踏上他们的旅程。其他英雄是世界性的,他们为全世界、全人类或是为世间万物(如佛)发现了某一启示。在每种情况下,未来的英雄都有特殊天分,虽然一开始他可能无法清楚地知道它们,还没有发展成熟,但英雄的灵魂随时准备接受转变。"英雄无论是荒谬的或崇高的,无论是野蛮如希腊人,还是温柔如犹太人,他的旅程基本上变化都不大。"当今媒体对英雄旅程的再现,着力强调物质方面:进入黑暗的森林,与恶龙搏斗,下到海底,爬到山顶,而较高层次的宗教则专注于故事的道德和精神意义。

在英雄的冒险历程中有一个简单的公式,一个单一的情节。英雄在其世俗生活的阴影下焦躁不安,离开熟悉的世界,冒险进入未知领域。在那里,他面对巨龙(既是真实的也是精神上的),与邪恶势力搏斗,赢得决定性的胜利;他返回光明世界,将他取得的成果赠予他的人类同胞。聚集起他所有的资源,他一直面对着人类存在的光明现实,并在这个过程中一直转型变身。他已经死去,并一直获得重生。他已准备好作出创造性的行为,如果被接受,将会给他的人类同胞一种更高的意识。不论在哪里,英雄神话都表明,"真正的创造性行为来源于某种垂死的世界"。

英雄,顾名思义就是"用其生命去追寻某种比其自我更高大的东西的人"。成长到能够迎接这一挑战,衡量这一挑战,需要自身能力不断增长,自身能力的增长来自摔跤和痛苦;因为英雄拥有正确的素质,他会勇往直前,自身能力的增长也就是必然的。在他经受痛苦的磨炼时,他会发现在其先前的存在中缺乏的东西,他的意识已经开始转变。现在他看到了自己先前没有看到的东西。他体验到了先前只有到了临死前才会知道的生活。他已经成熟了:先前那个狭隘幼稚的自我已经死去,新的成人自我已经做好迎接挑战的准备,不管它可能是什么。勇气是旅程中每个阶段都必不可少的首要条件,但在英雄返回世间,发现他提供的有用东西并不是人们想要的,或是被人们误解,或是无法被人们理解,经常需要一种特殊的勇气。他必须接受这一点:那些从未离开过家的人看不到或理解不了他已看到的。

但是没关系。对我们所有人来说,英雄之旅主要是一个请求,去发现我们自身内部的事情,我们自己就是我们希望了解的神秘事物。而这恰恰就是一种普世的奥德赛。外面的世界一年又一年一代又一代不停地发生变化,但"人内在的生命却是完全一样的"。且不说世界是否承认我们所实现的,单是追求本身就是对我们的奖赏。毕竟,"我们并不是要在我们的旅程中去拯救世界,而是为了自救"。

伊万·伊里奇的尖叫

23　托尔斯泰的《伊万·伊里奇之死》中有一个场景,伊里奇病了,奄奄一息。当他思考他死得毫无意义时,强有力地击中他的是他的生命毫无意义。当他意识到他的小资生活毫无意义这一荒谬性,他发出了尖叫声。"最后三天,他不停地尖叫。"然后一个幸福的合理化救了他。毕竟,他过着传统的那种生活,他已经取得了他人期望他的物质和社会成功。因此,躺在临死前的床上,他的人生片段随机地闪过他的脑海。

>　　"我想要什么?……活下去?怎么活?……是的,活下去,像我以前那样活得舒畅而快乐。"……他开始回想起自己一生中那些美好的日子。但说来也怪,所有那些美好的日子现在看来一点都不美好……离童年越远,离现在越近,那些快乐就显得越不足道,越可疑……"我一直在走下坡路,却还以为我在上山。就是这么回事。大家都说我官运亨通步步高升,其实生命却在我的脚下溜掉了。如今剩下的,只有末日来到。"……"是不是我的生活有什么地方不对头。""但我不论做什么都是循规蹈矩,怎会不对头?"……每当头脑里出现那个常常浮现的想法,落得今天这个地步全是因为他的生活有些地方不对头,他就会立刻回顾起自己规规矩矩的一生,把这个古怪的想法赶走。①

---

① 〔俄〕列夫·托尔斯泰,《伊万·伊利奇之死》,草婴译。——译注

伏尔泰

我笑是为了不让自己发疯

　　伏尔泰是有史以来说过的话被引用最多的作家之一。

　　"书统治世界,或至少统治那些有文字的国家。""一个国家一旦开始思考,要让它停下来是不可能的。""思想自由是生命的灵魂。""我不同意你的观点,但我誓死捍卫你说话的权利。""理性的真正胜利在于它使我们能够与非理性的人和谐共处。""神圣罗马帝国既不神圣,也不罗马,更不是一个帝国。""热爱真理,但应宽恕错误。""与其将一个无辜的人判罪,不如错救一个有罪的人。""普通的常识其实并不那么普通。""不再去爱和不再值得被人爱,是一种难以承受的死亡。""如果上帝并不存在,也有必要把他创造出来。"伏尔泰几乎有无限多的名言佳句。

　　他似乎在每一个主题上都给了我们一颗明珠,如果觉得他那数量众多的闪光的机智和智慧缺乏深度,我们必须珍惜珍珠和原谅他:用他自己的话说,"我就像是一条小溪,因为不深而显得清澈。"他确实拥有的是一个哲学家的智慧和全面的见解,伴随着对生活的热情,一种对自由和礼仪的正确预言的热情,使他成为人类历史上一个伟大的心灵战士。

✿✿

　　1694 年,他出生在巴黎,父母给其取名弗朗索瓦-马利·阿鲁埃。他的父亲叫弗朗索瓦·阿鲁埃(François Arouet),是一位富有的资产者,先是在法院做公证人,后来成为地方金库的官员;他的母亲叫玛丽·玛格丽特·杜马(Marie Marguerite

Daumard），是一个聪明活泼、口齿伶俐的女人，出身贵族家庭，举止优雅。弗朗索瓦是她五个孩子中最后一个，这个孩子这么小，这么弱，以至于他们以为他活不长。他们在他出生后第二天就让他受了洗礼。

7岁时，他的母亲去世了。10岁时，他被送入一所耶稣会学校（大路易中学），在那里他接受了古典文学、语言和戏剧方面的人文教育。那时学校实行等级制度，达官贵人及贵族子弟住在舒适的单人间，身边还有仆人照顾；其他人则住在公共寝室。这种以身份和财富而对待学生的不同态度也体现在课堂上，老师总是偏向有钱人家的孩子；从而在年轻的伏尔泰心中种下了最初认识到社会不公的种子。后来伏尔泰批评了他上过的这所学校，因为学校教给他的东西太少了："我甚至不知道我所在的国家，我既不知道祖国的法律，也不知道祖国的需要；我对数学和哲学都一无所知。我只知道拉丁文和胡闹。"还在童年时，他就显露出超常的才能，酷爱读书，练习写诗，幻想日后当一名剧作诗人。在校时，他读了法国启蒙思想首倡者皮埃尔贝尔的全集，对他日后的反叛精神产生了很大影响。

17岁那年他从学校毕业，向父亲表达了想当一名诗人的愿望，父亲坚决反对，将其送入法科学校，希望让他出来后当一名审判官。枯燥死板的法律汇编中的拉丁文，泯灭了他学习法律的兴趣，他说："有钱就能买到法官的职位，却不能作诗，而我是一定要作诗的。"一开始他还去一下法科学校，后来则完全离开了，成了一个没有职业的人——这时他已找到了自己真正的爱好：文学和生活，一种风靡巴黎的半波西米亚式社会生活。

拥有超常智力（估计智商190）和创造力的他，假装在巴黎为一名律师担任助手。实际上他把多数时间都花在写讽刺诗上，以此来展现自己。他并不想有意煽风点火，相反，他只是无法容忍他生活其中的社会上流行的愚蠢和残酷。他有敏锐的道德感和巨大的勇气。"我的职业就是说出我所想的，"他写道，他思考得很多，经常针砭时尚、评论朝政。但他的自由思考（对当时的政府来说）是一种威胁，1717年5月16日，他被关进巴士底狱一年。在那里，在其无尽能量的涌动下，他开始写剧本和更多的政治诗。来年4月被释放后，他给自己起了个笔名：伏尔泰。

虽然伏尔泰很有才能，但是作为一个普通人，却根本得不到保护，难以防止上流社会的无耻之徒对其施加阴谋诡计：由于不小心惹住了一个小贵族，便被贵族的仆人棒打了一顿。伏尔泰提出决斗，小贵族则提起控诉，政府急忙将诗人关进巴士底狱，随后又将其驱逐出境。伏尔泰遂前往英国,并在那里住了三年。他在英国走访了一些地方,做了许多工作,研究英国的唯物主义哲学、文学,了解英国在科学思想上取得的成就;广为宣传牛顿、洛克的思想。

1732年,他出版了《哲学通信》(Philosophical Letters on the English),这本书对英国生活和习俗做了出色的观察,为作者赢得了赞誉。但是,他这本书在法国却受到了尽可能多的批评,就像在英国得到数不胜数的赞誉一样。他长篇大论,反对腐败的教会与法国专制政体,点名攻击领导人。这本书在1734年被烧毁,并对他发出了逮捕令。

伏尔泰没有被逮到。这一次,他潜逃到了法国东北部的西雷,一个破败但很可爱的乡村庄园,这里非常幽静,是夏特莱侯爵夫人的领地。侯爵夫人是他的女友。她是一个智慧伙伴,读过大量文学和哲学书籍,学过科学和数学。两个人一起热情学习,不停地写作,没有理由地相爱了十四年。宁静的隐居生活使得伏尔泰的才能得到了充分发挥,写下了许多史诗、悲剧及历史、哲学著作,这些作品的发表使得伏尔泰获得了巨大声誉。

伏尔泰在德利斯(1774年水彩画)

最终，他被允许回到巴黎。他比以往任何时候都更多地打动了皇室、政治领导人和文人。1745年蓬帕杜夫人任命他为皇家史官。他接受了教皇授予他的荣誉，并为其写了一个剧本。1746年，52岁的他当选著名的法国科学院院士。不管走到哪里，他都有忠实的朋友，也有忠实的敌人。

伏尔泰在法国并未得到真心的欢迎，所以他转向永恒的自由堡垒。1754年，他在法国和瑞士边境上一个叫凡尔纳的地方买了一处房产定居下来，并把它命名为德利斯（Les Delices），用他自己的话说："我最终这样安排了自己的生活：既在瑞士，又在日内瓦领土上，同时又在法国享受着独立。"这里有花园，有树木，有鸡，有牛，世界似乎离这里很远。"我在这里生活得如此高兴，"他写道，"以至于我很惭愧。"

1755年里斯本发生了大地震，几乎是一瞬间，三万多人死去。为什么？为什么会发生这样的苦难？法国神职人员说，这是因为葡萄牙人犯了大罪。新教徒说，这是因为天主教徒是异教徒。罗马神职人员说，这是因为葡萄牙到处都是背道的新教徒。约翰卫斯理循道宗则说，这是因为亚当犯了罪。

这种种愚蠢的言辞，激起了伏尔泰的愤怒。更让他愤怒的是德国哲学家莱布尼茨所宣扬的学说，认为这个世界是"所有可能的世界中最好的"。在被这样的废话激怒之后，他拿起笔，写出了一部世界文学经典《憨第德》（Candide，1759）。

在这之后他开始用一种新的眼光去看世界，认识到生活远非仅仅是欢笑。

1762年3月，一则消息传到他这里：图卢兹一户胡格诺人家受到迫害。让·卡拉是一位亚麻布商人，他被错误地指控谋杀了自己的儿子（其实是儿子因为债台高筑而自杀身亡），以防他皈依天主教。通过一种巨大的歪曲，在无知、迷信和大众偏执的引领下，卡拉斯一家被宣布犯下反对天主教会的罪行，遭到逮捕和刑罚。后来在市政广场上众目睽睽之下把卡拉车裂处死，而后又焚尸灭迹。

伏尔泰在确认了事实之后，挺身而出，开始作战。他的愤怒驱使他作出狂热的行动。他的旗帜是"粉碎耻辱！"有组织的盲从是耻辱，宗教迫害是耻辱，政治变态是耻辱——他的同胞违反人性的一切举动都是耻辱。上了年纪的战士身上重又有了新的活力。"我受了很多苦。但是，当我攻击'耻辱'时，我的疼痛却缓解了。"伏尔泰利用义愤在国人心中燃起了同情的火焰。他特别呼吁哲学家——作家和知识分子——站出来与这个世界上的黑暗作战，他们的心智和头脑超越这个世界的疯狂之上，他们可以用言辞这一武器宣战。

伏尔泰为卡拉斯的儿子伸张正义

如果说以往曾有过一次思想/观念大战,那么这就是。伏尔泰发动他的文人朋友、法国上流社会的贵族们、甚至动用了普鲁士王弗里德里希二世和俄国新即位的叶卡特琳娜二世(即凯瑟琳女王)为卡拉斯案件呼吁。聘请律师,传唤文件,准备立案,找寻证人。"为你自己呐喊,"他写道,"喊出你的真心话,为卡拉斯一家伸张正义,反对狂热主义。"他祷告说:"不要让我们的心中充满仇恨,也不要用我们的双手去相互残杀。"

经过三年不流血的战争,取得了各种各样的胜利:1765年3月,国王枢密院正式宣布撤销对卡拉斯的判决,卡拉斯被宣告无罪;卡拉斯的家人也得到了受害者赔偿金。听到消息,伏尔泰流下了激动的热泪。

所以,伏尔泰还活着。他是一个诗人,剧作家,承包商,进口商,有钱人,哲学家,放债人,旅行家,情人,战士,银行家,企业家,神学家,语言学家,政治家,捐助者,喜锦衣玉食者,艺术赞助者,流放者,囚犯,最卓越的咖啡爱好者,历史学家,园丁……

随着年龄增长,伏尔泰也变得成熟起来。意识觉醒的每一天,都会感觉到一个新的太阳,例行其事——这就够了。"当每件事都被称重衡量,我觉得人生中的享乐远多于苦难。"

他不断产生新的视角。"我百思不得其解的好奇心仍然是无法满足的。"他读书,生活,改变,成长。像苏格拉底一样,他越来越知道他知道的东西是如何之少。"我是一个无知者，"他说。内心所有的傲慢都开始消退；刚性力量仍然只在激烈的战斗中才展现出来。

在他人生中的 60 岁、70 岁和 80 岁那些年，他也曾有片刻的怀疑，甚至绝望。有几次，他也羡慕那些从未从哲学角度思考过事物的人，羡慕那些仍然有能力抱持简单信念的人。他说：疯狂就是偏爱理性而非幸福。但随后哲学式生活的喜悦将会返回。他拿起他的书，试图了解更多，他走进花园，邀请邻居的孩子，一起在欢笑中品味日常生活的喜悦。

也许从来没有哪位哲学家能比伏尔泰更好地理解笑声在我们的生活中所起的恢复健康的作用。有人认为，说到底，他的笑声可能是他对这个世界最大的贡献。

伏尔泰通过教给他的同胞们嘲笑自己，帮助他们恢复了神智。所有他的讽刺作品（集中体现在《憨第德》中）都是在攻击那些太把自己当回事的人：政治家，国王，祭司，僧侣，异端审判官，教皇，别有用心者——也就是我们所有人。对那些人来说，他人的想法显然是愚蠢的和错误的；对此的解药就是笑着离开我们的愤怒。一个人不可能笑着仇恨和恐惧。"偶尔失去理性，亦有所获。"

伏尔泰是启蒙精神的最好体现：他对人的智慧和理性有一种永恒的信念。"这个世纪开始看到理性的胜利，"他写道。伏尔泰的梦想是一种哲学智慧，这种智慧可以挑战人类的不当行为造成的惨痛历史，有这种智慧的男性和女性可以走出一条新的道路，通往自由和文明。

伏尔泰仍在工作，岁月也在流逝。他日出而起，在浓郁的咖啡香味中开始一天的工作：写作。他的家成为一个伟大的朝圣地，这么多人找到到他家的路，以至于他大声说："神啊！求你救我脱离我的朋友，我会自己照顾我的敌人。"

他花时间照看他的幼苗和蚕的生长。他喜爱和尊重住在他的土地上的管理员。他特别喜欢年轻人，每个星期天都会对他们敞开大门。他成了一位八旬老人，几乎没有一点畏缩，这是他一生中最幸福的时候。

伏尔泰就是他的哲学的真实写照。人生就要行动，如果只是站在一旁观望，人生就会变成空白。我们必须投身到混乱的事件流中，我们可以"笑我们所笑，哭我们所哭"（纪伯伦的话），这样，当死亡来的时候，就会发现只剩下"一身挥霍一空的骨头"（卡赞扎基斯的话）。我们应该找寻所有各种经验——吸收所有的知识，思考所有的想法，感受所有的情感。

伏尔泰痛苦地意识到时间的流逝，想要充分利用每一分钟。与大多数人相比，他做到了。他生活的每一天都充满热情，晚上只睡五六个小时。他说，想想我们（因为没有尽情生活而）浪费掉那么多的时间，实在是太可怕了。

看到所有法国人，因为伏尔泰的喜剧和讽刺，而放松他们的腹部肌肉，哪怕只是一点点，是件很不错的事。笑声可以帮助我们一步步地复苏失去的人性，摆脱自我仇恨和绝望。伏尔泰这位引人发笑的哲学家，帮助法国在自我发笑中走向理智。

1778年，巴黎向他招手。伏尔泰离开这座伟大的城市一去就是二十八年——为什么不去进行一次最后的旅程呢？他已快84岁。2月，他计划好了五天的行程。数千名祝福者聚集在巴黎街头欢迎他，高呼"伏尔泰万岁！"国家元首授予他荣誉，他在沙龙和剧院被花环环绕。他的剧作被大张旗鼓地上演。法兰西学院给了他最高荣誉。庆祝活动持续了三个月。他的生活达到了人生的顶峰，极少有人能在其一生中有幸看到。

但在人生旅程的某个地方，生命之火必然会暗下去。5月，他躺在了床上。历史记载告诉我们，一位朋友送了他一些药——鸦片——他稀释后喝了下去。伏尔泰看错了说明，结果陷入一种痛苦的谵妄状态。两天后他恢复了意识，但他的生命已经走到了尽头。"我快要死了，我爱我的朋友，我不恨敌人，我厌恶迷信。"这是1778年5月30日。

伏尔泰去世后，他的敌人并没有放过他，他被禁止葬在巴黎；他的亲友偷偷将其运到香槟，埋在塞里耶尔修道院。十三年后，依照国民议会的决议，它被凯旋运回巴黎，安葬在先贤祠。然而，当棺材于1864年被打开时，里面却空无一物。

他的灵柩上镌刻着这样一句话："他拓展了人类精神，他使人类懂得，精神应该是自由的。"

part 3

第三部分
真实的世界：
已知的和未知的

3-1 知识
3-2 感官
3-3 心灵
3-4 真理

3-1 知 识

最早的古希腊哲学家把他们的注意力向外转向物理世界,想要理解世界是如何运转的,然后苏格拉底向我们走来,坚持认为我们首先要了解收集知识的工具:心灵。关于心灵如何收集知识的研究被称为认识论,认识论者发现,心灵有四个收集信息的渠道。每个渠道都是不可缺少的,为我们提供了生存所需要的信息;但每个渠道也都有它的局限性,迫使我们在使用它时必须小心谨慎。

认知意识

1 我们所有人在开始进行哲学思考时,都是始于一种朴素认知(epistemic naivete)状态,即我们还没有开始对我们所得信息的来源、性质、可靠性提出质疑。可以肯定的是,我们中有些人可能已经发现,我们在一些事情上错了,或者在一些事情上我们撒了谎,或者说我们已经不再需要某些信仰,但在这一早期阶段,我们中极少会有人去注意信息加工系统(我们叫做心灵)的基本操作(原理),断定我们可能已经在虚假信息的基础上操作时间过长。笛卡尔意识到他"把一大堆错误的见解当做真实的接受了过来",所以"我非在我有生之日认真地把我历来信以为真的一切见解统统清除出去,再从根本上重新开始不可"。我们大可不必像笛卡尔那样走么远,但我们都需要开始一个进程:筛选出对我们来说不再起用或者说不再是真实的思想和价值观。

认识论（epistemology）是哲学的一个分支，主要是研究人类知识。我们探索这个领域，就是在触摸生存的进化基本机制之一，因为正是通过知识，我们才得以定位我们自己在世界上所处的位置。准确掌握我们所处两个世界——现实世界（外在）和内心世界（内在）——的知识，可以正确地告诉我们必须面对的境况。了解了就可以存活下来，不了解或未能准确地估测真实环境，则会危及生存。

考察了我们所拥有知识的来源、性质和准确性，我们就会逐渐发展出认知意识（epistemic awareness），一种对我们所知道的和我们是如何知道的更加明智的认识；这种意识的一个极其重要的组成部分，便是更清楚地了解我们不知道的东西。

2 我们面临着两个认识论问题。（1）我们怎样才能确定哪些事实是真实的？（2）我们怎样才能确定哪些事实是重要的？第一个问题可以用一个相对简单的方式来处理，第二个问题则往往是情境性的，很难用一个简单的办法来处理。

在日常生活中，我们都被淹没在那些宣称自己是真理的陈述中。然而，那些陈述中有很多都是不正确的，因此，我们必须找到办法去仔细检查那些宣称的事实。我们必须学会用某种方式过滤出其中不真实的部分，留下有效的和经过证实的事实。那么，依据什么样的标准，我们才能断定什么是事实、什么是虚假的宣称呢？

信息噪音

对第二个问题来说，我们身边环绕着数十亿比特的信息，很难区分优先次序。有很多重要的事实；有很多至关重要的原因；有很多比其他想法更有效的想法。但是该选哪一个？用于什么目的？由于在既定时间既定条件下并非所有事实都具有同等重要性，我们必须作出价值判断。那么，我们可以用什么标准来断定什么是更重要的、什么是较不重要的呢？

3 我们所知的一切有四个来源。第一，我们的感官（senses），它是我们的主要信息来源。其他两个来源：理性（reason）和直觉（intuition），是其衍生物，它们从已经提供给我们心灵的数据中产生新的事实。第四个来源：权威（authority，或"道听途说"或他人的"证词"），本质上是次要的，二手得来的宣称的事实总是左右摇摆，难以验证。当然，并非不可想象，即还有可能存在其他来源，但若它们确实存在，来自它们的知识是有问题的，仔细分析常会发现，它们可以归入四个已知来源中的一个或多个，其作为合法的、独立的、可靠的信息来源必须受到严格质疑。

感官：经验知识

4 所有知识的主要来源就是我们自己的感官。综观我们的早期岁月，这仍然是了解我们自己和周围环境信息最直接的渠道。作为生活的初学者，我们"边做边学"，而这样的"做"在很大程度上也就是意味着去看、去听、去品尝、去触摸，等等。我们的五种感官（心理学家则告诉我们，感官有23种之多）是探索性的器官，我们用它们来熟悉我们所处的世界。

我们很早就学会了：糖果是甜的，果酱、枫糖浆也都是甜的。柠檬不是甜的，洋葱不是甜的，辣椒不是甜的。太阳是明亮的、耀眼的。壁炉里燃烧的煤火是美丽的，如果你不去触摸它们的话。声音会抚慰、警告或吓唬我们。在我们一生的感官事件中，我们积累起多种多样的经验信息，这有助于我们去解释和控制我们所处的世界并生存其中。

我们的三种感官：视觉、听觉、嗅觉，可以告诉我们一定距离外有关事件和对象的信息，而五种感官里最经典的两个：味觉和触觉，则会告知我们的传感器附近发生的事情。从进化适应和生存的角度来进行评估，我们就会看到这种安排的好处。

我们已经发展出了专门的感官接收器来执行这四种功能：眼睛、耳朵、味蕾和嗅觉细胞。相比之下，触觉不涉及任何专门的、具有战略定位意义的器官，触觉感受发生在我们身体的整个表面。不过，这些"皮肤传感器"是专业的，不同类型的神经末梢反应对应不同的刺激。独立和独特的传感器会被冷、热、触、压力和细胞损伤（我们体验中的痛苦）所触发。对这些刺激中的一个作出反应的神经末梢，一般不对其他刺激作出反应。总而言之，这些"触觉"给了我们很多数据，我们可以直接用来评估近距离发生的真实对象/事件。这些可以称为客观感官（objective senses），因为它们告诉我们的是关于外部世界的信息。

5 我们还拥有众多的主观感官（subjective senses），告知我们的内心世界。"内脏感觉"沿着我们身体的内表面形成一层。我们可以在口腔内、消化道和某些器官的表面发现它们。如果没有这样的感官，我们就不会遇到各种各样我们视为理所当然的感觉，如头痛、胃灼热和阑尾炎疼痛。如果没有它们，我们可能会把这些滋扰视为轻微的损失，然而无论它们可能会让我们感觉多不舒服，它们发给我们的警告信号，对于我们调适和生存下来都是很必要的。

另一组主观感觉则被我们的肌肉、肌腱和关节神经末梢所激活。这些被称为"本体感受的传感器"，当我们拉伸或收缩肌肉时，它们就会告诉我们；通过它们，我们可以知道我们的手是张开的还是攥紧的，头转向了哪个方向，膝盖是否弯曲。身体协调性很大程度上都取决于这些感官。

还有一种主观感觉是平衡感。它位于内耳中，能使我们在重力作用下保持平衡，并告诉我们是在移动还是在休息。

这并非我们所有的感官，不论是主观的还是客观的。与所有其他活着的生物一样，进化赐给我们人类专门的感官，使我们能够适应和了解我们所处的两个世界，从而提升我们获取更好的调适、生存和幸福的机会。

6 自从哲学肇始于公元前6世纪初以来，敏锐的思想家便已意识到，我们的

The Trustworthiness of Beards

我们可以信任留胡子的人多少？（信任量表）

感官给我们带来了一个严重的信度问题。我们的感官给予我们的信息——我们可以相信几分？我们可以确保我们的感官告诉我们的是真相吗？我们的感官给了我们一幅"外在"世界的图景，但是这一图景准确吗？世界是否真像它们报告给我们的那样？如果发现感官没有向我们准确地反映现实，或只是部分准确，如何才能解决这个困境，并找出真正存在的真理呢？

至少从苏格拉底与他的朋友巴门尼德和芝诺（约公元前450年）那个时候起，他们便认为，我们不能相信任何感官，因为事情一直都很明确，我们的感觉并不会向我们准确汇报现实世界中正在发生的事情。它们告诉我们的只是一些**有用的**（useful）信息，而不是像科学般准确的信息。也就是说，它们是实用的工具，而不是高科技的调查机关；我们应该非常感谢它们提供给我们的信息。然而，当我们认识到，它们的存在目的并不是为了帮助我们找到我们（智识上）需要的真相，当我们理解了在把真实的对象/事件通过感官传递到我们的心灵中这一数据传输过程中发生的"欺骗"和"翻译"的切实本质时，我们的挫折感就会增加；但是，认识到这一点，也使得我们可以就此着手建构一个更加准确地反映事物本质的图景。今天，关于我们的感官在完成这一任务中会在哪里失效及如何失效，我们有一个相当完整的信息数据库，所以我们也就可以及时修正感官传递的不实信息。遗憾的是，我们中的许多人从来没有找到足够的时间去作出这些修正，而仍是**素朴的现实主义者**（naïve realists）。[素朴实在论（naïve realism）是指不加批判地接受一个人的感觉信息，认为它们准确地呈现了现实世界，这是一种盲目的信仰，相信我们的感官告诉我们的东西。] 下一章对这个问题有更深入的讨论。

来自他人的知识

7 当然,对我们每个人来说,他人都是我们的主要信息来源,但是,所有这些二手宣称的事实与我们自己的直接经验有着本质上的不同;在我们的直接体验中,我们可以更好地判断此类宣称的有效性。它们都是"道听途说"。在接受一个宣称的事实之前,我们都应更加谨慎,将这样的信息从我们自己的个人体验中删除掉。

有几个特定领域的知识,我们一定要通过别人的证词才能得到。例如,历史知识。所有的历史知识都是通过他人的言词得到的。由于我们所说的"过去"只存在于我们的心灵中,单靠经验是观察不到它的。因此,我们必须依靠那些亲眼目睹了真实时间里生活情节的人,他们用口头或图画形式,记下了他们认为重要到值得保存下来的事件。对我们来说,历史知识始于我们尝试在心灵中重新创建这些事件的图像。我们在接受这些事件上对他人的依赖,是一种无法回避的依赖。

对大多数人来说,科学知识主要来自权威。我们不可能亲自重复科学家做过的每一个实验,所以我们必须相信专家的工作和说法并接受(往往是暂时接受)他们报告的发现成果。细心审慎的工作者,会将他们所做的工作提交同一科学领域的"同行评议";他们以这样的方式记录他们的研究,如果我们想要仔细检查他们宣称的事实,我们就可以得到必要的信息去进行复核。知道(哪怕只是理论上)一个人宣称的事实会接受他人核查,为我们信任真正科学家的工作,提供了很好的理由。

我们也是通过权威接受了我们生活其中的社会知识,但很显然,这样的信息不能不加批判就全盘接受。每种文化都有其传统、故事、神话、"普遍知识""常识",对此一定要细加甄别,一个人才可以对其拥有可靠信息这一点感到放心。这是文化的一个功能,以提供给其成员思想和价值观,使他们文明化,将他们凝聚到一起组成一个连贯的社会秩序,但是所有的文化中都积累和保存有好的和坏的观念 / 想法。一个思虑周全的人会发展他的批判能力,这样他就可以处理这些遗传下来的信息,得到他想要的可以帮其更好地作出生活抉择的想法。

8　我们如何才能确认他人提供给我们的"事实"是真实的？毕竟，我们所有人都是生活在特定的文化中，必须接受大量人类知识，那些知识已经存在了几百年，没有它们，我们将会陷入心灵贫困。我们现在生活在信息时代。因此，面对我们的社会环境中蜂拥而至的宣称的事实，我们如何才能决定听从哪些权威？我们可以相信谁？

解决方案之一在于，知道如何去批判分析那些宣称的事实；另一个解决办法是，保持警觉和批判精神。如果一个人拥有（足够勇气支撑的）技能，去聚焦并评判任何宣称的事实，如果一个人学会警惕那些引诱他接受他们提供的"事实"（没有良好证据或充分推理）的人，如果一个人掌握了这些技能，他就会感到更加安全：他就不会成为每天电视和其他媒体上对着我们狂轰滥炸的那些低劣的、没有证据支持的宣称的事实的受害者。

依赖他人获取知识，还有一个也许是更严重的危险。我们大多数人都容易产生依赖关系。我们通常会选择一两位权威，完全信任他们，并抑制我们自身的理性，甚至是我们的道德本能，去接受他们所说的不论什么东西。培养批判技能是一项艰苦工作，但是，一旦掌握这一技能，依赖我们自己作出最佳判断：什么是真实的和虚假的，什么是正确的和错误的，将会有助于我们避免成为他人卑劣/不合适想法和信念的受害者。正如存在主义哲学家多次警告过的那样，依赖（他人）不可避免地会阻挡我们对自己的生活和自己的决定负责。

推理：使用已知事实

9　我们的推理能力，也可以是知识的源泉。"推理"可被定义为一个用已知事实得出新事实的过程。因此，如果从我们确信的数据开始，我们可以运用演绎法和归纳法，得出我们先前没有的新信息。

如果你在日本旅游，你的旅行指南告诉你，当前汇率是"140日元兑换1美元"，当你看到菜单上写着"840日元"，你就可以很容易算出你要付多少钱。"只需稍作推理，就可算出，这顿饭会花费你约6美元。注意：你的结论——你在考虑吃一顿 6 美元的饭——是一种新知识，它使一种新的认识（你就不能用这 6 美元去订购寿司）成为可能。因此，单是推理就可以产生新的信息。

有两种主要推理形式：演绎法和归纳法。**演绎法**（deduction）是从一个前提中得出一个或多个关于事实的陈述。如果可以正确**推断**（infer）出前提所暗示的，那么推理（结论）就被认为是**有效的**（valid）。**归纳法**（induction）则是得出一般的解释性假说，来解释一组事实。例如，在科学归纳中，在实际观测过一些例子后，就可得出推论：**所有**（all）行星的运行轨道都是椭圆形的。

请注意，在演绎法中，结论**必然**（necessarily）紧随前提而来。（例如：所有的猫都是蓝色的，汤姆是一只猫，因此汤姆**必然**是蓝色的。）相比之下，使用归纳推理时，一个人的起效的假说永远是暂定的；一旦有新的事实出现，就要相应作出变更。例如：我看到六只猫，个个都是蓝色。因此我得出一个结论：所有的猫都是蓝色的。在这种情况下，只要找到一个橙色的猫，就会给这一看似可行的假设致命一击。归纳法得出的结论随时可能更改。

演绎推理和归纳推理常会被滥用。演绎法主要适用于数学、几何、得到严密界定的逻辑体系。然而，我们往往也会把一些含混不清的日常用语用到演绎法中，然后得出与前提不符的简便结论。

归纳法的弱点，主要来自我们没有认识到，归纳法只能得出**可能的**（probable）知识。例如，如果一个人一下午看到五起交通事故，五辆车都是一个牌子和型号，我们大多数人都会倾向于认为：肯定是这个型号的车子出了什么机械故障，并建议厂家召回这批型号的车子。这一结论是一个明显有效的归纳假设。但它并不是一个确切的结论，它仅仅是一种可能的解释。再增加五起这一牌子和型号汽车的事故。它是一个更有效的假设吗？是的，但也只是有更多的肯定，而（从不）绝对肯定。现在，当你发现十个司机中有六个都跑在高速路上错误的一边，你会如何看待这一假说？

在得到科学控制的一个庞大而有代表性的抽样调查中，人们经常可以去除相互竞争的假设，提升一个假设是正确的概率。然而，假设始终都只是一种可能的解释，仅此而已。

直觉：来自内心深处的知识

10 虽然"直觉"这个词有多种意思，但在仔细界定后，它也可被视为一种知识来源。直觉是指心中一闪念冒出的洞见或知识，它是深层潜意识活动的结果。潜意识可以执行复杂的操作，进行连接，创生理解——有意识的心灵背负着调解和处理传感数据的任务，无法轻易地应对。潜意识不仅是一个巨大的信息库，还是一台极其复杂的信息处理器。"在所有的无序－有序的转换中，迄今为止人的心灵给人的印象最为深刻，"20世纪创造天才之一巴克明斯特·富勒指出。"人类最强大的形而上的驱动力就是去理解，去排序，然后以更加有序、更好理解的建设性的方式重新安排。"这一排列组合的优势发生在人们的"视线之外"（即意识之外）。

美国神学家弗朗西斯·麦康奈尔（Francis McConnell），回想起了一个经典的直觉案例：事情发生在他15岁上高中时。有一天的家庭作业中，老师布置了几道代数难题。前几题都迎刃而解，但是最后一题却让他一筹莫展。他绞尽脑汁，想尽一切可用的办法，还是没能作出来。最后，时间已经很晚了，他合上

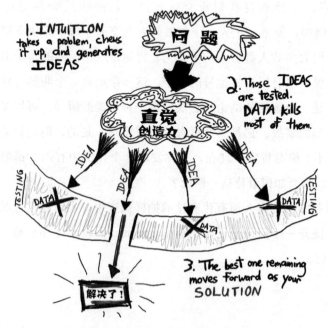

直觉创造图

作业本，上床休息。当他第二天一早醒来，解题办法立马闪现在他的脑海。麦康奈尔意识到，在他有意识的心灵休息时，他的潜意识仍在工作。

发现了这样一个有用的帮手之后，他决定充分利用它。第二天晚上，他简单地浏览过他的代数作业，就睡觉去了。不用说，第二天早上醒来，他的脑子里并没有蹦出解题办法。麦康奈尔通过回忆得出了一个重要经验：潜意识可以作出一些具有创造性的工作，但它必须得到公平对待。必须给予它足够的数据去运作，也许还要给它来点小小的诱惑。

11 有时候，直觉会是一种情感体验。我们常会这样说"我觉得他没说实话"，这可能只是一种感觉——但它却告诉了我们一个我们应该认真对待的真正的事实。

"我觉得天要下雨了。"也许这样的陈述依赖于下意识整合的感官数据，给了我们一个关于真实情况的"情感"，我们的心灵决不会意识到这一真实情况。

有时我们会听到有人说："我感觉像有大祸临头。"这是一种预感。心理学家荣格建议，潜意识可以通过这种方式把数据串联起来，以至于它可以"预见"到有意识的心灵所看不到的事情。严格来说，这样的情感并不会预知，而是从现有数据中产生的一种预感。不过，这样的预感只要足够准确，也会成为真正的知识。

直觉和情感作为知识来源的主要弱点是，它们得出的见解有可能是错的。如果全靠直觉，大部分代数问题都不会得到解决。根据直觉"宣称的事实"，在成为可信的知识之前，必须先接受检查。

洛克

我的心灵是一张白纸

约翰·洛克是一位很温和、谦逊的英国医生,他挑战政治体制,奠定了政治哲学和认识论的新基础。对美国人来说,他们记得最清的是他的宪制政府理论。洛克的思想为1776年的《独立宣言》提供了理论基础,美国政府的结构也是按照他的基本设想构造而成,其中包括三权分立,政府的义务,公民的权利,推翻无能的政府,教会与国家分离,宗教自由,言论自由,新闻自由,私有财产权。

但是,洛克在认识论上的贡献同样重要。在他那个时代(1632–1704)之前,像培根、伽利略和牛顿这样的哲学家,在研究自然世界方面已经取得了长足进展。但是心灵如何在其探究中运作,很大程度上仍是一个让人困惑的问题,早期科学家,出于对心灵如何运作的无知,在这上面犯了严重错误。洛克重申了苏格拉底的观察:在讨论"客观的"事项时,应该首先判断心灵是否能够探究所有这些事项。因此,洛克忽略了自然,转而深入内部"探究起人类知识的来源、确定性和程度"。他的研究主题仅仅是观念,他的研究方法则是精确分析思维过程。

♠♠

洛克出生在威灵顿,那是布里斯托尔几英里外的一个小镇。他的父亲是一名律师,担任地方法官书记;他的母亲"是一个非常虔诚的女人和一位深情的母亲"。他的父亲深深影响了他的生活,甚至是在其去世后,那年洛克27岁。洛克的朋友达玛里斯·卡德沃思(Damaris Cudworth)后来描述了这对父子之间的关系:

在他年轻时，他的父亲为他制定了一种行为规范，日后的他经常带着深深的赞许谈起。这种行为规范，在他还是个孩子时，严厉到让他保持更多的敬畏和距离；在其逐渐长成一个大人时，则有所放松；等到他拥有足够的能力，他的父亲和他就变成了朋友。

当洛克在小册子上写下他的教育思想时，他建议："越早把他[你的儿子]当成一个男子汉对待，他就会越早变成一个男子汉。"他认为这是父子之间的一种理想关系，相信它能完美地促成逐步成长，从无知和自私的境况进入理性和负责任的成熟状态。这种洞察力成为洛克政府理论的一个范式：统治者与被统治者的关系，必须同样被设计成可以促进成长，滋养公民去掉不文明行为，作出文明行为，让他们从一种孩童般的被情绪控制的状态，进入一种为理性所控制的成人状态，从而使他们能够负责任地参与到社会事务中。

15岁时，洛克进入了伦敦的威斯敏斯特学校，但却发现他在那里所受的教育让人感觉不舒服，并且是无用的。学校纪律非常严酷，所开的课让他厌倦，他讨厌必须死记硬背那些语法规则。

20岁时，他被牛津大学的基督教会学院录取。那里的氛围有一些思想自由，但是正式课程很大程度上仍是中世纪的。陈旧的行话让洛克感到窒息，他很是反感在那种骨头里挑刺的神学问题上浪费时间。同样是他的害羞气质，使他远离了公共辩论，在他看来那只是一种智力游戏，没有任何尊重真理的意思在内。后来他曾说过他认为自己在大学里一无所获。

洛克开始意识到，大多数人都是用他们的情绪在思考，而不是用他们的智力；在一段时间内，他对整个人类都有些灰心，感觉找不到一个人可以与他进行诚实、聪明的思想交流。他想知道，是否有一种具体的知识他可以信任。他发现自己越来越被引向去重新考察认识论原则、道德原则和政治原则的基本假设。洛克感到自己陷入了一种两难境地，这一两难将会扰乱他的一生：权威与自由之间的冲突。在他自己所受的教育中，这种冲突自身表现为一个挑战，即要断定什么样的传统知识是他可以接受的，什么样的是他不得不为自己想通的。

大约34岁时，洛克开始在牛津大学研究起医学。1666年阿什利（Ashley，后来的沙夫茨伯里伯爵一世）来到牛津。在治好伯爵的病后，两人逐渐相识并建立起终身友谊。两个人性情相似,既痛恨无能的独裁,又珍视个人自由。沙夫茨伯里邀请洛克到伦敦作为他的私人医生、秘书和心腹,这一举动将洛克带进了强权政治的旋涡。1672 年沙夫茨伯里勋爵成为英国大法官,他任命洛克为贸易及种植园事务委员会的秘书。1675 年沙夫茨伯里被罢官,洛克因为与伯爵关系太近,出于安全考虑,他移居法国。这是一段成熟的岁月,故国不良的政治条件,结晶出他关于使用和滥用政府权力的想法。1679 年,他回到伦敦,但在 1683 年再次被迫逃离,这一次他去了荷兰,在那里他一直流亡五年。

洛克开始出版著作,他的政治著作在所到之处无不引起共鸣,他被称为自由的拥护者。1685 年春天,他写了一本小册子,《论宽容》(Letter on Toleration),为宗教自由进行辩护。

1688 年的光荣革命推翻了信奉天主教的国王。奥兰治的威廉入主伦敦成为新的君主,洛克最终安全地坐船返回英国,同船的还有奥兰治公主,未来的英格兰玛丽皇后。

回到英国,洛克在不同的官方位置上短暂地干过些日子。但是,伦敦的空气仍然有毒,他受到持续不断的咳嗽和慢性支气管炎的困扰,他担心他可能患有消耗性结核病,他父亲和弟弟都曾得过这种病。因此,1691 年春天,他搬到他的密友玛莎姆女士位于艾塞克斯郡的乡下住所,这是一个安静的小乡村。虽然受到耳聋和呼吸系统疾病的困扰,洛克还是完成了一系列活动,而且看上去也显得很有活力。他写作。他给邻居看病。他接待拜访者。到了这个时候,他受到普遍的赞赏和尊重,政治领导人继续寻求他的建议。

洛克墓志铭

洛克最后的日子主要是在写作《论宽容第四篇》,但是这篇文章他从来没有写完。他曾在书中写道,他这辈子有"五大不变的乐趣":"健康,名誉,知识,行善,以及最重要的期望来世幸福。"1704年10月28日,他在玛莎姆女士念诵《诗篇》的柔和的声音中,静静地离开了人世。这一年他72岁。她后来写道:"他的死,就像他的生命一样,是真正的虔诚,但却是自然的、平易的,毫不矫揉造作。"洛克被葬在小镇上一个教堂墓地。墓碑上刻着他提前准备好的拉丁墓志铭,"他以追求真相为其学习的唯一目标。"

ఞ

因此,洛克决定,他将研究观念。由于他唯一最熟悉的心灵就是他自己的,故他的心灵哲学源于强烈的内省。他凝视着他的心灵"转向自身,观察它自己的行动,关于那些它自己有的和来自他处的观念"。他想要完全客观地看待他自己的主观性。

洛克花了近二十年时间,分析思想观念,写出了《人类理解论》(*Essays Concerning Human Understanding*)。1689年这本书正式出版,他得到30英镑稿费。全书分为四个部分。第一部分专门是来证明"心灵中并不存在天赋原则"。自从笛卡尔大力倡导"与生俱来的思想",这一概念被如此广泛地接受,以至于似乎这种"与生俱来的思想"是存在的。洛克提出五个论据来证明这一概念是一个神话。

但若思想不是天赋,它们又是来自哪里呢?在第二部分,洛克采用亚里士多德的建议,心灵刚出生时是一张白纸。"那么我们就假定心灵像我们所说的那样,是一张白纸,上面没有任何记号,没有任何观念。心灵是怎样得到那些观念的呢?……它是从哪里得到理性和知识的全部材料的呢?我用一句话来答复这个问题:是从经验得来。"从一出生起,经验就在那张干净的白纸上写入信息(想法)。所有"思维材料"都来自经验,无论是通过感官,还是通过心灵反思感官接收到的信息。"这两者乃是知识的源泉,从其中涌出我们所具有的或者能够自然地具有的全部观念。"[①]

反思的进行就是使用感官知觉提供的原材料:"心灵中什么也没有,除了最先出现的感官。"洛克把来自感官的观念,分为第一性的质和第二性的质。第一性的质"离不开物体自身"。它们包括"固态,广延,形状,运动或静止,数目";在其他他地方,他又补充道:还包括"体积"和"质地"。这些特质有"能力"在我们的心灵中产生第二

---

① 《西方哲学原著选读》上卷,北京大学哲学系外国哲学史教研室编译,商务印书馆,1995年,第450页。——译注

心灵似白板？

性的质：颜色，气味，滋味，等等。第二性的质完全位于经验中，它们不是物体的性质。例如，"颜色体验"就正是一种经验；颜色不会作为一种真实物体的性质存在，就像如果所有的生活经历都不复存在，颜色仍将继续作为真实物体的性质存在。性灵之外不存在颜色。

当我们最终理解了洛克所说的意思，他得出了一个让人惊讶的结论。"由以上所说，我想，我们很容易得出这样的结论：物体的第一性的质的观念是和第一性的质相似的，它们的原型确实存在于物体里面的，第二性的质在我们心中产生的观念则根本不与第二性的质相似。"①

再说一遍：我们认知的并不是外部切实存在的。我们看到一样事物，而实际情况则是完全不同的东西。正如洛克所说的那样，"我们的观念与物体自身的存在没有任何相像之处"。所有物体中存在的，都能激发我们的感官，创造认知。换句话说，（物体）的第一性的质能够（在我们心中）激发出第二性的质。

---

① 《西方哲学原著选读》上卷，北京大学哲学系外国哲学史教研室编译，商务印书馆，1995年，第454-456页。——译注

但是问题也正出在这里。虽然我们可能会认为具有第一性的质的"物质"是真实的，但是"物质"却正是我们永远无法知道的。"物质"是心灵作出的一个假设，为的是对第一性的质的感知能有一个"位置"。结论：由于我们永远无法知道物质，什么是真正的可能也就永远不为人所知。在最后的分析中，我只知道表象，而不是现实。

因此，在最后，洛克对心灵合上了外面世界的大门，他把我们的想法永远密封在我们自己厚重的头颅中。洛克精心绘制的认识论底线是：我们必须与概然性一起生活。他将"概然性"定义为"多半为真"。再或者："概然性是用本没有恒常不变联系的各种证明作为媒介所见的貌似的契合或相违。不过概然性大部分已足以诱使人心来判断一个命题之宁真而非伪，或宁伪而非真。"① 观念有着不同等级的确定性和或然性，从接近于确定无疑的地步起，可以一直降到不可靠的地步，乃至降到不可能的边缘。由于对一个观念无法获得十足的肯定，心灵就代之以"信仰""同意""意见"，进而在假定那一观念是真实的基础上去行事，而"对它何以如此则并没有确定的知识"。

因此，洛克为冲击古老的"本体和表象"问题设置了舞台。他用自己的推理方式解决了这一棘手问题，试着区分主观与客观、体验与现实。

很容易看出为什么洛克的思想很重要：他扰乱了我们关于现实最基本的直觉和"假设"。这个问题在 21 世纪，尤其是在物理科学中，表现得最为严重。

---

① 〔英〕洛克，《人类理解论》下卷第十五章"概然性"，关文运译，商务印书馆，1959 年。——译注

3-2 感官

还记得第 2-1 章中提到的"自我中心困境"吗?可以这么说,我们都生活在一个封闭的躯体内;我们被迫通过我们的五种感官与外部世界发生联系。至少自公元前 450 年以来,批判思想家都知道,我们的感官并不会告诉我们关于现实世界中"那里"正在发生什么的准确信息。因此,问题就是:我们可以相信我们的感官几分?它们会骗我们几多?有没有什么办法,可以使我们"避开"它们,并找出在我们的感官之外这个世界上真正正在发生的?问题很严峻,就是在 21 世纪的今天依然存在;"现实"的本质,以及我们如何才能了解它,仍然困扰着哲学和科学。

我们从来没有看到真实世界

1 我们的感官构成我们与现实的界面。"**界面**"(interface)是一个现代术语,用来描述两个相邻领域之间接触的边界,两个区域的活动在这一共有的表面上进行接触。我们人类的感官就在我们的主观感官世界与客观现实世界之间提供了这样一个界面。

2 考虑另一个现代术语:**传感器**(transducer)。传感器是把一种形式的能量转换成另一种不同形式的能量的任何物质或装置。比如,灯泡将电能转化为光能;

太阳能电池把光能转化成电能。恒温器将热能转化为机械运动（例如打开开关）。蓄电池把化学反应转换成电能。（测量放射性的）盖革计数器把放射性辐射转换成声音的咔嗒声。脑电波测量图将脑电波转换成纸上的波浪线，或是示波器上跳动的曲线。叶绿素是大自然最伟大的传感器之一，它能把光转换成化学物质，维持生命进程。还有萤火虫，它们醒着时大部分时间都花在把生物化学能转化为生物性发光的交配信号。

3 我们的感官是鲜活的传感器，可以把一种能量转换成另一种能量。什么样的能量会进入我们的感官/传感器，什么样的能量会被交换出来？想要明确地回答这些问题，还有很长一段路要走：我们需要理解遇到现实时我们的心灵界面发生了什么，以及哲学家为什么会被"感官的乌合之众"一直困惑两千五百年。首先，什么是能量**输出**（output）？对所有感官来说，传导过程中的能量是一样的：都是电化学能在沿着神经通路传播。离开各种感官导向中枢神经系统进入大脑的脉冲，在每种情况下都是一样的。但是，如果事情就是这样的话，为什么我们会以不同的方式**体验**（experience）到这些脉冲？我们之所以会对它们有不同体验，是因为它们被发送到了大脑中的不同部位。我们眼睛中的视觉传感器，会把它们的脉冲传到后面的枕叶顶端；我们耳朵里的声音传感器，会将信号传送到颞叶顶端的内褶里；等等。每个专门领域的皮质，都"知道如何"把接收到的电化学脉冲转换成相应的经验。这样一来，你可能会问了，要是"我们的电线串线了"，信号被发送到皮质的错误区域，可该怎么办？如果发生这种情况，大脑会误解脉冲。例如，如果触觉感受器发送消息给皮质中的"寒冷中枢"，最轻的触摸都会被体验为一种冷的感觉。在一个实验中，科学家们颠倒了一只小白鼠的左右后部脚神经传感器，当右脚的痛觉传感器受到刺激时，小白鼠猛的抽开左脚，反之亦然。如果我们眼睛中的神经通路可以越过耳朵里的神经通路，我们就会听到颜色、看到声音，就像有些人确实能做到的那样，那些人有一种被称为"联觉"的生理条件。

视觉

4 考虑一下把视觉作为我们所有感官传导过程的一个范例。桌上水果盘里有一个黄色的柚子。借助我们的感官,我们能够发现在柚子上、柚子内、柚子外真正发生了什么吗?我们可以看到它,难道不是吗?我们可以感觉到它、闻到它、品尝它,对吧?有了这些看法,难道我们不能创建一个柚子的概念吗,就像它真正所是的那样?没错,我们不能。这是一个事实,我们永远都无法看到(或触到、嗅到、品尝到)柚子。我们的眼睛看到的,不过是光量子投射到柚子上又被反射回我们的眼睛。我们所说的来自某一渠道(如日光或灯光)的白光(所有辐射波长的光合到一起)投射到柚子表面,其表面的原子和分子结构吸收了所有的波长,唯独(except)留下了波长 5600–5800 埃的光,它们反射回我们的眼睛,使我们体验到黄色。我们实际上看到了什么?只有物体反射的光,而不是物体本身。

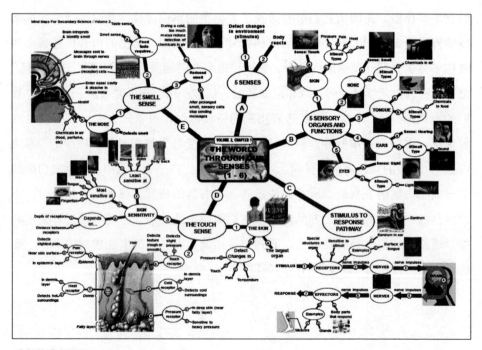

我们的感官世界

> **◀ 专栏 ▶ 可信度差距？**
>
> 作为一个有意识的个体，我成为故事的一部分。我的心灵中的认知部分告诉我一个关于我周围世界的故事。故事里讲到了熟悉的事物：讲述了那些事物的颜色、声音、气味；讲述了那些事物存在其中的无限空间，讲述了一个带来变化和意外的不断滚动的时间流。它告诉我，其他生命都有自己的目的。
>
> 作为一个科学家，我不相信这个故事。许多情况下，很显然，事物并不是它们看上去的那样。按照讲故事的人的说法，我现在是坐在我的大办公桌前；但我已从物理学中学到，桌子一点都不是连续的物质，就像故事中认为的那样。它是一大群以一种不可思议速度飞快穿梭的微小电荷。我的桌子根本不是固体物质，而更像是一群飞动的蚊蚋。
>
> 所以，我认识到，我不能过多相信我的心灵中那个讲故事的人。
>
> ——亚瑟·爱丁顿（Arthur Eddington），
> 《科学的新道路》（*New Pathways in Science*）

5　什么是"光波"？它们是以约每秒 18.6 万英里的速度行进的电磁辐射波。它们的辐射波长变化极大，从极短的伽马射线到很长的无线电波。这些波没有颜色，但嵌入在我们眼睛视网膜内的视锥细胞，受到各种辐射波长的刺激，把脉冲传递给皮质视觉中心；在那里，也只有在那里，不同的波长被转换成颜色体验。电化学脉冲被转换成颜色体验。人类视网膜有三种视锥细胞，它们非常敏感，分别对应三种基本波长，我们视为红色、蓝色和绿色，也叫光的三基色（如彩色电视机屏幕上荧光点波长的三种颜色）。

心灵生成经验

6　在我们的知识传导过程中，有两个令人难以置信的结论必须接受。(1) 颜色是一种体验，而且仅仅是一种体验。颜色不是真实的。颜色是一个漫长而复杂的传导过程的最终体验。输入我们视觉传感器的能量是无色的电磁辐射，后者

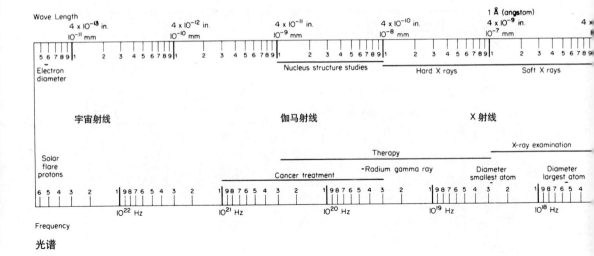

光谱

进入我们的眼睛,其波长约 3800—7200 埃(光谱中的视觉范围)。我们眼睛中的传感器/视锥细胞识别各种波长,然后沿着神经通路,把电子信息发送到大脑的视觉中心,在那里我们会看到颜色。(2)外部世界的东西没有颜色。柚子**看似**(appear)是黄色的,但"它"并不是黄色的。我们认为我们看到的所有颜

> ◁ 专栏 ▷ **感官的乌合之众**
>
> 在试着区分表象与本体、道破宇宙的基本结构中,科学已经超越了"感官的乌合之众"。但其最高的伟构却是"空洞无物"。脱离感官体验的理论概念空洞无物。在这个世界上,人唯一真正知道的世界,是他经由自己的感官创造的世界。如果他永久删除它们传导的所有印象和记忆存储,什么也不会留下……因此,矛盾的是,科学家和哲学家所说的世界表象——光线和色彩的世界,蓝色的天空和绿色的叶子,呼呼的大风和潺潺的流水,人类感官生理设计的世界——是一个有限的人禁闭在他的本质中的世界。科学家和哲学家所说的本体世界——无色、无声、难以捉摸的宇宙世界就像藏在人的感知下面的一座冰山——是众多符号编织成的一个骨架结构。
>
> ——林肯·巴尼特(Lincoln Barnett),
> 《宇宙和爱因斯坦博士》(*The Universe and Dr. Einstein*)

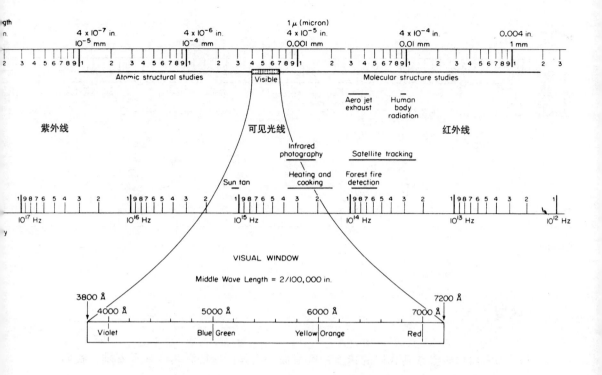

色，仅仅是我们心灵中的经验，通过我们对各种波长的光的处理创造而成。海洋不是深蓝色的，松林不是绿色的，彩虹是没有颜色的。

7 这一传导模式，对我们所有的感官，对所有我们能想到的可能的感官，包括目前已知的动物、昆虫、鸟类、鱼类身上种种扑朔迷离的感官来说，都是真实的。

声音

从前，森林中有一棵著名的树，决定在周围没有人时倒下。它尽了最大努力，弄出很大的声响，像很多人一样，它也希望能被人听到。但它失败了。它确实在夏日的空气中引发了相当有力的一系列波，波在向外扩散时，交替穿过稀薄的空气和压缩的空气。但在森林里只有一片寂静。（不过，据报道，一头正在山顶晒太阳的花栗鼠，在它的传感器的作用下，听到下面山谷中轰的一声。只需一个传感器，就可以区分出声音和寂静。）

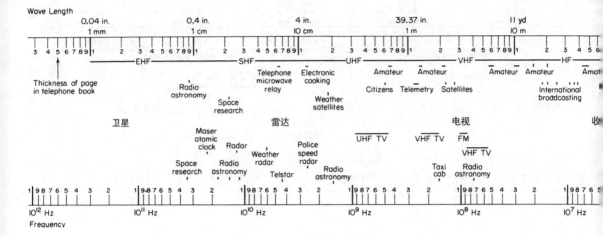

味道

  化学物质渗透到我们的味蕾细胞表面,它只回应四种基本分子安排,我们称之为甜、酸、咸、苦。所有的风味美食光谱,都是这四者的组合。但是你要注意:"口味"("味道")不存在于化学物质中,而是存在于我们的心灵中。薄荷糖中没有"甜味",氯化钠中没有"咸味",柠檬中也没有"酸味"。

气味

  当气体分子渗透上鼻腔通道的嗅膜内里,我们就会体验到气味。关于分子如何组合产生这样一种微妙的各种气味信息的确切内容,目前还不清楚,但有一点是明确的:玫瑰没有香味,冲上沙滩的海水没有咸味。所有晚上甜蜜的香水,都只是心灵的体验。

触摸

  无论刺激物是压力、冷热或细胞损伤,我们从自身的触摸传感器中"知道"的是大脑皮层不同领域产生的体验。痛觉传感器是我们所有感官中最少骗人的;

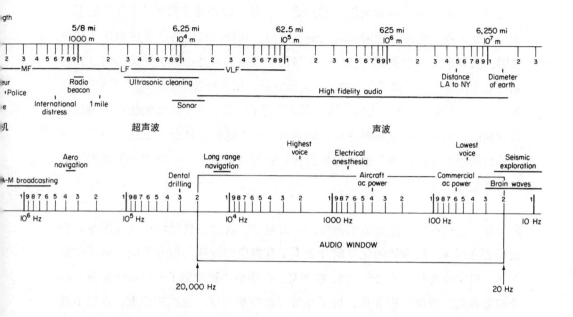

当我们从触摸烧红的煤炭上体验到痛苦时，我们不会把痛苦定位在煤炭上。然而，对于其他触摸感应器，我们很容易误解：如果我把手指放在面前这张纸上，我可能会向大家报告说我感觉到平坦的纸面有些凉，而不是说我的指尖感觉有些凉。

小结：在地球上的万物发展出感知能力之前，没有颜色，没有声音，没有气味。也没有体验，因为没有体验者。

我们的感官会骗人

8　思考过感官如何运作后，可能难以逃脱一种不安感：我们会被骗。看上去就像是，我们自己的感官操控我们去相信不是真实的东西。通过对感知过程的思考，我的理性心智可以理解葡萄柚不是黄色的，但我内心深处仍会坚持认为葡萄柚是黄色的。因为它看起来是黄色的，谁都知道它是黄色的。它的皮明显是黄色的，我越看越确信事情就是这样。我们可能也愿意下注：阿纳海姆红辣椒真辣，山脚下传来一棵树倒下的声音。但是，如果这些常识"事实"是不正确的，那么我们的感官就彻底地欺骗了我们。此外，我们的语言也强化了这种欺骗。我可以就一个葡萄柚作出一个最简单直接的陈述：柚子是黄色的。我的陈述的主体是名词"柚子"，"黄色"是形容词，用来修饰名词；动词"是"明确地将"黄色"这一属性与主体"柚子"联系到了一起。这一内置的语言欺骗是可以预期的。语言会捕捉和提炼我们的看法，不论这些看法是否正确。当然，一旦我们的语言中出现典型的误导性想法，它就会延续下去，成为一个普遍认同的"事实"。

9 有一次我在一个亚洲国家旅行，一天晚上，我在点餐时特意询问服务员食物是否会很辣，因为我的化学成分受不了食物中的辣味。服务员向我保证食物不辣。很快他就端来了大米、肉、咖喱菜。我半信半疑地尝了一口盘中食物——全都是辣的。我叫来服务员，告诉他所有食物都太辣。他站在那里，百思不得其解了一会儿，然后弯下身，取了一个盘子里一些腌好的肉，尝过后说："不，一点不辣。"看到他这样，我也在同一个盘子里蘸了蘸，尝了肉和酱油，然后说道："哎呀，太辣了！"这就是"语言暴政"。问题的关键是，我们俩都讲了实话。我们俩谁也没有指的是食物，我们说出的都是我们自己的主观体验，而这则（在不同的人身上）明显不同。但是，我们用来表达自身经验的语言，却使得它表明，要么是我们中有一个人在撒谎，要么就是感知不准确。我们两个人轮流指着一碟肉说"它一点不辣/它太辣了"，清楚地揭示了我们所认为的辣味辣在什么地方。

10 说我们被"骗"，可能会让人觉得，我们是在以一种忘恩负义的方式去看待我们的感官（为我们）所做的。也许有一个更好地理解传导过程的方式。打个比方，在这一刻，有可能是众多的电台通过你所在的大气层发射电磁信号，但是如果你的电台没有打开，电波就毫无意义——对你来说它们是不存在的。打开你的电台，可以将毫无意义的现象转换成有意义的信息。我们的感官执行的正是这一功能。它们打开进化早已"决定"的现实世界里的物理现象，这些现象与我们的生存相关；它们使得我们所处的环境有意义。它们可以把发生在我们身边的事件转译成有用的信息。

感官局限与现实

11 我们人类在极端的感官局限下劳作。就拿我们的视觉窗口为例。如果我们武断地把所有电磁波辐射划分成 60 个"音阶",那么在视觉上我们可以感知到的只有一个音阶,即 3800–7200 埃单位。但携带信息的波在那一视觉音阶的任一边都会延伸到很远的距离。在蓝色视觉光谱末端下面,波长会变短成为紫外线、X 射线和伽马射线。在红色视觉光谱末端上面,波长会变长成为红外线、微波、短无线电波、长无线电波。我们人类已经开发出无数的工具,能够延伸到这些广阔的辐射区;在我们的感官无法感知的视觉音阶两边,富勒说,"突然间,我们进入一个全新的现实。巨大的电磁频谱现实,是这一交流革命的一部分。我们现在知道,人能听到、嗅到、触到、尝到、看到的,小于现实的百万分之一。"

12 我们与数以百万计有感知能力的物种共享我们的地球,这些物种适应不同的生态位,这些生态位是陌生而有趣的感官所需要的——这些感官中有很多都是我们人类可能想要拥有的。(显然我们非常羡慕它们,因为我们的科学仪器这么多地模仿了它们的感官。)意识到下面这一点稍稍有点令人不安:我们人类感知的物理现实是多么少,而超出我们感知范围现实的领域,其他生物天生就知道和使用的又是多么多。例如,蝙蝠会发出高音调的声音,然后倾听自己的回声定位飞虫的位置,以免撞上物体(雷达上的"回声定位"原则)。海豚和鱼有与蝙蝠体内的雷达相对应的物质——"声纳"系统。鱼类身上的"侧线",是一种组合的触–听感,因为在水中,这些感官会合并到一起。在黑暗的海洋深处,掠食性鱼类会用其超感的侧线来进行定位,发动精准的攻击。蚂蚁有微妙的化学感觉(组合了触觉、味觉和嗅觉),通过这一感觉,它们可以沟通和确定食物足迹。飞蛾会用它们的触须去嗅和去听。蜜蜂通过估算太阳的位置为它们的蜜源导航。鲨鱼可以感觉到猎物的生物磁场。伏尔泰在他的小说《米克罗美加斯》(*Micromegas*)中描述了我们的沮丧:我们的传感是如此有限。米克罗美加斯住在一个绕着天狼星旋转的星球上,他问土星科学研究院的秘书他的人有多少种感官。"我们有 72 种感官,"秘书回答说,"我们每天都在抱怨数量太少。""我能理解,"米克罗美加斯答道,"因为在我们的星球上,我们有近千种感官;然而,即便有这么多感官,我们仍然感到一种持续不安、模糊的愿望,它会永远告诉我们我们什么都不是,告诉我们有生物无限接近完美。"

认知孤独

13 在思考感官与现实上的人类困境时,有一种孤独感可能会压倒我们,那就是"认知孤独"。自我中心困境实际上是一种认识论处境——彻底孤独于我们自己造成的世界内。我们生活在一个外壳,一个私人的、个人的外壳,在这个壳内,发生着巨大多样的有意义的经验/体验;当我们试图打破我们的壳与世界进行接触分享我们的经验时,我们只是再次发现不可改变的深度困境。我们生活在没有一扇门可以开启的认识论外壳中,没有人能进得去,没有人可以与我们共享。由于这种认识论处境是不可避免的,我们别无选择,只能是学会去忍受它,理解它,并试着纠正它。

(1) 客观化谬误是一种永恒的诱惑。我们的心性串通一气让我们认为,各种私人经验在某种程度上是真的,它们是现实世界中发生的事件。让患有震颤性谵妄症的醉汉描述他们看到的蜘蛛,他们会不约而同地说,它们在地板上或墙上。也就是说,心灵知道蜘蛛应该是在哪里,所以它就把它们放在那里。

(2) 因此,我们所有人都(在不知情的情况下)生活在一种关于对象/事件的位置的混乱状况中。我们的主观世界与客观世界千丝万缕地交织在一起,我们认为是私人的事件往往变成是客观的,而许多所谓的客观事件结果却被证明仅仅是经验/体验。

(3) 批判智能对这些带有局限性和欺骗性的进化安排感到不安。虽然我们可以感谢感官和信息处理系统为我们提供了易理解易使用的物理环境,但是我们在自身的追求中已经达到了一个点:我们想要超越这些限制。我们希望对我们的认知和处理作出必要的修正,这样我们就可以走出我们的外壳,了解我们的宇宙切实所是的样子。

认识的实用性

14 西方认识论中最恼人的问题正是来自这一感官困境：如果我们经历的只是我们的经验（而不是现实），我们如何能够确信我们知道关于现实世界的任何事情呢？或者换种说法，如果客观物理现象在我们的心灵有机会去操作它们之前就被我们的感官所改变，那么我们如何能够学到一些关于原初现象的东西呢？甚至我们是否还能找出这些现象是什么吗？再或者：如果我们只能体验到与现实界面的主观一面，我们可以知道该界面边界的客观一面吗？

15 大约1770年，苏格兰哲学家大卫·休谟（David Hume）提出了一份供词，讲出了许多思想家的看法：他们一直都在研究抽象和不可观察的实体，但仍拥有保持正确思考的才能。休谟写道：

> 如果有人问我，我是否真心同意我一直煞费苦心地教人的这个论证，我是否是那些怀疑论者之一，认为一切都是不确实的……我会回答……无论是我还是其他任何人，都不曾恒常地认同这一看法……我吃饭，我玩十五子游戏，我与人交谈，与我的朋友们同快乐，放松三四个小时后，我将返回这些猜测，它们显得如此冷酷、紧张、荒谬，以至于我发现在我的心中无法进入它们中一步……因此，怀疑论者虽然声称他不能通过理性来捍卫他的理性，但他仍在继续推理和相信；按照这一同样的原则，他也必须同意关于物体存在的原则，虽然他并不能自称通过任何哲学论证来主张那个原则的真实性。

16 也许我们应该听一听休谟话中隐含的意思。休谟是位苏格兰怀疑论者，他的理性说服他相信一组事实（我们肯定对现实一无所知），但他的经验却似乎违背了他的理性（"我吃饭，我玩十五子游戏，我与人交谈……"）。当这种冲突存在于理论与经验之间，我们大多数人都会感受到一种压力，想要找到一个解决办法。（还记得一些空气动力学家说大黄蜂不可能飞起来吗？）休谟的意思是说：(1) 认为现实世界是存在的，并非非常不切实际，(2) 如果一个人试着根据"他没有关于现实世界的一定知识"这一假设去应对生活的话，他的日常生活会过得非常困难。毕竟，对大多数人来说，生活是一件非常实际的事情。也许我们需要作出若干对生活来说很必要的假设，这些假设实际上可能是不真实的，或者其真值仍是开放的。例如，现代物理学家构造出电子模型、原子模型等，按照这些模型去进行研究，同时充分认识到，当获得新的和更好的信息时，这些模型有可能发生改变。对研究基因的分子生物学家来说，这是真实的；对宇宙学家来说，这也是真实的，他们猜测黑洞、宇宙射线的来源，以及宇宙中暗物质的性质；对古生物学家来说，这同样是真实的，他们试图重建人类的起源。当前的量子力学文献，有很大一部分都在辩论：我们的心灵建构可以在多大程度上代表现实。所以我们这些外行也必须作出关于真实世界的性质的假设，同时提醒我们自己，在自然中真正在发生什么这个问题上，总是能够创造出更好的图景。重要的认识论者，像休谟、贝克莱、康德和爱因斯坦等，正确地宣称：我们所知的现实是脆弱的、摇摇欲坠的。他们的论据仍然基本上是可靠的，在理解知识的本质上仍然是一个出发点。在最后的分析中，我们只知道我们的主观经验，它们始于感官反应，止于知识的生产。因此，我们无法直接体验现实世界中的对象/事件。既没有物质，也没有运动原则，是可以直接感知的。

17 简而言之，我们关于现实世界中的对象/事件的知识的本质是什么？我们关于现实的知识，是由我们的心灵在感官经验基础上创生的看法组成的。它是一种由心灵编织成的知识结构。知识不是心灵给予的，没有任何东西会被"倒"进心灵中去。相反，心灵生产观念、概念、思想、信念等，并将它们视为关于外部现实起用的假设。每个想法都是一种（主观的）工作模式，使我们能够带着某种程度的务实效率，去处理真正的对象/事件。然而，无论我们的想法和图像可能多么有说服力，它们都只是现实微弱的再现，它们仅仅是我们借以应对现实的工具。这就像我们画出一个无量纲的地图去帮助我们了解四维领土。语义学家早就提醒我们，要提防混淆任何形式的地图与真实景观。他们说："地图不是领土。"

贝克莱

你能感知到我的存在吗？

25岁时，贝克莱就已出版了他的《人类知识原理》(Principles of Human Knowledge)，这本书在哲学界和神学界引发了一场国际争议，被视为英语世界最有现代风格、最有挑战性的著作之一。贝克莱（与"黑暗"押韵）于1685年出生在爱尔兰基尔肯尼（Kilkenny）城近郊古城堡附近一个农庄。他的父亲威廉是英国人，是一个小小的收税官。至于他母亲的情况，我们则一无所知。贝克莱一直认为自己是英国人，而将他的爱尔兰邻居视为外国人。

年轻的贝克莱很早就显示出早熟的特质：一个意志坚强、自立、具有创造性的天才，拥有一种充满激情、爱好论战的本性。他的父母虽然不是很有钱，但却有足够能力给他提供一种很好的教育。他首先进入基尔肯尼公学（11岁到15岁），在那里他学习数学和古典学。15岁时，他被都柏林三一学院录取（1700年3月进入），在那里他立即就被洛克、笛卡尔、莱布尼茨、牛顿和霍布斯的哲学思想所深深吸引。

在圣三一学院，他的热情和偏心得到了充分展现，这所学院是一个智力成长中心，因其探询自由和卓越的学术成就而获得公正的赞扬；当时出现了一种精神反抗潮流，反对过时的学术思想。对贝克莱的探究精神来说，这里是一片沃土，他可以放心地挑战时尚的正统哲学和神学。他和一些朋友组织了一个哲学俱乐部，学习"新哲学"——它的意思就是洛克的哲学。

贝克莱的主要使命是成为圣公会的神职人员。他先是当上了助祭，然后在1709年成为一名牧师，他终生都是他的信仰的辩护士。1734年他被任命为克罗因教区主教,并在那里度过了他生命的最后十八年时光。

贝克莱的学术成就与他本人一样重要。他的生活与三一学院有解不开的联系,先是成为学院的本科生和研究生,然后成为教管会成员(22岁时,在取得优异成绩后),24岁时他成为学生辅导老师。1712年成为初级希腊语讲师。1721年他获得神学学士和博士学位,被任命为希腊语高级讲师和神学讲师,然后在1722年成为学院学监和希伯来语讲师。所有这些成就都是他的领导力、精神活力、原创性和忠诚的体现。

贝克莱广泛游历,不断写作。1713年,他访问了伦敦,并出现在安妮女王的宫廷里。他因其彬彬有礼、人格、敏慧而广受赞赏。他结识了像斯威夫特、艾迪生、斯蒂尔和蒲柏这样的文学大家;他给皇室、贵族、饮食考究者和"有功绩的人"留下了深刻印象,并在他们之间轻松跨越。蒲柏说贝克莱似乎拥有"天下每一种美德",政治家阿特伯里惊呼,"这么多的善解人意,这么多的知识,这么多的淳朴,这么多的谦卑,我从未想到过天使是什么样子,直到我见到这位先生。"1713年他第一次去了法国和意大利,在那里他被大自然和古遗址给迷住了。1717年4月,他生动地记述了维苏威火山爆发的情况。

贝克莱的主要著作都完成于他28岁之前。24岁时,他撰写了《视觉新论》(*Essay towards a New Theory of Vision*, 1709),并在书中对我们如何看待视觉深度,提出了一种激进的解释。他的哲学名声主要来自两本书,《人类知识原理》第一部分(1710)(在西西里岛之行中他丢失了第二部分的手稿,此后也再未补写);《希勒斯和斐洛诺斯的三篇对话》(*Dialogues between Hylas and Philonous*, 1713)。这些伟大的作品,包含有关"非物质论者假说"的逻辑论证。

贝克莱是第一个访问美国的伟大哲学家。他一直以来的梦想,是在百慕大建立一所大学,教育年轻人成为神职人员,给印第安人和黑人带去福音;为此,他号召私人捐款,在国王的同意下下议院承诺拨款2万英镑。于是,在1728年9月,他和他的新娘(安妮·弗洛斯特,他们8月结婚)一起航向美国。他们在罗得岛的纽波特住了三年。他们买了一个96英亩的农场,贝克莱亲自设计并监造了一座房子("白厅")。他写作,讲道,去内陆旅行,享受乡村生活。他们有一个儿子和一个女儿,只是女儿还在幼年就已去世。这是一段比较幸福的日子,但他从来没有筹够开办大学的钱。最终,贝克莱夫妇旅行到达波士顿,搭乘一艘轮船回到了都柏林。

贝克莱设计的白厅

在美国期间,贝克莱写下了一首诗,其中一句是"帝国大业踏上西进征途"。由于这句话,加州一座小镇以他的名字命名。

他的余生可以划分为他的教职责任、社会关注、偶尔写作和他的家人。在1734年成为主教后,他们住在科克郡。贝克莱深爱着他的四个幸存的孩子,认真监督每个孩子的教育。他谈到女儿朱莉娅的"美貌",并希望自己能有二十个像乔治一样的儿子。1751年,他的健康状况开始欠佳,为失去一个儿子痛心不已,他决定退休。次年,他的长子进入牛津,为了离孩子近些,贝克莱全家都搬到了那里。1753年1月14日晚上,他的妻子坐在沙发上给他朗读书籍时,他静静地睡了过去,终年68年。

⊱⊰

作为一个年轻人,贝克莱养成了一个习惯:在笔记本上记下他的想法。这些自传体的思考一直不为人知,直到它们在1871年被发现,标题就叫《备忘录》。在他21岁时所写的一个段落中,他宣布,唯物主义或"物质"概念一直是"怀疑主义的主要支柱和支持",在它的基础上一直可以找到"所有的无神论和不信宗教的渎神企图……物质的实体从来就是'无神论者'的至友……一旦把这块基石去掉,整个建筑物就不能不垮台……"①

贝克莱相信,他可以移除这块无神论的"基石"。他究竟是如何做到的呢?

他从洛克的一个想法开始——"物质"的想法仅仅是一个假设,因为我们永远无法直接感知真正的实质性世界。我们所经验的——我们唯一经验的事情——是颜色、味觉、气味等所谓的第二性的质,而这实际上是我们自己的看法。

"第一性的质"——形状,固态,运动/静止,广延,数目——即我们相信对象本身固有的特质——的情况又是怎样的呢?我们怎么知道这些?贝克莱说,我们只能推断这些。你怎么知道一个贝壳的形状?你把你的手指放在贝壳表面去感觉。贝克莱提醒我们,事情并不完全是这样;我们并没有感觉到它。我们只是感觉到我们的感官,进而假设"它"存在于物理贝壳的形式中,这样的外部物质是我们的感觉的起因。我们进一步假设,这一物质拥有一定(主要)特质,这种特质是我们不能直接体验的。

到这里为止,贝克莱似乎一直赞成洛克的看法。但在洛克从未怀疑过的物质的存在(他只是说,我们永远无法知道它)的地方,贝克莱继续往下追问:如果物质是一种假设,那么这一假设是否可能是错的?假定物质事物的世界果真不存在,我们如何去解释假想的事物导致我们的看法?贝克莱得出的结论是,另有一种假设,就像"物质"一样合乎逻辑,并且更可取。

既然我们无法避免假设,我们就假设上帝存在,是他把我们经验的所有认知放置在我们的脑海中。为什么"物质假设"相比"上帝存在这一假设"更为合理?如果一个人是基督徒哲学家,"上帝–来源的假设"岂不是要比"物质假设"更有利吗?

由此贝克莱得出推论:"存在就是被感知",不被感知的就是不存在的。没有"真正的"云、"真正的"岩石、"真正的"海洋、"真正的"星星、"真正的"企鹅或"真正的"贝壳。这样的物品仅是(are but)来自上帝的心灵图像。因此,对象只有在被感知的状态下才存在;它们只存在于我们的感知中。他写道:"说东西存在而心中却没有感知到它们,完全是不知所云。"

---

① 《西方哲学原著选读》上卷,北京大学哲学系外国哲学史教研室编译,商务印书馆,1995年,第516页。——译注

我们如何能够确保经验的对象持久存在，如我们的家人和亲朋好友在我们想要感知他们时就"在那里"？贝壳图像是否会在每次我们看它或远离它时打开和关闭，进入和退出？贝克莱说，这不是真的。神是永恒的感知者，所有的图像都持续存在于神的心灵中。无论什么时候我们需要，神的心灵总是可以将其提供给我们。

它像一个迷幻的童话环。物理世界不存在；"物质"仅仅是一个我们认为我们需要的虚构想法——"我们自己心灵的假想之物"。

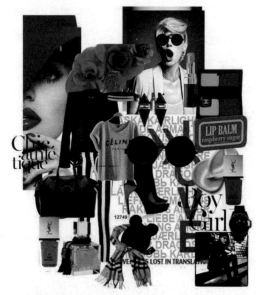

存在就是被感知（Maria Lankina）

贝克莱企图消灭物质，是当时的一个热门话题。就像鲍斯韦尔（Boswell）告诉我们的那样，词典编纂者塞缪尔·约翰逊（Samuel Johnson）被这一切给激怒了：

> 我们走出教堂，站着谈了一会儿贝克莱证明非物质存在的巧妙诡辩、宇宙中的一切都仅仅是理念[思想]。我观察到，虽然我们很满意他的学说是不正确的，但却无法反驳它。我永远不会忘记约翰逊的回答，他狠狠地踹了一块大石头一脚，"这就是我的反驳！"

但是约翰逊博士真的通过踹石头证明了吗？他只是例证了贝克莱的说法。因为所有约翰逊所"知道"的是剧烈的疼痛，可能脚趾还有些麻木感，以及突然停止必然给他的腿带来的颠簸感。他通过踹石头所证明的是，他能感觉到各种主观感觉。他所知道的是他自己的经历，而这恰恰是贝克莱的立论。所以约翰逊已经在不知不觉中增加了贝克莱"非物质论"相当大的比重。

这是哲学的幻想吗？我们大多数人都确信（难道我们不是吗？）物质是存在的。在我们看来，贝克莱犯了一个简单的错误、一个不合逻辑的推论：只因我们不能直接体验物质，并不必然就会得出物质不存在的结论。

但他真的错了吗？（1）贝克莱强调这样一个事实：我们绝对受限于我们自己的看法，并不能直接体验"真实"的世界。大多数今天的认识论者都同意他的这一说法。（2）因此，他重复了洛克的看法：物质是一种想法——一个我们相信合乎逻辑必要性的假设。在这一点上，他似乎也是正确的。

你是否会去进一步追随贝克莱并同意他的另一个假设：神是经验的来源——这是否是一个更好的主意，将会取决于你个人的喜好和神学信仰。我们大多数人仍然相信，物质现实是一个更有效的设想，但这或许只是因为我们在生活中的大多数时间里都不加批判地与其生活在一起。

然而，我们必须诚实地面对贝克莱的挑战：证明（如果可以的话）有任何一种物质存在于你的感知之外。如果能证明，贝克莱就错了。如果不能证明，那你必须承认（贝克莱则会坚持）这个世界仅仅是你的想法。

他的逻辑是绝妙的，他几乎成功了。切斯特菲尔德勋爵写道："严格来说，他的论据是无可争辩的。"鲍斯韦尔正式指出，虽然我们相信他的学说是假的，"但却无法反驳它"。1847年，悬赏100英镑（后来升至500英镑），奖给能驳倒贝克莱的逻辑的人。这笔钱至今仍在等人领取。

其后的批评家们写了很多卷关于贝克莱"非物质假说"的阐述和分析。然而，罗纳德·诺克斯一首很短的打油诗，很好地包容了这位优秀主教的理念的精髓：

有一个年轻人说道：

"上帝

　　一定会觉得非常奇怪，

如果他发现这棵树

　　仍然可以存在

当院子里没有人的时候。"

答复：

"亲爱的先生：

　　你的惊讶让我感到很古怪。

我一直都在院子里，

　　这就是为什么这棵树

自你看到以来，

　　将会一直存在的原因。

您忠实的

上帝。"

3-3
心　灵

　　人的心灵极具创造力。就像一台复杂的计算机（电脑的设计并不奇怪，因为它效仿的就是人的心灵），自然已经编写好了一个数据处理程序，识别出来自感官的输入，组织好感官传递的信息，供我们在日常生活中使用。但是这一"实用性"机制，通过构建一般抽象，也使得我们远离了现实，即远离了对象/事件。对所有寻求知道世界真相的人来说，透过抽象找回具体事件是一个重大问题。本章介绍了这个问题，并给出了一些建议。

务实的思想家

1 在尝试理解我们生活其中的能源-环境（energy-environment）时，心灵被证明是一个多才多艺、具有创造力的仪器。它把现实世界中的事件转化成我们可以在生活中使用的经验。心灵并不是早前一些思想家所认为的"白板"。

　　我们现在已对知识的一般性质有了一个相当清醒的认识。人类的知识是由心灵从感官的原材料中创建的集合，它是一系列按比例缩小的地图，我们用它来在与原物大小一样的现实世界中寻找我们的路。

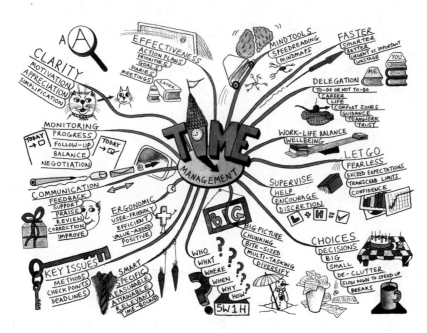

心灵思维图

为什么我们会抽象思考

2 人类心灵的基本功能之一就是创建**抽象**（abstraction）。如果我们必须为我们遇到的每个对象，如每一根蜡烛，每一块硬币，每一个动物，每一个铃铛，每一个贝壳，每一片云和每一只企鹅，都起一个单独的名字，事情会怎样？如果我们必须为我们经历的每个事件：如吉他弹奏，流星划过天际，一场夏雨的气味起一个名字，事情又会怎样？如果我们被迫去为每个对象和每个事件起一个不同的符号，我们显然会给自己招来不少麻烦。在几个小时内，我们的记忆就会超载；要不了多久，我们就会用完我们在心灵中"固定"及联系、检索这些单一对象的词语。那么我们该怎么办？我们可以把单一的对象或事件归成组／群。所有具有共同特性的对象／事件，我们可以将其组合成一个单一的包，贴上一个单一的标签。一旦我们这样把它们打好包，我们就不再需要去应对单个对象或事件；我们只需处理唯一的包。也就是说，抽象是心灵的包裹，使我们能够处理经验中无限多的细节。

3 顾名思义，抽象是心灵创建的一个想法，用来指代具有某些共同特征、被认为是同一种类的所有对象。同一种类中对象的数量范围，可以从两个到无穷多。我们可以指称所有的人，所有的飓风，所有的书籍，所有的能源形式——世间的一切。

抽象可以在不同的概化层面上被创建出来。例如，我们就拿一个橙子来说，这是一个特定的对象但还未被分类和贴标签，那么抽象的第一个层次可能是"瓦伦西亚橙"，所有具有巴伦西亚橙这一性质的橙子都被组合在一起。第二个层次可能包括所有的橘子（瓦伦西亚橙、脐橙、酸橙等），第三个层次可能是所有"柑橘类水果"（包括橙子、柚子、柠檬、金桔等）。再高一个层次可能是整个"水果"（柑橘类水果、无花果、苹果、杏、树面包果等）。高于这一层次，可能是所有"可食用的东西"，或者更具概括性的，一个非常高层次的抽象，"物质对象"。

请注意，我们在概化的广度上已经走了多远：从一个单一的橙子，到一个无所不包的分类标签"物质对象"。在每个更高的抽象层级上，对象具有的共同特性越来越少。然而，尽管如此宽泛，一般的抽象仍然主宰着我们的思考和交流。我们想着水果、蔬菜、食物；我们把药品、药物、污染物合为一类；我们谈论国家、不同种族的人、印度教徒、东方人、爱斯基摩人，等等。

4 虽然构建抽象是一个无法回避的心理过程——实际上它是组织我们关于对象/事件的知识的第一步——但在这一过程中存在一个固有的严重问题。在高层次的抽象中，我们往往倾向于把有一些具有相同特征的对象组成一群，我们的抽象可能几乎没有任何意义，因为我们根本无从了解它。我们陷入了使用熟悉的抽象这一习惯中，没有认识到它们的内里有多么空洞。例如，下述抽象中的对象有什么共同点？所有的无神论者，所有的西方帝国主义者，所有的黑人或所有的白人，所有的保守派，所有的树木，所有的法国人，所有的基督徒。当我们在这样高层次的抽象中去思考时，事情常常是，我们在交流一些毫无意义的东西。

例如，如果我请你去杂货店帮着"买点晚上吃的食物"，你的回应很可能是"食物？什么样的食物？"我说："来点蔬菜。"你可能会继续追问："你要我买什么样的蔬菜？"如果我在抽象阶梯上向下移动到说"来点做沙拉的蔬菜"，你可能会被激怒，"到底要什么蔬菜？""好了，一堆萝卜、莴苣、一些大葱、黄瓜。"当然，你会回答："你为什么不早这样说？"

请注意，只有当我们沿着"抽象"这把梯子向下移动，走近现实中的具体对象，我们正在谈论的事物才会变得越来越清晰。相比之下，个体在抽象阶梯上上得越高，他对他所说的东西了解得就越少，甚至可能一无所知。在高级抽象阶梯上，我们可以以一种最熟悉的方式，带着明显模糊的含义，方便地交换。

早川博士描述了我们所做的："从未离开高级抽象层次的演讲者的麻烦，不仅是他们没有注意到，什么时候他们在说一些事情，什么时候他们什么也没说出来，而且他们也在他们的听众中产生了类似的歧视。他们没有脚踏实地，而是经常绕着词语打转自己追逐自己，不知道他们正在制造毫无意义的噪音。"

分类和标签

5　心灵还有另一种办法来吸收信息。它可以给抽象进行分类并贴上标签。这就是我们的记忆归档系统。

早川博士在他的语义学教科书《语言与人生》中，想象了一个原始村落（你的村落），里面有各种动物蹦蹦跳跳。一些动物身体很小，一些动物身体很大。一些动物脑袋是圆的，一些动物脑袋是方的。一些动物的尾巴是卷曲的，一些动物的尾巴是笔直的。这样的识别标志非常重要。

因为你已从自身经验中发现，身体小的动物会偷吃你的东西，身体大的动物则不。你给身体小的动物贴上一个标签 gogo，一看见它们就赶紧将其赶走；当你给一个邻居打电话，"快把 gogo 赶出你的花园！"他很清楚你所说的是什么意思。体型大的动物（标签 gigi）是无害的，所以你让它们愿呆哪儿就呆哪儿。

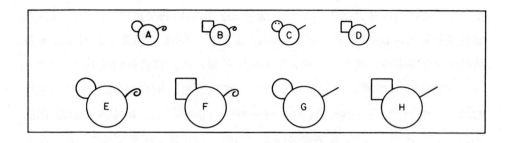

然而，来自另一村落的游客则会对此有一种不同的体验。他发现，方脑袋的动物咬人，圆脑袋的动物不咬人。由于他在这里没有花园，所以他更多注意到的是它们会咬人，而不是它们偷吃东西的习惯。他称呼会咬人的方脑袋的动物为 dabas，他会把它们吓走。他通常会忽略圆脑袋的 dobos。

还有一个人来自一个遥远的村庄，他发现，卷尾巴的动物能杀死蛇。这种动物很有价值，他称呼它们 busa，把它们养起来加以保护。但那些直尾巴的动物（他称之为 busana）在他眼里只是一种滋扰，他对它们相当冷淡。

假定有一天，来自远处和近处的村民遇到一起进行交易和谈话。你正坐在一个物物交易摊点上，这时跑过来一个动物（假定我们给这个动物标记 C，见上图）。你发现这个动物冲着你的花园直奔而去，所以你喊人去把 gogo 赶走。然而，那名游客则不解地看着你，因为他知道这个动物是 dobo。它有一个圆脑袋。它不咬人，他很惊讶你竟然不知道这一点。第三位访客则会轻蔑地告诉你们俩，这个动物显然是一个 busana，每个人都知道这一点；它不会杀死蛇，也没有任何其他可取之处。

刚才那个动物到底是什么引发了热烈的讨论。它是一个 gogo、dobo 还是 busana？一场关于动物真的是什么的争吵正在酝酿中。当另一个部落民问过为什么事如此大惊小怪后，他宣告说，这个动物（仍是 C）是一个 muglock，因为它是可食用的，每逢月圆都会成为他们盛宴上的一道菜。在他所在的村子里，不能食用的动物都有一个标签：uglocks。虽然这位部落民参与了讨论，但很显然，他的参与对解决问题没有起到一点帮助作用。

当然，这一讨论最终也是在所有类似这样的讨论最后结束的地方结束了。

6 那个动物到底是什么？对象到底是什么？在最后的分析中，一个人所能做的就是指着对象说："那就是它所是的。"正如早川所说，"当然，我们正在命名的单个对象或事件，既没有名字，也不属于任何种类，直到我们赋予它一个"。

我们经验的所有对象/事件，都是按照我们对它们的经验这种方式进行归类的。例如，在英语中，我们有两个源于中世纪的词，用来指代野猪（Sus scrofa）这种动物。swine 这个词是饲养它们的农奴和猪倌所用的术语；pork 这个词则是那些在宴席上享用其肉的人所用的。

因此，分类系统是反身性的。它们可以告诉我们关于进行分类的人的信息——它们会告诉我们他的经验——至于分类的对象，它们则很少或根本不会告诉我们什么。分类从未告诉我们，分类对象实际上是什么。

分类系统是实用的。它们是实用的指南。它们可以告诉我们如何去思考对象，如何对待它，使用它，或谈论它。我们给对象分类，只要这一分类用起来很顺手，我们就会一直用下去；当它不再起用后，我们就会对其重新进行分类。

7 了解了这些思维过程，即分类和贴标签的本性，给我们提供了一个极好的标准，我们可以用来区别素朴认知和认知意识。

不进行批判思考的思考者，往往都有一种不可动摇的信念：他的分类会告诉他对象实际上是什么样的，名字天生就与它们所指代的对象联系在一起。这是原始心灵所持有的一个普遍假设：符号与符号所代表的对象之间有一种亲密的、必要的关系或联系。事实上，人们认为符号自身存在一种神秘力量；如果词语所指代的对象/事件让人害怕或渴望，那么这些词语也会让人害怕或渴望。

想要说服一个原始人群中的思考者去相信他的分类和标签仅仅是他的心灵工具、是相对的和任意的，是一项不可能做到的任务。他自己的名字叫 Marika，他会告诉你它不可能是别的。他的神的名字叫 Mbwenu，只有使用他的"正确名字"才能召临他。而且，大家都知道，一匹马就是一匹马，一个人就是一个人。若不是这样，事情还能是什么样子？

8 从分类的角度来看，人也是分类"对象"。如果我们生活在一个小社区，总人数很少，我们可能会发现，我们可以给每个人都起一个独立的名字，并将其

◁ 专栏 ▷ **我们得到了我们想要的**

> 在所有对大众有着广泛重要性的问题上，即使旷日持久，要费好多年才能解决，社会上也总会最后得到它想要的分类法。当大家要听的判决公布了后，便有人欢呼："真理胜利了！"总之，哪些分类法能产生社会需要的结果，社会便认为那些分类法为"真理"。
>
> "真理"的科学试验，正像它的社会试验一样，纯粹以实用为标准。只是在科学试验中，当事人"所要的结果"限制得比较严些；社会所要求的结果，可能是不合理的、迷信的、自私自利的，或人道主义的，没有一定。但是科学家所要的结果是，只要我们的分类法能产生的结果，可以预测得到就行了……分类的方法可以决定我们对分类中的事物，应抱怎样的态度，采取怎样的行动。当我们把闪电当做是"天怒"的表现时，除了祷告外，没有人提出过别的办法可以叫人不致触电而死。一经分类为"电"以后，富兰克林便发明了避雷针，对于闪电得到了一些控制的能力。从前人们对有几种病，认为是"鬼魅附身"，一定得用各种稀奇古怪的符箓咒语，来驱邪逐怪，这种方法不一定能有成效。可是把这些病症归入"细菌传染"一类后，就有人想出适当对付的方法来，求得比较可靠些的效果了。
>
> 科学所要的，只是最普遍地有用的分类制度；在没有发明更有用的分类制度前，我们现在用的这些制度，在目前就算是"真"的。
>
> ——早川，《语言与人生》（柳之元译）

视为一个有着独特个性的人去打交道。我们的思考可能会保持相对具体。

但在现今世界，我们每天都会接触到无数的人（个人接触，或是通过各种媒体接触），移往高层次抽象的诱惑非常巨大。如前所述，我们这样做，是因为它简化了我们处理大量数据（或人）的工作。包裹得越大越好。

因此，我们从个体的人移动到了很远，就像我们从手里的一个橙子开始走出了很远。我们把人包裹成越来越大的群体，其共同特征则越来越少，在一个简单的标签下指代他们：亚洲人，女性主义者，穆斯林，医生，律师，阿拉伯人，自由主义者，保守主义者，德国人，天主教徒，犹太人，新教徒，科学家，同性恋者，巴勒斯坦人，共和党人，儿童性骚扰者，警察，教师，以色列人，信徒，传道人，管理者，工人，厌恶同性恋者，越南人，政治家，日本人，非裔美国人，土著美国人，濒危物种，宇航员，墨西哥人，西班牙人，奇卡诺人，西班牙语，拉丁人，美国人，马来西亚人，中国人，种族主义者，罪犯，黑人，农民，非法居留的外国人，俄罗斯公民，民主党人，环保人士……等等，要多少有多少。

上述标签没有一个能告诉我们关于分类对象/人的情况。它只是一种手段，用来组织我们关于它们的信息，和我们应该如何思考它们及与它们打交道的线索。

9 我们是否需要被提醒一下：单是分类——任意的、不科学的分类——有时就会意味着生死之别？

来自老挝东南部的村民，在战火蔓延到他们所在的地区，家园被烧毁后，逃了出来，越过边境进入越南。在那里，他们的分类，对越南官员来说，成了一个极其严峻的问题：他们是"逃亡者"还是"难民"？两者有何区别？"难民"可以留在越南，"逃亡者"则会被遣返。他们到底是什么人？

人被分类所分裂

在纳粹德国，被归类（classified）为"犹太人"意味着灭绝。分类是一个谬误：在希特勒的心灵中，"犹太"的意思是"犹太种族"。实际上，当然没有"犹太种族"。成为一个"犹太人"，就是属于并忠于一种宗教：犹太教。但是，希特勒既不是第一个也不是最后一个犯下这样错误的分类者。哲学家维特根斯坦的早期经历例证了这一点。他的父母都是虔诚的天主教徒，维特根斯坦和他的兄弟姐妹七人在罗马教会受洗并抚养长大。但当希特勒入侵奥地利，纳粹在他们的激情下想要净化雅利安基因，他们搜查了维特根斯坦家族的血统，发现维特根斯坦父亲的父亲是"犹太血统"。因此，维特根斯坦一家人被"重新分类"成犹太人，这一巨大的创伤，给维特根斯坦的家人带来了巨大的痛苦：家庭关系被断绝，并导致维特根斯坦三个兄弟自杀。

除了其他人类学家和民族学家，阿什利·蒙塔古（Ashley Montagu）早已提醒我们，"种族"概念是一个荒谬的神话——"我们最危险的神话"。我们归类为"种族"的生理特点，仅仅是环境适应的结果，这一环境适应发生在我们的祖先四处寻找食物和适宜的生活条件下。如果我们能够追溯我们的遗传史，每个人都会发现，我们拥有各种混合的遗传物质。回溯历史仔细看一看人类的全景就会发现，只有一个日新月异的一系列基因库。尽管如此，种族仍是我们最实用的分类之一，虽然它完全缺乏科学支持。虽然"种族"没有告诉我们关于被分类者的任何信息，却也让我们很清楚如何去思考他们、善待他们、跟他们打交道、利用他们。难道一个人能够指望神话比这更为有用吗？

10 可以这样认为：一些分类系统，如科学分类，可以精确地告诉我们许多关于被分类对象真的是什么的信息。不过，这样一种宣称可能不会出自（1）一位知识渊博的科学家，或（2）被分类的对象。

科学家们很清醒，他们仅仅是同意那些适应他们体系（如进化亲属系统）的标准。一旦获得足够的数据，就可追溯出进化发展系；具有共同特性的物种、属、家庭、制度等，可以作为整理我们的知识的可行标准。科学系统有时会揭示出有关分类对象的事实：它们可以告诉我们，它们是如何相互关联的（同一物种可以交配，不同物种则不能——至少很少见）；它告诉我们，谁可能是一些动物或植物的祖先；它有时会告诉我们（在词语自身之内）关于对象的一些生理情况（"脊椎动物""硬骨鱼系""哺乳动物"）。但是，这样的信息存在于标签中，我们选择使用这样的标签，来代表我们选作分类的共同特征。同样道理，就像早川所说，没有哪个动物是"脊椎动物"，直到我们在"脊椎动物"这一层级来谈论它。

值得注意的是，对被分类的动物来说，科学体系可能并没有多大意义。如果一只女王凤凰螺在黄昏时分滑过沙滩，寻找一顿饭，"可以吃的"这一分类要比它更适当的分类"蛤"有更重要的意义。

我们的心理网格

11 法国哲学家柏格森描述了心灵处理现实知识的另一种方式。

柏格森指出，人类的智能在准确感知现实的方式上有一个习惯：将现实切成片段的倾向。

例如，心灵将"时间"削减成离散的单位：秒，分，小时，天，周，季，年，几十年，世纪，宇宙年，等。然而，时间是一个统一体，不存在休息、节律或周期。我们的心灵创造了计量连续时间的单位，所以我们可以用习惯的"长度"去想象它，然后我们给这些单位贴上标签，就可以用"时间单位"进行思考。我们也可能会开始相信，这种"时间单位"是真实的。但是，"小时"存在于哪里？"天"存在于哪里？"年"存在于哪里？我们已经界定了，地球围绕太阳旋转一周所用的时间为一年，但是地球早就在轨道上运转了数以百万计的"年"，而没有受到我们对其运转定义的影响——就像地球在经过空间中的某一个点时，会撕去它12月的挂历。

12 关于空间和空间中的对象，情况又是怎样的呢？我们会衡量它们。我们制定了许多单位来量化距离和体积。关于空间距离的单位有：毫米，英寸，码，米，英里，秒差距，光年，等等。我们衡量质量或体积，关于它们的单位有：克，盎司，磅，吨，汤匙，立方厘米，亩尺，一"撮"盐，"少许"胡椒粉。

这些单位是由我们的心灵创造出来帮助我们将环境拆分到可供我们使用的

地步，有了它们，我们就能一次设想少量的现实（心灵不可能一下子想到所有物质）。

但是经过反思，我们中是否还有人会相信，这样的"计量单位"存在于真实世界中呢？单说"请给我18毫米"。18毫米什么？"我需要五分钟。你能帮我拿一下吗？"五分钟是什么？当然是"时间"，但一经测量，你究竟还有什么？我们必须得出结论：这样的单位存在于心灵中，也只能存在于心灵中。这种心理单位用于把包裹我们的环境变成切实可行的数量。

13 看一下地球仪，你会看到上面有很多纵横交错的线路。与极点到极点的线平行的叫经线，与"赤道"平行的叫纬线，然后还有区隔不同颜色区域的不规则的线。因此，有了一个地球仪，我们就可以规划处理地球，使我们的心灵可以思考它。（"玻利维亚在哪里？""指出北极圈。""找到磁极。"）若不是这样，心灵如何还能规划处理地球？

在天文馆，有一个天体网格，上面点缀着星星，或有一个投影图，不同星座的星星在上面被勾连到一起，这对我们有很大帮助。在没有这种网格的情况下，成千上万颗杂乱无章的星星的光点随机分散，我们的心灵无法记住或理解它们。由于心灵必须组织这些星星的光点，也就必须在它们之间"画出"连接线。因此，武仙座在我们眼中就成了一个小广场，水瓶座则是一个三角形；或是我们看到一些星星，它们的形状让我们想起了一些已知的对象（天鹰座、海豚座）。正是通过这种方式，古时候的观天象者把他们看到的夜空中随机的光点组织了起来。

在天文馆，网格灯可以关闭，这提醒我们：网格仅仅是一种心灵工具，用来组织我们的经验。一个人绝不可误把网格当成真实天空的一部分。

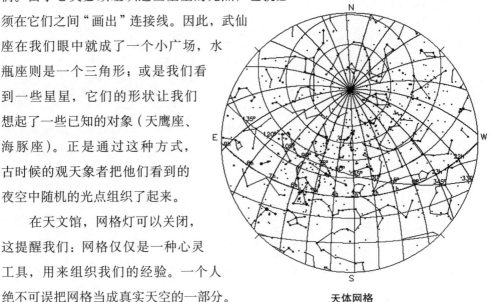

天体网格

然而，正是通过这种方式，心灵把网格放到了它所认为的地方。

14 所有的心灵"网格"都关闭后，还会留下什么？现实——不可测的、不可分割的现实。持续在时间中运动的物质不受干扰。没有天，没有周；没有英里，也没有秒差距。可以肯定的是，现实世界中确实存在众多的节律和周期，我们常常试图协调我们的心理"计量单位"，以与这些自然节律保持一致。

柏格森说，我们的心灵，的确可以"移动通过"所有实用的网格，直觉到现实自身的本质。通过一种"智识移情"，我们可以知道，现实是千变万化的、无休止的移动的统一体。但要做到这一点，我们几乎必须告诉智力停下来，并停止其将宇宙缩减为离散的、可管理的单位这一持续的习惯。因此，想要知道真正的世界是什么样子，我们必须关闭网格，让星光闪耀。这就是所有的现实，事情就是这样。

柏格森

我是一朵生命的火花

  柏格森经常于每周五下午在法兰西学院最大的报告厅（第八讲堂）举行讲座，他在那里教书，很多人聚到那里听他发言。他会悄悄地从大厅后台出现，走上属于他的讲台。他身材高大修长，身着深色西服，系着黑色领带。他的行动带着魅力、自信、内敛和一点点神秘感，相当优雅。当他在主席台上坐定，观众席上会出现一阵期待的沉默。

  当他坐在柔和灯光的阴影下，他的五官显得清秀脱俗。他是一个英俊的男人，高高的额头，稀疏的头发，隐约可见的胡子。他明亮的眼睛在浓眉之下炯炯有神。他会将双手放到一起，指尖轻触，开始温和而坚定地讲起优雅的法语。他的演讲不用稿子或笔记。他的讲话缓慢而有节奏，语音清晰悦耳，谈吐轻松流畅。一如既往，一开始他总是会讲一个幽默的轶事，等到观众停下他们的笑声时，他们发现自己已被引入了主题，认真倾听。他是他这行手艺的大师：他的整个表现显得极为轻松自然。他要求听众不要一味追随他，而要检查他的思想，并用自己的头脑彻底思考它们。

  他们听到的是一种哲学，一些人说（很多人则希望）这一哲学在我们依赖的观念/想法上带来了一场革命。在20世纪之交，男男女女都在寻求更好地了解自己，了解他们为什么会在这里。他们厌倦了知识界中流行的悲观宿命论，按照这种宿命论，人类已经失去了他们的自由意志，他们只是一个机械宇宙中的齿轮。被剥夺自由和精神的他们，已经失去了过去那种特殊感：在天底下仅处在稍低于天使的位置。柏格森就像一颗闪亮的星光，开始升起。人人都说，他用一种创造性的能量突然打开了一个新世界,提升了人们的精神,洁净了人们的灵魂。他告诉他们,世界(通过进化)获得目的和意义,并向他们保证,上帝仍然存在。他付出在智识上让人尊重的努力,让人相信人类可能是自由的、负责的、充满人性的和不朽的。他是一个原创的思想家,一个有说服力的演讲者,几乎就是一个先知。

人们常说,柏格森的生命,就是一场心灵的冒险。他在写给威廉·詹姆斯的一封信中写道,"说起生活中值得一提的事件,我的职业生涯一无所有,至少没有客观上引人注目的地方。"但他太谦虚了,他的一生其实是一连串的成功和悲剧,充满了冒险色彩。

❧❧

1859年10月18日,他出生在巴黎,父母给其起名亨利·路易斯·柏格森。他的父亲迈克尔·柏格森是一波兰裔犹太人,其职业是音乐家和作曲家,他的事业非常成功,有段时间成为日内瓦音乐学院的领导。他的母亲凯瑟琳·莱文森,也很聪明和有才华,来自英格兰北部,也是一名犹太人。因此,虽然亨利身上没有流淌着一滴高卢血液,但他总是被视为(他自己也这样认为)正宗的法国人,法国也总是将他视为法国文化最优秀的代表,并引以为豪。他从小就讲法英双语。

柏格森是家中的长子,在他下面还有三个弟弟和三个妹妹。为了养活这么一大家子,父亲经常带着他们辗转欧洲各地。他出生后不久,全家迁居伦敦,在那里他受到了良好的英语教育;4岁时,父亲把家搬到了瑞士;6岁时,又搬到北欧,那里的极夜很让柏格森着迷。7岁时,全家人回到了巴黎。

两年后,柏格森开始上学,进入巴黎著名的孔多塞中学。入学不久他就获得奖学金,从而得以免费住校,也免却了此后像弟妹那样随着父亲四处奔波。

他各门功课都很优秀,1875-1877年,他曾先后在全国中学生竞赛中获得第一名(拉丁文言说、英语、法语作文、数学、基础数学、宇宙志、力学);但他最喜欢的还是数学和科学。他的一个同班同学后来回忆说,在这些年中,亨利是一个纤细的青年,魅力十足,天真,诚实,对别人的感受很敏感,但稍微有些不太合群,多数时候都是一个人类行为的观察者而不是参与者。

中学快毕业时(1877年),他解开了报上公开征求的一道数学难题,以此写出一篇数学论文,得到一笔数目可观的奖金。文章见解独到,被权威的《数学年报》全文发表。但是柏格森并没有因自己成绩出众而傲慢自大,他的毕业评语之一是:"从未见过这样彬彬有礼的中学生。"

由于文理科成绩都很好,在选择自己日后的研究方向上,他需要作出一个决定。最终,他听从内心的声音,选择了文科。18岁那年,他进入巴黎高师,研习古希腊经典。他让人把自己安排到图书馆当学生馆员,这样他就可以有更多时间去读他心爱的书籍;图书馆里有一个僻静的小房间,人们经常可以在那里找到他。当别人陷入当时社会上流行的问题中时,柏格森则避免作出公开声明和采取立场,他想批判审查有争议的问题,以了解为什么思想会引发冲突。

毕业后,他被学校委派到昂热一所公立中学教了两年哲学,1883年他去了克莱蒙费朗的布莱斯–帕斯卡公学;他的学生非常喜爱他,他也深爱他的工作。他在课余时间研究卢克莱修,写出《卢克莱修文选释义》并出版,这本书多次再版。

30岁时,他回到巴黎,成为罗林中学的一名哲学教师,1890–1897年间则是在亨利第四中学。他的课吸引了大量旁听生。在此期间他完成了博士论文《论意识的

柏格森的住所

直接材料》，后被译为英文，英译名为《时间与自由意志》，成为他的第一本名著。

31 岁时，他与路易丝·纽伯格结婚；新娘是《追忆逝水年华》的作者普鲁斯特的表妹，朋友们描述他们的婚姻是不间断的幸福之一。他们生下了一个女儿，先天失聪，后来在柏格森的精心培养下，成为一名画家。

39 岁时，柏格森回到母校巴黎高师，并在那里任教两年。1900 年，41 岁的他成为法兰西学院的教师，先是成为希腊哲学教授，后来则是现代哲学教授。当时的法兰西学院是法国乃至世界知识界的中心，经常有著名教授在那里做各种演讲，一般公众均可自由听讲。柏格森在那里做了多次演讲，吸引了大批听众，他的演讲甚至成为当时上流社会的热门话题。柏格森热由此兴起，一直持续到第一次世界大战。其哲学影响则渗透到了政治学、文学、绘画、音乐、宗教等方面。

在那里，他一直待到 1914 年。这些年他取得了很大的成就。在因为他的书《时间与自由意志》和《物质与记忆》而出名之后，他继续写作和到世界各地演讲。他写了一本令人愉快的书：《论笑》，至今这本书仍在关于幽默和喜剧的教科书中被引用。1907 年，他出版了《创造进化论》（*Creative Evolution*），这本书给他带来国际声誉，二十年后，他因为这本书而获得了诺贝尔文学奖。他游历广泛，在意大利、英国和美国讲学。1914 年，他的哲学引起的影响使得守旧的天主教徒感到恐慌，引起罗马天主教廷的不满，后者认为，要是哲学没有目的论、不相信终极目的，上帝还有什么存在的必要？他的三本书被列入罗马天主教违禁书目。而同样是在这一年，他被选为法兰西科学院院士。

1914 年第一次世界大战爆发，他的整个学术生活都被打乱了。战争期间他曾就战争问题做过一些演讲并写有一些文章。考虑到他在国际上的影响，1917 年法国政府派遣柏格森前往美国游说威尔逊总统参加战争。1921 年，由于健康状况不佳，他退出公众生活，成为法兰西学院名誉教授。在他生命的最后二十年，受困于严重头痛，他卧床不起；他停止了所有的公开演讲，克服巨大困难继续写作。

⚘⚘⚘

在其反思生活的早期，柏格森逐渐形成一个想法：人类智力的主要功能是穷究事物的奥秘，了解对象/事件就像它们在现实世界中所是的那样，"就像它们所是"意味着深入事物的本质（作为功能系统）。人类的智慧一直在随着进化过程的发展而超越自我,跳出自身,进入对象/事件的世界,并了解它们。这是人类智慧存在的理由,这是不可阻挡的。

但是现在,症结和窘境是:当心灵得到任务去了解我们周围世界中的东西时,它发现,了解一个对象的方法有两种:通过智慧和通过直觉。"前者意味着花很多时间去做一件事,后者意味着直接进入其中。前者取决于选择的视角和使用的符号,后者则既不来自任何视角,也不依赖任何符号。"柏格森说,前者可以为我们提供相关知识,后者则可使我们获得绝对的、真实的知识。

你现在坐在一条小船上,漂在海上,靠在桅杆上,观看轻轻起伏的波浪。你打开相机,拍下一张大海的快照。一段时间后,当你把照片拿给朋友看时,你从认识论上宣称:"这就是大海。"

可是事情果真如此吗?柏格森告诉我们,静止的图像,必然错过了什么是大海的故事。你可以体验大海,但你不能弄一张它的静止画面。你看大海时你所体验的是运动的,从来没有停止的运动,不断的运动,永恒的运动:就像它们已经这样滚动了数十亿年;夹在大浪之间的是较小的浪;风和水搅动形成的数以百万计的小波浪永远不会停止。一旦你体验到、感觉到真正的大海是什么样的,它就会压倒我们。跨越漫长时间的永动:这就是什么是大海。

因而,快照是一个静态的图片,它从动力系统中消除了运动。它停了下来,它凝固了,如果你愿意,你也可以说它杀死了现实中一个活的东西,它无法描绘出所有的大海。

在整个西方历史上,人类的智慧一直为知识的了解模式所主导。智力就是去理解来自外面的一切。我们去理解来自外面的其他人,去理解来自外面的所有其他生物和物体:从大象到蝴蝶,从山里的树木到星星。所有我们理解的,都是来自一个角度,这个角度必然是外在于对象/事件本身。对我们来说,这一视角似乎是显而易见的、自然的。否则事情还能是什么样呢?

不过,柏格森并非否定智力有作出深入俯冲的能力。以栖息在松树枝上的一只蜂鸟为例。我们的科学可以告诉我们关于它的详尽的数据信息。解剖学可以告诉我们它的骨骼结构、肌肉组织,等等。生理学可以告诉我们关于它的消化系统和生殖系统。动物心理学会告诉我们关于它的求爱驱动器、领土权等。物理和光学可以告诉我们关于它的羽毛闪烁的光泽,等等,几乎是无穷多的信息。所有这些来自智力

成为一只鸟是什么意思？

的信息，展示了无休止的心灵力量，去构建（收集）片段数据，将点点滴滴合并到一起，形成关于这一小动物的一种令人印象深刻的认识。

那么，所有这一切中有什么地方错了呢？

柏格森坚持认为，错就错在我们错过了"作为一只蜂鸟意味着什么"。蜂鸟的本质是体验生活——体验作为一只蜂鸟的生活。无论关于蜂鸟的数据积累得多么浩大，从外面去看蜂鸟并说服自己"我们已经理解了蜂鸟"，都是一种执迷不悟。对那些只从外面感知我们的人，他们对我们正在经历的一无所知，就是这样他们仍然坚持认为他们知道我们是什么，我们将会如何作出反应。面对这样一种空洞的宣称，我们大多数人都会表露出不耐烦。但是，柏格森认为，这恰恰就是我们一直以来都在做的。

在他的一些书里和几十篇文章中，柏格森分析了智力的运作；他认为，我们如此深地适应这种看世界的方式，以至于他需要帮助我们强行去除我们的奇思异想。就像鱼不可能知道它在水中游泳一样，因为它的整个生命都沉浸其中，大家也都沉浸在一种片面看世界的方式中。

他提出，智力的局限性，不只是来自从我们的文化中吸收了一些坏习惯，它们是其自身运转固有的。就其性质而言，心灵不会执行我们的智力发给它的命令。然而，确实有一个务实的使命，它可以做得非常好：（1）它可以通过静态的概念，组织我们的经验，（2）它能通过处理、存储和检索打包我们的经验。

但令人高兴的是，心灵还有另一个了解的渠道：直觉。柏格森说，凭直觉得到的知识是直接的、绝对的。"当我说到一个绝对的运动，它意味着我赋予运动一种内在性，就像它所是的灵魂状态，这也意味着，我与这些状态和谐相处，并通过想象进入它们内部。"直观能力不是从外面进入对象，而是从内部进入；它是一个有效的过程，柏格森说，无论我们直觉的对象是他人、蜂鸟、一朵花或一块岩石。"我们称这里的直觉为移情，通过它，一个人进入一个对象的内部，与其身上独一无二的因此是难以形容的东西相一致。"

在西方哲学中，"形而上学"一直被界定为对终极实在的研究，试图找出世界真正的终极物质和结构是什么。当然，这是西方经验传统的目标，它一直由左脑的智力来执行。柏格森告诉我们，这样的形而上学注定要失败，因为现实超出了智力的把握。"但是，真正的经验主义是，尽可能接近原初的本体自身，更深地进入它的生活，并通过一种精神听诊，去感受其灵魂跳动；这一真实的经验主义是真正的形而上学。"分析的智力，致力于打包处理，将会进行概括。"但是，名副其实的经验主义则会认为，自己有义务为每一个它所研究的新的对象，作出绝对全新的努力。它会为对象配备一个与其相适应的单独概念；这个概念只能勉强说仍是一个概念，因为它仅适用于一个对象。"

有三幕场景可以代表柏格森晚年标志性的勇气。第一幕：1937年，他作出决定，一辈子都将自己视为一个法国人，并表示如果可以遏制迫害犹太人的势头他愿意在天主教堂接受洗礼；他写道，他希望被算作一个犹太人，因为他"已提前预见到，一场强大的反犹运动，将会出现在世人面前，我想与那些明天就会受到迫害的人站在一起"。

第二幕：1940年，维希政府颁布法律，禁止犹太人在法国拥有教职，柏格森则因其地位和名气而被特别豁免。但是，柏格森拒绝接受这一豁免，并主动放弃了他所有的荣誉，以免被人误认为支持傀儡政府。

第三幕：1940年下半年他长期卧床，无法站立，但就在去世前几个星期，他起身下床，在一位仆人的搀扶下，排队等候，与其他所有法国犹太人一样，登记成为一名犹太人。由于在12月寒冷的户外站立时间过长，他得了感冒，很快便转成肺炎。1941年1月4日，他静静地离开了这个战乱纷仍的世界。

3-4 真理

如何才能确信我们拥有的事实？这个问题是每个认真的思想家都无法避免的。毕竟，我们的文化提供的"信息"，有那么多经过仔细推敲发现都是假的。（想想收银台旁的那些小报。）本章介绍了三种标准的真值测试，用来仔细检查宣称的事实。虽然这三者对清晰思考缺一不可，但它们也都有自身的内在问题。本章还探讨了一种具有破坏性的实用悖论，这种思考机制既有助于我们的生存，但也会以一种微妙的形式造成自我欺骗的结果。

真值测试

1 真值测试用于检查和重复检查人们所说的东西，这样我们就可判定他们所说的是真是假。有了这样的测试，我们就能证实或证伪他人宣称的事实。

有三种真值测试：符合性，一致性，实用性。我们每个人都会用到这三种测试，只是往往没有自觉地意识到这一点，它们对我们的思考交流必不可少。

符合性检验

2 检查宣称的事实的方法之一是进行**符合性检验**（correspondence test），该方法由罗素发展而来。这一检验需要一个人去检查关于一个真正的对象/事件的一种主观心理概念，如果概念"对应于"真实的对象/事件，这个概念就被视为是真实的。

很简单，如果有人告诉你，在你所在的地区出现了日食，你可以抬头看看天空，判断他所说的是对是错。如果你看到了一弯月牙形太阳，那他的说法就是真的；如果没有看到一弯月牙形太阳，他的说法就是假的。你已经亲自检查过它，并确立了让你满意的准确性的声明。如果在日食的心灵概念与实际发生的事件之间确实存在对应关系，那么宣称的事实就已经成为一个事实。

像这类宣称的事实很容易核查。"你找的这本书在书店 B–16 专区。"去看一下。"这张光盘包括普契尼《蝴蝶夫人》的选段。"**播放和聆听一下。**"一些爱开玩笑的人在糖碗里把盐和糖混在一起。"品尝一下。"他的脉搏跳得很慢。"**用手去感受。**"这些煤是用来烤牛排的。"看看它们发出的红光，感受一下热度。"这个西瓜是熟的，可以吃。"**感受它，拍拍它，听听声；切开它，闻一闻，尝一尝。**所有的感官不可能出错……它们果真如此吗？

3　使用符合性检验涉及两件事：(1) 主观心理概念，(2) 与心理概念对应的真正的对象/事件。在用符合性测试检查宣称的事实时，必须认真采取以下预防措施。

(1) 我们已经注意到一些心灵富有想象力的操作和它创造概念的方式。创造出来的概念没有一个是任何外部对象/事件的精确副本。心灵会选择任何对象/事件的一些元素，混合/同化入它用来思考的模型。此外，我们已经看到，现实世界中存在的所有物理事件，都会被我们的传感器转换成完全不同的经验现象。

　　记住这一切，我们必然会得出结论：没有一个心灵概念会百分百对应对象/事件。相反，在两者之间，我们仅有一定程度的对应关系。如果对应程度高，我们便认为宣称的事实是真的；如果不是这样，我们就判定它是假的。在符合性量表的中间地带，将会是无休止争论的主要来源。

(2) 由于在最终的分析中我们仅限于自身的主观体验世界，我们如何才能做到让一个主观概念（我们能体验到的）与一个真正的对象/事件（我们不能直接经验的）协调对应？答案当然是我们不能。那么符合性测试真正做了什么？它比较了一个概念与一组感觉——我们在推断现实世界中存在什么时会使用的感觉。因此，我们是在核查一个主观概念与一组主观感觉。如果它们匹配到可以让我们接受的程度，我们就说这一概念是真的；如果它们的匹配度无法让人接受，我们就称之为假。

这并不是一种让人快乐的生活条件，但鉴于我们现有关于认知过程的知识，困境似乎是不可避免的。看起来就像是（至少在这个测试上）我们永远都无法完全肯定任何事情。

一致性检验

4 使用符合性检验有一个明显的局限。现实世界必须可以直接观察到——一个人可以在其之上检查他的概念，否则就没有什么是真的。在这种情况下，二次检查方法——一致性测试——可能适用。一致性检验最早是由斯宾诺莎（1632–1677）发展出来的。

根据一致性检验（coherence test），宣称的事实若是与人们已经接受为真的其他事实相一致，就可被接受为真实的。与符合性检验一样，这也是一种惯常的我们每天都在使用的检验。

"米德湖里有鲨鱼。"这不可能，我没有必要跑到米德湖去用符合性检验去核查这一宣称的事实，因为我早就知道鲨鱼不会生活在淡水中，而米德湖则是一个淡水湖。宣称的事实无法与其他已知的事实相适应。

（我现在已被告知，淡水鲨鱼确实存在，那么，这对我使用一致性检验会有什么影响？首先我要小心，宣称的事实可能会很好地与一套人们坚定持有的假象相一致，我会很容易变得教条：相信错误的想法，为错误的想法辩护。我也要小心这样的事实，一致性检验只有在我以前接受的"事实"得到广泛经验证据的支持下才是有用的。最后，我深深地感到，使用一致性测试，我永远无法百分百确信任何宣称的事实。）

"当我看着镜子,我无法看到自己,我已经迷失了自己!"面对这样的说法,我们通常会拒绝去进行再次思考。我们已经在《霍夫曼故事》(*Tales of Hoffmann*)中读过这样的童话。但在人类经验的现实世界中,这样一个宣称的事实,无法与我知道的任何经验相一致。我们会很乐意在虚假的世界中保持这样的"事实"。

"亚历山大大帝从来没有回到罗马,因为他爱上了克娄巴特拉,并在埃及度过了他的余生。"不,这些宣称的事实无法与其他先前已知的信息相一致。亚历山大死于公元前323年,他肯定没有回到罗马;埃及艳后死于公元前30年左右。现在,若是用安东尼来代替亚历山大,宣称的事实就可以与先前已知的信息相一致。

5 一致性检验适用于大部分不用个人观察的知识领域。两个这样的领域是:(1)宣称的事实与过去("历史")相关,这是个人永远无法观察的,(2)所有我们无法亲眼目睹的当代事件。这适用于我们通过电视、电脑、报纸、杂志获得的几乎所有信息。绝大部分"新闻"事件,都发生在很远的地方,我们无法去观察,所以我们通过核对它们是否与我们已知的事实相一致来测试它们。

一致性检验有一个严重的弱点。新的宣称的事实可能与大量以前接受的"事实"相一致,但是**所有先前接受的事实都是不真实的**,或者,相反,一个新的事实是真的,但却可能被拒绝,只因它无法与先前接受的虚假的宣称的事实相一致。

换句话说,我们很容易把一个精心连贯的虚假系统,当成一个精心连贯的真实系统。除非先前接受的数据得到证据的很好支持,新的"事实"是否为真仍有疑问,无论它的一致性有多好。

这一点具有历史意义。构建系统一直是哲学家、神学家、政治理论家等的惯用手段。从一些意识形态的角度来改写历史,一直是一种常见的做法;相关的事实可以选择、解释和挤进几乎任何框架。因此,由此形成的系统可能是高度一致的,但与现实世界中任何事物的相似性却极少。

实用性检验

6　这是第三种检验，与一致性检验一样，它也完全是主观的，它不需要现实世界中直接可得的任何事情，来作为心灵概念的验证标准。这就是**实用性检验**（pragmatic test），在某些方面它是这三种检验中最复杂的。

这一检验是由美国哲学家兼心理学家威廉·詹姆斯发展出来的，但其最初想法则来自查尔斯·皮尔斯。1878年皮尔斯发表了一篇文章，想要回答这个问题："是什么让想法有意义？"他感兴趣于澄清意义的来源和性质。他总结说，想法是有意义的，如果它们能在我们的经验中产生一些影响的话。正如皮尔斯所说，"我们对任何东西的想法，是我们对其感觉影响的想法……"如果我们说冰是冷的，或火柴引燃的火苗是热的，这些想法是有意义的，只因它们以一种可以预测的方式，与我们如果去摸冰或火焰会遇到的情况相关联。想法与结果相关，才有意义。如果我们无法触摸冰或火焰，这一想法也就毫无意义。

这只是一种关于意义的理论，但是詹姆斯看到了这一理论更深远的含义，并将其发展成为一种真理检验。1898年，在加州大学伯克利分校进行的一次演讲中，詹姆斯提出了他的实用主义理论：任何想法的真理价值，都由结果来确定；一个"真正的"想法会带来预期的效果。简而言之——略微有些含糊不清——如果一个想法起效，它就是真实的。

皮尔斯早就给他的意义理论贴上了标签"实用主义（pragmatism）"，但在听说詹姆斯把他的理论改变成一种真理检验，他很是生气。要是用这样一个"丑陋的名字"（皮尔斯的话）命名他的意义理论，肯定没人会用他的理论。他称它为"实效主义（pragmaticism）"。我们现在把"实用主义"与詹姆斯和杜威联系在一起，而把"实效主义"与皮尔斯联系在一起。

7　实用性检验可以用来检查一些知识领域中宣称的事实，我们发现，这一检验的功能在每种情况下都是不同的。这就是为什么这一检验会遇到严重的问题。

首先，请注意我们日常使用的实用性检验。我们用它来检查我们的想法和假设，乃至我们的猜测和预感的起效能力。这是我们用试误法解决日常问题的一个组成部分。

例如，在一个漆黑的冬夜，你打开电脑开关，电脑却没有任何反应。为了找出问题所在，你会马上创建一个假说，解释电脑为何启动不了。你的第一个假说可能是，电源线未插好。所以你开始检查你的第一个假说。你发现电源线插得好好的，所以第一个假说就是错的。你又想出另一个假说。现在是冬天，计算机可能对冷敏感，所以你打开温控器，给电脑升温，可是电脑仍没启动。于是你又猜，也许是电脑的电力系统坏了。现在问题开始变得严重起来（即，该解决方案可能会花费你的时间和/或金钱）。你正要去打电话请教电脑维修专家，忽然注意到电话上的夜间照明灯是关着的。你检查了一下屋子，发现其他灯也都是灭的。所以，出现了一个新的假说：断路了。你检查屋子。发现所有的熔断器都在"ON"的位置，只有一个除外。你推上"ON"，当你回到电脑前，你发现它启动了。

通过实证方法，可以逐步发展出一个假设来解释全部事实。在你可以制定一个可行的假设——即电源问题可被纠正的假设——之前，你被迫收集越来越多的数据。令人高兴的是，终于起效的假设只会花费一点时间，还不用花钱。这个例子说明了实用主义的基本要求：**起效的想法是真实的**。

8 我们的想法对我们如何感受和行为有深远的影响。这一事实是所有人类宗教的基础，在这里我们发现了"信念"和"信仰"的存在理由。

詹姆斯从个人经验中知道了实用性过程，他试图将其构造成一种哲学。由于是在一个充满不稳定情绪的家庭中长大，詹姆斯在其一生中的大部分时间都被心身疾病所困扰，以至于他相信这是宿命论决定的。因此，他认为他没有任何办法来改变他的病情。

但在1870年，他看到一位法国哲学家写的一篇文章，这篇文章让他相信他可以有个人自由。他被说服了，他的生活并非已被确定不可更改，他真的可以改变他的人生历程。一个想法——他自己是自由的这一想法——抓住了他。1870年4月30日，詹姆斯在日记中写道："我认为，昨天是我生命中的一个重大转折……我的第一个自由意志的行为应该是相信自由意志。"

9 什么样的信念的"真值"能够强大到足以防止一个人去选择自杀？无论这

一信念的存在理由是什么——一个人的好日子还没有到来，一个人还没有实现自己的生活目标，一个人不该让他人受苦，或者是自杀在道德上是错误的——无论其理由是什么，这样的信念是真的吗？想法/思想的真假难道不能在它们产生的结果中找到吗？或者如詹姆斯坚定地所说的，我们是否无法通过想法/思想的"兑现价值"来判断它们的价值？

詹姆斯写道，

> 实用主义对于或然真理的唯一检验就是看它是否在引导我们的方面最有成效，是否最适合生活的每一个部分，以及是否能滴水不漏地和总体的经验需求结合起来。要是神学的观念能做到这些，特别要是上帝的概念证明能做到这些的话，实用主义怎么可能否认上帝的存在呢？把一个在实用的方面如此成功的概念看做"不真"的，实用主义看不出这么做的意义。①

实用性悖论

10 实用性悖论可以这样来表述：对一个实用的想法，我们必须相信它是真实的。现在，如果我们将"真实"定义（define）为一种起效（即，会带来期望的结果）的思想，我们就不会遇上太过严重的问题。如果一个想法起效，它就是真实的；反之，如果一个想法是真实的，那么它就会起效。

但这并不是事情的关键所在。对一个实际起效的想法或信念来说，我们必须相信它具有符合性。这种洞察力既可以成为一个祝福，也可以成为一个噩梦。

例如，对于灵魂不灭这一信念，一个人必须接受不朽性在现实中是存在的；一个人必须相信，有一个客观事件对应于这一概念。尽管我们可能无法用符合性检验来检查这一信念，但若它在符合性上不可信，这一信念就没有实用性的结果。

---

① 〔美〕威廉·詹姆斯，《詹姆斯文选》，万俊人、陈亚军编，万俊人、陈亚军等译，社会科学文献出版社，2007年，第235页。——译注

如果你对自己说:"我没有灵魂不灭的证据,但我想体验到不朽这一信仰的好处(力量,勇气,安心),因此我会在实用基础上接受这一信念。我将相信灵魂不灭,并让它为我工作。"让一个想法"起效"的几率有多大?对大多数人来说,非常小。[顺便说一下,在这里我们可以清楚地看到权威在我们的生活中的作用,这些权威是一些卡里斯玛型人物,他们能够凭借其权威说服我们相信,一个想法客观上是真实的;我们可以相信(虽然没有实证证据)我们想要相信的和需要相信的,但却无法自己去证实。]

一个人必须"全身心地"相信灵魂不灭。同时一个人必须"知道"事实上存在一个慈爱的天父上帝(即,上帝是真的),这一信仰可以在实用性上是真的。同理,如果虔诚的穆斯林知道真主会赋予他战斗的勇气,他就不会在发动圣战上摇摆不定。神风特攻队飞行员是如此相信自己的行动与爱国热情紧紧相连,以至于他会驾驶着轰炸机冲向航母的甲板,因为他知道,他会在精神上直接回到靖国神社,亲人朋友可以在那里看到他。

如果一个人认为这些想法是客观真实的,它们就会成为实际上真实的。

11 一个"事实"在一种真理检验中是真的,在另一种真理检验中却可能是假的。

例如,穆斯林会说"没有上帝,只有安拉"(这一宣称的事实是伊斯兰教信条的一部分)。这一说法是真的吗?用三种真理检验来检查它。你可以肯定三件事:(1)穆斯林在实用性基础上接受了他的信念,即他对安拉的信仰对他来说是起效的。因此,**对他来说**,这一说法在实用性上是真的。(2)他对真主的信仰也通过了一致性检验;这一信仰无疑符合众多其他被接受的数据,从《古兰经》到伊斯兰传统(圣训)。因此,对他来说,这一说法在一致性检验上是真的。(3)虽然很难或不可能发现真正的对象/事件("安拉")通过符合性检验,但你可以相当肯定,穆斯林确实相信存在这样一个真正的对象/事件。

那么,这一宣称的事实是真是假?

现在,如果你回答说"我不认为你的说法是正确的",你真正想说的是什么?(1)采用实用性检验,你指出,真主概念对你来说没有意义,因此**对你来说它不是真的**。(2)使用一致性测试,你指出,对真主的信仰与你接受为真实的事物不相协调。它无法与犹太教、基督教、无神论或科学世界观相协调。因此，**对你来说**它是假的。(3) 使用符合性检验，你指出，你不觉得"安拉"是真的。如果穆斯林声称真主是真的，我们经常会这样对挑战作出回应，"证明给我们看"——意思就是，给我们展示出有一个叫真主的真正的对象/事件。当然，他是不可能做到的。

因此，我们认为在这个例子中我们赢了。仅用符合性检验，你可以反驳说，穆斯林宣称的事实是不真实的。他关于"安拉"的说法是假的。然而，在另外两个标准即实用性和一致性上，这一宣称的事实却无疑是正确的——当然，这**是对穆斯林来说**。

因此，我们再次追问：这一宣称的事实到底是真是假？

12　就像上面这个例子中无疑会发生的那样，我们经常发现自己会陷入无休止的争辩中，心灵与心灵没有遇合。如果我们可以停止争论，理清思路，我们就会发现，有不同的真值检验可被用来支持宣称的事实。

因此，仔细检查正在被使用（或仅仅是假设）的真理检验，是个好办法。如果一个人把一致性检验作为验证"事实"唯一可接受的标准，而另一个人则依靠的是实用性标准，也就难怪这样的讨论最终只会陷入僵局。我们就会产生沮丧感或挫折感，因为我们想不明白，他人为什么会不接受在我们看来显然是如此真实的事物。

13　考察真理检验有以下三点值得注意。

(1) 我们所有人都在不断使用这三种检验，它们是我们思考交流时所必不可少的。每一个都有其适用的领域。

(2) 每种真理检验都有其本质问题。我们不能绝对肯定任何检验的任何"事实"。我们被迫得出结论，"真理"是一个概率项，或多或少与各种具体的宣称的事实相关。

(3) 所有的真理都是暂时的。当新的宣称的事实经过核实并成为事实时，它始终有进一步修改和完善的余地。

詹姆斯

我的人生我做主

1870年4月,詹姆斯在真理的意义这一问题上开始了自己的探索。他读到法国哲学家查尔斯·勒努维耶的一篇文章,后者认为人独有的特性是可以体验到自由。就像拼图游戏里的一个关键图块,这一想法使得事情就此走上了正轨。

4月30日,詹姆斯在日记中写道:

> 我认为,昨天是我人生中的一个重要转折点。我读完了勒努维耶《第二论》的第一部分,我看不出有什么理由去认为他对自由的定义——"自由意志是某一种思想的支柱,因为人还可能有别的一些思想时,人却主动地选择支持这一思想"——会是一种错觉……我的第一个自由意志的行为,应当是相信自由意志。……我将放弃纯粹的思辨和沉思性冥想,思想行为的目的在于拯救……现在,我会在我的意志下向前走,不仅是在具体行动上,还同样在心里相信;相信我的个人现实和创造力量。

这一决定——相信信仰——标志着詹姆斯的生活发生了一百八十度大转弯。在此之前,用他自己的话说,他一直在"四分五裂的碎片中寻找一致性"。现在他能召唤力量来扭转格局——扭转他在过去生活中的自我怀疑和痛苦(当时他28岁)——肯定对自己的生活负责进而创造自己未来的可能性。勒努维耶认为,如果我们相信我们所做的,我们就会拥有自由意志,詹姆斯也相信这一点。

对于那些想要了解詹姆斯境况起源的人来说,詹姆斯的家庭仍然是一个谜——令人费解,略带虚幻。詹姆斯的妹妹爱丽丝承受着"神经发作"的痛苦,昏厥,终生有一种虚幻的病弱;当她得了癌症时,她很高兴,因为这将是最后一种真正的躯体疾病。弟弟加思·威尔金森,38岁时死于风湿性心脏瓣膜病。另一个弟弟罗伯逊是个酒鬼。还有个弟弟,后来成为美国著名作家之一的亨利·詹姆斯,遭受"一种难以名状的、可憎的、亲密的、可怕的伤痛",他终生独身。

詹姆斯完全认同他的家人患有神经衰弱症。他受到慢性背痛的困扰,忍受着消化功能紊乱、抑郁、弥漫性焦虑的急性发作。他的眼睛问题是他的一种真正的躯体疾病。

这个多灾多难家庭的一家之长是老亨利·詹姆斯,一个无比聪颖、充满激情和离奇古怪之人,他的生活似乎一直是一个漫长的寻找,寻求精神和平,最终他成功地在18世纪神秘主义神学家斯威登伯格(Swedenborg)的教义和其神圣的爱的主题中找到了。十多岁时,他的一条腿被严重烧伤,导致截肢;在他的一生中,他遭受了恐惧症和幻觉的折磨。他是一个天才的思想家,把他的精神关注,以及他的复杂性和困惑性,遗赠给了他的孩子。他允许自己的孩子享有合理而非绝对的自由,使孩子们恰如其分地独立于他。在詹姆斯一家的餐桌上和聚会上,经常会出现有生气的、充满智识的、内容广泛的兄弟姐妹间的竞争。

加德纳·墨菲(Gardner Murphy)这样描述老詹姆斯的哲学存在:

> 他在家里创造了一种令人振奋的气氛:追求宇宙维度的问题,对人在世界上的位置永远提更多的问题,道德和宗教的真正基础是什么;家中每个人都显然随时准备进行辩论,紧张兴奋中也有幽默和宽以待人。

虽然他们是共同参与、相互关心、关系密切,但是每个家庭成员也都得到鼓励,可以追求自己的启迪。

☙☙

詹姆斯于1842年出生在纽约市。他的父亲老詹姆斯极其重视孩子的教育,四处为儿子寻求适当的教育;18岁前,詹姆斯已在4个国家受过九年学校教育。他很少能在一个国家住满完整的一学年,老詹姆斯经常情绪冲动地中止他的学业,晚年

的詹姆斯曾抱怨说，他从未接受过完整
有序的教育，在国外学习的拉丁语、算
术、自然科学、法语、德语，全都浅尝辄
止。18岁那年，他想成为一名画家，他
在给朋友的信中说"参观欧洲博物馆激
发了我的审美想象，艺术是我命定的职
业"，但又认为自己缺乏画画的才能（"世
界上没有比坏艺术家更卑鄙无耻的了"），
同时也是在父亲生病和自杀的恐吓下放
弃了绘画，觉得在自然科学领域他可以
做得更好。他进入哈佛的劳伦斯理学院，
三年后就读于哈佛医学院。他花了一年

人的难题并不在于他要采取何种行为，而在于他决心成为何种人。
——詹姆斯，1890

詹姆斯自画像

时间去巴西参加一个野外科考，但不幸的是，他不喜欢严酷的丛林生活和单调的记目录（"让人讨厌的体力活，一点也不让人兴奋，反而只会让人感到无聊"），用他自己的话来说，"就才能而言，我比较适合从事理论研究而不是实践探索"，他向自己保证回国后全心投入哲学研究，但他很快就被生活压力折服，回到了医学院继续他的医学研究。

受到恐惧的折磨，詹姆斯质疑生命是否值得一过。因为健康原因，他中断了他的医学研究一年，去了德国；在那里他广泛阅读心理学和哲学，并听了一些欧洲著名学者的课。但他仍然萎靡不振，感到内心弥漫着"一种矛盾的冷漠和不安"。他给家里写信，说他花了整整一个冬天的时间，打算自杀。

1869年他回到哈佛，获得医学博士学位，但是缺乏足够的力量和/或意志去行医。受到当时流行的德国哲学的影响，他继续陷入一种病恹恹的状态，悲观消极，无法决定他想做什么，想过一种什么样的生活。

在这一关键时刻，詹姆斯看到了勒努维耶的文章。这是一个转折点。他决定依靠对自由意志的信仰治好自己的病，由此开始了他对一种哲学的追求。

詹姆斯陷入了信的必要性，相信他的生命受到威胁，但他再也不接受盲信的可能性。他的父亲可能仍然相信，但在詹姆斯看来，盲信充满不诚实，恰好适得其反。因此，他不得不执行一个人最微妙的心理策略：不否认自己的本质或现实的宇宙，重新思考信仰的结构，并给它一个智力能够完全接受的理由。他做到了，结果便是一种看待动态观念（我们称作"真实的"）的新方式。

一个想法是真实的是什么意思？詹姆斯在其《实用主义》一书中写道：

> 理智主义者的伟大假设是："真理"的意义主要是一个惰性的静止的关系。当你得到了任何事物的真观念，事情就算结束了。……而在另一方面，实用主义照例要问："假定一个观念或信念是真的，它的真，在我们的实际生活中会引起什么具体的差别呢？简单地说，真理在经验上的兑现价值是什么？"……
>
> 当实用主义在提出这个问题时，它就已经找到了答案：真观念是我们所能类化，能使之生效，能确定，能核实的；而假的观念就不能。这就是掌握真观念时对我们所产生的实际差别。因此，这就是"真理"的意义，因为我们所知道的"真理"的意义就是这样。……
>
> 一个观念的"真实性"不是它所固有的、静止的性质。真理发生于观念之中。它之所以变为真，是被许多事件造成的。它的真实性实际上是一个事件或一个过程。

他对自由意志的信仰可能是他拥有的最宝贵的真理。我们可以通过相信我们有自由意志，去行使自由意志。我的信念让它成为真实。但是，当我第一次开始相信它时，它可能不会是非常真实的。我可能在智力上相信我的自由意志，但真相的想法并没有在更深的层面吸引我或对我产生影响。它只是略有真实。但是，如果我作出了选择，我增加了我的自由，这一想法就会变得更真实。自由是我发展出来的一种品质。"我有自由意志"这一声明变得越来越真实。因此，"我是自由的"这一声明是真实的，它有预测价值。但更重要的是，声明的真相逐渐变成了一个我取得了效果的想法。

这是一种独特的实用主义观念，真理不是是/否或黑/白的性质，而是"度"的真理，"多真"的想法取决于想法在其中被找到的生活环境。正如詹姆斯写道，"它的真实性实际上是一个事件或一个过程"。

因此，真正的想法，是那些会为我们"工作"的想法。这是否意味着，我们就可以认为几乎任何宣称的事实都是真实的呢，因为我们可以通过声称"它对我起用"亲自验证它？当然不是。正如约翰·麦克德莫特所说的那样，"詹姆斯不是主观主义者"。"虽然他把真理作为'利益'的一个功能，但是这一观点并不鼓励掠夺性的行动……"詹姆斯是一个不屈不挠的经验主义者，他坚持认为，我们的观念必须正视严酷的现实经验。调整我们的信念以适应"充满压力的宇宙"，是发展出务实有用想法的唯一办法。

所以詹姆斯通过相信结束，但却是以一种非常特殊的方式。哈佛大学的同事和詹姆斯最有天赋的学生之一乔治·桑塔亚纳并没有说错，他认为："詹姆斯没有真的相信。他只是相信一个人有权利去相信如果他相信他可能是正确的。"

詹姆斯极端地掌控着自己的生活，好像要把失去的时间全部弥补回来。突然之间，他就能把存储的能量和思想，用于创造性的工作上。他在给朋友的信中写道："如果六年前我能获得同样的令人心满意足的信仰——信奉日复一日地投身于简单的、有耐心的、单调的、科学的劳作之中的生活价值……诚实地使用我自己的自由进行刻苦研究……同时……通过紧张的锻炼……养成有序的思维习惯……我可能现在正走在有所成就的道路上。"

1873 年，他在哈佛讲授解剖学和生理学，1875 年开始讲授心理学，这在当时是一门新学科。他广泛而深入地阅读各个领域的书籍。他开设了美国最早的生理学和心理学方面的课程，并建立了一个生理心理学实验室，这是当时世界上最早的实验室之一。他相信，借助生理学，随着生理学方面科学知识的飞速进步发展，解决古老的哲学心理学问题指日可待。

他不停地写作。到了 1890 年，他完成了厚厚两卷本的《心理学原理》，系统地重组了当时已知的该领域几乎所有内容。其中"论习惯"一章引用次数最多，"习惯是社会巨大的调速轮，也是社会最宝贵的保守代理人……它注定要使我们大家在生活的战场上，通过斗争解决生活问题，作出早期的抉择，充分利用不适宜我们的工作，因为没有任何其他适宜于我们的事情，而且现在开始也已经为时已晚。在 25 岁时，你已经看到了形形色色的职业上的怪癖，专心致志地当一个年轻的商业旅行者，当一个年轻的医生，当一个年轻的部长，当一个年轻的法律顾问。你已经看到了小小的分裂线，它贯穿于人的性格之中，贯穿于思想的骗局之中，贯穿于偏见之中……在这个世界上，当我们中的绝大多数人活到 30 岁时，性格已经像石膏一样已经成形，并永远不可能再回复到原来的柔弱状态。"

1902年,他写出了一本具有划时代意义的书:《宗教经验种种》,他在书中应用大量的心理学洞见来解释宗教现象。在《实用主义》(1907)一书中,他描述了真理作为一种五彩的想法,与具体情况和人类的需求相关。

具有重要意义的是,他在36岁时娶了爱丽丝·吉本斯。在波士顿的一次会议上老詹姆斯已经注意到了她,并告诉他的儿子,他已经发现了儿子未来的妻子。她27岁,活泼聪明,是一所女子学校的老师。他们于1878年结婚。

现在一些类似真正的精神和身体健康注入詹姆斯的一生。他的家人朋友惊奇地发现了他身上发生的变化。他的病症消失了,他找到了新的生活情趣。他成了学校里最受欢迎的教师之一,在35年的从教生涯中,他用他的不拘小节、真诚、坦率和轶事,打动着一代又一代学生。

詹姆斯是一个传奇,受到学生的尊重和同事的一致好评,他的温和性格深受喜爱,他丰富多彩,机敏过人,善于表达。他身材修长,体格结实,留着端庄整齐的大胡子,开朗大度,穿着休闲花呢,几乎没有一点哈佛大学教授的刻板印象。同样引人注目的是他的写作和演讲风格。他的谈话诙谐、温馨、博学;他的公众演讲则是即兴的和实质性的。他的写作风格平易近人。他的妹妹爱丽丝曾说,他可以"赋予一台跑步机以生命和魅力"。

1907年詹姆斯辞去教学任务,但仍继续写作,并在美国和欧洲演讲。他是世界知名人士,所到之处吸引了众多观众,无论他演讲的内容是什么。欧洲人称他为"美国思想"的卓越大师。在怀特海看来,詹姆斯是西方世界四位伟大哲学家之一,因为他"直观地发现了现代逻辑正在奋力解决的伟大真理"。印度学者T. K. 马哈德简洁地说:"美国文明就是因为威廉·詹姆斯而产生的一切。"

在晚年生活中,詹姆斯的所有时间都花在新罕布什尔州:种花,游泳,远足。他热爱自然。1898年的一天,在背着一个16斤重的背包攀登陡峭的阿迪伦达克山时,詹姆斯的心脏严重受损(瓣膜病变)。不过在随后十二年多的时间里他仍然非常活跃,但在1910年夏天,他的心绞痛再次发作。同年8月26日,他在阿迪伦达克的家中死在妻子的怀抱里。

part 4

第四部分 精神世界的奇幻历程

4-1 精神
4-2 时间
4-3 自由
4-4 符号

4-1 精　神

西方哲学几乎一直都是完全被理性思维和思维的符号性质所主导。但也有一些哲学家力求超越符号，东方的思想家早已认识到：在符号之外和在理性心灵内部，存在着多种有价值的经验。例如，赫胥黎发现，在他有创意的写作中，他会用到使人入迷的直觉。任何寻求关于人类真相的哲学家，都必须尝试了解整个心灵。本章主要介绍超越纯粹理性层面的心理的方方面面。

探索内心世界

1

作为成年人，我们已经忘记了我们童年时发生的大部分事情，我们忘掉的不仅是它的内容，还有它的味道；作为饱经世故之人，我们几乎不知道精神世界的存在：我们仅仅勉强记得我们做过的梦，还不理解那些梦是什么意思；对于我们的身体，我们只是保留足够的本体感觉来协调我们的运动，确保最低限度的生物社会需要：感觉疲劳，食物信号，性，排便，睡眠；除此之外，很少或几乎不再关注任何事情。我们的思考能力，除了遇到危险或涉及我们的切身利益，有限得可怜；甚至是我们的视觉、听觉、触觉、味觉和嗅觉能力，也是如此罩在神秘化的面纱下，以至于任何人在可以开始带着天真、真理和爱去重新体验世界之前，都会陷入忘却之中。

——莱恩（R. D. Laing）

2 人对其内心世界的无知，一直是一种深不可测的"无知的黑暗"。事实上，我们对自身的了解，远远少于我们对其他任何事情的了解。当我们开始看到事实，我们是多么快地转身离去，拒绝面对关于我们自身存在的真相。人类探索人性历史的特点始终都是缺乏勇气。

某种程度上，这一切令人惊讶，因为可能没有什么人类冒险能比对内心世界的探险更精彩。可以肯定的是，它会带领我们进入未知的国度。它会唤起强烈的恐惧，涉及意外的风险，多数人可能还会担心他们误入禁地。

它也可能是一次孤独的奥德赛。没有人能与我们同行，他们只能从远处呼唤我们。

然而，在了解一个人的内心世界这一独特的冒险中，同样会有一种欢欣的终极感。我们大多数人都会感觉到，有种种神秘力量在驱动和引导我们的生活。我们中间有谁会不对下面这个问题充满好奇：如果他开始认真探索自己内心的深处，他会发现什么呢？

3 "我敢探索我的内心世界吗？"问题很少会提出得如此直接，但却会以其隐含的决定形式"探索还是不探索"每天都出现在我们面前。

由于人类历史上我们对人的理解一直处于一种不断变化的状态，答案必然是"是的"。事实上，人总是会偷偷地往内心张望，但迄今为止他都是在没有合适地图的情况下，在其内心腹地短暂停留。他胡乱摸索，不知道要去哪里、怎么去，或者他会发现什么。这是一场没有办法开始的旅程。

所有这一切正在发生变化。现代的制图员已经着手进行他们的工作，今天我们已经有了虽然简陋但却很有帮助作用的地图来指导我们。

4 关于为什么一个人的一生就应该只在下面这两种传统的思维状态中度过：解决问题的意识状态和"恢复"休眠状态，并没有什么明显的理由。事实上，我

◀ 专栏 ▶ **禅僧是否会担心？**

下面的谈话发生在日本福井县永平寺曹洞宗寺院的一间客房。房间里除了被褥和枕头，什么也没有。它有护墙板，滑动的拉门屏风，地板上有榻榻米床垫。黑田东彦坐在我对面的地板上，他是我逗留期间分派来指导我的和尚。他身着黑色长袍，左肩上绣着永平寺的金色花徽。

问（Q）　黑田东彦（K）

Q：在世人眼中，禅僧是指那些退出充满压力的社会的人，去过一种他们想要的安宁生活。我想问的是，在我们这些生活在社会中人身上常有的压力，禅僧是否也会有？

K：(黑田东彦点点头，两眼空空地凝视着前方）是……

Q：你是否做过不好的梦，像噩梦，或是夜里想事时睡不着？

K：(他微微一笑）是……

Q：和尚有时也会担心吗？

K：(他点了一下头，说"是的"，接着更深地点了一下头，说"不会"。) 我们不想其他事。我们不担心。我们没有什么可担心的。其他人会担心。我们在佛像前打坐。这使我们内心平和。当我们在佛像前打坐时，我们不担心会发生任何事。

Q：你有没有发现：在有其他问题干扰你的注意力时很难打坐？

K：不。我们会练习。我们练习打坐。我们在早上打坐。我们打坐度过每一天。我们在吃过晚饭后打坐。我们一有时间就打坐。这给我们带来了一种平和的心态。我们没有时间去担心。（他笑了。）

Q：有很多世人担心的事情你从来都不用担心，像午饭吃什么，是否会失去工作。你是否担心过吃什么，或者你是否还有什么吃的？

K：不。

Q：难道你不会在打坐时担心你会被棍击中肩膀吗？那岂不是会让你焦虑吗？

K：不。

Q：假设你在坐禅，你的兄弟拎着一根棍子走到你身后。在那一刻，难道不会有一些预期的疼痛吗？

K：不。棒是佛祖的礼物。

Q：难道你希望自己被击中？

K：不。被击中是佛祖的一个礼物。不被击中也是佛祖的礼物。这两者没有什么区别。

　　Q：那么，人们担心的其他那些事情呢？你的家人，你的父母或兄弟姊妹呢？你是否会想他们？

　　K：是的。

　　Q：你是否会去看望他们？

　　K：是的。他们需要我们时，我们就会去看望他们。

　　Q：但你不担心他们……？

　　K：（黑田东彦似乎觉得我问了一个值得回答的问题，他思索着怎么回答。我第一次有这种感觉：他很想告诉我他的想法，但却苦于找到不到合适的途径——我们两个人所生活的世界相隔太远。然后，他说：）我们想他们。我们会想我们的家人，但我们不担心他们。我与家人之间没有关系。我的父亲病了。我去看他，与他在一起待上一些时间。我看了我的家人，我为他们作出安排，仅此而已。我并不担心他们。

　　Q：如果你的父亲出事了，你是否担心你的母亲？

　　K：（他犹豫了一下，身子轻轻晃动，好像不知道该怎么回答这个问题。）我母亲一切都好。我跟她在一起时，我照顾她。我做好了安排。但现在我不跟她在一起。

　　Q：那在永平寺时，你就不担心她吗？

　　K：是的。

　　Q：你是否担心过午饭吃什么？

　　K：（他笑了笑）不。

　　Q：如果厨师准备的东西你不喜欢呢？

　　K：（他再次笑了，半是点头，半是晃头，仿佛他知道我想说什么。）那也很好。

　　Q：你的意思是，没有你不喜欢的食物……真的没有不喜欢吗？

　　K：很对。

　　Q：他们做什么你就吃什么？

　　K：是的。对我来说这没有什么区别。

　　Q：你吃东西时，是否也在打坐？

　　K：不。

　　Q：那你吃东西时做什么？

　　K：我们吃东西。

◁ 续栏 ▷

在我们谈话中的某些时刻,我的脑海中闪现出下面的句子,虽然它们不是来自黑田东彦:

> 我们吃饭时吃饭。
>
> 我们思考时思考。
>
> 我们打坐时打坐。
>
> 我们工作时工作。
>
> 我们睡觉时睡觉。

我的心中映现出一种鲜明的印象,他和他的兄弟僧侣根本没有经历过那种压力重重的反应,而我们这些生活在"现实世界"中的人对这种反应则是再熟悉不过。我发现这很难让人相信。一些僧侣一定像我们其余人一样也有不幸的童年经历。难道他们中间没有一些人是被父母抛弃?难道他们中的一些人不是家庭暴力、身心虐待的受害者?难道他们中的一些人不是孤儿和弃儿?他们一定仍有被压抑的事情需要应对。但我发现自己无法进入这些领域,一方面是因为语言问题,但很大程度上我想是因为黑田东彦可能不愿与一个外来者分享。(我突然想起一个成语"对牛弹琴"。)

还存在这样的可能:一些禅僧拒绝面对内心潜意识的内容。与我们其他人一样,他们很好地压抑了过去的痛苦经历。或者也很可能是,他们中的许多人非常清楚地知道他们的内心世界是怎么回事,但他们拒绝向陌生人透露有关事宜,他们(正确地)认为那些人处于不同的维度,难免会曲解禅宗的经验。

或者也有可能:在这些深居简出的僧侣的生活中,潜意识更深层次的元素发生了真正的融合,他们生活安宁,就像在别人眼里看到的那样,有一种整体感与平和感。

我得出结论:我在永平寺遇到的僧人,似乎并没有遇到悬而未决的创伤,他们几乎没有流露出任何防御性的偏执狂,而且他们真的不必担心去应对极端的情况。我不得不得出结论,他们做什么时就做什么。他们吃饭时就吃饭。他们打坐时就打坐。他们想一件事时就想一件事。他们想另一件事时就想另一件事。他们是在同一时间就做一件事(专心地去做一件事)的专家。

们大多数人都会偏离这条狭窄的道路，花时间去自由联想（或空想），回想昔日的事情，享受随意的幻想；我们甚至可以随着一些阿尔法节律作出调整。这样一来，我们就将人类的存在简化为有意识与无意识（即醒着和睡着）交替进行，这是（西方世界中的）一种过度简化。

还有其他意识和潜意识的经验模式，可以丰富我们的生活；只要它们没有夺去我们的理智或是危及他人，也就没有为什么它们不能被知晓的正当理由。

5 在东方的传统中，其他一些意识模式，如集中精神（定，导致涅槃），狂喜出神，打坐（坐禅，导致顿悟），千百年来一直被认为是一种更高级、更可取的精神或心灵状态，其价值远远高于现实的意识模式。这种世界观，与我们西方千篇一律的意识觉醒体验模式，反差极大。

然而，这并不完全正确，因为即使在西方传统中，神秘主义者也能看到异象和已知的宗教狂喜。这类经验具有终极价值：它们是虔诚的寻求。在这些西方的情况下，**解释**这样的经验已经赋予它们自身以价值。它们被理解为是灵魂（圣灵）附体的实例，而不仅仅是心理状态改变。

看来，西方在评估不同心灵经验模式的价值上采用了双重标准。

6 在有意探索人类意识的过程中，有一个基本条件——东方宗教早已观察到这个基本条件。那就是，有意识的心灵不会受到其基本功能的影响，其基本功能是调解现实和解决问题。不论我们决定去探索内心世界的哪个领域，我们知道，我们必须很快就回到意识的现实模式中，重新建立与"真实世界"的关系。有意识的心灵，必须具备众多实用功能；它必须能够组织认知或看法，记住相关信息，作出可行的价值判断，必要时还要进行理性思维，等等。

在一些东方宗教中，我们发现了可以接受的消除一个人物理生物（即"自我"）的方式。这种做法有一个明显的假设：个体不会被要求重新进入意识的现实模式中。他可能已经决定退隐森林，进而进入永恒的涅槃，不再返回。只是这种情况虽然可行但却极为罕见。东方宗教强调或看重意识的现实模式的**性质**，担心西方（"业余"）实验会危害意识的运作。这正是东方精神领袖批评西方使用改变心态的化学品的原因。

7

我们正常的清醒意识，即我们所谓的理性意识，只不过是意识的一个特殊类型，在理性意识周围，还有完全不同的各种潜在意识形式，由极薄的帷幔将它们与理性意识隔开。我们可能活一辈子，却从未猜想它们的存在；但是，只要给以必要的刺激，它们便因一触而全面呈现。它们是确定的心理形态，或许某个地方有它们的应用领域和适用范围。任何对宇宙整体的叙述，如果丢下这些意识不予理睬，那绝不会有最后的定论。问题是如何看待它们——因为它们与普通意识是如此不相一致。然而，它们可能会决定态度，虽然它们无法提供公式，它们可能会打开一个区域，虽然它们无法给出一个地图。至少，它们可以防止我们对于真相作出不成熟的解释。①

——威廉·詹姆斯

8

我告诉唐望，我多么喜爱在黑暗中谈话的幽静感觉。他说我的话与我那爱说话的天性相吻合；要我喜欢在黑暗中聊天是很容易的，因为那是我在黑暗中唯一能做的。我争辩说我喜欢的不仅是说话而已，我也珍惜被黑暗包围的温暖松弛感。他问我天黑后在家里会做什么，我说我最后还是会打开灯，或者我会去逛灯火通明的大街，直到就寝时间。

"噢！"他带着怀疑的语气说，"我还以为你学会了使用黑暗。"

"你能用黑暗做什么？"我问。

他说黑暗是最适合"看见"的时刻，他把黑暗称为"白昼的黑暗面"，他也用特别的音调加强了"看见"这个字眼。我想要知道其中的用意，但他说现在太晚了，不适合深谈。②

——卡洛斯·卡斯塔尼达（Carlos Castaneda）

---

① 〔美〕威廉·詹姆斯，《宗教经验种种》，尚新建译，华夏出版社，2008 年。——译注
② 〔美〕卡洛斯·卡斯塔尼达，《巫士唐望的教诲》，鲁宓译，上海文艺出版社，2010 年。——译注

赫胥黎的深层思考

9 赫胥黎是 20 世纪伟大的思想家之一。他通过自律发展出一种高效能使用心理能力或精神力量的技术。赫胥黎可以随意进入他所说的"深层思考"（Deep Reflection，DR）状态，这一心理状态的特点是：

> 身体放松，低垂着头，闭上眼睛，心理上逐渐退出外部世界，但没有物理现实中的任何实际损失，也没有任何健忘症或迷失方向，"撇开一切不相关的事情"，然后整个精神都沉浸在他感兴趣的问题中。

当赫胥黎进入这样的冥想状态，对他来说，他还可能在一定程度上从事身体活动——记下笔记或交换铅笔——在做完这些事情后什么都不记得。正如他所说的，这些物理事件没有"侵犯"他的心理或精神过程。大声喧哗奈何不了他。只有当他完成了他给自己设置的创意目标，他才会从他的沉思状态中走出来——它的出现是随着内在意志而来的。

赫胥黎经常通过进入他的深层思考状态开始一天的工作。他会组织自己的想法，为一天的任务排序。一天下午，他正在全神贯注地写一个手稿时，他的妻子买东西回来了。她问他是否记下了她在电话里告诉他的事情。妻子的话让他感到有些困惑不解，他起身帮她找纸条，他们在电话边找到了纸条。她打电话时，他一直处在深层思考状态，像往常一样接电话、听消息、记下来电内容，做这一切而一点不记得这些事情。他的心里仍在不间断地进行工作。

最重要的一点是，这是赫胥黎有效率地工作的方式。他的朋友米尔顿·埃里克森（Milton Erickson）和他一起经验过深层思考状态，赫胥黎经常发现自己在准备工作，但却什么也没有做。他会非常困惑地从他的深层思考状态中出来。"我在那里发现自己没什么做的，所以我就出来了。"

他的妻子说，进入深层思考状态的他，看上去就

> 像是一台精确运行的机器。这是一件令人高兴的事情：看到他从书柜里取下一本书，再次坐下来，慢慢打开书，拿起他的放大镜，读了一

点，然后把书和放大镜放在一边。然后一段时间后，也许是几天之后，他会发现那本书，问那是怎么回事。他从不记得他做过什么，也不记得他坐在那把椅子上时想过什么。突然之间，你只是觉得他在其研究中非常投入。

10　世界各地的宗教神秘主义者有一种共同的说法：在亲身经历深刻的宗教体验之前，没有人能真切地理解它。再多的描述（只是一些符号）也无法触及它的真实意义。普罗提诺、格鲁特、艾克哈特、陶勒尔等西方神秘主义者一直认为，日常生活中的经验，无法帮助人们了解神秘体验的意义，因为它不是一个仅有程度不同的平凡经历；相反，它是一种别样的体验。

　　东方的神秘主义者也注意到了这一现象：如果你认为你对涅槃获得了一种智识上的理解，那你就错过了它。道家也有相似的表述："道可道，非常道。"

神秘的合一

11　东西方最有价值但也是最难表达的神秘经验之一就是合一（unity）。它是如此难以言喻，以至于其后的神秘论者始终在这个问题上保持沉默。他们可能确实写了很多卷关于神秘经验的内容，但他们承认，他们描述不出他们所看到的。

　　这是一个事件，其中所有的经验就是看到所有事物都合为一体。外部世界与内部世界合而为一，主体与客体不再有别。所有的知识相互交织；每件事都考虑到其他事，仿佛知识和理解的每个部分都被其他知识和理解的部分所照亮。在这里面有一个聚结，每件事都是相关的；心灵的所有内容都变得统一。万物合一，这一"合一"可能会让人感到以某种方式与宇宙本身融为一体；它可能会被视为，将一个人的本质与终极实在或神格合到一起。

　　打个比方，假定你已花了十几年时间吸取知识。试想一下，你已仔细读过几百本心理学、历史学、生物学、化学、物理学方面的书，你已学过高等数学、几何、天文、哲学方面的教科书，你已牢牢地记住了音乐、诗歌、文学和艺术领域伟大的人类情感展现。

但是，我们如何存储和找回这些信息？通常情况下，我们的心灵会按照一种迟钝的直线运动前行。它们缓慢前行，一次只想一件事。我们从来不会一次读一本书，甚至不会一次读一页；我们读到的只是几句话，也许是一行字。

但是，假设你的身心突然发生了什么，打开了所有你已存储信息的大门，这一片广袤的知识流动起来积累成一种持续突现的理解。假设每个事实都与其他事实相关。假设所有你学会的，已经以某种方式结合成一个和谐的整体。在你心中，万物合一。这样的经历确实难以言喻，因为它远远超出语言所能表达的限度，以至于一个人永远也没有希望描述出他所见到的东西。

圣托马斯·阿奎那可能就曾有过这样的经验。在写了数十卷系统的神学著作后——他是西方宗教思想的集大成者——阿奎那在其生命临近终点时看到了一个幻象：他以前写的一切都微不足道。他从未尝试用人类言语来表述他最后所看到的。

禅宗开悟

12 禅宗佛教寻求的意识状态之一被称为顿悟，俗称"灵光一闪"。这种心理状态完全不同于精神恍惚或催眠状态。这种状态有敏锐的警觉性和广泛的觉醒意识，同时伴随着深沉的内心平静。我们现在知道，那些参禅打坐（坐禅）的

禅悟

人处于一种特定的精神状态，具有脑电波的 EEG 模式特征。研究表明，经验丰富的禅修者的脑电波模式，与初学者有很大不同。"高僧"的脑电波会经历四个阶段。首先是初始 α 波，睁着眼睛（1）；其次是快速增加的 α 波（2）；然后是逐渐减少的 α 波（3）；最后是一段持续的 θ 波节奏（4）。

宗教狂喜

13　西方宗教中有少数人如获至宝的一种意识状态，就是宗教狂喜。那些属于五旬节传统派或其他看重"神灵附体"的派别，有时会将有过欣喜若狂的经验当做入会的一个条件。他们在自己的圈子中培养出一种预期的态度，其成员可以感受到光荣的填充灵魂体验。

在宗教狂喜中，会有一些事情发生。ecstasy（狂喜）一词源于希腊语 ek（在……之外）和 stasis（站立），这意味着"狂喜"中的个体"站在他的身体之外"，假定每个"灵魂"都有自己的位置。因而，他不再拥有自己的身体，原来的"自我"也不再是一种现实模式。狂喜的个体不再对关于他的现实作出回应，他的行为已经"切换到自动状态"。一些更深层次的心灵已经控制了他，正常的自我控制则暂停运转。

典型的狂喜经验被称为"言语含混"。在这种状态下，一个人会觉得他已逐渐被克服或"附身"。他可能会开始对自己或他人说一些不知所云的话。他的声音听起来与他平时的声音可能完全不同，他可能会唱得非常好，而他平时从来没有唱过。对进入狂喜状态中的人来说，感觉好像话语和歌曲都出自内心深处的某个人之口，远远超出他的控制。就像在催眠情况下一样，个性的某些方面已被控制，任何内容都源于更深层次的意识。

在五旬节的经验中，狂喜状态被认为是圣灵附体，它常会给个体生活带来根本性的改变——一种"皈依"或"重生"经验。很难想象，还有哪种经验能比圣灵附体的经验更有意义。

◂ 专栏 ▸

有一次比尔·莫耶斯问约瑟夫·坎贝尔:"有一个圣地是什么意思?"他答道:"对今天的任何人来说这都是绝对必要的。你必须有一个(属于自己的)房间,或者(属于自己的)几个小时或者(属于自己的)一天,在那里,你不知道今天的早报上有什么新闻,你不知道谁是你的朋友,你不知道你欠任何人什么,你也不知道别人欠你什么。在这样一个地方,你会简单地体验、展示出你是什么、你可能会是什么。这是创造性生发的地方。起初你可能会发现,什么也没有发生。但是如果你有一个属于自己的圣地,并学会利用它,最终就会有一些事情发生。"

——约瑟夫·坎贝尔

奇幻之旅

14 在印度教中,涅槃是一种表面上的恍惚状态,类似深度睡眠。它的特点是,通过宗教戒律(类似自我催眠技术)获得的一种渐进的深化恍惚。渐渐地,随着三昧("集中")得到练习,虔诚的信徒学会阻挡来自外部世界的所有感官刺激;同时,来自内心世界的感官和情感投入也在逐渐减弱,最终停下,没有身体方面的感觉或情感像饥饿、疼痛、恐惧、孤独等进入。然后,神秘主义者会进入一种零认知的心灵状态:没有想法,没有记忆,没有理性活动。这是一种"没有内容"的意识状态。

东方的涅槃在一个方面类似于赫胥黎的"深层思考":察觉不到大声喧哗

《涅槃》(1931)

或其他刺激。但在其核心性质上，它则与赫胥黎的深层思考状态相对。在后者的心灵中，智识活动高速运行，而在涅槃状态下，不存在任何形式的心理内容。它是一种纯粹的意识，一种看似虚无的、自由浮动的"虚无"经验。

对印度教和佛教来说，这是人类生存的终极成就。据说，这种经验有一种说不出来的宁静状态，内心平和，充满喜悦，与宇宙自身永恒地融合到一起。用印度教中的术语来说就是，生命的核心（灵魂）已与终极实在（梵天）混融为一。

15 意识不到其心灵深处及心灵不同层面的人，不是一个完整的人，最终则会是一个大大低于他可能成为的人。因为在多维的精神宇宙中，他只生活在一种单向度的存在中。我们没有理由不去探索其他世界，而且完全可以像禅僧或宗教狂喜者那样花一些时间生活在那里。所需要的条件就是（就像强调的那样）：具有自主性，能将现实意识模式整合到一起。

当然，西方达到无为状态的方法则有所不同：采用化学和物理方法。我们用药丸、小工具和电压来接近通灵。通常我们会发现，这是一种更快抵达"那里"的方式，我们可以迅速征服所有已知的世界。

佛

我心慈悲

人类生活中的伟大思想一直都是由极少数历史人物塑造的。其中最有影响力的思想塑造者是一个名叫乔达摩·悉达多的人,他生活在约两千五百年前(约前560–前480)的印度东北部。随着时间推移,他的世界观一直被惊人的4.5亿人所接受。

关于悉达多的生活,很难得到完全可信的事实。我们必须批判分析带有崇拜色彩的传统记载,用一种经验现实感来予以平衡;通过谨慎使用最早的记载,我们获得一个公平的机会,可以瞥见一些历史人物,并对其人格和教导有所感觉。然后我们可以用一种规范的想象——

想象一下,你自己坐在印度东北部一条河堤上,面向东方,穿过泥泞的河水,朝着绿色的树木和远处的低山。现在是傍晚时分,一些牛在水边饮水。猴子调皮地在你身后树上乱窜。上游有五名男子,谁也不说话,都在静静地坐着,他们的脸像石像一样,他们闭着眼睛,陷入沉思。

下游不远处,在一个巨大的毕钵罗树下,坐着一个也在冥想的年轻男子,他平静明亮的眼睛睁得大大的,目光越过河面。他穿着一件破破烂烂的黄白色服装。他有乌黑的头发,长长的耳垂,极其敏感的眼睛,暗古铜色的肌肤。在他身下,是一个草叶铺成的软床。

他整日整宿地坐在那里,直挺挺地保持着莲花坐姿。他的身体清瘦,甚至有些憔悴,仿佛近来一直受到生活的打击,但与他的外貌相反,他的脸上则有一种明确无误的宁静之光。

这一年是公元前 525 年，某个月份（Vaishakha）的第十五天——满月之夜——在河边即将发生的事件之后，这名男子就是数千年来一直被称为"觉悟者"的佛。

> 世间苦难，永时无休，思之悯然，难以承受。生老病死，只为再生，周而复始，没有尽头。
>
> 对世间活着的万物来说：出生，受苦，死亡……出生，受苦，死亡……法轮转动，永无休止。
>
> 如果我说出我所看到的，我会得到什么呢？在这样一个世界，人们执迷于欲望和仇恨，真理是不容易被宽容忍受的。真相只会搅乱那些居家世人的心，惹来毁谤讥嘲。
>
> 我已舍弃尘世之爱！为何我还要去关怀？我为什么会沉溺其中？

他的名字是悉达多，他是迦毗罗卫国国王净饭王唯一的儿子。玛雅是他的母亲，她在回娘家途中路过兰毗尼花园时生下了他。他们属于刹帝利种姓——武士。

从各方面来看，年轻的悉达多都很聪慧，具有敏锐的洞察力。留传下来的文字向我们保证，他擅长学习，是一个体格强壮的运动员。作为一名射手，他在一次骑射比赛中，勇夺桂冠。他的大部分时间都花在了多样的娱乐活动上，包括追求诱人的村庄舞姬。他几乎没有什么责任感，似乎也没有真正关心过任何人或任何东西。

16 岁时，他娶了他的表妹耶输陀罗公主，这是一桩幸福的、事先安排好的婚姻（不过留传下来的文字告诉我们，他是在一场射箭比赛上赢得了她的芳心）。此后，在声色享乐中，他的岁月逐渐消失：首先是他的十几岁时光；然后在他还在沉睡中，他的二十多岁也消失了；他的时间，最终在他父亲的庭院这一隐蔽的世界中一点点消磨下去。他对外面的世界知之甚少，关于人类境况难以忍受的真相尚未出现在他的意识中。尽管如此，他的内心还是生出了不满。生命从他身上一闪即逝，他却什么也没有得到。

> 问题在于人类的境况，而非别的。这个世界是不适宜居住的，但我们却不知道这一点。我们对待生活就像它是宜居的，而这只会使我们把事情变得更糟。我们对名利、财富和不朽梦寐以求，但却无法实现。我

们发展出依恋、喜爱和对人与事的热爱——所有这一切，我们都会失去。我们的欲望和需求总是得寸进尺，它们会引起我们持续不断的担心。

更糟的是：我们一点也不是真正的自我。"自我"感产生自一个短暂的颗粒集合，凝聚，作为系统进入世界，成为受控的——"我存在！"——然后在死亡时瓦解——浩渺的宇宙时间中闪光的一瞬。那一宇宙瞬间的特点是一个简单的破碎的现实：受苦。

我们需要的是治疗。如果我们能够停止去追逐那些不可能的东西，就可能会得到心理健康状态。心理健康包括重建和平的心态和整体性。当我们清楚地了解了：(1) 人类的境况是邪恶的，(2) 我们没有必要生活在人世，这些特质就可重新获得。

一天，悉达多冒险走出家门，走访了迦毗罗卫国。虽然他以前可能已经"看到"过人世间的景象，但是现在则是他第一次亲眼看到。他看见一位老人，弯腰驼背，满脸皱纹，表明了人在八十多岁后的生活。接着，他看到一名生病的男子，浑身长疮流血，痛苦地呻吟。然后，他又看到一队送葬人，抬着尸体，送到河边火化，亲人痛哭，悲痛不已。

就在仍在为与现实生活的相遇而心烦意乱之际，他看见一个和尚在冥想，试图找到一条精神路径。这一强烈的对比粉碎了他的信念。悉达多当时就知道，他不可能再回到他以前的生活中去。他想知道关于世间生活的真相——全部的真相。

第一个事实是，存在就是受苦。

第二个事实是，我们的痛苦和折磨是由我们认为的人类的需求和渴望所造成的。

第三个事实是，我们的痛苦和苦难是可以结束的，只要我们学会消除我们人类的需求和渴望。

第四个事实是，不断践行八正道，可以停止一切苦难，获得宁静和自由的生活。

他已经看到了问题所在，现在他必须找到一个解决办法。

〔法〕奥迪隆·雷东,《佛陀》,1905年

抛妻离子——故事告诉我们,他如何在一个寂静的深夜,来到耶输陀罗公主和儿子的卧室,深情地最后一次凝望着他们,他有一种拥抱他们的冲动,但他忍住了,转身而去——骑着他忠实的马Kantaka,逃进附近的森林,用他身上漂亮的衣服换取了一身乞丐的破衣烂衫,剪去了他那又长又黑的头发,下定决心去找到生活的答案——消除人世苦难的办法。答案就是"放弃"。这一年他29岁。(传说告诉我们,高贵的Kantaka回到宫中,无人策骑,悲伤死去。)

他的第一个行动就是找寻一位大师。他碰到Uddaka,一个婆罗门,在一个山洞里过着苦行生活,并从后者身上学到了如何控制自己的呼吸,如何在冥想时保持不动。他还了解到,在他的生活中这是第一次,舍己,禁食,就"像冬眠的昆虫"。但一段时间后,这些婆罗门教的教义让他产生了空虚和不满。

他发现了另一位大师,Alara,并从后者身上学到,答案不可能从控制感官或身体疼痛和禁食中找到。再次感到不满后,他又起身上路。

他从印度教隐士身上真正学到的是,他人的方式不适合他,他不得不寻求自己的道路。

什么是导致觉醒的介于尘世之恋与自我折磨之间的中间道路?

它就是八正道。

首先是智慧,这将导致正见(我们造成我们自己的苦难)和正思维(超越现世的承诺)。

其次是正确的行为,从而导致正语、正业和正命,这样一个人所说的和所做的就会将其引向他的精神目标。

最后,我们必须通过正精进(通过意志的力量控制精神)、正念(完美地控制意识的内容）、正定（遗忘世界，体验完美的喜悦和空虚）发展出适当的心理素质。

正是在实践"正定"中，开始有了灵性的真正觉醒。

离开两位大师后，悉达多前往耽罗栗底，在那里，他加入了由五名修道者实行的极端的自我禁欲和自我否定。在六年时间内，他与他们一起忏悔和禁食，探索禁欲主义的途径，禁欲主义可以控制感官和完善一个人的精神本质。

他靠种子和草药为生，最后每天只吃一粒米饭或一个大枣苹果。他变得苍白而憔悴，削弱到濒死的地步。有一天，他陷入昏迷状态，失去了意识，邻村一个女孩给他了一碗牛奶煮成的米饭，然后他醒了过来。等他恢复了体力，他也恢复了清醒的头脑：他现在知道，禁欲主义，并不能解决问题。

这时的悉达多感觉自己的力量更强了，他穿着一块从坟墓里借来的裹尸布，南下去了伽耶。夜幕降临，他来到一棵无花果树下，接受了一位农民给他的一抱草，在树下坐了下来，进入冥想。知道自己即将结束追寻，他逼迫自己加速向前行进。"就算我的皮肤干燥，我的手枯萎，我的骨头溶解，在我获得至高无上和绝对的知识之前，我不会从这个位子上起来。"

॰॰॰

涅槃。

根据佛教传统，公元前525年，在一个满月之日，悉达多达到了他的追求的结尾：他获得启示，成为觉悟者：佛。这一年他35岁。

他像一个真正的哲学家一样思考，面对现实经验，并试图了解他所发现的。他的发现是，生命是短暂的、痛苦的，出生是恶，死亡是解脱；最好的生活方式就是，放弃对生活的爱，发展出一种精神状态，提供一种真正的平和和喜乐经验。这就是佛之道。

悉达多（现在已经成了佛）从菩提树下站起身，走到鹿野苑，与他的五个同伴一起分享真理。他们看见，就信了。然后，在接下来的四十五年内，他一直在印度东北部传播佛法，教化众生。他取得了很大的成功。僧伽被组织起来，他的妻儿也都加入其中。

佛陀与五个弟子分享真理

当他预感到自己快要死去时，他把弟子都叫到身边。"我的旅程已经快要走完了，我已经达到我的天年，因为我已经 80 岁了。"然后他告诉他亲密的朋友和最得意的弟子："阿难，你必须是你自己的灯，是你自己的庇护所。要想脱离困境，只有靠自己。"他的最后一句话是："现在去寻求实现自己的得救。"

他侧卧于绳床上，右手支着头，闭上眼睛，开始最后一次提升，进入恍惚：一级一级，逐渐更高，进入涅槃。从那里，他进入了最终的境况：圆寂。

第二天，拘尸那揭罗（Kusinagara）的村民来到沙罗树林，他的身体包裹在层层布和羊毛中。第七日黎明，他的遗体被安置在城东门外的神龛中。在那里，人们火化了萨迦王子悉达多。

4-2
时 间

有意识的生命的本质是时间。本章表明,时间哲学非常重要,与众不同。然而,即使在今天,人们听到的流行评论依然是:时间是一个谜,没有人能理解它。时间的神秘性,部分来自"时间"这个词有着令人烦恼的歧义(我们给它强加了很多广泛的含义),部分则是因为错误的反省。"时间"至少有三种不同用法,这三种用法都有可以清楚地理解的经验和概念。

哲学时间

1

我们在许多方面都受到时间的影响。我们使用时间,我们滥用时间,我们享受时间,我们又害怕时间。我们应对时间挑战的方式,也是一种对我们是什么、我们正在成为什么的考验。我们一天天长大,在时间中变老。这一事实是否极大、极小、偶尔、经常扰乱我们的内心?与此同时,我们的成长又是怎么回事?我们做自己喜欢做的事情的时间有多少?我们是否经常或很少觉得时间真的是度过的?我们对这些问题的回答,揭示出我们的时间哲学。我们都会获得一种时间哲学,虽然我们很少(如果有的话)会冒险试着将其讲出来。

——麦基弗(R. M. MacIver)

2 "哲学时间"。对我们所有人来说，都会觉得时间具有神秘感；我们对时间非常熟悉，但从根本上来说它则令人畏惧。俗话说，时间就是生命，生命就是时间；我们内心深处多多少少都会意识到这一点。但在所有的人类经验中，是否有一些东西超出了我们的理解？是否有一些概念，当我们试图强行打开它的秘密时，却被我们那脆弱的思想和我们那无力的语言所背叛？怀特海说："在没有清醒地意识到人类智力有限性的情况下去思考时间和神秘的自然创造进程，这是不可能的。"

3 关于我们的困惑，有一个令人鼓舞的消息。弗里德里希·魏斯曼（Friedrich Waismann）注意到，虽然我们大多数人对时间是什么没有太大感觉，我们的时间–语言却似乎在继续工作。我们理解"时间"这个词在各种情况下的意思（"几点了？""他刚好在最后一刻赶到。""我们每个人都玩得很痛快。"），因此，我们在不知道我们所说的"时间"是什么的情况下，继续正常实用主义地使用它。（本章中"时间"一词的使用就足以证明这一点。本章提到的"时间"至少有30种不同定义，其中大部分都在上下文背景下成功地沟通了想法，但却并没有对我们理解时间真正是什么起到太大作用。有什么能够更好地说明这一令人震惊的事实：我们可以并确实能在不知道我们谈论的东西是什么的情况下与他人交流沟通？）

关于时间的三个哲学问题将成为这里我们关注的焦点。（1）什么是时间？我们如何体验时间？我们能理解时间吗？（2）"过去""现在""未来"的确切

无尽的时间

含义是什么？在何种意义上，它们中的每一个可以说是存在的？（3）我们生活在时间中的什么地方？时间对我们的个体存在有何影响？

时钟时间

4 我们用这个词来指至少三种不同现象，这三者都很独特，但通常我们则会将其混为一谈。

第一个是时钟时间（clock time）或物理时间（chronological time）。时钟时间与时间毫不相干。时钟测度空间。比如说，一个小时的时间，就是太阳从其顶峰点（正午）沿着其轨道向西移动15°。墙壁上的时钟被设置得与太阳的运行相一致。当太阳在空中移动15°，分针移动360°，时针在空间中移动30°。这两起事件（太阳和时钟）是运动物质，我们基于实用目的在它们之间确立相关关系。我们常说，我们有"同步"的太阳和时钟，这意味着我们相信，真正的时间就包含在这一运作中。但是，这是值得怀疑的。我们只是让事件相关，而并没有与时间同步。

心理时间

5 第二"类"时间是主观时间，即心理时间（psychological time）或体验时间（experiential time）。这是我们唯一有明确概念或可感知的时间现象，许多哲学家都认为，体验时间是唯一真正的时间。心理时间是我们对我们意识统一体的个人经验。意识就是时间。当我们睡着或处于无意识状态时，时间对我们每个人来说是不存在的；但当我们重新获得意识，时间就会再次开始。

在这方面，我们可以正确地说时间在加速和减缓，因为确定我们时间 – 意识的代谢过程确实就是这样。它们各不相同。说时间多变，就是准确地描述了一种意识体验，这一意识是大脑耗氧速率的一种功能。

柏格森更喜欢用"绵延"(duration)这一术语来谈论意识时间。用他自己的话来说,"当我们的自我让自己活下去时,当自我不肯把现有状态与以往状态隔开时,我们意识状态的陆续出现就具有纯粹绵延的形式"。纯粹的"绵延"是我们正在进行的对意识统一体的体验。柏格森坚持认为,我们对所有现实真正本质的最纯粹直觉,就是我们对自身意识绵延的经验。

说"时间是一种意识"可能会产生误导作用,因为我们西方人一想到意识,往往就会理解成是对某一对象/事件的意识。这是在时间的本质这一问题上出现混乱的来源之一。我们把时间客体化或物化,将其看成是一种流体介质,对象/事件在其中发生。正如我们发现很难在离开对某物的意识的情况下感知到意识,我们对时间的感知也是这样:我们很难将时间想象为"纯粹的时间",远离真正的对象/事件。但是,时间和运动中的物质在思想中必须分开。我们平常清醒的意识,是外部对象/事件的时间流影响所致。电话铃响或有人说话,这些外部刺激激活感觉,直接作为内容进入意识(时间)。但是,时间与内容是不一样的。时间可能会更容易被视为没有内容的意识的连续体。

对时间的这种认识的一个重要意义是:如果没有经验者(没有有意识的心灵),也就没有时间。因此,曾有一段时间(!),也许是在45亿年前,在有意识的生物进化出来之前,那时并不存在时间。同样,如果地球上所有的生命未来都不复存在,时间也将不再存在。

6 早在1860年,奥地利物理学家恩斯特·马赫(Ernst Mach),第一位科学看待时间的西方思想家,就得出结论:"物理学家的时间,与感觉的时间系统不相一致。"物理学家可以假设一个"甚至是流动"的时间,用爱因斯坦的相对论公式来描述时空变化("时间膨胀")。不过,这类时间仍有相似的一致性。

心理学家就没有这么幸运了:他的时间反复无常。心理时间会随体温变化:温度升高,时间过得慢;温度降低,时间过得快。我们的代谢率越是增加,时间过得越慢;越是下降,时间会过得越快。渴望快快长大的孩子们,会觉得时间过得就像蜗牛在爬一样缓慢;而在成年人眼里,时间就像"速度之魔"一样飞驰而过。所有这些(感受上的)不同,都是由大脑的耗氧速率决定的。

人在得了一些疾病时也会产生不同的时间体验。比如帕金森氏症,一些心理或情绪疾病,以及酒精中毒症所引发的失调。

几乎所有的致幻剂,欣快的药物如鸦片和大麻,乃至一些常见的非处方药,都可能会诱发一些极端的时间经验。许多情况下,时钟时间似乎过得令人难以置信的缓慢。

我们说时间"减缓"(怎么过这么慢)和"加速"(怎么过这么快)。但这是与什么相比较而言的呢?与时钟时间(滴答作响的时钟)相比,与我们记忆中"正常"的时间经验相比。我们被时钟包围,通过时钟我们不断评估我们的经验时间:钟表,手表,太阳,来来往往的汽车,交通信号灯,天上的飞机,我们自己的心跳,走熟路从一个地方到另一个地方所需要的时间,我们煎蛋或烤面包所花的时间。这些和其他众多日常事件都是时钟,有了它们,我们才会注意到并衡量我们多种多样的时间体验。

〔西〕达利,《永恒的记忆》,1931年

真实时间

7 我们思考的第三种"时间"现象,是运动中的物质,即现实世界中发生的事件序列。太阳升起,蒲公英的种子在空中飘散,乌云密布,大雨倾盆,波浪冲上海岸。大部分时间理论家都认为,所有这些,仅仅是事件的序列,不涉及任何形式的时间。不过,即便这样,也没有什么能够阻止我们使用"时间"这个词去指这样的真实事件,同时我们还会用我们的校准时钟和/或经验时间来衡量这样的事件。

如果我们问:一发炮弹从比萨斜塔最顶上落到地面需要多长时间?我们就可以用我们的时钟来确定这一事件的时间;在这种情况下,我们正在做的就是和我们将时钟与太阳相连一样的事情,或者我们也可用看着炮弹下落我们的意识体验到的时间来测量时间。

圣奥古斯丁:上帝的时间和我们的时间

8 在其一生中的某个时点,几乎每位哲学家都会思考时间的本质这一问题。在历史上,哲学家已经提出一些值得注意的模型,用来解释时间和其神秘的运转。

圣奥古斯丁的时间观念,受其神学前提条件的影响。奥古斯丁认为,上帝在创造其他一切时,也创造了时间。因为是上帝创造了时间,他在时间之前就已存在,他也将会在时间之后存在,因此他存在于时间之外。在他创造出时间之前,时间是不存在的。犹太教和基督教教义一贯认为,上帝"无中生有"创造了所有的存在,包括时间和(假定的)空间。

在上帝的心灵中,没有"前"或"后",仅仅有一个"现在"。在"上帝的经验中",所有的事件同时发生。换种说法就是:所有的过去和所有的未来(即,我们的过去和未来)共存于上帝的现在。因此,当奥古斯丁阐述"上帝预见到人的堕落"这一教义时,上帝真的没有预见任何事情,好像他能提前窥视到未来的时间并看到尚未发生的。在上帝那无所不包的现在,"未来"的事件正在发生。上帝没有预见,他只是看。同样,他也不预定事件,他只是判定他看到什么在发生。对奥古斯丁来说,这就是上帝无所不知无所不能的意思。

我们人类体验现在,回忆过去,预测未来,但上帝则不受我们人类时间的限制。不过就像一些神学家所说的那样,认为存在两个时间:上帝的时间和我们的时间,则是不正确的。相反,我们是有一定时间的;上帝则是永恒的。

牛顿:绝对时间

9 艾萨克·牛顿爵士似乎已经假设——有些不加批判地——时间是真实的,是自然运作的一个组成部分。但是,这一客体时间不能等同于运动中的物质,或是等同于时间中持续存在的对象。真正的时间与真正的对象/事件是分开的。牛顿常被重复的对时间的描述——他的批评者因为它而获得意外成功——如下:

> 绝对的、真实的和数学的时间,由其本质特性决定,自身均匀地流动,不依赖于任何外界事物,又名延续(持续时间):相对的、表象的和普通的时间是可感知的和外在的——不论是精确的或是不均匀的——对运动之延续的量度,它常被用以代替真实时间,如一小时,一天,一个月,一年等。①

正是牛顿给西方思想引入了绝对时间(absolute time)这一概念。这一绝对时间(不管它是什么)是一种通用的介质,平稳、均匀地流动,不受它里面发生的任何事件的影响。

牛顿的绝对时间假设,主导了物理学家的思想,直到 20 世纪初,爱因斯坦对其进行了非正统的反思,证明它是一个不切实际的假设,它才因为已经过时而被放弃。

---

① 〔英〕牛顿,《自然哲学的数学原理》,赵振江译,商务印书馆,2006 年。——译注

过去的时间

10　我们许多人都发现,我们关于过去、现在和未来的想法,同时运行,相互重叠,或是以其他方式变得模糊不清。

伊瓦尔·利斯纳(Ivar Lissner)曾写过一本书,名字叫《活着的过去》(*The Living Past*)。透过这个题目,不难推断出作者想要说些什么,但是,首先,我们可能会合乎逻辑地追问,是否在任何意义上,过去可能是"活着的"(现在时)?过去难道不是已经死了吗?顾名思义,过去难道不是已被放在了现在的边界之外吗?这并不是说来自"过去的现在"的影响不会萦绕和影响我们。它们确实会,但它们的存在只有在我们生活的现在才能感受到。

然而,说过去是"死的"肯定是不正确的。说某一东西"死了",意味着它曾是活的,但是过去从来都不是"活的"。我们也可以同样说"活在未来",但这似乎毫无意义。只有现在是"活的"——难道不是吗?

过去的本质是历史学家的首要关注点,因为"过去"是他唯一的题材。从他的角度来看,过去是存在的,只因为历史学家在他/她的头脑中重新创建了它。过去发生的具体事件已经永远地不存在了,历史学家可以在其想象中重新创建它们,但也仅限于一定程度:某种形式的记录已经保存下来,这些记录来自那些目睹事件发生的人。事件留下的迹象有很多:目击者的证词,选择事件的哪些方面对他们来说具有重要意义;再加上他们的解释和评价;化石印痕,树叶,骨头;岩石上的地质记录,火山层,海底山脉,海沟,等。如果一个事件没有留下记录,那它将永远无法复原;没有哪位历史学家能够将其重构出来,他也没有理由去猜测它曾发生过。

未来的时间

11　未来的情况又是怎样的呢?除非我们拥有一些像奥古斯丁那样的时间概念的理论,要不然,关于未来的存在的问题,会让我们的智识陷入重重迷雾。

我们能体验到未来吗？如果我们回答不能，那么未来就可以被定义为我们的预期：事件将会继续发生，或是从经验上来说，我们将会持续不断地体验到"现在"。我们个人的未来仅仅是一种期望，期望我们的意识将会持续不断。

但若对这个问题我们回答能，我们就必须面对所有哲学问题里最难的一个，也是具有最深远影响的一个。目前有很多无法解释的时间现象，阻止我们去解决这个问题。阿瑟·克拉克甚至在他的小说中，借一位科学家之口，谈到预知的可能性。"我愿意认为，看到未来……[是]不可能的，因为相反证据的数量多得惊人。"

如果我们能够体验未来，那么在我们现在拥有的任何时间理论中，我们必须得出结论：未来已经发生或正在发生。

如果未来已经发生或正在发生，那么我们正常的觉醒体验的结构就被破坏了。许多不言自明的假定，如因果关系和先后关系，也就会随之消失。因果关系变得毫无意义：生物体成长之前必须先种下种子，歌曲必须先唱出来才会被听到，必须先点燃木柴才会生起火来——所有此类声明都是错的。经验中将会充满矛盾和幻觉。

12 "我们是否能体验到未来"一直没有被确定，但是难以解释的经验并不少见。普里斯特利 (J. B. Priestley) 正确地指出："如果一个——只要有一个——预知的梦可以不仅仅被当成一个巧合接受，我们传统的时间观念就会破灭！"

预知不仅是所有哲学问题中最顽固的，而且它（如果存在的话）呈现自身的形式往往是一个谜团里面藏着一个谜团。预知的许多实例，尤其是悲剧性情节，会出现警告，使得有经验的人们有可能采取避让措施，防止预见到的悲剧上演。但这也是一个矛盾：既已被感知，说明未来已经存在；但当被感知时，它又可以被改变。因此，已经发生的事情，随后却又能被改变。这毫无道理可言。

普里斯特利——他将预知视为事实——说得好：

> 简单来说，未来可以看到，因为它可以看到，所以它可以改变。但若它可以被看到并改变，它就既不是固定在那里（我们可以不断地去体

验），也不是不存在的（我们正在不断地帮助创建的东西）。如果它不存在，它就无法被看到，如果它被固定在那里，它就无法被改变。这一未来是什么：既能充分确立可被观察到并且可能被经历过，还可以让自己去改变？

目前，我们还没有时间理论可以解释这种情况的发生。我们必须要么否认现在可以体验未来，要么就是找寻关于时间的本质的新模型。哲学家和科学家已经避开时间问题，部分原因是它与神秘性有很大关联。但是，那些对存在本质进行专业思考的人，则急于——尽管带着恐惧和战栗——并试图在现在混乱盛行的地方建立理解。

当下的时间

13　自从芝诺那个时代以来，分析思想家们便一直被当下即"现在"经验的性质所困扰。一个长期存在的传统认为，当下是一个无延绵（durationless）的点。这是"点状当下"理论。该理论认为，我们体验当下的这一刻，它已经成为过去，而不久的将来继续匆匆走过当下进入过去。"现在"没有持续时间，好像过去与将来之间只有一个永恒的边界。如果当下有任何"宽度"，那它必定是由一系列（无延绵的）瞬间组成。路易丝·希思（Louise Heath）很好地阐明了这一逻辑（虽然她自己并不接受）：

> 时间的本质是这样的：在当下这一刻，过去已经过去不再存在，未来将要到来但尚未到来，当下不是时间的一部分，而只是过去与未来之间的边界。

这让我们左右为难。如果说过去和未来将当下挤压成一条无延绵的边界线，那么，人类经验的地方在哪里？是否经验只不过是一种幻想，就像芝诺认为的那样？

一定是我们的推理中某个地方出了错。我们不是生活在过去或未来，所以我们必须活在当下。我们"现在"的经验，真的是一个点吗？或者它是有宽度的？如果是这样，它有多宽？也许我们的"现在"会一点点延伸到过去和将来，正如威廉·詹姆斯认为的那样：

> 我们直接经验的唯一事实就是一直以来所说的"似是而非的"现在，一种有着自己一定长度的鞍背状时间，我们停歇其上，从这里望向时间的两端。我们感知到的时间的构成单位是一种持存（duration），有头有尾，就像它可以向前有一个起点向后有一个终点。上一个结束到下一个开始之间的关系，只是这一持存的一部分。我们并不是感觉到上一个结束了然后下一个跟上来，从对这一连续的感知去推断间隔的时间，我们看上去是把间隔的时间视为一个整体，它的两端嵌入其中。

14 所以，根据詹姆斯的看法，我们所说的"当下"，就其本质而言是一个心理事件，而不是数学事件或物理事件。这一点看起来像是一个非常明显不过的结论，因为（1）数学家并没有宣称，数学的时间-点（"瞬间"）不是一种有助于解决某些问题的心理结构；（2）在物理学上，爱因斯坦的理论取消了同时性的概念，即，存在一个"普遍的现在"；一个经验者当下体验的，在另一个体验者那里则可能是过去或未来。

因此，作为一种涉及知觉和意识的心理学事件（心理活动），它具有持续时间。作为一个永恒瞬间的时间观念是谬误的。体验需要一定的时间，它有宽度。一个涉及复杂心理生理过程的经验会"延伸"，并持续一段时间，可能永远不会在"永恒的瞬间"中发生。

15 因此，我们可以定义：时间是我们的意识的持续时间的经验，当下则是对该持续时间的时间周期的感知。

但是，那一持续时间的跨度是什么？它会持续多久？它的持续时间不是恒定的，而是取决于构成被感知的当下的知觉事件的性质。这也部分取决于，被认为是一个单一事件的感官刺激的数量。任何事件持续超过两秒钟都会"溢出"

进入过去，这一事件只有部分会被记得。一系列的刺激（如一个旋律的音符），当它们持续约半秒到一秒，通常会被认为是一个单一事件。人们已经注意到，当钟敲响三下或四下时，我们通常不用去数就可以识别时间，但是一旦钟声超过四下，我们就必须数数以识别时间。

对当下的感知与其内容有关。当下的持续时间取决于感知刺激的数目和性质、刺激与刺激之间的时间间隔。当下的持续时间也取决于感知者的意识状态和有组织的刺激的熟悉度和有无意义性。我们自己语言中有意义的声音的持续时间，不同于一门外来语言中无意义的声音的持续时间。熟悉的旋律与从未听过的旋律之间的对比，同样如此。

因此，简而言之，在正常清醒的意识模式中，我们感知的当下很少持续五秒钟以上，并且经常持续不到一秒钟。我们感知当下的时间周期的平均时间是两到三秒。

时间与个体存在

16 时间与个体从根本上相关。一个人在记忆中重温过去快乐的时光，在想象中期盼未来可能发生的喜事，并没有什么不健康之处。但是，如果一个人被难以忍受的条件"挤出当下"，养成一种（不由自主地）生活在过去或未来的习惯，这种进入过去或未来的做法就会成为不健康的。在这种情况下，过去不仅是一种对经历事件的记忆，还是一种对实际发生的和想象的事件的编造；与其相似，未来则成为一种混乱的关于可能发生事件和不可能发生事件的大杂烩。随着这样的强度占据上风，一个人的时间视域就已被扭曲。

然而，在陷入这种极端境况之前，"我们生活的地方"已被整合入我们的性格结构中。如果过去的经验大都是些让人不快之事，我们可能会面向未来作出变化。如果过去的经验多数都是高兴的事，我们担心未来和变化，没有理由期待幸福的事，我们就可能会倾向于保护过去给我们带来快乐体验的条件。

总之，谁对当下抱有强烈不满，谁就会想要作出变化。但一个人是会通过

神秘的时间

未来导向（面向未来）还是会通过过去取向（面向过去）寻求更好的条件，则取决于一个基本的时间特征结构，该结构长久以来一直由个体经验所决定。

17 存在主义哲学自二战以来一直非常受欢迎。虽然并没有哪两位存在主义哲学家会持有同样的想法，但他们对"我们如何活在当下"都抱有相似的态度。

萨特创造了现代哲学中最有名的一句口号：存在先于本质。对存在主义者来说，"存在"这个词指的是具体"人类现实"的经验。存在是所是，而非应是或可能是。相反，"本质"这个词则是指我们认为人身上"必要"的性质："人性""原罪""与生俱来的攻击性""理性"等，但是这些都是依据具体事实创建的抽象物。心灵生产（编织）本质，萨特否认这样的观念对了解个体的独特性有任何意义。

萨特只考虑人类的存在，因为物体/事物具有一种不同的存在。为了看出这种差异，可以对比一下人的存在与比如说美国航天局发射的土星五号火箭的存在。有关土星火箭的一切——它的三个阶段、发动机系统、遥测系统、有效载重能力、发动机输出能力等——在科学家和工程师的心灵中构想出来，并在任何一颗火箭具体建造出来之前很久，在设计部分就有详细阐释。火箭的目的（构思于人的心灵中）决定其设计的每一个元素。一旦设计完成（仍然存在于人的心灵中），无限多的火箭，就可按照特定生产方式，通过那些专业人员之手造出来。所有的火箭都将是相同的。

◁ 专栏 ▷ **意　识**

　　意识是指这样一种能力：能够以自己的方式去观察咖啡盘和聆听鸟儿的叫声，而不是按照他人所教的方式。我们有很充足的背景理由来假定婴儿和成年人在视觉和听力上有质的差别，在其生命的最初几年，婴儿的感知能力更多地表现为直觉，而缺乏智力上的因素。当小男孩看到鸟儿的身影或听到鸟儿的叫声而表现得兴奋时，他"称职的父亲"就会走上前来，并觉得他应该和自己的儿子分享他的经验，以帮助儿子去"成长"。他会说："那是松鸦，这是麻雀。"这一刻小男孩关注于哪一个是松鸦，哪一个是麻雀，他再也不能全神贯注地观察鸟儿或者专心地听鸟叫了。他不得不以父亲希望的方式去看去听。父亲有很好的理由这样做，因为很少有人能在一生之中都去聆听鸟叫，因此小男孩越早开始受到"教育"越好。也许他长大后会成为一个鸟类专家。但是，只有少数人能够始终以儿时的老方式去感知。大部分人都失去了成为画家、诗人或音乐家的能力，而且没有机会去选择直接的看或听，即使他们有时间有精力，他们也只能获得二手的感知。在这里，我们把儿时那种感知方式的恢复称为"意识"。①

——艾瑞克·伯恩 (Eric Berne)，《人间游戏》(*Games People Play*)

---

① 〔美〕艾瑞克·伯恩，《人间游戏：人际关系心理学》，田国秀、曾静译，中国轻工业出版社，2006 年，第 145 页。——译注

　　因此，我们可以有意义地谈论土星五号火箭的本质：其实质是所有的结构和功能元素——由设计师构思而成，使其能够实现其目的。对土星五号来说，这一火箭的本质先于任何最终巍然矗立在发射台上的单一火箭而存在。因此，对被创建的事物来说，本质先于存在。

　　萨特认为，对人来说，事情就不是这样了。对人来说，存在先于本质。人并不是在绘图板上被设计出来，他也不是为了某个目的而在任何心灵中被先入为主地设计出来，然后去满足这样一个目的。人不是被作为事物创造出来的。人会创造自身。人甚至可以（在其内心中）设计自身。每个人都是独一无二的，因为没有什么主模板能够造出完全相同的副本，就像主模板铸币那样。因此，

人没有像火箭那样的本质，注定要去做什么。对人来说，也只有对人来说，存在先于本质。

18 存在主义是一种时间和意识的哲学。强调存在，就是赋予一个人直接意识的性质以最高价值。作为一种时间哲学，存在主义劝告我们尽可能充分地活在"现在"，接受并实践当下强烈的"人类现实"。对存在主义者来说，过去只是服务于当下之用的一个储备记录，未来则是一组梦想，给予当下以方向和目的。

存在主义要求我们重新审视我们当下的生活方式。萨特重申，我们如何创造意识，是我们自己的选择。我们可以把它交给来自过去的条件反射；我们可以允许感情、回忆或习惯冲击我们的当下，决定其内容和性质。同样，我们也可以让对未来事件的忧虑来冲击我们的当下，抢走其自发性。这样我们就可以让我们的"现在"变得麻木。

因此，作为一种时间哲学，存在主义是一种重新审视我们如何使用和滥用意识的方式。但更重要的是，它争辩说，我们可以就如何度过时间做一些事情。在我们独特的个体存在的参数下，我们可以作出决定：我们应当如何度过这唯一的事情——我们每个人都拥有的当下时间。

19

具有创造力的人，不会按照预定的范畴（"树是绿色的""大学教育是一件好事""现代艺术是愚蠢的"）去进行认知，而是会按照内心意识到的当下所是的样子去进行认知，因此，他会有许多超出预定范畴的鲜活经验（在这种灯光下这棵树是淡紫色的；这种大学教育是有害的；这座现代雕塑作品对我产生了很大影响）。

具有创造力的人会依照这种方式在体验面前开放自己。这意味着（不同的）概念、信念、认知和假设都不是僵化的，其界限是可以逾越的。它意味着，当真正存在模糊不清的意义时，个人能够容忍其存在。它意味着，个人有能力接受非常矛盾的信息，而不是强迫自己将这种情形拒之门外。

——卡尔·罗杰斯（Carl Rogers）

20

春季学期结束时，我写完几篇文章便开始了为期四天的穿越山区的行程。一个极其让人厌烦的学年结束了，我想来一个短暂的休假，然后再回来教暑期课程。

乡村还是满眼绿色，路边的野花在风中摇曳。我独自驾驶着我的小车，在这样小的小车上，你可以感受到与关于自己的事情非常接近。当我开车时，或者当我停下来欣赏风景，我几乎可以触摸到红色的土壤、带横纹的岩石、杂草和花朵。我自己也是其中一分子。

所以我到处旅行。我看到了树木，花卉，动物。碎云有时会给山坡涂上蓝绿色的补丁。我抬头看着高大的松树，它们则低头看着我。我嗅着松香，听着鸟鸣。

我开始觉得自己又活了。我正在**体验**一些事情，而不是**做**一些事情。我正在感受、看和听，而不是想着……试图记住……并提前规划。

我这样想着。

当我看到云朵的阴影以自己的方式越过整个山谷，我开始决定我是否要用相机把它们拍下来。它们是否会表现出恰到好处的颜色？被雷电劈开的松树映衬在黑白色的天空下，对一幅图片来说是否足够"艺术"？我看到了一片紫色的花，发现自己想知道它们是蒲公英、野生的飞燕草，或是别的什么。

我知道一些美丽植物的名字：金色的罂粟花，淡紫色的薰衣草，黄色的芥菜。我也知道一些松树（我记得"黄松"）和雪松（我记得是"杜松"）的名字。但我知道得太少了！我新发现的无知困扰着我。

但在某个地方——我不知道那是什么时候或为什么——我开始意识到我在做什么。我正在看到的东西，只是为了将其放入我的记忆中供以后使用。我正在建设一座漂亮的细节仓库，以便在回去后给别人留下深刻印象。这么多年来一直主导着我的心理习惯仍在控制着我的大脑。我正在组织我的旅行事件，就像我在为另一堂课做准备！

我要疯了！毫不夸张地说，我是疯了！我正在让自己，在我的时间里，与我周围的现实脱节。在这里，我置身在生活的中心，我没有看到它，没有听到它，没有感觉到它。我不是在经验它，而是在花费我的时间处理经验！

我下定决心，停止我的处理习惯。当下一簇野花出现在路旁，我没有对自己说，就像对着一位观众说："我看到一堆金色的罂粟花……"相反，我经历了它们——看着它们，感受它们，随着它们一起在风中摇摆，轻轻摘下一片叶子细细品尝它们的味道。我拒绝让我的脑海里出现它们的名字，或是将它们标记归类。

正如我现在讲述的，我找到了足够的词语来描述我记忆中飞翔的知更鸟和燕子的滑行。我可以详细叙述回忆中松树和新鲜雨滴的味道。

这是我现在可以做的事情。但在我短暂的旅程结束之前，我已经向自己证明，我可以恢复重新体验身外世界的能力。我已成功地再次触摸到现实。

——琼·希尔曼（June Hillman）

康德

我是一个天生的求知者

1762—1764学年期间,一个名叫约翰·赫尔德(Johann Herder)的哲学系学生,坐在柯尼斯堡大学康德上课的教室里。多年以后,在他自己也成了一位著名的哲学家后,他带着敬畏与爱戴之情,回想起自己的老师:

> 我非常幸运地认识了一位当过我的老师的哲学家。在他年富力强的壮年时期,他有着如同青年人一般的昂扬活力,这一活力(就像我相信的那样)一直到他耄耋之年仍然葆有。他那深思的表情清逸爽朗。他的谈话充满创意和思想,极具启发性。他在课上,会在恰当的时机,讲一些让人会心一笑的妙语,机智与灵动不曾或缺。他的演讲课像娱乐的对谈,颇有教益……人类的历史,民族的历史,自然的历史,数学和经验,是他的演讲和对话鲜活生动的来源。没有什么事物是他不想知道的……他鼓励并温和地迫使他的听众自己进行思考;专制与他的性格格格不入。我带着最大的感恩和崇敬之情提及的这个人,就是康德;他的形象至今仍矗立在我面前,他对我很重要。

在西方哲学的长河中,康德的成就通常被看作是一个分水岭。所有关于思维的早期批判思考,引领他成为自己,在他之后,一切都发生了新的转折。他提出了革命性的思想。他摧毁了存在一千多年的理性神学的根基,他给宗教和伦理学指引了新的方向,他就所有人类知识的性质提供了新的和持久的洞见。康德创造了他自己所谓的思想上的"哥白尼革命"。三个世纪之前,天文学家哥白尼取得了一个重大突破,他通过假设地球(像其他行星一样)绕着太阳转,成功地解释了行星的运动。我们所看到的行星所做的,并不是行星正在做的,它们的表观运动是我们将其放在一个移动的观测平台上得出的结果。康德发现,就心灵感知所有现实的方式而言,这是一个恰切的比喻:我们按照我们的方式去认知现实,并不是因为现实就是那样,而是因为我们的心灵的"运转"。我们的心灵并不是一个固定的平台供我们去观察世界,而是一台活跃的、转化的、生产的机器;就像我们观察到的行星只是表象而不是真正的事件,所有我们心灵对真实对象/事件的感知也都只是表象,而不是现实。

哥白尼革命将哲学带离了事物的本质,集中关注认知的心灵。康德"批判哲学"的深度从未被人追上。

⊱⊰

康德出生在普鲁士的柯尼斯堡,终生都未离开过这座城市,从未去过离开家乡十多里外的地方。他的祖父和父亲是皮革匠,靠制作马鞍维持生活,所以他和他的八个兄弟姐妹在他们早年的时候就很熟悉生活贫困的滋味。康德一家是虔诚的新教徒,是一个福音运动的成员,该运动强调简单生活,个人信仰,温暖的情感,亲密的家庭关系,严格的道德纪律,忠于职守。对他的母亲安娜·雷吉纳(Anna Regina)来说,这是一种特别重要的个人宗教,她引导自己的儿子信守这些美德,让它们与他的生活相伴,塑造他的思想。

安娜心胸开阔,善解人意,她的宗教信仰真诚却不狂热。她"时常带他出去散步,要他注意自然景物及其种种现象,甚至把她所知道的天文学知识也灌输给他,并对他聪敏的理解能力和突飞猛进的悟力相当赞赏"。后来康德曾回忆说:"我永远不会忘记我的母亲,因为她在我的心灵中植入了第一棵善的胚芽,并加以灌溉;她引导我感受自然现象;她唤醒了并且助长了我的观念,她的教导在我的生命中留下了不间断的、美好的影响。"[①]

16岁时,康德进入哥尼斯堡大学,并迅速作为一个不平凡的学生赢得了声誉。

---

① 〔美〕曼弗雷德·库恩,《康德传》,黄添盛译,上海人民出版社,2008年。——译注

在那里，他爱上了物理、数学和哲学。他通过帮助同学完成分配给他们的任务，打台球，替他的朋友们写布道文，替政府部门做研究，辅导柯尼斯堡有钱人家的孩子，来维持自己的生活。1755年，他回到哥尼斯堡大学获得硕士学位（相当于现在的博士学位），并成为哲学系的一位私人讲师，在这个职位上他一干就是十五年，尽管在此期间也有许多来自其他大学的邀请。他的课程立即成为最受学生欢迎的课，就连局外人，包括当地驻军人员，都来到他的教室，聆听，学习，对一个伟大心灵散发出的光彩佩服备至。

虽然康德主要是因为他强有力的分析智识而被人记住，但是他在大学的演讲，表明他有很宽广的知识面，使他成为所有时代伟大的博学者之一。他无数次讲授逻辑，物理，伦理，自然法，自然神学，教育学，人类学，地理学，矿物学，天文学，数学，力学。"我自己倾向于是一个研究者，"他写道，"我感到一种绝对的对知识的渴求，一种获取更多信息的不倦的渴求。"康德天生就有一颗整合的心灵，他厌恶和害怕那种狭窄的、小气的、自命不凡的世界观，无论它们出现在自己身上还是他人身上。他的心灵沉浸在宇宙的想法中。他最喜欢的课程：自然地理——他将其引入课表——描述了太阳系如何从气体星云中形成，人类的本性，文明的成长。他说，这门课提供了关于"整个世界的知识"。他第一本书结束语中有一句话是："也许行星系还在形成一些星球，好让我们在地球上一定的可居住时期终止以后，能到那里去找新的住所。"①

康德认为，哲学教师的工作就是帮助学生避免成为独眼龙。他指出，所有的学术方案都倾向于培养学生成为独眼人，从其专业化的单一视点去看世界。然后，这些学生就进入生活，参加工作，从而进一步加深了他们的近视，并继续从一个狭窄的视界去看东西。"文献独眼人（语言学家）最为张狂，但在神学家、律师、医生，甚至是几何学家中，同样有独眼人"——而这些人就其本性而言本该从全景去进行思考。哲学的任务，就是培育和长出"第二只眼"，使学生能"从他人的视角"去看世界。如何做到这一点呢？那就是通过苏格拉底教导的批判哲学。哲学是"独眼龙主义"的上佳解药。

1755年，康德的宇宙之爱开始开花结果，他出版了《自然通史和天体理论》。书

---

① 〔德〕康德，《宇宙发展史概论》，全增嘏译，上海译文出版社，2001年，第141页。——译注

中避开了当时还很流行的神学解释——就连牛顿都说,第一创造力是上帝——康德用科学原理描述了太阳系可能的起源。他的"星云假说"(后来由拉普拉斯加以扩展)认为,太阳系是由原初气体凝聚而成的一团星云演变而来。康德认为,宗教没有权力设定解释自然现象的框架。宗教和科学必须无视对方,它们应被理解为是完全分离的,任何企图将它们混合到一起的尝试都会损害双方。

1770年,康德成为他所在大学的逻辑学和形而上学教授,他的名气迅速增长,吸引了来自德国各地的学生,并受到同事的钦佩。到了1780年代,康德已使哥尼斯堡大学出了名,到了1790年代,所有的德国大学都在讲授康德哲学。但在出版了《单纯理性限度内的宗教》后,反对他的想法的人也在增多。1792年,普鲁士国王寄来一封信,命令他停止讲授所有有关宗教的主题。"我们至高无上的国王一直非常不悦地看到你错用你的哲学,破坏和摧毁了圣经和基督教中许多最重要和最根本的教义。"康德最终同意了,但是失去自由让他很是郁闷;1794年,他从学校退休,并于次年不再任课。1795年国王去世,康德再次获得自由,但他的力量已经开始下降,他的心灵也失去了往昔的穿透力。他还是每天都去办公室,"重建哲学"的激情仍在驱动他,让他无法停歇。但是暮色正在渐渐加重。1798年9月,他给一个朋友去信说:"尽管身体状况良好,但我却无法进行知识工作。"他又活了五年,1804年2月12日去世。他的墓碑上刻着他的《实践理性批判》中的一句话:"位我上者,灿烂星空;道德律令,在我心中"——他为这两个世界奉献了一生。

康德的个性和生活方式引人注意。虽然他很喜欢有女士陪伴,但他却从未结婚——有两次他也曾考虑过结婚,但最后都是他一拖再拖,结果年轻的女士们转向了其他追求者。他靠自己生活,守卫着他的独立,生活中的绝大部分时间都在思考问题。有人说不可能写出"康德生活",因为他没有生活。当然,这是完全错误的:他的一生是一场持续不断的令人兴奋的心灵冒险(一些传记作家不会明白这一点),这是一种极其幸福的生活。他经常邀请同事和学生与他一起吃饭,他们都喜欢他的热情款待和活泼的谈话。他可以同样轻松地参加小型谈话或沉重的思想辩论;像他的演讲一样,他的玩笑诙谐有趣。

就身体而言,康德有些虚弱,他说自己"从不生病,但也从未达到过十足健康的地步"。他身材矮小,塌胸驼背。他极其自律,严格守时。他的日常生活由时钟控制。每天早上5:00点起床,工作到7:00或8:00,上一两个小时课,然后再从9:00

康德散步

或 10:00 工作到 1:00 吃午饭，然后他会出去散整整一小时步，回到家下午和晚上都用来读书，晚上 10:00 准时上床休息。

⋘⋙

  康德写了三本书，改变了西方哲学。第一本书，既是最有名的也是最难懂的，是《纯粹理性批判》(1781)，它几乎完全涉及认识论。第二本书是《实用理性批判》(1788)，主要探讨宗教和伦理学或道德。第三本书是《判断力批判》(1790)，主要处理艺术和美学理论。康德把第三本书视为"使两个[早期的]哲学成为一个整体"，使"整个批判事业达致圆满"。这三部伟大的作品合到一起，提供了一个完整的关于人类知识的哲学。

  康德告诉我们，当他读到休谟对人类知识的分析时，他深感不安。"正是休谟的工作，很多年前将我从我的教条式的睡眠中唤醒，并给了我一个全新的方向，去在思辨理性的领域进行研究。"休谟的工作导致极端怀疑主义。休谟成功地向人们展示了，所有的知识都要比任何人所认为的更加脆弱和更不稳定。康德一直以来都认为：唯有理性知识——没有从感官输入——是足够的和可靠的。不过休谟说服了他。休谟具有说服力的分析已经证明，因果关系和必要性——自然世界知识建立其上的两块基石——并非来自我们对物质本性的观察；这两个概念都是心灵创造出来为自己的需求服务；它们是概念，即允许它以一定的方式来处理数据；但没有一个概念能被证明是现实中的事实。例如，理性知识（在几何学中）是真的，但只是作为一组定义和演绎的结果，并且不一定适用于现实世界中。休谟由此破坏了经验知识和理性知识。他动摇了我们所知道的一切的根基，康德先是为之骇然，继而被其说服，然后又向其发起挑战。

因此，康德写了《纯粹理性批判》。通过约500页紧密的、精心合理的文字，他解决了休谟对科学"可怕的颠覆"。他证明了，我们关于现实的知识，是由具有创造性的心灵和"外在的"未知现实（我们从中获取感官数据），一起合作生成的。来自感官的原始数据未能给予我们一幅关于真正对象/事件的图景，所有我们"知道"的是我们自己的感官，而不是真正的事物。（所有我们能够体验的也都是我们自己的经验。）在感-知觉可以成为"知识"之前，心灵必须处理和解释它们；要做到这一点，心灵必须遵循它自己的规则，并添加它完成其任务所需要的催化成分。其中心灵增加的几个项目（康德所谓的"范畴"）是单一性和多样性，实在质，否定质，实体，因果关系，现

进入思考状态的康德

实性，非现实性，必然性，偶然性，等等。在现实世界中，这些概念都没有被发现，而只存在于我们的心灵中。同样，时间和空间也不是真正的"东西"，而只是心灵创造的"认知模式"，或者说得更好一些，是软件程序，没有它，我们就无法去认知或思考。然而，康德成功地展示了，时间和空间都是心灵用来感知过程的成分，而不是"外在"现实世界中的"对象"。不可避免的，我们相信时间和空间是真实的，就像我们相信颜色、声音、气味、口味是真实的一样。但事实上，这些都是我们心灵世界中的经验。实际上，就人类知识而言，我们对现实的经验，没有像对其包含物的经验多；我们"知道"的世界，结果表明仅是一个复杂的对有组织的表象的编织物。康德成功地表明，心灵为我们贡献了我们所有知识的主要元素，包括科学、伦理、数学、形而上学、政治、美学等领域的知识。没有什么是纯粹的，没有什么可以不受心灵的操控。就连科学家珍贵的"自然规律"，这被认为是普遍的和不可改变的，也是心灵的贡献。"我们自己将秩序和规律引入一套表象中，我们称那一表象为'自然'。"

由此立马就可看出，康德的思想消灭了关于所有事物的确定性，包括关于上帝、永恒性、救赎和自由意志的确定性。一场风暴很快就会到来。康德自己似乎也对他第一本《批判》的结果感到不安，决定再写一本书来恢复信心。他的《实践理性批判》，在某种程度上做到了这一点。

在第二本书最后的分析中，生活是一件非常实用的事情，无数的信念，即使对它们没有绝对的把握，对满足日常生活的需求仍是必要的。康德由此认为，因为某些东西是必要的，而不是因为它们是真实的而相信它们，是合理的。"我发现有必要否认知识，以便给信仰腾出空间"，他写道。像因果关系这样的概念是生活所必需的"规范原则"，像上帝、不朽和自由意志这些概念也是如此。"自由意志"这一概念对我们作出选择、决定、判断是不可缺少的，不论"我们是自由的"这一事实是否为真。为了生活，我必须假设我是自由的。康德说，这意味着有"操作真理"，其存在超出了我们的感官或我们的推理的理解。

我们对"道德律"的理解，情况也是一样。所有人都"本能地"受到道德法律知识的约束。它不是来自社会、宗教或上帝。它从何而来呢？它来自我们自身，因为我们是理性动物。我们的"道德律令"——无条件的"应然"——有其出处，就是人类心灵的正式结构。它是"责任"概念的普遍化。在作出任何行动之前，我都应该问自己：如果所有人都这样做我是否赞成？任何可以普遍化的行动，都可被视为是道德的。这是康德著名的"绝对命令":"除非我愿意把我的行为准则变成普遍法则,否则,我不会如此行动。"这种本体论律令具有相同的有效性要求,康德说,就像 7+5=12;其普遍的一致性提供了其有效性,要求一个人按照那一判断作出行动。

康德的第三本大作《判断力批判》,阐述了一个古老的困惑:关于感官经验的"两个性质"教条和美感的本质。一些早期古希腊思想家,特别是德谟克利特、伊壁鸠鲁和怀疑论者,已经开始区分主要性质和次级性质;近世以来的伽利略、牛顿、笛卡尔、洛克也都谈及这个问题。康德认为,为了准确了解我们审美经验(比如,美)的本质,他必须重新处理这个问题。

长久以来人们一直认为,所谓的主要性质(第一性的质)(洛克认为有五个)——如广延(大小,体积),构型(形状),运动或静止,数目和固态(不可穿透性)——是物体自身固有的机构,而次级性质,如颜色、气味、声音、冷暖,均位于我们经验者自身,它们只是我们自身的感觉物,而不是事物自身所有的。

康德经过漫长的分析,使他(在很大程度上)同意这种二分法。"酒的味道不属于客观决定的酒……而只属于品尝它的主体的特殊感官构成。"此外,这些感觉"自己不会产生关于对象的任何知识。""葡萄柚是黄色的"这句话,在关于柚子或其真正的性质方面,什么也没有告诉我们。认识到这一点——已被随后几百年的研究所证实——迫使人们重新思考一切科学知识的确切性质。感官给心灵提供了原材料,我们可以从中获得知识,但这个过程是复杂的,充满了欺骗。

关于认知的这些既定事实,也可以澄清美学经验。当我说"玫瑰是红的",我在报告一种感官经验;当我说"玫瑰是美丽的",我在报告一种美学情感。由此康德——他对所有形式的美感都很敏感——得出这样一个结论:美学情感完全是主观的。

关于我们的美学经验,康德发展出两大命题。(1)我们珍惜的是对美的**体验**;产生美的对象——我们对其一无所知——则是无关紧要的。美是纯粹的经验。在琢磨这样的经验时,我们的兴趣离开了真实的事物,完全专注于我们内心世界无限丰富和多样的感情上。

(2)审美经验永远是新鲜的,它在本质上是一个全新的、未受污染的事件。所有与概化心灵相联系的纽带都被切断。例如,一朵玫瑰是一个审美对象,一把锤子则不是。当我看到一把锤子,我首先想到的是与其用途相关的一连串意义,不管它是否是一个合适的工具,不管我是否把它放到工具箱中正确的地方,无论我是否把它扔在雨中让它生锈，等等。我极少会将锤子视为一个审美对象。然而，看到玫瑰，对我来说，就没有这样与其相连的意义。我看到玫瑰，深深地吸了一口它的香气，纯粹是为了乐趣。当然，如果我的左脑有这样的倾向，我可以给玫瑰一个名称，给其分类，并给与其相关的一大堆抽象看法标上号码。但这些看法和诠释与美感毫不相干；当然，它们会通过加入"不纯的"分子，抢走我的审美愉悦的纯度。因而，审美经验是自由的，与现实和心灵创造性的智力活动分道扬镳。

　　对康德来说，审美经验有着至高无上的重要性，是我们所有其他经验的存在理由。它带来了对我们生活其中自然世界里道德的、理性的、美丽的事物的"情感－理解"。康德似乎想要说，人的本性会对自然（Nature）基本结构中的事物自发进行反思。在一个不是我们的家的世界上，我们并不是这个世界的"路人"。这个世界，就像它所是的那样，是我们的家，因为它支持人类的理性，人类的愿望，人类感知真、善、美的能力。

4-3 自由

这是一个古老的、存在很久的问题:我们人类是自由的吗——我们可以按照自己的意愿作出选择吗?还是我们一定要成为并要去做预先设定好的"编程"指令我们去做的事情?现在我们已经知晓遗传学,基因编码这一预定论不容否认。但是,我们所处的世界仍然认为自由意志是必要的,我们应该为我们所做的事情负责。这揭示了一个坚如磐石的经验事实:我们**觉得**我们可以自由选择;我们把作出正确决策归功于自己,为作出糟糕决策而产生负罪感(自己责怪自己)。那么,关于人类自由的真相是什么?自由意志是一种既定的能力,还是一种我们能够发展出的能力?本章介绍了关于这一问题正反两方面的论据。

自由的感觉

1

我想向你描述一种经验模式,我观察过它,并有过那种体会……在那一经验场合,当我尽力思考它时,我试着给它贴上各种标签——成为一个人,有把握成为,有勇气成为,学会成为自由的——可是那一经验要比那些标签所能描述的更宽广、更深沉。很有可能,我用来描述它的话语无法传达出我想要传达的东西。我基于这一经验所呈现的猜测和想法，可能是错误的，或是部分错误。但这一经验本身是存在的。对任何观察到它或是体验过它的人来说，这是一个极其引人注目的现象。

——卡尔·罗杰斯

2 但是，自由的经验/体验事实上真的存在吗？还是自由的感觉制造了一种假象？

在一项催眠实验中，一名男子被带入一种深度的催眠状态，并给出了一个简单的催眠后暗示。从当天起大约一个月，他被告知，在某一天吃过午饭后，他会唱起国歌。在这一告知后的一周内，又在两次类似的深度催眠中给其强化了一下。但是，没有人告诉这名男子，已经给予他催眠后指示。

当唱歌那天到来时，那天一早他就感到自己有一种想要唱歌的冲动，事实上他哼唱了几首酒吧乐曲的曲调。随着中午临近，唱歌的冲动，无法解释地变得越来越强。

◁ 专栏 ▷ **木偶戏？**

我们看见木偶在它们小小的舞台上手舞足蹈，随着木偶线的操纵上上下下，严格按照它们的角色规定进行表演。我们学会了理解这一剧场的逻辑，我们发现我们自己也在追随木偶的表演。在社会生活里，我们也被吊挂在操纵我们的"木偶线"上，我们借此给自己定位，并承认自己的定位。在一刹那间，我们觉得自己很像木偶。但随后我们就理解了木偶剧场和人生剧场之间存在的决定性不同。与木偶不同，我们可以在我们的演出动作中停下来，抬头仰望并感知操纵我们的"木偶线"。这一动作（停止演出）就是我们走向自由的第一步。

——彼得·伯格（Peter Berger），《社会学的邀请》(An Invitation to Sociology)

一吃过午饭，他就坐到钢琴前，手指在琴键上滑动；然后，就像事先安排好似的，他唱起了国歌。

这类实验在催眠中很是常见。最重要的一点是必须做的**原因**：是什么**使得**他在指定的时间唱出了这首指定的歌曲。他感觉（自己是）自由（的）。他觉得这是他自己做的一个**选择**，他也可能作出其他选择。但矛盾的是，他也**感到**（事情像是）注定（好的）。唱这首歌的冲动达到如此这般的程度，以至于很难或不可能不去唱。

决定论的两难困境

3 这个戏剧性的实验象征着我们人类最深层次的困境之一。一方面，我们感到自己是自由的；我们的社会生活建立在下面这一假设之上：我们和他人会作出真正的选择，并应对我们作出的选择负责。我们指责别人犯下的错（也就是说，他们本可以自由地不去那么做），我们在自己犯错时感到内疚（也就是说，我们自己本能够也应该有不同的做法）。

另一方面，我们又觉得自己是注定的。就像圣保罗清楚地所说的，"因为我所做的，我自己不明白。我所愿意的，我并不做；我所恨恶的，我倒去做。……我所愿意的善，我反不作；我所不愿意的恶，我倒去做。若我去做所不愿意做的，就不是我做的……"圣保罗的哀叹最后上升到一种最高的痛苦："我是一个多么可怜的人啊！"

根据经验，我们被迫得出结论：在我们内心，有着反复无常的因果力量，指引我们做了无数违背我们意愿的行为。前现代的人把这些力量说成是善/恶灵魂在其内心交战，是他觉得几乎无法控制的思想、感情和行动背后的代理人，这是很自然的。今天，我们可以用经验术语（条件反射或生理/化学原因）更好地解释我们的行为的原因。不过，结果是一样的：我们既体验到自由，也体验到决定论。这两种经验感觉都很真实，我们从来没有完全理解该去如何协调这对明显的矛盾。

4 西方基督教神学极为准确地成为这一两难境地经验的象征。在圣经中可以找到丰富的材料来支持下面这两种基本信念：(1) 上帝是万能的，从而决定着我们生活中的每件事；(2) 人拥有自由意志，因而应该为他的罪负责，可以公正地要求他为其错误决定受谴责下地狱。

在它们的极端表现形式中，这两种学说在逻辑上是矛盾的；它们不能同时为真。但西方神学别无选择，只能同时接受它们都是绝对真实的，它们都是圣经权威和教会传统决定的（因此，不容商榷）。近两千年来，基督教神学家都在与这两种学说进行"搏斗"，试图协调它们，以便人们可以相信它们和维护他们的理性诚实。没有哪两位神学家会以完全相同的方式去解决这个问题——其实没有一个解决方案不会遇到逻辑困难——但也有几种得出解决方案的一般方法。如果这两种学说都可以软化，它们就可以重归于好。如果上帝不预先确定我们生活中的每一个事件，我们就可以声称我们有一些自由意志；或者，如果我们承认我们不可能完全自由，我们也就可以接受一些宿命论成分。

然而，无论采用什么样的解决办法，重要的一点是，神学构想/阐述是一种关于非常真实的人类困境的精确的教条化。我们既是被决定的，又是自由的，我们必须在某种程度上解决这一矛盾，直到我们对这两者如何可能为真获得一个可行的理解。

5 极少有什么哲学问题能比自由 v 决定论这一问题产生更大的实际影响。

第一，如果没有自由，也就没有道德、法律，或任何其他形式的责任。然而，个人责任这一事实是我们最珍视的假设之一。我们指责别人犯下的错误，称赞他人取得的成就。我们对我们自己负责，并为我们的失误感到内疚。我们起诉指控不法分子，对其进行审判、定罪或释放他们。我们按照这一假设行事：人类可以在道德上和法律上为其自身行为负责，即人是自由的。但若我们对自由的假设是假的，我们的生活就会是一个建立在悲剧性幻想之上的残酷的玩笑。我们就是在做着一场完全错误的游戏。

第二，我们日复一日年复一年，努力在绝望或喜悦之间奋斗，多数时候都是抱着希望去实现我们的人生目标。但若我们不是自由的，我们所有的努力也就毫无意义。我们以为是我们自己在设定自己的目标，而事实上则是它们为我们设定的，我们能否实现这些目标，都是事先已经注定的，或者至少不是我们能够控制的。生活本身成为一种错觉。

第三，也是最深刻的一点，自由问题必须应对我们是什么或不是什么。如果我们不能自由地作出选择、选择自己的生活方式、设定自己的目标，生活对我们来说意味着什么？由于我们在这个世界上的行动都抱着最深的信念：至少在某种程度上，我们是自由的，那么存在本身就是一个骗局。我们认为我们是自由的，感觉我们是自由的，并像我们是自由的一样行动，像我们是自由的一样去对待自己和别人，我们基于我们是自由的这一假设发展出广泛的道德和法律制度——难道所有这些都是一个被吊在绳子上晃来晃去的盲目木偶的想象吗？

我们不是我们以为我们所是的样子，生活也不是我们认为它所是的样子，游戏规则不是我们所想象。也许我们会发现，并不是我们在玩游戏，因为我们只是一些棋子，而是某些事物或某些人在玩游戏。

决定论的例证

6 约有15年时间，布鲁诺·贝特尔海姆（Bruno Bettelheim）博士一直在跟踪研究一个案例："机器男孩"乔伊（Joey）。从心理性上来说，乔伊显然失去了自由，但在遗传学或生理学上而言则不是这样。从一出生起，他就几乎完全被忽略；对他的母亲来说，他几乎就是一个不存在的人。由于他作为一个新出生的人是麻烦的和不被接受的，他很快就感知到了这一点；他的人性必须被消除或被压抑。所以乔伊就变成了一台字面意义上的"机器"。他很早就熟悉使用机器，可以熟练而巧妙地拆卸和重新组装它们。他很是羡慕机器，并认为自己与它们一样；它们受欢迎，可以跟人玩；它们不会惹出乱子，也从不会受到惩罚。渐渐地，他便认为自己也是一个机器。

比如，吃东西前，他会解开一条他假想的线，将它插入插座，打开开关，并检查他的灯泡。只有在他已经监控了他的电路，检查了他的表盘，打开正确的开关，他才会执行例行动作（吃东西）。他确信他的机器自我在正常工作。

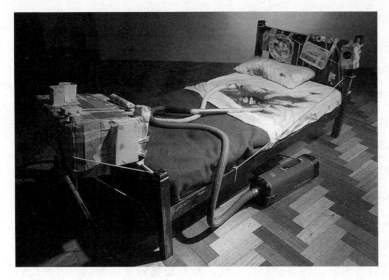

"机器男孩"试验

所有这一切并不仅仅是一个游戏,就像一台机器一样;这是一个有着致命后果的"游戏"。他通过玩机器-游戏,来逃避进一步抑制其身上的人性给他带来的难以忍受的痛苦。

贝特尔海姆指出,"乔伊的病态行为似乎是一种外在表现:他付出一种压倒性的努力,几乎不想作为一个人存在。"乔伊创造了一个他自己生活其中的世界,这个世界是一个比敌对的现实世界更好的世界。在他的幻想世界中,他找到了一种生活方式,至少这种生活还是他可以忍受的。由于他并不需要成为人,他身上的人性便不断萎缩,慢慢地,乔伊也就变成了一台机器。

机器是不自由的。事实上,这个词在这里并不适用。机器按照因果关系运转——这是一种彻头彻尾的决定论。乔伊这个"机器男孩"知道他自己没有自由。

7 对决定论来说,当代最强有力的一个例证出自哈佛大学斯金纳(B. F. Skinner)博士的《超越自由和尊严》(*Beyond Freedom and Dignity*)一书中;斯金纳博士是一位心理学家兼小说家,后来又成为一名哲学家。

按照斯金纳的思考方式,自由是一个神话,一个危险的神话,因为我们已经赋予这一神话和其象征物("自由")一些近乎神圣特质的东西。事实上,许多不同意斯金纳看法的人,都认为他的观察可以解释宗教和爱国原因。(当一位国会议员在众议院发表讲话，谴责斯金纳"提出了一些威胁我们政府系统的未来的看法，贬低美国传统中的个人主义、人类尊严和自力更生"时，斯金纳的书仍然深受欢迎。就像在这个例子中经常可以看到的那样，更多的评论都表明，人们对斯金纳所说的，存在一种根本性的误解。）

斯金纳认为，自由并不是人类经验中的一个事实。我们所有的反应（隐藏在所谓自由选择背后的冲动），都是条件反射和强化的过去独特偶发事件的结果，条件反射和强化塑造了我们是什么。斯金纳著名的鸽子和老鼠的实验表明，动物的行为可以预测和控制，甚至可以按照设计/规范生产。通过选择特定的因子（刺激），就会得到想要的结果（反应）。这仅仅是将科学的因果假设应用到动物行为领域。每一个因都会产生一个果、每一个果都先于一个因这一假设，是所有科学的基础。是什么使得我们认为这只适用于自然科学而不适用于行为科学？

我们所说的自由，仅仅是成功地避免了任何生物体在其所处环境中一些令人厌恶的功能。因此，所有的生物体都被其所处环境的动态特征所操纵和控制。

可以肯定的是，当斯金纳说"自由是一种错觉"时，他并不是要否认我们经验的那种相当愉快的**情绪**，即我们通常所说的自由；但他毫不含糊地说，这种情绪本身就是一个**条件（因）**反应。我们可以给这种感觉贴上"自由"或是别的什么标签；但不管我们怎么称呼它，它一直都是由过去的经验产生的；它是在之前一些时间形成，然后变成当下行为的肇因。

8 斯金纳所举的例子中有两个是飘落的树叶和嗡嗡飞的苍蝇。

想象一片树叶，经过第一次霜冻后微微泛黄，在风中晃动，突然从一棵高大的金红色的枫树顶部坠落。曲折运动，在空中盘旋，它沿着一条充满诗意的路径向下滑落，最终降落在地面。

现在，没有一个活着的物理学家会认为树叶是"自由的"。我们中那些具有审美趣味的旁观者则可能会被树叶的悠然而下所迷住，甚至羡慕滑落的枫叶飘向地面的"自由"。但在这样做时，我们已经把诗意的理想主义与我们的自然现实混到了一起。事实是，树叶准确地遵循已知的物理定律，这一定律在任何一本物理学教科书中都可以很容易地找到。

落叶是自由的吗？

可是，当树叶开始其从枫树顶部飘落的路程时，物理学家能否按照其公式，预测出树叶的运行线，或是最终飘落的地点呢？这件事太过复杂，因为有太多变量：气流，大气密度，空气湿度，阻力，树叶的质量和体积，它的结构，等等。要考虑的变量数目是如此之多，尽管知道所有可以使用的定律，要想预测出树叶的轨迹或其落点，还是超出了当今物理学家（或电脑）的能力。

那么，就其确切意义来说，树叶是"自由的"吗？一点不是。它遵循必然的因果律。

9 在其他地方，斯金纳又思考了一只苍蝇在一间屋子里嗡嗡乱转的例子。描述枫叶的运动时，我们是对一个被动对象使用了物理定律。嗡嗡飞的苍蝇的轨迹无疑更为复杂，因为我们应对的是一个有生命的物体活跃的神经系统。我们的因果因素在一定程度上是内在的。

如果我们知道关于嗡嗡飞的苍蝇的一切——其先前的条件，其当下的化学状态，其"需求""动力""目标"或别的什么，以及苍蝇飞行的所有空气动力学——那么，根据斯金纳的看法，我们就可以准确预测苍蝇将会在哪里嗡嗡，在哪里停下，将会吃什么，等等。

但在这个例子中，我们面临着与树叶飘落同样的悖论。我们可能会觉得树叶是自由的，因为它在空中飞来飞去，它看起来是自由的，甚至似乎是它自己作出了选择。但是，斯金纳争辩道：这样的自由不过是一种神话。嗡嗡作响的苍蝇，并不比飘落的树叶多一点点自由。如果能够准确知晓因果力量，每个动作都可被预测出来。更简单地说，所有运动中的物质都遵循物理定律，而一只苍蝇就是一个运动中的物质。

这些相同的原则也适用于人类行动，我们的复杂性显然使得我们没有理由反对宿命论,因为同样的因果律适用于所有情况。我们的行为要比苍蝇的更复杂,就像苍蝇的行为比树叶的更复杂。但对我们来说,就像对苍蝇或树叶来说,自由同样是一种错觉。

10 卡尔·罗杰斯说,自由是存在的。斯金纳表示,事实并非如此。罗杰斯记下了在一次会议上两个人之间的交流,在那次会上,斯金纳宣读了一篇论文。

> 从我所了解的斯金纳博士的角度来说,依照他的理解,虽然他可能想过他选择参加本次会议,可能想过宣读这篇论文有一个目的,但是这样的想法是虚幻的。他确实在书上作出了这样的评述,并在这里发表了一些言论,但这只是因为他的基因构成和他过去的环境,控制了他的行为,让他以这样的方式发出那些声音作为一种奖励,而且他作为一个人不会参与其中。事实上,如果我对他的想法没有理解错的话,从他严格的科学观点来说,他,作为一个人,是不存在的。

在给罗杰斯的回信中,"斯金纳博士说,他不会研究这个问题:他在这件事上是否有选择(可能是因为整个问题都是虚幻的),但他表示'我确实接受你对我自己在这里的存在的描述'。"

自由选择的例证

11 无论是在东方还是在西方,人的自由一直得到各种传统一系列杰出思想家的坚决捍卫。在这些辩护的声音中,最有说服力的莫过于存在主义哲学家萨特,他那关于自由的激进言论,源于他自己在二战中纳粹占领法国期间亲身经历的人类斗争经验。流行的观念认为:我们的行为被我们过去的经验(通过操作性条件反射)所预先决定,注定要失去我们的自由意志——在萨特看来,这是一种无耻的谬论。相反,人不光是要为他所做的负责,甚至是要为他所是的样子(是一个什么样的人)负责。

萨特确信，不存在任何形式的决定论。**没有人能告诉我该怎么做。我必须自己作决定。**我不能怪罪上帝，或别人，或我过去的环境。是我自己让我成为我现在的样子。我必须接受我自己的自由带来的后果，为我自己的决定承担责任，面对随之而来的后果。因为在萨特看来，人的自由，并不总是一件幸事，它更多的时候是一个悲剧。无论我们喜欢与否，**人注定是自由的。**

但是，为什么萨特说我们"注定"是自由的？为什么会用这样一个悲观的术语？难道自由不是一件快乐的事情吗？萨特的观点是：当我们充分意识到我们的自由会给我们带来什么样的压倒性影响时，自由会给我们带来一种不可避免的痛苦。它包括悲剧性的选择，伴随着可怕的后果。有了自由，我们不单会为自己作出决定，还会为他人，有时则是为全人类做决定。完全意识到这意味着什么，可能是对人类生存本质一个噩梦般的洞察。

"人是自由的"意味着陷入了一个悖论。我们永远都不会对我们知道的存在满意。但是生活意味着，做一百万个梦，锐意进取，以丰富我们的存在内涵。其实每个凡人都想成为神，但更真实的事实是，我们是有限的（不是永生的），我们的局限会给予我们致命打击。然而，它们仍然是不能接受的。因此，我们继续竞争和奋斗，梦想着我们的梦想，尽管它们都是些徒劳的梦想，尽管我们明知道事情的真相。

为什么呢？为什么我们会做我们所做的这一切？很简单，因为我们无法不这样去做。因为，存在是自由的，自由的就是可以行动起来，积极主动地作出选择和决定，去梦想不可能的梦想（不论它们有多不现实），最终则是失败。总之，我们**必须试着去做**我们已经知道我们**不能做**的事情。

12 萨特试图让我们看到，我们生存在一个反对遵从律法的世界，没有指南。文化规范是相对的，社会是荒谬的。没有上帝，因此，在生活秩序上也就没有绝对的授权。这样一来，人类生活就没有任何意义。也没有任何过去的条件，我们可以用来指责让我们成为现在所是的样子。甚至没有一个"人性"可以帮助我们定义自己。

没有什么可以帮助我们——因为在意识到我们是什么的那一刻，我们就要对我们所是的和所做的事情负责。当然，我们可以加入黑帮，让我们的激情引领我们前行，但我们在**作出决定**这样去做时，我们就要对那一决定负责。我们可以顺从社会上多变的奇想，或是遵从一种墨守成规的伦理规章，或是接受同辈压力，但在每个**我们决定这样做**的实例中，我们都要为这一决定负责。

因此，无论什么时候我们意识到我们是自由的，我们就要负起责任。因为在意识的前沿，我们是真正的自由。当下每一刻都有无限多的选择摆在我们面前：思维方式、情感和行为——有无数的选项，而且选项是如此之多，会让很多人不知所措。往往就是在这样的时刻，我们常常会退回到决定论的神话中。我们说服自己，我们可以在仔细界定好和牢不可破的限制之内行动，我们并不是真正的自由。然而，站在我们的安全参数后面，我们会**声称**我们是自由的。我们并非"注定"要去思考，感受，或是要去做某些事情，或是去做社会、教会、朋友、法律、良心告诉我们要做的事情。但是，所有这些借口都会使我们远离自由。真正的事实是，我们可以去做所有这些事情，但是因为这种自由经验充满了恐惧，我们会热切地接受所有流行的局限性。

13 传统的人类解释是，我们的身体里居住着一个灵魂，它会告诉身体去做什么，因此，内在的自我掌控着行为并必须为行为负责。这一过分简化的概念已被当今神经科学所摧毁，代之以更好地理解我们是谁和我们是什么。

我们是什么？我们是整合的身心系统，在这个系统中，复杂指令嵌入心灵和身体中，两者都可以在我们没有意识到或者没有控制它们的情况下按照它们自己的冲动去行事。我们的许多行为都为潜意识所控制，更多的则由身体的遗传结构所控制。人的意识，远非控制代理人，主要是身体与潜意识主导的行动的观察者。正如史蒂文·平克（Steven Pinker）所说的那样，"有意识的心灵——自我或灵魂——是一个高级幕僚，而不是总司令"。

行为遗传学已经告诉我们，有很多个性特征都由我们的基因所决定。五种基本取向，在一定程度上都是遗传的结果：我们究竟是内向还是外向，情绪是稳定还是不稳定，对新经验的态度是开放还是抵制，与他人相处融洽还是合不来，是负责任还是变化无常。这些都是**基本**的人格取向，它们可以与那么多的特质相连，以至于我们都喜欢以此去判断他人：粗心，急躁，狭隘，粗鲁，自私，猜疑，不合作，缺乏设定目标能力，不可靠，等等。传统上，我们一直让他人（如果不是我们自己的话）为所有这些缺陷负责，而事实上，它们的基本参数主要是由我们的基因所预定。我们还倾向于用许多其他带有遗传倾向的个人特点去评判他人，包括"自由"或"保守"，理性或情感，乃至聪明或愚蠢。所有这些特质，即便不是完全被我们的基因所控制，也是对其有很大影响。遗传学家专门研究了许多产生这些倾向的特定基因。例如，"如果你有一段DNA短了一些，抑制了17号染色体上的5-羟色胺转运体基因，你更可能显得神经质和焦虑，或是在社交场合因怕得罪人而手足无措或是行为举动像个傻瓜。"（平克）

这些发现是否意味着，作为个体，我们不具有自由意志？一点也不。这些仅仅是一些倾向，并没有紧密的因果联系。倾向并非预定。在这些一般方向的框架内，我们经常可以作出明确的决定，但是，这些决定背后的意志冲动必须强大到足以压倒遗传的倾向。这样，意志的力量（自我力量）就会在我们做决定时拥有多大的自由度上，变成一个决定性因素。

但是，推翻编程（无论来自基因还是早期环境）作出决定，有时会非常困难。想想前面的"机器男孩"乔伊，他几乎没有任何机会"颠覆"他早期的条件。研究者也发现，受到虐待的孩子，和那些没有一个"代言人"告诉他们他们所受的痛苦是不正常的和不对的孩子，经常在其日后生活中被发现，他们也会虐待他人。

因此，我们是否有足够的"自由"去作出自主决策，并不是一个简单的是/否的问题。它取决于许多因素：特定的倾向对我们的影响有多强，早期的条件对我们的局限有多大，能够并允许去发展的意志力有多强，渴望利用自身自由的意识有多少，等等。我们大多数人，如果我们充分认识并相信我们仍然可以有选择（如果我们没有被吓住，并被告诉"你不能做什么"），如果我们有意愿去行使自由，都会相对受到滥用我们的自由的损害。

萨特

自由是我唯一的癖好

很大程度上是因为他的主要著作《存在与虚无》，萨特才成为存在主义哲学的代言人。厚达 700 多页的巨著震住了大家，虽然真正读完它的人很少——不用说，真正理解它的人就更少了。对任何读者来说，这都是一次令人兴奋的、深刻的、晦涩的、具有刺激性的挑战。它在 1943 年 6 月问世之后，在第一年内只有一篇评论，第二年有三篇，到 1946 年有十多篇。然后，突然之间，大家都在谈论萨特，《存在与虚无》也随之成为一部经典。

还在生命的早期，萨特便决定长大后要当一名哲学家，他将专注于研究人的意识，一门叫做现象学的学科。萨特的目标是，描述人类意识的结构，包括自我、直觉、知觉、情感状态等这样的精神现象。他的内省分析最终得出了丰富的见解，其中两个见解成为他的存在主义哲学的核心原则：(1) 一个事实，"我们注定是自由的"；(2) 他坚持认为，每个人和每种人类生活的明确目标，都是通过逐步走向真实性，逐步逃离自欺。

                            ি ি

萨特在 1963 年完成了他的自传《词语》（又译《文字生涯》）。他介绍了他的"起源"。他告诉我们，他的父亲去世时，他才 16 个月大，他的母亲安妮－玛丽·施魏策尔（Anne-Marie Schweitzer），带着他与她的父母一起生活。

"我的生活是从书本开始的，我毫不怀疑，我的生活也将以书本结束。"他的祖父母都是热心的读者,他看着他们读书,屋子里"充满了一种神圣的寂静"。当他学会了阅读,他"允许在书房浏览",在那里他"吸取人类的智慧风暴"。他回忆说,"正是那塑造了我。正是在书中,我遇到了宇宙",正是在"书籍的旷野里",他发现了自己。"我没有像其他男孩那样去收集草药或扔石头打鸟,"他说,"书就是我的鸽子,我的巢,我的家庭宠物,我的谷仓,我的家乡。"

萨特的正规教育开始于10岁,他进入了亨利四世公立学校。他天生敏感,天赋聪颖,是"一个优秀的小男孩",他的一位老师写道,并补充道:"他从来不是得到答案就停下,而是必然会习惯思考更多。"

到了15岁,他开始写一些东西;17岁时,他出版了两本小说。1922年,他转学到路易大帝学校(那里的同学对他影响很大),准备参加著名的巴黎高师的入学考试。他的聪明、刻苦学习和幽默感,给每个人都留下了深刻印象。萨特把他所有的生活都视为一个自发的喜剧礼物。在路易大帝学校,在读过柏格森的《论意识的直接材料》后,他陷入了哲学中:"在这本书中,我发现了对我认为是我的心理生活的描述……我与柏格森的第一次相遇,在我面前开启了一条研究意识的道路,使我决定去学习哲学。"

在巴黎高师那些年,是他的成熟时间,他第一次接触到家庭以外的现实。他学习很好,交了一些朋友,第一次认真谈恋爱(与一个美丽的女孩卡米尔)。虽然哲学是他的热情所在,他却从来没有停止与他的哲学老师争吵辩论。萨特小团伙的人在早上学习,在花神咖啡馆吃午饭,下午驱车闲逛巴黎,晚上去电影院(萨特是名电影爱好者),或在咖啡馆品尝鸡尾酒,总是不停地谈论和唱歌。萨特喜剧式的幽默、好听的嗓音和他时尚的爵士歌曲,使他成为小团伙的领导人。波伏娃于1929年7月被介绍入团,不久萨特便告诉她,"从现在起,我要你处在我的庇护之下。"

1929年11月,萨特开始了为期18个月的服兵役,服役地在圣西尔一家气象局,在那里他遇到了他的教官,同样喜欢哲学的雷蒙·阿隆。因为要做的事情很少,有很多空闲时间,他开始写诗、小说和两个剧本。服完兵役,他得到了一个在勒阿弗尔公立中学教书的活。

然后在1940年9月,他说,战争将他的人生一分为二,标志着他"从青年进入成熟"。萨特入伍当了气象兵,并随部队驻扎在阿尔萨斯。十个月后,也就是他35岁生日那天,他被德军俘虏。但到来年3月,他已回到巴黎——他以眼睛有疾病根

咖啡馆对话

本不可能打仗为由,让德军军官相信他是文职人员不是士兵而逃出战俘营。他加入了地下抵抗组织。

萨特的大部分时间都是在花神咖啡馆写作。当《存在与虚无》于1943年6月出版时,他已因其所写的戏剧和短篇小说而广为人知。他的小说《恶心》早已于1938年出版。全书采用了日记形式,借助英雄罗根丁这一人物形象,描述了当他发现"事情完全是它们看上去的样子,而在**它们后面**……则是什么也没有"时他的感受。他还出版了《苍蝇》,尽管它的喻义是自由和反抗,但它却于1943年春天在西岱剧院上演。出席者中有加缪,这是他们两个人第一次见面。

1944年7月,加缪通知萨特,德国人已经获取了抵抗组织成员名单。萨特和波伏瓦逃往乡下。但离解放只有几天时,他们又骑着自行车回到巴黎,见证了8月18日盟军的胜利。地下出版物《法兰西语文》,在其未经审查的第一期上,头版刊发了萨特带有挑衅性的宣言,"我们从来没有拥有比在德国占领期间更多的自由。"

战后时代,萨特继续写作,旅行,参与政治。《缓期执行》和《理性的年代》在1944年送到出版商那里。他已成为一个名人,但他却对此并不怎么乐意:"在一个人的一生中,被视为一个公共纪念碑,会让人感到不愉快。"1946年他在美国和瑞士做了演讲。这一年还上演了他的几部剧作,包括《胜利者》和《恭敬的妓女》。他继续就社会和政治问题发表源源不绝的文章和论文，经常关注自由和个体性问题，面对基督徒、共产主义者及他人的攻击捍卫自己的看法。他的生活就像他1951年剧作《魔鬼与上帝》中的英雄，全心致力于作恶，然后一百八十度大转弯，全心致力于行善——发现结果总是相同的。萨特每天收到的新闻报道，几乎全都是消极的。1948年10月，他的作品被列入罗马教会禁书书目。

1954年春天，萨特得了高血压。他的医生告诉他去到乡下休息，他照做了，但是沉默使他头晕目眩，他无法入睡。他继续奉行一个艰苦的工作日程：旅行，演讲，狂欢。

1963年萨特出版了《词语》，他对早年生活的叙述引发了两个重要反应：他获得了诺贝尔文学奖，他的母亲则评价说，他"一点都不理解他的童年"。萨特立即发给瑞典文学院一个通知，拒绝领取荣誉，他的这一举动在世界各地既赢得了赞扬也受到了指责。他后来补充说，他想要的唯一的荣誉，就是能有人读自己的书。

1971年5月，萨特遭受中风，影响了他的右臂和他的讲话，他第一次谈到了死亡。尽管如此，直到1974年，他战胜一系列疾病仍在继续写作。1980年3月，他心脏衰竭住进医院，4月15日去世。四天后，50万人将其遗体护送入蒙帕纳斯公墓。墓碑上简单地写着："让－保罗·萨特，1905—1980"。

❧

萨特比其他任何现代哲学家都要更多地宣称：人是自由的，绝对的和无条件的自由："没有决定论——人是自由的，人*是*自由。"他关于自由的有力的声明，发表在《法兰西语文》上，来自他与纳粹打交道的经验。

> 我们从来没有拥有比在德国占领期间更多的自由。我们已经失去了我们所有的权利，首先是失去了说话的权利。我们每天都在受到侮辱，不得不在沉默中咽下。在一个借口或另一个借口下，作为工人、犹太人或政治犯，我们被集体驱逐……因为这一切，我们是自由的……我们当中凡是知道一点抵抗组织情况的人都会焦急地问自己："如果他们折磨我，我是否还能保持沉默？"因此，基本的自由本身的问题被提了出来，我们被带到了最深刻的知识的边缘：人可以胜过自己（man can have of himself）。

理解萨特所说的意思，关键在于最后一句话。但首先，重要的是要注意：萨特运用了一些非常大的假设："直觉"和"不言自明"。他的第一个假设是，人的生命不可避免是一场悲剧。如果一个人只能活一定时间，他的生活标记将会是挫折、恐惧和失败；他将被迫在不好的选择中作出痛苦的决定，他将不可避免地要去面对痛苦和个人损失。苦难是人类现实中的大部分内容，对幸福的梦想是一种幻想。我们会盲目地继续努力去追求满足和幸福，但在这一生活中，这些都是根本无法实现的状态。事实上，幸福的人将不再是人。

由于萨特经历过战争去人性化的毁坏，我们可能会寻思，他的哲学是否有可能是悲剧之外的任何东西。但他有丰富的证据支持，他的观点并非只是一个人对生活扭曲的看法，而是对人类处境所做的一个合理的评估。它是对体现在欧里庇得斯和索福克勒斯剧作中的古希腊悲剧的一个深刻回应；它也是对佛教世界观的一种深刻回应，佛教导说，活着就是受苦，不只人类是这样，所有陷入轮回的生物都是这样，轮回会让每个活着的事物都平等地经受痛苦和死亡。

有首流行歌曲这样开头："生活就是你在等待死亡时所做的。"这种惨淡的情调，在一定程度上，是所有存在主义的特点。悲剧是人类境况中一个最基本的事实，个体必须诚实和大方地正视，没有神话，没有自欺，没有任何形式的逃避。存在主义常被认为是一种悲剧哲学。

但是事情也有另一面。如果生活的目标不是幸福，又会是什么呢？一种替代选择是，选择一种真实的存在，这是一个重大选择，可以把悲剧变成胜利。它始于承认生活是痛苦的，没有人会真正获得满足或平和无求。然后选择就变得很清楚：生活的决定都变成成长的选择，成长和逐步摆脱自欺成为意识的中心。这是对真实性的呼唤，呼唤真实的自我、整个自我，成为生活的目标。这一关于生活的真理，把我们从基于恐惧的神话中解放出来。一旦决定勇敢地生活下去，就有可能出现一种全新的存在。萨特坚持认为，这样的生活是我们真正想要的，它既不是幸福，也不是满足，而是一种活着的感觉。

萨特认为，我们可以真正自由地作出这一重要选择："人不可能有时是奴隶有时又是自由的，他要么永远和整个都是自由的，要么他一点也不自由。"我们发现，我们的自由存在于作出抉择这一行为中。迫使一个人敏锐地意识到他正在作出自由选择的任何生活情境，都会扩大他的意识，增强他的自由能力。

这就是萨特那句略带神秘色彩的语句的含义：抵抗组织战士发现，德国占领下的生活使他们意识到，他们正在作出自由选择。因为他们处在死亡的痛苦下，每一天的每一个小时都在要求他们创造出其他生存方式。无论选择有多困难，个体都会在其作出选择这一行动中经历最深刻、最满意的自由。每一个选择都是一个机会，可以重申真实的自我和在悲剧面前获得尊严。

　　这种自由既是祝福也是诅咒。"我们被单独留下，没有借口，"萨特写道，"这就是我所说的人注定是自由的意思。虽然是命定的，因为他没有创造自己，但他仍然是自由的，从他被抛进这个世界的那一刻起，他就要为他做的每件事负责。"这定义了存在主义哲学的根本目的。"这样，"萨特继续写道，"存在主义的第一个效果就是，它使得每个人都拥有自己（他所是的自己），并把他的存在的全部责任都扛在自己肩上。"

　　"因此，你可以自由地去选择……"

4-4 符 号

发现我们自己被困在自我中心困境（参见第 2-1 章），我们人类便陷入了孤立与孤独中。为了最大限度地减少我们的孤独感，我们会相互触摸，我们会打手势（"身体语言"），但我们主要还是使用符号语言。虽然语言声音可以很好地沟通信息，但它们却完全无法沟通更深（非语言）层次的经验。本章分析了语言的功能，认为成功沟通的关键在于听者，而不是说者；表明沟通往往始于我们停止说话时。"卐"字被用来说明，当符号具有多重意义时，僵化的定义会如何干扰有效沟通。

语言的功能

1 除了传递生存信息这一实际需要，所有交流沟通的基本目标都是超越我们的自我中心困境。我们（即，正在体验的自我）从生到死都"位于"预定的空间/时间，强迫我们服从不得不忍受的限制；我们发现自己处在一种被孤立和有强烈孤独感的境况；同时，我们渴望与他人保持联系。所有与其他活着生物的沟通，都是想要逃离并超越这一（对我们的）限制条件。我们创建符号媒介，用来向其他生命传递我们经验世界里的一些东西。

2 因此，我们发明了符号，它可以刺激他人的传感器。这既证实了我们存在

"我妈过去常说我'你要不会说话就什么也不要说',所以我习惯了用手语。"

的事实,也驱散了一些关于我们自己是匿名的不安。由此我们得出推断,我们可以将生活经验,从一个人那里传到另一个人那里;事实上,我们一般都能成功地说服自己,并发自内心地去相信,我们不只可以传递象征意义,还能传递封闭系统之间活生生的内容。

因此,由于自我中心困境的存在,我们人类变成了符号动物。如果能以某种方式实现直接传递鲜活的经验,我们无疑会加速清除我们的大多数符号。

请注意,我们人类与所有活着的生物共同分享这一条件。经常可以听到的那句话,"我们人类是符号动物,其他动物则不是",是假的。其他动物也必须通过象征手段或符号方法,摆脱或突破它们的自我中心困境。鸟类的求偶仪式和领土警告,狒狒的吠叫,夜空里飘浮的女舞毒蛾的香味,萤火虫求偶的闪光,这些都类似于人类的符号交流。农民的"不得擅自闯入"牌子和穴居猫头鹰的咯咯警告("不要靠近我的巢")都起着相同的功能。

当然,这并不是要贬低我们人类拥有抽象和复杂符号的能力。但我们想要追问的是:有了我们所有这些发展成熟的符号,我们所有的经验交流是否很成功?与一只母狐安抚它的孩子或是鲸鱼指挥它的幼崽相比,我们在倾听他人时是否带有更多的同情和敏感?我们是否会在事实上更少一些寂寞?

语言的许多功用

3 我们中那些受左脑驱动的人往往会心照不宣地默认,语言的主要功能是理性地沟通想法。但是我们的日常经验表明,事实并非如此。我们的语言设备被设计成服务于多种功能。

下面是十种常见的语言用途。请注意，语言的使用分为两大类：主要目的是改变我们自身的条件（主体——S），还是改变他人（客体——O）。同样重要的是，具体用法的目的是促成情绪结果（E）还是理性（R）或智力成果。浏览一下下面的列表，似乎表明，占主导地位的语言功能是情感，语言的多数使用都是反身性的，旨在改变我们自己而不是他人所处的条件。

4 语言被用来实现以下目标：

S（1）表达情感（E）。"我爱你。""我比春天的时候还要年轻。"(《南太平洋》)"哎哟！""该死的！"在这里也能发现，我们用无休止的论证来交流思想，实则是在发泄情绪，如愤怒和沮丧。漫骂的主要功能之一就是释放情绪。

S（2）驱除沉默（E）。我们发现：当独自与他人一起等在医务室，或是在飞机上坐在他人旁边，沉默让人难耐，所以会通过泛泛之谈来打发时间。礼貌的社交对话（"今儿天不错"）可以减轻焦虑。独自一人时，我们会打开电视，以减轻我们的寂寞。没有电视或CD播放机的场合，我们中的有些人会自说自话。

S（3）享受语言的声音（E）。语言会产生审美愉悦，尤其是带有吉利色彩的熟悉短语。这是诗（"词语的音乐"）的主要目的。就像有"情调音乐"一样，也有"情调语言"；对传教士、催眠师、剧作家来说——事实上，对任何希望为随后时间"定调"的人来说，这都是一个众所周知的事实。

S（4）确立一种归属感（E）。宗教仪式上，信徒一起齐声重复祷告——齐唱，连祷，赞美诗；有节奏的抗议声；拉拉队的欢呼声；武士舞。"我们一定会胜利！"特别有效的是赞美诗、国歌、能让人回想起昔日欢聚的歌曲，如母校校歌或流行歌曲"答案在风中飘扬"。

SO（5）建立关系（E）。"你好。""早上好。""你好吗？""你们好。""你好，早安。""你还好吗？""你好，先生。"礼貌的试探性的谈话："看起来今儿会是个好天。""我敢肯定，我以前在哪儿见过你。"也包括终止关系的仪式语言："晚安。""再见。""再会。""祝你今天过得愉快。"

O（6）影响或操纵他人的情绪（E）。讲道，爱国演讲，集会，电视广告。"微笑吧，上帝爱你。""噢，你看起来真是靓极了！"热门的安慰方式包括："不要哭了，一切都会好起来的。""我们每个人都要过这一关。""上帝会给你承担责任的力量。"

O（7）影响别人的行为（E，R）。"别这样！""限速 50 公里。""支持史密斯。""找一份工作。""去上班。"这里还包括电视广告，设计来说服我们需要某一特定产品并购买它。还有："好好想想！""往大里想！""往小处想。""不要想了。"这被称为"指令语言"。

O（8）提出见解（R）。这是一种哲学和文学用法，尤其为中国的先贤和印度的大师所用。"混兮其若浊，孰能浊以静之徐清。"（老子）"草上之风，必偃。"（孔子）这通常是比喻、轶事、谚语、箴言或"名言"（"耶稣说……""孔子说……"）、民间智慧的格言（"流水不腐"）的目的。

O（9）传达事实和想法（R）。"你透支了。""给我来个汉堡包和薯条。""我很高兴向大家报告，它不是恶性的。""我很遗憾地通知你……"在这里，我们可以把所有的媒体都归入传递知识这一类：电视新闻，非虚构类书籍，技术类期刊，以及我们所有日常传递的用来应对生活和生存的信息。

O（10）产生词语魔力（E，R，？）。"芝麻开门！""以伊希斯之名治好你。""唵嘛呢叭咪吽！"我们的语言中仍然包含了大量的半‐魔力的公式（经常以伪装模式出现）："祝你好运！""上帝保佑你。""上帝诅咒你。"类似带有原始色彩的文字魔术是这样的短语，如"你傻呀！"和"去吧，你可以做到这一点"，这些词语自身旨在帮助带来自己提到的结果。与词语魔力密切相关的是"安慰剂效应"："饭后两粒，你会感觉像变了一个人。"

交流沟通分析

5　语言，也就是声音和印刷符号，是人类用来进行表达和交流沟通的主要符号工具，但我们沟通的需要是如此之大，以至于我们对词语的期望远远超出它们可以传递的（意义）。我们希望它们成为我们内心体验方方面面的承载者，但这也就意味着，要将丰富的经验缩减为几句话和几个手势。我们试着将生活装入符号容器中，但是显然无法完成这一任务。艾略特写道："言辞在重负之下，会损伤，迸裂，有时甚至会破碎。"

但我们并不希望别人只是听到我们那些微不足道的符号，我们希望他们能听到我们的经验。别人对我们同样抱有这样的期望。

谁都不理解我！

6 成功沟通的关键不在说者，而在听者。如果听者不听，一个希望将其经验传给另一个人的人，就是尝试一辈子也没用。如果，因为某一原因，听者停止去听——因为他对真实经验无动于衷，或是心里想着别的事，或是已经开发出自我防御系统将痛苦拦截在外，或是因为听到的东西太多他已反应不过来——那么，他只是听到了一些符号，而没有听到符号所代表的东西。他对正在传给他的东西的意识，将是局部的、狭隘的，往往还是不准确的。

听到新的或不同的想法，我们大多数人都会感到有种受到威胁的意味（我们都在一定程度上有些恐外），所以对那些不受欢迎的想法和感受，我们就会设置路障，使它们无法获得通过。我们中的许多人还养成了僵化的概念系统，这样当我们听到别人的想法时，我们就会一成不变地将其予以"翻译"，让它们融入我们自己僵化的思想图式。罗素曾经写道：愚钝无知的蠢人总是会将高层级概念缩减为低层级概念，因为他必须将其简化才能明白它们的意思。类似这样的事情，在我们尝试与他人沟通时，几乎都会发生。我们将对方正在说的东西翻译成我们熟悉的体验，以便理解对方；在这样做的过程中，我们将会不可避免地在一定程度上错失对方所说话语的真意。

7 仔细分析我们的沟通，可以帮助我们看清，在我们试着使用符号作为意义载体的过程中正在发生的事情。分析沟通的目的是明了并理解这一过程，通过这一过程，意义得到成功的沟通；或者，如果中间出现传输故障，也可以发现，在我们的思考中、符号化中和倾听中，什么地方出现了差错。

下面七幅卡通①描述了查理·布朗和朋友间的一场棒球赛,仔细揣摩每幅图中说话者的隐含意义,留意说话者是否成功地使得他/她的意思为听者所理解。

第一幅图

"我们又被屠杀(玩完)了。"查理沮丧地说道,显然他是在用语言表达情感;看上去他的主要心思并不在交流想法上。为什么他会是这样?他的接球手知道分数,没必要告诉施罗德分数。查理的第三句话表面上看是一个问题:"为什么我们要受这种折磨?"实际上并不是一个问题。从语法上看它是一个问题,但它只不过是表达其对惨败烦乱不安心理的又一种方式而已。(这也是一个例子,我们多么容易被语法和句型结构所骗。)在查理沮丧情绪大爆发的下面,我们可以听到一种对帮助的请求——"我现在能做什么?"

第二幅图

"人生在世必遇苦难。"施罗德的回话,错过了查理话语的情感内容;他只是回应了"词语",而不是查理的"意思"——就像查理"你说什么?"所暗示的,查理的意思是说:"施罗德,那不是我说的意思!"

第三幅图

"他这句话出自《约伯记》。"李努斯也听到了施罗德的话,但他既没有回应施罗德话语的情感内容也没有回应其理性内容,他选择了告诉查理这句话的出处。施罗德和李努斯都没有留意到查理话语里的沮丧情绪。一个基本事实是:查理是三个人中唯一真正上场的棒球手。

---

① 版权未授,无法引用。——译注

第四幅图

"其实,受苦问题是一个很深刻的问题。"李努斯接着施罗德的思路,琢磨着受苦受难是人类境况的特征。这时,露西在一旁接口了:"一个人要是点儿太背的话"——她是否听了李努斯所说的话?显然没有。她甚至没有让他说完他的想法。露西的心里受到词语的激发,而不是词语隐含的意义。也就是说,"受苦受难"这个词使她联想到"点儿背"。结果:交流中断。

第五幅图

"那是约伯的朋友告诉他的。"施罗德听到了露西的话吗?是的,他听到了。他听到的不是词语,而是"道德律"的概念。施罗德的回应是正确的:约伯的朋友确实说了露西刚才说的话。隐含的意义是否被听懂?是的,(对话中)第一次(出现得)这么近。

我们如何评价露西对施罗德的反驳:"约伯的妻子呢?"露西错失了自己:她的评论与施罗德的陈述一点关系没有。(圣经里一直没有提过约伯的妻子。)结果:没有交流。

第六幅图

施罗德接着第四幅图中李努斯的话——终极思想。(露西的出现只是一个插曲。)"我认为,从未受过苦的人,永远不会成熟。"露西听到了吗?没有。她听到了词语"受苦受难",却没有听到施罗德赋予这个词语的意思;她给了这个词语一个不同的意思:定义转换。因此,她为施罗德没有说过的话而大声批评施罗德:"别傻了!"

在棒球投球区的另一边,另一个投球手试着证实"受苦是生活的一部分"——他会接下去说"我们必须学会承受苦难"或是别的类似的话吗?如果是,那他就在终极意义层面上与施罗德和李努斯站在了一起。

李努斯的评论——"只知道说约伯'耐心'的人"——又怎样呢?他是否

回应了前面人说的某句话呢？没有。提到约伯，使他想起他碰巧知道的某些事情，关于"约伯的耐心"的一些事情。所以，李努斯只是增加了一句没有关联的信息。

第七幅图

"我这不是在棒球队……而是在神学研讨班上。"查理这时的反应，就像我们在没能与他人成功交流或是在听了一场谁也不听谁的讨论后所感受到的那样。"没事，查理，你不是唯一感到自己不被理解的人。"

8 自从苏格拉底在雅典集市上与人交流想法以来，哲学对话一直是重要思想家的常用方法。哲学对话，既可能是自我对话，我们每个人都会"与我们的自我对话"，也可能是自我与他人之间的互动对话。毫不奇怪，在这两种对话中，良好的沟通必不可少！

在自我对话中，我们可以自己与自己谈论一个想法，询问自己关于它的问题；我们可以自己思考自己解释它，并在想象中向别人解释它。这是许多创造性思想家的秘密：他们已经学会了如何进行富有成效的自我对话。好的自我对话的关键是对自己坦诚以待，倾听自己的直觉，甚至是自己的感情；因为这也能告诉我们需要听到的真理。

互动的哲学对话是一种特定类型的口头对答，两个或两个以上的心灵一起探索一个意义 - 事件。他们相互解释给对方，询问对方问题，交流各种想法和见解。互动对话的形式可以是对手对话或支持对话。对手对话 (adversary dialogue) 的目的是强制参与者澄清和捍卫自己的想法。这是哲学中对抗制 (adversary system) 的一个内在部分（就像在科学方法中一样），一个思想家可以用来反驳他人的想法或假设。如果一个概念可以被证明是虚假或无效的，那么大家都会受益，因为在哲学中（就像在科学中一样），目标不是赢得一场争论，而是获得真理。同理，如果想法可以得到圆满辩护，每个人也都是赢家。（注意：美国司法体系中律师的操作手法，与哲学对话没有任何相似之处。律师的目的是打赢官司，而不是得出真相。）

在支持对话（supportive dialogue）中，防御姿态被互助探索所取代。两个或两个以上的心灵一起分析一个意义－事件。他们向自己发问，也问他人问题，共同分享见解。幸运的是，我们的心灵不是同一个模子所制。在共同探索的过程中，我们会看到不同的东西，共同分享理解，扩大每个人的意识。支持对话避开了对手对话，每个人都会与他人分享其疑虑和困惑，同时也分享彼此的突破。一个共享的错误，就像一个共享的洞见一样宝贵。

9 东西方的圣贤在处理意义－事件上有一个有趣的差异。西方思想家趋向于用理性的术语去思考问题，看待它们，将其视作命题、宣称的事实、价值判断等，从分析学和逻辑学的角度去处理，要求进行明确的定义和精确的表述。他会无休止地直接追求意义。西方思维的力量在于它的明晰性和理性。它产生了关于世界和我们自身的巨量知识。

东方使用的语言则完全不同。

> 中国的哲学家和文学家，旨在揭示丰富的见解，而不是获取精确的分析……中国人的心灵智慧，主要不是体现在哲学论文和对话中，而是体现在其诗意中，在那里面，思想暗示的细微差别可以被自由地表达出来，不受任何需要细致区分或进行逻辑推理的阻碍……因此，一个体系的创立者，表明他肯定找到了他所寻求的基本真理，他现在正在努力将其灌输给他的读者，他没有明说的态度是："你当然要把我的前提当成是理所当然的，你必须接受我的结论。"……
>
> ——埃德温·伯特（Edwin Burtt）

10 有时看起来，似乎在我们这个时代，聆听成了一门失传的艺术。对我们大多数人来说，面对不同的想法或"错误的"想法，想要保持沉默要多难有多难。打击异己想法的冲动，深藏在我们内心，就像一个自以为是的恶魔，讲话者极少能在不被我们从中打断的情况下说完他想说的话。

我们都很熟悉那种想要让他人（或某一个人）听懂自己所说的意思可对方就是听不懂的经验。我们持久存在的人类挫折之一就是，发现

聆听

另一个人只听到了我们所说的词语，而不是我们如此深刻地感受到并坚持传递出的活生生的经验。

无法有效沟通会让人产生一种孤独感。你会突然意识到：不管你多么认真地去尝试，你都不可能被人听懂（别人不可能懂你）——而这也正是为什么会有这么多孤独的人，孤独的人群。

词语导向的人数多于意义导向的人数，表明在我们的文化中，存在一种普遍的"正常的神经症"。

一位成功的心理学家和婚姻顾问曾经讲过：对夫妻关系出现问题的配偶来说，有一个简单的公式，效果优于任何其他公式。"闭上嘴巴，"他告诉他们，"停止说话。你认为你可以通过分析每一个问题得出清晰的结论。你是否明白，如果你说话时间过长，你的另一半就只能听你在说。"他忠告道："言语是你最大的敌人。试一试沉默。找寻别的办法来表达你想说的话，学会倾听你的另一半没有说出的话。"

定义和上下文

11 语义学提醒我们，符号只有在实际使用的语境下才会真正被理解。语义学定律"没有一个词语会有两个完全相同的意思"看上去有些夸张，因为在实际生活中，我们似乎不断在重复使用有着相同意思的词语，但事实上，语义学家的观察是正确的。定义是对一个术语在具体情境下可能具有的意思的预测。任何一个词语的准确意思，在其出现在鲜活的情境中之前，都不可能被知道；因而，它的意思与整个事件密不可分地交织在一起，不可能在离开具体背景的情况下被理解。

有一支西方传统至少可以追溯到苏格拉底并在亚里士多德那里成型，即试图给所有词语都下一个确切的定义，并坚持认为，它们只应在这个明确的范围内使用。在许多领域，如医学、物理、化学、计算机逻辑等中，这种方法取得了非常有价值的结果。但是这种"亚里士多德式"的做法，与我们在日常生活中富于变化的语言使用，并没有多少关系。

严格按照字面意义使用词语的人，往往会在与他人交流经验时以失败告终。如果他习惯于把预制的定义用到流动的、鲜活的情境里，他很容易错过所用术语在特定情况下的细微差别和内涵。词语是我们把某一刻的意义和感情倾倒其中的"容器"，这种在我们的符号中投入我们自身，与生活中的切身经验紧密地联系在一起。

12 令人惊讶的是，人们往往还是会讲"脏话"或"粗言秽语"，并认为符号本质上是脏的或淫秽的。同样常见的是，发现人们会避免说出某些忌讳的词语，他们相信或是感觉，只要一提那些词就会出事。这是词语–魔法的一种形式。

语义学不断提醒我们，词语什么意思也没有，直到我们赋予它们意义。没有"脏词"这样的东西，只有个人和团体投入具有一定（负面的）意义和情感的符号（自然，也总是有人没有赋予这些符号相同的意思）。当我们被告知不该说某些词语时，告知者在做的是一种权力游戏；他们试图说服我们接受他们赋予这些词语的意思和价值，并且经常是很真诚地相信他们的意思是这些符号唯一正确的意思。

一句话，符号没有意义；是我们这些使用者赋予它们以意义。任何一个符号都可以被赋予任何一个意义，一个符号与赋予它的意义之间没有必然的内在联系。

关于这一事实一个特别沉重的例子就是"卐"，一个被纳粹残害过的人所憎恨的符号，一个让人一见就能想起大屠杀的符号。可是在希特勒采用这个古老的符号很久之前，印度的宗教一直将这个符号视为吉祥和神圣恩惠的标志。（参见前面所述。）

13

没有两个人会以完全相同的方式去对任一词语或符号作出反应。他们怎么会呢？要想做到这一点，他们必须具有相同的昔日经验，相同的当下环境，相同的未来前景，相同的思考模式，相同的情感流动，相同的身体习惯，相同的电化学代谢。如此多维模式相吻合的机会几乎为零。令人惊奇的不是我们经常会有不同意见，而是我们竟能成功地达成某种协议。

——塞缪尔·布瓦（Samuel Bois）

维特根斯坦
我要解开生命的谜线

"我第一次见到维特根斯坦,是在 1938 年的米迦勒节(Michaelmas,约在每年 9 月 29 日,源于宗教神话,后在英国和爱尔兰被当成此时开学的每学年第一学期)上,那是我在剑桥的第一学期。"这是诺曼·马尔科姆著名的《回忆录》开始的方式,书中回忆了 20 世纪众多特立独行的思想家之一维特根斯坦。马尔科姆是来参加道德科学俱乐部的学术聚会;在晚间的论文宣读过后,听众席上站起一个人结结巴巴地发表着评论。这时说些什么是一个艰难的、令人痛苦的、乃至尴尬的尝试,他为他的思想和(合适的表达)言语而苦恼。发言者看上去有 35 岁左右,马尔科姆写道——实际上他已 49 岁。"他的脸有些瘦削,呈棕色,侧面望去像只鹰鹫而且很漂亮,浓密的棕发卷曲着。"

有人告诉马尔科姆,这名男子就是令人敬畏的哲学著作《逻辑哲学论》的作者,马尔科姆很熟悉这本书。"我观察到,屋子里的人都用敬重的目光看着他……他看上去非常专注,不时作出明确的手势,就像他在进行演讲。"

关于这一画面让人吃惊的是,这个口吃的发言者将会让一代又一代学生为之着迷,他那另样的口才诱使他们爱上哲学。他的紧张投入,他那深思熟虑的说话方式,他对独立思考的坚持,他创造新鲜语言来表达鲜活想法的方式,这些品质几十年来一直激励着他的追随者继续研究他的思想和方法,写作,并掀起了一场运动,挑战传统哲学的本质。

维特根斯坦正是通过他的个性影响和他的思想力量说服知识界:思考神的人格、

哲学让人自由

人之罪或大自然的秘密，并不是哲学家的工作，哲学家的工作应该是转而关注普通的、日常使用的语言，他坚持说这是阻止我们看到真相的混乱的主要来源。是我们的语言为我们创造了谜团，它（错误地）告诉我们去想什么、怎么想，它（错误地）告诉我们什么是重要的，它在向我们撒谎。哲学的作用就是让我们免于这些语义混乱，治好我们的语言神经官能症，帮助我们获得清晰的思维。"能够想到的每件事都能被想清楚。"如果一个问题可以清楚地提出，那它就可以清楚地回答。"凡是可说的，都是可以说清楚的；凡是不可说的，我们必须沉默。"

他说：寻求这一清晰性，是哲学的工作——唯一的工作。"因为我们追求的清晰度，实际上是**彻底**的清晰。但是，这仅仅意味着哲学问题应该**彻底**消失。"哲学是一种解决谜团的方式。"哲学是一场战斗，对抗通过语言获取智识的蛊惑。"哲学是我们的语言疾病的药方。哲学是一种方式——用他最有名的比喻——用来展示**被困在瓶中的苍蝇如何飞出瓶中**。哲学可以让我们自由。

"一个陷入哲学混乱中的人，就像一个人在房间想要出去却找不到出口。他想从窗户跳出去，但窗户实在太高。他想从烟囱爬出，但又实在太窄。这时如果他能转过身来，他就会看到其实门一直都在开着！"

◈◈◈

路德维希·维特根斯坦是一个土生土长的奥地利人，但他人生中的多数时间都是在英国度过的。1889年4月26日他出生在维也纳，他的父亲非常富有，名叫卡尔，是位工程师和钢铁制造商，他的母亲莱奥波迪内（"波尔迪"）是一位繁忙的主妇，需要监管照顾八个天才儿童（维特根斯坦是最小的一个）。所有的孩子都受洗，接受天主教信仰。（不过，维特根斯坦的外祖父，虽是作为一个天主教徒长大，身上却有犹太血统，可能正是因为这一点，在纳粹时代，维特根斯坦一家被"重新划定为"犹太人，这是一个给维特根斯坦一家人带来巨大痛苦的创伤，断绝家族联系，并造成维特根斯坦的三个兄弟自杀。）

维特根斯坦的父母都是充满激情的音乐家，他们用音乐包围（同时也压抑）了自己的孩子。他们在维也纳的家成为音乐晚会的一个中心，有时也会有一些大名鼎鼎的人物来参加，像勃拉姆斯、马勒、布鲁诺·瓦尔特。（维特根斯坦的哥哥保罗后来成为著名职业钢琴演奏家。在战场上失去右臂后，他练习用左手来弹，并继续他的职业生涯。这激发了莫里斯·拉威尔的灵感，谱写了《左手钢琴协奏曲》，1931年11月27日，保罗在维也纳演出了这一协奏曲，拉威尔指挥。）维特根斯坦家是维也纳音乐家和艺术家慷慨的赞助人，卡尔收藏了大量宝贵的绘画和雕塑作品。这是一个辉煌的时代中一个光荣的家庭，伴随着所有的人性、兴奋、野心、恐惧，凸显了战前维也纳美好生活的特点。

在这个天才闪烁的大家庭里，维特根斯坦被认为是最迟钝的一个；他没有明显的音乐、艺术、诗歌，或其他任何方面的天分。（这种说法只能是相对真实，因为中年时他学会了吹单簧管，研究乐律，梦想当个指挥家，是一个吹口哨高手——他可以在整个演出过程中一直不停地吹着口哨。）面对父母的严厉要求，他身上似乎没有其兄弟姐妹们那种狂躁的叛乱。他照着父母的要求去做，发展了父亲对工具和机器的痴迷，吸收了家族爱好古典音乐的传统（特别是勃拉姆斯、莫扎特和贝多芬），养成了良好的举止，并保持（表面上的）愉快。只是在时隔很久以后，他才说起他不幸童年里的辛酸。

他一直在家里接受教育，直到14岁时被送到上奥地利州林茨的一所实科中学，他在那里学习了三年，表现平庸（三年里只得了两个A，化学不及格）。（当时还有一个没有什么前途的德国学生也在那里，但没有任何关于两人相识的记载；他的名字是阿道夫·希特勒。）维特根斯坦的文化背景使他与其他同学有些疏远。他们嘲笑他说话的腔调。

仍是在父亲告诫他学习工程学的影响下，维特根斯坦前往柏林的工学院学习机械工程。1908年春天，他去了英国，他在德比郡做了风筝动力的试验，作为一个工程专业的学生注册进入曼彻斯特大学。接下来三年，他研究航空动力、风力，设计螺旋桨和喷气发动机。

让维特根斯坦感到不安的是，他无法找到他真正的使命。渐渐地，他的兴趣发生了一次重大转变：他从工程和航空航天，转移到数学上，然后深入数学基础。当他找寻数学基础方面的书籍时，有人告诉他去读罗素的《数学原理》。这本书深刻地影响了他，将其引入了戈特罗布·弗雷格的书中，后者在1879年写了《算术基础》，被认为是数理逻辑的创始人。1911年维特根斯坦离开了他在曼彻斯特的工程研究，前往德国耶拿，面见弗雷格，并询问他的意见。弗雷格告诉他去剑桥找罗素。因此，1912年初，他进入圣三一学院，成为罗素的弟子，并很快就被接纳进入高资格的哲学家圈子，其中包括G. E. 摩尔，怀特海，经济学家凯恩斯和数学家哈代。罗素赏识维特根斯坦是个安静的天才。"认识维特根斯坦，是我生命中的一次智力冒险"，他后来这样写道。

随着第一次世界大战爆发，维特根斯坦积极参军，经历了前线战斗，后来在意大利被意大利军队抓获，并被关押了八个月。这时已是1918年。幸运的是，他一直随身带着他第一本书（后来的《逻辑哲学论》）的草稿，以及关于他一直思考的哲学问题的大量笔记，所以他被关在卡西诺山的囚禁时光，变成了他的一段高效多产的工作时间，忙着读书和写作。

战争结束后，维特根斯坦陷入一场思想危机，在一家乡村小书店看了托尔斯泰论基督福音的书后受到震动，决定以后过一种简单朴素的生活，遂在奥地利乡村的几所小学当了一名乡村教师，并在一家修道院（他考虑加入）做了一名助理园艺工，后来则去了维也纳给他姐姐建了一所大房子。多亏罗素的努力，《逻辑哲学论》于1922年出版，罗素亲自作序（维特根斯坦不喜欢别人给自己的书作序；但不知真假，

维特根斯坦和他的学生们

他说讨厌自己这本书)。短短几个月内,他就在欧陆和英国哲学界成为众所周知的人物。

1928年,维特根斯坦回到剑桥,作为一名"研究生",完成了他的博士学位——他在1929年获得博士学位(校方允许他把《逻辑哲学论》当成他的博士论文!),(1930年)成为圣三一学院的研究员。除了短期旅行,他一直留在剑桥讲授哲学,直到1947年年底。当第二次世界大战中断了他的任期时,他曾在一家医院当搬运工,并在一家医学实验室工作。

1948年冬天,他退回到爱尔兰,先是在一家农场,后来则是在海边一间小屋,寻求隐居和写作。在那里,他完成了他的《哲学研究》。但他得了病,工作变得越来越困难。1949年秋,他被告知得了癌症,他早就担心这一点,因为他的家族中有人死于癌症。但他的精神依然很是兴奋,他说他不惧怕死亡。1951年4月29日,他在剑桥去世。

☙❧

维特根斯坦可以宣称自己是20世纪两种截然不同的思想运动之父。两者都是关于语言和意义的性质的理论。第一个是对罗素的逻辑研究的延续和深化。罗素善于分析,他推断:每一个所谓的哲学问题,若是得到正确分析和"净化",就会发现只是一个简单的逻辑问题,在罗素看来,逻辑的意思就是"分析命题"。换句话说,几乎所有我们在日常生活中遇到的令人费解的问题,既包括理论问题也包括实践问题,都源于语言。对罗素来说,这意味着我们的日常语言,完全没有能力提供解决这些问题的方案。作为一个逻辑学家,他能看到的解决这种困境的唯一补救办法就是,为哲学分析创建一个全新的语言。罗素已在他的《数学原理》(1903)中完成了这一工作,并在里程碑式的《数学原理》(1910-1913)一书中与怀特海一道扩展了这一新语言。他们已经证明,所有的数学都来自逻辑。罗素现在梦想着就哲学做同样的事情。"每一个真正的哲学问题,都是一个[逻辑]分析问题。"

就在这时维特根斯坦闯了进来。他那强大的逻辑思维和对数学逻辑的迷恋,使他成为完成罗素的愿景再合适不过的人选,罗素很快就开始将维特根斯坦视为自己人生工作的继承人。维特根斯坦接受了这一挑战——但接着便以他自己的方式,开辟出了一条新路。在他的《数学原理》中,罗素写道:"研究语法,可以照亮更多的哲学问题。"维特根斯坦同意罗素的这一看法,决定专注于语言,将罗素的"原子论的"分析,应用到符号意义的每一个细微方面。如果罗素能够通过哲学分析来表明,复杂的数学术语可以简化为简单的组件/构成元素,然后被符号逻辑所理解,进而可以阐明最虚假、最棘手的概念,那么也许体现在人类语言中的整个意义领域,也可以用符号逻辑来进行拆分、缩小、"纯化"和澄清。

结果便是他的《逻辑哲学论》(1922),一本奇怪而艰涩的书,采取了一种编号命题,一段一段分开的格言形式。但是,抛开它的让人迷惑之处,整本书的目的是分析语言的正式(纯粹认知)方面(而不是语言的许多其他用途,如情绪或审美,维特根斯坦对后者没有兴趣去分析),并为理想的符号论奠定基础,后者将会成为一种完美的思考和交流的媒介。

维特根斯坦以一种矛盾的方式,尝试用他的语言分析来揭示现实的整个结构。阿尔弗雷德·科尔兹布斯基,这位普通语义学的创始人坚持(1933年)认为,尽管"地图不是它所代表的领土",但它必须具备"一种类似领土的结构"——否则地图就将毫无用处。正如维特根斯坦认为的那样,对我们的语言来说,这是一个确切的比喻。现实的结构可以通过语言的结构得到揭示——这种语言不是不加批判的人类心灵已创造了几千年的乱七八糟的日常用语,而是罗素为他的数学逻辑创造的和维特根斯坦为语言创造的一种理想的逻辑符号论语言。令人惊讶的是,考虑到他对物理学和工程学的兴趣,维特根斯坦却对科学不感兴趣,并像巴门尼德一样蔑视"经验观察可以告诉我们关于现实世界的真正知识"这一观念。单是逻辑就可以做到这一点。"如果我们进入一种我们需要通过观察世界来回答这样一个问题的情境,那就说明我们走在了一条从根本上来说是错误的道路上。"我们只需依靠连贯的逻辑结构,就可以知道现实的本质。"只要我们的符号论是正确的,我们就会拥有正确的逻辑概念。"这种信念的一个推论是,如果现实没有在我们的语言结构中得到反应,那它就会超越人类的认识和理解。任何可知道的,都可以用语言表达出来;如果它不能用语言表达的话,它也就不能被知道。因此,是我们人类的语言,确立了思想、进而则确立了人类知识的限制和可能性。

☙❧

写完《逻辑哲学论》,维特根斯坦相信他已提供了一种解决和/或消解所有可能的哲学问题的分析方法。他认为他的想法"无懈可击，一目了然"。于是，他不再研究哲学，（用今天的话说）他决定去寻找生命。但这仍然不可避免的是一种心灵生活。

大约在1933年，维特根斯坦经历了一种"知识突破"，他的哲学发生了转向。他的伟大著作最基本的假设，现在在他看来是错的，不是略有不妥，而是完全错误。他开始反对自己的想法，反对他的老师罗素的逻辑原子论。考虑到他们两个人有着不同的性格，维特根斯坦的新思想，不可避免地破坏了他们之间的关系。罗素至死都没有原谅他的这一智识转变，对罗素来说，这就是一种背叛。

于是，一种新的语言哲学开始浮出水面。维特根斯坦的新思想，超出任何哲学传统，现在在他前面已经没有先行者。这是绝对的原创。1933—1935年间，他不断地就其新思想做着笔记，并将其整理成手稿。它们最终汇聚成了他的《哲学研究》，大约完工于1937年，但直到1953年才正式出版。

用于哲学分析的正确的主题，不是一些理想的符号系统，而是日常使用的生活语言。"我们怎么会真的用这个词？"他问道。"它起用了吗？""它是否说出了它想说的？"哲学仍然发挥着至关重要的作用，但这一作用已经转化成：审议日常生活中演变的自然语言，并协助其执行它要执行的功能。

换言之，语言的意义来自于极其复杂多变的生活情境。神圣的古希腊传统：给词语下一个精确的抽象定义，是人为的、不自然的、非生产性的，会导致哲学谬论。言语只有在允许其携带生活情境创建的不同意义的情况下，才会履行其重要功能。"因为在使用语言时，我们不仅不会想到其使用规则（定义等），而且当被问到这样的规则时，大多数情况下，我们都说不上来，我们无法划定我们使用的概念；不是因为我们不知道它们的真正定义，而是因为它们没有真正的'定义'。"词语并未被锁进定义的铁笼，用来满足心灵对简化和控制的需要；相反，当它们在日常生活中发挥作用时，我们必须仔细倾听它们的含义。

因为维特根斯坦的"哲学"核心是他的方法，任何对其哲学内容的搜寻都将是令人沮丧的。"哲学不是一种理论，"他说，"而是一种活动。"（毫不奇怪，他的总体方法远比他对其的详细应用更有前途，尽管其中不少地方也有不现实之处和/或不合逻辑之处。）

然而，维特根斯坦留下了一笔在理论上和时间上都深有影响的遗产。为了帮助我们想清楚，他敦促我们

- 要特别注意我们如何使用词语,因为它们会给我们设置陷阱和迷惑我们的心智。
- 仔细思考我们赋予词语的含义(词语是没有意义的;是我们这些使用者赋予它们意义,因此,我们受其控制,所以我们必须不受控制)。
- 确保我们的词语说出了我们希望它们说的东西。
- 确保清晰度:头脑清晰,词语清晰,以满足我们对明确想法的需求。
- 永远不要满足于任何不明晰的声明。(如果它值得我们去思考,就值得我们思考清楚。思路清晰,不只是可以找到解决方案,它会消解问题,让问题完全消失。)
- 做我们自己的思考("不是独立思考得出的想法是一种只理解了一半的想法")。
- 永远不要不加批判地接受别人所说的,尤其是如果他们没有受过精确思维训练的话。
- 提醒自己,别人的混乱,并不必然就是我们的混乱。
- 摆脱无意义的沉重负担。
- 摆脱无意义的话语、学说、套话、俗语和空洞修辞的负担。
- 拒绝空洞的宣称,不管其来自何方。(语言包含上千种不存在"东西"的名称,但这些名称却说服我们认为它们的指代物是真实的。)
- 谨防被卷入语言游戏、没有输赢的谜语、对人没有益处的问题。(别人说一个词语或想法"有意义",并不表明就是有意义的。)
- 接受和珍惜我们的语言,尽管就像普罗米修斯之火一样,它是一件好坏参半之事。

(第11版)

像哲学家一样思考

[美]詹姆斯·克里斯蒂安 著

赫忠慧 译

11 Edition

Philosophy: an introduction to the art of wondering

James Christian

下

目 录

（下册）

5 第五部分
微妙的共存：人类的爱恨境况

5-1 历 史 344
荒诞剧 344
历史的意义 347
汤因比关于历史的有机体解读 356
西方文明的困境 359
暴力的根源 362
我们会吸取历史教训吗？ 366
黑格尔 我是一只夜间飞行的猫头鹰 370

5-2 法律与良知 376
相互冲突的忠诚 376
良法和恶法 379
忠于更高的权威 381
服从法规 383
个体的困境 385
梭罗 我要按我自己的方式呼吸 388

5-3 生活方式 394
文化纽带 394
囚犯 399
囚犯的替代选择 403
文化相对论 404

个体异化 406
"至少我了解这些……" 408
第欧根尼 我的生活就是我的哲学 410

5-4 政治学 415
我们是政治动物 415
什么形式的政府是最好的？ 417
观察 426
三种当代世界体系 428
曼德拉 我喜欢自由的滋味 435

5-5 伦理学 441
罪过和／或美德 441
可以商榷和不容商榷的价值判断 442
伦理道德／道德伦理 445
三个伦理问题 448
谁在做决定？ 448
什么使得一个决策是对是错？ 450
我应该关心谁（和什么）？ 454

6 第六部分
原生质冒险

6-1 生 命 460
四大成因问题 460

目录·下册
CONTENTS

生化演进　461

地球上生命的开始　466

地球上的生命形式：一个清单　466

生物遗传理论　467

"生命"能否被定义？　468

作为一种场论的进化　469

进化与意义　473

进化与进步　474

痛苦与"军备竞赛"　479

哲学意义　482

哲学问题　484

达尔文　我也是生存链上的一环　485

6-2 人类 491

雕塑家－神　491

人类起源的故事　494

更新：人类起源　496

仍在试图定义"人类"　501

杀手猿理论　503

永无尽头的旅程　506

克尔凯郭尔　我就是"那个人"　508

6-3 地球 513

我们在事物发展进程中所处的位置　513

一种生态圈伦理　517

共存——生死与共　522

"没有人是一座孤岛"　526

史怀哲　我在给自己的心找一个家　527

6-4 未来 535

理论生活　535

研究未来　536

未来主义者和未来　541

一种新的现实主义　545

一种特殊的希望　550

许多未来：一个共同的愿景　556

尼采

　　我不是一个人，我是一桶甘油炸药　558

7 第七部分
微观、宏观、宇宙

7-1 自然知识 568

公元前585年5月28日　568

经验知识　569

先验知识　571

还有别的认识方法吗？　573

表象以外的现实　573

这个世界——是什么呢？　575

物质的起源是什么？　579

毕达哥拉斯　我在聆听自然的和声　581

7-2 空间、时间、运动 587

物理学是什么不是什么？　587

经典物理学　590

相对论物理学　591

量子力学　597

爱因斯坦

　　我只是比一般人更好奇　602

7-3 宇宙 607

古代宇宙观　607

目录·下册

今日宇宙 610
膨胀的宇宙 612
宇宙的故事 613
仍有难解之谜存在 617
这一切是什么意思（如果有的话）？ 619
伽利略
 我要用我自己的眼睛去看这个世界 622

7-4 生物宇宙 …………………… 628
我们并不孤单 628
人类的宇宙背景 631
我们不断扩展的意识 632
后果 634
人类自然保护区 636
萨根 我在开往星星的夜车上 640

第八部分 8 终极关怀

8-1 终极关怀 …………………… 648
古希腊悲剧 648
转型 649
神话的功能 654
拟人化的神灵 657
灵魂附体 659
宇宙剧 660
启示录戏剧 660
末世——戏剧结束 661
众教归一 661
坎贝尔 我要做自己的英雄 664

8-2 终极实在 …………………… 671
终极问题 671
神性知识问题 673
上帝存在的论据 675
上帝之死（众神之死） 678
默顿
 我在默坐中看到世界的另一面 682

8-3 死亡／永生 ………………… 687
所有的死亡都是一个错 687
死亡是一种非体验 690
害怕不存在 692
反抗死亡 694
关于永生的争论 697
反对永生的论据 698
死亡的未来 699
海亚姆 我怎能坐看流光飞逝 701

8-4 意义／存在 ………………… 707
知识伤人最深 707
我想要什么？ 708
存在与现实：持续混乱 709
琐事 711
忙忙忙……忙得失去了方向 711
世界之谜 712
卡赞扎基斯
 我不知道我会在哪里停泊 715

后记：圣人的故事 …………………… 722
编后记 ………………………………… 723

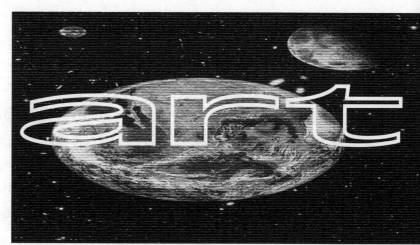

第五部分 微妙的共存：人类的爱恨境况

- 5-1 历史
- 5-2 法律与良知
- 5-3 生活方式
- 5-4 政治学
- 5-5 伦理学

5-1 历　史

早期古希腊罗马历史学家就曾追问：人类历史是否有"意义"？他们好奇：历史是否像一出有着曲折动人扣人心弦情节的伟大的戏剧，或者它是否仅仅是一个不同事件的混乱的集合？哲学家们研究历史来辨别：是否有什么模式，可以揭示隐藏的影响或"信息"？本章介绍了几种这样的尝试，并追问：历史是进步的吗？它会促成一些事情吗？如果是，它是会将人类引入厄运，还是会引入一个更加美好的未来？西方文明是否注定要像大多数其他历史文明一样瓦解？曾有一位哲人说过，我们从历史中学到的唯一教训就是，我们从来没有从历史中吸取任何教训。莫非这一惨淡的宣判是真的？或者，经过缜密的分析，我们可能会受益于"历史的教训"？

荒诞剧

1　汤因比被许多人认为是当代最伟大的历史哲学家。他那厚厚的十二卷《历史研究》(Study of History)，代表了当代人类心灵作出的最大努力：解开人类历史的复杂性，看看是否对整个人类事业有任何广泛的意义。

1911 年下半年，汤因比离开牛津，前往地中海做了为期九个月的游览；在那里，他亲眼目睹了自己在历史书上非常熟悉的伟大文明的遗存。他花了很多时间，穿行乡村，调查这些逝去已久的古老世界的遗产。他与阿索斯山上的僧侣聊天,在切尔韦泰里和科尔内托查看伊特鲁斯坎古墓,在克里特岛米诺斯宫殿昔日的荣耀前陷入沉思。在进行这次访问之前,雅典卫城一直都只是书上的一页;现如今,它的全景都展现在他眼前,这让他激动不已。

与此同时,他也倾听了当下生活世界中的声音。他晚上去希腊咖啡馆听人们谈论国内外大事;他访问希腊村庄,聆听农民与牧羊人之间进行的让人不安的关于战争是否可能爆发的对话。

他认真地思索着这两个世界:一个早已不复存在,另一个看上去则似乎非常活跃。两相对比,可以让人在关于生、死、时间的事情上有一些吃惊的发现。汤因比开始陷入沉思:关于现在或未来,人类历史告诉我们了什么?过去的文明到底是怎样死去的?如果它们死了,是什么原因造成它们死了?它们与我们自己当下繁忙的世界有着什么样的关系?**我们的文明是否也注定会像其他文明一样死去?**如果是这样,为什么?它是否有可能得到挽救?如果是这样,拿什么去拯救?

雅典卫城

2 这些都是历史哲学家必不可少的关注所在。如果有的话，历史有什么意义？我们怎样才能从中吸取教训？有没有什么办法，可以使得我们对历史的理解，能够照亮我们自己所处的这个问题重重的时代？

由于整个20世纪人类陷入了疯狂的混乱，人们一直对历史哲学抱有极大的兴趣。创造历史和震撼历史的"大事件"，一直占据我们这个时代的头版头条：俄罗斯大清洗，土耳其对亚美尼亚人的大屠杀，纳粹对600万犹太人的大屠杀，柬埔寨红色高棉的"杀人场"，波斯尼亚的"种族清洗"，达尔富尔和乌干达的种族灭绝，疯狂的种族主义领袖挑起的两次世界大战，正在进行的游击战、丛林战，悄然弥漫的恐怖主义思想，分散的部族/民族冲突，再加上一场刚刚开始吞噬一切的全球性革命。

诸如此类的事件，使得我们重新审视我们的历史经验，进而去理解在如此巨大的悲剧发生之后，那些看上去显得荒谬和毫无意义的事情。再清楚不过的是，当代历史听起来就像是"一个白痴讲述的一个童话故事，充满了喧哗和骚动，却没有任何意义"。这一评价是否为真？还是人类历史另有更深一层的含义，只是被陷入疯狂状态的人们给忽略了？

历史哲学追问两个核心问题，虽然每一个都会在逻辑上引发无数其他问题。第一个问题是：(1)人类历史是否有意义？(2)我们可以从历史中吸取教训吗？这两个问题之间既可能有密切联系，也可能没有太大关系。

3 在试着概化历史哲学问题时，戏剧的比喻是恰当的，可以给我们提供一些帮助。莎士比亚写道："世界是一个舞台，所有的男男女女不过是一些演员。"

所以，我们可以把人类历史当成是一部漫长的、错综复杂的情节剧，有着众多的角色和无数的人物。如果历史有意义，那么它可能是一场类似《麦克白》那样的悲剧。可能有一个剧作家写下了这个故事，令人信服地指引剧情发展。（但是，我们是否确定编剧也是导演？剧作家也是道具师？）它有其引领向前的人物——剧中人。它有一个情节，赋予演员的生活以意义。他们一起推动情节发展。剧情的发展离不开他们——没有演员的戏剧，无法成其为戏剧。对于剧情的展开，尤其是当它走向高潮，即该剧的悬疑故事的结局时，每个人物都必不可少。可以肯定的是，某些人物会比其他人物更重要，但即使相对而言不怎么起眼的抗矛者，也自有其指定位置。

这一戏剧比喻是否捕捉住了人类历史本质的真相？是否真有一个剧作家？是否真有一个情节？人类历史是否真有一个目的、一个剧终？是否这就是为什么我们的生活是有意义的，因为我们都是剧中的演员？对演出这一大戏来说，我们人类是否真的很必要？剧情是像《麦克白》那样的悲剧，还是像《仲夏夜之梦》那样的喜剧？

虽然舞台-剧的比喻可以帮助我们表达关于历史本质的问题，然而赤裸裸的事实是，历史更接近于荒诞剧中一些奇怪的行为：没有情节，没有人物，坚持做一些即兴表演，交流互动没有方向，没有目的地从一个场景进入另一场景。它可能确实是"一个白痴讲述的一个童话故事……没有任何意义"。有可能没有剧作家，没有导演，没有情节。还有可能连戏剧本身都不存在。

历史的意义

4 在大多数社会，历史意义的来源一直被认为是超自然物的操作。这是一个从我们继承的神学前提得出的合乎逻辑的演绎。人类历史事件背后的因果代理人是反复无常的万物有灵和精灵，诸神的心血来潮，上帝的意志，或宇宙光明之子与黑暗之子的交战。不管在任何情况下，历史的意义都是预先计划好的故事线索：一定时间下的男男女女，从一个场景进入另一个场景。

当认定超自然的代理人是历史意义的来源时，人类的解释就可能会向两个方向发展。它可以始于信仰，相信有一个预定的计划（上帝预定了地球历史所有的细节）；这样一来，我们生活中发生的事件，就可以依照那一计划作出解释。或者，它也可以依照这些先入为主的信仰去观察实际发生的事件并解释它们（"我们赢得战争，是因为上帝站在我们这一边"）。在西方历史上，它一直在这两种方式之间来回摇摆。

5 在西方世界，最早有名的对历史的阐释之一是所谓的《申命记》历史学家，他写下了公元前12世纪和公元前11世纪希伯来部落之间发生的各种战争故事。

这位不知名的作家做了充足的记录,使他能够描述部落领袖(当时称为"士师")之间进行的零星战斗;借助于他所持有的神学信念,他从战争中辨认出了一种模式。他没有(实际上他也不可能)像我们今天所知道的那样去记录历史,相反,他写道:所谓"阐释历史",就是历史事件**加上**它们对他意味着什么。

他给每场部落战争设置的戏剧架构是简单的但却也是有意义的。

(1) 以色列人做了他们的神"耶和华"眼里邪恶的事情。

(2) 耶和华发怒了,"反对以色列人"。他将他们投入战斗,"被敌人掳掠"。他们输掉了战争。

(3) 以色列人悔改他们的恶行,"在耶和华面前哭号"。他们请求宽恕并恳求帮助。

(4) 然后,耶和华"指定了一个救星"(一个领导者),"在耶和华的赐福下"率军上阵,击败敌人。

(5) 耶和华赢回了他的孩子,他很高兴。因此,和平"降临这片土地40年"。

就像录音回放,这一模式在《申命记》的历史中被一遍又一遍地重复。这是作者知道的唯一的解释,他的神学预定信念排除了他用其他方式去看历史事件的可能。因此,这不是历史,而是对一些重大事件一个有意义(但也是片面)的解释。这是一种"历史神学"。

这个框架可以用来解释任何团体之间发生的任何冲突。例如,我们可以考虑一下第二次世界大战。美国人(或英国人或法国人,或任何人)"做了主眼里是邪恶的事情"。他被"激怒了,将他们投入战争",在战争中他们眼看就要输了。这时他们悔改了,"他指派了一个领导者"(丘吉尔,斯大林,艾森豪威尔——随你挑),率领军队赢得战争。主非常高兴,所以"和平降临了40年"。(40是一个象征性的数字,暗示神的存在和批准。)这一框架同样可以用来很好地解释棒球世界大赛或总统选举。

这种解释太过主观,以至于我们可以随意使用。我们可以认为,对《申命记》学家及其追随者来说这是有意义的,但对我们这些想要尽最大可能发现事情真相(找到客观的历史模式,如果它们存在的话)的人来说,这位作家并未给我们提供什么帮助。

《申命记》历史学家所成功做到的是，他提醒我们注意：我们很容易借助于我们的心灵创造的习惯概念用主观的意义模式去安排历史事件。这是一个我们应该感谢的警醒。

6 第一位伟大的西方历史哲学家是圣奥古斯丁。公元 410 年哥特人攻陷罗马，激励他写出了《上帝之城》。这一令人难以置信的事件震撼了罗马世界，必须给其作出一个解释。它是如此的毫无意义，以至于在它背后一定有意义。虽然异教徒罗马人抱怨这场悲剧是神对放弃古罗马神的惩罚，奥古斯丁则用他的笔表明，罗马的衰落是基督教上帝一个长时期的神圣计划的一部分。神没有仅仅是容忍堕落的城市，而是用尘世之城来完成他的目的；因为尘世之城已经发展出了教会/教堂，代表尘世上神的国度。当那座城市建起教会或教堂完成其任务，尘世之城（罗马）就将取代上帝之城（罗马教会）。

因此，在适当的时间，神的计划就会出现在历史的地表。尘世之城已经衰落，让位于上帝之城。

奥古斯丁对罗马衰落所做的神学解释，就像《申命记》学家的观点一样，也是过于武断和主观。我们可以肯定，哥特人的祭司并不会对这一事件抱有这样一种看法，大多数罗马人也不会这么去看。如果一个人不同意奥古斯丁用来作出解释的神学假设，那么他的解释就既非在逻辑上合理可靠，也不会在情感上让人得到满意。

从圣奥古斯丁身上我们可以学到的是：寻求对生活中惊天动地的事件作出有意义的诠释这一诱惑，会将我们带入神秘主义世界观，没有客观有效性。可以肯定的是，它们可以让人得到安慰，在遭遇巨大痛苦的时候，这种维持生活的阐释模式是永远不会受到诋毁的。但是，在生活压力较小的时期，我们就会寻求一种更加清晰的对现实的看法；奥古斯丁所屈从的种种压力，必然无法说服我们平静下来；从整合视角来看，他对历史所做的狭隘解释，价值不大。

7 两位有影响力的目的论历史哲学家一直主导着现代时期：黑格尔的辩证唯心主义和马克思的辩证唯物论。

黑格尔相信他发现了思考的本质，他有一个独特的发现：人类的思考过程按照一种三拍子节奏进行，即他所说的"辩证"。它始于一个想法：正题；然后慢慢发展到它的反面：反题；在那之后，心灵分辨出正题与反题之间的联系，将其编织成一个合题。这一合题，反过来，变成另一个正题，辩证法继续进行下去。因此，辩证会对所思考内容之间的联系产生一种不断扩大的理解。

黑格尔相当肯定，这就是上帝的心灵思考的方式。上帝是纯粹的思想，或者用黑格尔的话来说，上帝是绝对心灵。这里没有爱或同情（情感），只有纯粹的思想。上帝的绝对心灵，通过人的头脑，进而在人类历史上展现理性。每当人们的思想和行动表现得更加理性，他们就是在践行上帝的意志，这一进步的逻辑体现，就是隐藏在人类历史下面的目的论目的。

黑格尔认为，人类是这一计划的重要组成部分，并有理由相信，人会变得更加理性，尤其是在19世纪的德国。所有这一切都将在一种状态下结束，黑格尔将这一状态描述为"纯粹的思想思考纯粹的思想——绝对心灵思考其自身"。

8 黑格尔阐释历史的新颖方式，在德国高校吸引住了学生们的注意力；但是，辩证的想法让他们兴奋，绝对心灵不带感情的逻辑思考的想法则让他们冷静。

卡尔·马克思是这些学生之一。他追随另一位年轻哲学家路德维希·费尔巴哈，围绕着辩证运动发展出一种历史哲学，这种哲学围绕基本物质生活必需品来运转。马克思相信他的辩证视角是真实的。这是社会斗争的辩证，这一斗争由人的经济需求所决定。阶级斗争创造了三拍子节奏。马克思的解释是一种"唯物辩证"，与黑格尔的有神论辩证恰好相反。

马克思主义为目的论的历史解释奠定了基础，进而主导了半个世界。所有的马克思主义者都知道，历史是有目的的；它遵循"必然规律"，朝着既定目标发展：一个平等、正义、充足将会普遍实现的无阶级社会（这是"神的国度"一个朴实的版本）。每个人都是历史这场戏剧的一部分。每个人都必须自行决定：他或她是会站在正义一边（积极加速历史走向其指定目的地的革命者）而战，还是会站在邪恶一边（抗拒变革和进步的资产阶级反动派）而战。

9 现在已经很清楚的是，我们每个人在试图理解过去的复杂性时，必须警惕用我们的主观框架去套历史事件，将其用来支持我们自己的看法和偏见。我们

◁ 专栏 ▷ **女性主义者对历史的重新评价**

英国历史学家罗宾·科林伍德（Robin Collingwood）曾指出：

> 圣奥古斯丁是从一个早期基督徒的视角去看罗马的历史；蒂耶蒙（Tillemont）是从一个17世纪法国人的视角去看；吉本（Gibbon）是从一个18世纪英国人的视角去看；蒙森（Mommsen）是从一个19世纪德国人的视角去看。询问他们中哪个视角正确，是没有意义的。对接受它的人来说，每一个都是唯一的一个。

再读一遍最后一句："……对接受它的人来说，每一个都是唯一的一个。"1980年代和1990年代出现的众多书籍都赞成：**所有的历史一直都是由男人撰写的，他们对事件的选择、诠释、价值观和态度，乃至他们的言语和风格，反映的都是男性的视角，这一视角影响到他们对过去的重建和再现**。像奥古斯丁、蒂耶蒙、吉本一样，每个历史学家都是透过自己的男性有色眼镜去凝视过去的世界；每个历史学家，就像那些知名历史学家一样，都将其男性偏见写入了他的作品中，同时坚信，他所讲的故事"就像它真的所是的那样"。

当然，修改历史有一种持续的必要性，因为新材料不断出土，新联系不断得出，深刻的见解不断获得，但是大部分修改都相对较小，不会太大改变"历史大图景"。相比之下，这一"女性主义者"建议有望成为一个大的（改变）。（称呼这一潮流为"女性主义者"对历史的重新诠释，就其本身而言是有偏差的，因为推动这一重新评估运动的女性是有学问的学者：考古学家，人类学家，历史学家，语言学家，社会学家；而且它的一些最坚定的倡导者大都是男性。）

激发这一意义深远的重估潮流的主要学者是加州大学洛杉矶分校考古学教授马丽加·金芭塔丝（Marija Gimbutas）。1974年，她出版了《古欧洲的男神和女神：7500—3500BC》（1982年修订版改名为《古欧洲的女神和男神：6500—3500BC》）。1987年出版了《女神的语言：古欧洲的图像和符号》，1991年则出版了《女神文明》，大规模调查研究了所有已知的考古材料。这照亮了整个失落的文明。

文明的故事始于新石器时代，历时约公元前10000年到约公元前3000年左右。在此之前，有200万年时间，人类是四处流动的狩猎采集者。然后，随着农业的出现和对动物的驯化，定居的社区生活成为可能。房屋和寺庙被修建起来，村庄

◀ 续栏 ▶

随之而起，艺术——文明意识的一个试金石——得到发展。

考古证据表明，存在一个单一连贯的文化的蓬勃发展：贯穿整个欧洲东部和南部，爱琴海地区，巴勒斯坦，埃及，美索不达米亚，印度河流域。这是一个令人惊讶的先进文明：它出现在公元前7000年前期间，并一直持续到公元前3000年。它的特点是人口集中的村庄和乡镇，复杂的社会结构，精巧的寺庙，有着四五间小房的住宅，专业工匠（陶工、冶金者、织工），发达的贸易路线，一套神圣的字母系统。

从成千上万处墓地遗址中发现了距今有四万年历史的文物，考古挖掘也发现了关于古欧洲人的信仰、价值观和社会生活的清晰轮廓。考古学家复原了这一新石器世界，里面透露出的信息让人惊叹不已。

人性第一个伟大的精神形象是母亲女神。她是自我生成的，是整个世界的创造者，是生命的赐予者，死亡的带来者，是掌管生、死、重生的女神。人类由她而生，由她维持生存，最后由她收回（回到她的怀抱）。她代表宇宙，是孕育生命之源，人类感到自己是自然的孩子，与万物相连；他们觉得自己是永恒的自然循环的一个重要组成部分。

数以千计的微型女神俑先是被刻在骨头和石头上，然后随着约公元前6500年发明陶器，似乎有大量的泥人和其他祭祀用品，用来祈求女神的力量并讨得其欢心。女神崇拜，是农业生活方式的自然产物。古欧洲人的神话意象透露出，他们最关心的是维持动植物和人类的生命；女神启发她的崇拜者，将宇宙视为一个永远存在的培育生命之源。在前农业时代没有图像描绘女神；在整个新石器时代留下的记录中，也没有发现父神的图像。在这一文明的四千年历史中一直**没有**找到的，可能比已经找到的要更重要。没有人用来对付人的暗藏的武器：剑，矛，匕首，刀，弓，箭，或战斧，没有图画或雕刻描绘这样的事情。没有战斗场面，没有征服者用锁链拖拉俘虏，没有拷打囚犯——没有关于战士或颂扬战争的暗示。没有关于战争损伤或破坏的考古证据，也没有关于愤怒的神通过恐惧和服从进行统治的任何图形描绘。没有任何证据表明有奴隶制或殉夫自焚。没有证据表明存在王室对民众收税，没有国王或高级头目用人牲陪葬。没有军事防御工事；村庄和市镇位于便利的河流边，动物成群，土壤肥沃，美丽的风景圣地，但从来没有作为城堡或山顶的防御工事。城市没有围墙。

那么，考古记录中发现了什么？人格化的女神形象比比皆是，象征着圣母，给人生命，在人临终时将人作为她的孩子带回她的宇宙子宫。她被描绘成女创造者（Creatrix），女祖先（Ancestress），处女（Maiden），Regenetrix，地球 - 母亲，流动的水域、鸟类和地下世界的统治者；她经常被描绘成怀里抱着一个孩子的母亲女神。此外还发现了大量自然的象征，意味着对神秘、美丽、神圣的生命抱有的敬畏之情。程式化的波纹象征着生命的河水，石头雕刻的公牛，状如雌兔的花瓶，蛇和蝴蝶的图像——无处不在的变形和不朽的符号。

所以有四千多年时间，古欧洲的精神生活主要集中在女神崇拜上，这一女性中心意识塑造了他们的社会发展。他们的世界是母系社会，血统和继承从母亲那边追溯。男女两性基本相等，没有关于男性主导或女性主导的记录的任何提示。这是一个人人平等的无阶级社会，男性和女性在他们的社会里平等拥有物质财富。妇女在宗教事务上发挥领导角色，并负责大部分瓶饰画、雕塑、纺织。

对他们来说，生活的主要目的不是去打斗，或是通过征服、掠夺和破坏去获得荣耀。所有的人性资源，无论是女性的还是男性的，都主要集中在用技术来滋润生活，尤其是创造性的艺术。他们发展出一种对美的欣赏，并用一种熟练精巧的风格来表达它。女神发明了农业，并教给她的子民如何去种植，她教他们如何编织和纺纱；她通过自然的周期，不断教导并维持他们的生活。他们过着自己的生活，和平与丰富共存。这些园艺种植者知道这个世界就是自己的家，而不是要为来世做准备的过路人。他们是一个整体的一部分。

金布塔斯写道："如果将文明定义为一个民族适应环境的能力，发展适当的艺术、技术、文字和社会关系的能力，显然，古欧洲取得了显著的成功。"

然后，从约公元前4400年开始，女神文明开始瓦解。在接下来的两个千年内，侵略者从东部到达，古欧洲开始转型。这些雅利安人（文献中往往称其为"印欧人"；金布塔斯称他们"Kurgans"），半游牧牧民，从俄罗斯南部的大草原流出。他们的文化是父系制，社会分层；他们住在小村庄或季节性定居点，在广阔的牧场放牧羊群。他们的经济依靠畜牧业蓬勃发展，他们驯养的马给了他们速度和力量。他们过着一种难以驾驭的、男性占据主导地位的生活方式；他们看重男子气概和男性的攻击力，崇拜他们的战斗英雄。他们的符号是匕首和战斧。男性天神是他们的宗教关注的焦点。

这些雅利安人先后来过三次。第一次，约公元前4400-公元前4300年，来自

◁ 续栏 ▷

伏尔加草原；第二次，来自高加索山地区，约公元前 3500 年；第三次，公元前 3000 年，还是来自伏尔加。

两种截然不同的意识形态、宗教、经济、社会结构发生冲突，古欧洲文化走向衰落。母系文明被父权文化击败。金布塔斯写道："村庄和集镇解体，宏伟的彩陶消失，一起消失的还有佛龛、壁画、雕塑、符号和文字。美的品味与娴熟的风格和制作枯萎了。使用生动的色彩在几乎所有的古欧洲都消失了，除了古希腊的克里特岛和基克拉泽斯岛，古欧洲传统在那里又持续了三千年，直到公元前 1500 年。"武器和战神开始出现在考古记录中，屠杀、奴役、将女人视为男人财产的证据也出现了。

接下来三千年，西方文明反映了这两种强大的文化传统的组合，就像一块"大理石千层饼"。"最早的欧洲文明被父权制野蛮摧毁，再也没有恢复过来，但其遗产潜藏在底层，滋养了欧洲进一步的文化发展。古欧洲的创造并未丢失；它们经过改造之后，极大地丰富了欧洲人的心灵。"（金布塔斯，1982 年，第 238 页）

同样必须警惕在我们所处的地方和时代（"时代精神"）之下隐藏的文化假设。黑格尔和马克思最终都成了"进步是必然的"这一假设理念的牺牲品。

两种相对的观念：人类历史正在改善（乐观主义看法）或变质（悲观主义看法），在西方思想史上一直交替出现。

目的论历史观——即相信历史有意义，正在朝着一个目标前进——在本质上是一个犹太教－基督教假设；从目的论视角来看，大多数报告都认为，人类的境况将会不断提高。（而在一般情况下，当时代陷入混乱，如罗马迫害、伊斯兰征服、20 世纪大屠杀，悲观主义看法就会占据上风：认为现实情况会逐渐变得更糟，直到上帝在他认为"合适的时机"扭转乾坤，让事情走上正道。相比之下，当时代相对和平，如在文艺复兴时期、启蒙运动时期和维多利亚女王时代，乐观主义看法就会占据上风：历史是人类在地球上的成长和幸福的不断改善。然而，不拘在哪种情况下，不论历史是向上或向下，它都永远不会失去其目的论性质。）

19 世纪充满了高昂的乐观主义。工业革命如火如荼。西方国家涌入世界各个角落,将它们的物质产品和精神祝福贩卖到世界各地。在历史哲学家身上,启蒙主义情绪仍在闪耀。爱德华·吉本将其乐观主义隐藏在其伟大的《罗马帝国衰亡史》一书临近尾声之处,"每一个时代的世界都增加了并仍在增加真正的财富、幸福、知识,可能还有人类的美德。"

  对人类历史的这一评估,得到了达尔文(1859年)进化论的支持:通过漫长时间的进化,适者生存。它表明,自然在本质上也是渐进的。因此,人类历史和自然历史一起向上和向前移动,只有最忧郁的不信教者才会怀疑"进步的必然性"。很久以后,罗素耐人回味地写道:"我是在维多利亚时代那种乐观主义得到最充分展现的气氛中长大的,因此……在我身上保留了一些那时人们常

> ◀ 专栏 ▶ **进步的观念**
>
>   经常被19世纪思想家所主张的、历史进步的目的是可以限定、可以明确定义的概念,已经证明是不适用的、无益的。相信进步并不意味着相信任何自动的或不可避免的进程,而是相信人的潜力的进步发展。进步是一个抽象的术语;人类追求的具体目标时时源自历史进程之中,而不是源自历史进程之外的某些东西。我承认我不相信人的完美无缺,或者也不相信人间的未来天堂。在这个意义上,我倒愿意同意神学家、神秘主义者所坚信的,历史之中无法实现十全十美。不过,我也满足于无限进步的可能性——或者说进步不从属于那些我们要正视或必须正视的限制——只有当我们向这些目标前进时,我们才能定义这些进步的目标,我们只有在达到这些目标的进程之中才能证实这些目标的有效性。假如没有一些这样的进步概念,我也不知道社会怎样能够存在下去。每一个文明社会为了还没有出生的后代,把牺牲强加在活着的一代人身上。用未来较美好世界的名誉来证明这些牺牲的正当性,是以某些神圣目的的名誉来证明这些牺牲正当性之世俗的具体表现。用伯瑞的话来说,"对后代负责的这个原则是进步观念直接的必然后果"。或许这种职责无须辩护。假如需要辩护的话,我不知道有什么办法可以证明它。[①]
>
> ——爱德华·卡尔(Edward Carr),《历史是什么》(*What is History?*)

[①] 〔英〕爱德华·卡尔,《历史是什么》,第五章"作为进步的历史",陈恒译,商务印书馆,2007年,第223页。——译注

有的希望精神。"

尽管黑格尔和马克思建构的历史哲学可以依据许多其他理由进行有效批评,他们的乐观主义基础却是纯粹主观的假设,基于他们所处的时代而作出的。因此,我们也就多了两个例子:当严肃的思想家将其内心愿景投射到现实世界中时,就会无法给予我们一个关于历史意义的准确描述。

汤因比关于历史的有机体解读

10　汤因比的《历史研究》,可能是现代历史哲学家在理解人类戏剧上所做的众多尝试中最值得关注的一个。

1921年9月,汤因比搭乘一辆慢得可怜的火车穿越色雷斯去旅行。黎明前,隆隆的火车行驶到阿德里安堡附近,他醒了过来;阿德里安堡是一个充满历史遗痕的地区,在接下来的几个小时,他的脑海里开始浮现出过去在这里发生的那些具有划时代意义的历史事件和传说。

他知道,他正在穿越昔日广袤的波斯阿契美尼德帝国最西端的边界;当阿契美尼德王国自生自灭时,这些连绵起伏的丘陵和平缓的牧场,处在年轻的马其顿的亚历山大的统治下。三百年后,恺撒征服欧洲中部的精明计划被粉碎——瓦伦斯带领军团在条顿堡林山附近被日耳曼人所诱骗并被歼灭。哥特人和匈奴人经过这里进军,随后是十字军打着圣战的名义穿过这里,在遇到撒拉逊人后,不少人都把自己的性命丢在了色雷斯林地旁的小溪中。很久以后,这一地区,然后是鲁米利亚,被并入奥斯曼帝国,穆斯林在此定居,并将其变为他们的地盘。此后,它一直延续到近代。

一连数个小时,汤因比站在窗前,看着历史场景从自己眼前流过。那天晚上,当火车在一轮圆月下行驶,他在半张信纸上立下了一个计划:对人类文明作比较研究。他决定踏上一个漫长的旅程:对比所有已知的文明,确定在这些文明的存在期是否存在有意义的模式。他的主要兴趣是:发现今天我们处在西方文明中的什么地方,进而窥见我们要去哪里。他估计,完成这个项目将会耗费几十年时光，事实确实如此。1951年6月15日，他终于写完了他的研究的最后一页——到这时，他已辛劳了30年，去发现历史的意义和西方文明目前的状况。

历史树（《历史研究》中的插图）

11　汤因比是从整个文明而非国家的角度去思考问题。后者是短暂的、虚幻的文明碎片。从更广泛的人类文明角度来看，国家仅仅是一个种族中心主义部落，来来去去如此之快，以至于它们并不具备太大重要性，虽然在它们短暂的存在时间里，它们是更大的文化机体中多数狭隘的、自相残杀的冲突的来源。

汤因比的历史研究对象是人类所有已知的文明。他列出了迄今为止出现的27种文明（包括5种停滞的文明）。有4种流产的文明，一开始很正常，但是后来没有达标。

从总数中减去停滞的文明，我们还有22种成熟的文明。这22种文明，15个已被埋葬，7个还活着。在这5种停滞的文明中，2种已死，3种仍然存在。

然后，一共有17种文明已不存在，有10种仍在继续。

但是这10种活着的文明，有2种现在在垂死挣扎。剩下的8个里，6个"已经表现出许多衰老和死亡的现象"，8个中有7个目前都在不同程度上处于被西方文明消灭或同化的威胁当中。

因此，就截止到21世纪而言，我们自己的西方文明处在列表顶部。从表面来看，我们仍然相对健康；依据汤因比的看法，我们对未来可以谨慎乐观。

12　随着对人类27种文明的生命周期的研究，汤因比发现了什么？模式。一致的、清晰的模式：出生，成长，成熟，衰落，解体，死亡——每种文明（就像每个人）都有其好运的时候。对他来说，模式是明确无误的，他试图突破先前的学说研究文明的变动。他相信他看到的模式是真实的，而不是主观的。

汤因比给发展阶段贴上标签,其方式大致与埃里克森命名我们个体生活模式的阶段相似。"原始社会"面临一个挑战,英勇和创造性地作出回应。"创造的少数人"引导大家走出原始境况,变成一个光明、繁荣的文明。但是,"创造的少数人"退变成"统治的少数人",拒绝放手其珍视的权力,很快就失去其活力和灵活性。内部权力斗争开始使得文明崩解成无数碎片,能把人们凝聚在一起的共同的价值观和共同的愿景越来越少。它陷入"混乱"中,变得很容易从内部和外部瓦解。它短暂聚合进入"统一国家",但因它没有有生命、有创造力的资源,它慢慢死去。然后,它从死亡中复活。凤凰涅槃,从其废墟上出现了第二代文明,吸取了上一个社会的深刻见解和价值观。

13 由于较大单位(文明)的行为很像较小单位(人)的行为,我们可以检测汤因比的历史哲学。用人的例子来概述,文明的运行就像下面这样:

个体会经历如下状态:

(1) **平静和满足**:他们放松对非物质价值观的坚守,变得越来越满脑子都是物质享受,他们对物质的自我满足达到了崇拜他们自己及其手工品的地步。这导致

(2) **幻灭和痛苦**:当物质主义不能满足人性的需求时,生命已经变得毫无意义;旧神被证明是假的。人们所受的苦难驱使他们走向

(3) **挽救价值观**:他们的注意力被重新引导到人类生活的性质和价值这一根本问题上,他们再次寻求意义并找到了它。这一追问问题的情绪刺激他们进入一种

(4) **创造力时期**:他们找到问题的答案;生活有了新的含义,幻灭消失;生活再次变得可以忍受/宜人,他们是幸福的。他们现在进入一种

(5) **平静和满足的状态**:这一循环周而复始。

这种行为模式非常典型,但它并非一种"必然规律"。无数的内外部因素都会打破它,对文明来说,就像对人来说一样,这都是真的。正如有些人可能会从别人的痛苦中学到他们的经验教训,而不是被迫通过自身的幻灭之痛,整个文明可能都学会了同样的教训,从而得到一个新的生机。如果说杜威提醒了我

们：我们不会去思考，直到遇上问题逼着我们去思考；那么汤因比就是在对我们说：人们不会去评估生活的价值观，直到他们在这上面遭受的损失大到他们不得不这样去做。总之，智慧来自苦难——只有通过苦难人才会去学习。不过，他们可以通过学习，进而改变他们的文明模式。

西方文明的困境

14 从这一普罗米修斯式的比较中，汤因比发现了什么？西方文明可能正处于汤因比所说的那种"统一国家"的阈限，在文明的发展模式中出现这种状态，是一种明确无误的解体迹象。我们的文明的崩溃始于15、16世纪，可能伴随着那时的宗教战争，自从那时以来，艺术、哲学、宗教和物质文化领域已经出现了无数的解体症状。我们是从过去社会相应阶段的迹象中认识到这些症状的。由于世界上只有两三个大国发号施令号召所有其他国家，统一国家离我们不可能太遥远。

但在这一点上，有一个新元素进入了图景：同一个世界。当我们问我们将会看到什么样的统一国家时，汤因比提出两种可能。第一种具有过去统一国家的所有特征。它是通过同样的自我造成的毁灭性打击而登上历史舞台，在这一打击中，其中一个成员国在一场政变中超越所有其他成员国取得成功，它本身成为统一国家。从来没有一个社会能从这种自杀行为中恢复，没有什么事情可以扭转这一解体过程。汤因比若有所思地问道："我们是否必须**也要**付出这样致命的代价去追逐我们的普世和平？"

第二种替代选择在人类历史上是种新事物：通过和平手段创造一种新的统一国家。整个世界正在以令人难以置信的速度走向同质化。它迅速被物质主义的西方技术所主导，但很显然，它也越来越多地受到非西方世界非物质主义价值观和观念的影响。如果事实证明，我们正处在变成有着同一种文化的同一种文明的边缘，这可能意味着将会有一种新型政治组织显现出来。这将是历史规律上一个真正的突变。如果西方有可能通过放弃其自我中心幻觉，特别是其狭隘的民族主义，去迎接同一个世界的挑战，西方文明的厄运就可能会被避免——有可能出现新生，并有可能出现一个新的世界秩序。

当然，人类同样可能会通过核战争毁掉人类自身，通过盖亚-地球失衡，通过毒化空气和水，通过改变全球气候，或是通过复活一种蛰伏已久的热病毒；但是，汤因比不相信人类会作出这样的选择。此外还有一种可怕的可能性，我们人类在学会如何和平共处之前，可能需要先学会如何迎接挑战——可怕的大规模杀伤性武器。

15　汤因比在 1952 年说："整个星球将会通过把不可抗拒的军事力量集中在一些人手上来实现政治上的统一。"虽然共产主义短期看似乎是一个威胁，但从长远来看，汤因比则认为共产主义不值一提，因为它坚持走捷径，无法满足个体最深层次的需求。"人的生活不能没有一点自由，正如不能没有安全、公平和食物。人类本性里似乎有一种类似于以人类为伴的骆驼、骡子和山羊一样难以驾驭的气质，即坚持保有些许自由度，而且知道在被逼得忍无可忍的时候如何为所欲为。人的这种难以破除的坚强核心是专制统治者灭亡的根源。即使忍受了最长久痛苦的人民，到一定时候也会挺身反抗。"①

在这个即将到来的大一统国家，人们所拥有的人身自由和物质自由，要比西方人民拥有的少很多，即使在像计划生育这样"神圣"的领域也不例外。在他看来，"在一个强权的、健康的、人口过剩的世界，无产阶级生儿养女的自由将不再是他的私事，而是将会受到国家的控制。"他认为，在不远的将来，人口增长和粮食生产将会是两个关键问题。

然而，人不可能在没有自由的情况下生活，"如果自由在物质层面受到压制，它就会在精神层面爆发出来"。因此，在这个新世界，将会有一种认为自己优于西方的精神自由，这一收益将会超出社会为此付出的代价。"只有每个社会成员都学会调和自己的宗教信仰和习俗，并自愿容忍他的邻居真诚相信的不同信仰和习俗时，才能获得真正的精神自由。"

---

① 〔英〕阿诺德·汤因比，《一个历史学家的宗教观》，晏可佳、张龙华译，刘建荣校，四川人民出版社，1998 年，第 273-274 页。——译注

也将有人与人之间的平等和尊重人的尊严。既不会有殖民主义,也不会有共产主义去否认这些人性的方面。西方所理解的"民主"(意味着自治)观念会被削弱,非西方人所理解的"民主"(意味着社会平等)观念将会占据主导地位。

宗教的作用是什么呢?汤因比清楚地看到了宗教回潮。就像19世纪和20世纪上半叶看到了平稳的远离宗教运动,21世纪将会看到一个反向运动,人们将会放下唯物论和技术,回归宗教和精神价值。这一宗教会是什么样的呢?所有现存宗教之间的互动是肯定的,但是每种宗教都会保持其身份和帮助自己的信徒。然而,有一种很大的可能性,这些伟大的宗教发现自己处于一个日渐萎缩的世界,一种积极的宽容将会取代其传统的狂热主义。他们将会发现,他们的同胞追寻者有着相同的追求。长远来看,只有一种真正的一神教式地献身其中的终极实在(大家都接受的),才能满足那些认为大家都生活在同一个世界、大家都是一家人的人的要求。

西方文明能否挺过这一切?也许吧。现代世界中出现了如此多的新因素,我们的文明如果能够面对变革的挑战存活下来,就可以注入新的活力,得到"缓刑",甚至可能是得到一个新的成长机会。如果我们的回应包括伟大的领导者——真正的"创造的少数人"——面对新时代中出现的现实问题,带领我们走上这条路,还是有希望的。

西方文明尚未死去并被埋葬,远远没有。

16 大多数哲学家都同意,当一种文明变得物欲横流,注重感官享受,那就麻烦了。在这个阶段,通常会有一种普遍持有的信念,这是一个"黄金时代"——一段空前繁荣的宽裕时间。实际上,它是解体的开始。除非这种文化能够通过成功地应对新的挑战,恢复其"超脱"的价值观,重新发现它的创造力,否则注定要走向失败。它们告诉人们的是,除非大多数人的价值观发生根本性变化,但首要的是作为真正领导的"创造的少数人"的价值观发生根本性转变,否则文明就会不可避免地走下坡路。

历史哲学家赞成的第二点是,民族主义是一种必要的但正在过时的现象。那些持有"有机体"历史理论的人,通常会将我们目前的政治文化境况比作青春期,这一时期的人类个体自身正在寻求分离和身份。但是,一旦整合的自我发展出来，也就不会再有身份或身份标签的当务之急。他们认为，文明将会集体通过种族优越感阶段，就像我们自己通过（或将会通过）自我中心阶段。虽然在青少年阶段出现"自我中心"现象很正常，但是过度关注自我很难成为成熟的成年人，后者有更重要的事情去做，而不是一个劲地关注他们是谁的问题。历史哲学家同意的是，在现代世界，那一条件正在创造一个单一的全球文化，它将会以惊人的速度打破民族主义意识的界限。事实上，如果大规模的种族中心主义意识普遍存在，我们的生存将会受到严重威胁。

　　大多数历史哲学家同意的第三点是：文明的阶梯并不像我们所认为的那样是一个最终的悲剧。杜兰特在他的《文明的故事》（Story of Civilization）中说明了这一点。"我们不应该为我们的文明将会像其他文明一样死去而深感不安。正如弗雷德里克在科林问他撤退的部队：'你能永远活着吗？'也许比较令人满意的是：生活应该有其新形式，新的文明中心应该有其登台表演的日子。"汤因比同样指出，任何文明最珍贵的元素都不会死去，而是会成为后续新文明的种子。伟大的发明创造，进步，科学，哲学，艺术，音乐，对大自然的深刻洞察，我们关于人性的知识，这些从来没有死去，尽管产生它们的文明可能早已崩溃。"这些都是文明的元素，"杜兰特写道，"通过从一种文明到另一种文明危机四伏的通道，它们一直在顽强地延续着。它们是人类历史的连接组织。"

暴力的根源

17 当一位历史学家研究历史时，有两件事会让他或她目瞪口呆：第一，人类历史在很大程度上是一个战争的故事；第二，人类社会的存在几乎完全是靠神话，包括战争神话，来维持。这两个事实互为镜像。

　　就第一个方面来说，在过去五千年有记载的历史中，没有一个世纪没有爆发战争，没有一年会没有在某个地方发生集体武装冲突，而这最早就是从狩猎采集者开始；随着文明的进步，血腥的战争也在增加。我们中对人类历史抱有较为乐观态度的理想主义者和先知不断祈求"我们时代的和平"，但在这个问题

〔西〕毕加索,《格尔尼卡》,1937年

上历史事实并不十分令人鼓舞。在我们自己这个问题多多的时代,很难不去追问这一人类暴力的根源。

最深层的暴力根源是进化。关于生命的本质,显而易见的事实之一是,捕食者与猎物之间的分工。所有的物种都靠吃对方存活。没有一种单一的生物不是食物链上的一部分。数百万年的进化,已经确立了游戏规则:捕食性物种进化出了多种多样的专门武器,用来追踪和战胜它们的盘中餐;猎物则发展出相应的防御武器和逃跑技能,用来躲避饥饿的掠食者。

这些演员都被赋予了更多的不仅仅是身体方面的装备。它们也已做好心理准备,也就是我们所说的本能。捕食者和猎物都已编程好生存软件,使它们可以充分利用复杂的进攻或防守策略。已在亿万多年的时间里很好地演出过这场生命游戏,数十亿物种早已调好它们的基因构成,使得"捕食者-猎物"这一划分成为它们存在的一个基本方面。

18 因此,整个动物王国里都有一种"我们-他们"的二分,在这一点上也包括我们人类在内。所不同的是,我们拥有抽象思维能力,有了这一能力,我们人类就可以理解事物的复杂之处,理顺我们的分歧。无一例外,所有的文化都会训练自己的成员去按照内群体和外群体的方式思考问题。内群体就是我们,外群体则是他们。外群体总是被认为是(与我们)不同的,甚至是一种威胁,被认为是缺少人性、下贱、弱智、不道德、不是真实存在的。

心理学家发现，他们可以随便找一个借口，比如像再简单不过的抛硬币，创造出内群体的忠诚度和外群体的敌意。本书5-3章中津巴多的实验表明，被任意划归一个群体的个体，很快就能培养出忠于群体的认同，并对本群体外的任何人流露出排外情绪和敌意。这一切都表明，我们的两价分类（two-valued categories，即非此即彼），既是人类基本思维模式的表达，可能也是一种本体论需要。

19　历史上，人们的道德准则只用在内群体（自己群体内）。外群体的人则无权得到相同的人性对待，就像我们给予我们自己群体的那种对待。外群体的人永远不是移情伦理关注的对象。虽然内群体的行为也会在某个地方有明确规定和阐述——在碑上，在法律文件中，在道德准则里，或是在未经考察的假设中——但是对待外群体的行为始终是出于利己目的的考虑。任何行为，只要能支持内群体生存，就会被贴上伦理的、道德的、公正的、正确的标记。特别是在战争期间，许多道德细节都会为了生存下来的目的而被暂停采用。

　　当一个社会崇拜的神重视所有人，对所有人都一视同仁——也就是说，当占主导地位的神或女神并不偏袒任何一方——这个社会中的宗教迷思就将是广泛的；但是，一旦神的同情完全偏向一方，迷思/神话里就会显现出他或她的偏见和喜好。旧约中的《申命记》(7:2—5,16)里就描述了这样一个神。耶和华神对他接受的部落说：

> 耶和华你　神将他们［以色列的敌人］交给你击杀，那时你要把他们灭绝净尽，不可与他们立约，也不可怜恤他们；……你们却要这样待他们：拆毁他们的祭坛，打碎他们的柱像，砍下他们的木偶，火烧他们雕刻的偶像……耶和华你　神所要交给你的一切人民，你要将他们除灭，你眼不可顾惜他们。你也不可侍奉他们的神，因这必成为你的网罗。

后来在《申命记》(20:10—14)中，我们又发现了下面的命令：

> 你临近一座城、要攻打的时候，先要对城里的民宣告和睦的话。他们若以和睦的话回答你，给你开了城，城里所有的人都要给你效劳，服

事你；若不肯与你和好，反要与你打仗，你就要围困那城。耶和华你的

　　神把城交付你手，你就要用刀杀尽这城的男丁。惟有妇女、孩子、牲

　　畜，和城内一切的财物，你可以取为自己的掠物。耶和华你　神把你仇

　　敌的财物赐给你，你可以吃用。

《利未记》(25：44-46)中补充道："至于你的奴仆、婢女，可以从你四围的国中买。……你们要永远从他们中间拣出奴仆；只是你们的弟兄以色列人，你们不可严严地辖管。"

我们－他们的区别在伊斯兰教思想中同样根深蒂固。圣战的概念就是形成于《古兰经》中的经文，告诫穆斯林与不信教者交战；穆罕默德下令进行圣战，直到所有人作证没有上帝，只有真主和先知穆罕默德是他的使者。

同样的区别在古希腊一样盛行。柏拉图努力为下面这一现象作出合理化解释：在战争中，希腊人不能奴役其他希腊人或摧毁他们的土地和家园，但他们可以对非希腊人这样做。罗马人也一样，他们认为非罗马人是野蛮人，低人一等，可以像动物一样被奴役、被折磨、被捕获，并被驱赶到舞台上娱乐。

在西方世界，这个神话更多源于古老的琐罗亚斯德教和其伟大的宇宙二元论。琐罗亚斯德教的神话将宇宙描绘成一个精神战场，光明势力在阿胡拉·马兹达的率领下，与安哥拉·曼纽率领的黑暗势力相互交战。聪明的人总是会选择站在光明神阿胡拉·马兹达一边，没有作出这一选择的人就会下地狱。

20 这一两值思维方式产生了一个奇特的战争神话。约瑟夫·坎贝尔指出："这是一种非常常见的想法，几乎在每一个战争神话中，敌人都被视为怪物，杀死怪物，就可以保护唯一真正有价值的人类生活秩序，当然这里所说的人类是指自己人。"

早期欧洲定居者在美洲残酷野蛮地奴役当地土著人，这样他们就能夺取后者的土地和生命，而不会感到太多内疚。1677 年，威廉·哈伯德（William Hubbard）写道，新英格兰地区的当地人是"奸诈小人"和"魔鬼的孩子"。

在南非，讲南非荷兰语的定居者，将当地人看成是矮小的孩童般的生物，类似于灵长类动物，但有着蜥蜴般的皮肤；当地人被称为"卡菲尔"异教徒。南

非白人农场主组织狩猎游戏，追杀当地人，就像猎杀袭击他们玉米田的狒狒、野猪一样。

在澳大利亚，许多来自英格兰的早期定居者认为原住民是害虫，每当他们造成麻烦时，谁都可以毫无顾忌地猎杀他们。

两次世界大战期间，美国人把德国人描绘成金发野蛮人，并叫他们"德国佬"。日本人被称为"日本鬼子"，在海报上被描绘成有着一双狡猾、邪恶眼睛的狂热分子，恶意地笑着。

1949年中国共产党夺取政权后，将美国人视为帝国主义魔鬼。1980年代和1990年代，对伊朗人来说，美国人是邪恶的化身，被描绘成怪物；反过来，美国人对阿亚图拉（以及后来的萨达姆·侯赛因）同样回报以大致相同的方式。

战争神话是一种普遍存在的现象。

我们会吸取历史教训吗？

21 关于我们是否可以从过往的历史中学到什么东西，西方思想里经常弥漫着一种怀疑主义态度。很多人都说过这样的话，但是可能谁也没有黑格尔说得好：我们从历史中吸取的教训就是，我们从来不吸取历史教训。

很多时候，我们都可以分享黑格尔的这一洞见。但是他的怀疑，需要满足一些前提条件。因为它是对一种情绪的陈述，而不是对一种事实的陈述。我们当然可以吸取历史教训。但是，这个"我们"又是谁呢？这个"我们"可以根据我们西方的历史经验做些什么呢？

历史教训可以在任何喜欢事实并想要看到全景的人的工作和思想中找到。它存在于过去许多世纪所取得的知识、洞察力和理解的逐步积累中。它是一种持续进行的批判事业（我们所说的教育）的结果。在任何一种不加批判和以神话为基础的现存文化中，那些来自理解历史的珍贵经验都将会死去。

某种程度上，它涉及愿意将杯子看成是半满的而不是半空的。历史哲学不是假想体系的积累，而是逐步分析一个又一个幻觉并从中解放出来，它是剥离一切幻想，缓慢地抛弃过去神圣的真理，因为它们被发现是错的。这是一个丰富的传统,我们任何人都可以从中加以利用。只要愿意吸取,历史教训就在那里。

22 对于我们学到的经验,我们可以做些什么?可以考虑以下建议。

第一,要小心我们如何解释历史。如果一直有人教导我们去相信:历史注定就是不同群体之间的冲突,人类唯一的希望在于战胜其他所有群体赢取最终胜利——那么也就没有什么希望去开始做什么事情。因为这种历史观是错误的。这是"我们-他们"这一心态的结果,尽管产生这一想法的根源是进化,但是,人类文明将会拒绝它并努力改变它。

第二,了解别人。突破将我们与他们截然分开的界墙。放下我们的排外心理,了解关于其他人民、其他宗教、其他文化、其他观点的真相;了解它们,不是要去消灭它们,而是要明白这些观点对那些持有者来说意味着什么。人们之所以会持有想法,是因为那些想法在生存斗争中被认为是有价值的。了解别人的世界,并不意味着要压制我们自己的批判能力,但它确实意味着,在批评他人之前,我们应该先去了解他人。

第三,了解我们自己。明白我们自己的思维过程,不管它们的根有多深或是我们感受到的来自权威的反对力量有多强大,都要尊重我们发现的。例如,二值思想是错误的。也就是说,把人分成我们和他们,得不到任何经验证据支持。仅仅是我们的抽象思维能力,使得我们创造出了朋友和敌人、外侨和公民、善和恶、该拯救的和该死的、囚犯和警卫、丑陋和美丽,等等。既然我们的心智能够竖起这些障碍和编造它们,我们的心智同样可以拆除它们。

第四,发现同情众生是正常的,并且可能是人之为人最独特的品性。所有众生(这里我们只谈及人)都有其感受和想法,正是相同的感受和想法,构成我们自己每时每刻的经验。它们包括恐惧,喜爱,希望,抑郁,兴奋,孤独,以及我们经历的、非常了解的所有感受。如果我们反省审视我们自己的敏感度,我们很容易在他人身上发现这些相同的经验,超越我们的"我们-他们"文化试图在我们与他们之间竖立的墙壁。这可能是一个老生常谈:我们都是一样的,但比喻仍然是有价值的;正是有了这种换位思考,真正的道德才能生根。

最后,从大局出发(记住全景)。历史学家敏锐地意识到这一事实:群体

（内群体和外群体）永远都在变化，长远来看，它在很大程度上是随意的和偶然的：一个特定的个体恰好属于一个特定的群体。通常，它就像抽签的运气，一个人出生在开罗，成为一个穆斯林；出生在犹他州，就会变成一个摩门教徒；或者出生在德里，则会成为印度教徒。当然，除非一个人相信因果报应，并将其作为宇宙间的事实接受。此外，从长期的历史角度来看，用于分类和区分我们的问题和信念将会在几百年后不成其为问题；我们的后代将会百思不得其解：为什么我们会如此斤斤计较那些琐碎的问题，如种族区分和民族身份，以至于常常闹得暴力相向。

23 我们还有一种吸取历史教训的特殊方式。过去的智者可以成为我们的老师。

从亚里士多德那里，我们可以学到如何释放我们对生活的惊奇，珍惜所有人类获取的理解；像"尤利西斯"一样"去追随知识，像那西沉的星星／到那人类思想极限以外的地方"。

从伏尔泰那里，我们可以学到如何重燃激情，哪怕人已"老年"；重燃对偏见和不公的愤慨之情；推动智识行动的车轮滚滚向前，用智识的清晰度和力量震动一个民族的良心。

从尼采那里，我们可以学到反讽：把你最有说服力的措辞适时地脱离语境，用到你终生为之奋斗的动机上。

从叔本华那里，我们可以学到直面生活所需要的勇气；当你内心纠结或扭曲时，你知道，你必须继续生活——有意义地，有益地，并尽量诚实地生活。

从奥古斯丁和克尔凯郭尔那里，我们可以学到如何接受成为人的罪：如何改变人类受苦的境况去服务他人（圣奥古斯丁），重新发现成为一个个体的人意味着什么（克尔凯郭尔）。

从培根和马基雅维利那里，我们可以聆听到流亡的痛苦：被割断与你的工作、你的朋友、你的生活的联系，有创造性地应对多年孤独的挑战，被迫学会一个人生活。

从托马斯·阿奎那和阿尔伯图斯（阿奎那的老师）那里，我们可以学到非常人的规训，拥有超出常人的力量。

从柏拉图和爱因斯坦那里，我们可以体会到"心灵冒险"——进入一个可能的世界，让人为之兴奋和着迷。

从伽利略那里，我们可以学到面对顺从的压力时坚持"我们自身信念"的勇气；有知识证据站在我们一边，借助我们的勇气，去赢取一种个人的胜利。

从维特根斯坦那里，我们可以了解"用我们自己的思想去思考"是什么意思——不是去重复听到的单词和记忆的短语，不是诉诸套话，假装它们真的是我们自己的看法。

从斯宾诺莎那里，我们可以学习如何在四面八方的反对下坚守我们珍视的信念而生活，避免心怀怨恨，当别人直呼我们的名字将我们排斥在外时变得更加平和和明智。

所有这些——这里仅仅举了一些"哲学家"——都能教给我们一些东西。此外能教给我们东西的还有方济各、托马斯·莫尔、林肯、贝多芬、海伦·凯勒、贞德……

黑格尔

我是一只夜间飞行的猫头鹰

　　黑格尔的哲学体系是如此宏大，如此复杂，以至于很少有人能真正理解它。黑格尔本人曾经写道，"只有一个人理解我"——大概是他自己，也有人说是马克思——但"就连他也不"。马尔科姆·诺克斯爵士评论说，事情一直都是，"反对他要比理解他更容易"。

　　因此，他的批评者将他的哲学视为一种扑朔迷离的形而上学的幻想。罗素写道，几乎他的所有想法都是错的。其他人判定他的工作"纯粹是无稽之谈"，"将会成为一个德国人有多愚蠢的纪念碑"。相比之下，他的支持者则认为，黑格尔哲学是一个不知疲倦的天才永恒的工作，揭示了人类思想和历史的动态运动。不过所有人都同意，他是现代思想的建筑师之一，离开了他，也就无法理解20世纪。

　　格奥尔格·威廉·弗里德里希·黑格尔——令人高兴的是，他通常签名只用"黑格尔"——1770年出生于斯图加特。他的父亲是国家财政部的一个小官，他从来没有感受到父亲与自己亲近的一面。他的母亲是一个受过教育的女人，引领他走向对古典的研究——他在家养病期间阅读了大量拉丁语和希腊语文献——但在他13岁时她就去世了。他在文法学校继续接受古典教育，他终生都对希腊语和拉丁语非常娴熟。

　　18岁那年，他就读于图宾根大学神学院，主修神学和哲学，而且学得很好。他与荷尔德林、谢林成为朋友，为斯宾诺莎、康德、卢梭等人的思想和法国大革命所吸引，这是他哲学生涯的重要开端。他的宗教背景是新教徒，他曾认真考虑过去当牧师,但他缺乏自己的风格(如果不是实质的话)——微弱的声音和尴尬的手势让他的听众对其失去兴趣。在神学院,他很有人缘,从来不缺亲近的男女朋友。他的一个同学指出:"浑身洋溢着快乐,去酒馆放松……使他很受大家欢迎。"在智力上,他被看作是一个放荡不羁的波西米亚人,有着不确定的承诺。他是一个安静、勤奋的学生。他早已开始连篇累牍地写下自己的想法,虽然他什么也没有出版。大学同学记忆中的他的形象,大都是打牌,喝啤酒,跳舞,贪婪地阅读,埋头记笔记,对沉闷的教师发牢骚,逃课。1793年他从学校毕业,拿到一个艺术哲学学位。

人必须谋生,所以黑格尔去了瑞士伯尔尼一户富裕人家当了一名私人家庭老师,同时继续写自己的东西。他写了《基督的生活》,既时尚又早熟,但在写好后又一把火烧掉了手稿。29岁时,他得到了父亲的一小笔遗产,刚好够他申请耶拿大学的哲学讲师。他在那里教了6年书。尽管收入微薄,但他做的是自己喜爱的事情。这是他的智力成熟时期。

他的讲课对他的学生是一个挑战。从一开始起,他的讲课风格就很不起眼。终其一生,黑格尔与他的大部分学生和一般市民的关系都比较疏远,但在他高强度的吸收中自有一种真实性。虽然他的讲话迟疑不决,但是一个一直跟随其思想前行的聆听者则会逐渐意识到,他正在目睹极富创意的头脑进行创造的那一刻:这自然会惹得那些无法进入其思维过程和喜欢被逗乐的人厌烦;但黑格尔还是稳步地吸引了那些可以跟随其独特心灵节奏的知识分子。

1806年,拿破仑在耶拿征服了普鲁士军队,战争来到了黑格尔的家门口。刚好是在耶拿战争前夜才写完一部伟大的手稿,他收好手稿,逃离了这座城市。1807年最初几个月,黑格尔成了纽伦堡西北部小城班贝格(Bamberg)一家报纸的编辑,这是一份临时工作,但却很好地支撑了他的生活。他狂热地工作着,出版每日新闻,这无疑使他不停地接触日常事件,并强迫他用人们能够理解的清晰风格去写作——这对一个多产的作家来说是一个很好的训练。

1808年黑格尔成为纽伦堡一所文法学校的校长,在那里,除了其他职责,他还给十几岁的男孩子们讲哲学。每当有老师生病,他就会去亲自代课,"学生们尤其惊讶的是,他不仅可以教希腊语和其他类似科目,还能教微分与积分",或是任何需要教的科目。

黑格尔在1811年秋天与玛丽·冯·图赫尔(Marie von Tucher)喜结良缘。这一年他 41 岁,她则只有 21 岁。据说这是一段罕见的时间,他承认非理性的力量:他给她写诗,谈情说爱,写柔情似水的书信;但没过多久,他就又退回到左脑的逻辑思维世界。

在纽伦堡黑格尔最后出版了三卷本的《逻辑学》。这本书太过抽象,以至于除了专家学者,没人能看得懂;它出现在学术舞台上,让大家都很惊讶,但黑格尔则不觉得这有什么可惊讶的。很快就有几所学校邀请他去当教授,他接受了海德堡大学提供的教职。这是他第一次有薪水的教学工作,这时他已 46 岁。他在这里教了两年书。现在感到更无后顾之忧,他开始写作鸿篇巨制,并出版了第二本巨著《哲学科学百科全书》。他在学界的地位迅速蹿升,1818 年,他应邀进入德国最负盛名的学术机构柏林大学教书。

黑格尔的生活遵循一种熟悉的模式,这一模式也许可以说明他的辩证学说的主要方面。作为一名学生,他相当激进,有着火热的政治激情,社会公告中充满活力和尖刻。他兴奋地谈论自由、正义、平等。他帮助组建了一个俱乐部,讨论政治想法,支持法国大革命,一个星期天早上游行到一片草坪上种下一棵"自由树"。在宗教上,他打破了所有的正统观念,修改了传统基督教的本质。在哲学上,他否认了康德的

法国大革命期间人们种下自由树

认识论。总之，他新思不断。

但在他的声望达到巅峰时，他却又变成了一个极端保守的人，认为时下年轻的激进分子受到了空想家的误导。在长时间处于批评和争议的中心之后，他渴望和平；抵达柏林的时候，他感觉到有一种厌倦他的气氛。他的观点被打上了缺乏新意的标签，创意之火已经烧尽。他写道："最后，经过四十多年难以估量的混乱，一个古老的心脏可能会欣喜地看到这一切结束。"

就是在年轻时，黑格尔的那张脸也显得足够老成，他在大学里被称为"老男人"。从所有的描述来看，他都是一个大器晚成者，他的自我意识在慢慢成熟。他是一个本真而简单的人，不做作；和煦，温厚，缺少魅力和社交风度。他有一种尖酸的幽默感。他有巨大的能量和无限的耐心。他会尽力避免兴奋、冒险和强烈的激情。他是社会上流传的那种心不在焉的教授（不修边幅的糟老头）的原型。

黑格尔发表的作品的风格是客观、高度抽象和深奥。较早时期的风格——自然、清晰——随着时间流转变成了折磨人的说教式散文，他认为这构成了"正确"的学术风格。他的思想展现出非凡的学问和学识，极具穿透力，他的视野范围只有伏尔泰、歌德、尼采这样的知识分子才能媲美。为了表达新思想，他还自己发明了一些新术语。

《历史哲学》和几部小型作品，通过学生笔记整理而成，在其身后出版。

&&

黑格尔哲学的关键是他那句名言，"凡是合乎理性的都是现实的，凡是现实的都是合乎理性的。"理解了这一名言，也就打开了进入他那宏大体系的大门。

究竟什么可以算是"理性的"？答案是：心灵可以是理性的。因此，黑格尔说，思考在某种意义上是真正的。黑格尔认为，在历史上，他是第一个看到并正确定位宇宙（即上帝的心灵）中现实的本质的思想家。上帝的心灵就是现实的本质。这一上帝的心灵就是纯粹的思想。

换种说法就是：上帝是宇宙的本质，宇宙是合乎理性的。上帝是理性。正如黑格尔所说，"理性是宇宙的实体"。

因此，黑格尔的哲学有两个重要元素：上帝的思维过程，这是完全合乎理性的，和凡人的思维过程，这是追求合乎理性。当我们人类成功地合乎理性，我们就是在思考上帝的思考，挪用他的合乎理性。我们人类的目标应该是永远向着理性增长，

凡是现实的都是合乎理性的

这样我们就可以更接近绝对心灵——上帝的理性思考。

我们在行动中可以在哪里发现这一神圣的理性？在人类历史中。因此，黑格尔成为伟大的历史哲学家之一，他发展出了一套概念体系，通过它，我们可以了解历史在做什么——它一直在哪里，它要去哪儿，我们如何适应它。

黑格尔说，思考的这一本质，就是变化。所有的思维运动都有一种三拍子节奏：正题—反题—合题。所有的思考都始于想法（正题），发展出其相反的想法（反题），然后将正题与反题合成一个新的整体（合题）。纵贯历史，思想都遵循这一三节模式，每个合题，反过来，又成为另一个正题。这一三节辩证节律——思想总是在完成自身——就是历史的运动。因此，思想的本质就是朝着完全和整一而不断变化和发展。

因此，历史的目的就是实现这一持续成长和改变的发生。历史是人类最高阶段能力——理性——的舞台，可以不断发展和壮大。从人类智慧的开端起，历史一直在持续运动：从不完全状态（在这一状态下我们被动物本能所驱使）发展到完全状态（在这一状态下，我们将越来越多地展现出智慧和完整）。

因此，随着历史的运动，不可避免地会有所进步，朝向心灵最想要的：整体性。所有的历史都是从混乱、分离、碎片，走向秩序、连通和团结。只要我们人类是理性的，我们就在追随历史的潮流。然而，更重要的是，我们正在思考（和体现）上帝的想法。人与上帝合在一起，走向人类自我意识将是完整的时刻。我们将会拥有完美的知识、完善的智识和完美的理解。在这一点上，上帝的思想与人类的思想将会合二为一，即两者是相同的，人类将会完成它的使命。人身上的理性与宇宙的理性将是相同的。上帝的思想就是我们的思想，我们的思想也就是上帝的思想。现实的是合乎理性的，合乎理性的是现实的。

黑格尔的哲学完成了几件事情。首先，它奠定了历史乐观主义的知识基础；如果我们觉得我们正在不可避免地与天使一起奔向终极目标，那么生命就没有白费，我们也将获得最高级的生活乐趣。

其次，黑格尔以他的方式有效地消灭了存在两个世纪的认识论孤独：我们不再觉得自己陷入了身体的束缚，只能体验到我们自己的经验，并注定对现实本身绝对无知。黑格尔的结论是，每次我们进行理性思考时，我们就会领悟什么是现实的。

再次，黑格尔发展出一种无所不包的范式：所有的事件都能得到重新解释并被包容在这一辩证过程中。战争，革命，各种悲剧——这些都是历史逻辑（作为良性和有益的活动）内在和必要的一部分。历史中的绝对心灵，通过对立面运转：善良与邪恶互动，稳定与不稳定互动，战争与和平互动，等等；战争与和平互动，向前推进到一个新的合成。危机时代是推动历史前进取得伟大成就的时候。

对黑格尔来说，历史就是变化必然发生的舞台，变化总是从不完整朝向完整发展——朝向整体性、同一性和自由。

欧洲第一次爆发的霍乱疫情，于1831年蔓延到了柏林。为了确保一家人的安全，黑格尔在那年夏天离开了柏林，但当他在秋天又回到那里时，他立刻感染上了，仅仅过了一天他便去世了——那天是11月14日。他61岁。

5-2 法律与良知

每个社会都有不止一套规则，分别代表不同的价值观和关注。政治哲学家和道德理论家极力想要证明（几乎都是徒劳无功），为什么一个人应该遵守某一套规则，而不是其他规则，尤其是在一些规则依照理性或道德标准来判断不是很好的规则的情况下。所有宗教的信徒都发现，他们必须遵循与世俗权威相冲突的规则。本章阐明了这一困境是永恒的，并提出了一些解决这一冲突的理论方法。当然，就像在越战时期一样，当人类的良知与国家的命令相冲突时，这个问题会变得非常严重。

相互冲突的忠诚

1 所有但凡拥有一点点个人自由的人类社会，都会在人类社会的结构和权力上，发展出广泛而坚定持有的信念——之所以会"坚定持有"，因为毕竟是人类国家在行使最终对人类命运的掌控。

在这样的社会，在谁应该遵守不同的法律上，也存在根本性的紧张关系。没有自由的人可以幸免这种情况，那些生活在原始部落或有强硬独裁者国家的人，会服从单一的一套法律。但在自由社会，许多法律体系通过声称拥有压倒一切的管辖权，成为个体的负担。个体必须服从它们！

这种困境类似于我们在道德伦理上所发现的。如果一个人只有一种单一的

法律、秩序、良知、公正哪个重要？

道德准则，那他可以幸免自由人必须作出的复杂决定——自由的个体必须在他们忠于的各种准则之间作出决策。

我们西方的经验，在忠诚上一直有着持续不断的冲突。西方社会最深的承诺源于圣经上的契约，它将社区结合到一起，忠于神的律法。在基督出现一千多年前——事实上，从摩西无视埃及法律带领以色列人与耶和华签订契约关系开始——人类一直都在服从"神的律法"还是服从"人的律法"的紧张关系中挣扎。对那些生活在神圣任务（神的命令）下的人来说，他们最终所忠于的一直是神；相比之下，文明社会的世俗法律制度，对他们的忠诚只有微弱的、间接的要求。

2 这种忠诚之间的紧张关系，可以在下面摘引的段落中感受到。

> 我认为我们都有道德义务，去遵守公正的法律。另一方面，我认为我们都有道德义务，不去服从不公正的法律，因为不配合邪恶是公正的，就像配合善良的道德义务是公正的一样。
>
> ——马丁·路德·金

> 如果[法]的性质是：它要求你去对他人不公，那我要说，违背那一法。
>
> ——亨利·大卫·梭罗

> 当法律促使一个人不去爱时，它就不再是，也不该再是一个法律……你需要那种能够展示出爱意举动的法律；但若它的知性会伤及邻居，神就会要我们暂停和无视法律。
>
> ——马丁·路德

> 一个安息日，耶稣从麦地经过，他的门徒行路的时候掐了麦穗，在他们的手上揉搓粮食——这违背了摩西律法——然后吃了下去。
>
> 几个法利赛人对他说："看看他们！他们为什么在安息日作这些不可作的事呢？"
>
> 他简单地回答："安息日是为人设立的，人不是为安息日设立的。"
>
> 但那些忠于摩西律法的人生气地走了。
>
> ——《马可福音》2：23–24，27–28

3 下面的片段清晰地展现了这一困境实际的和务实的方面：

> 如果每个人都可以自行决定自己服从哪些法律的话，一个有序的社会也就无法存在……只有"公正"的法律需要服从，每个人都可以为自己自由地决定"公正"问题。
>
> ——小刘易斯·F. 鲍威尔（Jr. Lewis F. Powell）

> 在上有权柄的，人人当顺服他；因为没有权柄不是出于神的，凡掌权的都是神所命的。所以抗拒掌权的，就是抗拒神的命；抗拒的必自取刑罚。你只要行善，就不用惧怕掌权的……所以你们必须顺服，不但是因为刑罚，也是因为良心。
>
> ——圣保罗（《罗马书》13：1–2，5）

> 在任何情况下，人民如果抗拒国家最高立法权力，都不是合法的，因为唯有服从普遍的立法意志，才能有一个法律的和有秩序的状态……人民有义务去忍受最高权力的任意滥用，即使觉得这种滥用是不能忍受

的。理由是，对最高立法权的任何反抗，只能说明这与法理相悖，甚至必须把它看做是企图毁灭整个法制的社会组织。

——康德

你们为主的缘故，要顺服人的一切制度，或是在上的君王，或是君王所派、罚恶赏善的臣宰。

——圣彼得（《彼得前书》2：13-15）

4 由于这种紧张关系植根于宗教，我们本可以希望求助于西方宗教的创始人，比如耶稣，来给予我们一些指导，但我们这样做是徒劳的。在被迫就这一困境发表评论时，他只是让这一问题变得更加让人迷惑：

夫子，我们知道你是诚实的，什么人你都不徇情面，因为你不看人的外貌，乃是诚诚实实传神的道。那么就请你告诉我们：我们是否该给国家纳税？

耶稣知道他们的假意，就对他们说："拿一个银钱给我看。"

他们就拿了来。

耶稣问："这像和这号是谁的？"

他们说："恺撒的。"

耶稣说："恺撒的物当归给恺撒，神的物当归给神。"

因为没能如愿坑害他，他们生气地走了。

——《马可福音》12：14-17

良法和恶法

5 关于区分良法和恶法的理由，金、梭罗、路德和其他人都有很好的表述。无论多么强烈地主张人们应该合法服从国家和其制定的法律，但也总是难免会有一些法律变成恶法。立法者不仅仅是人——这是造出恶法的充足理由——他们中的一部分永远都是只顾及自身的狭隘利益，在何为正义这一问题上看法短

狗法

视或大错特错，与现实脱节，不了解价值观和价值判断（毕竟，法律是人类价值观的立法）的性质。这些规定或声明可能是简单随意地作出的，因为在作为一个整体的民众所共享的认知和情感问题上，领导人也无法幸免。

因此，在任何法律体系中，都有很大可能指出里面从轻度不公正的地方到无情不人道的地方，而且这样的法律会在那些成为法律牺牲品的人中间，或是在那些看到别人伤害他们的人中间，激起一种愤怒感。更重要的是，就像事实表明的那样，除非法律定期受到挑战——就像美国制度的始作俑者认识到的那样——否则它们不会得到改进。1787年，托马斯·杰斐逊说："但愿不要发生这样的事，我们在20年内不会有这样的叛乱。"在别的地方他阐述道："国家如何能保持其自由，如果其统治者没有无时不受到警告，如果人们不保有反抗精神？让他们拿起武器……自由之树必须用爱国者和暴君的血时时更新。"在那些成熟的人中，很是珍惜批评；正是通过明智的批评，才会制定出更公正的法律，更新过时的法律。此外，正是通过公开批评，当权者间的自私利益才会迅速引起足够多的公民的注意，进而才能在更深的暴政出现前，起来反对，提出异议。

6

我们这个国家还有另一个传统，这一传统正在危险地消失，那就是提出异议。我们有责任反对。我们可能都还清楚地记得，四分之一世纪前，尼默勒牧师①在纳粹德国说过这样一段话："他们杀共产党人时我没有说话，因为我不是共产党人；他们杀工会分子时我没有说话，因为我不是工人；他们杀犹太人时我没有说话，因为我不是犹太人；随后他们向

---

① 马丁·尼默勒（Martin Niemoller, 1892—1984），德国著名反纳粹神学者和路德教派牧师。
——译注

天主教徒而来我没有说话，因为我是新教徒；当他们杀我的时候没有人说话，因为已经没有人了。"

——"参议员斯托"《豹子胆》(NBC-TV)

忠于更高的权威

7 西方（犹太‒基督教）法律传统，采取的是层级制法律形式——一种司法图腾柱——有着明确的优先排序。

地方法律必须遵从地位更高覆盖面更广的法律。因此，在发生冲突的情况下，村庄或城市的法律必须服从国家法律。国家法律是"更高的"法律，需要优先考虑。有人可能会有效地认为，在特定关注领域，只有地方法律才能真正适应当地情况。但是，人口是流动的；个体是过客。如果地方法律的存在只是为了服务于无数小的司法管辖区的自身利益，它是行不通的。在影响更大范围更多人群的事项上，必须以覆盖面更广的法律为准。

按照同样的原则，联邦法律先于国家法律。无论哪个城市或哪个州，都不允许制定那种牺牲它们仅是其中一部分的更大社会的利益来满足其狭隘利益的法律。如果想要平等适用法律，即如果想要有正义，就必须以覆盖面更广的法律为准。

8 在这一点上，西方文明的根基：契约原则，必须被推行：即有一个比任何主权国家更高的、更普遍的法律。两千七百多年前，被逐出家园四处流散的犹太人，认为摩西的律法高于任何他们生活其中国家的法律。在罗马帝国，强烈忠诚于其一神论信仰的犹太人，为他们赢得了豁免崇拜恺撒的权利。随着基督教势力在早期帝国中的增长，一些人认为，基督徒是犹太人，因此也应享有豁免权，但是大多数基督徒则发表声明，强调基督教并非犹太教的一个分支。作为基督徒，他们认为自己是一个独立教派，他们当时不得不崇拜神圣的恺撒。

但像犹太人一样，他们无法出自良心去这样做。因此，基督徒是"不忠的"，他们被认为是危险的颠覆分子——"坏公民"。在随后几年的迫害岁月中，基督徒成为反对不公正地效忠恺撒和他的国家、拒服兵役者的主体，他们的最高忠诚只留给他们的神和神的法律。因为这一立场，基督徒被正式指控为无神论和无政府状态：说他们是无神论，是因为他们拒绝崇拜国家批准的神；说他们是无政府状态，是因为他们是拒绝宣誓效忠政府的反叛者。

正是这一拒绝接受"人的法律"，将基督徒推上了"竞技场"并被杀害。

9 广义上讲，效忠"更高的权威"有两种方式：(1) 忠于被国家赋予神圣权威的机构；(2) 忠于个人理解的"上帝的律法"——通过启示、"精神知识"（直觉），或良知。

随着罗马天主教会逐步发展成为欧洲普遍的权威，教皇宣布它凌驾于所有世俗权威之上，拥有至高无上的权力；因为教皇是世间的"基督牧师"，教会是"上帝之城"。

自从 385 年基督教被立为罗马国教，对忠诚的双重要求，就开始让西方公民陷入困惑。随后相继经过中世纪、文艺复兴、宗教改革，进入现代世界，当局权威 [它能削弱教会力量（"上帝的法律"）和提升自己力量] 与教皇 [它能扩展其权威，限制世俗政府（"人的法律"）] 之间一直存在激烈的竞争。个体发现自己陷入了这种权力斗争中。

最高要求者之间的对抗发生在 1077 年 1 月 28 日。教皇格列高利七世颁布了一项法令，宣布将德国的亨利四世逐出教会，剥夺一切权力。为了夺回自己的王国，亨利在冬季越过阿尔卑斯山，跪在嘉诺撒城堡前的雪地里，直到教皇作出退步。亨利悔改后过了三天，教皇宣布取消对他的放逐令，重又恢复了他的权力。

效忠"更高的权威"的第二种形式是效忠上帝的话语、自己的良知，或是一组伦理观念或规范，个体通过它们来判断现存法律的性质。这样的态度可以是有神论的和/或道德的，但在任何情况下，它都要求个人忠于最高承诺。无论一个人通过怎样的路径得出这样一种态度，个体常会觉得，服从恶法（不公正的法律）是一种虚伪之举，因为他已在道德反思中清楚地看到，社会应以公正的法律为准。

这一立场集中体现在马丁·路德身上，1521 年，他在沃姆斯会议上，饱含热情，真诚地喊道："我的良心是神的话语的俘虏……违背良心既不正确，也不安全。愿上帝帮助我。阿门。"

10 1302年，教皇波尼法爵八世颁布了《一圣教谕》（*Unam Sanctam*），明确规定教皇的教义比国王的训令更加至高无上。这一教谕仍是最极端的教会法高于国家法的宣称。

> 迫于信理，我们不得不相信，坚持一个圣而公的，从宗徒传下的教会，且我们坚信而坦率承认：在这教会之外，没有救援，没有罪之赦免……
>
> 福音训示我们：在这天主的权能中，有两把剑：一个是属于精神的，一个是属于暂时的……这两把剑，即精神的与物质的两把剑中，无论哪一把，都在教会的权能之下。可是，前者该由教会应用，后者该为教会而应用；前者是属于司祭的，而后者是属于君王的、军队的，却该按司祭的意旨与容忍而应用。但剑该隶属于剑，即暂时的权力，该隶属于属神的权力…………
>
> 所以，地上权力，若走入歧途，则将受到属神权力的审判。为此，我们宣布，我们主张，我们断定：服从罗马教宗，为所有人的得救，完全是必要的。

服从法规

11 陪审法官刘易斯·鲍威尔提出了有说服力的绝对服从正式权力机关的缘由：法律必须被遵守，因为若是允许每个人都自行决定哪些法律是好的、哪些是坏的，必然导致社会混乱。我们中间有谁能够断定什么是公正的法律、什么是不公正的法律？作出这样判断的标准是什么？那样岂不就会不可避免地出现：每个有奇怪政治想法的人和宗教狂热分子——更不用提所有年龄段情感不成熟的反叛——都会决定，所有没有满足其自我中心利益的法律都是"不公正的"？

这正是苏格拉底所采取的立场,当时他亲爱的老朋友克吕同劝他在执行死刑前一天从监狱逃跑。苏格拉底在黎明前醒来,发现克吕同静静地坐在他身边,显然已经做好了一切逃跑的必要安排。

但是,苏格拉底有他自己的思考,他拒绝逃跑。他耐心地试图使克吕同明白他的理由。

> 假定我们正准备逃离此地,或者无论我们采取了什么行动,那么雅典人的法律和国家会向我们提出这样一个问题。它们会说:"苏格拉底,你想干什么?你想要采取的行动表明你想在你的能力范围内摧毁我们,摧毁法律和整个国家,你能否认这一点吗?如果公开宣布了法律的判决没有效力,可以由私人来加以取消和摧毁,那么你能想象一个城邦会继续存在而不被颠覆吗?"我们该如何回答这个问题,克吕同,或者别的同类问题?……我们能说,对,我们打算摧毁法律,因为国家错误地对待我,你们在审判中对我的判决是错误的。这样说对吗?这是我们的回答吗,或者我们的回答是什么?……
>
> 那么假定法律说:"苏格拉底,这不正是你和我们之间的某种协议的条款吗?无论国家对你作出何种判决,你都会执行或遵守,对吗?……难道你竟会忘记……如果你不能说服你的国家,那么你就必须服从它的命令,耐心地接受她加诸你的任何惩罚,无论是鞭挞还是监禁,对吗?如果国家要你去参战,你会负伤或战死,但你也一定要服从命令,这样做才是正确的。你一定不能后退、逃跑或放弃你的职责。无论是在战场上或法庭上,或是在任何地方,你必须做你的城邦和国家命令你做的事,否则你就得按普通的正义去说服他们……"——对此我们该怎么说,克吕同,法律说的话是对的还是错的?
>
> ——柏拉图,《克吕同》[①]

[①] 〔古希腊〕柏拉图,《柏拉图全集》第一卷,王晓朝译,人民出版社,2002年。——译注

个体的困境

12 服从法律的问题可以被形象化地表示为一个有着两个焦点的椭圆。靠近椭圆的一端是人类自由的问题。我们所有人都想要自由,都希望有更多的自由;但是,由于我们社会中有问题的人不断增加,需要更多的监管,我们能够享有的自由也就越来越少。

椭圆的另一个焦点是一个人对人性的评估。如果一个人对人性抱有乐观主义态度,相信人是值得信赖的,那么他就会认为,我们人类可以建设性地使用自由,不需要冷冰冰的法律制度告诉我们该做什么不该做什么。但是,如果一个人对人性抱有不信任态度,相信人性在根本上是恶的,那他就会得出结论:复杂的法律制度是必要的,可以约束住这种自私的本性,强制制造出一种秩序的假象。

围绕这两个焦点——它们都在同一个椭圆内——变成了服从所有法律的问题:服从或不服从。成熟的、正在实现自我完善的人,希望仅用几条基本原则来指导自己的生活;在与他们的存在无关的限制情况下,他们变得躁动不安,并可能被惹怒。对他们来说,约束是没有必要存在的:反正他们会做正确的事情!然而,与此相反,大多数人似乎都无法在不伤害他人的情况下体验到非常多的自由;在不让触及我们生活方方面面的具体规定指导和约束我们行为的情况下,我们无法彼此和平生活。

13 原则和法律之间的两难选择,折磨着许多伟大的灵魂。例如,圣保罗试图努力遵守犹太教的613种戒律,但却只感到内疚,因为他无法满足其众多要求。最终,他发现,要想求得平和,只有放弃摩西的律法,接受耶稣基督的"因信称义"(justification by faith,基督教神学救赎论术语,因信仰上帝而获赦)原则。

同样,马丁·路德试图为了他的利益让墨守成规的罗马天主教的法律起效,但他发现,要想求得平和,只有遵循保罗所走的路,让他的生活服从一个原则:"因信得救"。

值得注意的是，印度教在我们可以接受的宗教范围内，提供了一个不同的体系，以满足不同的需要。印度教中有四种解脱道："业解脱道"（karma marga），"行瑜伽解脱道"（yoga marga），"信解脱道"（bhakti marga），"智解脱道"（jnana marga）。"业解脱道"通过工作和责任来实现自己的神性，他知道神不在天国而就在他的内心，也就是内在自我（Antaratma），做得好就可得好报。它要求一定要认真履行法律规定的行为。这是大多数印度教徒选择的路。与此截然相对的是"智解脱道"，即通过知识和智慧去实现。只有极少数能够严守规训和有反思能力的人，才会选择这种解脱方式。

14 东正教犹太历史学家约瑟夫·克劳斯纳（Joseph Klausner），在其学术研究著作《拿撒勒的耶稣》（*Jesus of Nazareth*，1907年，1925年英译本）中，探讨了一些指导原则与众多法律之间的两难选择。在法利赛人（一字一句恪守摩西律）与耶稣（故意无视犹太法律）之间的争吵这个问题上，克劳斯纳在最后的分析中认为，法利赛人是正确的。犹太教永远都不可能接受这种对待法律的轻蔑态度。

> 对犹太人来说，他们的宗教远非简单的信念，更不是简单的道德指导：那是一种生活方式——所有的生活都在他们的宗教拥抱中。这个民族无法忍受一般的人类信仰和道德的基础，它需要一种"实用的虔诚"，一种宗教礼仪形式，既体现宗教思想，也给每天的日常生活戴上神圣光环。

拿撒勒的耶稣

通过破坏摩西的律法，克劳斯纳说，耶稣将会摧毁整个犹太教国家。耶稣的意图并未受到质疑，"但这却是毋庸置疑的，在他所有的教导中，没有什么东西可以起到维持国家状态，或维持现有世界秩序的作用"。

在耶稣出现很久以前，就有犹太学者能够用一两个一般原则概括出摩西律法的精髓。希律说："己所不欲勿施于人；这就是整个法律；剩下的就是解说：去学它。"但是这样的拉比，他理解并尊重法律精神，并没有免除法律自身的要求；因为法律规训集体生活并赋予它秩序。克劳斯纳写道："作为一个整体的国家，可能只会将这样的公共立项看成是耶稣的，一种反常乃至危险的幻想；大多数人，追随法利赛人和坦拿（Tannaim，犹太教口传律法集编注者），可能都不会接受耶稣的教导。"

这些例证似乎表明，如果没有严格的法律和服从法律意识，社会就会解体。

15 苏格拉底以一种世所罕见的勇气去寻求真相。但他在这条路上走得太远，以至于成了雅典安全的一个隐患。为此，他在公元前399年晚春或早夏，饮下了一杯毒芹。世界上有史以来最伟大的头脑之一，就此结束了其职业生涯；但是追随苏格拉底的年轻人当时就知道，雅典人和雅典的某个地方出现了巨大而可怕的错误。柏拉图写道："这就是我们这位同伴的结局，我们可以公正地说，在这个时代我们知道的所有人中间，他是最勇敢、最聪明、最正直的。"

这些人从他们自身苦涩的经历中明白：社会既会迫害和/或处死最坏的人，也会迫害和/或处死最好的人。单是这一事实本身就足以让他们明白，人类的境况中似乎潜在地存在一些悲剧性的东西，正是这一真知灼见，促使第一位哲学家开始深入思考生活问题并积极寻求解决办法。

梭罗

我要按我自己的方式呼吸

  1845 年春天，亨利·梭罗开始在瓦尔登湖的林地间建造一座小木屋，瓦尔登湖是一个蓝色的小湖，离他位于马萨诸塞州康科德的家有两英里路程。他买了一把锤子，借了一把斧子，带着一些他翻新的旧木板（用来搭屋顶和墙板），砍下几棵白松，清出一片空地，便开始盖起小屋。到了 5 月，他已经立起了屋架，六月底小屋基本成型。因此，7 月 4 日，他搬进小屋，宣布与世隔绝，开始了为期两年的独自生活的实验。

  他的康科德老乡几乎普遍误解了他的隐退。有人认为他太懒，多数人认为他这人太古怪，有点反社会。另一些人则为他感到遗憾，因为他拒绝接受文明带来的好处，并拒绝为社会作出贡献。奥利弗·霍姆斯嘲笑他是"啃芦笋啃错了头"。

  虽然几乎每个人都对梭罗的这一举动持批评（负面）态度，但在梭罗这边却也是铁了心的。"我去瓦尔登湖上的目的并不是去节俭地生活，也不是去挥霍，而是去经营一些私事，为的是在那儿可以少些麻烦……"①

  "私事"？他解释说：

>   我到林中去，因为我希望谨慎地生活，只面对生活的基本事实，看看我是否学得到生活要教育我的东西，免得到了临死的时候，才发现我根本就没有生活过。我不希望度过非生活的生活，生活是这样的可爱；

---

① 〔美〕梭罗，《瓦尔登湖》，徐迟译，吉林人民出版社，1997 年，第 17 页。——译注

> 我却也不愿意去修行过隐逸的生活，除非是万不得已。我要生活得深深地把生命的精髓都吸到，要生活得稳稳当当，生活得斯巴达式的，以便根除一切非生活的东西，划出一块刈割的面积来，细细地刈割或修剪，把生活压缩到一个角隅里去，把它缩小到最低的条件中……①

他在瓦尔登湖畔住了两年两个月零两天，这是一个极其成功的奇妙实验，或者，更准确地说，这是一段一个人按轻重缓急安排自己的工作、按照自己想要的方式生活的时间。他在日记中吐露道："通过这次试验，我至少学会了一点：如果一个人自信地朝着他梦想的方向前进，努力去过他想过的生活，他就会在平常的生活中遇上意想不到的成功。"

当他在 1847 年 9 月放弃小屋回到村里，他的实验也随之结束。是该继续前进的时候了。"我离开了树林，因为我还有更多的生活要过，无法再给最初的那种生活腾出更多时间。"

✤

1817 年 7 月 12 日，梭罗出生于康科德，他是家中三个孩子里最小的一个。他的父亲约翰·梭罗有一家小企业：铅笔厂——他靠经营它维持家人生活，只是收入微薄。约翰·梭罗过着隐居生活，不是很勤劳，但他为人温和，非常聪明和敏感，喜欢书籍和自然。这些特质，他都传给了他的小儿子。他的母亲辛西娅·邓巴梭罗，是一个活泼开朗爱社交的女人，以健谈和爱八卦而出名。从她身上，亨利得到了敏锐的个人主义感、智力、语言天赋和一种社会良知。

梭罗的早期教育是在康科德的小学和专科学校度过的。16 岁时，他被哈佛大学录取，他的表现还是不错的，但却并不是太出彩。20 岁时他从学校毕业，面临一个长期的问题：选择什么样的职业？找一份什么样的工作？对当时的哈佛毕业生来说，教书是再自然不过的选择，幸运的是，他过去上学的小学有一个空缺。梭罗喜欢孩子，与孩子们关系很好，是一名出色的老师。然而，在他上课的第二个星期，一位学校董事会的成员来听课，认为他的学生不听话，课堂失控。他要求任课老师严格纪

---

① 〔美〕梭罗，《瓦尔登湖》，徐迟译，吉林人民出版社，1997 年，第 84–85 页。——译注

律,包括对学生进行体罚。梭罗照着要求的那样做了。当天晚上,他就向学校递交了辞呈。

1839年9月,梭罗和他的兄长约翰造了一条船,顺着康科德和梅里马克河逆流而上,一直行驶到新罕布什尔州。在那里,他们步行爬到了华盛顿山顶端,然后顺流而下回到家里。梭罗对这次航行做了详细记载,后来成为他第一本书的素材。这是一段充满欢乐情谊的时光,一段梭罗记得的与另一个人关系最接近的时光。

1842年1月,兄长约翰过世,让他深受打击。约翰在磨剃刀片刀刃时不小心划破了手指,染上了破伤风,很快就进入弥留状态,最终躺在梭罗的怀里合上了双眼。这件事对他的震动是如此之大,以至于十天后,梭罗也开始出现了与哥哥病情相似的迹象。他们有着同样的心身症状,这体现了梭罗的移情能力,这一品质决定了在其一生中他对社会和自然的立场。

到了1845年早春,他已准备就绪,决定执行他长期持有的梦想,建立他的撤退之地,这样他就可以体验生活事务。他想证明,充足的生活只需要很少一些东西——几垄豆子,几件家具,衣服,笔记本和笔,几本书,以及其他很少东西。"一个有时间增加他灵魂的财富的人,才能真正享受闲暇。"

然而,他最深层的动机,并不是想要从经济学上证明这一点。他痛苦而清醒地看透大多数人类生活的方式。"人类在过着静静的绝望的生活",他写道。他们的"眼

梭罗的小屋(一个人的世外桃源)

界不曾看到事物表面之下的东西"。梭罗的基本天性是：依靠自己的存在核心，有所建树。他开始进行一次精神奥德赛，堪与小乘佛教和尚承担其隐修誓言相比。"一个人认为自己是什么样的人，就决定了，或者说表明了他的命运。""如果我不是我，"他写道，"我又会是谁呢？""不论你的生活意味着什么，接受并生活，不要躲避它并用恶言咒骂它。爱你的生活，哪怕它很可怜。我们为什么要这样急于成功，陷入绝望之中？如果有人没有跟上他的同伴（的脚步），也许是因为他听到了不同的鼓点。让他跟随他所听到的音乐前行，不论有多缓慢或多遥远。"

                                 ಹಿ

　　对梭罗来说，成功生活的一个根本要素是个人自由。生活中所有好的事情都来自于这样一个事实：我们可以自由地选择我们想要的生活方式。看上去似乎是不可避免的是，迟早会有那么一天，他会与现行制度发生冲突。

　　他第一次与政治制度起冲突，是他住在瓦尔登湖时，那是1846年7月的一个晚上。四年来，他一直拒绝支付他的人头税，而当时政府规定每个20岁以上的成年男性公民都要缴纳这一税。梭罗认为这一税种带有歧视性，此外，他还抗议用收取的税收支持政府纵容奴隶制。那天下午，梭罗从他的小木屋出发，步行进城，去取一个鞋匠给他修补的鞋子。巧合的是，他遇到了镇上的狱卒，山姆·斯台普斯，后者是一名税收员。斯台普斯要求他缴纳他该交的税。梭罗拒绝缴纳，并提出了自己的理由。斯台普斯警告他说，他要不交，就会被关入监狱。梭罗宣称了他的权利，然后就自己去了监狱。在狱中，他与一名被指控纵火烧毁一座谷仓的男子同一个屋。梭罗愿意留在监狱里，不管他人注意到他的抗议和观点要等多长时间。但是不知怎的，他妈妈听说他进了监狱，就让他姐姐给狱卒家送了一些钱，将他保释出来。斯台普斯的女儿打开家门，收下了这笔钱；但是当时时间已经很晚了，斯台普斯决定第二天一早就释放梭罗。当黎明到来，梭罗很生气家人为他采取的行动，因为这样一来他就无法继续待在监狱里进行他的抗议。他去街上取回自己修好的鞋子，半小时后，就在树林中采集起越橘。

　　梭罗在监狱里住了一晚的结果，便是写出了他那篇著名的论文：《论公民的不服从》。"我由衷地同意这个警句：最好的政府是管得最少的政府，"他写道；事实上，"最好的政府是根本不进行治理的政府。""如果植物不能按自己的本性生长，那么它就将死亡，人也一样。""我不是生来就是被强迫的。我要按我自己的方式呼吸。"

在梭罗看来，这是一个道德问题和一个原则问题。道德必须优先于法规和规章，道德必须优先于法律。国家，为了维持其存续，总是试图把人变成遵守法律和秩序的公民，移除掉他们的道德良知，让其"尊重法律"。但是，一个真正的人，他会尊重自己，就会把他的诚信和道德原则置于法律之上。梭罗所主张并捍卫的原则，不仅仅适用于马萨诸塞州和联邦政府，它们适用于所有人类和所有可能的政府。

> 不公正的法律仍然存在：我们必须心甘情愿地服从这些法律，还是努力去修正它们、服从它们直至我们取得成功，或是立刻粉碎它们呢？在当前这种政府统治下，人们普遍认为应等待，直到说服大多数人去改变它们。人们认为，如果他们抵制的话，这样修正的结果将比原来的谬误更糟。不过，如果修正的结果真比原来的谬误更糟的话，那是政府的过错，是政府使其变得更糟的。为什么政府不善于预见改革并为其提供机会呢？为什么政府不珍惜少数派的智慧呢？为什么政府不见棺材不落泪呢？为什么政府不鼓励老百姓提高警惕，为政府指出错误而避免犯错误呢？为什么政府总是把基督钉在十字架上，把哥白尼和路德逐出教会，并指责华盛顿和富兰克林是叛乱分子呢？①

因为这是政府的行为方式，道德的人将会抗拒。如果法律"的本质要求你以其人之道还治其人时，那我说就别管这法规了"。是美国殖民地的良知，打破了英国法律的束缚。是甘地的良知，他进行斋戒和祈祷，打破了英国统治印度的束缚。是马丁·路德·金的良知，他组织了塞尔玛游行，挑战了法律隔离。是示威者的良知，他们烧毁征兵证，示威游行抗议越南战争。是南非人的良知，他们拒绝隔离，抗议歧视性的种族隔离法律。是庇护运动的良知，"非法"保护逃离中美洲战乱的难民。

那些为民主国家辩解和那些捍卫它的人则总是会反击：虽然确实存在不公正的法律，但是有了法律机制，就可以改变它们；主要机制便是听取公众意见，削弱对不公正法律的支持。它需要一个对民主进程的承诺，这样才能使系统生效。

---

① 〔美〕梭罗，《瓦尔登湖》，徐迟译，吉林人民出版社，1997年。——译注

梭罗的回答简洁明了:"至于采纳州政府业已提出的修正谬误的方法,我听都没听过。那些方法太费时日,不等它们奏效,就已命赴黄泉。我还有别的事要干。我到这世上来主要不是为了把这世界变成个过日子的好地方,而是到这世上来过日子,不管它是好日子还是坏日子。"

一个人若是因为喜爱丛林而每天在里边散步半天,他就会陷入被人指责为懒汉的危险中。

但若是他作为一个投机商度过一天,砍伐森林,使土地过早光秃,就会被人称赞为勤劳上进的公民。

——梭罗

在1850年代,梭罗的正义激情多次被点燃。当马萨诸塞州通过《逃亡奴隶法》,要求公民逮捕逃亡的奴隶交还原主人,他很是震惊。他违反了自己的个人主义原则,加入废除死刑运动,并于7月4日在弗雷明汉发表了动情的演讲,题目为"美国马萨诸塞州的奴隶制"。

1860年冬天,梭罗在林地上点数新砍下树桩上的树轮,不小心得了感冒。感冒恶化成支气管炎,引发了结核性病变——这一疾病可以追溯到他的大学时代。在那之后,他的日记内容变得很零碎,只是偶尔几句简要说明。他的最后一篇日记写于1861年11月3日。前一天下起了雨,他看着大滴的雨水在沙上砸出小坑,由此可以辨别出降雨量大小。

1862年春天,他的精神状态特别好。常有朋友和崇拜他的市民前来拜访。他修改了一些随笔,并写了一些诗歌。5月6日,他在自己亲手打造的床上去世。

梭罗被葬入斯利培山谷公墓(Sleepy Hollow Cemetery),这里离他的出生地不到一英里,离瓦尔登湖约有四英里。

5-3 生活方式

本章涉及文化适应；文化适应是一个过程，个体逐渐习惯并接受其出生其中的文化所持有的思想和价值观。一旦适应了，个体就不会再觉得自己仅仅是一个人，而是认同于一个民族、社会、政治、经济或宗教亚群体，并认为他或她主要忠诚于其在亚群体中的适宜角色。津巴多监狱实验表明，我们很容易就会进入限制性角色，忘了我们是一个更大图景的一部分。本章介绍了如何适应角色扮演，提出了超越这些角色的替代方法；并认为，种族主义建立在一个危险的、早已过时的神话基础之上。

文化纽带

1 从前，在某个地方，有一个绿色的小山谷安静地躺在峭壁围起的高墙内，四周群山环绕，谷底坐落着一个村庄。村里没有一个人爬出过山壁去看一看外面的世界。对他们来说，山谷外面的世界根本就不存在。"外面"没有任何意义，"陌生人""遥远的国度""敌对部落"对他们来说同样没有意义。除了他们自己，没有其他人存在或可能存在……直到有一天，有人爬过一个山口找到了一条通往山外的小路，然后回来告诉他的族人，他们并不孤单。

山谷中的小村庄

2

  个体的生活史,首要的是,适应他的社区世代相传的模式和标准。从他出生那一刻起,他所生于其中的习俗就在塑造他的经历和行为。到他会说话时,他就是他的文化的一个小产物;到他长大能够参加文化活动时,文化的习惯就是他的习惯,文化的信仰就是他的信仰,文化中不能做的事就是他不能做的事。①

——露丝·本尼迪克特(Ruth Benedict)

3 在我们出生的那一刻,我们仅仅是一个人。我们每个人都有完整的人类基因,但我们还不属于任何一个确定的社会范畴。我们不是俄国人或英国人,因纽特人或班图人,中国人或泰国人或秘鲁人。出生时,我们都属于同一个物种——人类物种——智人。我们所有人都属于智人。

  但在几分钟内,我们便进入了这个世界,社会适应也随之开始。会有人对

---

① 〔美〕露丝·本尼迪克特,《文化模式》,王炜译,三联书店,1988 年,第 6 页。——译注

我们讲一种语言——英语或汉语或西班牙语；特定的情感、价值观和思想，会被灌输给我们，把我们尚未分化的人性导入社会事先就已存在的分类系统。我们不再主要是人类，我们思考我们自己，认同他人，就像被教导的那样：我是爱尔兰人，我是澳大利亚人，我是南非人，我是约旦人……等等。我们接受一个复杂的分类集合，来确定我们是"谁"（或是"什么"）。无论是好是坏，我们都已被同化。

文化适应是人类生存条件的一部分，没有它，个体和社会也就不可能存在。但是，我们的社会角色，及其支持性功能，也成为我们的"监狱"。我们承担起社会为我们建构的精心界定的角色，同时也要承担起这些角色给我们带来的巨大压力。我们成为一个有着我们文化中世界观的人，包括其思想、价值观、神话、历史、风俗、传统——我们文化中的世界观建立其上未经考察的种种元素。

结果无论在哪儿都是普遍相似，就像人类学家露丝·本尼迪克特恰当表述的："文化的习惯就是他的习惯，文化的信仰就是他的信仰，文化中不能做的事就是他不能做的事。"

4 你可能不愿去相信，但是，本尼迪克特是正确的：**你是谁很大程度上是由你的文化决定的**。你可能会觉得并认为你自己是自主的、自我决定的个体，过着你自己想过的生活，想你所想，作出自己的决定，形成自己的价值观，我行我素。然而，实际情况却并非如此。就像鱼儿永远不会发现水一样，因为它总是生活在水中，我们也意识不到我们置身其中的文化模式对我们生活的方方面面施加的限制。

露丝·本尼迪克特深入地研究了两种文化，揭示了文化适应的影响力。美拉尼西亚的多布人生活在新几内亚岛东端一个火山岩堆积而成的小岛上。他们居住在分散的村庄，耕地稀少，鱼类资源贫乏。对多布人来说，生活很艰难。他们没有首领，没有政治组织，没有守法的观念。恶意与背叛被认为是美德。村与村之间处于一种永久的敌对关系中。在白人（带着基督教）来到这里之前，没有人会前往另一个村子，除非是去袭击和杀害对方。每个人都处于种种持续不断的危险中，恐惧主导着多布人的生活。

多布人的孩子不被他们的父亲所关注，做父亲的主要关注他姐姐的孩子；

对他来说，被他的母亲拒绝是再常见不过的事，人工流产被广泛使用。家人之间极少会流露出温情或亲情。每个人都怕被毒死，没有一个人值得信赖。男人一般都怕自己妻子的巫术。每个人都拥有巫术的力量，它被用在一切可能的场合。对多布人来说，没有一件事是自然原因引起的，所有事件的发生都是巫术所致。生活中的不幸是由别人的黑魔法所导致，好运则归因于自己魔法的力量。每个人都是一个潜在的敌人；友谊的流露很可能被视为下毒的序幕。盗窃和通奸几乎普遍存在，若能成功做到，这两者都是受人尊敬的美德。不用说，陌生人从来不被允许访问或接近他们的村庄。

这一简要的文化模式说明，对多布人来说并不公正，他们的社会同样是一个无限复杂的社会，自从本尼迪克特在那里进行研究以来，很多事情都发生了改变。但是，这些模式，很大程度上是个体多布人不同的人格特质所创造的。多布人的典型特征是多疑，不信任人，偷偷摸摸，有敌意，骗人，不诚实和嫉妒。所有的存在都是恶性竞争，每一个优势都是以牺牲别人为代价获得的。多布人性格冷酷，拘谨，极少会有流露出幽默感的时候。人与人之间很少有亲密关系，个人的名字从来不用，因为这样使用会鼓励彼此之间出现亲密接触。

多布人的恐惧并非凭空想象，在他们心中，那些恐惧都是真实的。用进化术语来说就是，多布人养成了一套防御性的态度和行为模式，这对他们在到处都是巫婆和巫师的环境中生存下来必不可少。几乎没有任何的个人主义，所有多布人都共享这些特点。对那种文化来说，这些都是再正常不过的和自然的。**文化塑造个体**，以适应文化。

5 在其经典研究《文化模式》一书中，本尼迪克特教授对比了多布人与新墨西哥州的祖尼印第安人。两者之间的不同极其显著。多布人的孩子出生在一种恐惧和不信任的文化中，祖尼人的孩子则一出生就受到饱含温情的热烈欢迎。没有一个孩子会是父母不想要的或是会被父母忽略。父亲和母亲的兄弟会在孩子身上投入很多时间，拥抱他们，陪他们说话，到了晚上则会把他们放在自己的大腿上轻轻摇晃。孩子们很少会受到纪律约束，从来没有人用鞭子处罚他们。祖尼人的孩子都习惯合作，而非天生就相互竞争。对年轻男孩来说，他们的成年仪式不是一种折磨，而是一种净化仪式，可以给予孩子们在群体中的地位。

祖尼人的家庭是母系制，家庭成员作为一个群体一起生活和工作。暴力和冲突极为罕见，确实出现分歧时，他们会有节制地解决，而不是将其闹大到争吵地步，争吵被视为是一种不好的做事方式。农作物共同收割，一起存入仓库，很容易就能取出。盗窃极少发生，因为很容易就能从他人那里借到东西。

　　在原始社会中，通常都是祭司或巫师祈祷毁灭敌人，获得战争胜利，他们天生就有辟邪的神力。相比之下，祖尼人的祷文经常是祈求一种安静有序的生活，愉悦的生活，不要出现暴力，希望他人生活幸福，就像下面这一祷告：

> 保佑他们一路平安，
> 保佑他们平安抵达
> 愿他们刚刚走完一小段路时
> 不会遇到艰难险阻。
> 保佑所有童男
> 所有童女，
> 还有那些前程远大的人，
> 祝他们都有雄心
> 壮志，
> 在通往道恩湖的路上，
> 祝你们成熟起来；
> 祝你们平安抵达；
> 祝你们会有幸得生。①

　　理想的祖尼人——"好人"——德高望重，和蔼可亲，谈吐文雅，胸怀大度。他没有要当头儿的野心，从不受人非议，或是为自己辩护。适度/中庸是他的首要美德。解决争议时，不会有激烈的争吵。神就像祖尼人一样：平和，不斗气，他们从不觉得自己需要被安抚。就像祖尼人爱跳舞一样，不朽的神灵也爱跳舞。人们喜欢什么，神灵也喜欢什么，也即和平与安宁。当死者的灵魂

---

① 〔美〕露丝·本尼迪克特，《文化模式》，王炜译，三联书店，1988年，第66页。——译注

化身雨云回来时，他们带来的是祝福，而不是惩罚或不幸。

人们对婚姻冲突不以为然。如果一个女人犯了奸淫，丈夫并不认为他的财产权利受到了侵犯。如果他的婚姻无法挽回，他会回到他母亲的家。如果丈夫通奸，妻子会不再给他洗衣服，或是用其他方式表示她的不满。（她确实有一种公认的权利，可以去痛打她的对手——这是祖尼文化中唯一得到社会认可的暴力。）婚姻争吵，常被认为是私人事务。

个体被淹没进（融入）社区。对所有行动的制裁都来自群体，而很少关注个体利益。个人并不是作为个体去接近神，而是只有通过集体仪式才能接近神。如果一个人关心他的收成，他会参加夏雨舞蹈。如果他的儿子生了病，他会祈求 Kachinas 治愈他。

典型的祖尼人个体是什么样的呢？答案不用多说。他是慷慨的和合作的。与多布人相比，他是有安全感的和信任人的。他是家庭单位的一名成员，家庭会给予其大部分支持和养育。就本质而言，他们的存在并非必然是一段冲突的时间，而是一种得到成长和满足的积极生活的机会。

囚犯

6 1971 年，斯坦福大学社会心理学家菲利普·津巴多（Philip Zimbardo），做了一个角色扮演的试验。这是一个原本计划持续两周时间的模拟监狱实验，但仅过了六天，它便被"信心彻底动摇"的津巴多教授给紧急叫停。试验地点是在斯坦福大学校园心理学系大楼的地下室。

所有的学生志愿者在心理测试中都得分正常，他们随机抽取纸团分别扮演看守和囚犯的角色。"囚犯"被脱光衣服，驱除虱子，就像在所有真实监狱中要走的程序一样。"看守"带着警棍、手铐、钥匙和哨子，这些是他们的权威的标志。他们的制服是军装衬衫和反射太阳镜，这样可以避免与犯人眼睛接触。"囚犯"则穿着相同的工作服和绒线帽，对他们的称呼只有号码。"看守"负责维持秩序和执行规则，是否给予处罚全由

斯坦福监狱实验

他们自己定。

起初,"囚犯"并未把试验真当回事。

"看守"1:"喂,819号,我说过你可以笑了吗?难道我没告诉你不可以笑吗?是不是你听不懂我的意思?"

"看守"2:"819号,你这么喜欢越轨,就给我们做20个俯卧撑,怎么样?OK,来吧,让我们开始。报数。大点声……"

第二天上午,几名"看守"在走廊碰头,商量处理一次监狱叛乱。夜里,他们在没有窗户的牢房里骚扰"囚犯",不断叫醒后者进行没有意义的人数统计。"囚犯"把他们的床竖起来顶上牢房大门,拒绝出来做早上计数。

几名"看守"只告诉"囚犯"他们必须维护法律和秩序,然后便闯入每间牢房,扒光"囚犯"的衣服,没收了他们的床、毯子和枕头。最终,带头人被单独关进一个小牢房。

面对"囚犯"的抵制和敌意,几位"看守"慢慢进入了指派给他们的角色。"他们收买没有参与造反的闹事者,给予后者一定特权。这拆散了

"囚犯"的团结，在其中间撒下了不信任的种子，使得"囚犯"们认为，享有特权者会偷偷告密。

几名"看守"加紧对"囚犯"进行惩罚：毫无意义的经常一做就是几个小时的徒手运动和点人报数。他们甚至下令"囚犯"公开互骂。慢慢地，"囚犯"认同了分配给他们的命运。他们不再是学生。他们已经成为"囚犯"，完全听凭"看守"指挥。

一位"看守"的日记显示了他对其看守角色态度一天天发生的变化，最后变得越来越真实。

第一天：我制定了我的策略，即，不对"囚犯"微笑，否则他们就会认为这只是一个游戏。我让我的声音变得冷板低沉。我感到自己很愚蠢。

第二天：熄灯后，我与人大声对话，使"囚犯"能听到我要去我女朋友那儿。

第三天："囚犯"817令人厌恶，值得关注。

第四天："囚犯"为给他们戴上手铐蒙住眼睛一直指责我。我愤愤地回答，这是安全需要，跟我没关系。

第五天：我骚扰817。我选出他接受惩罚，因为他会求饶，因为我一点都不喜欢他。

到了试验的第四天，五名"囚犯"，因为在情感上无法继续下去，必须被释放。津巴多博士认为，所有的试验参与者，包括"囚犯"和"看守"，都已开始接受分配给他们的角色，并将其当成真的。"囚犯"变得完全顺从。他们什么都依赖占据主导地位的"看守"，哪怕是最简单的需求。他们是在一种模拟环境中和他们随时都可退出这一事实，在他们被分配角色的日常经验中，似乎已被忘到脑后。

第五天，"囚犯"416开始绝食。这是斯坦福监狱实验期间最后一次个体反叛行为。几名"看守"想尽一切办法逼他吃，都失败了。他被关进"洞"中，一个单独关禁闭的小衣柜里。在这一点上，416号本应成为其他"囚犯"的英雄。谁知，其他"囚犯"却反过来攻击他。对他们来说，他是一个麻烦制造者，一个"坏""囚犯"。

"看守"："416要是还不吃东西，你就交出毛毯睡在光床上，或者你可以留下毛毯但是416必须再关一天。你选哪种？"

"囚犯"1："我会留下毛毯。"

"看守"："你选哪个？"

"囚徒"2："留下毛毯。"

"看守"："546号，你呢？"

"囚徒"3："留下毛毯。"

"看守"："好吧，看来你们是作出了某种决定。"

"囚徒"4："我们有3人表示会留下毯子。"

"看守"："表决结果3对1。留着你们的毛毯。416，你要再在里面待段时间了，所以你就慢慢适应吧。"

  这已不再是一个实验。地下室走廊已经成为一所小型"监狱"：在这里，一些正常的、中产阶级年轻男子被称为"囚犯"，实际上遭受折磨，其他人被称为"看守"，作出一些残暴行为。第六天过后，津巴多博士取消了原定为期14天的实验。

  津巴多的监狱实验并不是一个世界末日般的消息。它只是一个警告。它向我们展示了人们有多么容易接受非人的秩序规则，作为人类认识的替代品；人们有多么容易适应对占主导地位的权威符号作出回应——对一份工作，对一个角色符号，对一个社会标签——从而迫使他们自身进入一种行为模式，这种模式会让他们失去人性，会毁掉他们身上对自己的行为负责的责任感……

  津巴多博士提醒我们，我们所扮演的角色是"囚犯"——我们自己发明的"囚犯"。不过，我们确实有能力创造出建立在更多人性价值观基础上的替代品。意识到我们中的任何一个人——我们所有人——有多么容易陷入主导和顺从的模式角色，是一种少有的知识。也许，我们将会用它再次找到真正的人的特质，这一特质最早出现在近十万年前尼安德特黑暗的洞穴中。

Primal Man
Wolper Productions

囚犯的替代选择

7 如今,这一"囚犯"处境已不再普遍存在,因为有越来越多的人发现,他们可以重新界定自己的角色。我们现在拥有真正的选择,拥有摆脱文化体系束缚的自由。这既是福也是祸。失去文化提供给我们的根基可能会让人痛苦,然而,这种新的自由给我们带来的机会却也是重大的。

因此,无论是好是坏,我们都是自由的。很可能是第一次,在人类历史上,我们可以评判我们的文化,对它满足或未能满足我们基本需求的方式作出更加客观的评价。

然而,摆在我们面前的并不是一条好走的路。我们正处在十字路口,需要相当大的道德勇气:有勇气离开我们一直置身其中的文化此前一直提供给我们的根基和安全,去面对自由,谋求自治。

8 这种新的自由有很多来源,其中三个相当明显。

首先,我们从大量社会科学家的研究中认识到:是文化模式塑造了我们的存在。从人类学对其他文化模式的细心考察中,我们可以更加不带偏见地看到他人不自觉地遵循的模式。比较过许多社会的模式后,我们已经认识到文化系统的功能和运作。我们发现,每种文化都是一个内部团结的结构,其组成成分统一成一个相互依存的工作系统。每种文化都提供了一种世界观,这样处于体系中的个体就会觉得,生活有了连贯性和意义。

当我们借助这些知识来看我们自己的文化时,我们首先会了解它的功能和我们在其中所扮演的角色。我们看到,一些模式与价值观如何紧密相连。以前——生活在那绿色的小山谷——我们把它们视为理所当然,我们甚至可能认为它们是普遍的或绝对的。现在我们明白,它们只是功能性的。我们已经发现,个体沉浸在他们的文化中,从最原始的到最文明的,各有各的模式,但这些模式具有相同的根本性和不可改变性。对每个人来说,他的文化都很实用,因此没有其他文化存在或可能存在。我们现在很容易就能识别出民族优越感,不论它在何处发生。

结果就是，我们在更大的背景下去看待我们自己，并已看到，我们不再遵照那种心照不宣的民族优越感。我们看透了它，我们了解了它的根源。我们发现了自我中心错觉！

其次，在本世纪刚刚过去这十多年中，我们都卷入了飞速增多的文化互动中。今天，没有一种主流文化会作为一个独立的整体系统存在。当今世界上极少再有这样的地方存在：在那里，一个人出生在一种单一的文化中并一直待在其中。汤因比早已指出，几个世纪前的世界文化地图，表现出大的纯色块，彼此之间截然不同，有着清晰的边缘，但到 20 世纪末，这些纯色块将会消失，地球上的文化色块将会相互交织在一起，只有几个孤立的飞地上还残存着一些。

我们这个时代出现的最显著的世界现象可能就是文化解体，文化不再是一种独特和独立的功能系统。正是这一基本事实，给了我们自由——也给了我们痛苦。

新的自由的第三个来源是关于我们内在世界的新见解。我们现在知道了很多关于心理调适和强化过程的内容。我们知道，个体可以适应任何一套习俗、信仰和价值观，可以让个体去相信、看重、乃至崇拜几乎所有东西。

因此，我们对我们的基本人类需求——**它们可能会也可能不会被我们生活其中的特定文化所满足**——有了一个更加清晰的画面，我们感到一种新的自由，去追求实现它们。我们可以采取主动。我们不再顺从信条，此前我们在特定体系中必须不容置疑地顺从；事实上，一旦有了觉醒的新意识，外部强迫我们这样做就可能会被解释为是一种奴役。我们很容易接触到不同的文化、亚文化和文化分支。我们可以自由地尝试它们，认同它们；有些人甚至可以同时或相继在多个体系中找到归宿。

文化相对论

9 在任何一个社会，都会有特定的 BTF 模式被认为是"正常的"，不只是因为大多数人坚持遵守它们，还因为它们是有意义的、实用的。有了它们，我们就可以预测他人的行为，他人也可以预测我们的行为。它们可以在我们的生活体验中创造一致性，为我们提供一致的世界观。"正常"行为会支持和增强那一一致性；"异常"行为与体系不一致，并趋向于摧毁它。("BTF模式"是一种方便的缩写，指交织在一起创造自我和社会的所有元素。行为，思想，感觉——这是判断人类经验可接受或不可接受、对或错的三个要素。单独的"BTF"符号暗示了一个重要事实：行为、思想、感觉，本质上是不可分割的，共同发挥作用。)

当我们从一种文化进入另一种文化，我们会发现同样的原则。正常的BTF模式各有不同，但在每个社会中，这些元素都是相互一致地交织在一起。这一体系将会为生活提供指导方针、高度的一致性和安全性。因此，在每一种文化中，这些为人接受的BTF模式都是正常的和正确的。

最早确认文化相对主义这一事实的人，据我们所知，是古希腊智者普罗塔戈拉。他否认任何信仰或习俗是绝对的，普罗塔戈拉宣称"人是万物的尺度"（即习俗是人造的，不是神给的）；他认为，不论我们进入哪个社会，我们都有义务遵守那一社会的文化模式。毕竟，我们有什么资格，用我们的种族中心主义的傲慢姿态，通过引入我们外来的BTF模式，去颠覆一种可行的体系？

> 文化相对主义的核心是：在一种特定的文化背景下，某些特质是正确的，因为它们在那一环境中是生效的，而其他特质则是错误的，因为它们会与那一文化中的某些部分发生痛苦的冲突。此外还有一种说法：文化是整合的，它的各种元素必须协调一致，如果这种文化想要有效地发挥作用，实现服务于人类的目的的话。
>
> ——霍顿和亨特（Horton & Hunt）

10 "美国"思想是否有哪一种特质有别于其他地方发展出来的思想呢？

一个独特的、普遍存在的特点就是它的多元化……美国思想是在回应外部影响和内部问题及挑战的过程中发展出来的。美国一直都在接受众多文化和各种智识主题。例如，自由主义传统和保守主义传统一直贯串整个美国历史。美国有激进的民主个人主义和平等主义，如托马斯·杰斐逊、托马斯·潘恩、伊森·艾伦、本杰明·拉什、梭罗、林肯和约翰·杜威等人所倡导——属于这一传统的人拥护自由主义，占主导地位的世俗和自然主义的世界观广为流行。但是，美国历史上也有一个保守主义流派，主要体现在清教徒、乔纳森·爱德华兹和塞缪尔·约翰逊身上，得到苏格兰现实主义者和唯心主义者的捍卫，保守派政治人物代表有卡德瓦拉德·科尔顿、亚历山大·汉密尔顿、约翰·卡尔霍恩，甚至包括乔治·桑塔亚纳。因此，美国是不同想法和运动交汇之地：清教，自然神论，唯物主义，一神论，先验论，理想主义，现实主义，实用主义——和最近的自然主义，实证主义，分析哲学，马克思主义，托马斯主义，现象学，佛教，禅宗，以及存在主义。想要用一个简单的公式将这些不同元素简约为一个整齐划一的传统，结果必然是扭曲的。

——保罗·库尔茨（Paul Kurtz）

个体异化

11 今天在世界各地的社会中，存在大量异化和不稳定的价值观，原因是文化互动和文化作为功能体系的崩溃。曾有一段时间，其实也并不是很久之前，泰国的上座部佛教体系有一种自我包含的、执行文化的功能——以提供一套连贯的假设和价值观，可以令其公民过上有秩序的生活；这对日本神道教/佛教社会、沙特的逊尼派伊斯兰社会、印度的印度教社会等来说都是真实的。但是现在，世界上所有的社会都已融合，渗透，混合，失去了它们的凝聚力。由于不同的文化系统有着相互冲突的BTF模式，每个系统都失去了自身的连贯性、完整性和可操作性。我们发现，各种BTF模式同时既是正确的又是错误的，既是可接受的又是不可接受的，关键就看我们采用哪种文化作为评判的准绳。

当我们尽力去适应一种文化折中主义时，你我身上会发生什么？

我们会内化那一折中主义。外面的世界是一个大杂烩，所以我们的内心世界也变成一个大杂烩。我们的文化是分散的，所以我们也变得支离破碎。我们不知道该去遵循哪些价值观，所以我们试图保持冲突的价值观，这也反映了我们的文化现状。我们不知道哪些行为是可以接受的，所以我们在不同的场合会作出不同的行为。

一致的行为不再是可能的,所以想要获得对我们内心世界的和谐运作至关重要的完整性也就变得更加渺茫。自我与理智濒临危境,渐渐地,都可能会迷失方向。

12 当一个人发现自己处在下面这种情况:他/她的内心世界折射出外部世界的碎片化,就会在心底产生一种压力,想要找到解决办法。这里有几个简单有吸引力的替代办法,至少可以暂时为我们提供安全感,缓解我们内心的焦虑。

〔瑞士〕克利,《魔镜》,1923 年

一种替代方法是,认同单一一种文化,你可以在这种文化里找到家的感觉。在这样一个群体,他人有着和你一样的 BTF 模式,你的紧张感就会随之减少。与和自己有着相同价值观的人在一起,人们总是会感觉更安心。异化感和碎片感也会随之消退。周围的人都是和自己相似的或相投的,你就会开始忽略那些不相投的模式,后者会给人带来麻烦。

选择这种方法的问题在于,它并没有真正解决问题。可以肯定的是,改变环境是朝着正确方向迈出的一步,但必须认识到,碎片化是一种内在问题,它可能会继续存在。受伤的是人的内心,而不在于环境。找寻相投的环境只能暂时缓解疼痛,除非进而可以愈合内心。

一个相似的选择是,加入一个真相(说真话)小组。一个人可以加入一个亚文化群体,该群体贬低所有其他 BTF 模式;一旦被看扁,它们往往就会失去对我们的影响。将它们贬到一种低级地位,会比忽视或压制它们,给人带来更多的满足感。一个人没有必要对任何与我们不同的人或群体的经验都认真对待,因为他/她知道他们的 BTF 模式是错误的。真相群体通常会将贵族中心主义列为入会条件之一,它们提供的认同感和安全感,由此成为一种特别奖励。

这种替代选择会阻止人去发现有效的成长渠道。彻底认同一个真相小组，只有在一个人对自我中心困境带来的影响仍不知道的情况下，才是可能的。尽管如此，当我们的文化混乱变得太大，进入这样一个避难所，对许多人来说，可能仍会是一种非常有吸引力的选择。

对一些人来说，还有第三条路可走。这就是精神错乱。如果"真实世界"给人的感觉太像地狱，心灵就会依靠自己的力量去创造一个威胁较小的内心世界。这从来都不是一个自由选择的办法，但在我们已经失去了选择的自由时，也可算是一种不是办法的办法。

不过，我们大多数人都选择了最简单的路径：我们会试着在同一时间半心半意地顺从许多不一致的文化模式——戴着各种面具，扮演各种角色——不管这会让我们的心理健康付出什么样的代价。我们认为，即使有得上轻度精神分裂症的风险，这一权宜之计的成本也并不是太大。虽然养成自主性的可能会随之大大减弱或失去，但那也没什么，毕竟，没有人是完美的。

"至少我了解这些……"

13

我离开森林，就跟我进入森林，有同样的好理由。我觉得也许还有好几个生命可过，我不必把更多时间来交给这一种生命了。惊人的是我们很容易糊里糊涂习惯于一种生活，踏出一条自己的一定轨迹。在那儿住不到一星期，我的脚就踏出了一条小径，从门口一直通到湖滨；距今不觉五六年了，这小径依然还在。是的，我想是别人也走了这条小径了，所以它还在通行。大地的表面是柔软的，人脚留下了踪迹；同样的是，心灵的行程也留下了路线。想人世的公路如何给践踏得尘埃蔽天，传统和习俗形成了何等深的车辙！我不愿坐在房舱里，宁肯站在世界的桅杆前与甲板上，因为从那里我更能看清群峰中的皓月。我再也不愿意下到舱底去了。

至少我是从实验中了解这个的：一个人若能自信地向他梦想的方向行进，努力经营他所想往的生活，他是可以获得通常还意想不到的成功的。他将要越过一条看不见的界线，他将要把一些事物抛在后面；新的、更广大的、更自由的规律将要开始围绕着他，并且在他的内心里建立起来；或者旧有的规律将要扩大，并在更自由的意义里得到有利于他的新解释，他将要拿到许可证，生活在事物的更高级的秩序中。他自己的生活越简单，宇宙的规律也就越显得简单，寂寞将不成其为寂寞，贫困将不成其为贫困，软弱将不成其为软弱。如果你造了空中楼阁，你的劳苦并不是白费的，楼阁应该造在空中，就是要把基础放到它们的下面去。①

——梭罗

---

① 〔美〕梭罗，《瓦尔登湖》，徐迟译，吉林人民出版社，1997年，第302—303页。——译注

第欧根尼

我的生活就是我的哲学

还在苏格拉底活着的时候，雅典和其他希腊城邦就已开始出现一些反文化运动：一些人抗议伟大哲学家的超唯理智论（hyperintellectualism），一些人攻击他的教学的某些方面。反文化对手群体之一称自己为犬儒派。他们爱苏格拉底，但认为苏格拉底没有看重个体。他们的名字源于希腊词语 kuon，意思是"狗"或"猎犬"。第欧根尼是犬儒主义运动的代言人，他"把自己描述成一只猎犬，所有人都对它抱有一致好评，但却没人会带上去打猎"。柏拉图曾说他是只狗，第欧根尼回答说："很对。无论人们想怎么摆脱我，每次我都会找到回家的路。"

犬儒哲学起源于雅典人安提西尼，他生活在约公元前 446 年到公元前 366 年，因此也是苏格拉底和柏拉图的同时代人。有一次，苏格拉底注意到安提西尼身上穿着破烂的长袍，便说："我可以看出你的虚荣心，因为你故意展示你外套上的洞。"他借助苏格拉底式的辩证武器授课，高谈阔论，进行辩护，与人辩论；每次辩论到最后，我们被告知，都是他赢。

安提西尼是位文化批评家。他忙着批评每个人和每件事——但总是能抓住重点，往往是直奔核心，因为他擅长戳破自我的气泡。例如，雅典人相信贵族中心主义式的宣称：他们源于大地，因而是世上的盐（最高尚的人）。安提西尼发现，这一宣称把他们等同于"地上的蜗牛和无翅的蝗虫"，因为它们也是来自大地。

"很奇怪，"他说，"我们能够从玉米叶子里分出棒子，能够在战场上区分出强弱，但我们却从未能阻止恶人进入政治。"

"当国家不再区分好人坏人，它们就会灭亡。"

犬儒派教导说：人生的目标和目的就是要快乐——既不是富裕，也不是让人佩服，更不是博学，而仅仅就是快乐。人间极乐，安提西尼说，"就是在快乐中死去"。幸福的根本要求，就是有能力过上一种良好和体面的生活（他说，这需要"苏格拉底的力量"）。我们每个人都应瞄准的目标是，学会与自己一起诚实和喜悦地生活。

犬儒者是自己选择成为局外人，他们故意疏远自己出生成长其中的文化的影响。他们培养漠视社会的价值观，以便确立自己的价值观。明智的人不会被习俗和"别人的想法"所奴役，他的财富在于他自由地远离"文明"所有的束缚。"智者所有的社会行为不是靠法律来引导，而是靠道德律。"安提西尼厌恶那些空谈道德问题却不亲身实践的人们。道德的生活与好的生活，要求有勇气坚持这一简单的原则，尽管它不可避免地会被人误解和受到批评。"最高贵的权力就是做好事被批评"，安提西尼说。一次有人告诉他，他受到人们的广泛推崇。"我！"他说，"我做错了什么？"

犬儒派可能代表了历史上的第一次尝试，自尊的个体想要超越他们生养其中的文化模式，并认识到，一个社会的价值和假设可能无法促成一种成功的人生。因此，他们是最早的哲学意义上的个体主义者，在认可个体人格价值的每种文化和每个世纪里，他们都有自己的同路者。

安提西尼会巧妙地发起舌战。他对一个新学生说："带上一本新书，一支新笔，一个新板；如果你有头脑，把它们也带上。"当他的一名学生抱怨说弄丢了笔记，他建议道："下次你应该把它们刻在你的头脑里，而不是记在纸上。"

锡诺普的第欧根尼是迄今为止最著名的犬儒。

就是这位著名的第欧根尼，"大白天举着一盏灯四处走动说'我在找一个诚实的人'"。他的生活细节很是粗略，只有一个大概。他原是锡诺普（希腊在黑海上的殖民地）的一个庄家，但他似乎陷入了假钱风波，而被他的家乡放逐。在远航埃伊纳岛的路上，他被海盗抓获，卖到克里特岛为奴，在那之后，他成为一名哲学家。我们被告知，在拍卖场，他看到人群中有一个衣冠楚楚的买家，就说："把我卖给那个男人。他需要一个主人。"当他的朋友们想要用赎金赎回他，他拒绝了这个提议，他说："狮子永远都不会是那些喂养它们的人的奴隶。"于是，他就成了科林斯岛一个大户人家的管家；他把家里家外管理得是如此之好，以至于他的主人"见人就说，一个善神[daimon]住在我家"。

第欧根尼是在仔细观察过一只老鼠之后，决定采取犬儒主义生活方式。小家伙从不担心它在哪儿睡觉，也不怕黑，它吃东西很简单，只吃它需要的分量，它能适应自己置身其中的任何环境。第欧根尼决定仿效这种简单的生活，"随时随地都可吃饭，睡觉，或交谈"。

第欧根尼是在日常生活中践行其理念的哲学家中最高等的例子：知道他这个人，也就知道了他的哲学。他真的毫不在意别人怎么看他。有人告诉他："人们都在嘲笑你。"他的回答则是："我毫不在乎。蠢驴也会嘲笑那些人，但就像他们不介意蠢驴的嘲笑，我也不关心他们冲我叫。"

第欧根尼*

第欧根尼的批评主要针对的是日常生活中常见的伪善。"音乐家调整他们乐器的琴弦，让它们和谐，但却放任自己的灵魂交给不和谐。""天文学家凝视天空，却没看到他们眼前发生的。""能言善辩的政治家大谈特谈正义，但在实践它上却惨遭失败。""语法学家批评荷马的著作，但却无法纠正他们自己的。""就连谴责财富是恶习的传道人也一样喜爱财富。"当他看到一些绵羊穿着皮夹克护体，同时主人的孩子们却没有衣服穿，他说："当他的羊都胜过当他的儿子。"

宗教的虚伪尤其让第欧根尼生气。有一次，他看到一些祭司抓住一名男子，因为这名男子涉嫌偷了寺庙

---

* 〔英〕约翰·沃特豪斯，《第欧根尼》（*Diogenes*, John Waterhouse, 1882）。这幅画着意表现哲人世界与世俗世界的冲突感：第欧根尼在大瓮的阴影里沉思，而他身后，便是繁华喧嚣的世俗，人们的交谈声清清楚楚在他头顶飘荡。好奇的少女正站在台阶上窥视着这位"神秘的怪人"。画家也许想要表达这样的观点：隐逸在白云深处总还算容易，而在闹市中坚持不合流俗的生活态度才是最艰难的。无论如何，第欧根尼居然做到了。——译注

的一个碗，他看出"大盗贼们正在给一个小偷带头"。一些雅典人告诉他，他真的应该加入奥秘派，这样他就可以在来世生活中享受特权。"这太可笑了，"他说，"你的意思岂不就是说：真正有美德的人将永远陷于哈德斯河，而恶人则会快乐地住在福佑群岛，只因他们加入了奥秘派？"当第欧根尼看到信徒向神明祈祷健康，与此同时他们则狼吞虎咽自己献祭后留下的不健康的食物，他被惊呆了。在他们的祈祷中，他说，他们追求的是错误的东西，而不是真正好的东西——智慧和美德。

当他思考医生、哲学家和领航员的专业知识时，他承认他为自己是人类的一员而感到自豪；但是当他看到欺诈的梦想贩子和工作的巫师，或是那些因为有钱就自高自大目空一切的人，他就会认为我们是所有动物中最愚蠢的。

他对我们生活中的讽刺和矛盾之处也很敏感。"对一些人来说，轻视乐趣本身就是最大的乐趣；他们从轻视乐趣中能比从自己的乐趣中得到更多的乐趣！"

像苏格拉底一样，他从不偏待任何人；普通公民，强权者，同样的犬儒，一概都是不尊重地对待。他擅长"对他同时代人的说法嗤之以鼻"，一个有些八卦的历史学家拉尔修这样说。他称自己是"一个贪婪的窥视者"。他经常与柏拉图交战。柏拉图给人下了一个著名的定义："没有羽毛的两足动物"。所以第欧根尼就拔光鸡的羽毛，把它带到演讲厅，说："柏拉图，这就是你说的人。"（结果，我们被告知，柏拉图重新定义人为没有羽毛的两足直立动物。）一次在被问及如何看待第欧根尼时，柏拉图说："他是疯了的苏格拉底。"

第欧根尼超越了当时的社会和文化。他说："我是一个世界公民——一个四海为家者。"对他来说，社会契约的权威要比"自然权利"的权威小得多。第欧根尼将他的自由生活与神联系到一起，暗示了他的标准超越了常规的社会伦理以及地方法律和习俗。

图画中的第欧根尼通常是一个衣衫褴褛、蓬头垢面的乞丐，坐在他的"桶"的阴影下，被狗包围，对路人摇着"中指"，让亚历山大大帝靠边站，因为他挡住了阳光。这一画面并不是不准确，但它忽略了第欧根尼之为第欧根尼的关键一点：我们把他画成一个粗野的被遗弃之人，这是对他很大的不公。因为他具有有见地的思想和与人迥异的天赋，他用他那不寻常的智慧，看到了人类行为深处；他所看到的——他人则似乎没有看到——是不诚实，欺骗，混乱，纠缠，伪造——各个层面不真实的游戏。总之，一句话，第欧根尼有发现并指出虚伪的天赋，这使他很不受一些人的待见，但

第欧根尼与亚历山大

在其他人那里则非常受欢迎。尽管他伶牙俐齿、被社会排斥，大多数雅典人都很喜欢他。当他住的木桶被人故意砸烂，雅典人给了他一个新的。甚至亚历山大大帝都说："如果我不是亚历山大，我一定是第欧根尼。"

所以，在自己的生活中，第欧根尼尽了一切努力，逃脱虚伪的陷阱，坚持一种生活方式，这种生活方式让他成为自己想要成为的人，而不必顺从别人对自己的期望。他通过摆脱财产做到这一点；像安提西尼一样，他只有一个斗篷和一个装食物的小包。他乞讨（他曾向一座石像乞求，以便"让他能习惯被拒绝"），睡在随便能找到的任何地方，住在一个巨大的"酒桶"（实际上是一个巨大的陶瓷存粮器，一侧倾斜）中，位于雅典广场一个非常公开的地方。这样他就可以活得简单诚实，确保他作为观察者去"观看"，发挥自由批评家的作用。

除此之外，第欧根尼还是一个反智的知识分子。他的听众包括政治领袖、学者（如柏拉图）、智者（如高尔吉亚）、诗人、修辞家；许多人从很远的地方赶来，就为听他一席话。他的著作包括《共和国》《道德艺术》《论财富》《论爱情》《论死亡》《书信》和七部悲剧。

有人告诉他："你已经老了，需要休息一下。""你说什么！"他回答说，"如果我在运动场赛跑，你会在我快到终点时告诉我慢下来吗？"他死在科林斯岛，享年90岁——同一天，亚历山大大帝死在巴比伦——被埋在通往地峡的大门。人们给他雕了一座铜像，上面写着："时间甚至会使青铜老去，但你的荣耀，第欧根尼，永远无法摧毁。"这一年是第113届奥林匹克赛会举行之年，公元前323年。

5-4
政治学

与政治科学相对，政治哲学试图回答有关政府和其职能这一最基本的问题。所有的政府都是依照抽象的规则在运作，因此看上去似乎忽略了个体。但是，我们是独立的、活生生的个体，我们并不喜欢受到主权命令的约束，那些命令似乎与我们在日常生活中独特的自我毫无关系。那么，政府是如何演变而成的？它们是必要的吗？为什么我们必须服从它们？为什么有那么多的政府系统都出了问题？它们可以被校正吗？面对这些长期存在的问题，历史上一些最优秀的思想家一直想要找到可能的解决方案。本章概述了其中一些建议。

我们是政治动物

1 在每天的 24 个小时内，你想到政府及其功能（和故障）的时间有多少？你听一些政治演说，追随/拥护政治评论家，苦苦思索丑闻、腐败和浪费的时间有多少？你关注法庭剧并质疑"正义"这一想法的时间有多少？你关注热点问题，如堕胎、非法移民、贩毒的时间有多少？你批评政府宣战决定和观看每晚电视上公布的伤亡名单的时间有多少？说真的，有多长时间？如果你听晚间新闻，那么几乎每个小时都会有类似上面那样的主题灌输进你的意识里，它们会在我们的夜梦中泛起泡泡变成噩梦。如果我们是正常人，如果我们是"好公民"，那么我们所在的地方和世界上发生的事件，就会给我们施加压力，让我们通过

短视的政治动物

投票、邮箱、纳税,支持我们的本地消防员,成为政治进程的一部分。亚里士多德说,这种参与实在是再自然正常不过,因为我们人类是"政治动物"。

2 人类进化的历史似乎表明,在这一点上我们别无选择。我们注定是政治动物。我们的基因,即告诉我们如何思考、感觉和行为的编码,是我们人类不懈奋斗求得生存的产物。通过突变和适应,最初的人类慢慢作出微调,适应审美感知、同理心、抽象思维——和最终不可避免要到来的政治组织。

放眼动物世界,我们随处都可发现社会结构和政治结构。例如,在任何一群麋鹿中,都是雄性麋鹿通过身体优势维护自身领导。它带领鹿群迁移,找寻食物,繁殖后代,保护小鹿。年轻的公鹿会定期向它发起挑战,如果成功,鹿群就会转而追随新的领导。因此,公鹿越强壮(有着"更适合的"基因与生殖权),也就越是能在鹿群中维持秩序和等级。出于天生的本能,动物有一种基因指南,为它们提供维持其生活所需要的社会制度和政治制度。

今天的社会生物学家认为,我们人类在这上面与其他动物并没有什么不同。他们告诉我们,我们的基因依然在很大程度上决定着我们会在群体中做些什么。生存和繁衍仍是我们最主要的驱动力,我们在社会和政治问题上最基本的决定,主要是出于对我们的基因的利益考虑。如果社会生物学是正确的,那么人类大脑可能会就我们想要什么样的政府形式进行辩论,但我们的基因编码则可能会抹掉我们自认为是自由和理性的决定。

古希腊哲学家知道,未实现的"人性"往往是人类事务的主要决定因素。但是,他们坚持认为,除了非理性的本能,我们人类也有一种理性的天赋,即经过教养,可以否决或超越更深层次的冲动。人类的智慧,它的抽象能力和创造性的想象力,能够理解政治,并设计出更好的政府形式。对人类理性的信仰,是古希腊人留下的一份珍贵礼物,并为我们提供了一定程度的希望:我们对可以生活在一个更加美好的世界的梦想,并非全都已被预先注定。

什么形式的政府是最好的?

3 亚历山大·蒲柏(Alexander Pope)曾说,只有傻瓜才会去争辩什么形式的政府是最好的。但这正是政治哲学家们一直在做的事情。他们觉得他们的使命就是去了解政府,用智识重新进行政治思考。他们已经想出了许多不同的答案。

柏拉图(前427—前347)是第一个针对政府提出哲学问题的西方思想家。他的人生使命是想弄明白:为什么我们人类会像我们所做的那样去对待他人,并寻求应对我们的野蛮(惨无人道)行为的补救办法。这一动力源于他的青年时期,他在雅典看到"那里的法律已经坏到无可救药的地步",社会陷入困境。他那充满激情的想象,是西方文学中最有名的段落之一:"因而,除非真正的哲学家获得政治权利,或者城邦中拥有权力的人变成真正的哲学家,否则,国家和人类都将永无宁日。"

柏拉图对国家的想象,是他对单独个体看法的一个镜像,演变自他对人性的分析。他说,国家是"大写的人"。柏拉图眼中的人类社会有三个阶层。最低一级由平民,即手工艺人、商人和农民组成,这些人为感官欲望所控制,他们主要是为他们自己而活,为谋生而活。在其之上是武士,武士是充满勇气严守纪律之人,其职责是保卫公民反对侵略者,作为警察保护群体的内部秩序。最

〔意〕安布罗吉·奥洛伦采蒂,《坏政府及其治下的城市生活场景（郊区部分）》,1338—1340年

高一级是统治者,由最理性和受过最好教育的男性和女性组成。柏拉图创造了一个"高贵的谎言",并用一个比喻来形容这三种个体：统治者由金子塑造而成,武士由银子塑造而成,平民则由铁和铜塑造而成。

柏拉图对人性抱有深刻的不信任态度（这是他自身痛苦经历的结果）,其阴影所及,经过多个世纪的发展,已经在西方思想中变得更加阴郁。他讨厌民主,认为这只是一种暂时状态,在这一状态下,失意的群众获取权力,让富人贫穷,崇拜平庸。思想和语言变得浅薄而庸俗,好的礼节消失。民主必然导致无政府状态,反过来,无政府状态则会被一个有准备或有预谋的暴君推翻。柏拉图在《理想国》中概述了他的乌托邦：一个威权国家,在这个国家中,年轻人受到神话的影响,逐渐塑造成文明有机体。婚姻受到调节,繁衍后代受到控制,以达到优生目的。个人自由是不存在的。这一梦想是柏拉图理念论一个让人郁闷的后果。

关于柏拉图的政治哲学有更多可说的,远非上述简短概括所表明的；他几乎涵盖了在他那个时代和他所处的地方能够想到的每一个问题。如果说他的结论令人失望，我们必须看到他之所以会得出这一结论的背景：他的生活动荡不定，陷入困境；对我们中思考政治的人来说，他的思考仍然具有很大参考价值。

4 亚里士多德（前384-前322）针对政府提出了与他的老师柏拉图同样的问题，但是，作为一个经验主义者，他得出了完全不同的答案。亚里士多德研究政府。他收集了158部宪法，逐一进行剖析，获得了一种整合性视角。他的小书《政治学》(Politics)，批判考察了公元前5世纪和公元前4世纪之间希腊城邦发展出的多种多样的模型。他认为，国家的目的是创造条件，让每位公民都能获得幸福。亚里士多德用一个可爱的希腊词来形容这种状态下的幸福：至善(eudaimonia)，这意味着"良好的精神状态""幸福""快乐"。至善并非一种短暂的、稍纵即逝的状况，而是长期持久的，贯穿一个人日常生活的各个方面。必须从内部寻求它，它是灵魂的一种品质，不依赖于外部条件或他人。国家的目的是让每个人都有机会，努力得到幸福或至善。国家必须是"一个福祉共同体"，设计来提供条件，让人过上"幸福体面的生活"。"恶将人吸引到一起"，他观察到，但是，一旦得到安全和秩序，政府的积极作用就变成，让体面的公民过上道德的生活。对国家而言个体是不存在的——柏拉图的这一观念，遭到亚里士多德的坚决反对；相反，国家是为了个体才存在。良好的政府是对个体友好的政府。

那么，什么样的政府才是最好的政府？展望过种种理想，亚里士多德得出了一个非常实用的结论：不同的人，可能需要不同的政治组织。他拒绝专制君主制、寡头制、共产主义的乌托邦、流行的民主制——它们都不起效。前两个总是会让个体服务于一个独裁者或专制的少数群体，民主往往沦为暴民的统治，然后将其平庸的思想和价值观强加到全体民众身上。事实上，他写道："唯一稳定的国家是所有人在法律面前都是平等的国家"；但在一种无所不包的民主制中，法律面前人人平等的人，也会不可避免地声称，他们在能力、智力和智慧上也是平等的。"民主制产生于这样一种观念，即那些在一方面是平等的人，在各个方面都是平等的，因为人有同等的自由，他们算得上是绝对平等的。"

亚里士多德得出结论认为，理想的国家，是由最高贵、最能干、最训练有素的男子统治的国家。显然，他说："他们应该统治，因为他们能够进行最好的统治。"但是没有已知的机制可以保证，这样的人能找到办法登上执政地位。所以，在最后的分析中，最好的政府形式是一种有限的民主制，由大部分受过教育的中产阶级创建和管理其法律。这类政府可以确保自由公民享有最稳定、最持久的自由和平等。比起暴民或暴虐的独裁者，这样一个阶级作为一个整体，将会有更好的教育、更聪明，而且相对而言不会太坏。因此，尽管有些不情愿，亚里士多德还是认为，"最好的政治社会由中产阶级公民组成"，他们有足够的时间来明智地参与政府事务。

5 托马斯·阿奎那（1225-1274）也相信个体的、人性的人，认为国家的存在是为了个体的幸福。但他一边这么认为，另一边却又否认这样认为。

阿奎那是一位来自意大利的多明我会修道士，被认为是所有时代伟大的神学家之一，他还是罗马天主教会杰出的知识分子。他受亚里士多德影响较大，他简称后者为"哲学家"。他认同亚里士多德的看法：国家的目的是要创造条件，使个人能实现个人成就。国家的存在是为了个人，而不是相反。截止到这里，亚里士多德都不会对他的看法有什么异议。

但是，事情并不仅止于此。阿奎那认为，亚里士多德对人性的看法只是事实的一半。没错，人是可以通过满足他的基本需求，得到今生今世有限的幸福，但人还拥有一个精神层面，那是他的天性的一部分。他有一个灵魂。必须同时满足他的世俗需要和他的灵魂需要，他才可以获取真正意义上的幸福。虽然这一幸福只可能在来世取得，但是一个人，也有一半的机会，可以在今生过上这种生活。

因此，国家的功能是帮助个体取得进步，进入这种状态，帮助他在信仰中成长，这样他就可以赎回自己的灵魂。教会的责任是公正地评判世俗国家，确保它给公民提供了每一个精神成长的机会，为来世生活做好准备。阿奎那因此花费相当长的时间思考了这个问题：为什么国家必须服从教会？教会一定要确保，对领导人进行检查，通过良好的法律来满足个体的社会和经济发展的需要。就像灵魂是身体的主人，教会则是国家的主人，毕竟，只有个体存在，每一个体都有一个灵魂要伺候。国王必须服从教皇，公民威权必须服从教会威权。服从罗马就是顺服上帝。对阿奎那来说，教会与国家之间不存在分离。世俗的领导人有义务改善条件，使得个体可以呵护自身的精神生活；如果领导人在这一神圣任务上失败了，那么教会有权宣布人类的法律无效，并将统治者逐出其办公室。

阿奎那的理由是，法律有三种：人法（由人创建），自然法（类似于物理学和生物学定律），神法（圣经中所启示，教会所解释）。公民国家的法律必须植根于和源于自然法。今天我们所讲的"自然法"，指的是物理世界内在的自然秩序。阿奎那说，也有一种天然的道德秩序，它告诉我们，我们应该如何做人。就像我们通过观察与理性去理解的物理学定律 $E=mc^2$ 和 $D=vt$ 一样，同样存在理性的人类智力可以理解的道德律。阿奎那认为，这种自然法，刻在"心板"上，告诉我们如何在日常生活中行事，如在涉及性、婚姻、经济、社会契约和政治等事务时。

相比之下，神法不可能被人类理性所发现。它只有通过像圣经中的天启才能被人知晓。阿奎那写道："神的享受是一个单靠人类美德无法达到的目的，只能通过神的恩典……只有神圣的规则，而不是人类政府，才能带领我们实现这一目标。"人法给人类的尘世存在带来秩序和稳定，但却是神法"将他带入神的国度"。

6 人们普遍将意大利政治家马基雅维利（1469–1527）视为政治学之父，因为他避开道德判断，无动于衷地详细描述了16世纪意大利那些"成功的"领导人在攫取和把持政治权力时所用的实际战术。由于他成功地告诉我们权力实际上是如何运作的，他的主要著作《君主论》（*The Prince*）自从问世以来便一直被那些想成为统治者的人，不管他们在历史上的名声是好是坏，作为一本自助专业手册。

马基雅维利一直受到自己家人的残酷对待，并为其家乡佛罗伦萨城邦法官所用。他推崇那些通过压迫、残忍乃至欺骗手段来维持其权力地位的统治者。马基雅维利认为君主这样做是有道理的，群众活该受到这样的对待。他写道："凡是谁想建立城邦并给它制定法律，谁就必须从这一假设出发：所有的人都是坏人，只要机会许可，随时都会露出其邪恶的本性。"就像强硬的父母必须严厉管教顽劣儿童一样，城邦领导人会"制定法律"，通过惩罚的威胁，迫使老百姓就范。马基雅维利坚信,在群众中培养习惯性行为的最好方法就是刻意灌输宗教神话。那些相信上帝希望他们听话守法的公民,更可能是行事公正之人。

与古希腊理想的理性政治相反,马基雅维利将政治制度视为非理性的人类本性的产物,理性在其中只是扮演了一个微不足道的角色。人类是自然法的主体,就像植物和动物;和它们一样,政治团体也有出生,经历短暂的生命,然后就会死去。所有的城邦都只是暂时的,统治者必须尽其一切所能,在其短暂的掌权期内,控制和维持政治体系。关于善/恶、正义/非正义、对/错的道德判断,不是一个成功的统治者应该考虑的问题。马基雅维利在《君主论》中写道:统治者"无须担心那些恶行会招致骂名,因为没有这些恶就难以挽救政权;君主应该认真考虑每一件事情,某一些事情看起来是好事,可是君主如果照着办就会自取灭亡,而另一些事情看起来是恶行,可是照办了却会给他带来安全和福祉。"理想的(成功的)城邦是这样的,其主导属性不是正义,而是"权力"。在一个充满竞争和暴力的世界,只有这样的城邦才能存活下来。存活是最终的美德。

7 托马斯·霍布斯(1588–1679)是一位杰出的英国政治思想家和一部大部头政治巨著《利维坦》(*Leviathan*, 1651)的作者,在这本书中,他主张绝对主权为理想状态。霍布斯的理论认为,人类最初生活在"自然状态",在这种状态下,人的自然竞争侵略本性,因为恐惧而受到控制。这一自然人是一种有激情的生物,他的原始的存在"孤独,贫穷,肮脏,野蛮和短暂"。没有行为可被判断为是正确的、道德的、正义的和非正义的,因为那时尚未出现任何一部法律——没有作出判断的标准。这种野蛮的动物无法生活在一种民主状态下,他不得不受到法律的牢牢控制。只有一个世袭君主制可以起作用。

但是,在原始的自然状态中,存在"自然法",理性的个体会识别出它们。他们得出的结论是,要想获得和平与稳定,只能通过个体让渡他们的个人自由,与他人立约:"我放弃我统治自己的权利而把它授予这个人,或者是这个人们的集合,在这种情况下,你也把你的权利授予他,并以类似的方式认可他的行为。"现在存在的就是一个而不是许多人,国家统一,秩序盛行。法律可以逐步发展,有一个政治体系可以强制执行。主权可以创建它希望的任何法律,唯一的正义就在于遵守这些法律。服从它们是公正的和正确的,违背它们则是不公正的和错误的。

虽然霍布斯的理论认为法律必须是绝对的,但他同样建议在有些情况下公民也可以抗命不从。他在《利维坦》中写道:"如果主权者命令一个人——虽然可以理直气壮地予以谴责——杀害、伤害或残害自己;或不要抗拒那些攻击他的人,或放弃使用食品、空气、药物,或任何其他事物,没有这些东西他就不能活;那人有不服从的自由。"他能做到这一点,是因为他有"自然权利"支持他。公民也可以不服从,当主权者再也不能保护他,或者当他收到的命令与神的命令相冲突时。"这再明显不过,当一个人接到两个相反的命令,并知道其中一个来自神,他应该服从这一个,而不是另一个,虽然后一命令来自他的合法主权者。"这一例外出自一位无神论者之手,很是令人惊讶。

8 约翰·穆勒(1806—1873)对政府的功能有一种不同的看法。他的"功利主义"的前身边沁断定,政府的目的是要采取措施,最大限度地增进最大多数人的快乐,减少最大多数人的痛苦。穆勒认为"幸福"更具包容性,所以他就用"幸福"替代了边沁的"快乐/痛苦"提法。国家的目的是要创造条件,为最大多数人产生最大的幸福。但其主要构成成分是什么?究竟什么能使人快乐?穆勒的论述听起来非常现代,他阐述了,如果一个人的自我想要成长并成为一个满足的人,什么是必不可少的。

〔意〕安布罗吉·奥洛伦采蒂,《好政府及其治下的城市生活场景》,1338—1340年

幸福的"主要成分"是个体的自由。自由是一种内在的善，一种愉悦。没有自由，幸福就不存在，任何其他乐趣也不可能存在。"凡是拘束，正因它是拘束，就必是罪恶。"他把自由视为"幸福的一个元素"。之所以说自由至关重要，有两个原因。首先，它对个体的成长和自我实现是必不可少的。穆勒所有著作关注的核心就是想要表明：为什么个人自由对强烈的个性发展和个人成长很重要。"可以称之为自由的只有一种形式，那就是，以我们自己的方式追求自己的利益，但不能以剥夺别人的利益或阻碍别人追求利益的努力为代价。"

自由很重要的第二个原因是，只有在自由的氛围中，真理才能得以确立。因为我们被困于一己之身，我们总是从我们个人的观点和需求的角度去看问题，这些必然是半真半假，或者仅仅是谎言。"论辩中只知自己一方的人，对全局就知之甚少。"得到真理的最好方法，就是在许多正在体验的自我之间进行对话，这需要个体拥有思考自由和表达自由。这反映了苏格拉底和柏拉图最基本的信念：只有通过自由"辩论"，才能知道真理。

穆勒担心舆论的压力。他在其不朽之作《论自由》（*On Liberty*）中写道：民主的主要危险就是扼杀个体差异和不容许少数人的意见得到扩散。社会迫切需要有勇气与众不同的人"尝试新的做法，设立更开明的行为的榜样，增加人类生活中更好的品味和感觉"。我们太常看到的情况是"个体迷失在人群中"。"专制的习俗到处都在阻碍人类的进步……今天敢于独行怪僻的人如此之少，这正是这个时代主要危险的标志。"

穆勒坚定不移地反对政治正确性。正如埃里克·霍弗尔（Eric Hoffer）曾说，当人们是自由的时候，他们通常会相互模仿。当个体陷入社会的流行价值观念中时，人们会追随时尚，而没有意识到这一点。他们倾向于只去想和做那些所谓"适当的"事情。

> 首先想到的也是要从俗合流；他们乐于混迹于人群之中；即便有所选择，也是在诸多众人惯行之事之间选择而已；独特的品味，反常的行为，在他们恰如犯罪一样避之唯恐不及。开始只是搁置自己的本性而不用，最终至于根本没有了可以遵循的本性，因为他们身上为人类所独具的性能已经枯萎乃至衰竭了：他们已无能力再生出强烈的愿望与固有的快乐，

而且一般也丧失了根于自身或可以归之于他们自身的意见与情感。然而，这是不是人性应有的状态呢？①

穆勒是最早指出妇女被视为二等公民、被剥夺成为独立个体和通过工作获得个体成就机会的思想家之一。在《妇女的屈从地位》(Subjection of Women, 1861)一书中，他描述了"解放女性会给私人幸福带来难以言喻的增益，对她们来说，区别在于，一种是屈从于他人意志的生活，一种是理性自由的生活。在衣食这一基本需求得到满足后，自由是人性首要的、最强烈的需求。"

穆勒为代议制民主辩护，判定它是最好的政府形式，因为与其他任何形式的政府相比，它在鼓励个性发展上做得更多。但是民主并不会自动起效，除非其公民都受过良好教育，尊重不同意见，愿为社会之善牺牲一些一己之利益。受过恰当教育的选民更有可能选出合格的领导者。民主不会起效，除非政府有智慧。

真正的民主将会确保少数群体和多数群体都得到足够的代表。穆勒极为担心民主经常会压制少数。"我们永远无法确定自己极力打压的意见是否是错误的。就算我们确定了，打压它依旧会让人不愉快。""假如全体人类统一执有一种意见，而仅仅一人执有相反的意见，这时，人类要使那一人沉默并不比那一人（假如他有权力的话）要使全人类沉默较可算为正当。"

自由受到一个简单原则的限制："文明社会中任何违背个人意志的权力的行使，其唯一的目的应是保护他人不受该人的伤害，唯有如此这种权力才是正当的。个人的行为是否对他、她自己身心有益，权力都不能干涉。无论其他人认为怎样做才能让当事人更好、更幸福，无论在其他人的脑海中，这么做是多么的明智，甚至是多么的正确，其他人也没有任何权力去强迫一个人违背他自己的意愿行动。"政府没有任何职责去告诉个人如何去过他的生活。

---

① 〔英〕约翰·密尔，《论自由》，程崇华译，商务印书馆，1986年。——译注

观察

问题

9 所以说，我们是政治动物。我们醒着时有很大一部分时间都在思考政府，极少会有什么主题能比政府及政府官员的作为方式（或不作为方式）更多地占据我们的情绪。政治哲学家总结了上述情况，揭示了一些针对政府的关注和质疑。更好的政府形式是什么？政府系统/体制如何演变？是谁/什么创建了它们？（真正的）政治是什么？政治是必要的吗？我们人类为什么会在政治上变得这么情绪化，而且经常充满暴力？是什么赋予一个群体的男性/女性以权力去通过法律，要求别人服从它们？法律的本质究竟是什么？为什么要有法律存在？为什么公民应该遵守"坏"的法律？为什么领导者如此容易腐败？为什么民主会如此让人头痛？

如果我们能够回答诸如此类的问题，我们就能更好地去理解如何区分合法政府与非法权力，知道什么时候和为什么公民可以公正地批评政府，违反其法律，甚至推翻它。类似这样的问题为政治哲学奠定了基础，并为塑造西方政治体制的命运贡献良多。

人性

请注意：一个单一的假设——他们对人性的看法——决定了这些政治思想家如何提出他们的政府理论。那些相信人性的政治思想家，支持更多的自由、更少的规则、更小的政府。那些不信任人性的政治思想家，支持更少的自由、更多的限制、更多的法规和法律——要求民众无条件地服从这些法律。这种态度涉及两个不同问题：人类是否值得信赖？哲学家是否有信任的能力？大多数思想家都认为自己缺乏对人性的信任。他们将他们的不信任具体化，很少有人意识到他们的困惑。

语义

三个语义事实描述了我们在政府问题上所做的大多数思考。首先，像法律、国家、联邦、民族、政府、正义这样一些词语，是一种物化的概念。它们看似仅仅是些抽象物，但对我们大多数人来说，它们完全可能有"它们自己的生活"，并被认为是真正的实体。当然，这是一种谬论。物化导致我们陷入混乱，以至于多数时候，我们并没有清楚地理解我们正在谈论的东西。

其次，这些术语中没有一个所指的是真实的东西，它们是没有经验的参照物。你能指出法律、国会、国家、政府、联邦在哪儿吗——就像它们是占有一定时间和空间的实体？例如，法律只是一种想法。你不可能手指法律，说看它就在那里站着、在沙发上坐着。所有这些术语仅仅是法律和社会学的虚构想象。可以肯定的是，它们非常实用，我们让它们执行重要的功能。但是，我们应该按照它们是什么的样子去看待它们：想法只会指向其他想法，而非任何实物。

再次，这样的术语虽然会在教科书中下一个定义，但在大多数公民心中，这些术语从来没有一个确切的定义。如果你让你的一个同胞来定义他所说的法律、他所说的国家、警察局、联邦、左派、右派、保守派、自由派等是什么意思，他不可能给出一个准确的答案。既然我们无法界定我们所用的术语，我们的思维也就仍然是模糊的和脆弱的。

正是在这里，我们找到了一个关于法律、政府和政治常被认为是无关紧要的和不切实际的原因。只有个体存在——单独的正在体验的自我；作为个体，我们的生活过得实实在在，是当下存在的。但在政府中，没有一个部门会去处理个体独特的现实。个体很少会被意识到，他们的独特性更是很少会得到承认。这是世界各地公民中间不满的一个隐藏和压抑的来源，这一语义学事实几乎从来没有被分析过和设法解决过。难怪人们会感到沮丧和愤怒：他们被一个由各种抽象物组成的复杂的系统所控制，这一系统从未意识到他们是真实存在的。政府（即，政治家）处理抽象物，部分因为这就是我们的思维方式，部分因为领导人，作为人类的一员，就是通过大的群体分类去思考人——就像我们想到鸟群、牛群、鱼群一样。（我们不可能会想到个体的鸟、牛、鱼——或个体的公民。）很久以前就一直有一种抱怨：立法者通过抽象的法律，然后却期望过着具体生活的独特的个体,去找到相关的这种高层次的抽象物。顺便说一句,柏拉图意识到了这个问题,并认为唯一的解决办法就是,确保我们有一个英明的统治者,他可以在把现实世界中总是会涉及的个体和独特的情况都考虑在内的情况下作出决定。这是一种认知困境,对此没有解决办法。当然,当一个领导者提醒自己,他的选民是一个个不同的个体时,这可以起到一定帮助作用;但当他要通过法律时,理论上他必须照前面那样去做。

三种当代世界体系

作为一种世界体系的民主

10 民主的本质在伏尔泰的一句话中得到了很好的表达:"我可能会不同意你的看法,但我会誓死捍卫你说话的权利。"民主还有更多内涵,但若离开这一核心自由,其余的全都没有什么意义。

西方民主政府的根源在古希腊。公元前5世纪,雅典城邦做了一个大胆的尝试,逐步奠定了民治政府(人民自己是统治者)的基础,法律面前人人平等,多数人投票决定,陪审团审判,公开讨论不同意见,言论自由。从我们现今的角度来看,这是一种非常有限的民主——它把妇女、奴隶、外来居民、工匠和痴迷于获取物质利益的商人排除在外;但对那些享有这一权利的人来说,这则是一个充满无与伦比的兴奋和创造力的时代。在它的激励下,各种艺术蓬勃发展,雅典成为一个伟大的文明。

在关于民主的理论上极少有什么进步,直到1690年约翰·洛克(1632–1704)出版了《政府论》(*Two Treatises of Government*)。(至于为什么隔了这么长时间民主才重获立足点则是另一个故事。)虽然职业是位医师,洛克却是一位一流的政治思想家,他点燃了法国社会活动家伏尔泰和卢梭的灵感,在美国,他被汉密尔顿和杰斐逊奉为大师。他那强有力的思想观念,为英格兰(1688–1689)的光荣革命、美国的《独立宣言》(1776)、法国的《人权宣言》(1789)提供了理论基础。美国政府的架构,其基本假设也来自洛克:三权分立,政府的义务，公民有权撤回对不称职或腐败政府的支持，教会与国家分离，宗教自由，言论自由，新闻自由，私有财产权。美国宪法的权利法案，本质上是洛克一生奋力争取的权利清单。

在《政府论下篇》中，洛克推论，人们原本生活在一种"自然状态"，"那是一种完备无缺的自由状态，他们在自然法的范围内，按照他们认为合适的办法，决定他们的行动和处理他们的财产和人身，而无需得到任何人的许可或听命于任何人的意志。"他们没有法律，也没有人统治他们。在他们的自由中，他们是个体，只有个体，"我们"还没有演变出来。他们不是没有道德准则，只是这些准则来自内心，而不是外部。"自然状态受自然法支配"，道德律由上帝"刻写在全人类的心上"。通过使用理性，人类可以认识这一内在律并服从它，在这之后，它的运行就是一种本能。换句话说，处在这种"自然状态"下的人的行为，与那些准则已经潜入其本性中的社会性动物的行为很是相似。

处在这种自然状态下的个体在本质上是善的，而并非像霍布斯那样对人性抱持悲观看法的预言家所假设的充满暴力的野蛮境况。人们是自由的，生活在"一种和平、善意、互助和相互保全的状态"。

但是，随着他们人数增多，处在自然状态下的人们发现，法律是必要的，因此，他们开始达成一种"社会契约"，以建立一个政治体。这一契约是由自由的人在他们之间自由地创立的，他们创造政府的明确目的是为了保全生命、维护自由和保护财产。没有国王，没有统治者，也没有独裁者。没有哪一个个体有一种"自然"的权利，可以统治其他任何人，可以寻求获得凌驾他人之上的权力，那样的人会被视为敌人，并可被合法地剥夺任何他可能已经获取的权力。

个体通过劳动以满足其生存需要，进而把工作转化为财产。没有任何物质材料，不管是土地、粮食还是货物，仅仅因为他们的存在，就给予他们成为其自然财产。他们必须用自己的劳动来赢得。劳动创造价值。一个人通过劳动创造的不拘是什么东西，都会变成他自身的一个延伸/扩展。每个人都有权利去获得自身存在所需要的商品，而没有权利去剥夺任何其他人存在所需要的财产。因为所有的人都是贪婪的，因为总是会有攻击性的自私自利的个体越出自己需要的界限，所以"人们联合成为国家和置身于政府之下的重大的和主要的目的，就是保护他们的财产/所有权"。

因此，个体为了保护自己创建了政治社会，在这样做的过程中，个体让渡了他们的自由，将权力转化为政治实体：国家。像制定法律并推行它们、处罚违规行为及在必要时宣战这样的权力，原本属于自然状态下的个体，现在都移交给了国家。也就是说，通过契约，个体签字将他们的个体自由让与假定的国家，换得"相互保护他们的生命、自由和财产"。这一契约有一个心照不宣的假定：它必须是参与的成年人自愿同意加入。

洛克强烈主张，权力取决于人民。人民可能会选择代表组成一个立法机构，他们将权力授权给这一机构，但是代表机构仍然必须对人民负责，必须回应多数人的意愿。在理想状态下，行政部门与立法部门之间会出现一个平衡。（洛克没有提出司法部门的设想，后由孟德斯鸠提出。）行政权力的职责是执行立法权力创建的法律。当然，任一部门的成员都会腐败，但人们给他们自己保留了通过自由选举替代那些腐败者的权力。由于权力总是倾向于腐败（阿克顿勋爵后来补充说："绝对的权力导致绝对的腐败"），也就总是会有某一统治者或一些少数派想要变成独裁者或推行专制寡头政治的可能性。如果发生这种情况，洛克认为，除了起身反抗，别无他法。作为最后的手段，公民有权奋起反抗和推翻一个人们已经对其失去信任的政权。任何个体一旦企图用自己的意志代替法治，就会不可避免地爆发革命。每当有人民代表失职，权力就会回归人民。革命的目标，必须始终是重建合法政府。

法律是人类的法律，也就是说，它们是由凡人所建立，他们偶尔也会立法"巧舌如簧的废话"。所以洛克总是想要确定一个可行的道德标准，有了这个标准，就可以判断法律是良法还是恶法、是正义之法还是非正义之法。这些道德标准在逻辑上先于法律，可以用来判断法律。那些制定法律的人必须始终从下面这一尽可能清晰的思路出发——而非只是来自直觉或情感上的道德义愤——什么在道义上是对的或错的，为的是继续创建牢牢扎根于这些道德原则之上的法律。道德情感比代表它们的法律更能体现人类的根本所在。这些是美国《独立宣言》中"不可剥夺的权利"。

但就像洛克思考的那样，这些基本权利的来源是什么？它们来自人们已经知晓的"自然法"，上帝将其置入人心的"本能"。它们植根于指导"人类元祖"的道德情感和原则，它们永远不会失去，即便他已变为智人。"自然状态下存在着一条每个人都应遵守的自然法则；理智就是这一法则，它教导那些听从理智指引的人们，所有人都是平等独立的，没有人有权利去侵犯其他人的生命、健康、自由或财产。"

值得注意的是，洛克的思想绝大部分都已融入了《独立宣言》。托马斯·杰斐逊深深地为洛克的政治哲学所吸引，并在《独立宣言》的前两段中宣布了他的三个民主原则。首先，"我们认为下面这些真理是不言而喻的：人人生而平等，造物者赋予他们若干不可剥夺的权利，其中包括生命权、自由权和追求幸福的权利。"其次，政府的合法性来自"被治理者的同意"，政府的目的是保护这些权利。最后，当任何形式的政府未能保护这些权利，"人民便有权力改变或废除它，以建立一个新的政府"，保护他们获得"他们的安全和幸福"。杰斐逊还在别的地方阐述道："如果统治者不被人民的反抗意识所畏惧的话，什么样的国家可以保障自由呢？让他们拿起武器吧……自由之树必然时常要用爱国者和暴君的血来灌溉。"杰斐逊接着列出了一个长长的清单，上面是英王对美国殖民者持续犯下的罪行，并宣告他们除了推翻英国统治别无选择。

共产主义世界体系

11 共产主义被广泛理解为一种基督教异端。它的基本结构源于犹太－基督教世界观和共产党人传教般热情的阐释。马克思为自己延续了旧约希伯来先知的传统这样一个事实而感到自豪。提哥亚的牧人先知阿摩斯看到他身边无情的不公正到处肆虐，非常愤怒。他登上祭坛，以神的名义怒喝道："耶和华如此说：'以色列人三番四次地犯罪，我必不免去他们的刑罚——我必追讨你们的一切罪孽。'"像阿摩斯一样，马克思看到作为个体的人，他们的生命被资产阶级统治阶级和"生产力"所剥夺。他的目标是终止异化、剥削、不公、麻木、被动和人的价值的退化。

这听起来就像是一位虔诚的基督徒的良心。与基督徒一样，马克思也想改变这个世界。和他们一样，他确定了谁是邪恶的人（资产阶级统治阶级），谁是善良的人（无产阶级工人阶级）。他把历史视为一个三段论社会进化：从资产阶级国家，经过无产阶级国家，最后到达圆满的结束"无阶级社会"，在那里，正义将占上风，和平将永远统治———一个世俗的天国。这一进步运动的来源当然不会是神，而是社会经济阶层之间的斗争，遵循必然的"运动定律"。迄今为止的人类历史一直是阶级斗争的故事，即将到来的控制生产力的无产阶级的胜利将是最后的斗争，将会彻底结束阶级斗争。到了那时，革命将会继续按照其自身的内在逻辑运行：它既不会被挫伤也不会短路，它将会自生自灭。最终，马克思预言，作为一个整体的人类，将会拥有一个光辉的命运，这一预言一直是共产主义产生巨大吸引力的驱动力之一。

马克思（1818–1883）的哲学理念体现在他与恩格斯合写的《共产党宣言》（*The Communist Manifesto*，1848）和《资本论》（*Das Kapital*，第一卷，1867）中。马克思对提出政府或政治方面的理论没有太大兴趣，因为在他看来，这些都是阶级斗争的必然产物。马克思相信民主并不是答案，因为在资产阶级民主中，在经济权力仍不平等的情况下，平等的政治权利并不能平衡政治权力。我们可能会进行辩论和投票，但这都无关紧要。国家，及其所有嘈杂的阴谋诡计，都是经济过程的结果，而不是人的理性决策意识的结果。经济决定一切，不以人的意志为转移。

在历史经过资产阶级阶段的演变，见证了无产阶级的胜利之后，无产阶级也将消失，那时出现的社会平等的世界，没有自相残杀的冲突，将会永远持续下去。在社会主义经济中，人类不再被异化。私有财产将被取消，所有的劳动分工也将取消，公民将会从事有意义的创造，因为他们发现自己可以从中得到满足，而不是去生产一些毫无意义的商品，供他人消费。经济"体系"将会崩溃。政治、社会、经济状况将会保持稳定，社会结构没有进一步的变化成为可能。这将是真正人类历史的开始。

在这一无阶级社会，政府的功能是什么？在所有的历史阶段，政府的存在都是代表统治阶级行事。现在，在社会主义阶段，政府将会代表工人无产阶级行事。政府由工人阶级管理，将会利用它自己的政治权力，去捍卫它自己的体系，并压制它的敌人。每个人都将成为一名工人，不会再有资本家剥削他们。正义、个人权利和普选都不再重要。"谈论'自由的人民国家'纯属无稽之谈：只要无产阶级仍然掌权，它就不会为了自由利益去使用它，而是为了压制它的对手。"这是"无产阶级革命专政"。国家影响力的范围是普遍的：它会影响和形塑个体日常生活的各个方面，提供他或她生活可能需要的所有的思想和价值观。工人中间可能会存在一种民主的假象，但与所有已经消失的重要的经济变化和社会变化相比，这一顾虑的后果微不足道。恩格斯写道："当国家最终成为整个社会的真正代表，它就使自己成为多余的……国家不是被'废除'的，它是自行消亡的。"

伊斯兰世界体系——哈里发

12 穆斯林政治理论家设想了一个政教合一的国家，即由真主（安拉）统治的政府，严格按照圣书《古兰经》中的教诲组织起来，保留被称为沙里亚的法律传统。真主的法律是绝对的。它们不能被改变、挑战、辩论或批评，凡是有人骄傲自大到敢这样去做，他就是背信者，将会受到最严厉的惩罚，乃至被处死。国家是绝对的君主制，真主就是君主。

真主的教义，就像体现在这一伊斯兰政府中一样，覆盖个体生活的各个方面。它们决定了个体思考、感受和所做的每件事，以确保他们接受的教义信仰可以保持和谐一致。没有任何想法或行动是个人的和私密的。伊斯兰教育的目的就是，确保个体的想法和感受符合正统教义。为此穆斯林儿童从小就要记忆和背诵经文，这一控制办法在其一生中还会通过每天祈祷五次、参加礼拜、在权威和同龄人的监督下过一种简单狭隘的生活得到强化。

这一核心承诺——相信《古兰经》和伊斯兰教应该塑造和控制日常生活、社会、政府的各个方面——在当今的穆斯林世界是一种最强大的思想力量。它决定了所有的政治思想和行动。不过，虽然这一承诺是普遍的，但它也并非铁板一块。"它的多种形式也在传播，发展，变得日益多元化。今天一个人遇上的伊斯兰主义者，可能是激进的或温和的，政治的或非政治的，暴力的或寂静主义的，传统的或现代的，民主的或独裁的。"

在这样的社会中是否还有个体的自由空间呢？有的。国家并未剥夺个体的人身自由，只要个体的言行举止都在伊斯兰法律的框架内。也就是说，一旦个体成为一名虔诚的信徒，他就可以想思考什么就思考什么。真主立法绝对"不是为了剥夺人的自由，而是为了保障人们享有那一自由"。在这些条件下，个体可以追求自己的目标，实现自己的才华，发展自己的个性。但要注意："在伊斯兰教中，个体的生活目的与群体的生活目的一样，即，执行和强制执行神法，取悦上帝。"所以西方所珍惜的个人自由，恰好与伊斯兰教背道而驰。

谁是这个伊斯兰国家的领导人？它的领导人是那些将其生命完全投入遵守和执行神法的人。任何人只要肯这样去做，不分种族、阶级、职业或民族出身，都有资格成为伊斯兰国家的统治者。历史上，一直是哈里发在当君主；但在理论上，所有虔诚的穆斯林都是统治者。

伊斯兰伦理也是非个人的。无论真主所下的命令是什么，都是合乎伦理的、道德的和正确的，哪怕执行这一命令意味着要去伤害乃至杀害他人。行动在道义上是正确的，因为这是真主命令他们去做的。《古兰经》就像基督教的圣经，充满丰富的歧义，可被引用来支持广泛的道德操守。"我们－他们"的心态极为强烈："我们"是虔诚的信徒，"他们"是所有不信教者。

人们普遍认为，伊斯兰政教合一这种体制与西方的世俗民主水火不容。对一个虔诚的穆斯林来说，允许人们选择自己的领导人并可通过他们希望的任何法律这一观念是一种诅咒。伊斯兰教拒绝接受流行的人民主权理念。教会与国家没有分离。国家有一个明确的任务，就是让伊斯兰教的信奉者不断增多。法律和宗教在伊斯兰教社会合二为一：每种犯罪都是一种罪恶，每种罪恶都是一种犯罪。

曼德拉

我喜欢自由的滋味[①]

    1994年5月10日，在南飞第一次自由民主选举中，纳尔逊·曼德拉就任总统。在三个多世纪的白人统治之后，白人少数群体承认失败，将国家交还黑人多数群体。曼德拉告诉他的人民："所有南非人现在必须不放弃任何机会，团结起来，携手合作，宣布我们是一个国家、一个民族、一个群体，一起走向未来。"

    曼德拉当选的意义，只有在看到下面这些事实时才可能被真正理解：南非政府犯下的恶行，曼德拉抗击这些暴行的决心，并在承受一生的苦难之后继续用同情对待敌人。曼德拉超越了政治上的偏执，抑制了人的报复本能，争取在我们共同的人性上建立一个新的国家。

    他写道："我已走过那么漫长的自由之路。但我发现，爬过一座大山，你只会发现，前面还有更多的山在等着你去爬……我不敢流连忘返，因为我那漫长的路程还没有结束。"

    暴行在南非有很长的历史，可以一直追溯到17世纪，当时白人第一次定居非洲大陆南部地区并开始征服本地土人。讲荷兰语的阿非利坎人在对待黑人上出了名的狠。在荷兰归正会的支持下，他们认为自己是上帝的选民，非洲土人则是一种劣种

[①] 小传中的相关引文出自《漫漫自由路》，谭振学译，广西师范大学出版社，2010年。——译注

人，只配与动物相提并论。阿非利坎人举办"大猎物"狩猎，在田间地头追逐"卡菲尔"（不信教者），杀死成千上万人，烧毁村庄，没收他们的土地。英国殖民者的行径也没有比这好多少。这样的对待成为正式的政府政策，并一直持续到19世纪和20世纪大部分时间。

1948年，政府的种族主义政策被正式宣布为种族隔离。国民党主席、荷兰归正教前部长丹尼尔·马兰，很快就成为总理，将种族隔离给制度化了。在其命令下，黑人和白人在政治、社会、经济和身体上都被隔离开。在所有的生活事务，不管是公共的还是私人的，非洲土著人在法律上都要求顺从；除了需要留下来服务白人的工人，以及在金矿和钻石矿上工作的工人，其他所有人都被赶出他们生活的土地，迁入土著人居留地。

∽∾

在进校第一天之前他并不叫纳尔逊·曼德拉。在那之前他叫豪利沙沙（Rolihiahia），在他家乡的意思类似于"麻烦制造者"。1918年他出生于一个小村庄姆卫佐（Mveso），距离南非海岸湛蓝的海水并不远，他回忆说，它是"一个美丽的、群山连绵起伏的地区。这里土壤肥沃，数千条小河使它一年四季保持湿润"。他属于考撒民族泰姆布（Thembu）部落的马迪巴氏族，依照传统，他有望成为泰姆布酋长的参事。作为土司的儿子，他从父亲那里继承了一种富有自尊心的叛逆性格和追求公道、百折不挠的正义感，以及对考撒历史的喜爱之情。从他母亲那里（他父亲四个妻子中的第三个），他继承了坚韧、责任和对他人感受的敏感性。

早年的他身着非洲传统的毛毯。他的空余时间多数都是在多岩石的草地上度过的，和同村的其他男孩子一起玩耍和打斗（当地习俗认为整天在家围着母亲围裙转的男孩是懦夫），放羊牧牛，狩猎捕鱼。他的整个存在都受到习惯、礼节和戒律的影响。在他的生活中，这是一段快乐的时光。他几乎没有与白人接触过。

他的父亲重视教育和礼貌，尽管他是个文盲。所以，豪利沙沙7岁时受洗后被送入教会学校，在那里他有了日后的英文名字。9岁时父亲去世，他被泰姆布酋长所收养。"我后来关于王权的认识是通过观察摄政王和他的内阁而受到深刻影响的情况下形成的……每个参加会议的人都发表意见，这是最单纯的民主。在这些讲话的人中，可能有重要人物，但是每个人都必须发表意见，包括酋长和庶民、军人和医生、店主和农民、农场主和雇工。一个人讲话时,不准有人打断。……作为一个领导人,我总是遵循我起初在王宫看到的被摄政王演示过的原则。我总是努力倾听参加讨论的每一个人发表的意见,然后才发表自己的意见。"

酋长所在的村庄有一所学校,他在那里学习了英语、考撒语、历史和地理。然后,他进入中学,在那里他使用起他的教名:纳尔逊。但在心里他仍然认为并觉得自己是一个泰姆布人。19岁时,他进入希尔德顿的卫斯理学院。在这里他的世界开始扩大;他回忆说,他与外界的接触使得"狭隘意识开始动摇,并渴望冲破仍然束缚着我们的部落主义,我也开始觉察到我作为一个非洲人,而不仅仅是一个泰姆布或考撒人的身份"。

21岁时,他进入福特海尔大学,这是南非唯一一所对本土黑人开放的高校。在那里,他学习英语、人类学、政治、物理、当地管理学和罗马条顿法。他擅长足球和越野赛跑,并加入了戏剧社,享受跳交际舞,周日去邻近村庄讲解圣经。他期待着快点完成他的学士学位,好帮助他的母亲,给她建造一座像样的房子,配有花园和现代家具。

然而,事情并未如其所愿。在就学校选举不公问题发生争执之后,他被停学一年回到了酋长的村庄,他的老家。但是回去后没多久,为了逃婚,纳尔逊和他的弟弟(摄政王之子)决定前往约翰内斯堡。他们到达那里已是晚上,"我们发现前面灯光闪烁。迷人的灯光似乎向四面八方放射开来"——一座梦想和黄金之城。这是一段漫长旅程的开始。

曼德拉决定当一名律师,所以他就在一家律师事务所找了一份工作,当一个业务员。为了完成学业拿到学位,他报名参加了约翰内斯堡的南非大学的夜校。在那里的第一年他住在郊区,他回忆说:"我了解到更多的贫困,比我所有的童年时光中所见到的都多。"他也了解到白人对黑人的恐惧和仇恨、关于禁止通行证的情况、政府无情地歧视法律。"我开始意识到,我的职责应该是为了我的作为一个整体的人民……我发现自己被卷入政治世界,我开始对我的旧的信仰感到不满。"

1943年他获得学士学位,进入威特沃特斯兰德大学攻读法律硕士学位。"这所大学给我打开了一个新的世界,一个充满各种思想和政治信仰及辩论的世界,一个人们对政治充满热情的世界。""我说不出自己是在什么时候开始变得热衷于政治,又是在什么时候我知道我会用我的生命去投入解放斗争。"他已体验过"无数次被轻视，无数次被侮辱"，他的愤怒在逐渐增强，他逐渐想奉献自己的生命去反抗"囚禁我的人民的制度"。他被卷入 ANC（非洲人国民大会党），该政党的信条是"创造一个由许多部落组成的国家，推翻白人至上主义，建立一个真正民主的政府形式"。1947 年，曼德拉被选入德兰士瓦 ANC 执行委员会，此后他承诺将把自己的"整个身心"都献给非洲人国民大会的解放方案。

然而，1948 年，政府正式通过种族隔离法案。ANC 的反应是：遵循印度圣雄甘地的消极抵抗运动，举行了大规模的非暴力抗议活动。他们组织了各个层面的抵制、罢工、公民抗命和不合作。1950 年 6 月 26 日成为全国抗议日。工人待在家里，黑人企业停业。政府迅速作出回应，通过两部法律，旨在强化黑人、亚洲人、有色人种与白人之间的区隔。第二年又通过了两部法律，剥夺黑人公民投票权，废除黑人代表。ANC 给总理写信，要求废除这些带有歧视性的法律。总理回应说白人有权保护自己的身份，并威胁说要用政府军进行打压。

这等于就是"宣战"，曼德拉写道，ANC 的回应涉及大规模的公民抗命。志愿者在没有得到许可的情况下进入禁地，并使用"白人"专用的设施，如厕所、铁路车厢、候车室和邮局入口。他们还计划在全国范围举行罢工。反抗运动四处蔓延，接下来五个月，约有 8500 名志愿者参与其中，大部分人都被捕入狱。"从反抗运动开始，入狱成为非洲人的荣誉徽章。"

对此政府并未理会。法律变得越来越强硬，打击变得愈发凶狠。1953 年，议会通过《班图教育法案》，开始废除非洲人接受教育的权利。法案宣布：黑人的教育应该只为"他们生活中的机会"而准备——而黑人生活中的机会不是零就是受到严重限制。因此，言下之意就是，黑人不需要受教育。任何想要教育当地人的人或机构，如教会学校和私人学校，都被取缔，若有违反，一经查出就要罚款和监禁。

1953 年一个星期日晚上，曼德拉发表讲话，宣称"非暴力是一种无用的战略，不可能不付出任何代价就能推翻执意保留其权力的白人少数政权。在这一天将要结束的时候，我要说，暴力是唯一能够摧毁种族隔离的武器。"国家警察对曼德拉的讲话做了全盘记录。

1956 年 12 月 5 日，曼德拉被逮捕并被控以叛国罪和阴谋推翻政府罪。叛国罪审判一拖就是几年，最终曼德拉于 1961 年被判无罪。但他仍是一个目标太大的人，于是他转入地下持续战斗。"我成了一个夜间活动的生物。白天我会待在我的藏身之处，天一黑我就出来做我的工作。"曼德拉组织了一支非洲人国民大会党的军队，并于1962年偷偷远航十几个非洲国家争取外援支持他的事业。但是他一回国便立即再次被捕，这一次他被判处五年徒刑，罪名是煽动民众罢工和没有护照出国。这时的曼德拉已是一位国际人物和民族英雄，有数以百万计的追随者。他被关押在罗本岛，距离开普敦海岸7公里的一所监狱。他在狱中期间，警察搜查他的家，发现了数百份概述游击战计划的文件，因此他以颠覆国家和阴谋罪再次被审判。虽然他预计自己会被判处死刑，但最终他仅被判终身监禁，并被押回罗本岛。

曼德拉在狱中

他总共在监狱里待了27年，直到1990年。这是一个令人心碎的故事。曼德拉在他的自传中详细地记述了那些黑暗岁月中微小的细节。这些年的日子并不像表面上显得那样平静，尽管他的大部分活动都是秘密。外面的斗争仍在继续，并有一直持续不断的"释放曼德拉"集会。他的追随者开始超越国界，种族隔离激怒了国际社会，许多国家都宣布对南非进行制裁。他并不担忧他的妻子温妮频繁被捕，而更担心最常见的违反旅行禁令。在监狱中最后那些日子里，越来越关注他的政府和来自世界各地的领导人都来看望他。

❦

1990年2月2日，新任南非总统德克勒克在议会面前做了一件不可思议之事：他开始拆除整个种族隔离制度，为一个新的民主南非政府奠定了基础。在勇气和远见的作用下，他释放政治犯，终止死刑，并解除了各种限制，比如此前一直对准黑人的旅行禁令。

2月10日，曼德拉被释放。一个接待委员会在开普敦巨大的露天广场举行了集会。"我走上阳台,看到无边的人群都在欢呼,拿着旗帜和横幅,拍手欢笑。我举起了我的拳头,人群回以巨大的欢呼。"

然而要做的工作仍有很多。一个无情的政府为期几十年的野蛮统治,在非洲人心中刻下了怨恨和不信任。而在白人这边,现在看到了一个占据多数的黑人群体,担心他们在一个新的非洲是否还能待下去。曼德拉使出浑身解数,打消他们的疑虑。"白人是南非的伙伴,"他告诉他们,"我们想要他们感到安全,想要他们知道我们赞赏他们对这个国家的发展作出的贡献。"他一遍又一遍地告诉他们,他们应该忘记过去,集中精力建设一个更加美好的未来。

✌

实施种族隔离政策、敢死队、政治谋杀、国家支持的犯罪的南非政府,是人类有史以来最不人道最恶劣的政府之一。数百万人的痛苦不可能被忽视,对此他们必须承认。但是受害者如何能够原谅他们犯下的罪行?怎样才能让伤口愈合?看上去很有可能,强大的种族仇恨要再过几十年——如果不是几个世纪的话——才会消除。如果有了民族团结和民主,受害者和他们的压迫者就可以达成协议。过去的痛苦不可能被掩饰过去,它必须得到解决。曼德拉已经说过,"压迫者必须像被压迫者一样得到解放"。

为此,1995年12月5日,真相与和解委员会诞生了。它有两个主要功能:前往相关地区采集受害者的证词,并获得许可特赦害人者。接下来三年,委员会公开听取见证了31000例虐待囚犯的案件。证言用11种语言广播,通过电视和广播传达到群众。在大主教德斯蒙德·图图(Desmond Tutu)的带领下,认罪和宣泄成为整个国家的经验;私人疼痛变成公众之痛。该委员会的一名成员称其为"一种极其需要的清洗一个民族的仪式"。

真相与和解委员会最终会取得什么样的成果,可能永远也不会有人知道。但是没关系。它记录了真相,调解了国家当务之急,使得在一个无道政府统治下的无数受害者终于可以在晚上睡个好觉。虽然仍有许多工作要做,但是难以承受的噩梦已经结束。

5-5 伦理学

本章涉及道德判断，着重强调了进行道德判断时常用的几个不同标准。这一点事关重大，因为经过仔细考察，它会引发激烈的冲突——依照一种标准显然是符合道德的事情，放在其他标准下来看则显然是不道德的。本章试图澄清三个主要判断标准。意识到在评判道德行为上有不同的方式，可以帮助我们理解他人的观点，摆脱教条主义，阐明我们自己的道德假设。本章还提出了一个问题："我们应该关心谁（和什么）？"

罪过和/或美德

1

> 昨晚，我发现了一种新欢。我正尝试其乐趣时，一个天使和一个魔鬼飞奔而来，相遇在我的房门前。他们为我新发现的快乐发生了争执。其中一个大喊道："真是罪过！"另一个说："真是美德啊！"[①]
>
> ——纪伯伦

---

① 〔黎〕纪伯伦，《先知》，冰心译，译林出版社，2008年。——译注

可以商榷和不容商榷的价值判断

2 每当我们看重或轻视某一对象或事件时,我们就在作出"价值判断"。当我说"这本书被雨淋湿了",我是在陈述一个事实,但若我补充说"我不喜欢我的书被雨淋湿",我就是在评价一个事件。事实陈述和价值陈述是两种截然不同的心理意图的结果。"陈述一个事实",就是描述一个对象/事件,描述者相信它是真实的。评价则是陈述一种偏好或爱好或喜欢的东西,或是反对或不喜欢的东西;我们是否认为对象/事件是"真"的这一问题,并不包含在评价过程中。换句话说,价值判断并非事实宣称。

3 生活中存在几种不同的价值判断,但就我们的目的而言,我们主要关注两种比较鲜明的价值陈述:(1)那些关于个人品味和不容商榷的陈述,(2)那些可以让自己接受理性分析和实证调查,因而也是可以商榷的陈述。

我可能会告诉你说"我喜欢猪肝和洋葱"。这种价值判断严格来说是一个个人口味问题,只有一个认识论上的傻子才会在这上面大做文章。(素食者可能会理所当然地要就我吃肉的问题进行道德辩论,但在我如何感受猪肝和洋葱的味道上还是我说了算,我的私人经验仍然不容辩论。)因此,这种个人价值观是无法辩论的;在这样的体验上不存在什么道德上的"应该"和"不应该",它们就是那样。在最终的分析中,我们甚至无法多谈它们。"我就是喜欢它们",我抗议道,而那也就是整个事情的结束。

4 相比之下,第二类价值判断则是可以商榷的。如果我说"我赞成安乐死",我就作出了一个价值声明,如果将这一声明付诸行动,就会影响他人的生活;因此,这一说法的优点和后果就是值得商榷的。我们可以参照具体的道德伦理标准来谈论安乐死在道义上是"对"是"错"。我们可以讨论,在绝症患者希望有尊严地死去的情况下迫使他们遭受痛苦在道义上是否正当。我们可以讨论关于安乐死的某些宗教理论和政策,探讨不同宗教的信徒为什么会采取相互对立的立场。总之,有想法可以进行分析,有相关的经验事实可以进行收集,有各种不同的观点可以得到倾听。

5

"但可以肯定的是,"它可能会说,"人们在他们的基本道德观念上确实存有分歧,他们试图说服其他人同意他们的观念。"事实上,他们确实是这样做的。人们在其道德观念上要比在其饮食偏好(例如,我们不会说我们有"烹饪信念")上往往会有更强烈的反应,极少会有人愿意简单地接受这一点上的差异,任其发展。但是,任何人都可以用来说服他人改变其基本道德观念的方法……并不是那些理性的论证,而只是那些非理性说服的方法:辱骂,恐吓,威胁,等等。这可能也就是为什么我们的语言中会有"假正经""道德无知"这种词语。

难道不正是这种观点使得人们在"人与人之间达成足够的伦理协议从而在星球上和谐生活成为可能"这一点上得出悲观结论的吗?并不尽然。得出这样一个结论,就相当于对一个开餐馆的来说,因为众口难调,他不如放弃制定一个能让大多数顾客满意的菜单。幸运的是,大多数人都倾向于赞成和不赞成同样的事物:这就是为什么我们很少发现有人会不同意类似下面这样的陈述,如"施加不必要的痛苦是邪恶的",或"帮助有需要的人是件好事"。并不是所谓的道德判断的客观性,而是我们的基本道德观念实质上的相似性,使得一个合理的和谐社会成为可能。

——威廉·霍尔沃森(William Halverson)

6 另一个需要考虑的起点。我们谈论"道德问题",好像"问题"是一个活的实体,在内科病房的走廊上徘徊,或是徘徊在国会议员的办公室。其实,"问题"只是个体对一些难解问题的道德关怀的表达。当几个人或众多人有着相同的关注并使其为人所知,看上去好像"问题"似乎真的在"那里"转悠,每个人都多少"看到"它是真实的。

然而,事情并非如此。任何人都可以就任何一件事提出问题。有些人,甚至是那些被广泛视为美德监护者的人,就某一件事"提出问题"或挑起争端,并不会自动证明它就会占据我们的道德考虑和时间。如果你和我正在谈话,通过询问为什么你不太关心禁止猫头鹰的栖息地,或教皇访问一个共产主义国家,或圣诞节变得商业化,或朋克一族带刺的发型,或电视节目中的性爱场面,或国家把钱浪费在太空计划上，或……或……或……或是我关注的不拘什么"问题"，吸引你的时间和精力，我可以很容易主导整个谈话过程。当然，这些主题中有一些问题比较重要。但是，因为有人"提出问题"，并不要求你或我就要去聆听和像他那样去权衡他所谓的问题。例如，我们初次见面，我可以通过询问你为什么打扮这么前卫来设定谈话进程，而我提出的"问题"仅仅是通过让你关注我来爱抚我的自我。正是通过这种方式，无数的社会"问题"被创造出来，只为满足提问者的自我需求。

在这一点上，重要的是，我们每个人都可以自由地去认同或拒绝当今社会中不断冒出的"问题"的有效性。无论出于何种原因，如果我对自己关注的某个问题有了自己的判断，同时想让你也关注我的看法，那么只要愿意我就可以一直吸引你上钩，当然，除非你有足够的勇气说"对我来说，那并不是什么问题"然后转身走开。可以肯定，在所谓的现实世界中，有许多问题都需要我们真心参与。但是我们并不需要苏格拉底的智慧就可以做到，将那些值得关注的"问题"，与那些仅仅是想要吸引人眼球的个体或利己的媒体虚构的"问题"区分开。

7 此外，"问题"与"问题"也是不一样的。考虑下面例子中的"问题"。你周末远足露营，在清澈的溪流边搭好了帐篷，你可以从溪流中得到很好的饮用水，你还可以在里面游泳。然后你发现，上游的一些露营者把他们的垃圾倒入了河流。

于是，你遇到了一个问题，理性会自然而然地引领你去寻求解决办法。假定你不想换地方，那么稍微动下脑子你就会选择去跟扔垃圾的露营者好好谈谈。如果他们是乐于接受别人意见和正派的人，他们可能会考虑到你需要干净的水而同意收好垃圾。如果他们确实同意这样做的话，你的问题就解决了。

但要是他们告诉你一边去并接着往河里扔垃圾，你该怎么办？这时你就要选择是否就此挑起争端，因为你无法解决问题。如果周边有一位警长或营地管理者，你可以给他们打电话；你可以给离你所在地最近的环境保护署代表打电话；你可能会发现，距离最近的报纸会很乐意派一位摄影师来拍下污染情况；你还可能会想出其他方式去攻击你那不体谅人的邻居。在所有这些情况下，你都在制造争端——这是遇上问题合理的解决方案很重要但却无法找到时一种合法的道德创造。不守规矩的问题和不守规矩的人一道，经常把我们推到制造争端的境况中，而原本很容易找到解决问题的办法。

8 道德明智之人会发现，他/她必须对继承自我们的文化和社会中的"问题"提出一系列重要的问题。我真的确信某一问题是一个值得商榷的问题吗？（很多人都在谈论它这一事实，并不足以使其成为一个值得商榷的问题。）这个问题是一个合理的问题吗？为什么？（它可能只是追求收视率和出镜率的记者炮制出的一个媒体事件。）这个问题**对我来说**是重要的吗？由于我不可能过深地卷入每一个问题（如果事事都关心我们会死于关心），我个人会选择参与哪些问题？依照我的判断，它是一个真实的问题吗？或者我是否发现（或凭直觉感知到）它是一个被一些（可能占有政治）优势的个体或团体提出的问题？我能找到（哪怕只是理论上）解决问题的办法吗，这样我就不必将其当成一个问题去考虑，或是使得他人将其当成一个问题向我提出？

伦理道德/道德伦理

9 一位年轻的银行职员被指控犯有贪污罪，所有证据看上去都指向定他的罪。但他知道自己是无辜的，他的妻子也相信他。很快就有另一位银行职员告诉她，他知道一些文件的下落，这些文件将会揭出真正的贪污犯，证明她丈夫是无辜的。但她的信息提供者也明确表示，只有在她愿意跟他过夜的情况下他才会把证据交给她。这对夫妻是虔诚的天主徒，但是为了洗去丈夫头上无须有的罪名，她迅速作出决定，不论需要付出什么样的代价，她都要得到信息。于是，她跟那位银行职员共度了几个晚上。最后，文件被提取出来，她的丈夫被无罪释放，真正的贪污犯则被抓起来判了刑。

问：她的行为是道德的还是不道德的？
问：**她**是道德的还是不道德的？
另外：可以用什么标准来评价她的行为？依照你自己判断，她是否有更好的决策？如果你回答"是"，又是什么使得这是一个更好的决策？她的意图是什么？是否可能她是道德的但她的行为却是不道德的？

10 在一部二战电影《猎人行动》中，主人公是一个追捕大型野兽的猎人。出于纯粹喜欢跟踪他的猎物，他悄悄进入了森林，从上面看到了希特勒在贝希特斯加登的撤退。他隐藏在灌木丛中，元首正站在阳台上，他的瞄准镜对准了元首的心脏。他扣动了扳机……枪膛却是空的。

不久，猎人被纳粹逮捕，然后便是在受折磨与逃跑之间反反复复。一开始他从来没有想过要杀死希特勒，但到故事结尾，已经见识过纳粹的残酷兽性，他在夜间乘着降落伞进入德国森林，这一次他决定实弹追捕他的猎物。[这个故事并非牵强附会。许多善良和体面的男人都想刺杀希特勒，"结束这个疯子的暴政"。其中一个这样的人叫迪特里希·朋霍费尔（Dietrich Bonhoeffer），朋霍费尔是一位虔诚的基督教领袖，他因为想要去做他认为是一个基督徒的责任：谋杀希特勒，而被处死。犹太保卫联盟的领导人梅尔·卡赫纳（Meir Kahane），曾宣告他的信念是："如果一位美国纳粹党的领导人提出了针对美国犹太人明确和现实的危险，那么不刺杀这样的人会是我所能想到的最不道德的事情之一。"] [注：1990 年梅尔·卡赫纳在纽约被一位穆斯林原教旨主义者所暗杀，后者认为他对伊斯兰教是一个威胁。]

问：什么时候（如果有的话）故意"有预谋地"杀死另一个人是一种道义上的权利？什么可以证明这样的行动是正当的？如果你是故事中的猎人，你会怎么做？

11 一名年轻女子在她 20 岁刚出头时便决定，她打算要几个孩子。她还决定，她要给这些孩子选择最好的基因。于是她找到了三个不同的符合她的要求的男人：第一个人有吸引力和健壮的身体，第二个人有高智商，第三个人有很高的艺术素质和道德素养。接下来四年，她和这三名男子生下了三个美丽的婴儿。等到这三个孩子都成长为健康快乐的孩子，她嫁给了另外一个男人（他并不是这三个孩子的父亲），这位父亲对这三个孩子充满爱心。所有了解他们经历的人都认为，这一家庭是典型的美国家庭。

12 故事讲的是一个悲剧事件,两国边境上有一个小村庄,印度人对那里进行突然袭击。村里一些人躲在一个不会被人发现的地方。一个女人怀里抱着一个非常小的婴儿。当一些印度人越走越近,孩子发出声响,她把宝宝给捂死了,以免暴露藏身之处害死所有人。袭击过后一段时间,教会和社区宣布她犯下了谋杀罪而对其予以惩罚。

13 下面是萧伯纳讲的一个故事:一位富人问一名年轻女子是否愿意与他过夜。她一脸正色地答道:"不!"当他问她是否会为10万美元陪他过夜,她眉飞色舞地说:"会!""一万美元呢?"他问道。她稍稍犹豫了一下,"是的,我想我会的。""500美元呢?"她生气地答道:"不,你把我当什么了!"他最后的回话是:"我们已经做完了。现在我们只是在价格上讨价还价。"

14 约瑟夫·弗莱彻讲述了一个插曲,涉及一艘叫威廉·布朗的轮船,1841年这艘船在纽芬兰撞上冰山而沉没。7名船员和32名乘客都挤在一艘救生艇上,这几乎是救生艇可以容纳人数的一倍。风浪很大,再不采取措施,很快所有人都会葬身大海。所以大副下令救生艇上的男人们跳下海,但是没有一个人动。其中一名船员叫霍姆斯,他把一些男人扔入海中。船上剩下的人幸存下来并最终获救。回到费城,霍姆斯接受审判并被判处犯有谋杀罪,但陪审团建议从宽发落。

[这一事件引起了一些法律上的重视。问题是:这样的"犯罪"是否可以因为环境特殊而被原谅或被视为是合理的。到目前为止,基于"必要性"(即,如果被告不那样做只会造成更大的伤害)的辩护证据,并不适用于像杀人这样的死罪。]

15 在世纪之交的阿肯色州一个小镇上,一对年轻夫妇,结婚数年仍无孩子。为了找出原因所在,他们去看医生;检测结果显示,年轻的丈夫没有生育能力。在商量过他们的问题后,他们一起去见当地牧师,问他是否愿意让妻子怀孕。在适当的时候,他满足了他们的请求,随后她就怀孕了。这名男子和他的妻子完全接受这名孩子,他们非常喜欢它,视若己出。然而,牧师则被迫放弃职责,离开了他的教区。

三个伦理问题

16 如果真诚地追问并仔细地探究,要想理解伦理问题并判定在我们置身其中的人类困境中应该采取什么样的道德行动,有三个问题必不可少。三个问题。这听起来可能很简单;事实上,真正的道德可能确实要比我们纠结的分析经常表明的要简单。然而,我们先前对价值判断的探讨应该提醒我们,伦理问题可能会非常复杂。

这三个问题是:(1)究竟是谁在作出伦理决策?(2)我应该用什么样的标准来作出一个相关的和有意义的伦理决策?(3)我应该对谁(或什么)履行我的道德义务?

依照逻辑顺序,第四个相应的问题是:我能在事实上**做到**我判定是正确的事情吗?也就是说,已经决定了什么是正确的,我能下定决心然后去做我所下定决心的事情吗?我们不需要在这一点上长篇大论,因为这一问题涉及的自主和自由问题,前面的章节中已经涵盖(参见第 4-3 章)。一个人的自我越成熟,越有更好的机会去将其知道是正确的东西转化成实际行动。个人自治与道德行为密切相关。

谁在做决定?

17 我们必须回答的第一个问题是:谁在做伦理决定?我们可以假定,只有个体可以作出道德选择并将其付诸行动,但这并未判定什么样的行动是道德的。在这个问题上,有两种思想流派:(1)权威决定,(2)自主决定。

在权威道德中,对与错的决定都是既定的。它们来源客观,不是个人经验的产物。也就是说,何为对错的决定早已作出,可能来自权威或社会——但经常是来自神,他会在适当的时候向凡人透露他的决定。例如,不同的人认为,决定已由耶和华作出(透露在律法或十诫中),或由安拉作出(透露在《古兰经》

中），或由沙马什作出（透露给汉谟拉比），或由阿胡拉·马兹达作出（透露给琐罗亚斯德）。在十诫中，绝对的决定已经作出：杀人、说谎、偷窃等都是错误的，任何进一步的辩论都是不可能的。

人类的任务是什么？就是遵守这些法律。我们的首要责任是知道规则，然后忠实地适用这些法律来解决我们在日常生活中遇到的伦理问题。我们也有义务培养道德生活，这样我们就可以在被迫作出道德选择时能够作出符合道德的行动。

因而，这些都是权威的道德。个体不参与什么是道德/不道德行为的决策。既定的规律是不变的、最终的。

18 自主伦理来自个体内在的自我，个体自我一直在为自己决定什么是道德/不道德的行为。就像自主这个词所包含的意思，个体自我决定；他的行动就是他的决定的展现。

我们可以对比一下这两种伦理形式。前者是符合给定的代码和社会习俗的行为；后者则是自主的道德行为，出自内部动机和真正的道德利他考虑。自主伦理很大程度上是一个人自身经验的产物；在这个意义上，它是非常个人化的，反映了一个人自己的敏感性和价值观。此外，在这一视角下，"道德"不仅仅是**一个人做什么**；而更是一个人是什么的必然表达。它是一种真诚的善意，从不顺从于流行的习俗规范。总之，它是自主的。

19 萨特在相信人类自由的基础上说他的信念是：**所有的道德决策都是自主的**，归根到底并没有权威的道德。萨特说，虽然在作出伦理决策时我们可能会坚持既定的习俗和规范——它们来自家长、同行、社会、教会——但是我们每个人仍然可以决定，我们用什么样的规范来解决我们遇到的问题。如果我们决定利用十诫而不是我们父母的价值观，或是更愿利用教堂的教诲而不是同辈群体的价值观，来为我们的道德问题寻找答案，那么仍然是我们自己在作出这样的决定。

因此，归根结底，我们永远也无法逃避我们作出的伦理决策的个人责任，我们同样要为我们作出的道德/不道德行为负责。

萨特的立场是一种半真理。当说到一个人——用他的话来说——"已变得自觉"，也就是说他已意识到有其他选择，他肯定是正确的。熟知伦理的个体都知道，做决策时有很多标准；知道了这一点，个体的决定就主要取决于他或她自己，并必须为其承担责任。

但对我们大多数人来说，这样的选择并不存在。我们深信有一套单一的对错标准，若不是这样又会是什么样呢？如果一个人全心地相信对/错的决定已被悉数设定，相信这一设定就体现在一套单一的惯习或规范上，那么个体就不会理直气壮地为没有基于其他规范（在我们看来依照这一规范可能会作出更优的决策）负责。因为对这个人来说，像萨特那样对自己既定的规范说"不！"是不可能的。

萨特的说法中更真实的一半可能需要得到强调：一旦我们知道有许多作出道德决策的标准，我们作出自己决定的全部责任就都落在了我们自己肩上。

什么使得一个决策是对是错？

20 我们必须回答的第二个问题是：我应该用什么样的标准来作出一个相关的和有意义的伦理决策？或者换种说法：我在作出伦理判断时应该考虑的信息来源是什么？对这个问题有三种不同回答，它们分别来自：(1)形式主义者，(2)相对论者，(3)语境主义者。

形式主义或伦理原则

形式主义者认为，作出伦理决策的标准是普遍法，适用于所有人。人的责任就是，在发现我们自己陷入生活中的伦理困境前，提前告知这些规则。打个比方，一个人在开车上路之前应该先了解交规。同样，我们在走上人生道路之前也应先教给我们道德生活的法律。在这两种情况下，我们个体的任务都是要彻底熟悉规则，这样我们就可以将它们应用到具体情况中。无论是看到红灯或是受到欺骗的诱惑，我们都应该知道停下来，因为我们已经学习过规范手册。（当然，我们的首要责任是要尽量避免那些必须作出沉重的道德决策的情况，但在日常生活中，我们很少会不遇上那些情况。）

21 有几种正式的伦理规范。一种的代表是十诫，传统上说是由"上帝之手"写在西奈山上。这些是绝对的原则性命令，绝对不容置疑。在实际操作中，它们并不起效，必须不断地重新定义和修改。如果一个部落为了确保自身生存而奋起抗争入侵部落，"不可杀人"的诫命就难以执行。因此，"杀"可被理解为"谋杀"，这样，通过重新定义，它就变得只适用于有良好信誉的同胞。[事实上，这并不是重新定义，因为戒律从来没有打算适用于一般情况。正是基于这一原因，摩西和利未人一天杀害3000以色列人（《出埃及记》32：26-29）并未违反"不可杀人"这一戒条。对古希伯来人来说，第六诫隐含的意思是"不可杀同系希伯来人，只要他是神耶和华的忠实拥护者"。如果觉得这一解释似乎有些令人费解，可以读一下《申命记》13：6-11。]

德国哲学家康德认为，普遍的道德律确实存在，但它们只能在人类心灵的结构内才能找到。正如7+5始终等于12——它是一种先验知识，但却适用于现实世界的存在——康德认为，同样存在先验的从而是普遍的道德"思想准则"（如7+5=12一样）。康德写道：道德准则"一定不是在人性中或是在世界的环境中去寻找……而[一定要在]先验的理性概念中去寻找"。康德提出的著名的"绝对命令"，就是一个先验的准则。它适用于所有理性的人，作为一种绝对的"应该"将他们与道德律结合到一起，是必要的。他的（部分）公式是："要只按照你同时能够愿意它成为一个普遍法则的那个准则去行动。"这类似于我们所描述的现代物理学上的自然定律概念。康德主张，不拘什么样的行动，只要可以普遍化，就是道德的。例如，我可以把撒谎普遍化吗？几乎没有可能。我承认在某些特定情况下撒谎是合理的，但我能因此就建议将撒谎提升为一种普遍形式吗？答案显然是否定的。如果我们不能相互依赖，人类的互动将会一片混乱。因此，说实话是一个"绝对命令"。

近来，美国哲学家埃德加·布莱特曼（Edgar Brightman）试着提出了一个普遍正式法的体系。例如，自治律："所有人都应认识到自己按照他们承认的理念作出选择的责任。"结果律："所有人都应考虑到并——就整体而言——满意于他们的选择将会带来的可以预见的后果。"利他律："每个人都应将所有其他人作为目的予以尊重，并尽可能地在产生共同价值观的过程中与他人合作。"这些都是规范性的法律，它们说明了我们应该做什么。由于它们具有很强的逻辑性和公理性，它们普遍适用于所有人类作出的伦理决策。

相对主义

22 我们第二个问题的另一个答案来自相对主义者。相对主义者从下面这一经验事实出发：在不同的社会中可以找到许多不同的社会习俗和规范。古希腊智者普罗塔戈拉（前481-前411）是最早的哲学家之一，他在旅行中观察到，不同的社会事实上有着不同的习俗，这些习俗对当地居民有着道义上的约束力。然后普罗塔戈拉开始明白习俗和规范的功能：它们起到控制社会和赋予社会凝聚力的作用。因此，他得出结论：在任一特定社会，其自身的习俗和规范都是对的，因为它们具有非常实用的功能，可使社会获得更大程度的内部和谐。在一个社会中，所谓"正确的"就是起效的；在一个社会中，只要是起效的就是正确的。因此，对与错的概念是相对于特定社会而言，它们在不同的社会各不相同。

普罗塔戈拉也注意到他的相对主义的必然结果。如果一个人要在其他社会度过一段时间（就像他和他的同伴所做的那样），那么在道义上一个人就有义务遵守他所访问的社会中重要的习俗和规范。他接着问道："我们作为游客来到我们自己社会以外的社会，带着我们自己的社会习俗和道德信念，它们对我们进入的社会来说可能是相当陌生的，然后居然有权宣称**我们的**习俗和规范真的是正确的吗？难道这样的行为不会破坏那个社会起效的整个体系？因而难道我们的行为不会在真正意义上是不道德的吗？"难道普罗塔戈拉所说的不对吗？

相对主义者认为，人们只有在伦理问题发生的社会背景下才会作出有意义的伦理决策。换句话说，在一个地方或时代下是正确的，换个地方或时代则可能是错误的。溺婴可能在恺撒时代是正确的，但在20世纪的罗马就是错误的。一夫多妻制（不超过四个妻子）在开罗可能是正确的，但在特拉维夫就是错误的。对一个男人来说与过夜的客人分享他的妻子（他的财产！）在爱斯基摩人的冰屋可能是正确的，但在美国中镇就是错误的。（我的学生一再质疑这一说法，认为如今在中镇而不是在爱斯基摩人的冰屋这一事实是真实的。)

伦理相对主义也可能意味着：对一个人来说是正确的，对另一个人来说可能就是错误的。这仅仅是对下面这一事实的再次确认，即不同的人有不同的信念，遵循不同的习俗。对犹太人和穆斯林来说，吃猪肉是个错；对耆那教徒来说，吃任何动物的肉都是错。但是，这种限制并不适用于基督徒、神道教徒或其他没有那一信仰的教徒。

语境主义

23 第三个回答来自语境主义者，他们相信，第一，形式主义者信奉的道德律并不存在。一个人能够先于时间而记得并将其应用于特定情境的规则是没有的。语境主义者也不认同相对主义者。语境主义者同意，不同的社会拥有不同的习俗和规则，并像相对主义者宣称的那样具有不同的形式功能。例如：罗马人实行溺婴，希腊人实行奴隶制，塞浦路斯人实行神圣的卖淫，现代社会剥夺少数人的权利，一个国家仇恨另一个国家——社会确实在做这样的事情，但这并不表明这些做法在道德上是正确的。存在某种做法这一事实，并不能使它变成道德的。因此，社会实际上所做的，并不是判定什么是道德上正确的指导方针。

语境主义者认为，作出一个有意义的伦理决策的相关标准，只能在每一个具体的伦理问题的语境内才能找到。事实上，每种伦理情境都是独特的，面对一个问题，真正解决问题的伦理办法，只有在独特情境的**所有因素都能被那些卷入问题中的人**权衡过后才能得出。每个人都应利用他或她做决定时所拥有的最好的知识，作出最好的可能的决定。这样一个有意义的伦理判断，只可能在问题情境出现之后——而不是之前——才能作出。

类似"不许杀人""不许偷盗"等这样的理念，可以作为一般准则很好地为我们服务，但若具体情境要求我们这样去做的时候，就必须放弃这种想法。朋霍费尔的话意味深长："原则只是上帝手中的工具，很快就会被扔掉报废。"这句话同样适用于形式主义的规则，它可能证明与特定情境无关。事实上，语境主义者认为，道德困境经常使得我们有必要去杀人、偷窃、说谎，或做别的什么，并使这样做成为道德的。

在所有这一切里面隐含着一个单一准则，语境主义者在作出所有的道德决定时都会用到它。该准则是：一个人应该关心他人的福祉。这一原则可以在几个方面得到发展。在《情境伦理》(*Situation Ethics*)中，约瑟夫·弗莱彻(Joseph Fletcher)用 agape（希腊语：交托之爱）来界定它，意思就是"道德的爱"或"移情关注"，也就是基督教伦理的基础。弗莱彻宣称，唯爱是善，制定规则是为了服务于爱，而不是为了别的。一个人若是真正参与到他人的福祉中，可能会被召唤去杀人、说谎，或是做更多负面之事以渡过难关，在真正的行动中，关爱他人。同样，**规则服务于爱**。没有什么法律会是语境主义者最终不会打破的，如果只有被迫这样做才能表明他或她对他人的伦理之爱的话。正如梭罗所说，如果法律"要求你对他人施加不公之举"，你完全可以"违反法律"；语境主义者则可能会说，如果所谓的道德律要求你对他人作出无爱之举，你同样可以打破"道德律"。

语境主义也可以用实用性术语来表达。单是我们对他人福祉的伦理关怀，就可以促成一种积极的环境，在这一环境中，我们所有人都可以更充实地度过我们的生活。个性是有感染力的。同情和关心同样会产生同情和关心，正如仇恨会产生仇恨、不信任会产生不信任一样。令人满足的集体存在，只可能建立在像爱、关心、信任这样基本的人类素质之上。

我应该关心谁（和什么）？

24 一定要认真追问的第三个问题是：我的道德义务适用于谁（或什么）？我们应该为我们的伦理关怀画一个多大的圆圈？我们的伦理行为是否仅仅适用于我们的亲友，如基本家庭，扩展家庭，宗族，社区，或公司？还是它们应该扩展到一个人所在部族、国家、宗教、政党或种族的所有成员？它们是否应该扩展到其对手、反对者或敌人（像耶稣说的那样）？它们是否应该扩展到所有人？扩展到更高形式的非人生命？扩展到所有共享生存意志的有机物（像史怀哲认为的那样）？

只关心我们自己这一冲动，深藏在我们的进化基因中。但是，我们生活的世界完全不同于我们祖先生活的世界。当今世界正在变得越来越小，技术已经消除了距离，我们可以与迄今为止相距最遥远地方的人们面对面相遇。现在，我们面临着不断扩大的相互依存关系，我们的基因冲动需要被重新定向，以适应当下世界的现实。我们必须愿意清除我们的进化编程，就谁或什么应被包含在我们关怀的圈子内，作出慎重的选择。

但是，一个更大的问题是：我们作为个体是否有勇气在来自我们文化和权威的巨大压力要求我们只关心一个狭隘的利益圈子时扩大圈子。如果我们的社区将"他人"视为对手或敌人，我们如何给自身找到力量，对"我们－他们"这样的划分说"不"，将他们纳入我们的关怀圈？

25 两种当代思想强烈建议：在一个不断缩小的世界，狭隘的圈子已不再起效。一种是承认，圈外的个体有着与我们一样多的权利，去过他们的生活，追求他们的幸福。这一道理非常简单，但只有在下面这种情况下它才可能成为我们的意识，即传统界限消解，将其他生物视为他们真正所是的样子：**经验的自我**，有能力承受苦难和感受痛苦，有能力去追求有意义的目标，有能力细细品味生活的喜悦。作为个体，我们知道过有目的的生活、心怀希望、受到挫折、寻求陪伴、感到排斥、喜悦的快感、受到伤害、感到同情信任内疚愤怒、害怕孤独和死亡、享受自尊等等是什么感觉，知道一个鲜活的、有意识的、体验的自我是什么意思。

正是最崇高的实用主义，使得人类学着去支持其他经验自我的想法和感受；正是通过这种方式，我们自己想要并需要他人的理解和支持。对他人的内心世界比较敏感，是起效的。它能建立关系，为个体成长奠定基础。这是每一个伟大的宗教传统中都有的一个核心洞见，离开了它，个体就会自毁，文明则会凋谢。可能会有这种情况，我们能够伤害我们圈子之外的人而不受惩罚，只要我们用虚假的想象给他们去人性化，对他们的苦难麻木无感；但对许多文明的灵魂来说，我们这样做付出的代价实在是太大了。伦理学家早就指出："伤害他人就是伤害我们自己"，但这需要一定量的自我意识，才能认识到这句话有多么真实。

人类在敏感性上正在发生彻底改变。在文明社会，伦理关怀的圈子已经从家人和村庄扩大到氏族、部落、民族和全人类（就像《人权宣言》和《日内瓦公约》中展现的那样）。今天，许多人都把他们的关怀圈子扩展到有知觉的生物，即所有有中枢神经系统和感受痛苦能力的生物。有些人，如利奥波德和爱德华·威尔逊则坚持认为，整个生态系统都应包含在内，而像史怀哲这样的伦理学家更是认为，真正的伦理将会包括所有分享生命冲动的生物。

26 第二种思想较少依赖同情而更多依赖理性。1981年伦理学家彼得·辛格（Peter Singer）写了一本广受好评的书《扩张的圈子》（*The Expanding Circle*）。辛格的主要论点是，扩张的圈子的根基不在于同情或怜悯，而是出于纯粹理性的考虑。例如，如果我有多得吃不完的水果，你有多得吃不完的肉，对我们两个人来说，理性的做法就是我们相互交换盈余部分。现在，世界经济要求我们考虑别人的需要。同样，如果任何两个或两个以上的群体面临一个共同敌人——不管这一威胁是来自人类的代理人或天敌，如饥荒、病毒、直奔地球而来的小行星——理性都要求我们携手合作。更大程度的合作，必然导致更大的圈子。

辛格认为，在伦理推理中，自私的自我变得无关紧要。"认为有人跟我而不是与你关系更近，或者在组成我们社区的十几个村庄中生活在我的村庄，并不是一种受到偏爱的正当伦理理由；它并不会让我去为我的亲友做任何可能多于你为你的亲友所做的事情。"换句话说，我必须考虑到每个人都有和我自己一样的生存考虑，不多也不少。我认识到，自己只是无数其他自我中的一个，我明白我的社会只是许多其他社会中的一个；所有人都有和我一样的生存权利，并会像我一样努力去过一种有意义的生活。"伦理推理……让我们远离最初悠闲的伦理地平线，带领我们走向一个更加普遍的视点。"

"很久以前，这些禀赋把我们人类这一物种放在了一个道德扶梯上，"平克在《白板一块》中写道，"随着技术的积累和地球上更多的人相互依存，他们之间的仇恨开始下降，原因很简单，你不可能同时去杀一个人又与他做贸易。"

27 扩展圈是否会在它包含了所有人类的情况下停止扩展呢？并非如此——对一个真正有伦理的人来说，事情永远都不会是这样。圆圈应该继续向外扩展，直到它至少包括非人类的动物。标准很简单：动物能感觉到受苦，就像人类能感觉到受苦。"从公正的角度来看，非人类动物的快乐和痛苦是没有那么显著，因为动物不是人类智人的成员。"曾有一段时间，人们认为动物没有感觉，但那个时代早已过去；现在的研究表明，动物会像我们人类一样体验到快乐和痛苦，这是善解人意的人都知道的一个事实。它们会感到恐惧、悲伤、内疚、紧张、饥饿、喜悦、兴奋、满足和大多数其他"人类"情感，它们同样有生存意志。"将道德圈扩展到非人类的动物只是刚开始上路，"辛格写道，"在所有说英语世界的哲学系，动物的道德地位已经成为一个热烈争论的话题，关于改变我们目前对待动物态度的呼吁正在不断增长。"

但是，我们的道义责任到底有没有终点？或者说它是否应该延伸到森林、平原、湖泊、河流、沿海水域、海洋、山脉直到整个生态系统？现在许多人都相信是的。我们的关怀是否应该包括一种"土地伦理"，就像利奥波德在《沙乡年鉴》(*A Sand County Almanac*) 中所说的，这是一种承诺，源于"爱护、尊重和钦佩土地，高度重视其价值"？我们对植物也有道德义务吗？整个生态系统呢？大自然的一切吗？美洲印第安人相信我们有这一义务。

28 因此，越来越多的人都在思考将整个人类物种作为一个单一的内群体。如果我们遇到外星人，人类统一性的感觉会立即浮出水面，原因还是那一个：团结起来，以求生存。但在缺少一个明显对手的情况下，人类物种的团结还没有成为一个普遍的事实，尽管一些人在寻求，而许多人则是凭直觉感受到。

所有人组成一个单一的伦理共同体这一信念并不新鲜。古代斯多葛学派就教导我们，所有人都服从相同的自然律和道德律，因此也应服从相同的民事法。他们说，人们应该属于一个"世界城市"，不应被人为地拆分成有着不同法律的部落和国家。一些宗教，包括基督教、印度教、佛教和儒学分支等，已经发展出了类似的概念；耶稣的训导"我们甚至要爱我们的仇敌"，实际上消灭了所有的界限。

29

> 伦理地肯定生命是一种智识行为，通过它，人不再只是随意地生活，而是开始认真地关心自己的生命，以便可以实现其真正价值。伦理演进

的第一步就是与其他人类的团结意识。

对原始人来说，这一团结意识受到一定限制。它首先限定于他的血亲，然后是他的部族成员——他们代表他的扩展家庭。我的医院里就有这样的原始人。如果我让一个门诊病人，为必须卧床的病人做一些小的服务，只有在卧床不起的病人与他同属一个部落的情况下，他才会去做。如果那人与他不是同一个部落，他会睁大眼睛，一脸无辜地回答我："这个人不是我的兄弟。"不论是奖励还是威胁，都无法促使他去为这样一位陌生人服务。

但是，只要人开始反思自身和他与他人的关系，他就会意识到，这样的人与他是平等的，是他的邻居。渐渐地，他会看到他的义务圈一点点地在扩大，直到包括了所有与他有来往的人……人人皆兄弟这一观念是多数伟大宗教体系形而上学中内在所固有的。而且，自古以来，哲学一直将其视作得到理性支持的博爱主义的例子。

然而，纵观历史，"我们对人类有更广泛的责任"这一洞见，从未占据其应有的主导地位。到了我们自己所处的这个时代，它已被不同的种族、宗教和国别所削弱。

人属于人。

——史怀哲

第六部分 原生质冒险

6-1 生命
6-2 人类
6-3 地球
6-4 未来

6-1
生　命

　　以赛亚·伯林（Isaiah Berlin）爵士曾经说过："人类不可能活着而不寻求去描述和解释宇宙。"但因缺乏实证资料，人们一直无法回答四大成因问题：宇宙作为一个整体是如何形成的？什么是物质、它是怎么起源的？生命是如何及何时开始的？人类是怎样出现的？截止新千年之交，关于这四个问题可行的答案开始逐渐形成，使得我们可以重新回答两个持久存在的问题：世界是如何运转的？我们人类是谁、我们在宇宙万物中的位置是什么？本章探讨起源问题，并思考了进化论提出的一些哲学问题。

四大成因问题

1　在刚刚过去的半个多世纪中，生化进化领域的科学家们，取得了一个量子跃迁式的突破。他们成功地奠定了回答一个持久存在的问题的经验基础，这个问题由人类心灵提出：**生命的起源是什么**？正如得到事实强化的心灵经常发生的，我们回望过去，说道："噢！事情原来是这样。**我明白了**！"

2　这类哲学问题并不是那种常见的普通问题。它是一个困惑人类认识多年的四大成因问题之一。这四个问题是：什么是**生命**的起源、**人类**的起源、**物质**的起源和**宇宙**的起源？这些问题自打其开始出现起，就是人类智慧的难解之结。

面对这些问题，我们有很好的理由感到进退两难。在将大量的科学知识聚集到一起并找出彼此之间的联系之前，这些问题没有一个可以被答出。在西方科学发展到极度的专业化阶段以及随之而来的跨学科整合之前，任何有关这四个成因问题的答案必然是虚构的。人类陷入了持久的人类困境。我们无法不去追问这些问题，但是我们又没有事实性知识引导我们去理解我们的集体心理要求。

于是，这些问题就被归入有名的带有实用主义色彩的神话。人类来自哪里？我们被用白土、红土、褐色黏土创造而成；或者，我们被用岩石雕成，用木头刻成，或是用松树皮、绿松石芯片和乌鸦羽毛组装而成。我们为蒂基、Juok、i Kombengi、耶和华，或其他上千个拟人化的创造者之一所创造。

物质来自哪里？宇宙来自哪里？关于这两个成因之谜，没有什么可说的。物质显然永远存在，由造物主塑造成我们熟悉的形式；或是一种超自然的 X 因素无中生有，创造了宇宙中的一切。就连最具批判性的头脑在仔细思考宇宙时，也几乎没有什么可想的。亚里士多德是这方面的一个典型。他的"不动的动者"观念，就像一个无穷级数的第一张多米诺骨牌——是他能想出的唯一接近逻辑的答案。在 20 世纪之前，人们在这些问题上几乎没有取得任何进展。

然而，在第三个千年开始的时候，这两条野龙——生命的起源和人类的起源——已被驯化：现在我们已经可以清晰地看到实证答案的粗略轮廓。另外两条野龙——物质的起源和宇宙的起源——至少正在被驯服：人们正在提出不同的可行问题和经验模型。

生化演进

3 科学的生化进化的开端，主要与三个人的工作有关。1922 年，俄罗斯生化学家亚历山大·奥帕林（Alexander Oparin），在莫斯科一群科学家面前宣读了一篇论文，概述了他的生物合成理论。两年后，他把他的想法出版成书，一本小册子《生命的起源》(*The Original of Life*)。1928 年，英国生物学家霍尔丹（Haldane）发表了一篇技术论文，阐述了类似的想法。两位科学家分别从他们自身的物理和生物化学知识中提出了一个连贯的理论模型,但在当时还没有实证证据可以支持他们的猜测。直到1953年,美国生物化学家斯坦利·米勒(Stanley Miller)进行了实验,从而为理解我们可能是如何演化的奠定了实证基础。

奥帕林提出的理论认为,在地球出现后的早期阶段,各种无机材料发展成有机化合物。他从理论上描述了这些化合物如何可能发展成第一个前生命(prevital)细胞,然后变成活的有机体。由于地壳开始形成,大气中的温度下降了1000摄氏度,多种化学反应开始发生。暴雨倾盆而下,降落到年轻的行星上,伴随着不断的闪电放电。温泉池里的水中含有有机化合物,那些化合物是从大气中冲刷下来形成的。最重要的是,奥帕林认为,在越来越大的分子链中形成了碳键。脂肪酸、糖和单宁酸,可能都是通过这种方式形成的。最终,氨基酸,蛋白质的基本成分,可能已被自然合成。

因此,在地球历史的第一个阶段,这一阶段的时间可能有10亿年之久,碳氢化合物、氮、氢、氨的混合物不断产生各种无尽的有机化合物,形成复杂的分子,成为活细胞的基石。在这个阶段,地球上覆盖着霍尔丹所称的"热稀汤"(hot dilute soup),这些生命起源前的反应会在里面发生。随着蛋白质被合成,迈出了生命发展的第一步。

4 对奥帕林理论的第一个实证支持,来自米勒在美国芝加哥大学所做的实验。米勒往一只烧瓶里注入甲烷、氨气和水。甲烷(CH_4)中存在一个基本的生命要素:碳。随着这些化学物质与来自沸腾的水的蒸汽混合并通过玻璃试管,它们流入两个钨电极,产生连续的电火花。所有这一切都旨在模拟假设的原始地球条件——循环气体代表最早的大气,烧瓶中沸腾的液体代表年轻的海洋。实验连续进行了一周。实验结束,米勒泵出气体,对褐色的液体进行分析。他发现,多种有机化合物已经形成一些氨基酸,包括若干未知的种类。米勒指出,一个意外的结果是:"主要产品并不是随机选择的有机化合物,而是包括数量惊人的活的生物体中存在的物质。"

5 自从米勒1953年进行实验以来,科学家们获得了大量的数据支持。他们尝试过各种气体混合物和其他形式的能量,每种情况下都能合成具有重要生化意

米勒在试验室

义的分子。

许多对活的生物来说必不可少的具体成分，现在在实验室里模拟的原始地球的条件下，都已能被合成。其中包括建立碳链、多肽和 ATP，ATP 是一种催化酶，可以提供生命系统能量代谢的基本来源。

同样重要的是实验室创造的卟啉分子，其功能类似植物，能够利用光储存能量——这是一种原始形式的光合作用。米勒认为，"几乎可以肯定，它们对代谢过程非常重要，可以促成早期生命进化中的 ATP 合成"。这支持了下面这一看法，即产生光合作用的细胞属于最早的生命形式。

另一位生物化学家西德尼·福克斯（Sidney Fox）合成了微球，他称其为"类蛋白"，因为它们的外表和行为很像活的蛋白细胞。它们拥有双层表面，类似于膜，它们进行一种内部酶的活性运动。与活细胞一样，它们足够稳定，可以经受切片和染色镜检。最重要的是，它们会进行一种再生。在被放入液体中一周时间，小球会形成更小的吸附微球或"芽"，从母球上分离出来。这些微球通过摄取选定物质会继续增长到原来细胞大小，然后停止生长。再过几天，这些"子孙"会产生自己的"芽"，然后继续复制下去。

另一个重要的成就是合成了嘌呤和嘧啶。五大至关重要的核酸碱基已经形成：腺嘌呤，鸟嘌呤，胞嘧啶，尿嘧啶和胸腺嘧啶。把这些嘌呤和嘧啶加入糖和磷酸盐就可创建核苷酸，这是地球上所有活的生物 DNA 基因代码的基本环节。此外，科学家们已经证明，在原始地球上，这些分子可以相对简单地形成。

6 1975 年，科学家在实验室中首次合成了一个完整的哺乳动物基因。这是一个相对简单的血红蛋白基因，由 650 个核苷酸组成。《科学新闻》上的报道这样评论："真是让人难以相信，仅仅过了四分之一世纪，生物学家就已取得了量子跃迁式的进展，从识别遗传物质到将其合成。然而，这正是已经发生的事情。"

虽然这样的描述听起来就像是这些实验正在制造活的有机体，但必须强调指出的是，它们还不是活的。所有这些已经取得的成就，都只是走向在实验室合成真正的有机物所需要的复杂事物的铺路石。

世界知名生物化学家西里尔·庞南佩鲁马（Cyril Ponnamperuma），在评估生化进化的未来时对其充满希望。"没有理由怀疑，我们将会重新发现，一个接一个，曾经决定和引领化学进化过程的必要条件，我们甚至可以在实验室里重现中间步骤。回首过去一代人时间里人们在生化理解上取得的进展，我们有权利抱持相当乐观的态度。与无意识的自然相反，它不得不花费数十亿年时间去创造生命，有意识的本性有一个目的并知道结果。"

如今，活的生物体发展进程中的许多顺序步骤仍未得知。要想缩小我们在这方面知识上的差距，还有更多的工作要做。

7 我们想知道更多关于生命起源的时序表：从地球形成开始，到那些我们现在已知的最早生活在 35 亿年前的微生物。在这 10 亿年间，活细胞发育需要多长时间？它是发生了一次还是多次？这种创造生命的方式今天是否仍在发生？我们也想知道一些关于这些原始生物进化率的事情。在复杂的生命形式发展出来之前，蓝绿色藻类在"热稀汤"中漂浮了多久？

生物遗传理论学家仍然面临的最复杂的问题是：如何重建遗传机制（细胞通过它进行自我复制）的演变。1990 年代，科学家们通过努力，展示了如何从核酸中合成 DNA 代码。

早期生化进化领域科学家的乐观预期尚未实现。世界各地的实验室经过 50 多年的努力，尚未合成一个活细胞。斯坦利·米勒一生都致力于攻克这个问题，但直到最近去世前他指出，"生命起源问题要比我和其他大多数人设想的更困难"。虽然一些科学家持怀疑态度，但大多数科学家都已达成一种共识："事情远非任何类地行星上生命的出现多少已成定局，在有机化学的自组织特性中存在一种内在的必然性。"无数科学家仍在继续研究这个问题。

所有人都同意，生命源自于 37 亿年前的非生命物质：除此之外别无可能（除非活细胞是通过彗星或陨石到达地球，这看似是一种可行的可能性，但这只是回避问题，将其转移到一些遥远的场地）。事实证明，一个活细胞的复杂度令人难以置信，许多组成元素需要在各种极端条件下才能形成。

细胞的许多"部件"都已成功地在实验室中合成。例如，细胞膜自发地从脂肪酸中自我组装而成，遗传物质（核苷酸）可以渗透这些膜并在细胞内安置自己。最近的研究也已经能够生成核苷酸，核苷酸中含有胞嘧啶和尿嘧啶，它们是遗传字母表中的两个字母，组成 RNA 并可使细胞繁殖。这一实验表明，在早期地球上，RNA 的组件可能已经自发形成。最大的挑战仍然是找到一个能够自动复制自身的遗传分子。目前越来越多的关注都集中在了海洋热液喷口上，从那里面科学家们一直检测到在极高温度下存在氨基酸。

突破（差一点！）2010 年 5 月 20 日《科学》杂志上的一篇报道中宣布，在实验室中创造出了"人造生命"。克雷格·文特尔研究所的研究人员，使用一台计算机，构造出一个细菌的 DNA 指令书，然后将其插入一个不同细菌的细胞，在那里它开始一遍又一遍地复制自己，证明它是一个活的有机体。他们所做的是：用一个完全不同的电脑化的细菌基因组去更换另一个细菌的基因组。

这是在实验室里创造出了人工"生命"吗？不太像，但它可能是朝向这一目标迈出的一大步。在这个例子中，DNA 不是从头开始设计，而是复制一个已经存在的细菌，宿主细胞被要求提供细胞质，好让细胞存活。真正的合成/人工生命的创造，需要从新的 DNA 和原料化学品中建构再生细胞。科学家们认为，现在距离取得那一成就已经为时不远。

地球上生命的开始

8　什么时候地球上开始有生命的？

太阳系诞生于 50 亿年前，5 亿年后，我们的星球已经成为一个密度很大、炽热的圆球，但仍荒凉可怕得让人望而生畏。

我们从化石记录中知晓，最早的硬壳动物出现在 7 亿年前的晚前寒武纪时代，整个寒武纪（始于 6 亿年前），物种持续变得多样化。这些生命形式的痕迹很容易被发现，因为它们已经达到了进化的高级阶段，它们那坚硬的外壳可以留下化石记录。当然，柔软部分溶解了，没有留下任何痕迹。

我们可以肯定，软体动物，包括无数种单细胞有机体，在这时已经经历了漫长的历史演化发展。但是它们都逃脱了化石猎人的手掌。

已知最古老的生命形式是生活在 35 亿年前的藻状细胞。这些细胞能够进行绿色植物光合作用。显然这个过程已经持续了一段时间，但是研究者尚未发现更早的记录。

那么，生命到底始于何时？化石记录表明，生命大约发展于 45 亿年前（地球形成时）和 35 亿年前（我们最早的微生物化石记录）之间。在这 10 亿年间，发生了一些精彩的、令人难以置信的事件。

我们现在已有足够的知识，可以对其中一些事件作出可信的猜测，下面我们就从人类认识史上激动人心的故事之一开始。

地球上的生命形式：一个清单

9　自从活的生物体第一次从"热稀汤"中出现以来，我们这个星球上的物种增殖便开始超乎想象。分类学家已经发现、排序、描述了 150 万种活的生物体，即便这样，每年仍有约 1 万种新物种被加入列表。

迄今为止，分类学家一共确认了 8600 种鸟类和 15 万种海洋生物，其中包括近 2.5 万种鱼类。然而，地球上的鱼类至少有三分之一仍不为科学所知。75

万种昆虫被记录在案，每年新增 6000–7000 种。高等脊椎动物几乎都被记载下来，但对无脊椎动物则知之甚少，尤其是螨虫、线虫、蠕虫和寄生虫，其总数达几十万。

约有 50 万种高等植物已被分类，但据分类学家估计，约有 25 万种仍不为人所知，尤其是热带气候下的植物。低等植物，如真菌，几乎不曾涉及。

据估计，在我们这个星球上，今天约有 1000 万种生物物种存在，而这一数字还不足地球上出现生命以来总物种的 1%。

从晚前寒武纪时代起的化石记录中，几乎所有硬体动物都有显示，但是在这之前无疑生活过数百万软体物种，然而它们却没有留下任何痕迹。科学家们猜测，化石记录中显示的可能只占已灭绝动物的五千分之一到万分之一。

那么，总的来说，自从地球形成以来，究竟已经进化产生了多少物种？数字比较惊人，约有 100 亿。

生物遗传理论

10 其他几种关于生命起源的理论也一直没有被推翻或放弃。尽管上文所述的生物模型正在被塑造为一种健全的科学假说，但是另一种理论：**生源说**（panspermia），也可能是有效的。该理论认为，整个宇宙中都可能存在生命，活的物质从其他地方远航到我们的星球上，最有可能嵌入在陨石中（坠落地球）。虽然生源说理论有可能被证明是真实的，但也常有人指出，它并没有解决生命如何开始的问题。它只是把问题推到了光年远的一些未知的地方。

千百年来被信以为真的**元生源论**（spontaneous generation），直到路易·巴斯德的实验证明它是假的，才被逐渐抛弃。"元生源论决不会从这一致命打击中恢复过来"，巴斯德告诉法国科学院——它确实没有恢复过来。这种理论认为，充分发展的物种产生自非生命物质，例如，蛆虫来自腐肉，青蛙来自泥巴，老鼠来自旧衣服，萤火虫来自清晨的露水。我们对微观生命形式的了解表明，这一理论毫无价值。

物活论（hylozoism）的信念就是认为所有的物质都是活的。它为早期古希腊哲学家所持有，并在之后的时间里一直得到个别理论家的倡导。物质本身可能是活的，或是可能以某种方式涉及"精神"活动，哲学家一直对这一想法感到好奇。我们的物质概念变得越是"非物质化"，我们考虑神秘的或泛灵的终极实在理论的诱惑就越大。

神创论（creationism）是一种信仰，相信生命的起源只可能是通过上帝之手；**活机论**（vitalism）是一种假设，认为非生命物质只有在被注入一种特殊的"生命力"后才可以活过来。这两种理论仍被广泛接受，但其存在时间，部分取决于它是否可以证明：活的生物体可以从无机物中发展而来。如果可以证明，那么，神创论或活机论的假设就将是不必要的。

"生命"能否被定义？

11 什么是"生命"？它可以被定义吗？现实可以被设想吗？在这个问题上，研究者已经提出了一长串的定义特征，但是仍然缺少一个准确可行的定义。

目前，"生命"似乎可以被定义为两个特征：自我复制和可变性。任何拥有这两个特征的有机体，都可被认为是活着的。这两个特征包含了两个重要的进化过程：持续性和适应性。

一个有机体必须能够自我复制（除非它是不朽的，即不死的，因而不涉及进化过程）。如果它可以产生一个相似的本身，它就拥有保证其物种连续性的能力。但是，适应性的能力——实现从一代传到另一代适应变化环境的能力——是必不可少的。没有改变和适应的能力，物种也就无法长期生存。环境条件无时无刻不在改变，物种必须能与它们所在的环境一起改变。

据我们目前所知，凡是活的生物体都有这两个特征，有机体必须具备这两个特征才会被认定为是活的。人们已经注意到，矿物晶体和火焰可以复制，它们都会影响自己同类的复制而不影响自己。此外，火焰展示的是一种代谢：它们摄取物质，予以消化，排泄废物。然而，无论是晶体还是火焰，都不具有可变的适应性。

12 对定义什么是活的来说，还有其他几个特征也可谓是至关重要。

运动性（motility）——四处移动的能力：摆动，爬行，奔跑，飞翔，猛冲，穿透，游动。新陈代谢（metabolism）——摄取物质、消化它们（区分可以使用的和无法使用的）和排泄废物的能力。生长（growth）——能够经历某种形式的生命周期，始于种子或胚胎，经过不同的成熟阶段。感应性（irritability）——对外界刺激作出反应的能力，这也是适应的第一步。动态均衡（dynamic equilibrium）——能在变化的外部条件下维持一个稳定的内部条件（如适应温度，在食物和液体流经身体器官时维持平衡，等等）。

当我们说一个有机体具有复制和适应的能力时，我们并不是在定义生命。事实上，我们甚至无法去思考生命。我们只是在谈论我们并不了解的外部运动（"行为模式"）。我们只是说：**如果一个有机体可以做到这些事情，我们就将它归类为"活着"**。但是，什么是**生命**？显然我们并不知道。或者说，生命**就是去做**特定事情的能力？

不知为什么，当我们不断地琢磨生命和活着的事物时，这并不能让我们满意。当我们从主观上去感受我们自己的存在时，我们的不满会变得更加清晰。我们觉得，生活并不只是有能力**去做**一些事情，而是它本身就是某种东西——一个过程，一种流动，一道火焰，一种特殊能量——一种贯穿时间存在我们内心的东西。

作为一种场论的进化

13 查尔斯·达尔文最终在1859年出版了他的《物种起源》——这时距离他写完全书已经过去了二十多年——他在书中为自然界万物的发展提出了一个连贯的理论，书中记录的用来支持他的理论的证据是如此强劲有力，以至于他的理论迅速风行开来。与他提出的自然选择理论相比，没有其他进化论可以站稳脚跟。

当然，达尔文并非无中生有提出自己的观念。一直都有人指出，性状在从

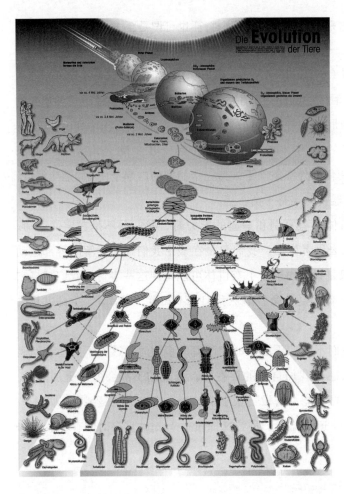

生物进化简图

父系传给后代时会发生变化,这些变化经常会被遗传。历史上,有选择性地驯化动植物一直都在进行。甚至像"生存斗争"和"自然选择"这样的想法也并不新鲜,我们至少可以将其追溯到古希腊哲学家恩培多克勒(约公元前450年)那里。

达尔文的天才之处在于:(1)他有能力把这些不同的元素整合到一起并使其各得其所,(2)他有精心收集的科学数据来支持他的理论。

14 按照达尔文的自然选择理论,发展从生存斗争开始;进化是如何发挥作用的呢?人们对这个问题的理解,存在两个较大的缺口。

第一个信息缺口是，遗传无法被理解。但是随着1900年重新发现孟德尔先前所做的工作，人们开始渐渐明白其中的秘密。孟德尔的实验自1865年以来已被遗忘，人们重新发现它们后，将其纳入了达尔文的理论中。具体特性从父母到后代的传递，是通过孟德尔所说的基因进行的，并会出现可以预测的模式。

第二个信息缺口是，亲代与子代之间的性状变化是怎样发生的。对这一过程的了解，仅仅是在过去一些年里，科学家们洞悉了遗传密码，才发现它是由螺旋形的DNA（脱氧核糖核酸）分子中的核苷酸决定的一个模板。

今天，我们对进化的三个基本过程已有一个大致的了解：(1) 遗传学规律，(2) DNA编码上的变化产生的突变，(3) 动态的自然选择。

进化论已成为人类伟大的统一"场论"，它把许多领域的知识结合成一个单一的公式，使我们对我们这个星球上生命的本质有了一个基本的了解。

15 进化论建立在五个简单的观察之上。当把这些观察连成一个整体来看，把每个观察都理解为一个动态过程而不是一个静态的概念，进化的想法也就变得很容易理解了。

(1) 物种产生相似的物种。任何物种的所有成员总能产生自己的同类。鸽子下的蛋孵不出老鹰，萝卜种子结不会甘蓝，黑猩猩只能复制更多的黑猩猩。"有其父必有其子。"由于分子生物学的发展，现在我们已经很清楚出现这种现象的原因是：个体只可以复制自身的基因编码，也就是说，物种只具有自己同类的基因代码。

(2) 与实际生存的子代数字相比，复制物质有着巨大的过量。一条母鲑鱼一个季节可以产2500万个卵，牡蛎可以产一亿个。蘑菇和蕨类植物可以复制数十亿。男人一生中产生上千亿精子，但却只有两三个后代。生存的情况又是怎样？每一百头乌龟只有一头能活到成年，小虾米只有五万分之一能活到成年。尽管有这么高的生殖潜力，多数物种都只是刚好成功地替换了其人口。

(3) 在每一个物种中，其遗传特征都有众多个体差异。任何物种的成员从来没有基因完全相同的（除非他们是双胞胎或克隆人），不同的基因组合会产生微妙的或明显的差异。例如，人类属于单一物种，但在该物种内，我们有着各种各样的大小、形状和颜色。人类基因组是一个极其丰富的基因库，具有几乎无限多样可能的组合，其中只有少数才会在个体身上展现出来。其余的都潜伏在基因库中，遇到合适的机会和条件，它们就会展现出来。

(4) 所有物种相互竞争食物和生存空间。任何环境中的生存空间和食物资源总是有限的，永远都不够用。因此，所有的物种便相互竞争这些必需品。在任何人群中，都是更强大和更具适应性的个体，更可能在这场生存斗争中取得成功。因此，环境是有选择性的：它给那些有着"更好"遗传特征的个体提供了生存和繁殖的机会；那些基因较不"适合"的个体，则被淘汰出局。

(5) 局部环境是动态的，它们处于一种持续的变动中。在地质时间表上，巨大的热带森林变成炎热的沙漠，沼泽沿海平原变成冰川山脉，海洋干涸，大洲被淹。变化和适应环境的需求是无情的，数以百万计的物种要么改变、适应和生存，要么就永远消失，具体取决于与环境条件严酷程度相关的它们的生存能力。在这种无情的压力下，只有"适者"生存。

进化是一个场论，它将这些观测连接成一个有意义的概念：

- 考虑到所有物种都有繁殖潜力，
- 考虑到巨大的基因库，允许遗传特性上出现变异和适应，
- 考虑到对生存空间和必需品的无情竞争，
- 考虑到局部环境不断变化这一事实，

鉴于上述情况，我们有"适者生存"理论（抽象概念）来描述这一事实（现实），即，只有具有优良遗传特质的物种才能在这些苛刻、严酷的环境条件下生存下来。换种说法就是，环境创造出"高压锅"条件，不断采取行动去选择能够生存和繁殖的下一代。

进化论正是对这一选择过程的描述。

进化与意义

16　生物现象异常复杂，因此，我们希望能够给它们一个解释。但是，我们在作解释时必须要小心。心灵有时过分活跃，会在没有意义的地方找到意义。富勒曾经写道："在所有的无序–有序的转换中，迄今为止人的心灵给人的印象最为深刻。人类最强大的形而上的驱动力就是去理解，去排序，然后以更加有序、更好理解的建设性的方式重新安排。"换句话说，头脑必须在每样事物中都找到意义，如果可能，甚至是在可以得到的事实很少和可以感知的模式还很模糊的情况下，它也会这样去做。

　　早期最强大的对生物本性的解释来自亚里士多德。其解释深深植根于他的哲学是进步的和合目的性的。每一物种的年轻者，在内部的驱动下，逐渐变成一个成熟的成年人。亚里士多德观察到：橡子有一种内在的冲动，成为一棵橡树。蛋壳里的小鸡致力于成为一只成年鸡。从无数这样的观测中，亚里士多德概括到：合目的性是万物的内在本性。对本性的这一目的论解释，已经成为西方思想中的一根主线，被称为"进步原则"。它的坚韧性在很大程度上依赖于这样一个事实：它可以满足一种基本的人类渴望，即相信所有事物，从长远来看，都会是越来越好。因此，它也就成为一项信念，变成一种教条。

17　自从达尔文在《物种起源》中展现了他的理论，人们也试着对进化过程提出了几种有力的解释。尼采是最早肯定进化的目的论概念并指出自然选择的一些影响的哲学家之一，他的著作主要写于 1880 年代。在几部才华横溢的书籍中，其中最有名的是《查拉图斯特拉如是说》(*Thus Spake Zarathustra*)，尼采将进化史设想为一种宏大的生活，奔涌向前，目标是创造最优秀的人，或者说是"超人"。历史的内在目标就是产生这样伟大的人，在本质上，他会是一个新的物种。他将拥有新的特质。虽然他会无所不用其极地为了完成他的进化使命而残酷无情，但他也会在需要的时候显露出气度和同情，乃至柔情。

　　尼采对进化所做的目的论解释，也意味着一种伦理（只是这一伦理被其肆无忌惮的追随者给弄走了样）。决定良善行为和不道德行为的标准是，它是支持还是阻挠了进化的基本目的：生产出最优秀的种族。任何人类行为，只要能提升人类基因库的质量，就是完全意义上的道德行为；任何劣质的行为，同样是最终意义上不道德的行为。进化的崇高使命就是产生优秀的人类。没有什么可以阻挡这一点。

18 20世纪最有影响力的进化思想家之一是法国哲学家柏格森，他的杰作《创造进化论》发表于1907年，为他赢得了诺贝尔文学奖。柏格森的信念是，我们在进化过程中所观察到的，不可能被自然选择机制所充分解释。一些更深刻的东西正在发生。必须给自然选择观念添加进一些更进一步的元素，才能回答下面这个问题：为什么更为高级的生命形式会不断涌现。他认真思考后认为，如果适应和改变就是所有需要的，那么蚂蚁在数百万年前就已具备这两者。它们一直都在生存，几乎不曾改变，已有8000万年；在这种情况下，为什么进化还会不厌其烦地发展出更复杂的生命形式？在进化的因素中，一定还有别的什么东西在起作用。

柏格森假定存在一种"重要的生命力量"或"生命冲动"——一种充满活力的创造力量，它可以推动所有进化过程。这种生命力是不可预知的和机会主义的，推动动植物的每一个物种，去创造更复杂和更高级的生命形式。它唯一的目的就是，利用有机体与其环境斗争中的每一个机会，来提升生命质量。

尼采和柏格森只是我们举的两个例子，还有很多人也在尝试从进化故事中得出意义。基督教神学家认为，他们可以辨别出一个神圣的戏剧情节，揭示了神的工作，为的是发展出更具基督那样的人性。此外还有一些，这里就不多说了。所有这些尝试都是武断的，更多基于信念和希望，而不是符合事实的证据。

进化与进步

19 几乎所有的生物学家都承认进化过程中**显现**的目的。"有机体的存在就像特意设计好的，其活动就像有目的地在追求一种有意的目标"，朱利安·赫胥黎（Julian Huxley）爵士在《进化在进行中》（*Evolution in Action*）一书里写道。直到最近，这仍是大多数生物学家的主要立场。微生物学家勒内·杜博斯（Rene Dubos）写道：正如我们今天所知道的，"生命的运转，就像其多数结构和功能一样，是被设计来满足一些终极目的，为了个体及后代之善"。他补充说，他的个人信念是："生命涉及的东西要比最新的核酸化学公式更微妙。"我们现在知道，所有这些直觉，都是有效的、正确的。

关于进化理论，近来出现了三种见解，三者都具有一定的革命性。首先是认识到，自然选择是一场军备竞赛。所有活的生物体都被困在食物链中，必须扮演自己既定的角色，无论是掠食者还是猎物。没有一个有机体可以豁免不用参与这一惨烈的竞争。通过变异和适应，在几百万年的时间内，捕食者进化出一种持续的优势，远远超出它们的猎物，所以它们才可以抓到猎物，活下去。与此同时，猎物物种也进化出一种胜过它们天敌的优势，使它们能够逃脱被吃掉的命运而存活下来。从来都没有完美的平衡。就像伊索寓言所说，兔子之所以比狐狸跑得还快，是因为兔子是在为自己的生命而跑，而狐狸则只是在找寻自己的下一顿饭。

这一军备竞赛在所有的有机物中都产生了持续的基因改进，这样捕食者和猎物都可以努力获得优势。双方在身体构造和全方面生存技能上产生了越来越多的更好的特性。捕食者在速度、视野、敏捷和狡猾上进化改进，它们的身体发展出更好的设备，如利爪、獠牙、毒刺、伪装色。受到捕食者这些改进的刺激，猎物则变得跑得更快、反应更敏捷，并逐步进化出更加灵敏的感官，及像穴居和夜间觅食的生存习惯；它们的身体进化出盔甲、令人作呕的味道、通过模仿和伪装进行欺骗。

在浩瀚的时间洪流中，这场军备竞赛确保了改善将会逐渐演变。这类进步是进化的一种基本事实。但是，进步不会永远持续下去。如果化石记录告诉了我们一切，那就表明，所有物种最终都输掉了这场生命之战，灭绝了。优秀品质的进化，只有在作为一个物种成功地争得食物、适应环境、繁衍自身的情况下才会继续下去。一旦在生存斗争中落败，进步显然也就停了下来。尽管如此，任何一个物种在比如说一亿年的跨度内通过逐步演变完成的事情，仍然相当壮观。它可以解释我们今天在像章鱼和海豚以及智人这样的生物身上发现的令人难以置信的复杂性。

20 关于进化是如何进行的第二个重大洞见被称为趋同演化（convergent evolution），它确实是对一个古老困惑的新认识。长期以来，人们一直知道，北美剑齿虎有一个假的双胞胎：南美袋剑虎。虽然它们在基因上毫不相关，在人类开挖的巴拿马海峡开通前分别在隔离的大陆上发展而来，但是它们的身体结构却是相同的，并同样有8英寸长的獠牙。与其相似，北美的狗、鼹鼠和兔子，在澳大利亚都有双胞胎，虽然它们都是独立进化而成。青蛙是另一个突出的例子：澳大利亚和美国的版本基本上是相同的，虽然它们有着完全不同的进化遗传。南美洲大陆和澳洲大陆在几百万年前便分开了，这两个地方物种的进化发展遵循不同的路径：胎盘类哺乳动物在北美和南美进化，有袋类哺乳动物在澳大利亚进化。这些没有亲缘关系的生物看上去很像，行为也很像，它们生活在类似的生态环境，以大约相同的方式谋生。这就是趋同通常的解释：有这么多的谋生方式。

西蒙·莫里斯（Simon Morris）在他的大规模研究著作《生命的解答：孤独宇宙里的人类》（Life's Solution: Inevitable Humans in a Lonely Universe）中提出了一种新的看待趋同的方式。在这之前，上面举出的例子被认为是进化"正常"运行中的例外。但是，莫里斯认为事情并非如此，为此他获得了他最严厉的批评者之一理查德·道金斯的赞誉："我为西蒙·莫里斯的信念所动心：我们应该停止在发现趋同进化时，将其视为一种丰富多彩的稀有之物。也许我们应该将其视为一种常态，例外场合有惊喜。"

事实证明，趋同在所有地方都有发生！以眼睛为例。眼睛无处不在。它们在昆虫、甲壳类和蛤身上演变；在各种哺乳动物、鸟类、恐龙、爬行动物、鲸目动物和鹦鹉螺身上演变。事实上，据估计，眼睛，既包括摄像头一样的眼睛也包括复眼，已经独立进化了40–60次。独立！看起来，演进似乎只是竭力去产生眼睛。此外，仔细观察我们就会发现，翅膀也是无处不在：蝴蝶、蝙蝠、飞鼠、飞鱼、翼手龙和鸟。到处我们都能发现用来聆听声音的耳朵，用来品尝味道的舌头，神经系统，循环系统，呼吸系统，生殖系统；发现大脑，心脏，四肢，手指，脚趾和尾巴。我们发现，相似的行为模式也是无处不在：吃的机制，逃脱捕食者，交配和繁衍，筑巢，保护年幼者。而且，莫里斯坚持认为，随处我们都能在哺乳动物、鸟类乃至昆虫身上发现复杂的情感、意识和一种智力。

换句话说，进化已经找到了发挥作用的途径，它已多次重复使用它们。进化受到极大的制约。它不能生产任何东西。它必须遵循规则，那些规则会约束演变，成为一定数量可行的身体计划。我们发现那些计划一遍又一遍地被利用。

如果进化是一盘录像带，我们可以倒带，使程序重新来过，它会产生什么？它是会产生新的物种？还是倾向于产生熟悉的形式？莫里斯认为，如果进化磁带重播，它会产生相同或类似的我们今天看到的物种。如果银河系里其他星球上存在生命，那里的生物将会与地球上的我们所熟悉的有着惊人的相似之处。食物链必然无处不在。我们会发现海洋中的动物过滤出浮游生物，大草原上猫一样的哺乳动物追逐羚羊般的猎物，猴子般的生物在巨大的热带森林的树枝间摆动尾巴。我们会发现植物进行光合作用。一盒重播的磁带最终会产生智力和类似人类的生物，不是完全像我们已经知道的人类，而是有感知能力、有意识、有智识、有抽象思考能力的双足生物。

莫里斯提出了有力的事实论据，认为趋同是进化过程中一个明显的、无处不在的模式。模式不是一种错觉，它为进化程序中的进步、方向和意义提供了坚实的证据。

21 关于进化是如何进行的第三个洞见比较新颖，来自一种叫做表观遗传学（epigenetics）的生物科学，这门科学主要研究与基因无关的遗传特征。研究目前正在进行中，并且在该领域有许多事情尚不清楚。然而，单是已被理解的部分就已产生了惊人的影响。人类基因组计划确定 25000 个基因作为人体 DNA 的说明书，我们一直认为，体型、个性、气质、智力、社会性向和一些疾病等特征是由我们的 DNA 决定的。而且我们还直接或间接地认为，我们的 DNA 决定了我们的一切。现在，科学家们已经发现，那并非故事的全部。在个性特征的遗传中还涉及别的东西。但那究竟是什么呢？

在我们的 DNA 基因可以做它们想做的之前，它们必须被告知去做什么、何时何地去做。给予它们的这些说明书，是由位于与基因自身相连的双螺旋的长度内的一组化学标记物发出的。所有这些标记物就叫表观基因组。这些基因组的基因不知道什么时候来表达自己，它的表观基因组的化学分子负责告诉它们。例如，一个人的脑细胞与心脏细胞或肌细胞包含相同的 DNA。是标记物连接到它，告诉它只去编码那些大脑功能所需要的蛋白质。如果没有表观遗传标记，基因代码就不知道什么时候、在哪里、如何表达自己。

DNA 基因保持完好，大都不受环境因素改变影响。与此相反，表观基因对环境线索非常敏感。在实验室中研究老鼠的科学家们发现，当表观分子暴露在维生素、毒素、改变饮食习惯，或当一只母鼠拥抱和舔她的后代时，个体的身体和大脑都会受到影响。因此，遗传密码，通过表观遗传的影响，变得容易受到环境因素的影响，而这些影响可以是意外或故意所致。一个人的表观气质，一定程度上会受到下列因素影响：改变饮食，改变周围环境，对他人行为作出回应。换句话说，我们可以在一定程度上改变我们的遗传。

但是还有更多的信息：来自环境的表观遗传学改变，会通过几代人的后代遗传下来。你吃什么或不吃什么，你如何对待你的身体，会一直传给你的孙子，这一影响可以持续一辈子。这些信息远远超出我们曾经的梦想，看来我们真的要为我们的基因遗产负责了。

表观遗传学对较大的进化图景具有重大意义。拉马克部分是正确的：我们可以继承"后天的特征"。早在 19 世纪，拉马克就提出了全面的进化论，其中环境决定着一个有机体的特征，这些品性可以传给后代。拉马克的理论到现在为止尚未得到证据支持，并已为达尔文的自然选择理论所替代。但是，似乎拉马克也有对的地方。一个有机体如何努力调整适应其环境，会影响到它传递给后代的特质。这意味着，每个活着的生物体，经过数百代，仍在塑造其自然身体和行为特征。例如，加拉帕戈斯群岛的鸬鹚，通过有意适应其没有天敌的环境逐渐失去了它的翅膀。这并不完全是一个自然选择的被动的受害者例子。它的适应导致它只需有意识地调整很小的一部分。因此，表观遗传学为我们理解决定和塑造我们人类及与我们人类共享我们地球的数百万物种的复杂性，增添了一个新的元素。

杜克大学放射肿瘤学教授兰迪·杰托（Randy Jirtle）写道："表观遗传学证明，我们应该为我们的基因组的完整性负起责任。过去，基因预先决定结果。现在，我们所做的一切，包括饮食或抽烟，都会影响我们的基因表达，进而影响下一代的基因表达。表观遗传学将自由意志概念引入到了我们关于基因的想法中。"

痛苦与"军备竞赛"

当我们在思考进化机制时,不可能意识不到动物王国中每日每夜每时每刻都在发生的不可计数的巨大痛苦。观看电视节目《动物星球》(Animal Planet),或是花一个小时观看野生动物纪录片《自然》(Nature)和《行星地球》(Planet Earth),就会发现:铺天盖地的"军备竞赛"是一种不折不扣的悲剧。我们见证了鳄鱼把牛羚拖入水下;猎豹撕咬瞪羚;水蟒吞食水豚;北极狼和极地熊撕裂海豹宝宝;逆戟鲸用它们的巨颚把企鹅咬扁,蚂蚁攻击毛虫,等等,没有结束。然后考虑普遍存在的海洋食物链:每小时注定会有无数的海洋哺乳动物、鱼类和甲壳类动物丧生。我生活在边远地区,常能看到小狼嘴里叼着棉尾兔,老鹰俯冲下来抓住老鼠。而这仅仅是一个痛苦的真理最简单的例子。理查德·道金斯在《地球上最伟大的表演:进化的证据》(The Greatest Show on Earth: The Evidence for Evolution)一书中认为,我们可能想将这一真理从我们的心里清除:"虽然可怕但却是真实的,野生动物之间的痛苦是如此令人震惊,以至于敏感的心灵最好还是不要去想它。"

这一可怕的洞见并不新鲜:达尔文同样不得不面对它。他在给朋友的一封信中写道:"对于自然那笨拙的、无用的、粗鲁的、可恨又残忍的作品,魔鬼的牧师可能会写出一本什么样的书!"请记住,达尔文曾研究过牧师,深谙他那个时代的神学讨论。在宗教框架下,这个问题一直是一个让人痛苦而难解的问题,人们写有无数作品"来证明上帝对待人类的方式是正当的"。达尔文在别处曾苦苦思索过这一普遍状况的影响:"我无法说服自己去相信,仁慈的、无所不能的上帝会特意创造出黄蜂,来表达他的意图是,用活体毛毛虫充当它们的食物。"

一个适宜的宇宙(或仁慈的上帝)怎会允许乃至容忍这样一个可怕的事实存在呢?这个问题一直是所有人类宗教中一道最有争议的难题,它有一个专门的名字:神义论,意思是试图证明"上帝对待人的方式是正当的"。这个问题在西方宗教中显得尤为严重,因为它教导说存在一个单一的神,他被构想为一个慈爱的天父上帝。这一问题的传统表述是:如果上帝是全能的(他可以做任何他想做的),如果上帝是慈爱的(他关心他的人类孩子的福祉),如果我们的痛苦是真实的(它不是想象的或虚幻的),那么,为什么他要让我们受苦?这个问题可以迎刃而解，只要消除或修改这三个合乎逻辑的假设中的任何一个：如果上帝不是万能的（他想要彰显他的爱，但为一些"既定"因素所阻碍），或者如果他不是慈爱的（也许他的行事方式是正义，而不是爱），或者如果我们并不痛苦（所谓痛苦只是某种程度上的一种误解）：那么这样的难题就解决了。所有这三种解决方案，一直被天主教、基督教和犹太神学家周而复始地提出。但对最有思想的人（如果不是神学家的话）来说，这看上去并不是一种语言游戏。它只有在神学正统假设的框架内才是唯一有效的，但对所有那些身陷苦难之中的人们来说，它却是无法让人满意的。

在人类历史上，有一个事件特别突出，可被视为一个凡人作出的高贵尝试：他企图解开所有悲惨现实中无数苦难的神秘所在。事件的主人公是年轻时的佛祖乔达摩·悉达多，这是一个非常真实的历史事件。他在父亲的皇宫中长大，不受外面世界的干扰，但是一个偶然的机会，他离开了他熟悉的环境，去郊外旅行，这是他第一次见到皇宫外的人们，他看到了痛、病、老、死的例子。他的内心受到极大震撼，生活的真相打碎了他的自满的假设，并提出了"痛苦"这一问题。此后，他漫游了六年，请教过无数的僧侣、瑜伽师和圣人，但都无济于事：他们的思索是深刻的，但他们缺乏有智识的洞察力，他所追求的不是和平，而是理解。最后，他在一条河边的菩提树下住了下来，并宣布："哪怕我的皮肤干枯，我的手掌枯萎，我的骨头溶解，直到我获得至高无上的 [关于世间万物受苦受难的] 绝对知识，我都不会离开这个位子。"

在菩提树下，一天夜里，他那清醒的头脑中出现了一个系统的景象：所有活着的生物从生到死的痛苦状况。他看到世间万物先是出生，经历痛苦，然后死去，然后再次重生，只为承受更多的痛苦。数十亿计的众生不断轮回（重生）。他看到陷入困境的人形化身的完整图景：不只是人类，还有鹿、牛、猴子、鸟类，乃至夜晚的昆虫，世间万物都在一天天、一年年、在万古的时间之流中轮回。他体验到他们的痛苦，他分享了他们的痛苦，这一远见让人无法抗拒。

佛陀找到了答案，解决方案在于心灵，在于控制心灵。他的观点可能与我们的不一样：我们认识"自然"和进化机制的方式是他所不了解的。但他对痛苦的评价却是再准确不过，他对心灵有着深刻的认识。痛苦源于心灵。他面对真相，从他心灵深处浮现的答案是：所有的存在都必然包含苦难，这适用于宇宙中的所有生物。活着就是受苦。痛苦来自我们终生被困其中的自我/身体器官持久性的需求。我们的痛苦来自心/身器官——来自它的需求，它的问题，甚至来自它的爱和在这个世界上想要什么的梦想。我们感到痛苦，是因为经验器官（心灵）热爱生活，紧贴生活，希望这希望那，永远没有满足的时候。

从哲学视角来看，几乎所有理解痛苦的尝试都是将其定义为一个问题。如果它被视为是一个问题，这就是一个问题。但是，它也可以只是被简单地视为一种经验，视作某种只要有可能就尽力回避的事情，而不是一个问题。什么都可以被定义为一个问题，这可能包括头痛、暴风雨天气、透支、地震、性、嫉妒和爱。也许将痛苦定义为一个问题是必然的，因为它是不愉快的和不可避免的，单是这就足以使它成为一个问题。

从进化生物学角度来看，痛苦是一个事实，但却并不是一个问题。理查德·道金斯明确宣称：

> 大自然既非仁慈，也非不仁。它既不反对遭受痛苦，也不支持遭受痛苦。除非影响到 DNA 的生存，否则大自然对这样或那样的痛苦，根本不感兴趣。很容易设想一种基因，比如说，当瞪羚在遭受致命一咬时，这种基因能使它们平静下来。但是，这种基因能否得到自然选择的偏爱呢？不能——除非使瞪羚平静的行为能提高该基因传播给未来世代的机会。但我们看不出该基因会有这种功效，我们因此可以猜想，瞪羚在被追捕至死时，承受着可怕的痛苦和恐怖——就像它们大多数终将要承受的那样。自然界中每年产生的"痛苦"的总量，大大超过了任何宽容的期望。就在我构思出这句话的时间内，数千只动物正在被生吞活剥；其他一些动物则正在惊恐地呜咽着逃命；还有一些正被使其焦躁的寄生虫从内部缓慢地吃掉；数以千计的各种动物正死于饥饿、干渴和疾病。必然如此。如果真有富足的时代，这一事实会自动导致动物群体增长，直至饥饿和苦难的自然状态重现。①

---

① 〔英〕理查德·道金斯，《地球上最伟大的表演》，李虎、徐双悦译，中信出版社，2013年，第323页。——译注

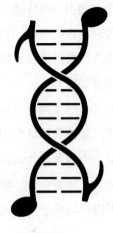

自私的基因

关于痛苦这个问题,关键是我们每个人如何单独应对它,既包括我们自己的苦难、人类普遍的痛苦,也包括与我们共享地球的其他众生的痛苦。我们主要是用我们自己的私人方式应对它。看到一些野蛮的食肉动物将要杀死一个猎物,我们会马上换台,并阻止看到的画面进入我们的脑海,这样我们就可以尽量减少这种野蛮行径对心灵造成的冲击。但是,我们的心灵还是意识到了事实的存在。我们可能不得不去关怀处在我们影响圈内的人与生物,并承认下面这一事实:我们无法做任何事情。在那一影响圈内,无论我们做什么来减轻痛苦,对世界的帮助都是微不足道的。但重要的是,个体因为我们的行动而遭受的痛苦,会少于它否则会遭受的。(我写这些文字时,屋里有一只猫。这是一只任性的猫,我们叫它小宝,它常在野外跑来跑去,偶尔会回到我们这里;它一来我们就给它吃的,宠爱它,它爱干什么干什么,直到它下次来访。这次它来时,屋外下着冷雨。我把它带进屋子,发现它的头部、颈部和一条前腿不知何时受了伤。它蜷缩在一张大椅子上,明显地感谢温暖的办公室里安静的治疗环境。它受了伤,我们想要它回到我们的家中,但它与其他猫合不来,它们都是我们的家人。也许我能做的就是让小宝待在一个温暖的地方,希望它能自己痊愈。也许这就是所有我们可以做的:照顾好那些进入我们影响圈的人或生物。也许我必须满足于帮助为数不多的我可以接触到的人或物,并接受进化论决定性的信息,虽然它是可怕的。)

哲学意义

22 我们现在已可以说"我们**理解**生命是如何进化的",为什么它意味着很多?

化学生物合成理论将会成为一个第一等的场论。其影响可与下面所举的例子相媲美:毕达哥拉斯发现数学是理解物理学的关键,达尔文的生物进化论,弗洛伊德对潜意识内心世界的概念化。

生化进化中的发现的关键后果在于，男人和女人在实验室的实验中，与在现实生活情境下一样，几乎不受控制。操纵基因编码将会允许出现一种比先前存在的更为基本的科学活动。在所有的可能性中，我们很快就会准确地知道，什么样的核苷酸安排产生了具体的特性，这方面的知识反过来则会帮助科学家合成 DNA 联系，产生任何所需的复制模板。科幻故事将会再次成为现实：男性将会生出活的生物。

创造和控制生命方面的伦理考虑将会很复杂。必须面对新的终极关怀，会将我们的道德容忍度伸展到极限，并（希望能够）迫使我们进入新的道德意识层面。对生命来说，有益的后果将是巨大的，但我们保持一分戒心也是有道理的。虽然声明很大程度上是一种文字游戏，但在一些人心中，我们的确将会变成神，成为生命的设计师和创造者。这将是一个明智的和有能力的起草人，还是（本质上）一个漫画家？如果创造者意识中的恶魔喷洒到绘图板上，那么我们就有理由提高警惕。不拘任何情况下，我们都将被迫监测生物基因活动，并为其设置限定因素，"生命的设计师"必须在其内工作。

23 化学生物合成理论对宇宙的影响是革命性的。事实上，只要存在合适的条件生命将会在宇宙中任何地方进行演变这一事实，最终将会成为一种新的世界观的中坚力量。只不过，目前生化进化的发现还没有产生深远影响。用尼采的话来说："重大的事件即将到来，虽然尚未传入众人之耳。但是这件事情已经出现了。"

当科学家在玻璃试管中创造出生命时，从哲学上来说意味着什么？

工程创造生命，是揭开生命秘密的进程中可以预见的下一步。它是一个持续系列中的事件：使用火，车轮，武器；利用蒸汽动力，核电，太阳能，满足我们的能源需求；控制天气；使用药物控制情绪，探索精神病理条件，根除疾病。从性质上来说，它并不是什么新鲜事；但它将会打开的这道门是如此重要，实际上这是进入了一个新世界。

我们可以参与生命的创造，是人类迈出的巨大的一步，使得人类可以控制自己的命运。这一步，伴随着另一个重大事件——接管我们自己的进化——是我们现在正在经验的巨大转变的一部分，这一转变就是从被动地生产下一代到主动控制我们的生活和命运。

在控制这两个世界里发生的事件上,我们每前进一步,就会有许多人愤怒地抗议说世界末日来了,宣称应该划定禁地。这种反应既来自神学信念,也来自对人类有能力建设性地使用知识抱有深刻的不信任,这一不信任的证据实在是太多了。但从历史上来看,这种警告几乎没有产生任何影响。通常,人类都会一直前行,遵循其内心最深处的冲动,创造出所有他能控制的事物;这一次,在这上面,人类无疑还会继续这样走下去。

哲学问题

24 "进化会一直进化到哪里"这个问题仍然没有得到解决。没有关于任何生命本质、神圣计划或进化目标的假设,事实上,进化是面向未来的,并且它确实是在朝着日益复杂和生活质量更高的水平前进,这意味着我们仍然不知道,进化最终可能会产生什么。

是否有可能像尼采想象的,如果进化有自己的方式,就会发展出更高形式的人性化?哈佛大学博士哈利·奥弗斯特里特(Harry Overstreet)提出了一个想法:人类正在进化出一种新的意识形式,并认为有充分理由相信,我们的意识生活的更进一步的形式,已经可以在我们中间观察到——在特定少数人物身上其程度已经达到很高,在我们大多数人身上程度则很浅。奥弗斯特里特心里所想的那种"宇宙意识",可以在下面这些人身上找到:世界宗教领袖(释迦牟尼,耶稣),神秘主义者(普罗提诺,斯韦登伯格,威廉·布莱克),卓异的知识分子(苏格拉底,笛卡尔,莎士比亚,爱因斯坦),愿景家(但丁,惠特曼)。奥弗斯特里特补充道,这种高级意识的展现,被我们大多数人视为"要么是超自然力量要么是心灵障碍的迹象。但在另一方面,难道没有可能把这些事件视为仅仅是我们所有人都将通过的更高发展阶段的迹象吗?"

进化的潜力到底是什么?进化是否存在固有的局限,或者是无限的?做梦也想不到的生活前景是可能的,再加上一点点运气,是否就会成为现实呢?

达尔文

我也是生存链上的一环

"可怜的孩子,"园丁说,"有时他就是光站在那里,盯着一朵黄花,一看就是好长时间。他要是有些事做就会好起来。"

"……有些事做!"达尔文乡下家中的园丁,并不太了解这位世界上最伟大的博物学家之一在做些什么。可以肯定的是,达尔文是在感知一朵黄花,但他的头脑里则是在进行连接——整合。他所做的,当然是在看——经验一个单一的对象,同时他的脑子里则在编织一张连接之网,使得该对象可以被理解。洛伦·艾斯利(Loren Eiseley)写道:"这样一种整合,代表了处在成就最高点的科学头脑。"

查尔斯·达尔文与亚伯拉罕·林肯出生在同一天,都是1809年2月12日,只不过他是出生在英国的什鲁斯伯里。他的父亲罗伯特·达尔文(Robert Darwin),是一位富裕的乡村医生,有一颗聪明而传统的头脑。他全心投入帮助他的病人,生活中的大部分时间都花在接电话和倾听诉苦中。达尔文的母亲叫苏珊娜·韦奇伍德(Susannah Wedgwood),是韦奇伍德瓷器开发商的女儿。她人很聪明,但在退休后,她与传统分离成为一名唯一神教徒。母亲去世时,年轻的达尔文只有8岁,依稀还记得母亲的印象。他在一个姐姐的抚养下长大。

他在什鲁斯伯里语法学校接受的最初八年学校教育,为他提供了古典教育的基础,包括希腊语和拉丁语,但他觉得课堂练习很无聊,当他的老师认为他可能脑子不够聪明,再怎么用功也不会是个好学者后,失望不已的父亲让他退了学。然后他的父亲让他就读爱丁堡大学医学预科,认为这样他的儿子就会继承父亲的事业。但是,达尔文发现课程沉闷，更糟的是，他怕看到血——他亲眼目睹了两例没有麻醉的操作，其中一个对象还是孩子；他实在是受不了，只好离开房间。渐渐地，他对医生事业也失去了兴趣。

屈服于家庭压力，必须选择一种受人尊敬的职业，达尔文又进入剑桥大学基督学院，准备以后当一名牧师。在达尔文家中，宗教从来没有被广泛讨论过；只是一直无意识地被习惯认定。但在剑桥大学，达尔文最终找到了自己的真爱：科学。他的科学才能很强，他的科学兴趣也很强烈。达尔文是那些幸运者之一，他们找到了一个职业，既可以施展自己的长处，又可以发挥自己的天才。他很幸运地在合适的时间和地点，拥有正确的心灵素质和头脑。不过，他毕业时获得的是神学文凭，并将按规定成为圣公会神职人员。

1831年的秋天是一个转折点。他接到一个邀请，邀请他成为政府派遣的一艘南半球科考船队的随队博物学家。达尔文思考再三。他怀疑自己是否应该这个时候让出他的两年时光。此外，年轻的船长也不太喜欢达尔文，别的不说，单是达尔文鼻子的形状就让他困扰不已（他是一名虔诚的颅相学家）。这艘环游世界航行的轮船只有90英尺长，船上共有73名船员。

年轻科学家身上的科学本能和探险感仍然表现强劲，1831年12月27日，他乘船从德文波特港口出发。达尔文与船员相处友好，被称为"我们亲爱的老哲学家"（实际上当时他才22岁！）。但船上不卫生的条件和狭小的空间，无情颠簸的大海，让他在大部分行程中都处于一种痛苦状态。

小猎犬号的旅途，是迄今为止人类历史上最重要的航行之一。科考船航行到了南美，在那里达尔文做了广泛的探索：沿着海岸的潮池和潘帕斯动植物区系。他们绕过合恩角，向北航行，沿南美西部海岸到达加拉帕戈斯群岛，1835年达尔文在那里停留了约五个星期，研究那里的巨型陆龟、吃海藻的蜥蜴和十几个小岛上的鸟类——"这是一个微型的小世界，上面的居民，你在别处绝对不可能找到。"然后，他们横跨南太平洋，航行到了新西兰和澳大利亚，穿越印度洋，绕过非洲的尖端，再次在巴西上了岸；然后绕过佛得角群岛和亚速尔群岛返回家乡。这趟航程耗去了他不是两年而是五年时间。达尔文回到家已是28岁。

我们印象中的达尔文是一个长着灰色胡子的族长，但那是达尔文声名鹊起之后很久的形象。年轻时的他身高6英尺，一头红发，红褐色的长鬓角，粉红色的圆脸，

《小猎犬号航行》

一双蓝色的大眼睛在眉毛下直勾勾地望向你。他很健壮（远航前），多数时间都在户外，进行地质实地考察，河边散步，或是收集甲虫、叶子和鲜花。他的朋友们知道他是一个可爱的、温柔可亲的人，耐心而善良，一点没有架子。

他做了大量田野笔记，进而对其进行分类整理和思考。他的健康状况已经遭到破坏，他的余生一直受到失眠、恶心、头痛的折磨。这很可能是因为他在航行过程中患上了热带疾病的缘故。回国三年后，他发表了他的日志《乘小猎犬号环球航行》（The Voyage of the Beagle）。

两年后（30岁）他与表妹艾玛·韦奇伍德（Emma Wedgwood）喜结良缘，这是一桩幸福的婚姻；他们定居在肯特郡一个僻静的村庄，过着一种传统的家庭生活。他们有7个孩子，他非常喜欢他的家人。接下来20年，从1838年到1858年，他基本没再出游，整天忙于辨识他的笔记和写作。

描述：笔记本上充满无数的奇异观测，从一朵黄花到峨螺化石，从一条伪装的章鱼到蝴蝶的模仿翼，从一种以昆虫为食的茅膏菜到一只海鸥的求爱仪式，等等，几乎有无穷多。

问题：去观察，通过连接，找出地球上所有生物之间的关系。这是一项艰巨的任务，只有一颗非常特殊的心灵——"极具包容性"的头脑，可以组合管理这样一个庞大的数据，并可能使其得到理解。在这样的操作中，个别事实可能并不新鲜，尽管在达尔文的例子中许多都是新鲜的；新鲜的是归纳整合，使得理解成为可能。

达尔文有很好的运气，遇到了一个微型世界，在这个世界里，自然机制原本可能更容易被隔离：加拉帕戈斯群岛上雀的生态位，后来被称为"达尔文雀"。达尔文发现了14种雀，它们都属于同一物种，但具有明显的个体差异，尤其是在它们的嘴的形状和大小上。有些有着像鹦鹉一样的喙，吃水果和开裂的荚。有些有麻雀一样的喙，吃种子。其他的有长而圆的喙，吸食花蜜。还有的有大喙和小喙、尖喙和钝喙、短喙、直喙、弯曲喙。

在这样的例子中，生物学家假设所有这些品种都是从大陆移居过去的，但在加拉帕戈斯雀身上，在别的地方找不到这样的变异。在这个例子中，情况似乎是：数百万年前，雀的祖先飞到了这一岛屿，繁荣兴旺，迅速增加。有些雀随后适应不同的食物来源，使它们不会彼此直接竞争，从而大大增加了生存的机会。达尔文写道："物种一直在出于不同的目的进行调适。"

达尔文开始看到，一种"演变"可能已经发生。一种物种显然来自其他物种的进化。他推测："如果这一模式是通用的，地球上所有种类的生命岂不都是从早期的物种演化而来？"

随着达尔文对这些数据的思考，进化的发生几乎已经可以肯定，但他尚未看到进化发生的机制。然后，1838年10月，他读到政治经济学家托马斯·马尔萨斯（Thomas Malthus）写于1798年的一篇文章，马尔萨斯争辩说，人类种群的繁殖速度远快于食物供应，因此必定会周期性地因为饥饿、疾病和战争而锐减。谁能挺过这样的灾难？马尔萨斯回答说：那些更能吃苦的人。达尔文看到了解决这一难题的关键所在：进化机制就是"生存斗争"和"优胜劣汰"。在恶劣环境下挨饿和湮灭的永久威胁下，地球上的所有物种都在不断地为生存而挣扎，最后只有适者生存。

地球上的生命是一个简单的故事，它是可以被理解的。

进化是一个场论，它通过合理推断宇宙中所有可能的生命形式，来理解地球上生命的动力。但它不仅是如此：它还是一种变化哲学，可以更准确地建构宇宙中的一切，包括星系，恒星出生到死亡的生命历程，模糊不清的太阳系，漂移的大洲。它适用于一切，无一例外，包括物理学和生物学；它同样适用于人类的经验。进化是人类心灵提出的最全面的场论。

达尔文二十年如一日地工作和修订他积累的丰富材料。不过，他心里很清楚，他的想法将会不可避免地引发敌意，因而他继续为自己拒绝出版作品找寻合理的理由：他的理论可能还需要再多一点的工作。

1858年，他的导师查尔斯·莱尔（Charles Lyell）再次敦促他就他的思想写一全面报告。此时他已完成了一半工作，然而，就在这时，发生了历史上具有讽刺意味的事件之一。1858年6月，一名年轻科学家阿尔弗雷德·华莱士（Alfred Wallace），用较少的经验和一点点材料，得出了几乎与达尔文相同的理论模型。因为达尔文自从出版了航海日记后在科学界比较有名气，华莱士就把自己的手稿寄给了他，虚心地请求年长的生物学家对他的思想进行批判。

达尔文为华莱士提出了和自己相同的想法而震惊，但他觉得，如果华莱士率先出版手稿，他没有权利窃取年轻人的荣耀。"我会烧掉我写的整本书，以免他或任何其他人认为我的行为太卑劣。"但是，达尔文的朋友都知道他这么多年来的劳苦，敦促他赶紧出版自己的作品。这是公平的：毕竟他已在这上面专心地工作了二十多年，收集了大量的数据来证明他的论断；他们认为，科学必须得到最好的服务。达尔文最终听从了朋友们的建议。他很快便整理好自己的手稿用于出版。1858年7月1日，

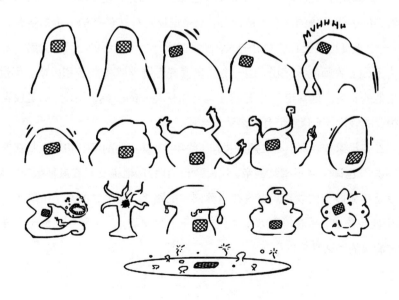

6-1 生命

达尔文和华莱士一起在林奈学会的一次会议上，展示并演示了他们的理论——这是历史上盛行竞争时期一个感人的时刻。达尔文的"抽象"就是1859年出版的《物种起源》。

《物种起源》的首印一天之内便销售一空，从那天起一直到现在，《物种起源》一直被赞誉为人类寻求理解的历史进程中的伟大作品之一。然而在世界上许多地方，人们都为达尔文的思想所震惊。许多基督徒认为，世界创造于公元前4004年（10月22日）。相比之下，达尔文的情景假设了数百万年的缓慢变化。此外，物种概念并非"创世记"时所创造，作为一种完整的生命形式，似乎亵渎了圣经的字义。但是达尔文对经验事实的组织运用蕴藏着巨大的力量，其假设与事实相符。进化论几乎很快便被所有的科学家和广大市民所接受。

达尔文远远地站在一旁观看着这一切。他不想给自己招来敌意，所以他的朋友们，特别是莱尔和托马斯·赫胥黎先生，便冲在前面为他摇旗呐喊。达尔文为他的想法所激起的争论所伤害。他远离喧嚣和愤怒，隐居在乡下庄园。他的余年过得很满足。

达尔文自己的宗教信仰也经历了一个渐进的变化。他在他的自传中告诉我们，在随小猎犬号回来后的两年内他对宗教问题想了很多。当他在1858年写作《物种起源》时，他仍然认为自己是一个有神论者或自然神论者。但是他曾亲眼看到过的"自然"——"血淋淋的"生存斗争——深深地扰乱了他的内心；这样的痛苦的必要性，这是他看到的进化斗争的一个组成部分，似乎是反对存在仁慈的上帝的强有力的证据；他从一个天真地接受正统观念的人，慢慢变成一个不情愿的不可知论者。对这位险些成为圣公会牧师的人来说，这一个体奥德赛无疑伴随着痛苦和内疚。不过，首要的还是他的正直。他写道："我已稳步地努力保持我的心灵自由，为的是放弃任何与事实相背的假设，不管它们有多么受人喜爱。"

他死在自己家中，死于心脏癫痫发作，终年73岁。他的妻子和家人都在他的床边。艾玛说："也许父亲不相信上帝，但上帝相信他。"他被安葬在威斯敏斯特教堂，不远处就是牛顿爵士的坟墓。据说在送葬回家的路上，达尔文的儿子沉思了片刻说道："你们能想象出，每晚等到教堂关门，四下一片安静，父亲和牛顿爵士会进行什么样令人愉快的谈话吗？"

6-2 人类

定义"人是什么"一直都是每个伟大宗教传统的核心当务之急,这表明,了解我们是谁对我们的存在不可或缺。化石记录现在已经使得大致追踪人科的演变成为可能,科学的分支系统学正在揭示人类与地球上所有其他生命形式之间的关系。本章介绍了思考人类处境的进化背景,表明进化现在已经发生了一种不可预知的新转向。但是,下面这一哲学问题仍然持续存在:评估我们在事物发展进程中所处的位置,以及我们与他人之间及与我们共享星球的其他生命形式之间的关系。

雕塑家 – 神

1 新西兰的毛利人说,有一个神,他有几个不同的名字:图(Tu)、提基(Tiki)和塔尼(Tane),他抓起红河边的泥,混合自己的血,捏成他自己的样子,有眼睛,有腿,有手臂,非常完整,事实上恰好就是神的精确的副本;有了完美的模型,他通过往其嘴巴和鼻孔里吹气使其变得有生气,然后黏土雕像立即有了生命,打起喷嚏。因此,毛利人的造物主提基塑造的像他一样的人,就叫蒂基阿华(Tiki-ahua),意思就是提基的肖像。

2 直到近代，我们人类的生活与泥土的关系一直都很密切。有一件事，我们可谓是再熟悉不过——这是一种在文化的某个具体阶段普遍都能发现的技能——从河边取来黏土，塑造成罐：锅，水缸，瓮，双耳瓦罐，灯具。凡是有人居住的地方，都发现有陶器碎片，人们烧起火将其黏在一起。

除了实用的物品，不同文化背景中的成员也会发挥他们的想象力，用黏土俑塑造微缩成型的男性和地母的图像、动物和神灵的图像。一些土制图像被用来引诱猎物掉入陷阱，安抚神灵，结出沉甸甸的玉米，削弱敌人的力量。

一些泥人只是为了好玩，塑造成捏造者自己的肖像。雕塑者玩弄它们，琢磨它们，在用潮湿的黏土雕塑头部躯干四肢时无疑是在开玩笑和嘲弄他们。

这种普遍的经验，成为人类创造故事的原型模式。我们已知的是否还有比这更自然更明显的吗：一个未知的雕塑者用黏土塑造了他的身体，并赋予其生命？

3

马来西亚的巴特克人讲述了一个超自然人物，名叫 Tohan，他长得"非常高大"，但"看起来就像我们一样"。他是一个老人，有着卷曲的黑发、棕色的皮肤。

从前，天地初开，Tohan 来到地球。他去太阳升起的地方，取了一些黑土，塑造出一个男人的形状。然后，他又到太阳下山的地方，取了一些黑土，塑造出一个女人的形状。Tohan 按照自己的样子塑造的他们。

但是，土身仍然不是活的。因此，Tohan 回到他住的西方天空，得到生命灵魂，去让人形复活。他带回了一些水生命灵魂，就像在丛林里的常绿乔木身上发现的那样，但在回来的路上，他绊了一下，水洒了。之后，他找了七天，想要找到更多的水生命灵魂，但却无法找到。

因此，Tohan 从香蕉身上借了一些生命灵魂，但这只是风生命灵魂。他把它装入瓶中带回，将其洒到它们的胸口和它们的心中。当生命灵魂被吸收进它们的身体后，它们有了生命，站了起来，并打了个喷嚏。

水生命灵魂可以使我们像 Tohan 一样不朽，像超人本身，但它丢失了。我们只有借自香蕉身上的风生命灵魂，它只能给予我们短暂的生命。

当我们死去时，我们的风生命灵魂就被 Tohan 取回，他会将其收入他的生命灵魂袋并保存一天，然后再用它去重新让一个新的身体栩栩如生，通过宝宝的囟门进入人体。是 Tohan 给了我们生命灵魂，等到我们不在时，他就会收回它们。

4　在西非，根据讲埃维语的多哥部落的说法，神仍在用黏土造人。

他用一些水滋润黏土，然后倒在地上，筛除他做坏的和不听话的人。当他希望做一个好人，他会使用好的黏土；当他希望造一个坏人时，他就只用坏黏土。起初，上帝塑造了一个男人，将其放在地球上；然后，他又塑造了一个女人。两个人你看我我看你，然后开始笑了起来，于是上帝就将他们放到了世界上。

5　因此，创世神话的解释，主要是为了安慰我们躁动的心，而远非真要解释物理起源。它们还告诉我们，为什么我们必有一死并要回归泥土，为什么我们只有部分是不朽的，为什么我们的灵魂有时会回到天上；它们解释了，为什么会有很多不同肤色的人，为什么会有许多不同的语言，为什么有的人好有的人坏，为何有男有女。几乎困扰早期人类生活每个方面的事实，最终都会提出某种神话解释。

6　在最早的希伯来人对创世的解释中，据说是神耶和华用黏土造出了第一个人，就像制陶工人可能会做的，或者就像一个孩子捏造的泥娃娃；把黏土捏成适当的形状后，神将生气吹入它的嘴和鼻孔，就成了有灵的活人。对希伯来人来说，我们的物种来自地上的尘土这一看法，是再自然不过的事，因为在他们的语言中，"土地"（adamah）这个词，就是"男人"（adam）这个词的女性形式。

因此，无论是在语言还是神话中，"人"（男性）都创造于土地（女性）。神圣的精神/呼吸（在希伯来语中，ruah 意味着"精神""呼吸""风""灵魂"），是由耶和华自己吹进人的鼻孔，并进入人的肺部。男人的身体来自土地，但他的精神/呼吸则来自耶和华。

7 **白尼罗河的希鲁克人**

巧妙地解释了不同种族的不同肤色，那是因为他们是用不同颜色的黏土塑造的。他们说，创造者 Juok 用泥土塑造了所有的人；当他从事创造工作时，他漫游了世界。在白色的土地上，他发现了一种纯粹的白土或砂，他就用它们塑造出白种人。然后，他来到埃及和尼罗河，用当地的红土或褐土塑造出相应肤色的人。最后，他来到希鲁克人的土地，发现那里是黑土，就造出了黑人。

在人类能够从进化背景中来理解自身之前，我们观察到，狮子生狮子，龟生龟，蓝鸟生蓝鸟——人生人。这种逻辑是压倒性的。但也显然缺少一块拼图。必然要有一个开端：必须有什么东西创建了完整的史前人形。逻辑上，人类的第一创作者必须是像人类一样。难道不是人生人吗？

人类起源的故事

8 现在地球上所有的人都属于一个物种：我们都是智人（"聪明人"）。然而，事情却并非一直都是这样。

人类的故事显然始于五六百万年前的非洲。我们根据化石记录知道，我们赋予能人称呼的人类物种，生活在今日肯尼亚、坦桑尼亚和其他东非国家开阔的林地和草原。他们在那里自由走动，结成小团体，与动物和其他原始人类竞争生活空间，争夺食物。他们制造粗糙的石器。他们吃叶子、软果子、植物的芽、球茎、根，他们也有可能机缘凑巧，吃到少许肉类。

如果你在你所住地方的超市里遇到了一对这样的人，他们看上去会是什么样子呢？我们可能会觉得他们长相很怪，但仍是人类。他们可能体重较轻，身材修长，长胳臂。男人站着时约有 1.5 米高，重约 90 斤；女人相对较小，重约 68 斤，身高 1.4 米。他们的脸上和身上都有毛。他们会有突起的眉骨，高颧骨，扁平的面孔（无突出的鼻子）。他们额头略有倾斜，头骨持平（不像我们这样是圆顶）；他们的脑容量是现代人类的一半左右。当他们在过道中穿梭时，他们可以像我们一样灵巧地拿起和打开货架上的东西——看着那些瓶瓶罐罐、电视晚餐、奇怪的食物他们会一头雾水——他们会像我们一样完全直立行走。

这是最早的人类，他们参与了地球上的原生质冒险，能人是一个非常成功的物种。他们在东非区域生活，繁衍，适应，存活了100万年。

9 这些最早的人类从何而来？

在他们出现300万年前，存在着许多种类的原始人类，统称为古猿。这些物种中至少有三个已经得到化石记录的确认。有些物种身材修长，有些物种肌肉发达显得要更健壮一些；但他们都拥有日后人类独一无二的共同特征：更大的大脑，更小的牙齿，直立的姿势。

我们最熟知的古猿就是"露西"，它得名于唐纳德·约翰逊（Donald Johnson），他于1974年在埃塞俄比亚雨水冲刷的深谷中发现了她的骨头。她和她的"家人"（13人一起被发现）生活在300万年前。露西是一名成年女性，高1.2米，重约59斤。她能完全直立，像任何现代人类一样行走和跑动。她的家族中的男性约有1.5米高，体重是她的两倍多。除了手臂较长，她看起来就像一个身材矮小的现代人类，但她的头和脸与我们形成了鲜明对比，似乎更类似猿猴：她有一个小脑壳，前额凹陷，厚额头，扁平的鼻子，凸出的脸，大尖牙，没有下巴。至于露西是否会被她所在群体的其他成员视为是可爱的，我们只能推测；不过我们可以肯定的是，在她的扩展大家庭中，男性之间在讨取她的关注和青睐上竞争非常激烈。[根据下面的事实这是一个相当肯定的推论：男性要比女性大得多。今天凡是存在这种身材大小上"两性异形"现象的地方（例如，象海豹、麋鹿、大猩猩），男性都会相互竞争女性，只有一个占据主导地位的男性（"阿尔法男"）才可以与女性交配。完全可以肯定，这样的安排在南方古猿中同样盛行。]

著名古人类学家玛丽·利基（Mary Leakey），在坦桑尼亚370万年前的火山灰中发现了三个这样的南方古猿足印。三个人——可能是一男一女还有一个小孩——被附近火山喷发的热灰所掩埋。他们完全是在直立行走，火山灰中留下的脚印几乎与我们的一模一样。玛丽·利基说：走在这样的脚印之路上，让

360万年前的人类足迹化石

她心中生出一种"凄美的时光之痛"。三个人中的一个停了下来,回头看了一眼,然后转身——我们假设——赶上别人。"这个动作,带有如此强烈的人类意味,超越了时间。370万年前,一个遥远的祖先——就像你和我一样——经历了片刻的怀疑。"

10 这些古猿无疑是最早人类的祖先,可是这些古猿又来自哪里呢?

在500万年前和南方古猿出现前,化石记录变得零碎而不完整。分子生物学研究表明,约500万年前人类和黑猩猩拥有共同的祖先;然后原始人树开始分支,古猿和黑猩猩分别沿着两条不同的路径演变。同样,800万年前,大猩猩加入主枝,共享一个共同的祖先;1200万年前,猩猩线收敛;1700万年前,长臂猿线加入进来弥补古猿树干。所有的箭头都指向约在2500万年前的整个古猿线。在此之前是5000万年前的早期哺乳动物;在那之前是5亿年前巨大的爬行动物;再往前则是更多的元素和原始生命形式(可以追溯到36亿年前)经历了30亿年的不断演变。

更新:人类起源

谁可能是我们的祖先?我们人类一直为这个问题所着迷。不知怎的,知道我们来自哪里成了我们的认同/身份的一部分——留意一下那些帮助搜寻我们祖先的电视广告的普及性。不管怎样,过去几十年,随着许多骨骼遗骸被发现,人们已经开始填写关于人类起源这幅大图。考古学家发现了6000余人的化石。下面是研究者对人类起源所做的一个简单更新。

大约600万年前,一群原始人生活在今天的北非乍得。2001年研究者发现了其中一人绰号"托迈"(Toumai,"生命的希望")零碎的头骨。他和他的亲属直立行走(像我们一样)穿过森林和草原。对我们来说,他身上既有类似人类也有类似类人猿的特征。如果我们见到他,他会提醒我们意识到,这是一个直立的黑猩猩,微斜的面庞,小的大脑,突起的眉脊。但是,在他身上也能看到我们自己的影子:身材小,扁平的犬齿,相当短的脸部,直立行走的姿态。我们对他的行为和他在他的世界里经历了什么一无所知,但我们可能会发现,他的行动熟悉得足以让我们认为他是一个经验自我。科学家给他取了个学名:乍得沙赫人。

再有就是露西,迄今为止发现的最有名的人类祖先,但她不是独自生活。她的种属(南方古猿阿法种)住在一个扩展的地区,就是现在的东非(埃塞俄比亚,肯尼亚,坦桑尼亚),存活了将近100万年——令人印象非常深刻的长寿。此后又发现了超过300个南方古猿阿法种个体。露西在25岁左右死亡。近来发

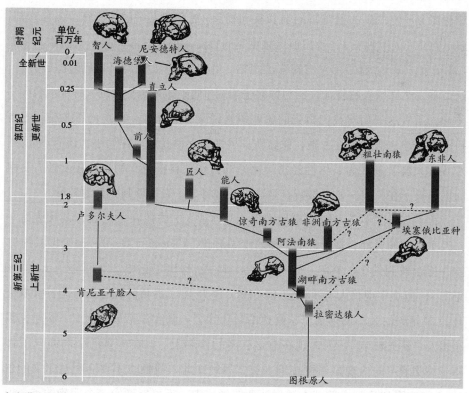

人类进化图

现的另一个阿法种是一个3岁的孩子，绰号"露西的孩子"（虽然它生活的时间要比露西早十万年）。它也会直立行走，但也能爬树。其微小的头骨和上半身表明，一个人的成长模式刚开始发展。

大约300万年前，一群与露西的物种相似的原始人生活在南非，他们也表现出类似人类和类人猿的特征。著名的汤恩小孩（Taung child）属于这个家族，被称为南方古猿非洲种。它在3岁上去世，其第一大白齿刚开始穿过其牙龈。它的父母站起来约有1.2米高，重约72斤。如果我们能看到他们，他们的长臂和微斜的面庞会提醒我们他们是黑猩猩，但他们能直立行走并有弯曲的背，则与我们类似。其他特征，如较大的大脑和较小的牙齿表明，他们已经开始进化出人形特征。汤恩小孩发现于1924年，给了科学家们相信非洲是寻找人类起源之地的第一个证据。

当前的新闻是发现了"阿迪"（Ardi，始祖地猿的简称），一位两足女性，旁边是她36位同伴的遗骨。她生活在440万年前的埃塞俄比亚，一位古生物学家称她是一个"真的很奇特的灵长类动物"。她有像人一样的特征：弧形背部，直立行走（人类独有），较短但比猿更宽的骨盆，小钻石形犬齿——她也有长臂（像猴子一样），有手但没有对立的拇指，有抓东西的大脚趾供攀爬树枝用——这似乎表明原始人的特征开始与像猴子似的（而不是像黑猩猩的）特征混合到了一起。所有这一切对我们祖先的家庭树来说意味着什么，目前尚不清楚。很有可能，阿迪演变成南方古猿，像露西。男性和女性几乎一样大小，还有小尖牙，导致古人类学家认为，男性经常给家庭的合作伙伴提供食物，这让女性有更多时间与孩子在一起。如果事情真是这样，这将是一夫一妻制关系的开始。

大约1.6万年前，一群早期人类（现称智人）居住在肯尼亚，其代表是一个几乎完整的男性骨架，绰号"图尔卡纳男孩"（Turkana Boy）。他去世时约11岁，但已长到约1.8米高。他的大脑容量估计有900毫升，大于能人（约600毫升），但小于现代人类平均值（约1350毫升）。（古猿的脑容量平均约400毫升。）单是脑的大小便揭示了从露西的时代到智人脑容量渐进的演变。科学家没有提及"缺失环节"，因为现在有这么多的候选人，但在故事的中间部分，"图尔卡纳男孩"的出现显然更接近人类。尽管如此，我们也不要忘记达尔文的告诫："在一系列从类人猿到人缓慢演变的形式中，不可能确定一个明确的点，说在这里'人'这个词应该被使用。"这句话在今天仍然适用。

事实证明,原始人的进化要比我们想象的更具灵活性和适应性。2003年在印度尼西亚弗洛雷斯岛上发现了一个非常小的人类种属,研究者给她起了一个适当的名字:弗洛里斯人。绰号"弗洛雷斯的小妇人"(The Little Lady of Flores),身材矮小,有一个小的大脑,大小像柚子,站起来高1米,重约50斤。如果我们能看到她在居住的山洞里做饭(她的种属会用火),就会看到她有一个突出的眉脊和微斜的面庞,没有下巴——这是原始特征和更先进特性的混合物。她和她的种属被称为"霍比特人",得名于《指环王》中的小生灵。她生活和死在(30岁)约1.8万年前,她的族人显然与现代人类共存了几千年。研究者发现了与她的物种相连的发达的石器工具,可以追溯到将近一万年前。古生物学家无法解释她的小身材,也猜不出她的族人来自何处。

一直还有许多更多的发现,只是意义不大,因为他们的骨架支离破碎。一个强大的人类物种,研究者给其命名为海德堡人,在约50万年前,从非洲走到了欧洲和亚洲,它有一个更大的大脑,会用火和木剑,会建造简单的庇护所,抵御寒冷。

所有这些发现揭示了,智人(我们!)是昔日包含十多种人类种属的丰富多样的家庭树唯一的幸存者。有很长一段时间,地球上曾存在过许多种类的人类。

11 因此,人类的存在是一个持续不断的演化进程中最近才发生的事件。250万年前发生了什么事,促成了人属的出现?

在化石/地质记录中,除了骨头,还有别的东西:全球极端气候变化的证据。经过亿万年温暖的热带气候,地球突然冷却。冰川冰盖覆盖了北美、欧洲和西伯利亚。南极冰雪大陆层层相叠。全世界海平面下降了150–500英尺。降雨模式急剧改变。一股寒气席卷整个非洲,巨大的热带森林变成了林地、草地和沙漠。这一全球性的灾难性气候变化发生在500万年前,并在250万年前再次发生。

其结果,栖息地支离破碎,不同栖息地的增多迫使与世隔绝的人群采取不同的遗传演化路径。动物、鸟类和昆虫的物种快速形成。例如,羚羊属在非洲增殖到30个种类。化石记录中一次又一次地显示:每当严重的环境变化挑战有机体的适应能力，将物种推到自己生存的极限，物种就会产生更好的生存特性，适应新的生态环境，否则它们就会相继死去。这似乎是进化的一个基本规律：不改变就死亡。在化石记录中，我们既能看到气候变化导致新物种增殖，也能看到旧物种的大规模灭绝。看起来，这是人类时代开始时的驱动力。

在成功地生存了超过100万年（从250万年到150万年）后，能人从化石记录中消失，被更先进的物种所代替。我们称这一更先进的物种为直立人（Homo erectus）——关于这一新人最早的证据，出现在160万年前东非的化石记录中。古人类学家认为，能人逐渐进化成直立人。

12 如果你在街角快餐店碰到这些人中的一个男的，正在排队等候他的薯条，他看起来会是什么样子呢？他在许多方面看起来都会像我们一样。在身高和体型上，他可能只比我们略小一点：高1.6米重99斤，但他看上去会比我们显得更敦实更强壮。他的大脑几乎与我们一样大（是我们大脑的87%）。他会有一张大脸，结实的下颌，中等厚眉脊，扁平的前额，几乎没有下巴。他的牙齿会更小，早期物种的犬齿将会消失。他会直立行走，他的身体仍然毛茸茸的。

在他的非洲故土，他的人类同伴三五成群地生活在一起，四下漫游，共享食物。男人的体型只稍大于女性。他们负责猎杀和清理，动物骨头上留有他们的石器切痕。他们是最早的原始人，会用石器，会用火，会煮食物，（有可能）首先使用符号，会说话，并有一定的抽象思考能力。

直立人要比能人更成功。他的种类存在了超过100万年。他在东非生活了几十万年，然后逐渐四下分散，进入北非、欧洲和亚洲，如遥远的印度、中国和印度尼西亚。然后，约从50万年前开始，地球进入了另一个全球气候变化时期。直立人从化石记录中消失，约30万年前，一个我们更加熟悉的面孔开始出现。一个或更多的直立人演变出新的大脑，双足直立。我们叫他智人。

非洲是人类的摇篮。早期智人在非洲东部和南部生活了十多万年或更长时间，然后开始走出非洲，进入世界上其他地方。这一迁移发生在约12万年前。9万年前，我们发现他们居住在近东和地中海南部沿岸。7万年前，他们已经遍及亚洲。4万年前，他们生活在俄罗斯和东欧。3.5万年前，他们已经定居整个欧洲。到了3万年前，他们居住在印尼、澳大利亚、斯里兰卡，越过白令海峡进入美洲。随着这一新物种迁移并定居在世界多样化的环境中，逐渐形成了独特的基因库，并确立了人类多样的民族和"种族"特点。

13 如果你在隔壁音像店遇到这些生物中的一个正在找寻新出的唱片，他会是什么样子呢？我们知道得很清楚！他们有着和我们一样的形状、大小和颜色。他们有时矮点（像俾格米人），有时高点（像瓦图西人）。他们可能有短臂和粗短的手指或有长臂和尖细的手指。他们可能修长而轻盈，或丰满而敦实。他们可能有长脸或圆脸，面孔或棱角分明或持平……等等。我们发现，智人多态多型：我们既可以在基因库内也可以在基因库之间发现很大的差异。我们在日常生活中经常关注这些差异，正是这些差异将我们与他人区分开并确认我们的身份。

14 因此，虽然真有很多种成为人类的方式，但是，最终只有一个单一的智人。我们都是一个物种，在我们的进化史的背景下，我们共享一些鲜明的特征。智人的骨架要比有史以来任何其他原始人的都轻，面部柔软而小，或没有眉脊；细齿，有突出的下巴骨保护它们；头骨位于直立椎骨的最上方。这些特性是我们独有的。

不过，有一个单一的特点，造成了所有这些差异。从 200 万年前能人起源开始，人类这一物种就已与其他所有生物区分开来，那就是我们的大脑——脑容量高达 1400cc——我们通过进化为那一大脑腾出空间。正是化石记录中留存的脑壳情况，使得这一大脑可以去追溯其自身历史发展。

仍在试图定义"人类"

15 要想充分理解人性，必须从了解我们在进化道路上所处的位置开始。我们属于动物王国，但我们拥有某些比动物更多的东西。

将人类定义为不同于动物王国的其他动物是一个麻烦的问题。人们一直都在充满宗教热情般地保护他们的独特性清单。

有人认为，人类的起源可以从使用火或武器证据的化石记录中分辨出来；

也有人认为，只有真正的人类生物才会使用或制造工具。早期人类学家写道：人仅仅是一个工具制造者。

特殊的物理特性清楚地表明智人更优越。直立姿势可以让人更好地保持移动性、灵活性，有更好的生存机会。更大的脑容量意味着更高的智能。复杂的神经系统使得内部微妙的运作成为可能。此外，人类不像低等动物那样为本能所限定。人类据说是唯一可以真正作出自由选择的动物，可能也是地球上迄今为止出现的所有生物中唯一要为那一自由作出痛苦选择的生物。

大大扩大的"新大脑"，使人类有能力进行抽象思考和推理。古希腊思想家指出，正是推理（即利用已知事实推出新的事实）这一人类属性，使得我们成为人类，并使我们有可能成为理性动物：培养理性的头脑。他们认为，单是这一属性，就使我们区别于动物。他们认为，离开理性，人类就是一种动物。

伴随抽象思维而来的是自我意识，即我们人类反思自我、本性、知识和我们存在意义的能力。智人自然是唯一能够进行理性思考的动物。

三种更超验的性质——道德、审美和宗教感情——经常被认为是人类有别于其他动物的独特特点。人们认为，只有人类有道德感，能感受到正义与不义，只有人类发展出行为准则来指导自己的生活。只有人类会对美作出回应，并会创造美的对象，没有其他原因，只为欣赏它们。只有人类能够设想出一种超自然的现实秩序，相信神灵，编写出一部救世神学史，感受到他或她自己存在意义的"终极关怀"。

所有这些清单中有一个明显的遗漏：灵魂。这一奇异的性质最终将我们与所有其他动物区分开。灵魂这一本质（希腊语中的"心理"）可以逃脱死亡，没有其他动物被认为拥有心灵。关于在进化之路上人类何时发展出（或被赋予）一个灵魂，历史上早就有过相当多的争论。

16 近来的科学发现燃起了人们重新定义人类的热情。面对动物世界，裸猿目前正在经历痛苦的自我重估。

> 珍妮·古道尔的发现：黑猩猩不仅会使用工具还会制造工具，显著地改变了关于人的科学定义。他可能不再被归类为唯一的工具制造者。

从人类的标准来看，它们的成就是简单的，但这表明它们远远高于所有其他动物。这个女孩已经迫使世界上的科学家和心理学家去重新给人下定义。她的黑猩猩将人从高高在上的位置请了下来，使其回到自然界的动物王国。她在她的黑猩猩身上识别出了基本的情绪和传递自己感情的需要。虽然为身体功能所限无法像人一样说话，但在它们身上有一种任何人都可以理解的明确无误的自然语言，那就是承认、喜爱、安心……的标记。

三代黑猩猩现在已经成为古道尔生活的一部分。她花了很多年时间去做没有人做过的事情：赢得它们的信任和信心。从她对这些动物的了解中，已经得出了意想不到的洞见和不断增多的对人类的评价。这些黑猩猩是越来越多惊奇的来源，提醒我们在人的智力和语言的进化中，人性往前走了有多远，他有能力去无私地爱，去欣赏和创造美。也许人猿之间不断缩小的鸿沟无法单靠科学跨越，但却可以靠理解和同情做到。

——CBS 电视台节目《国家地理》"猴子、猿与人"

杀手猿理论

17 在重新定义人/人性的过程中，出现了一个争议。看起来，人类的暴力倾向远远超出任何可能的进化需求；我们残暴地对待自己的同类，在动物王国中可谓是独一无二。人类不只是为了食物才去杀戮，有时还会为了一些意识形态和符号的原因，即杀人"原则"，而去进行恶性杀戮。人类可以为了一些抽象名词杀死他人，而其他动物与自己的成员交战通常只为使其就范。总之，人类所有的宗教约束、道德准则、法律制度，以及理性，似乎仅仅勉强能——这还得是在理想条件下——把我们身上的邪恶控制在一定范围内。

问题是，我们的攻击行为是先天遗传的还是后天学来的。人类是杀手，是否可能是因为我们直接来自"杀手猿"这一脉？这是动物学家洛伦兹（《论攻击》）、德斯蒙德·莫里斯（《裸猿》）和剧作家罗伯特·阿德雷 [Robert Ardrey,

《非洲创世记》(African Genesis),《领地法则》(Territorial Imperative)]所持的立场。

L. S. B. 利基博士和其他古生物学家提出，非洲南方古猿的不同分支，追求不同进化路径的发展。虽然有些仍然是和平的素食主义者，但至少有一个分支变成了具有攻击性的食肉动物；现代人类很有可能就是从后者那里发展过来的。杀手本能深藏在我们的基因中。

18 杀手猿理论遭到其他生命科学家和心理学家愤怒的反驳。他们争辩道：没有明确的证据表明，人类的攻击性来自遗传，但却有强有力的证据表明它是学来的。从苦涩的情感到残忍行为这整个范围内的举动，可以通过早期处在一个充满敌意的环境中得到解释。如果残忍和暴力行为被"编程"进入基因成为我们可以接受的行为方式，如果我们自己受到残忍暴力的对待以至于我们存储了一个里面装满痛苦的炸药桶，那么我们已经成为了杀手猿。但是，这一切都是习得的，很容易学到。我们不必往远处看，只需看一下身边最近的电视，就会发现"人对人的不人道行为"早已变得多么容易为人接受。

阿什利·蒙塔古（Ashley Montague）认为，杀手猿理论是荒谬的；他采取了对立的立场：任何人作出的残暴攻击，都是因为他的基本需要爱与被爱未能得到满足或是受到沉重打击所致。"他的好斗性和竞争性主要源自他的合作需求受到挫折。"人性最基本的驱动力——严格从进化生存角度来说——是爱和合作。

> 生物体与生俱来就有对爱的需要，对爱的回应，对善良、对合作的需要。我相信，这一点可以超越任何怀疑的阴影。任何对爱、善良、合作的反对都是不协调的、不可行的、不稳定的、功能减退的——恶……所有人的自然倾向都是朝向发展善良，朝向持续善良的状态终止不愉快的状态……任何社会中任何人之间存在仇恨，我们可以肯定，也是因为爱，因为仇恨就是爱受挫。攻击同样是寻求爱的一种方式或模式。

19 这一问题永远都在被提出："性本恶还是性本善？""人类是否在基因上就是杀手猿或堕落天使？"

这个问题本身可能就有问题。（大多数非此即彼的问题都只会产生出比其解决的更多的问题。）当然，人类本质上既不好也不坏。即使粗略的观察也会表明，人类既拥有合作能力和爱的能力，也拥有作出攻击和敌对行为的能力。哪些特性会在个体身上得到发展并占据主导地位，取决于环境的需求。生活怎样对待他或她，他或她就会怎样对待生活。对个体来说，这取决于条件作用——是走向"正确的方向"还是走向"错误的方向"。

关于这个问题一种可能更好的表述是：我们人类在攻击情感上如何不同于我们的动物近亲？可能没有什么明显不同，只是我们的更加复杂。凭借高级的大脑皮质和抽象思维能力，我们可以作出无限复杂的反应。我们几乎有无限多的选择。正是我们对威胁的复杂感知和我们多样的回应，使得我们人类与众不同。

在动物王国的其余动物身上，反应往往简单而直接：逃跑，战斗，或屈服。在人类身上，基本的情绪反应模式是相同的，但它们是隐蔽的，每个单独的个体都会根据我们潜在的或间接的感受，作出不同的反应。

但是，只要感受不到威胁，人类并不会比他的任何动物近亲表现更恶劣。对于那些与动物一起生活过、训练过它们并喜欢它们的人来说，事情再明显不过：当你赶走威胁，你也就消除了暴力；但当环境变得充满威胁，结果就会出现暴力。这一简单的原则很可能同样适用于我们人类。

20 那么，到底是什么使人区别于其他动物呢？在目前这一时刻，我们还无法肯定地提出一种单一的人类性质，是在其他动物身上所无法找到的。

区隔我们与我们动物近亲的天堑所反映的只是程度差别。没有人质疑下面这一事实：人类拥有远远超出与我们最接近的灵长类近亲的精神力量：逻辑推理，创造性想象力，自我意识。但这也是一个事实，即许多动物具有的能力也远远超出人类：例如，高度发达的感应器官，能够"直觉"到一些被人类错失的微妙关系。

这可能是真的：每一种经验观察到的用来区分人类与其他动物的特性，在一定程度上，在动物王国中的某个地方，都能找到。

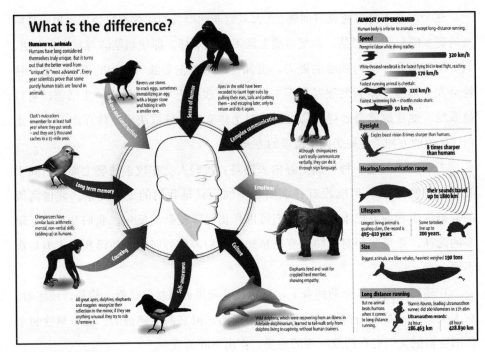

人与动物的区别是什么？

永无尽头的旅程

21 "永无尽头的旅程"这一阶段已经开始了。我们现在已经开始控制我们自己的进化命运，以及这个星球上所有其他生物的命运。虽然我们还没有理解和控制生产过程，它看上去就像是我们正在迅速奔向一条不归路，但是我们还有一个选择：把未来的全部重担都放在我们肩上。

有两个事件使得这一点不可避免。首先，我们已经取得了如此迅猛的科技进步，已经从根本上改变了环境的选择性功能。许多有害或致命的遗传特性现在都得到了保存，在自然条件下它们会逐一死去。这些遗传疾病包括血友病、视网膜母细胞瘤、镰状细胞性贫血、身体和情感功能障碍等。现在许多这些缺陷都在通过手术、化学和精神病学加以纠正或使其变得可以容忍。这种基因携带者生出的后代，会繁殖更多有缺陷的基因。所以现在发生的事情就是，存活的个体身上所存在的并非"最适者"的遗传性状。自然选择不再是进化过程的主要机制。(我的文字编辑认为,如果有的话,那就是现在的金钱。)

22 迫使我们控制我们自身进化的第二个事件,就是我们对自然环境的破坏。过去人类通过在自然环境中及与自然环境的选择竞争得到发展:自然环境按照它的标准产生我们。是人类,而不是环境,要去适应。环境是创造者,人类是生物。持续变化的生态系统,"决定"了这个不断变化的有机体(人类)具备哪些特质。

然而,现如今,这种特质–选择的环境已经不复存在。科技的应用,以及我们人类物种的扩散,早就改变了环境,以至于它已失去了选择特定适应性状的力量。目前还没有已知的力量来决定"适者"特质生存和较弱的特质灭亡。

具有象征意义的是,后代已经消灭/废止了产生它的母代。

23 从这个意义上来说,这是一种震撼人心的认识:人只是大自然的一部分;只需考虑一下宇宙的大小,就会使他明白自己的相对渺小。但是进化生物学也向我们展示了,从现在起人类注定要在进化过程中发挥其核心作用——当然,除非他这一工程师自我灭绝。尽管人类来自进化过程,尽管对这个过程他既不了解也根本无法控制,但他现在必须意识到,他在这个世界上是独一无二的,延续这一过程是他的责任……

毋庸置疑,生物学家有能力发展出一些方式,让人类决定其自身未来的演变。更棘手的问题是,他是否会选择作出这样的决定,以及会用什么样的智慧作出。

克尔凯郭尔

我就是"那个人"

多亏了达尔文,我们现在有了一个连贯的进化框架,可以了解作为一个人类种属的我们是谁;有了一个大致的思路,可以了解我们是如何融入地球上万物的总体格局的。但是哲学家甚至早于达尔文就曾暗示,在谈论人时,生物进化仅仅是故事的一半。剩下的故事,也就是旅程的下半段,是个体自我的进化。遗传学为有机体的存在提供了一个物理基础,但在出生时,经验自我,即心灵,仍然不够发达;它的旅程仍在前面,它必须得到精心滋养,如果它想演变成为它所期望的自我的话。

在西方哲学中,克尔凯郭尔做了最大胆的尝试,去认识个体自我,并给它以指导。完全是通过内省——实证心理学家还要再过半个世纪才会出场——他想要描述更深层次的存在,那一存在将会决定我们未来生活所遵循的成长模式。现在所谓的存在主义,是一种经验人类自我的哲学,克尔凯郭尔的生活就是一个人追寻何为人的故事。"生活的全部意义就是去了解我自己,"他写道,"看看上帝真正希望我去做的事情是什么;生活的全部意义就是去找到在我看来是真实的真理,找到一个我可以为之生为之死的观念。"

在克尔凯郭尔出现之前,西方哲学一直痴迷于抽象事物,事实上,自从柏拉图以来,哲学一直被定义为一种训练,放弃具体实际,全力寻找"本质"——柏拉图体系的"真实理念"。具体——不论是物体或人——被抛在一边。然后,在18世纪,有史以来最强大的抽象系统在黑格尔手上完成,黑格尔鄙视特定、具体和真实;他很少承认具体的存在。正是黑格尔体系成为克尔凯郭尔的跳板,使他充满激情地去挑战所有放弃人类经验真理的哲学思想。

克尔凯郭尔（字面意思是"墓地"）出生于丹麦哥本哈根。他的父亲，迈克尔·佩德森（Michael Pedersen）38岁时娶了克里斯蒂娜（Kirstine Royen）；他对她一往情深，但却在两年后失去了她。在他的妻子去世前，他便与克里斯蒂娜的婢女28岁的安娜·隆德私通。克里斯蒂娜死后，迈克尔和安娜结婚，并一起生了七个孩子，三个女孩和四个男孩。索伦是最小的一个，是他们意料之外的。

有了七个聪明健康的孩子，克尔凯郭尔一家便在哥本哈根扎下根来，成为一户表面看上去非常传统、中等富裕的中产阶级家庭。然后，好景不长，便有一连串的悲剧开始发生，从来没有停止过。1819年长子在校园奔跑时与另一个男孩相撞，结果被杀。1822年长女死于24岁。然后，在1834年到1837年三年间，克尔凯郭尔正在念大学时，他的母亲和他的三个兄弟姐妹相继去世。原本九个人的大家庭，转眼就只剩下父亲、克尔凯郭尔和他的弟弟彼得。

遭逢这样的悲剧必须有一个解释，迈克尔转向他的宗教信仰寻找答案。作为摩拉维亚弟兄会的一员，他陷入旧约教义中有关神的道德任务中，并认为一个得罪神的人就会受苦。他坚信，所有的痛苦都是因为不服从上帝的律法。一个人所做的，或者说一个人身上所发生的，没有一样没有道德意义。因此，当苦难发生时，按照这一学说的逻辑，一个人只有被迫去寻找和发现——通过反省——造成苦难发生的罪。

就在父亲去世前不久，克尔凯郭尔发现父亲犯下了一个不可饶恕的罪过。"在日德兰半岛的荒地上放羊时，受尽饥饿、失去希望的"迈克尔·佩德森"站在一座小山上，冲着天空大声诅咒上帝"。这件事，一件如此严重的神学罪过，给克尔凯郭尔造成了猛烈的冲击。

克尔凯郭尔也发现了，他父亲在其第一任妻子还活着时就与他的母亲有通奸行为。此外还有更多的秘密。老克尔凯郭尔显然时常光顾小酒馆和妓院，并与一个妓女可能育有一子。看上去他的父亲过着典型的双重生活：一边是社区里正直的一员，一边又在追求花天酒地的生活和罪恶。

迈克尔已逐渐相信（现在克尔凯郭尔也开始相信），降临在他们家庭头上的悲惨事件，都应归因于他自己犯下的罪孽。克尔凯郭尔终于明白了父亲的忧郁：这是一种绝望的心虚，不敢求得赦免。岁月只是放大了他父亲的内疚感，克尔凯郭尔十分不

安地看到，他的父亲抱有的信仰并未能拯救他。

年轻的克尔凯郭尔决定把父亲的痛苦转化成自己的负担，父亲没能解决他的悲剧性的存在之谜，那么克尔凯郭尔将会代其解决。驱除他父亲的恶魔的斗争将会需要一辈子的痛苦分析，将会出现前所未有的阴影和珍贵的启示。

克尔凯郭尔在哥本哈根完成他最初的学校教育。他还记得那时的自己"柔和，纤细，弱小"，但天生"精明机智，使我觉得自己并非手无寸铁"。中学毕业后，他于1930年秋就读于哥本哈根大学。他喜欢逻辑，期待学习哲学。于是，他沉浸在黑格尔的唯心主义中，感到深深的幻灭。他抱怨说，黑格尔取消了丰满的人类经验，将其变成一种空洞的抽象。

1837年9月，克尔凯郭尔搬进自己的公寓。他现在终于可以自食其力做自己想做的，但他试来试去，始终无法为自己的生命找到一个目标或方向。就像他在理智上背叛反对黑格尔，现在他在感情上开始背叛反对他的父亲和他父亲的神。这是寻求"我自己的真理"的第一步，但是它们是犹豫的和不确定的。

克尔凯郭尔成为哥本哈根社交圈里一个熟悉的身影。他那广博的知识、诗意的幽默和刺骨的对答，让大家眼花缭乱。但是，这一切仅仅是表演——戴着面具的表演。熟读他的著作的读者会在其公共生活背后瞥见一种更真实的生活。与他在《日志》中的开放性相反，他在那里面认真探索各种想法和感受，克尔凯郭尔的公众面具始终完好无损，极少有人能穿透它们看到他真实的一面。

从童年开始，他就逐渐认识到，我们大家都生活在两个世界，为了兼顾两者，我们却变得四分五裂。内心世界是私人体验的全部所在，里面存在着何为人的真相，全部的真相。"他人"的外在世界什么也不知道，也不怎么关心这一内心世界。外在世界忽略了我们独特的经验自我，旨在塑造我们的行为，让我们认同它的价值观，使我们融入集体。

这种个体损失，这一对手无寸铁的自我的绑架，激起克尔凯郭尔的愤怒讨伐。在他看来，甚至没有人看到这是一个问题。克尔凯郭尔认为，没有理由相信任何人，无论是单独的个体还是"人群"，因为他们身上还没有开始出现真实存在所要求的个体转变。

克尔凯郭尔的成年岁月都是在哥本哈根度过，他生活舒适，独立自主，不断写作。然而，他的生活也并非全无波澜。1840年，他与一位聪颖的年轻女士雷吉娜·奥尔森（Regine Olsen）订了婚，但他对婚姻的疑虑，又使他在马上就要结婚时毁约。1846年，他对感知到的两个敌人发动恶毒攻击：一是针对小报杂志对哥本哈根公民产生的颓废影响，一是针对第二丹麦路德教会领导人，为了创建一个"强化基督教"，后者不再给个体灵魂的赎回提供活水。1848年，他经历了一种"变形"，在此期间，他对父亲的愧疚消失了，最终他与自己独特的存在达成了协议。

☙❧

克尔凯郭尔对星相学、物理学、社会学、历史统统不感兴趣。他只对人的内心感兴趣。每一种思维模式和行为，只要是让个体非人化、平面化、匿名化，或是会夺去个体至高无上的价值，都会激怒他；在他眼中，每个灵魂都是哭着出来的麻雀，不能眼睁睁地看着它落下。

> 整个世界的发展都趋向于个体的重要性，那就是基督教的原则……因为基督教自然是所有人都可得的，但要注意，只有每个人都变成一个个体，才有可能成为"一个人"。

个体存在

克尔凯郭尔并未过于乐观："多数人都怕成为一个人……当个体尝试这样做时，他发现这一思想对他来说实在是太大了，事实上是压倒性的。"我们需要的是一场普遍的改革，反对代表个体的"群众"。在丹麦，他注意到，每件事都被组织起来去支持"体系"。克尔凯郭尔把反对体系、救援那些"强迫通过窄门的"个体作为自己的职责。这将是他一生工作的试金石："我渴望我的墓碑上就刻上'那个人'，即使它现在不被理解，终有一日它将会成为真理。"

所谓存在主义思考，就是个体关心他的生活意义、期望发现更深层次的存在时所做的，它超越了仅仅是理性的、基于数据的、传统的思考。它是一种意识模式，抛开世俗困扰：票据、情景喜剧、家庭秘密、汽车修理、晚饭吃什么；有意识地和清醒地对人的至高无上的道德义务作出决定，追寻人类生存的最高模式。

克尔凯郭尔哲学的主题是"个体对人群"。对真诚追寻的个体来说，生活必然会是一场斗争，因为他的生存正在受到威胁；只有不懈的警惕才可以保护真正的自我，它才能实现其全部潜力。他必须不断地在真理和谎言、自由和奴役、完整和同化、道德责任和社会习俗、人的存在和木偶生活之间作出选择：要么是一种充满风险和痛苦的生活，可以导致一种真正的人类存在，一种自我决定的、真实的和有意义的生活；要么是一种为集体而牺牲的生活，一种空洞匿名的生活，其性格由群体压力所决定，一种永远维持在较低级别存在上的无法自我实现的生活。这是一个机会均等的选择，没有人能逃脱。如果有人弃权不作出选择，那还是作出了选择。

1855年10月2日，克尔凯郭尔在从银行回家的路上，晕倒在哥本哈根的大街上，腰部以下瘫痪。忍着剧痛，他被送进了医院，在那里他恢复了知觉，然后静静地躺了40天。11月11日，星期天，他独自死于不明原因。一大群人聚在教堂为他举行葬礼，一群学生自发进入教堂，围着棺材组成一个仪仗队。他的遗体被安葬在他的父亲旁边。墓碑上有他为自己准备好的墓志铭。上面只是简单地写着：那个人。

6-3
地 球

本章主要思考人类与地球上其他生物及地球自身的关系。这引发了一个问题：谁有权控制和利用其他物种？史怀哲坚称，我们所有的人，包括人类和与人类相似的动物在内，共享一个最根本的存在事实：生命意志。他还坚持认为，一个真正有道德的人，会将所有生物都纳入其关怀圈。20世纪后半叶，在我们对动物的理解上，出现了一种新的认识，将动物视为经验自我。本章介绍了这些新的思想意识，它们是创造一种较少带有人类中心主义色彩的世界观的序曲。

我们在事物发展进程中所处的位置

1

　　敬畏生命的理念自身就是下面这个现实问题的现实答案：人如何与世界密切相连。人只知道，这个世界上的一切存在，和自己一样，都是生命意志的一种表现……

　　一个人一旦开始思考起他的生命和将他与世间其他生命连接到一起的链接的奥秘，他就不能不在敬畏生命的原则下去想到他自己的生命和所有其他生命……于是，比起只为他自己而活，他的存在也就在各个方面都变得更加困难，但是与此同时，他的生命也将变得更丰富，更美丽，更快乐。他不再仅仅是活着，而是拥有一种真正的生命体验。

——史怀哲

2 人类寻求对世界的认识，并不仅仅是单纯为了满足智识上的需求，而更多是想理解我们与世界之间的关系，以及我们在世界上所处的位置。我们所有合理的追问，都只是建立更有意义的关系的前奏。对人类来说，一直隐藏的一个问题是："我在事物发展进程中处在什么位置上？"

人类在其中进化的世界，对待人类既友好又敌对。一方面，世界赋予我们生命；另一方面，它也给我们带来痛苦和死亡。表面上看，我们似乎一直都是一片陌生土地上的陌生人。但事实上，我们已经使它变成了我们自己的家园，甚至是在它那些充满危险的地方。

普遍进化（general evolution）的故事，解释了物种如何在它们所处的环境中寻找合适的**生态位**（niche）。**人类进化**（human evolution）的故事，解释了我们如何超越那一进化生态位。**文化进化**（cultural evolution，人类文明）的故事，则解释了（除了其他事情）我们如何逐步认识和超越我们所处的环境。

3 人类与自然环境的关系已经经历了三个阶段。人类最初与自然的关系，是一种亲子关系的性质。自然产生了他，他是它的后代。他永远都不知道如何去概化产生生命的力量，但他却无法怀疑，它们随处可见：在他的庄稼里，在他的牛群羊群中，在他的人类大家庭中。因此，他的神话帮他构想了那不可想象的事物。大自然赋予生命的力量，自然是男性和女性。生命的主要来源是地母，她被人格化为女神、玛格那玛特（Magna Mater）、盖亚（Gaia）或德米特（Demeter）——每一个都在某种程度上与地母相像。（我们仍然习惯性地认为"她"是自然母亲，"自然父亲"的想法则让人感觉是错的。）当然，必须也有男性的力量，于是就有了朱庇特（宙斯，"天父宙斯"）和闪族部落的神耶和华、真主，他们都是男性人物。一般来说，动态的自然力量，如风暴、地震、打雷、闪电，都会被设想为男性化的影响力；自然较为被动的方面，如安静地吸收雨水和产生新的玉米种子，则被设想为女性化的影响力。

这些人格化力量是人类的父母。人们回应他们的特点是恐惧和敬畏，接受和服从。人类无法控制大自然的力量,他只能适应他们的行为。就像专制型父母一样,他们养育了他,但他们也会惩罚他。他对他们的依赖几乎是绝对的。面对风暴、洪水、干旱、凡人的痛苦,他只能孤立无助地干站着。他是一个孩子,对控制他的力量的动机一无所知。他无法理解他们拥有的秘密。然而,他会尽力与他们保持良好关系,取悦他们,发现这些人格化力量的"欲望"并尽力去满足。因此,他会作出各种尝试,就像对待人类父母一样,讨取他们的欢心。

◁ 专栏 ▷ **神圣的地球**

地球的每一寸大地对我们的人民都是神圣的。每一根灿亮的松针,每一片海滩,黑森林中的薄雾,每一片草地,每一只嗡嗡作响的昆虫,所有的这些生物,一枝草一点露,在我们人民的记忆及经验中都是圣洁的。我们可以感受到树干里流动的树液,就像自己感受到身体内流动的血液一样。地球和我们都是对方身体中的一部分。每一朵充满香味的鲜花都是我们的姐妹,熊、鹿、鹰都是我们的兄弟。岩石的尖峰,青草的汁液,小马的体温,都和人类属于同一个家庭。小溪和大河内都流着闪烁的流水,那不只是水而已,那是祖先的血液。……清澈湖泊上朦胧的倒影,映照出我们民族生活中的每一桩事件及回忆。潺潺的流水正是我们祖先的话语。所有的河流都是我们的兄弟,它们滋润了我们,河水载负我们的独木舟,河水喂食了我们的子孙。你必须善待河流,如同善待自己的兄弟一样。……

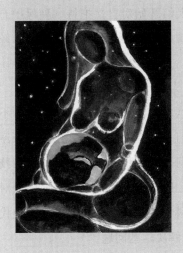

勿忘空气是我们的珍宝,空气与人类分享了它的灵魂。我们的祖先从出生到死亡都是风看顾的,我们子孙的生命精髓也是和风给予的。……我们曾经教给我们的子孙一切,你愿意继续告诉你的子孙吗?你会教导他们说大地就是我们的母亲,会降临到大地上的一切,也会发生在它的子孙身上吗?这是我们已知的:人类并不拥有大地,人类属于大地。就像人类体内都流着鲜血,所有的生物都密不可分。人类并不自己编织生命之网,人类只是碰巧搁浅在生命之网内。

——西雅图酋长(1855)

4 第二阶段，人成为征服者，这是所有人类文化中都能发现的一种基本方式，但它的成功发展则属于西方。它始于毕达哥拉斯发现了自然最伟大的秘密：她讲的是数学这门语言。然后奠定了科学认识和技术控制的基础，但在这方面的知识得到开发和应用之前，浪费了两千年时间。物理和力学最终诞生于 17 世纪，紧接着是化学和生物学，姗姗来迟的是社会科学和行为科学。通讯和交通技术属于我们自己的 20 世纪。现如今，控制已经蔓延到人类经验的几乎每一个领域。

对动态环境的这一迅速征服和控制，是智人最伟大的成功故事，它基本上是一个爱恨交加的故事。人类爱地球，因为是它滋养了他们。但他们也讨厌它，因为它无情地企图消灭他们。这是人类与自然之间的生死较量；就像在任何爱恨关系中一样，问题一直都是：谁会胜出：爱或恨？谁会赢：人类或自然？

看起来似乎是人类正在获胜——至少目前来看事情是这样。我们正站在为越来越大的自然力量设置控制的门槛上：操控基因，创造新的物质，量子物理学的新应用，等等。对生命过程和进化的控制并不遥远。未来派文学中一再暗示，人类很可能会最终控制宏观恐怖之事，如风暴和地震，然后进入宇宙量度的工程学。例如，我们可能会改变地球轨道，或捕捉小行星，作为旅游、研究或采矿的基站，或是制造通往遥远的前哨基地的运输工具。这种全面的控制力量，仅仅是我们现有能力的一个大范围的延伸，我们正在朝着这个方向快速进军。只要我们不先自我毁灭，这样的控制就可能是不可避免的。

5 在我们这个时代蓬勃发展的第三个阶段，人们开始对自然抱持一种保护态度。如果人类不再恐惧自然，因为我们完全了解她的运作方式，如果我们已经控制了我们的环境中更具威胁性的元素，那么，至少在理论上，恐惧就可以让路给其他感情：亲情，欣赏，保护。人们可以成为大自然的支持者。

上面所述一直是西方的经验。人类故事的其他分支则展现了对待自然的不同反应。当然，西方的成就让人百感交集。我们不知道同情的关怀是否应该浮出水面来挽救我们的地球飞船。说这是西方的问题，不仅是因为正是我们的技术控制造成了环境问题，还因为似乎很有可能，只有西方的技术——伴随着对优先顺序的真诚修改——可以解决这些问题。科学认识和科学技术创造了现代世界的大问题，也只有科学认识和科学技术可以解决这些问题。

一种生态圈伦理

6 通过持续的自我发现过程，我们不得不重新审视"我们在事物发展进程中所处的位置"，并学会如何作出负责任的行为。在发现了我们的存在仅仅是地球上所有生命的一部分后，一个重要问题也就随之而来：**谁有权利对谁做什么及为什么？**这里的关键词，也是最棘手的问题，就是"权利"这一概念。

因此，生态学主要是一个人类问题，也是一个伦理问题，其次它才是一门科学学科。人们应该与和我们共享一个星球的其他动植物保持一种什么样的关系？我们应该如何对待生态圈，包括地球、海洋和大气？我们是唯一有"权利"的生物吗？还是动物也有"权利"？树有"权利"吗？我们是否有"权"杀死任何动物——无害的野生动物，食肉动物，狗和猫等"宠物"？我们有"权"只杀"食"动物吗？还是只可杀对我们有"危险的"动物？我们有"权"去杀大猩猩或海豚吗？狮子有"权"去杀斑马和羚羊当食物吗？海豚是否有"权"杀人呢？等等。

一句话，依据什么样的标准，才能给予所有这些问题一个合乎情理与伦理的答案？以及最终一个问题："谁制定的那一标准？"

由于人类现在已经在星球上占据了主导地位，伦理责任也就落到了人类的肩膀上。但是，即便如此，问题依然存在：谁（或什么）给予我们权利去作出这一生死决策？

7 乔治·塞申思（George Sessions）教授是位生态哲学家，他对我们的生态处境作出了很好的描述，分析了其中内含的一些伦理迷惑。他提醒我们，正是因为我们继承了传统的西方世界观，我们才会陷入生态麻烦中。"伦理信念和态度并非存在于真空中。"对我们来说，我们如何对待与我们共享地球的其他生物，受到宇宙观的支配，"我们的生活、移动和存留"都在其内进行。"当这些宇宙观不再可行和可信，整个伦理体系或态度也就变得不相关和不恰当。"现在这一情况正发生在我们身上。塞申思写道：

> 与西方最早的泛灵论和泛神论、东方工业革命前的自然取向相反，近代西方一个普遍的文化特征就是人类中心主义的宇宙观，连同相应的

人类中心主义的伦理取向。从犹太基督教对人与自然的分离和超越的解释、古希腊人类中心的哲学体系和道德的崛起，到笛卡尔的身心二元论，后者成为早期现代欧洲哲学的基石，这些基本都是人与自然二元对立的观点，为一种世界观提供了形而上学基础——这种世界观将人类排除在伦理兴趣及关怀之外。

到 1960 年，对该领域的专家来说，盘旋在地球脆弱生态上空的乌云已经变得显而易见，但这一威胁尚未被其他专家或政治/工业的代理人所看出。他们还困在其他问题中。生态学家马斯顿·贝茨（Marston Bates）指责哲学家们在这一非常时刻还"在他们的学术园里磨磨蹭蹭"，因为当时迫切需要一种新的伦理视角。

先是蕾切尔·卡森（Rachel Carson）在《寂静的春天》（*Silent Spring*, 1962）中对不分青红皂白地使用农药发动的攻击，然后是保罗·埃利希（Paul Ehrlich）的《人口炸弹》（*The Population Bomb*, 1968），这两本书的出现"标志着现代西方世界过去那种几乎是完全天真的生态时代开始结束，对人类通过其科学技术无所不知无所不能的信念则从一个全新的角度开始被颠覆。现在来看，很明显，对人类社会来说，人类可以完全操控自然，并非全都是'好事'。"

8 按照塞申思的说法，我们的生态意识上出现了另一个转折点：林恩·怀特（Lynn White）发表的一篇文章，揭示了发展危机的宗教根源。

怀特的信息很简单：基督教人类中心主义是环境危机的根源所在。这篇文章被重印收入无数生态图书选集，这类书刚刚开始充斥图书市场。争议炸开了锅。基督教神学家、传教士、科学家们纷纷谴责他的看法，或是重新审视自己的宗教信念和态度。匆忙召开了许多会议，其标题如"神学存亡"等。随后怀特宣称他创造了"生态神学"。

怀特指出，对待自然态度的急剧变化，发生在基督教代替了古老的泛神论和万物有灵论之时——他称后者是"我们的文化史上最伟大的灵魂革命"。万物有灵的形而上学，导致形成尊重和崇拜自然事物的态度，进而帮助保护自然免受人类轻率的剥削。基督教对西方人类世界的世俗化，则鼓励人们形成一种"对自然事物漠然待之的态度"。

若要还原自然的一些内在价值，怀特建议，现代世界最好是返回到中世纪阿西西的圣弗朗西斯（Saint Francis of Assisi）的世界观，他对"自然和人的看法，建立在一种独特的泛感主义基础之上，所有的事物，包括有生命的和无生命的在内，都是为颂扬他们超然的造物主而设计的"。所有的事物都是为了展示上帝的荣耀，因此，它们都应得到人类的崇敬。"弗朗西斯试图为所有上帝的造物设置一种民主。"

塞申思认为，弗朗西斯主义世界观，是对两种传统犹太－基督教人类－自然关系模型的一种合乎伦理的改进：剥削模型和管家模型。

但是，仔细审视弗朗西斯主义伦理就会发现，它所面临的困难源于一种生态上极为幼稚的世界观。依照这一观点，每个单独的实体（无论是人、花栗鼠还是岩石）显然在"上帝眼中"都有平等的价值。它并没有为不可避免的冲突的出现提供解释的立足之地，如谁或什么有"权"去吃谁，在什么基础上作出的决定。捕食是生物生活中一个不可避免的事实。如果所有人都给予平等价值，捕食问题也就无从解决（对人类来说，其他动物看上去在很大程度上则不受这些"问题"困扰）。

此外，我们也不清楚岩石和"不善表达"的生命形式，如何直接或间接参与普遍的民主进程。

但最严重的是，这一解决方案误将关注点引到个别实体（一种独特的西方人文主义思想）的"权利"上，从而掩盖了关键的生态问题：环境危机并非主要是个别实体持续存在的威胁的结果，而是对物种多样性的威胁的结果，保持物种多样性对脆弱的地球生态系统的持续运作至关重要。从根本上来说，有意义的生态单位是，相互依存的生态系统或者更普遍地说就是生态圈的平稳运行。

9 近来一些哲学家和神学家也在尝试建立标准，解决"谁可以吃谁"这一伦理问题。查尔斯·哈茨霍恩（Charles Hartshorne）教授用我们生态圈居民的相对价值来解决这个问题。哈茨霍恩认为，神用"公正的喜悦"看待他创造的一切，"人类生命或任何其他生命的终极价值完全包含在它为神性生活作出的贡献上"。自从上帝创造了一切存在物，每样事物都对"神性生活"或多或少有一些价值，但因神本质上是理性的，所以更有理性的生物，在神眼里也就更有价值——这是一个会得到超理性古希腊思想家如苏格拉底和柏拉图等全力支持的结论。生物体和物种的相对价值由此得以确立。在无意识－理性量尺上处于低端的生物，其价值也就较低；人的价值最大，因为在这一量尺上人的理性最高。根据哈茨霍恩的看法，没有事物具有内在价值，一个有机体有价值，只是因为上帝赋予其价值。

10 现代神学家约翰·科布（John Cobb）教授，试图建立可以判定生物圈内各种生物相对价值的内在标准。科布认为，"经验状态"，如灵敏度、体验愉悦的能力、抽象推理能力和创造力，确立了这样一种价值层级。谨慎使用这一标准——因为我们尚未确定地球上所有生物的"经验状态"——人类看上去处在最顶部。在这样的经验质量量表上，处于顶部的生物将有"权利"决定那些下端生物的生活和命运。

科布的这种分析似乎反映了"自然"中的一些实际状况。尽管如此，把进化层级提升为一种规范伦理然后得出结论说这就是应该遵循的价值体系，是有风险的。科布也承认这一量表带有人类中心主义色彩，但他又认为这是不可避免的，因为，毕竟是我们人类在努力解决整个生态／伦理问题。

11 诸如此类为"世界上的个体或物体"确立一个层级的尝试，已经引起很多生态哲学家愤怒的批评。例如，斯图尔特·汉普希尔（Stuart Hampshire）相信，所有试图辨识内在性质的尝试都偏离了中心，因为这样的尝试总是服务于我们自己的人类中心需要。这样的价值量表隐含的意思就是，地球上的生物值得珍惜的程度，要看人类对它们的需要有多大。这种功利主义观点，汉普希尔写道，"把人置于宇宙的最中心，把他们的感觉状态视为世界上的价值源泉"。然后，他问了一个棘手的问题："一种动物物种只因或部分因为人类从其身上失去了愉悦感就被毁灭,这是一种大恶,是否可以避免?人类为了自己的舒适和愉悦可以不受任何限制地改变自然秩序,但是我们可以不顾未来人类的舒适和愉悦吗?"

12 乔治·塞申思写道:

让现代西方人完全理解一种生态世界观的进程一直缓慢得令人难以置信。这样一种人与自然关系的观点,在古代文化中一直是显而易见的,但是现代西方人,即使有着复杂而精密的科学,似乎仍在抵制哥白尼和达尔文革命以及一种生态观念的全面影响,这种生态观念认为,人类持续地并且完全依赖自然的其余部分。

很难想象一种恰切的或形而上学上适宜的环境伦理学,会不从把自然系统作为终极伦理开始。

但是,"常识智慧"继续将科学主要视为一种控制"敌对的和外来的"自然的手段。自然被视作社会上持续扩张的生活方式的一个背景,却不知这种生活方式是种生态自杀。

"开采"自然以满足对物质商品明显贪得无厌的欲求这一企图,受到客观限制——脆弱的生态系统自我平衡功能设定的自然限制。现在需要担心的是,在某些情况下,我们已经超越了这些限制,至于这样做未来会出现什么样的后果,我们现在只能去猜测。

13 那些担心地球飞船上所有生物命运的人们,幸运地遇到了一位捍卫者,他的形象就像是一位守护神,他就是奥尔多·利奥波德,一位林业员,他喜欢所有形式的活的东西,照顾它们,并且令人难以置信地预见到了我们对我们生活其中的世界冷漠无情的生态后果。他的誓言——"强力呼吁一种土地伦理"——在他1948年去世后出版。

在《沙乡年鉴》中,利奥波德指出,没有哪种可行的生态圈伦理会在"没有对土地的爱、尊重和钦佩,高度重视其价值"的情况下起效。接着为了不被人误解,他又补充道,"我说的价值是哲学意义上的价值"。伦理就是一种生态演变进程。伦理,从生态学上来说,就是对生存斗争中自由行动的一种限制。

共存——生死与共

14 在我们与其他动物的亲缘关系上,人类一直有着很深的矛盾感情。我们逐渐勉强接受了与它们共存。

一方面,我们知道彼此间有着惊人的相似之处。骨骼系统结构相似。我们身上流动的血液太相像,无论是鸟兽还是人,切开后都是红色的。我们的面部表情一样,有时就像是彼此的哈哈镜。我们观察动物的眼睛,可以感受到我们被它们接受。我们可以用我们知晓他人内心世界的方式去感知它们的内心世界。我们会同情它们的行为,从一头受伤的小鹿的痛苦到小熊和海獭的嬉闹。我们可以辨认出一头母狮子的狩猎本能和一只被猎杀的羚羊的恐惧-逃跑心理。伤害动物时我们会感到内疚,就像我们伤害他人时一样。所有这一切都为我们提供了一种不安感。我们可以尽力抑制这种感觉,但是那种密切的血缘关系感依然存在。

正是因为相互之间的血缘关系是如此明显,我们才会如此大声地抗议我们彼此之间没有亲缘关系。人(人类!)反感它,觉得自身被赋予了远远优越的素质,使其自身变得独一无二。随着人类进化的发展,人们觉得自己与其他动物之间的距离越拉越大。

人是自然万物的一部分,而非高高在上

所以，我们与动物的亲缘关系一直是一个让我们感觉不舒服的问题。一方面，我们可以直觉到彼此之间的血缘关系，并承认我们之间的共性；另一方面，我们又极力否认和贬低动物世界。

15 我们与地球上的动物之间拥有物理/生态关系这一意识才刚刚出现，但是我们彼此间的心理/生态关系可能具有同等重要性，只是迄今为止人们还很少去探讨它。

从其他动物的角度来看，人类是一个可怕的杀手。早在原始人进化阶段，人就学会使用武器来杀死动物获取食物。虽然基本上算是一种杂食性动物，但是他的胃口则把他与其他杀手一起归入食肉动物之列。然而，人类却有一种在动物世界很少发现的行为模式：为了取乐而杀，说好听点就是为了"运动"而杀，即使他已吃饱喝足。基于这一原因，动物对人的反应是恐惧，也就再正常不过。杀戮的快感与先进的杀戮技术相结合，使人变得极其危险。

这一切都不言而喻，今天我们都知道这一点。但是问题仍然存在：为什么**人会杀戮取乐**？在这种背景下"乐"的意思是什么？人怎么可能会从杀戮中体验到快乐？这是一个需要解答的问题。

人会杀戮，是因为在他所做的行为中有一种"终结元素"。人在杀戮时，他手中握着生命和死亡的神秘本质。大部分人的杀戮都是为了肯定自己的存在，确认他自己仍然活着。人是唯一会反省自己生死的动物。他会独自对其进行哲学思考，质疑它的意义，并担心它会提前到来。生死都很神秘，但在我们活着时，死亡时时都在困扰我们的生活。

当一个人手中拎着一只死去的兔子或野鸡，或是蹲在一头死去的熊或羚羊身边，它们中的每一个在几分钟前都还与人共享一种生命的冲动，他能感觉到他已成为生命的主宰，并在那一瞬间征服死亡。在那一刻，他成为了神：虽然他没有赋予生命的能力，他却能够把它取走，就像"它"的存在是一种个人财产似的，实则它是生物自身"拥有"。事实上，握着动物尸体，会有一种无所不能的感觉。原始人往往认为，他们可以通过收集他们杀死的这些生物的生命，来为自己积累更多的生命。当一个猎人手握死去动物温热的余体，他经常承认："我觉得自己重新活了过来！"

16 并非很久以前,大多数宗教中都会实行人牲。有时,其他部落成员,尤其是捕获的战士,会被按照仪式处死献给征服部落的神。通常,这是一种合同义务:神帮助他们在战斗中取胜,他们则提供礼物作为回敬。然而,许多部落牺牲的都是自己的成员。仪式杀戮的实例有很多,尤其是在古代文化里,如巴比伦、埃及、亚述和中国等。

然而,到了某些时候,随着人类内心的敏感性逐渐加深,人们开始想出其他办法来避免人牲。历史上,亚伯拉罕将以撒献给上帝作人牲的故事,被古希伯来人理解为是赎金的起源。毫无疑问,一个人的长子属于神耶和华,但是从今以后,他可以被用牛、羊或一对鸽子"赎回"。多数历史悠久的宗教传统中都能找到类似的动物替代品。

但是,最终,几乎是在每一种宗教中,仪式杀戮都被取消了,伴随着适当的神学理由。在基督教传统中,上帝唯一儿子的牺牲,被解释为最终的、完整的牺牲,替代了犹太教祭祀制度。在其他宗教中,活牲被人像代替,然后在仪式上打破;或是被木制物或纸制物代替,然后在仪式上被深埋或焚毁。

当今世界上,只有极少数几个地方仍可看到纯粹出于宗教原因进行的血祭,如在印度教中。

17

> 普通伦理旨在寻求对人类生活和关系的限制。但是,绝对的生存意志伦理必须敬畏所有的生命形式,寻求尽可能不要破坏任何生命,不论其特定类型是什么。它不能指着一种生命形式说"这种生命形式没有价值"。它不能作出任何这样的例外(宣称),因为它是建立在对所有生命的敬畏之上。它知道,生命的奥秘对我们来说始终太过深刻,它的价值远远超出我们的估计能力……诚然,在实践中,我们必须被迫作出选择。有时候,我们必须武断地决定:我们要拯救哪些形式的生命,甚至是特定个体的生命,我们要摧毁哪些形式的生命。但是,敬畏生命的原则并未因此而不通用。
>
> ——史怀哲

18

　　陀思妥耶夫斯基的心理学建立在一种基本信念之上：相信根深蒂固的人性。一种官方认可的、合乎逻辑的实施惩罚的决定是可逆的、可补救的，如果一个人内心深处仍然闪烁着同情的火花。有时，人会被驱使去做一些事情；他发现自己必须寸步不让。但重要的是他应该明白，迫使他作出残忍举动的环境本身是不自然的。

　　在一个人的良知同意的情况下去进行杀戮，会毁掉人身上的人性。

　　　　　　　　　　　　——帕维尔·西蒙诺夫（Pavel Simonov）

19

我们人类所做过的最有趣的事情之一就是，将我们所有的动物近亲人格化，这要比迪斯尼动画片中的刻画早上很久很久。我们把我们的人类特性投射到非人类的生物身上；我们想到它们时，就像它们有着和我们相同的经验。我们把我们的恐惧、愤怒、嫉妒都赋予它们。在动画片中，我们知道的每一种动物，从小老鼠到跑得飞快的走鹃（roadrunners），从哑巴狗到结结巴巴的猪和厚耳朵的大象，都能感受到人类的感情。

　　我们对动物人格化[这个词的意思是"使之具有人的形式"，来自希腊文 anthropos（"人"）和 morphos（"形式"）]，至少有两个原因。(1) 我们没有办法不这样去做。因为我们只能体验人类的经验，我们也就不可避免地会把我们的体验投射到其他生物身上。(2) 我们想让其他生物变得像我们一样。它们越是具有人形，我们对它们的感觉和关系就会越好。

　　换种方式看此事：我们又怎么能不把我们的经验投射到我们的同伴生物身上呢？如果我们看到海豹宝宝痛苦的眼神或是听到小狗痛苦的呻吟，即使我们无法确切知道它们正在经历什么，我们很难不作出回应，就像动物感觉到换作我们处在它们的位置上我们会有什么感觉一样。我们通过我们自己的经验，赋予它们同情，而事实上，这可能是因为，在这里，我们的直觉要比我们的唯我论怀疑主义更接近真理。

"没有人是一座孤岛"

20 从远古时代以来,人类一直都是进化/生态系统的一部分——只是其中的一部分。我们可能很快就会控制我们这个星球上的所有生命,成为它们命运的主宰者,但是我们会控制什么,将是一个复杂的相互关系系统,而我们人类仍将是这一系统的一部分。即使我们开始生活在月亮或火星上,单是为了生存,我们也将不得不携带着我们的自然生态环境。包括田园诗般的全景森林,鲜花盛开的花园,甚至还有家畜和野生动物,没有它们,我们不会存在,或者不想生活在那里。

对一个人来说,在熙熙攘攘的人群中很容易感到孤独,在一个人与之有着深沉联系的世界上很容易感到疏远。我们可能永远都不会意识到将我们与我们所处世界联系到一起那多种多样纽带的存在

"没有人是一座孤岛,可以自全",约翰·多恩(John Donne)写道。每个人都是一个整体的一部分,服从推动原子和星球旋转的相同的物理定律。我们是由相同的一百多种元素组合而成,这些元素也组合成了海洋和岩石、树木和星星。我们服从于相同的原生质进程,这一进程在整个动物王国都能发现。我们的大脑中有着相同的神经活动,我们的身体由 DNA 编码系统所决定,这一 DNA 编码系统也指引地球上所有动植物的复制。最具深刻意义的是,我们与每种活着的生物共享生命意志。我们是令人敬畏的原生质冒险的一部分。

史怀哲

我在给自己的心找一个家

在他的《青少年时代回忆录》中,史怀哲写道,主要有两件事情主导了他的早年岁月:他的幸福童年和他在周围看到的巨大痛苦。

  只要回顾过去,我就为在世界上所看到的痛苦而难过……使我特别难过的是,可怜的动物遭受了这么多的痛苦。一匹瘸腿的老马,被一个男人硬拉着,另一个人则用棍子击打,它就这样被驱往科尔玛的屠宰场。几个礼拜之久,我都忘不了它的目光。
  在晚祷时,我只应为人类祈祷,这使尚未就学的我感到迷惑不解。为此,在母亲与我结束祈祷并互道晚安之后,我暗地里还用自己编的祷词为所有生物祈祷:"亲爱的上帝,请保护和赐福于所有生灵,使他们免遭一切灾祸和安宁地休息!"[①]

当他长大后,他开始明白,他幸运地拥有一段相对快乐的青年时光,并非理所当然。"无论是谁,幸免个人的痛苦,一定会觉得自己应该站起来呼喊,帮助减少别人的痛苦。我们所有人都必须消除我们在这个世界上共有的痛苦。"因此,在21岁上,

---

[①] 〔法〕阿尔贝特·施韦泽,《对生命的敬畏:施韦泽自述》,陈泽环译,上海人民出版社,2006年,第14页。——译注

那时他还是个大学生，他发誓 30 岁前要献身神学、医学、音乐。这既是一段做准备的时期，也是一段个人成熟的时期，他将完成所有他在这些领域所能做的。30 岁以后献身服务人类。只是如何去为人类服务，他还不知道。正如他所说的，在"一系列事件向我指出道路，引领我去帮助非洲遭受麻风病和睡眠疾病痛苦的患者"前，必须先过几年积极的生活。

∽∽

1875 年 1 月 14 日，史怀哲出生于上阿尔萨斯的凯泽贝尔，一个其归属在法国和德国之间变动不已的区域；他的母语是德语阿尔萨斯方言。在他几个月大时，父亲荣升为小镇牧师，全家便搬到了根斯巴赫（Gunsbach），在那里，在三个妹妹（其中一个早夭）和一个弟弟的陪伴下，他度过了一段"愉快的童年时光"。

他的父亲是以天主教为主的阿尔萨斯教区的福音派牧师。史怀哲从他那里继承了对音乐的热爱、一个聪慧的头脑、一种理性的探寻、一种全心投入的工作伦理、一种严格的自律。从母亲身上，他继承了一种自然的含蓄和一种充满激情的气质。

很早他就显露出不寻常的音乐天赋和敏感，这一天分很可能来自一生献身风琴演奏和制作的外祖父的遗传。5 岁时他的父亲开始在家中外祖父留下的箱型小风琴上教他音乐；他并不是太喜欢照着乐谱苦练。8 岁时，他开始弹奏教堂里的大风琴；9 岁时，他已被允许当一名教堂的代理司琴。他发现他有一种不寻常的即兴演奏的天分，旋律和谐。他一生都为美妙的音乐所感动，他对音乐的体验是如此之深，如此神秘，以至于他不得不坐下来或抓住什么东西，以免被"过量的快感"所征服。16 岁时，他第一次听到瓦格纳的《唐豪瑟》，过了好几天，他才能把心思收回到听课上。

1884 年秋，史怀泽离开村里的小学，去明斯特上职业中学（虽然家境比一般人家好些，但因父亲收入有限，家中孩子又多，也就无法去念日后可以进大学的普通中学）。那里离根斯巴赫有五里地，每天早晚他都要沿着山脚下的路来回走读。山上树木茂密，山顶是一片葡萄园，山底的河流清澈地流向远方。他最热爱大自然的开花季节。每到这时，他都会独自走在山脚下寂寞的小路上，在心底默默欣赏美丽的自然；"这样的行走，是我独有的喜悦，我可以尽情放纵我的想法。"在对大自然美景的热爱中，他试图用诗歌和绘画来宣泄自己的感情，但都没有成功，他最终只是通过即兴音乐，才成功地将自己的情绪表达出来。

不过，年轻时的史怀泽并未显露出过人的天才；日后之所以取得伟大的成就，多半还是靠他身上那种坚强的毅力。意志强弱可能正是一个人成功与否的关键所在。史怀泽的毅力又来自何方呢？他是一个敏感而道德心极强的少年，认识到自己的缺点、看到他人或动物的不幸，心里就会感到痛苦，并想法解决。这种心理上的痛苦挣扎，很可能就是其坚强毅力的来源。后来进入普通中学他还一度迷上了吸烟，但在想过吸烟的危害和自己的个性后，又彻底戒除了。

念完一年职业中学，史怀泽便转学去了米尔豪森的普通中学，他的叔公在那里当校长，让他免费寄居在那里，他也由此走进了学问的世界。叔公家规矩比较严，一开始史怀泽甚是不习惯，后来事实证明，这些严格训练对其日后事业有很大裨益。刚转学过来时，他的学习成绩并不好，因为此前缺的东西有很多。巧的是，班上来了一位新老师，新老师以身作则，慢慢地感染并改变了史怀泽，他以老师为榜样，有规律地学习，三个月后便进入了优等生行列。后来老师调到别的地方教书，史怀泽还常登门拜访；再后来一战结束回到国内第一个拜访的就是这位老师，只可惜老师因为受到精神打击已经自杀。

18岁时，史怀哲在（高中的）健身房里通过了他的"毕业考试"，然后进入斯特拉斯堡大学学习神学和哲学。他在大学里遇到两位优秀的音乐老师，在他们的指点下，他的音乐造诣有了一个飞跃；他开始追求自己的职业生涯，想当一名管风琴师。在瓦格纳歌剧的蛊惑下，他努力学习，写了大量作品。在这一时期，他逐渐形成了自己的治学特点：吃透一本书，集中一个焦点，参阅所有相关文献，大胆提出新想法，与别人的研究结论进行比照，进而挖掘出前人忽略的新观点；后来研究耶稣、巴赫乃至文化哲学，无不是这样。

虽然史怀泽常常觉得自己是一个幸福的人，但是身外的社会不公也在他心中投下一丝暗影：这个世界上有不少人没有来由地过着不幸的生活受到命运的虐待，我该这样装没看见只过自己的幸福日子吗？有时他很想抛弃自己的幸福，与那些穷困的可怜的人们生活在一起，分享他们的痛苦。一想到这个世界上到处都有罪恶与不公，他觉得实在是没有办法再忍受下去。可是与此同时，他觉得自己也难以割舍学音乐做学问的快乐，也许这才是自己应该走的路。到底该走哪条路呢？就在21岁那年夏天的一个早上，那天恰好是五旬节放假回家，一早醒来，望着窗外的阳光，听着小鸟的歌唱，心中突然冒出圣经中的一句话："想得到生命的人将失去它，为福音失去生命的人将得到它。"就在这一瞬间,就像本小传开篇所说,他的志向决断了下来。

23岁时,他通过了神学考试,然后去巴黎学习钢琴和风琴。之后他又回到斯特拉斯堡完成哲学博士论文,论文的主题是康德的哲学。24岁时出版《康德的宗教哲学》,获得博士学位,并得到斯特拉斯堡圣尼古拉斯教堂见习牧师一职。25岁时(1900年7月),以《根据19世纪科学研究和历史记载对最后晚餐问题的考证》一文,获得第二个博士学位(神学)并留校任教。他的所有空闲时间都用来准备用于出版的手稿上。

忠于自己的承诺,史怀哲为神学思想作出了自己的贡献:他写出了《耶稣生平研究史》(1906)。与此同时,他也一直在努力实现自己对音乐的承诺,用法语写作一本关于巴赫的书《巴赫论》。这本书出版于1905年。他还就管风琴制作写了一篇有影响力的论文。

过一种服务人类生活的时间已经到来。当时法属刚果急需医疗传教士,所以史怀哲决定去非洲中西部(不消说,他的这一决定遭到了几乎所有人的一直反对;但在他的坚持和劝说下,反对慢慢变成了感叹),但不是作为一名传道士,而是作为一名医生。为此,30岁时,他接受了一项为期三年的医疗培训计划,成为一名医生。1913年耶稣受难节,欧洲正处在战争边缘,史怀哲和他的妻子——1912年他娶了海

史怀泽医院素描

伦（Helen Bresslau，他所在大学一位教授的女儿）——离开根斯巴哈前往法属刚果。在奥格威（Ogowe）河边的兰巴雷，史怀哲住进一个用瓦楞铁建起的小"医院"，屋顶覆盖着棕榈树叶。从他到达那里的第一天起，他便被病人重重包围，有的病人是从两百里外赶来的。非洲人所受的痛苦比他想象的还要大。

1914年夏末，第一次世界大战爆发，这时他们在那里刚刚服务了一年时间，史怀哲夫妇被告知他们已经成了战俘，日常活动仅限在传道所。既不许他们去医院工作，也不许他们接触本地人或其他殖民者。"所以，在我被拘留的第二天一早，我还是相当惊讶自己能坐在我的书桌前，我开始写作《文化哲学》。"

☙❧

随着对"文化"意义的思考，史怀哲渐渐看清楚，文化的本质是个体和社会都有伦理成长的意志。"文化的意志、进而更普遍的进步的意志，就是认识到，伦理是最高的价值。"我们可能会认为，我们人类的文化已被我们的知识或物质成就所证明，但应该看到的是，只有那些拥有积极稳定伦理关系的人，才可以充分享受更多的文化的物质益处。离开这种伦理基础，物质上的享受可能存在，但是个体想要完整享受它们是不可能的。因此，伦理是胶水，把文化黏到一起，让真正的进步成为可能。"我用相当笼统的术语将文化定义为，所有领域活动的精神进步及物质进步，伴随着个体和人类的伦理发展。"

到了1915年夏天，史怀哲已经得出一种明确的哲学解决办法，可以解决问题的一半：他明白，西方文明中伦理地肯定生命的价值观已经贬值，并被西方社会过于关注现实意识的世界观所取代。可是仍有一些事情困扰着他。他决心穷追不舍，直到他的智力可以清楚地看到对生命的肯定和某种将会赋予它意义的伦理原则之间的联系。单有形式上的联系并不够；他渴望有某种更坚定的、看得见摸得着的东西，可以使他的追寻变得可被理解。

经过几个月的寻找，他终于找到了他所追求的。有一天，史怀泽被请去为河流上游400里外的一名传教士看病。他搭乘一条小汽船，船缓缓地往上游驶去。史怀泽坐在甲板上，心里还在想着重建文化的关键：新伦理观。"第三天傍晚，在落日的余晖中，一群河马游过驳船旁，我的脑海里突然闪出一个概念：敬畏生命。铁门终于被推倒。在不辨东西的灌木丛中，终于看到了一条坦直的小径。我感觉到自己确实发现了一种观念,在这种观念下,对世界和生命的肯定(生命意志)与伦理(道德需求)被连接到了一起!我意识到,伦理地肯定世界和人生的世界观及其文化理想,完全可以在思想中得到论证。"

史怀泽所说的"敬畏生命"意味着什么呢?我们必须从自身的直接经验出发。在我们意识的核心是永远存在的经验,"我是一个生命,生命的意愿是生存,在生命的**中途**,她愿意活着。"这是一个事实,是我的生活中一个不可否认的现实。我的所有活动,无论醒着和睡着,都是为了维持我的自我的连续性,作为一种统一的生命形式。我吃饭,工作,休息和成长,以保持我的自我活着和运作。

但在这一生命意志中,我并不孤单。生命最基本的事实是,地球上每一个活着的有机体,自从生命出现以来,都已与我分享了相同的生命意志。无论是对微生物,三叶虫,还是对一个阿尔萨斯传教士来说,生活都需要连续奋战,确保自身生存。我是无数自我中的一个自我,无数生命意志中的一个生命意志。

我们可以用非洲草原上的一幕来做解释:一匹斑马带着自己的小马在空旷的草原上吃草。一头母狮子带着三个幼崽潜伏在旁边的空地上,等待合适的时机,咬死年轻的斑马喂养她的幼崽。从伦理视角来看,对斑马来说是好的——成功延续它们的生命意志——对狮子来说却是坏的;对狮子来说是好的——获取食物确保它们生命意志的连续性——对斑马来说却是坏的。在这种情况下,唯一适用的伦理就是纯粹的相对主义。对一方是好的对另一方则是坏的,反之亦然。没有什么推断原则可以改变事实,带来一个圆满的结局。"进化伦理"并不服从我们人类的敏感性,或者满足我们的伦理理想。

但是,人类的思想和感觉可以改变一切。狮子和斑马无法发展出伦理原则,因为它们不会反思自己的行为。它们是靠本能生活,没有反身性思考能力。基因编程为了自己的利益行事,无视其他自我的需求。相反,我们人类可以反思我们的行为,从而超越它。我们可以观看狮子-斑马斗争,进行

敬畏生命,别忘了还有我哟!

具体和抽象思考，感到痛苦——将其写成书。我们可以想象我们人类自我处在类似的竞争性生存斗争中，我们可以确立行为准则，这将有助于我们预期这种困境，避开它们，必要时则解决它们。

只因无可避免便以为那是理所当然的而将残忍无情的行为视为平常，实在是大错特错，因为那是对"生命意志"的否定；真要这样，自己的生命被他人否定也就理所当然。现代社会中的残忍行为之所以增多，就是因为失去了对生命的敬畏。即便不得不牺牲别的生命，也不应失去对生命的敬畏，而是应以深切的悲哀与罪恶的意识，来面对不得已的牺牲。同时，因为我们的生命建立在别的生命的牺牲之上，我们也应为它们付出心力，消解它们的痛苦。

因此，敬畏生命的意思就是，尊重每种活着生物的生命意愿。敬畏生命，包括所有的生命。西方哲学传统中的伦理之所以以失败告终，就是因为它没有将关怀圈扩大到其他生物。史怀哲指责我们的宗教遗产鼓励我们只把同情施加于我们人类身上，实际上，对所有活着的生物所受的痛苦产生同情，完全是自然的和人性的。感受不到动物痛苦的个体并非一个真正有伦理的人。"只有当生命对他来说是神圣的，将动植物的生命视若自己同伴的生命，全心帮忙所有需要帮助的生命，才能说一个人是道德的。"

敬畏生命——"遵照这一原则，我的生活已经找到了一个坚定的立足点，并可沿着一条明确的路径前行。"

※※※

由于第一次世界大战争的爆发，作为法属殖民区域的德国人，史怀哲夫妇的生活一直被局限在兰巴雷的医院中，直到1917年9月，他们作为战俘重新归类并被送往法国。1918年7月，他们与法国战俘做了交换，返回他们位于根斯巴赫的家园。

接下来六年，史怀哲在重操旧业之余，继续写作。1919年12月瑞典乌普萨拉大学校长邀请他去讲授哲学，来年4月，他和夫人一同前往。讲演获得很大成功，"敬畏生命"的想法获得普遍共鸣。在校长的建议下，他又在瑞典各地举行演讲会和演奏会，全都获得成功。一家瑞典出版社主动出版他的著作《原始森林的边缘》，随即便被译为多国文字，他的名声一下子就传遍世界。随着收入猛增，他辞去旧职，一边专事写作，一边去欧洲各国巡演和巡讲，募集资金。

1924年4月，他又回到了兰巴雷，这次夫人因为身体欠佳没有同行，但有一个18岁的牛津小伙子自愿前来。医院仍然挺立在那里，但已面目全非，到处都是野草和灌木，荆棘丛生。有着铁皮屋顶的诊疗室虽然还在，但因屋顶到处是洞，原来的小树都已长成大树把房顶都给盖住了。有一年时间，他早上是一名医生，剩下时间是一名"建筑师"。到了八月份，小伙子回国，失去得力助手的史怀泽不禁有些寂寞。不过好在这时他的事迹已经到处传遍，一些自愿者相继赶来，帮了他不少忙。

一年之内，医疗中心已经扩大了这么多，他决定搬到一个新的地方（河流上游5里），给医院添加一些现代化设施。1927年新医院建好后，为了恢复几年来的疲劳，他回到欧洲休养。但是回到家中没过多久，他就又忙起来，因为需要为新医院筹集运转资金。他在欧洲到处进行讲座和巡演，招募人手，购买药品和医疗器材。

1929年12月，他带着夫人第三次回到了兰巴雷。医院不停地发展，也不是没有遇到困难，但已不至于陷入此前那样的危机中；他也终于可以稍稍歇息一下了。1932年初他应邀去法兰克福市做演讲，此前不久夫人因为健康缘故已经先行回国。1933年春他又回到医院，停留一年；1935年第五次去非洲；1937年第六次去非洲。1938年是医院创建25周年，他计划去那里待上两年。1939年二战爆发，医院人手骤然紧张；1940年初，史怀泽的夫人奇迹般地辗转从欧洲来到医院，给了大家极大的惊喜和帮助。

二战结束后，夫人因为身体缘故先回国；1947年，史怀哲终于有了回国的机会；这时医务人员不断壮大，所以可以在没有这位伟大博士指导的情况下顺利运转。

1949年史怀哲接受邀请，携同夫人访问美国，在科罗拉多州阿斯彭的歌德学院做了唯一一次发言，题目是"歌德：其人及其成就"。1950年在18个国家的艺术家之间进行投票，史怀哲被评为"世纪风云人物"。他获得了无数的荣誉学位，包括来自爱丁堡的音乐博士学位和三个法学博士学位。1951年，他获得英、美、法、瑞典等国颁发的勋章和众多奖项。1952年他被选入久负盛名的法国科学院，1955年他获得英国女王伊丽莎白二世颁发的荣誉勋章。1953年10月，78岁的他被授予诺贝尔和平奖，他用所得款项建立了一家麻风病院，作为医院的一部分。

1965年9月4日，史怀哲在兰巴雷去世，被葬在奥格威河高处的棕榈树下，紧挨着他的妻子海伦，海伦是在1959年去世的。

6-4 未 来

随着未来运动在1960年代的出现,"未来研究"成为一个可行的概念;从那时起,人们已经对替代性的可能的未来,进行了慎重的思考。大多数未来学家都同意,未来与过去不会有太多相似之处,因为意想不到的突破正在加速出现。本章介绍了几个未来场景,既有乐观的,也有悲观的;其中包括爱德华·威尔逊的警告:我们正在毁灭我们的地球;托夫勒的经济预测,克拉克的技术变革,麦考尔的欢乐画布,布雷德伯里的一个对我们撒谎的时间旅行者的故事。有人说,人类最需要的是一个共同的未来愿景,我们可以携手合作去实现那一共同愿景。

理论生活

1 柏拉图曾在现实生活与理论生活之间作出区分。柏拉图所说的现实生活是那种有短期目标的生活,理论生活则是指那种有长远目标的生活。事实上,理论生活就像柏拉图的现实生活一样"现实"(现代意义上的),只不过它是对我们更深入、更终极的要求,而不是对往往过于紧迫的当下需求和欲望的规划和引导。因此,理论生活就是做规划,一旦属于它的时间到来,未来将会让人心满意足。

柏拉图认为,哲学家的任务就是提前现实地去思考未来将是不可避免的、遥远的问题和目标;我们对它们的预知,深刻地决定着我们当下生活的质量。

说未来将会到来——对我们、对我们的孩子、对他们的孩子来说，这是一个老生常谈还是一个必要的提醒？很少有人会不同意这一想法：完全不考虑未来24小时的生活会是什么样子，将会使我们每个人在接下来的一天陷入一种相当悲摧的境地。所以，我们会明智地提前做好计划——几个小时的，几天的，几个月的（很模糊），乃至几年的（极其模糊）。只有傻瓜才会不去提前规划自己的美好生活，只要计划具有一定可行性。

柏拉图的观点是：我们越是能够很好地为我们自己和我们的孩子设想明智充实的未来，我们的梦想就越是有更好的机会成为现实。当代的未来思想家，包括老牌未来学家弗雷德·波拉克（Fred Polak）在内，提出了相同的看法："在寻找通向未来之路的行为中，人类穿越未知的前沿，将智人提升到一个新的水平：预见和目的的水平……在对明天的思考中，人类开始创造明天。"

2 历史学家为我们创造了我们的历史。在历史书中，各种事件从过去的记录中复活，基于它们的意义和价值而被进行筛选，然后为我们作出总结。随后，我们就可以在长视角的我们的过去中看到我们自己。

但是，创造我们的过去，仅仅是故事的一个方面：我们同样可以用类似的方式来创建我们的未来。罗伯特·邦迪（Robert Bundy）写道："人类是时间旅行者，他们以未来做地图，制定他们的行程。"如果没有对我们未来的创造，我们就不会知道我们要去哪里。我们需要借助未来的亮光来了解我们自己，就像我们需要知道我们的过去一样多。

迄今为止，我们的未来一直都是由我们的宗教、空想家、乌托邦和反乌托邦科幻作家所创造。只是到了最近，未来主义才开始形成自己的未来。

研究未来

3 直到一些年前，"研究未来"仍是一种无法想象的思想。从概念上讲，它的时间还没有到来。当然，这并不能阻止人类的想象力为我们的未来作出构想，因为做梦一直是人类本性的一部分。

人类不可能在没有希望或者面对一个空无的未来的情况下生活。所有伟大的宗教都设想在未来某个时间，尘世历史的悲剧将被弥赛亚时代、黄金时代、新耶路撒冷所代替或完善。一个空白的未来，似乎是人类无法容忍的。哪怕是一个可怕的未来，也好过一片虚无。

"我们创造了我们的文学神话、传说和史诗的未来，并不是为了找到我们的黄金时代，而是因为在创造乌托邦式标准的过程中，我们已经创造了种种形式，使得目前的行动成为可能的形式。"[休·邓肯（Hugh Duncan）] 西方教义中的伊甸园，仍是总有一天我们会返回的完美的人类生活世界的原型。

另一种适于居住的幻想世界早已出场：文学乌托邦。其中有柏拉图的《理想国》（Republic）和他的《法律篇》（Laws）中的神秘城市马格尼西亚；托马斯·莫尔（Thomas Moore）的《乌托邦》（Utopia），伏尔泰的《憨第德》，康帕内拉（Campanella）的《太阳城》（City of the Sun），H. G. 威尔斯的《现代乌托邦》（Modern Utopia）。这些乌托邦出现的部分动机是认识到当下世界本质上并不适合敏感的灵魂居住。如果沃波尔（Walpole）的说法是正确的，即生命对思想家来说是一出喜剧、对感受者来说则是一出悲剧，那么乌托邦就是一些敏感的思想家尝试在他们的心目中——如果不是在这个世界上——创建一个值得生活的地方。

最近几十年，反乌托邦已在很大程度上取代了我们心目中的乌托邦：赫胥黎的《美丽新世界》（Brave New World），奥威尔的《1984》，布雷德伯里的《华氏451度》（Fahrenheit 451），安·兰德的《一个人》，阿西莫夫的《夜幕》（Nightfall），当然还有电影和电视上泛滥的可能的和不可能的未来，其中许多片子中，最崇高的梦想最终都走上了邪路。这些视角（如果认真对待）对我们产生了极大的影响。它们刺耳的警告是有价值的，因为我们已经在我们周围认出了它们的未来版本。这些反乌托邦是天才的预言家头脑中诞生的虚幻世界，将他们的想象（和恐惧）传入了我们的心中。

4 认真研究未来只是始于约40年前；作为一门学科和一场世界范围的运动，它则有约30年的历史。1964年，一项名为"人类2000年"的计划，试图促使敏感的欧洲民众迅速了解全球性问题。1967年在奥斯陆召开了第一届世界未来

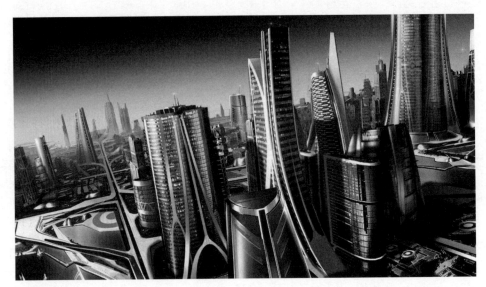
未来的城市

研究会议。俄国有几个实施中的有名的未来计划。罗马俱乐部于1968年成立,目的是提醒世界各国领导人,留心即将飙升的人口与经济增长之间的矛盾。

美国出现了大量未来研究机构:兰德公司,哈德逊研究所,2000年委员会,美国规划师学会,世界未来社会。今天,大多数政府和大型私营企业都设有自己的未来团队,在特殊利益领域进行预测。

四件事合力促成了未来研究运动的快速诞生。(1)预测技术几乎在一夜之间便发展起来,这主要归因于科技进步。与人类行为的复杂性和顽固性相比,技术是相对可预见的。微型电脑的普及,使得以前不可能的趋势预测和相互关系突然变得方便快捷。

(2)一系列全球事件吓坏了我们,我们不得不去思考发生世界灾难的真实可能性:不受控制的武器升级;污染湖泊、河流和海岸线;漏油和杀害海洋;许多种动物灭绝或濒临灭绝;干旱、全球气候变暖和臭氧枯竭;世界饥饿人口增长和粮食短缺。再加上不稳定的政府、夸大其词的领导人,摇摇欲坠的国际货币,经济问题,全球权力斗争,恐怖袭击,少有或根本没有信心的世界各国领导人——考虑到所有这一切,在许多人的心目中,一种幽灵般的厄运正徘徊在一个不断缩小的世界上空。

（3）人们已经快速认识到，世界上所有国家现在如此紧密地相互依存，只有从世界体系角度出发才能去理解和处理问题。能源问题是全球性的。污染不分政治界限。整个世界正在经济上成为一个单一体系。现在任何战争都会影响所有国家，边远地区点燃的火苗很快就会给世界各地造成紧张局势。通讯是全球性的和即时的。总之，已不再有任何真正意义上的局部问题。未来50年所有严峻的挑战都将是全球性的，地方主义或民族主义的动员并不能改变这种全球威胁的进程。

（4）我们仍在来自过去的框架下进行思考——而它们早已不再起效。一个国家可以独自获取它的食物、能源和基础材料的想法已不再可行。可以赢得战争的信念变成一个神话。"昭昭天命"的想法已成为历史。昔日"粗糙朴实的个人主义"也全都不见了。

5 因而，未来研究的目标就是：建立组织，包括政治组织、经济组织、工业组织、学术组织等，预测这些问题的性质，制订应急预案；在一个独立的基础上建立一个国际组织，在时机成熟时、世界各国领导人再也不能忽略问题（有可能听取建议）时，提供咨询。

于是，未来主义者和未来主义便诞生了。1945年，阿瑟·克拉克开始详细描述即将到来的具体技术事件。1958年，罗伯特·容克（Robert Jungk）开始谈论"早期预警系统"，该系统研究不受控制的技术的长期后果。到了1960年，弗雷德·波拉克已经开始澄清：我们对未来的愿景，如何可以帮助我们实现我们预想的未来；赫尔曼·卡恩（Herman Kahn）则开始开发替代未来的复杂"情景"，系统分析实际上可能会促成它们的事件。1963年，丹尼斯·加博尔（Dennis Gabor）写到"发明"我们的未来，然后创造实现我们发明的方法。

1963年，巴克明斯特·富勒开始使我们梦想一种彩色的未来图像、整体方案和新颖的硬件。到了1966年，麦克卢汉（Marshall McLuhan）警告我们，新的通讯媒体将会彻底改变我们的世界观和生活方式：介质本身就是消息。到了1968年，埃里希·詹奇（Erich Jantsch）从事"一体化预测"，来判定技术对社会和人类机构可能产生的影响。

同样是在1968年，保罗·埃利希指出了不受控制的人口增长将会带来的必然后果，让一个自满的社会震惊不已。1970年，托夫勒描述了正在前面等待我们的"未来的冲击"："在技术被驯服、教育系统被革命化、未来意识注入我们的政治生活之前，我们不可能创造出一个健全的社会。"

6 正是因为问题太新，我们的思维又如此老旧，未来学家才形成一种共识：人类目前正站在人类历史上最关键时期的门槛上。他们有一种近乎一致的感觉：未来50年将会成为一个过渡期，刻写人类的未来。他们最深的恐惧源于那些危险的问题都是全球性的，而人类的心理机制仍由过去的想法充当燃料，却不知它们早已不再燃烧：我们的观念基本上仍然是地方的、区域的、部落的和民族的。这并非一个不相干的爱国主义问题，因为对现实的忠诚可以促进形成凝聚力纽带，树立共同的愿景和目标。

罗马俱乐部发布了一份名为《人类处在转折点》（*Mankind at the Turning Point*, 1974）的报告。里面收集了庞大的数据，结论很清楚：如果我们想要在未来50年内继续存活下去，我们迫切需要彻底重组我们的概念框架、基本假设，以及重新定位我们的价值观。

(1) 必须发展出一种世界意识，由此每个人都意识到自己是国际社会的一员。
(2) 必须发展出一种使用物质资源的新伦理。每个人都应以保存和保护为荣而不是以消费和丢弃为荣。
(3) 必须发展出一种建立在和谐而非征服基础上的对待自然的态度。只有这样，人才能将理论上已经接受的付诸实践，即人是自然界的一个组成部分。
(4) 如果人类这一物种想要生存下去，必须发展出一种认同未来后代感，愿为未来后代利益着想。如果每一代都把对自己的好处最大化，人类注定会灭绝。

未来学家评论员霍华德·迪兹伯里（Howard Didsbury），总结了这份报告撰写者的心情："生存的必要性决定的开明的自我利益，可能会倾向于让人类明确作出最终选择：合作或破坏。如果选择了合作，它可能'导致创造一个新人类'。假若人类选择了破坏，一切都将归于沉默。"

未来主义者和未来

7 展望未来几十年几百年,没有哪个单一的世界图景是所有未来学家一致同意的,尽管他们在许多问题上都有共同看法。未来主义者的愿景,部分取决于他们的专业知识,部分取决于他们的个人感情,即对过去和现在的"人性"是抱乐观态度还是持悲观态度。此外,一个未来主义者本质上是积极的或消极的,一定程度上也取决于他或她的未来图景是短期的或长期的。一般情况下,短期未来学家主要关注迫在眉睫可能会吞噬我们的问题,对接下来几十年的看法往往不太乐观。中长期未来学家则往往要乐观得多,他们广泛持有一种直觉,如果人类可以顺利度过未来 50 年,最遥远的将来就将几乎是无限的,承诺的进步、人类成长和个人成就都将一一实现。

阿尔文·托夫勒(Alvin Toffler)

8 随着《未来的冲击》(*Future Shock*)在 1971 年出版,托夫勒作为一个未来学家获得了国际声誉。从那时起,他主编有《未来主义者》(*The Futurists*,1972),著有《经济痉挛报告》(*The Eco-Spasm Report*, 1975)和《第三次浪潮》(*The Third Wave*, 1980)。他基本上是一位短期未来学家(相对而言),特别了解社会经济发展趋势。

作为一个未来学家,托夫勒敏锐地察觉到,未来几十年,有两个本质上是人类的问题,威胁着全球所有的经济和政治进程。

第一:缺乏未来意识。不是提前预测未来的问题和机遇,而是一路跟跄,不断地从危机走向危机。能源短缺,通货膨胀,生态麻烦——都反映了我们所有政治领导人(包括联邦、州和地方各级层面)的眼光都未能超出下届选举。我们的政治体制是"未来盲"。极少有例外,同样失败的远见也可以在我们的企业、工会、学校、医院、志愿组织和社区身上看到。其结果就是政治和社会在未来受到冲击。

第二：缺乏参与。我们的政府和其他机构已经增长得如此庞大和复杂，以至于大多数人面对它们都有一种无力感。他们抱怨自己被"计划"。很少有人会去咨询或询问他们有关他们自己未来的想法。在极其罕见的被问到的场合，也仅仅是走一下过场，而不是真正的咨询，更不用说被真当回事。蓝领工人，穷人，老人，青年，甚至是我们中的富人，都感到自己被隔离在决策过程之外。随着越来越多上百万人都产生这种无力感，危险的暴力和威权就会增加。此外，如果说在一个国家内这是真实的，那么在人人要求有权参与塑造全球未来的世界形势下，它就更是如此。

9 在《未来的冲击》中，托夫勒充分描述了他的论题：世界经济状况正在失控，不断加速，只有用过时的神话和方法来面对。他指出，几乎无一例外，处理这些巨大"经济"问题的人，除了经济，一无所知；而实际问题的性质则是跨学科的，它们甚至无法被狭隘的经济学专家所理解，更不用说解决了。

我们这个时代巨大的经济力量已经成为"摇尾巴的狗"。许多经济制度，特别是跨国公司，要比它们借用作操作基地的国家更强大。这样的国家，实际上成了这种跨国权力的"殖民地"。而所有这些经济进程的移动速度越来越快，已经超出我们可以理解或配合的速度。

因此，托夫勒建议找出替代方法来应对这个正在逐渐失控的世界。一种解决方案是制定长期规划。我们需要从大处着眼，大胆思考。

> 未来主义不同于制订计划，如果有人希望硬要做这一区分的话，它会超越单纯的经济层面去拥抱文化，超越单纯的运输考虑到家庭生活和性别角色，超越外在的物理和自然环境关注到内在的心理健康和现实的许多层面。它会超越工业风格规划师惯用的时间框架，采用更长的、十年或二十年或三十年的长远视角，离开了这一考虑，短期计划几乎可以说是毫无用处。此外，它会寻求根本性的新方式，去让进程民主化——不只是因为这样做是好的、公正的或利他的，更是因为这样做是必要的：没有足够多的公民参与进来，即便是最认真负责的专家制定的计划，也很有可能会砸锅。

可以肯定，这些加速失控的全球经济变动是可怕的；但是，托夫勒补充道，我们正在面临的是"一个艰巨的但也是令人振奋的任务，人类历史上极少有哪几代人会遇到：设计一种新的文明"。

阿瑟·克拉克

10 严肃的科学预测有它的第一个未来学家：科学作家阿瑟·克拉克，他的科幻小说同样有名。1945年，他对无线电和电视通信卫星提出了一个非常准确和详细的描述（他后悔那时申请专利的时代还没到来）。另一位未来学家约翰·麦克海尔（John McHale）对其高度评价，"在预测上，克拉克一直都比他的许多科学家和科幻小说家同伴要更准确"。他主要的未来学家著作有《未来的轮廓》(*Profile of the Future*，1963，1984年修订版)，《天外来音》(*Voices from the Sky*，1965)，《宇宙的承诺》(*The Promise of Space*，1967)。无论他的科幻经典是否是《童年的终结》(*Childhood's End*)，太空奥德赛和拉玛冒险都应被包括在他那仍是一个迷人问题的预言想象中。

克拉克争辩说，有两个很好的理由，可以让人相信，未来与现在并没有多少相似之处。其一是已知的趋势正在加速推进，在一个相对较短的时间内，对那些生活在今天的我们来说，世界将会变得几乎无从辨认。

但是还有一个更强的理由：不可预知的突破的步伐也在加快，这些因素是量子式飞跃进步的真正原因。过去一些意外的发现有：X射线，核能，广播，电视，摄影，录音，相对论，量子力学，晶体管和计算机革命，以及激光和其多功能应用，包括CD。类似这样的不可预测仍在继续；这些都是意想不到的飞跃，将会推动我们进入意想不到的世界。

11 未来可预见的事件有哪些？

对于1990年代来说，克拉克预见到人们会对从最初的生化物质到活的生物体这一生命链中的连接有一个相当完整的理解。1990年代后期将会实际使用核聚变，应用仿生学、真正的人工智能。

在21世纪前25年内，克拉克设想我们会殖民行星和它们的卫星；解开物质的秘密，理解物质和能量的根本性质；把人类积累的广阔知识储存进一个世界图书馆；在家中或办公室实际使用机器人。对天气的控制将会更进一步，星际探测器将会行进在它们的路途上。

到21世纪中叶之前，克拉克推测人类可能已与外星人进行电接触；在人类社会中，基因工程将会普遍实行。

克拉克拒绝预测2100年后的事情，但是如果人类物种能够学会和平相处，在21世纪下半叶，一些对人类更有利的现实将会是：控制重力和行星工程（绿化火星，冷却金星），在实验室设计和创造新的生命形式。至于太空旅行，我们已经以接近光速的速度实现，星际航行也已开始。21世纪临近尾声的两个震惊世界的事件可能是：与外星人直接接触，人类真正永生。

12 在所有这些成就中，有三个可能会在未来转化成现实：控制重力、不朽和与外星人交流。

重力：克拉克并不确定是否一定可以做到控制重力，但他有一种直觉，一定会找到某种方法。他详细地阐述了控制重力（如果可以做到）的好处，但后来他又提出异议："这看起来可能像是有点过早地推测一种甚至不可能存在的设备的用途，肯定是超出了现有科学水平。但是有一个通用的规则，每当有技术需要，总是会有东西去满足它，或者绕过它。基于这一原因，我确信我们最终将会想出一些办法，要么中和重力，要么用蛮力压倒它。"

永生："死亡——就像睡眠一样——不再看上去是生物上不可避免的……因为生物永生和永葆青春是一种强有力的诱惑，人类永远不会停止寻找它们……认为这一追寻永远不会成功，将是一种愚蠢的想象。"

克拉克指出：传统上我们一想到心灵、大脑和身体，就认为它们必然是相互联系在一起的，这有很好的理由。但是这种自然的三体可能并不是不可分割的。很可能整个人的身体——大脑除外——都能更换仿生，使大脑可以继续存在几百年。不过，超越这一仿生阶段，克拉克设想出一些理论方法，使得心灵可以离开大脑单独存在。也就是说，心灵——带着其所有的能力，它的感知、记忆和思想意识——有可能不依赖大脑物质而独立存在。

一种新的现实主义

13 我们对人类过去和未来剧本的看法,一直都是普遍被气质和/或宗教教义所决定。极少有什么历史哲学(或神学)始终都是从客观评价历史事实发展而来。我们的立场通常都取决于我们对"人性"的感觉:如果我们相信人的主观能动性,我们往往就会有一种带有乐观主义色彩的历史观;如果我们对其不信任,我们就会倾向于持悲观态度。

但是,近来出现了一种新的现实主义。这种现实主义通过对经验数据进行比较客观的评估,试图推测出各种场景,希望我们假以时日能够面对和解决这些问题。

弗雷德·霍伊尔(Fred Hoyle)

在霍伊尔的职业生涯中,从未有过一次不是从"大处着眼"。自从他的著作出版以来,宇宙已经构成他的思想世界。所以,当他把注意力转向人类的未来状况,他的观点不可避免的依然是宇宙的。霍伊尔最有名的著作都是有关天体物理学和宇宙学。他主要的未来学家著作是《遇到未来》(*Encounter with the Future*, 1965)。

霍伊尔描述并画出了一般的时间表,他认为地球的未来很有可能为 5000 年。他假设热核战争必然要发生。霍伊尔的模型围绕关于人口爆炸和各种原材料耗损的数学概率论设计而成。他认为,对我们来说,几乎不可能在这么短的时间内,控制我们的生殖能源将出生率降到死亡率的水平。相反,他认为,人口出生率将会继续增长,几近翻倍,而死亡率则会减少。但是,事情将会达到一个点,在这一点上,世界人口将既没有客厅,也没有足够的食物;整个世界的组织系统会突然瓦解,然后是人口大幅下降。饥荒和瘟疫可能会在这个过程中扮演一个角色,不过霍伊尔相当肯定,核战争将是人口减少的主要工具。

14 这一系列的人口增长和倒塌的最终结果,就是将会出现更优秀的人类特质,包括平均智商可能达到 150。这实际上是一个新的人类物种,他们足够聪明,

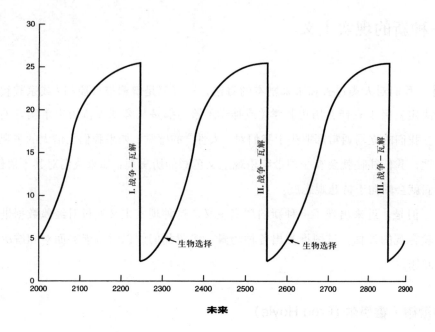

停止振荡，让人类的生存稳定在一个比较成熟的水平。但是，只有通过持续不断地经历达到极点的悲剧，人类才会为一个更加文明的人类（或后人类）存在，准备好它的基本性质。

爱德华·威尔逊（Edward Wilson）

15 "2001 年，自然世界在我们的眼皮底下随处消失——它们被劈割、摧毁、犁耕，无情地吞并和替代，这一切都是人类的所为！"[①]

一位哈佛生态生物学家，用上面这句话开始为我们描绘出一幅到 20 世纪结束世界将会变成什么样的景象。在一本小书《生命的未来》（The Future of Life）中，威尔逊把科学数据整合到一起，向世人发出警告。"在第三个千年开始时，我们正面临着生死决战，这是由自作聪明的人类所导致的地球灾难。""活生生

---

① 〔美〕爱德华·威尔逊，《生命的未来》，陈家宽等译，上海人民出版社，2002 年，第 14 页。
——译注

的世界正濒于死亡,自然经济正在我们脚下瓦解。我们过分地热衷于追逐眼前利益,而从不会考虑我们行为的长期后果;如果我们不赶紧改正错误,我们将蒙受巨大的损失。科学和技术将我们引入了瓶颈,现在它们也必须帮助我们走出困境。"①

不管我们喜欢与否,下面都是正在发生的事情。

人类在地球上的数量很快就会超出地球可以承受的。世界人口已于1999年10月达到60亿,现在每天平均增加20万新生儿。单是20世纪出生的人口,就已超出了此前所有人类历史时期人口的总和。随着智能规划和一些运气,世界人口应该会在21世纪中后期达到高峰,介于90亿到100亿之间;若是运气不佳和控制不力,它可能会飙升到140亿,甚至170亿。

将会出现全球性的食品短缺和其他不可持续资源的短缺。当前世界谷物产量(小麦、稻谷和玉米)是每年约20亿多吨;人口若是达到100亿,出现食品短缺将是不可避免的,因为耕地面积不断减少,土壤不断侵蚀,地下水不断枯竭。除非以某种方式减少消耗,并增加产量,否则地球将会失去再生能力。

我们人类是在与所有其他物种竞争生存空间和资源。如果新鲜的水资源和可耕地按照现有速度不断减少,扩大生产用地这一必然的驱动器,将会消灭掉世界上很大一部分动植物。地球上的物种总数约在1000万到1亿之间,而我们才刚刚开始认真地让其他生物世界进入我们的意识。大约4.5亿年前,地球上的生物多样性开始蓬勃发展,但是随着人类的到来,仅仅过了几千年便结束了。由于人类的全球扩张、改进的工具,以及专门的狩猎技术,自然世界逐渐趋于衰败并相继死亡。

16 对历史来说,21世纪是一个灭绝的世纪,已成定局。生物多样性的丧失正在陆地上和海洋中发生。破坏栖息地的最严重形式就是砍伐森林。"过去半个世纪,森林的失去是这个星球的历史上最深刻最快速的环境变化之一。"我们已经失去了超过60%的温带阔叶林和混交林,30%的针叶林,45%的热带雨林,

---

① 〔美〕爱德华·威尔逊,《生命的未来》,陈家宽等译,上海人民出版社,2002年,第15页。
——译注

70%的热带干旱森林。世界上的成熟原始森林盖快速萎缩，已经失去了一半左右。虽然热带雨林覆盖地表只有约6%，但是它们却包含了所有已知生物物种的一半以上。

长期进化过程中的一个重要元素一直是，生物体进化出化学机制，保护自己的身体免受捕食者和其他敌人伤害的能力。我们通过利用它们取得的成功经验，受益匪浅。随着生物多样性的丧失，发现新的药物 [生物勘探（bioprospecting），刚刚开始] 的机会也将丢失，一同失去的还有关于野生植物药品丰富的本土知识。在所有的生物物种中，被科学登记在册的不足200万，约有500万到1亿等待被描述说明。医学已从世界野生物种那里收获了巨大的利益。在美国，约有25%的处方来源于植物，另有13%来自微生物，3%来自动物，合计约40%。它们包括抗生素，抗疟疾药，麻醉药，血液稀释剂，血液凝血剂，抗凝血剂，强心剂，抗癌药物，避孕药，镇静剂，抗抑郁药等等。在十种最主要的处方药中，包括阿司匹林、青霉素在内，有9种最初都是来自野生生物。

全球变暖是一个既定的事实，即使顽固的政客们仍在为之争论不休。从1500年至1900年，地球表面平均温度仅仅增加了不到1摄氏度，而从1900年到现在，它便增加了1摄氏度。大气变暖问题主要是由于越来越多的所谓温室气体的排放——二氧化碳、甲烷、一氧化二氮——它们主要是由工业活动和森林燃烧所产生的。所有这三种气体的浓度都取决于表面温度。也就是说，气候变暖意味着更多的温室气体，更多的温室气体意味着更多的气候变暖，更多的气候变暖意味着更多的温室气体，如此循环下去，其结果就是"失控的温室效应"，其后果则是不祥的和不可预知的。

除了这些有形的灾害，还有一个不可估量的人类损失。在人类人口达到100亿或者也许140亿和资源枯竭很久之前，"这个星球肯定会成为一个地狱般的生存之地"。没有自然，没有绿色的森林和原始的湖泊河流，没有美景，没有很多野生动物的陪伴，对绝大多数人来说，生活质量已经变得不堪忍受。经过数百万年时间自然进化出我们，我们与我们的生存之源有着深刻的心灵连接；如今它仍在滋养我们。这一愈合关系将会在很大程度上丧失。

17 威尔逊并不是一位悲观的诊断医生,只提出问题而没有解决问题的答案。答案是多样的和明显的。虽然仍要依靠科学和技术,但是解决办法主要在伦理领域——关心正在发生什么,关心自然,关心其他活着的生物,关心我们自己,关心正在快速到来的地球的未来,关心我们都要面对的生活质量。

我们的问题主要由五个进程引起:**栖息地被破坏**(例如,夏威夷的森林已有四分之三被清除;巴西雨林约有 14% 已经变为农耕地);**外来生物入侵原生栖息地**,竞争并破坏原生动植物(美国已有近 5000 种外来物种,其中许多都正在破坏原生物种);**污染淡水湖、河流和沿海水域**;**人类过度捕食和过度采伐**(我们人类约 4 万年前开始杀死其他物种,毁灭清单有很长:澳大利亚的巨型动物、新西兰的恐鸟、北美野牛、鲸鱼、清除原始森林,等等),以及**人口爆炸**(人口过多吞噬了空间和有限的资源,进而促成了其他起因的升级)。

18 明智的答案在于扭转这些危险的进程——它们中的每一个都已有人开启了强有力的开端,尤其是有私立基金支持的非政府组织——建立一种环境伦理,挽救我们已经失去的:

- 立即挽救世界的栖息地,既包括那些处于最大风险中的,也包括那些庇护了最大量物种(在其他任何地方都不可能找到)的聚居地。确保世界上所有的生态系统,包括陆地和海洋,都被纳入一个全球性保护策略。
- 确保五个仅存的原生森林完好无损,它们是地球生物多样性很大一部分的家园。
- 停止所有地方对原始森林的一切采伐,同时恢复次生原始林。
- 关注湖泊和河流系统,这是所有生态系统中受威胁最严重的。
- 保护和维护海洋世界,尤其是珊瑚礁,这是海洋中的"热带雨林"和几乎无限的新药源。
- 让养护变得有利可图。向政府(特别是在发展中国家)展示,生态旅游、生物勘探等,可以比伐木和农业带来更多收入。
- 扩大研究和生物技术,开发新的作物、家畜、医药等。

- 启动恢复项目，增加自然占地球表面的面积。
- 鼓励动物园和植物园繁殖濒危物种，并在可能的情况下克隆物种；扩大现有的种子和孢子银行，创建冷冻胚胎及组织储备库。
- 支持计划生育。

一个有效的环保计划必须是一项长期运动。我们需要的是改变个体的思想和心灵，让"人们超越自身关注别人，关注其他生命"。扩展圈必须包括其他生物，并超出我们短暂的一生，包括未来的世代，不只是人类的，也包括地球上所有物种的。

威尔逊的结束语是发自内心的：

> 我希望和其他各个领域的智者们一起，证明上面的问题是可以得到解决的。我们拥有充足的资源，而那些控制资源的人们不只是为了自己的安全，还有很多理由去实现这个目标。然而，最终这个问题能否成功解决将归结为一个伦理的抉择，一个可以接受子孙后代对我们进行评价和判断的抉择。我深信我们会作出明智的选择。①

一种特殊的希望

19 乐观主义与悲观主义是对立的，它们对未来的预期形成了鲜明的对照。但是，现实主义与充满希望则不是对立的。真正的现实主义始终包含着希望这一元素，因为它会尝试去面对和解决问题，为的是进入一种更好的境况。

在这一现实主义的希望中，包含一种审慎态度。我们必须带着希望而活。如果作为个体的我们期待会有欢乐的体验，那么每天早上醒来，我们都会充满能量，渴望为实现那些体验而工作；但要是我们醒来时心中出现的是无情的痛

---

① 〔美〕爱德华·威尔逊，《生命的未来》，陈家宽等译，上海人民出版社，2002年，第217页。——译注

苦的前景，那么我们的恐惧就会让我们回到床上努力接着进入梦乡。这一点对个体来说是真实的，对作为一个整体的社会来说也是真实的。

充满希望的未来学家，如麦考尔和布雷德伯里，充分认识到了人类面临的威胁。他们既不回避也不逃避。"当我想到核战争，"麦考尔说，"我会一开始感觉前景有点惨淡，但这不是我的个性，也不是我对未来的感觉。在我的工作中，我思考的是未来的承诺。"同样，布雷德伯里说："我看到了悲观者看到的所有东西，但我仍会选择照我自己的方式行事！"

罗伯特·麦考尔（Robert McCall）

20 "我看到一个非常光明的未来，摆在我们所有人面前"，麦考尔说；自从1960年代初以来，他一直在描画关于我们未来的愿景，当时他被委任去为《生活》杂志绘制未来的飞船，然后是为电影《2001：太空漫游》绘制著名的太空摩天轮海报。作为空军艺术节目总监，他非常熟悉太空和空间的机器，并在他的画作中尊重它们的现实主义和技术的真实性。在他无数的绘画、素描、壁画中，他记载了美国国家航空航天局的太空计划，描述了人类征服太空的历史，其中最引人注目的是为史密森航空航天博物馆创作的高耸的壁画。他的著作则包括《我们的空间世界》(*Our World in Space*) 和《未来展望》(*Vision of the Future*)。

麦考尔的画作描绘了众多场景，在这些场景中，人类已经实现了技术承诺。这是一个人类解决了他们的主要问题并学会和平相处的世界。他们美化了环境，设计了智能生活的栖息地，可以追求自己的梦想。

"我想让人们信任技术，就我自己来说，我就相信技术。我不担心它。我也不担心它会失控。我很好奇技术会把我们带到哪里，我在我的画作中描述了那些欢乐的愿景。我们人类将会掌控技术，技术绝对不会反过来掌控我们。

"在我的画中，我描述了未来我们可能会享有的美好的可能性。唯一能阻止我们实现它们的事情就是人类全部灭绝，但我认为这不可能发生。对此我有绝对信心。当然，我知道历史上经常发生战争；可那是历史的记录，我们中有很多人也都经历过战争。我看不出人类物种会被毁灭，我看到我们会不可避免地继续前行。

"有些人认为,如果我们都迷恋悲剧,那么,那可能就是我们会得到的。反之,如果我们想象一些快乐的事情,那么,那也将是我们会得到的。这句话说起来容易,并可能有一定道理,但事实是,坚持想象快乐事情的人可能是快乐的人;那些想象令人沮丧的事情的人,则是惨淡、凄凉、沮丧之人。"

1984年,麦考尔为迪斯尼世界EPCOT中心创作了一幅壁画。全景是庆祝人类文明进步中的里程碑。

画面左侧展示了人类早期取得的成就:埃及金字塔,雅典卫城,斯瓦扬布寺,镰仓大佛。中央部分描绘了离我们更近的里程碑:泰姬陵,埃菲尔铁塔。

在这一巨幅画作的第三部分,绘制的是一座未来的"梦想中的大都市",远远超出目前的想象,处处都让人颇感"意外"。麦考尔说,这一部分是"我们进入空间的一个象征,是一个将会在未来几十年快速发展的运动。要不了多久,成千上万的人就会短时间生活在太空中。"

像这样的"垂直城市使我们能够直立起来,而不是铺展开去;我们可以保护地球和它的美丽与生态。漂浮城市的概念也可以做到这一点,因为你没有在地球表面留下疤痕。你只是在它上面漂浮,欣赏地球。漂浮城市将有可能使地球保持绿色,让公园和森林变得更加美丽。"

那么,下一个场景可能是什么呢?

"我可以画出第四板。它会描绘人类在外空间、在地球轨道上立下身来,然

麦考尔的画

后就是在太阳系进行殖民和定居。在那一面板上，我会画一个巨大的核电站，位于地球上方两三百英里高的轨道上，把微波能量传到地球表面。太空栖息地，设计得可以舒适而满足地生活。在月亮和火星上建立殖民地；在木星和土星的卫星上建立定居点；在小行星上采矿。太阳系将会是我们的。

"无论我们在哪里找到自己，我们还是会在我们的生活中努力争取同样的事情。我们想要实现我们的目标，尽力成长。我们想要谈恋爱，想有后代，我们会想照顾他们，看着他们充满活力地长大，所有这些事情都将保持不变。无论在哪里，我们都会设计我们的栖息地和生活方式，所以这些必不可少的好东西将会继续存在下去。空间栖息地的生活将是田园诗般的，就像地球上最优美的地方一样可爱，因为我们将会让它成为那样。无论我们走到哪里，我们都会重复我们在地球上的所爱。"

再下一个面板是什么？是否还有第五幅面板？——

"当然有了。那就是深空。我们**将会**去那里。这是**不可避免**的。"

雷·布雷德伯里（Ray Bradbury）

21 布雷德伯里所写的几乎所有东西的字里行间都弥漫着一种未来感。欣赏过布雷德伯里过去 50 年间所写的小说、戏剧、诗歌、350 个短篇小说，读者的脑海里可能充满了参观未来的图像：火热的 starbound 火箭，纤细的金色眼睛的外星人，下着雨的金星上想家的游客，其他奇怪的人和陌生的行星。

布雷德伯里从未试图确立一个"早期预警系统"，去预测具体的危险。他是一个善讲轶事的人，一个神话的讲述者，一个遥远的幻想故事的编织者。尽管如此，他的著作中仍然随处可见对"如果出问题未来可能会变成什么样"的警告。例如，在《华氏451度》中，我们看到了一个阅读被禁止、书籍被烧毁的社会。因此，它是一个没有想法的社会，"大兄弟电视"可以轻松地在人们的大脑中编写其经过处理的图像。没有想法，没有创意，没有成长。

布雷德伯里的作品贯穿一个主题：机器出错。布雷德伯里批评了斯坦利·库布里克拍摄的电影《2001：太空漫游》，不只是因为里面的电脑 HAL-9000 变得偏执，更是因为整个空间探险的男人和女人已经失去了人性，表现得像个机器。

布雷德伯里思考的不是几十年或几百年的"实际生活",而是数千年或数百万年后的"理论生活"。他是人类伟大事业的预言先驱。

他的愿景是一个隐喻。有先进的机器设备,允许一个人面对死亡,然后死去,一遍又一遍,想要多少遍就重复多少遍,直到最后一个人可以接受生活。一个完美的机器人养母走进儿童的生活,满足关爱儿童的需要。一个乔治·伯纳德·肖机器人先生,将会永远了解有关宇宙的对话,其内容五花八门,并会分析它们的意义。

22 布雷德伯里在他的短篇小说之一中,讲述了一个20世纪末期的时间旅行者,"往前穿越数百年",看到我们的未来。他看到了人类的恐惧和自我仇恨的必然结果:一个荒芜的地球。我们的城市如雨后春笋般扩大,烧毁森林,毒害大气,污染海洋,毁掉了人类伟大的记录。作为一个被赋予信任委托的物种我们失败了,我们摧毁了地球上所有的东西。我们杀死了生命,我们自己也死去了。

所以时间旅行者回到了我们的时代,带着对我们噩梦般未来的记忆——他在撒谎。他告诉我们的是,我们的一切都做得很正确,一个辉煌的未来正在等着我们。因为如果他告诉我们他真正看到的荒凉景象,那么人类将会放弃努力,渴望死亡。

所以时间旅行者报告说:我们绘制了一条路线,通过我们的核青春期,继续去做伟大的事情。"我们做到了!未来是我们的,我们重建城市,让小城镇焕发生机,清理湖泊和河流……停止战争……殖民月球,然后是火星、半人马座阿尔法星。我们治愈癌症,终止死亡。我们做到了……

"整个世界欣喜若狂。人们跑着去迎接那一未来……"

这一高估的谎言真的有必要吗?

是的,时间旅行者说。"因为我出生成长的时代是在1960、1970、1980年代,那时人们都已不再相信自己。我看到了那一不相信,看到其原因是不再给予自己生存的理由,我先是被感动,然后是郁闷,最后则是被它给激怒。

"每到一处,我看到听到的都是怀疑。每到一处,我都学到了破坏……没有什么事值得一做。夜里十一点带着一大堆坏消息上床睡觉,早晨七点醒来则有更多的坏消息等着你。"

"不只是天启四骑士飞过我们的城市,还有第五个骑士,比其他四个还要糟糕:绝望,裹着失利的黑暗护罩,哭诉只是在重复过去的灾难、现在的失败和未来的怯懦。

"对令人难以置信的20世纪中后期的人类来说,在悲观的炮轰下,没有光明的种子,会有什么样的收获?

"因此,自我实现预言被宣布;我们自掘坟墓,准备躺下。

"我们在我们的孩子的坟墓前哭泣,那些孩子就是我们。"

因此,时间旅行者才告诉我们伟大的谎言来拯救我们。但它真是一个谎言吗?

"你明白我的意思,对不……?生活一直在对我们说谎!从我们成为一个男孩、年轻男人到老男人,从我们成为一个女孩、年轻女人到老女人,如果我们听信生活的谎言,那么谎言就将是真实的。编织梦想,头脑与行动并重,最终你会发现,所有的梦想都会成真。"

时间旅行者

23 布雷德伯里说:"我之所以反对过去 30 年里的消极未来学家,是因为他们现在正在改变看法。你想对他们说的是:'该死的,你为什么过去要让我们陷入沮丧?我们需要你的时候你在哪里?在我们年富力强的时候你差点毁了我们。'他们中有些人想要吓出我们身上的魔鬼,他们做到了。但他们往往也吓走了我们身上的希望,没有人去做任何事。"

布雷德伯里对人类旅程的预见,是一场宏伟的梦想,充满兴奋的发现和未知的冒险。100 万年,10 亿年,更远的未来——到那时,人类已经不朽,并已登上星球。

许多未来:一个共同的愿景

24 预测未来图景有许多用途。截至目前描述的图景,主要用于预测对人类具有威胁的全球性问题,并建立了机制,通过这些机制,它们可以被有效地解决。这是未来图景的一个功能。但它还有另一种功能。

今天的世界已经变得支离破碎。旧的忠诚不再能将人凝聚到一起,数不清的集体已经形成,迁移,混合,相互交错。伴随着这种新的混合,正在出现一个新的世界。它并非已经出生,而是仍在形成中,可能还需要 50 年,也许是 100 年。然而,除非发生灾难,它终将诞生。我们对这一点相当肯定,因为别无选择。

目前迫切需要一种全球认同感和一种共同的未来愿景——一个存在的理由。正是这种深刻的人性需要,使得未来学家一直在进行观察和诊断,就像医生一样。这种疾病足够清楚,但是治病的药方尚不明确。

罗伯特·邦迪写道:

> 西方已经失去了任何存在的理由。只是单纯地进一步为发展而发展科技手段,或增加我们对自然的掌控,或进一步扩大消费社会,带着它的享乐主义许可证,并不能提供文明的推动力。我们现在需要一些更深层次的精神中心和超然的价值观。

失去前行的理由也就意味着，我们对未来没有鼓舞人心的想象，在那些不同的期望中没有一种视野可以占据主导地位让人从中汲取力量，没有总体的梦想能够给我们所有人以希望、给我们所有人以勇气，去面对和解决让我们苦恼的问题。

因此，极其重要的是，我们能有一个关于未来的共同愿景。邦迪指出："积极的未来形象，会告诉我们有一个更美好的世界，就在不远的前方。它们可以给人们注入一种幸福命运的预知，从而使人产生勇气去面对和解决面临的问题；负面消极的未来景象则会起到反作用，会预测到一段文化衰落和崩溃的时期……没有一个鲜活的未来景象，一个社会注定会变成一片无根的真空，并注定要消失。"

邦迪的结论是：

> 西方文明正在逝去。就让它逝去吧。这并不意味着我们对过去的继承或未来的领导潜力都会随之失去。这并不意味着推动西方文明的许多核心信念和愿景，在未来不会占有一个突出的位置。在未来确实会占有一席之地的是：(1) 共享的信念，即未来可以诞生新的有吸引力的景象，(2) 人们被一种全球视角下的共同信念团结在一起，这一信念是人类生存发展所必需的，(3) 群体共同跨越边界同时仍可一如既往地保持相对独立的愿景，只要有人追随他们的梦想。

尼采

我不是一个人，我是一桶甘油炸药

弗里德里希·威廉·尼采（他的家人和朋友都叫他"弗里茨"）是 19 世纪后期德国一位天才的思想家，他的想法远远超出他的同时代人，后来他自己写道，他超出在"人类和时间 6000 英尺之外"。在进化论的基础上，他在人是什么这个问题上，创造了一个全新的视野。

我们有一份关于这位成熟哲学家的描述，写于 1882 年 5 月，当时尼采 37 岁。他在罗马的朋友给他介绍了一个新学生，一位 21 岁的俄－德女孩，名叫莎乐美。身材苗条，有吸引力，活泼聪明，她具备一切优点，当然，尼采一眼就爱上了她。后来这位敏锐的年轻姑娘写下了关于尼采的最好的描述：

> 尼采一出现，就让人感受到他身上隐藏着一种孤独感，这种隐隐约约的感觉是他给人留下的最初的强烈印象。随便看他一眼，是不会看出他有什么特别之处的。一个中等身材的男子，着装方式极其简单而又极其细致，面容冷静，一头棕发，他可能很容易被人忽略。极富表现力的嘴唇线条几乎被大胡子完全挡住；他笑的时候很安静，他有一种无声的说话方式，一种谨慎、沉思的方式，他的肩膀微微拱起；很难想象这个人会从人群中脱颖而出……他视力不佳，使得他的特征格外神奇：即没有流露出对外界有各种不同的、外表上的印象，而只映射出他的内心。这眼神既瞥向内心，同时又瞥向远方，或者换句话说，像瞥向远方一样

地瞥向内心。当他关注某个令他感兴趣的话题时,他的双眼激动得熠熠发光;当他情绪低沉时,目光中便流露出阴郁的孤独感,仿佛是从无尽深沉之处咄咄逼人地流露出这种感情。

&

尼采出生于普鲁士萨克森州勒肯镇附近的罗肯村,他的父亲卡尔·路德维希是位乡村牧师。他的父亲和祖父都是牧师,他的母亲,弗兰齐斯卡,也来自一个牧师家庭。弗兰齐斯卡是一位美丽而充满活力的女人,尼采出生时只有18岁。尼采不满5岁时,他的父亲死于一次偶然跌倒造成的脑损伤。此后,年轻的尼采便由他的祖母(出身波兰贵族家庭,受其影响,尼采身上有贵族情结,对平民政治不感兴趣)、他的母亲(一个年轻寡妇,不得不顺从意志坚强的婆婆)、他的妹妹,以及两个与他们同住的女仆抚养长大。他在自己的书里面和行动上都承认,终其一生他都不知道一个男人是怎样思考、感受或行为的。"我的整个成长过程中,从来没有一双男性眼睛的监督",他认为这可能是"一个缺点"。

尼采是一个安静、有礼貌、乖巧的孩子,一对严肃的黑眼睛,金色的头发。4岁时他就可以阅读了,5岁时他开始会写字,6岁时他可以弹奏令人印象深刻的贝多芬奏鸣曲。由于缺乏其他亲密朋友,尼采在他的青年时期最接近的就是他的妹妹伊丽莎白。他们一起上课,看书,开玩笑,散步,听音乐。伊丽莎白后来回忆道,大约是在1857年的某一时刻:"只有弗里茨和我……两个人的时候,他问我,像我们这样的好学生,知道其他孩子不知道的事情,是否并没有什么可奇怪的。"

&

尼采接受的教育是传统的,但也是彻底的。他先是进入了当地公立小学,然后8岁时开始进入教会文法学校。14岁时他获得奖学金进入一所私立寄宿学校。尼采在那里过得并不是特别高兴,但却过得很活跃,因为他发现了古典文学和瓦格纳的音乐,他对这两者都非常喜爱。

1864年秋天,他进入波恩大学,攻读神学和古典语言学。他勤奋学习,他的研究开始开花。他加入了兄弟会,吸烟,饮酒,长出淡淡的一抹小胡子,爱上了一个他在剧院看到的女演员。他给她写歌，送花。但她从来没有回应。很快他就厌倦了喝酒唱歌和愚蠢的兄弟会生活，他退出了社会俱乐部。在他的余生他都没有再沾过烟酒。在波恩，他开始清楚地感到，自己想成为一个语文学家——古典语言和文学专业的一名学生。为此，他转学去了莱比锡大学，在那里他完成了他的学位，并留校攻读博士学位。尼采在莱比锡的成就是辉煌的，他的研究广受赞誉；他的著作开始出版；他获得各种奖项。因此，在导师的推荐下，瑞士巴塞尔大学给他提供了一个教授职位。

尼采在1869年移居瑞士，并在那里开始适应一个年轻古典语言学教授的生活。他出席社交场合，聆听交响乐，经常去跳舞，添置新衣服，并制定了一个雄心勃勃的写作计划。这是他的生活中一段乐观的时期，他觉得自己非常健康，他已经找到了一个职业，他喜欢新同事和新朋友；他的生活充满意义；每一天都让人兴奋，因为他意识到了新的目标和新的创作。

1872年初他的第一本重要著作出版：《悲剧的诞生》，他将这本书献给了瓦格纳。这本书表面上是在描述，古希腊悲剧诞生于酒神神秘崇拜的仪式化的合唱舞蹈，实际上它则勾勒出了尼采正在发展中的世界观的结构。他正在开始从大处着眼，对生命的本质和人类历史的目标及目的进行根本性的哲学观察。他送了瓦格纳一本，作曲家则对他的朋友作出了最高的褒奖，"我从未读到过比你的书更好的著作"。

然而在学术界，这本书的遭遇却是一个不同的故事。他的著作诱发了一种寒冷的、敌对的反应——或是毫无反应。因为他打破了所有的规则。他轻视古典教育，他攻击苏格拉底和整个西方传统的理性主义，他以一种华丽（"不专业"）的诗歌和格言形式写作，充满稀奇古怪的意象。他已背叛了他的学术遗产。尼采的好运突然之间便开始逆转。他作为一个年轻有为学者崭露头角的声誉无可挽回地被破坏了，他作为一个受欢迎的老师的形象也被侵蚀，他的课程招收到的学生数量急剧下降。

1873年夏天的一个悲剧，改变了他的生活。他的健康状况开始恶化。他变得越来越痛苦。这年他29岁。

1879年5月，他经常缺勤，迫使他向校方提出辞职。6月，他在上恩加丁待了段时间，他写道："这是第一次，我感到真正的安慰。"1880年代他的健康状况有所好转，但他的情绪波动过大，可以瞬间从兴奋的顶点跌落到痛苦的深渊（想要自杀）。这也是他创造力勃发的一段时期，在这段创造时期，他一天到晚不停地写作。他的高潮期紧接着就是让人不安的虚无期。这也是一段持续不断的漫游期：他在瑞士、法国、德国、意大利来回穿梭。1881年夏季，他发现了锡尔斯-玛丽亚，一个瑞士村庄，那里是如此美丽，以至于他梦想能在那里度过余生。他觉得自己几乎再次恢复了健康，他比此前所有时间都要快乐。他欢喜地又读又写，写出了大量作品。他住在一个农家小院，租金一天一法郎。晚上，他沿着湖边漫步，在森林里闲转，思考，沉思，感受——不想世界，不想人类，甚至也不想他的朋友。在他的脑海里，他创造了一个新的世界："我以前从未见过的想法已经出现在我的视野。"

✥

尼采以进化论为基础，重新诠释人类历史，并为关于人类未来的宏伟愿景奠定基础。不过，他的进化论与达尔文的进化论有很大不同。达尔文于1859年出版了他的《物种起源》，尼采清楚地了解达尔文所说的"生存斗争"和"适者生存"。但他不同意达尔文这两个观点。首先，尼采相信，动态演化是拉马克式的，那就是，父母将获得的特性传给他们的后代。（拉马克于1829年去世，他曾提出器官用进废退，所有的改进只有通过生物个体从父母传给后代，从而提升作为一个整体的物种。当然，无论拉马克还是尼采，都不知道基因和基因突变。）

其次，尼采的结论是，万物的基本驱动力并不是为生存而斗争，而是为权力而斗争，也就是他所说的"权力意志"。个体生物确实像达尔文所说的要为生存努力，但它所争取的不仅仅是生存。其奋斗目标是，增加其权力，有了构成权力的多余的能量，它就可以竞争和繁殖。达尔文的理论只说对了一半。如果生物体只为生存而斗争，那么一旦获取食物和安全，斗争就将停止，生物就会静止。但事情并不是这样。一旦食物和住处得到保障，所有的生物体都会继续大力消灭竞争者，扩大自己的地盘，找寻最合适的配偶，继续繁殖后代。

这一永无止境的权力斗争，是激励人类行为的动力，因此与古希腊人的观念"人是理性的动物"相反，"人性"原来是无可救药的不合理性的。但我们存在的这个事实在尼采看来则是好的，而不是坏的。所有以往的思想家，由于没有理解生命的进化结构，给我们设置了虚假的目标。**我们来到这个地球上，是为了战胜自己，从而在美和完美中得到重生。**"看哪，这是权力意志的声音。"我们都被赋予了权力意志，但对想要变得卓越的人来说，它的优点是，它赋予一个人个人成长的力量。"生命本身告诉我这个秘密：'你看，'它说，'我必须永远掌握自己。'一个人可以给另一个人的最大礼物就是协助他自我掌控。如果有朋友对你做了错事,告诉他:我原谅你对我所做的;但你也对你自己做了它——我怎么能原谅。"他补充说,"因此说,所有伟大的爱:它甚至能克服宽恕和怜悯……"

我们都有一个(神圣的)道义上的责任:成为强者;我们欠人类种族一个承诺。人类的进化有目的地驱使每一个人成为他／她能成为的;性的功能是把所有这些取得的成就传递给我们的后代。性是人类种族成长进化的机制。只因产生了一代又一代的平庸者,我们才有太多的人(尼采称他们为"牛群")过度拥挤在这个星球上。尼采认为,在生育下一代上,最关键的问题是质量,而不是数量。婚姻是对进化程序的一种参与,夫妇应该梦想并创造出能够超越他们自身的伟大的孩子,他们的孩子将会超越他们,他们的孩子的孩子将会超过他们的孩子……没有尽头。"你不应该只复制自己,而是应该制造出一个超级的你来",他写道。

那么,人类可以进化成什么?

尼采的答案是:超人,一个更强大、更高尚,更良性、更高级的人类未来。

对我们来说,在身体上、智力上、情感上,尼采的超人都会让我们感到惭愧和悲伤,因为我们仍是类人猿。超人有着强壮的身体,爆发的生长能量,可以生出更优秀的孩子。没有一个种族拥有得天独厚的优良基因——尼采认为这一观念很荒谬(尤其是在德国!)——而是所有的种族都贡献出自己的基因,合力创造出超人和未来的人类。

同样,他的智力和审美能力将会远远超出目前的想象。他会感觉到他灵魂深处的音乐,并会作出响应和创造美,不只是在艺术中,而是在他所做的一切中。他的道德力量会强过今天的任何人。他会顺应而不是反对进化的权力斗争;但当这一斗争会给人造成痛苦和折磨时,超人就会感到自己的痛苦不可避免。

首要的是,超人将会生活。他有能力过上一种丰富的、充满激情的存在,他敢将他的生命发挥得淋漓尽致。他会用兴奋和喜悦去迎接各种挑战。他的整个存在将会充满激情,他对音乐、艺术、性和大自然之美的享受——一句话,享受他的权力——将是无限的。没有虚假的谦逊,没有自我否认,没有犹豫不决——什么都不会擦伤他的乐趣,或者减少他的自尊。既有更大的喜悦,同时也有更大的悲哀;既有更大的狂喜,同时也有更大的痛苦。拥有这样的力量和意义,他将会体会到悲剧中承诺的灵魂成长,他将会扮演神话英雄。

从1884年到1888年12月，虽然交替陷入创造的高峰阶段和不安的狂躁阶段，但他通过紧张的工作，还是写出了七本书。其中包括《超越善恶》《道德谱系》《瓦格纳事件》《偶像的黄昏》《反基督的人》。

1888年9月下旬，尼采步履缓慢，经常拖着脚走，讲话有时混沌不清。但是除了给他带来多年痛苦的健康问题，他的朋友们开始注意到他的精神状况也在恶化。他性格大变，变得文静，温柔，过于殷勤，而且很爱哭。从1888年9月下旬到1889年1月，他又写出大量格言资料和笔记，许多都在他身后整理出版。

1889年1月初，他写下他最后的笔记和信件。在一种痛苦的意识中，他称自己是一个"神圣的小丑"，并认为自己就是酒神，这是所有神话中他最喜欢的神。他的妄想逐渐加深，他对现实的看法变得支离破碎，游离不定，语无伦次和模糊不清。他在痛苦和泪水中提出了一种哲学，在他最后的日子他紧紧地抓住它。他从不知道，那一哲学已经开始影响到数百万人，或者说，他的世界观，将会在接下来一个世纪，塑造国家民族的思想。

1月3日，在意大利都灵的卡罗阿尔贝托广场，尼采走出家门去外面散步，看到

尼采与那匹马

一个车夫正在当街殴打他的马。愤怒的尼采泪流满面，冲上前去试图阻止。他抱着母马的脖子，然后晕倒在街上。他被人们送回公寓，几天后转入巴塞尔一家疗养院接受治疗。他的心智已经消失。他被带到耶拿一家养老院，在那里他的母亲可以照顾他。1897年他的母亲去世后，他的妹妹在魏玛买了一套房子，把他接到那里照顾他。约有十二年，他的心灵之火越来越弱。他死于1900年8月25日，享年55岁，遵循基督教仪式在罗肯被埋葬在他的父母身边。

尼采神话

尼采的故事并没有在1889年1月的都灵结束，或是在1900年的魏玛结束。只有在他的妹妹伊丽莎白于1935年去世后，当学者获得原始材料，她对她无助的弟弟做了什么才为众人所知。

几乎就在尼采陷入精神错乱的同时他的名声却开始流传，这让他的妹妹惊讶不已。1885年，她嫁给了一位政治活动家：伯恩哈德·福斯特；他的激进主义，逐渐演变成为一种可恶的反犹主义，尼采为之恐怖，他的妹妹却欢迎这种主义。夫妻俩移居巴拉圭，组建了一个反犹太人的圈子，只有卓越的德国人、日耳曼精英才能加入。福斯特于1889年自杀，留下获得自由身的伊丽莎白照顾她的哥哥。她获得独家阅读她哥哥所写的成千上万未发表的警句、笔记和信件的权力，她开始对其进行组合，再加工成书籍形式。她把自己的名字改为福斯特－尼采，进而改造了她哥哥的哲学（严肃的研究表明，她并没有真正花费太多心思去理解她哥哥的想法），使他的著作反映了**她的**想法，**她的**意见，**她的**仇恨。她编辑，她删改，她挪动内容，她进行选择性组合，她改写，她阐释，她伪造，她甚至换上他人的名字——她做的所有这一切都是为了使尼采成为她自己偏执思想的先知。她阻止了他最后一本书《你们看这个人》的出版，改写了那些会破坏她的偏见的过于清晰的陈述。她哄骗负责任的学者协助她编订他的文稿，容忍她的阴险意图，并支持她的政治正确的社会和政治观点。这一再加工材料的大部分以尼采的名义出版，书名为《权力意志》(1901)。

根据这种再加工的材料，尼采神话诞生了。他被塑造成一个顽固的反犹主义者。事实上，他曾极力谴责反犹太主义，他曾给他妹妹去信："你与一个反犹主义的首领[福斯特]生活在一起，与我的整个生活方式相去甚远，我对此感到很是愤怒和忧郁。"

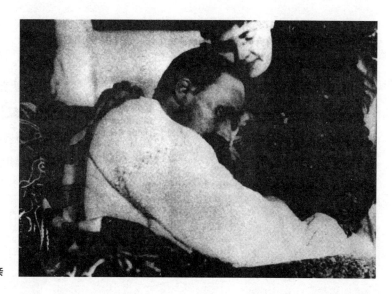

尼采与他的母亲

这种偏执行为（反犹主义）也是他与瓦格纳分手的主要原因之一。甚至在他精神失常后他曾写的最后一句话也是："我真想让所有的反闪米特人吃枪子。"

他也被塑造成了一位达尔文适者生存理论的鼓吹者，该理论作为一种政治学说可被用来支持下面这一观念：雅利安人的基因是"优种基因"，必须保留，以便它可以继续履行自己的命运：制造超人。实际上，尼采极为讨厌这种达尔文化的思想，并在他后来的著作中经常予以谴责。对尼采来说，人的价值不可能在任何集体这一抽象物中被发现，更不用说"种族"这样一个无用的抽象物，而只可能在个人的艺术和哲学成就中找到，这些成就不分"种族"都可被传递到后代，从而进一步接近真正优秀的人类。难怪在《你们看这个人》中尼采最后的长篇大论之一就是辛辣地攻击，对他的思想的误解，将会损害人类价值。

但是在他妹妹的删改版本出版后，他的哲学成为纳粹官方意识形态的辩护词：日耳曼人将自己视为优越种族，他们的基因被选出服务于产生超人；他们是选民，他们，也只有他们，掌握着维持人类美好未来的钥匙。因此，作为人的尊严和价值的管家和监护人，他们必须保护这一珍贵的礼物，抵制所有腐化、稀释和流平性的威胁，他们必须让"神圣的"基因库保持其原始状态。凡人由此得出的结论就是他们期待已久的救星，也就是超人——这位"超人"不是别人，当然就是希特勒。

∽∾

　　明知自己的想法会让人觉得受到冒犯，尼采在《你们看这个人》的序言中曾要求人们在批评他之前先要仔细阅读。请不要妄下论断，他呼吁：请认真阅读我的作品。"最重要的是，不要误解我！"然而，很可能他已经学到（或者应该已经学到）了一个宝贵的教训：一个作家可以做的就是负责任地去写，然后将其所写内容撕成碎片任由飘落；因为他的想法一旦散播世间，他就无法控制他人去使用或误用他的爱和劳动的产物。

part 7

第七部分 微观、宏观、宇宙

7-1 自然知识
7-2 空间、时间、运动
7-3 宇宙
7-4 生物宇宙

7-1 自然知识

本章和接下来一章探讨自然科学哲学。基本上，关于物理现实，心灵创建了两种知识：来自经验/实证观察的知识，来自先验概念的知识。不过，这两种知识都是有限的，从而使得关于"现实/实在"的性质这一永久问题，以及人类心灵是否可以理解它，始终存在。本章考虑人类思维的符号性质，并追问是否有可能超越符号。本章还涉及物质的起源，并简单介绍了量子力学和我们已经了解的关于亚原子的奇异世界。

公元前 585 年 5 月 28 日

1 哲学和科学一起诞生于公元前 585 年 5 月 28 日下午 6：13（米利都标准时间）；在那一瞬间，爱奥尼亚城市米利都发生了日食，这次日食已被哲学家泰勒斯预测到。我们没有任何证据表明，泰勒斯确立了该事件的确切时间。这一确切时间是由现代天文学家推算出来的，如果泰勒斯的预测与这一时间非常接近，差一天或一周，他都已经做得很好了。但重要的一点是，他

泰勒斯思考物质的成因

已经认识到自然是有规律的，并在此基础上作出了一个预测。不管这一点可能看起来有多么初级，它都是对我们现在所知的自然规律的一个朦胧认识。

经验知识

2　我们的自然知识及其"定律"来自两种不同的认知操作：经验观察和理性的系统建构。因此，我们也就拥有经验知识（来自我们的感官）和理性（或先验）知识。不过，这两者都会给我们带来令人烦恼的问题。

假设你带着一位木星来的哲学家去看一场棒球比赛。他是一个类人类，长相英俊，有一对明亮的眼眸；他最近刚从一个蓬勃发展的文明：木星卫星欧罗巴那里回来，对心灵探险非常感兴趣，他带着热切的心情观看比赛。因为他先前从来没有看过一场棒球比赛（欧罗巴上面非常寒冷），你想给他解释一下规则。但他谢绝你给他解释，并告诉你他更愿意自己弄清规则。于是，在整场九局比赛中，你一直让他自行观看比赛。

他观察球员，注意到他们的运动模式；他们一遍又一遍地做着相同的动作。一个球员走到一个特定的地点，试图击打一个小圆形物体，另一名球员朝他投掷（不对，投掷者让它绕过了他）。如果手拿球棒的人三次都未击中，一名穿黑衣的男子就会上升一位，手拿球棒的人则或悲伤或愤怒地走开。但要是他击中那个圆形物体，他就会开始跑动，总是沿着同一个方向，然后是另一名男子开始跑动。

于是，随着欧罗巴来的哲学家观看球员一致的、重复的行为模式，一点一点地，"游戏规则"就被推断出和重建起来。

"游戏规则"存在于球员的头脑中，他们遵照规则来玩游戏。玩家都知道规则，因为他们早就了解规则或是与规则一起长大，但我们外星来的认识论者就必须通过观察行为，即观察运动中的物质，来推断规则。

第二局结束，他对一些一致性已经有了粗略的想法。到了第五局，他已往自己的心灵列表中加入了更多的一致性，并改进了一些前面的观测。到了最后一局，他展现出了自己的天才，他已能够理解并记下一套规则，可以解释许多球员的行为。

比赛结束，他与你核对了他的推断规则列表，你发现他确实已经掌握了你所知道的大多数棒球比赛规则。

现在，他当然不会再去关注规则；他已在他的心灵里创建了它们，因为它们看上去可以很好地描述球员的行为。他实际观察到的，当然是球员的运动。

3 这就是我们的心灵运转起来去创造大量我们日常知识的方式。例如，可以考虑一下我们所说的"科学规律"。它们是我们已经推断出的"游戏规则"。我们经常会骗自己，认为我们已经观察到了规则，而事实是，我们创造了它们去解释我们在观看运动中的物质时记得的一致性。我们从来没有观察到过"引力定律"或"平方反比定律"，后者描述了光的传播，或质量能量转换"定律"。所有的物理学"定律"都是在我们的心灵中创立的；所有这些信息，我们统称为经验知识。

研究亚微观实体的科学家们有一种特殊的劣势，因为他们甚至从来都没有办法看到运动中的物质。他们必须通过观察亚原子粒子留下的痕迹（如照相底片上的条纹）来创建"游戏规则"。换句话说，粒子物理学家必须在他们的心灵中创建物质的图片（我们一再被警告这是无法做到的，尤其是在量子物理学中），以及描述这种物质行为的运动原则。

4 所有的经验知识都是假设，仅仅是可能如此。也就是说，它由可用的假设组成，只要它们与我们的观察相一致，我们就会继续使用它们。

植物需要阳光才能生长。灰鲸在每年三月份迁徙。知更鸟下出蓝色的蛋。斯堪的纳维亚人有一头金发。如果盐溶解在水中，水就会导电。光速每秒186282英里。水不会往高处流。朔望月有27天7小时43分钟。龙卷风不会发生在12月。火没有氧气不会燃烧。鲸鲨不会伤人。

所有这些事情，都是我们从重复的经验中知道的。但是我们是否确切地知道它们呢？就以所有知更鸟的蛋都是蓝色的为例，有人可能会想争辩一番。他会告诉你，他探察了一个极大的知更鸟巢，盯着无数多个知更鸟的蛋——

都是淡蓝色的。问题就此得到解决,难道不是吗?尽管如此,一个人是否就可以**绝对**肯定,一些狂暴的知更鸟不会在某个地方下出一个亮紫色的蛋?不见得。

经验知识从来都不是肯定的。对关于世界的每一个陈述,像"知更鸟的蛋是蓝色的",人们都可以**想象**出一个例外。人们可以很容易想象一头灰鲸决定不在三月份迁徙,或者一场龙卷风在 12 月席卷整个堪萨斯州,或是一头鲸鲨误把一个人当成一个相当大的浮游植物一口吞下。如果能想象出那一陈述的一个例外,它就不是**必然**知识;它只是**或然**知识,其正确的可能性必须绘制出一条概率曲线。对所有我们构想出来描述物质性质的动态运行的物理学自然定律来说,这都是真的。

这也是为什么在社会科学领域我们必须用统计数据建立"相关系数",这样我们就可以找出任一假设正确性的概率。我们确定的是,一百次测试中假设成立的次数。

先验知识

5 第二种关于自然世界的知识,是理性知识或先验知识。自从前苏格拉底分析家——其中最有名的有毕达哥拉斯、巴门尼德——的时代以来,先验知识的确切性质,一直困扰着我们。

我们知道某些**必然**真理,看起来,我们**想象不出会有什么例外**。7+5=12——不论过去还是现在,在哪儿都是如此。同一平面内的平行线永远不会相交。圆的面积公式是 πr^2。在欧几里得几何中,三角形内角之和始终为 180°。

这些是真正的放诸四海皆准的真理吗?理性主义者会回答"是"。我们能否在我们最狂野的想象中,想出这些陈述的一个例外呢?我们能否想象两条平行线相交?或 7+5≠12?或三角形内角和不是 180°?不,我们不能。

因而,这些是所谓精确科学——所有已知的数学、几何、逻辑体系——的基础。

6 我们必须查看过多少只知更鸟蛋，才能确保所有的知更鸟蛋都是蓝色的？显然，所有的蛋：知更鸟下的每一个蛋。我们必须调查多少个三角形，才能确保它们三个角的和是180°？只要一个或两个，或者几个。理性主义者争辩说，一旦理解了我们正在处理的知识的性质，我们就不用再去思考更多的三角形。我们先验（也就是说，没有进一步的经验观察）就知道欧氏几何中所有三角形的内角和是180°。那么7+5=12呢？是否在所有可以想象到的宇宙里这都是真的？似乎是。

如果鸟类学家报道说发现知更鸟下了一个黄色的蛋，我们就没有**逻辑**理由不相信他。但是，如果一个几何学家报告说，他在南极某个地方发现了一个圆，其直径大于它的圆周，我们就可以合理地推断，他一定是在雪地里待的时间太久了。我们根据**逻辑**理由可以不相信他所说的。

因此，很明显，我们正在处理两种明显不同的关于自然的知识，它们适用于外部世界的方式也是不同的。

7 经验知识遇到的问题是：我们永远无法绝对确定任何来自我们感官的事实宣称。我们必须总是追问：关于一个对象 / 事件我们是否有足够的知识确认为是合理的（可行的）？

我们仍会有点纳闷：为何数学知识可以这么好地描述大自然的运行？7+5可能=12，因为我们都这么说。也就是说，我们用那种方式建构了正式体系。也许 πr^2 仅仅是描述了一种数学关系。但是，"外在的"物理世界则是另一回事。为什么爱因斯坦著名的换算公式 $E=mc^2$ 真的描述了某些核反应过程中发生的事情？为什么光与重力会"服从"平方反比定律？一些17世纪的思想家得出的结论是，我们似乎在我们的心灵中制订了连贯的数学系统，然后通过某种巧合，发现它们适用于自然世界。还是大自然真的在照完美的数学原理运行？

我们中的大多数人可能都会争辩说，2+2=4是一个永恒的真理，因为它是一个连贯系统的一部分。或者是因为这一公式在本质上描述了真实的运行？实用主义者争辩说，我们继续使用这一公式，只是因为它持续可行，但理性主义者对这样的回答并不满意。他们认为，在宇宙中不拘任何地方，2+2必须=4，它是一个宇宙真理，而不是一个实用模型。

还有别的认识方法吗？

8 当我们说有两种了解自然世界的方式时，这种说法明显是一种西方的看法——它可能会也可能不会完全是真实的。这是一种西方的假设，认为主体是认知者、自然是待知的对象。如果按照这种方式来**定义**关系，那么上述对涉及主体与客体之间问题的澄清，应该是相当准确的，而并非毫无意义。

但我们也可能会想知道，是否还有别的认识方式。这是一个真正的和最终的事实吗：人是体验的主体、现实世界是被体验的客体，这两者是不同的、独立的实体吗？或者是否有可能是一个"场的相互作用"，致使主体－客体这一二分法变得虚假？也许人的了解更多地沉浸在"客体"中，他的独立性只是一种幻觉。也许知道／了解的过程仅仅是一个更大过程的一部分。或者，也许还有其他认识现实的途径。

西方哲学家柏格森就相信还有一种更好的办法。他辩称，唯一真正的"做形而上学"（认识真实的世界，像它实际上所是的那样）其实是通过"直觉"来进行的。理性的头脑中存有太多静态的概念和记忆文档整理系统，以至于察觉不到不断变化的过程（我们称为"自然"）。自然是纯粹的时间，没有停止和开始、绝对或定量。自然永远都在运动，人类智识专业化可以创建自然的静态图像，但却始终无法捕捉到那一运动。人类只有抛开智力才能认知现实，直接直觉到动态流动的世界——他自己也是这个世界的一部分。

那些熟悉东方经验模式的人都知道，这是一种有意义的认识现实的方式。例如，佛教就明确拒绝主客二分，认为它是危险的、虚假的。坐禅的目标被描述为"顿悟"，即人与现实合二为一，而不是与之分离。这是一种作为自然一部分的敏感的、整体的意识。

表象以外的现实

9 人类一直都在为我们生于斯长于斯的自然世界而不安。因为我们很清楚，事情并不像它们看上去的那样。

有赋予生命的力量，让万物生长，万物都处在一个不断变化的环境中。有撼动地面从山顶喷出火山灰的力量。有在暴雨中隆隆作响和闪电划过天空的力量。有邪恶的力量让人内部受伤发热致死。有些昆虫和动物会释放出可以杀死外来力量的汁液。

古人很想知道这些事情的缘由。显然有各种表象以外的现实。它们可以被感受到。它们可能是仁慈的，但更多的时候，它们是敌对的和有害的。这些力量——这些无形的、反复无常的力量——到底是什么呢？

当然，今天我们知道，古人的直觉是对的：的确是有表象以外的力量。我们不得不佩服古人，因为他们尽了最大的努力去理解他们所处的世界。

10 阿瑟·爱丁顿爵士举例说明了宏观现实和"表象以外的现实"之间的差异。

> 一位博学的物理学家和一个常人一起站在门口，准备进入房间。
>
> 常人毫不困难地往前移动，抬脚踩在坚实的木板上，走进了屋子。
>
> 物理学家则面临一个复杂的问题。要想作出任何动作，他必须推开大气，大气给他的身体每平方英寸上都施加了14磅的力。他的脚必须落在一块木板上，木板正以每秒20英里的速度绕着太阳旋转——稍微快一点或慢一点木板就会飘离所选择的点。他必须这样做，同时悬挂在一个圆形的星球上，星球则朝向太空行进，而扑面而来的风，以没有人知道每秒多少英里的速度，通过他的身体的每一个空隙。他也想到木板有可能并不像它看上去的那样——可以持续支持他的体重。因为木板的大部分都是空的，中间非常稀疏地散落着无数的电荷，它们以很快的速度横冲直撞，但在任何时刻所占据的位置都不到木板体积的十一分之一。这就像脚下踩着一群苍蝇……
>
> 令人高兴的是，即使一位博学的物理学家通常也有一些均衡感；很可能在这种场合，他早就把关于天体运动的科学真理、木板的构成和概率都抛到了脑后，像他那位不了解科学方法的常人同类一样，满意于用同样粗糙的概念去执行他的任务——走进屋子。

这个世界——是什么呢？

11　最早的古希腊哲学家们提出的问题，不是关于人，而是关于他们生活其中的世界。我们现在所知道的基本元素（氢、氧等）或自然定律，他们概不知晓。但是他们感觉到了人对其所处世界的理解（误解）危机四伏，于是他们便采取了一种新的方式去追问问题。

　　万物所由组成的"物质"是什么？万物是否都由我们知道的一些单一的物质（如水、气或火）组成？或者是由一些不为我们所知的物质组成，它们在一定条件下变成水、气和火？

　　推动物质运动的力量是什么？风不停地吹，炸雷击倒荒原上的巨树，农作物生长和死亡。这一切背后的力量是什么？它是一种单一的力量还是多种力量？力可能是"神"或"灵魂"吗？它能复活吗？它是外在于物质（宙斯并未真正投出闪电霹雳）还是内在于物质？（泰勒斯想到了磁铁，认为决定物质的力量是内部的，所以他的结论是，它们必须具有"灵魂"。）

　　这些最初的哲学家-科学家已经尽其所能地提出了他们的问题。总的来看，他们提出了两个基本问题：(1) 万物的构成是什么？(2) 运动的力来自哪里？我们必须从这里面得出一个教训：虽然我们目前关于自然世界的科学知识的积累非常惊人，但是我们今天所追问的根本问题是什么呢？仍是这两个问题：(1) 万物的构成是什么？(2) 运动的力来自哪里？

12　但是，就此将物质问题抛开，将是一个可怕的误导。截止20世纪末，在了解物质的问题上，我们已经走过了漫长的旅程；事实上，当一个初学者打开一本物理课本（或生物学课本），他会被我们对我们所处世界的认识和了解所淹没。我们可能说的是同样一句话，但是我们问的却不是同样的问题。今天，当我们问"万物由何构成？"我们的脑海中会跳出一大堆积累的已知事实来塑造我们的答案。

　　假设你在海边散步，随手捡起一块乳白色的鹅卵石。它是什么？它的构成是什么？它的学名（符号）叫"石英"，但这种传统名称什么也没有告诉我们，那么，它到底是什么呢？

解决问题的第一步，必须从**分子层级组织**（molecular lever of organization）去考虑。分子是原子群，由两个或更多个基本元素紧密结合在一起组成，所以它们的行为就像一个单一整体。同"类"物质的每个分子都由相同元素的相同比例组成。例如，一个水分子由两个氢原子和一个氧原子（H_2O）组成，地球上和宇宙中的每个水分子都是用这种方式构造的。

这是第一层次的组织，它给予世界一致性，使我们能够了解它。正如所有的水分子是一样的，所有的糖分子、盐分子、甲烷分子、银分子、碘化银分子、氨分子、胰岛素分子、甲醛分子、二氧化碳分子，和影响我们生活的无数其他物质的分子，也都是一样的。我们可以命名、定义、发现它们的性质（"水分子是湿的"）并利用它们，因为它们的成分和性质始终是相同的。数以百万计的这些分子化合物都是自然产生的，现在我们在化学实验室中也可以制造出这么多的分子化合物。

那么，石英的构成是什么呢？它是由硅和氧元素组成（SiO_2）的分子。

13 接下来，我们进入**原子层级组织**（atomic lever of organization）。原子是一个极其复杂的小系统，其行为相当自主，并遵循它自己的一套规则，我们称之为量子力学。它由一个小得令人难以置信（但相对很沉重）的原子核的质子、中子和核外"电子"构成。原子非常小——其直径不足一英寸的一亿分之一。99.9%以上的原子的物质都可以在它的原子核中找到，其余部分（小于0.1%）在它的电子中。

科学家对原子的了解，得出了两个结论，它们对我们思考物质和世界的方式产生了重大影响。(1)宇宙中的一切事物都在以非常高的速度（"相对论速度"）运动，没有什么是不在运动的。宇宙中没有一个地方会有事物是静止的。(2)说到底并没有什么事物是真正的"固体"。所有事物都由原子组成，原子的大部分都是空间——不是由物质的固体主导，而是由强大的非物质力场所主导。

当我们从宏观层面去认识它们时，是原子赋予元素独特的性质：如金、铜、硫、铬、铅、铀、氦、碳等。众所周知，我们现在已经知道了所有的基本元素，共有一百多一点。按照权重，它们被安置在元素周期表中。（这是我们知道的在

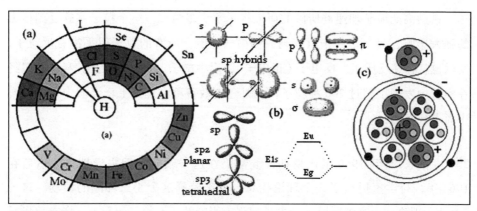

从物质到细胞

宇宙中已发现的所有元素；周期表中没有遗漏或空白。）宇宙中的万物都是由这些元素的原子经过不同的分子排列组合而成。

那么，石英鹅卵石的构成是什么呢？它由硅和氧两种元素的分子组成。

14 接下来，事情变得更加复杂。当古希腊哲学家德谟克利特首先提出理论认为所有的物质都是由原子组成的时，他是把固体物质小得不可分割的部分称为"原子"（古希腊语意为"不可分割"）。对原子的这种想象，在科学思维中一直盛行到19世纪。然后，科学家发现，"不可分割的"原子还有粒子。不过，这些粒子仍被认为是微小的固体块的带电物，反过来可能会由更小的带电物质的固体块组成，等等，直到无限。然而，新的发现很快就摧毁了对原子及其构成的想象。在亚原子层，并没有固体物质或固体的东西。我们在经验层面感知的"固体物质"概念不再存在，而是被能量点和合力场所代替。

随着高能研究工具的发展，研究者发现，原子是一个三环圈。原子的核心似乎是无尽的古怪的微粒的源泉，这些微粒是如此不同和混乱，以至于乍看上去它们显得毫无意义。

如今，经过三四十年惊人的成功探测，我们所知道的是：原子核是由质子和中子组成，质子和中子绕着核中心在轨道上运转。它的基本微粒，质子和中子，在本质上是相同的粒子，只是有着不同的能量状态，由带电粒子——称为介子——结合在一起。介子的交换，创建出强大的核力量，将原子核结合在一起。

借助高能粒子加速器所做的研究揭示了更多情况。一个粒子家族受到核力的强大影响，另一个粒子家族则只受微弱影响。所有的粒子似乎都有反粒子，所以也就存在反质子、反电子（正电子）、反中微子。到目前为止，科学家已经在实验中发现了超过 200 种粒子，此外还有数百种在理论上已经假定但在现实中尚未被发现。

15 所以，直到 1960 年代早期，混乱仍在这一领域占据主导地位。然后在 1964 年，科学家提出了一个理论构想，用来解释这个小三环圈的活动。这一"夸克"理论被用来解释原子核中受到强力影响的所有粒子的行为。所有已发现的原子中心的数百种粒子，都可由夸克和夸克组合得到解释。例如，质子和中子每个都由三个夸克组成。甚至介子也由两个夸克组成。

起初，所有这一切都只是理论。然后在 1968 年，研究人员在加速器实验中发现了第一个夸克。到 1984 年，科学家已经发现了 6 个夸克，并揭示了它们的基本属性。

这就是**夸克层级组织**（quark lever of organization）。

16 这就是故事的结局吗？没有人知道。毕竟，夸克的故事并非表面看上去那么简单。已经发现的每个夸克，都有 3 个"牌子"（物理学家则说是 3 种"颜色"），所以真正有的是 18 个夸克。但是，由于每个夸克都有一个反夸克，故又可以认为有 36 个夸克。此外，理论家不得不假设存在 8 个"胶子"，它们在夸克与夸克之间传递结合电荷。理解这个复杂世界的理论被称为量子电动力学（QED）和量子色动力学（QCD），这两个理论在扫平混乱确立秩序上都已取得很大成功。

但是，对物质更进一步的基本成分的密集追寻仍在继续。物理学家希望他们最终能够抵达最底层的现实，知道宇宙到底是由什么构成的。也许会有这么一个地方，但在理论学家们的噩梦中，他们有时也会非常担心，到了那时，下面可能还有更小的层级需要探寻，可能永远都不会有结束。尽管目前有超越夸克理论的超弦理论，但是我们能说的是，它只是一种没有得到证据支持的理论。

物质的起源是什么？

17 在思想史上，一些问题在被提起前必须等待属于它们的时间的到来。一个这样的问题（所有问题中最显而易见不过）是如此势不可挡，以至于它被提出后，立马就被隐藏起来，从未再被认真对待过。这个问题就是：物质的起源是什么？

这个问题一直被忽略，因为它看上去似乎是一个无解的问题；一个简单的创世论答案仅仅是一种可能。宇宙是什么时候开始的？什么创造了物质？或者物质是由什么东西创建出来的？"上帝创造了宇宙，并让物质运动。"小女孩坚持问道："那么是谁创造了上帝？"我们掉头而去。

小女孩的问题是合理的。哲学家们早就指出，神创论的答案并不是答案。"无中生有"并不能解决问题。

在这个早期阶段，关于物质起源的探究，只是提出了几种看上去比较有希望的思路。霍伊尔在他的宇宙"稳态"理论中假定，物质正在不断地在无中生有的空间被持续不断地创造出来，但他从来没有试图认真解释这一点是如何可能发生的。

18 今天，我们几乎已经可以在实验室中创造出物质。在一种被称为"对生"的现象中，物理学家可以在加速器真空中创建电子，即无中生有。他们还成功

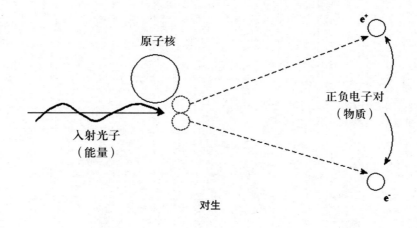

对生

地创造出正负质子对。韦斯科普夫（Weisskopf）指出，在他看来，这代表了物质的实际创造。

也可以从光的光子中创造电子。有趣的一点是，光没有质量，而电子有。光子（质量为0）是无质量的能量；根据质能转换方程 $E=mc^2$，保持光速的光子可被转化为质量。

这是什么意思呢？一个言下之意似乎是，物质起源问题并未出错。然而，目前尚缺乏真正有说服力的答案。在所有情况下，物理学家们都是用一些东西（而非"无"）开始他们的实验，他们拥有先进的科研设备，借助这些设备，他们可以把粒子加速到更高的能量状态。从理论上讲，如果我们能想象一个宇宙，所有物质都不存在，只有一个单一的、孤独的电子，再加上一些力，可以把电子推到相对论的速度，那么我们就可以在逻辑上解释宇宙中所有余下的物质。但是，那一"原动力"是什么，可能仍然困扰着我们。

我们目前可以做到的最好的事情就是，继续追问这一问题，不受诱惑以为它已被解决。在得到一个真正的答案之前，我们可能必须无数次这样提问。事实上，我们可能会在一些完全不同的参照系下发现它。

毕达哥拉斯

我在聆听自然的和声

　　毕达哥拉斯是第一位证明对世界的认识是可能的思想家。他是一位古希腊哲学家和数学家、天文学家、物理学家、音乐家、教师、修道士、神秘主义者、女性主义者、心理治疗师、先知、异教教主……这表明，他是一个不寻常的人，有一颗聪慧的头脑，热爱生活，对了解世界充满激情。

　　约公元前580年，毕达哥拉斯出生在美丽的爱琴海岛萨摩斯。他是宝石雕刻匠尼撒库的儿子，尼撒库可能是一个富裕的贵族和地主。毕达哥拉斯在合适的时间和地点得到了良好的智力成长。第一，他在体操、音乐、数学，以及我们现在所说的自然科学上得到了最好的正规教育。第二，他生活在一个地理交汇点，来自东方——美索不达米亚、波斯、印度和中国——的思想正在进入地中海世界。第三，新的科学观正在爱奥尼亚城市中出现，毕达哥拉斯被彻底训练成像一位科学家一样去观察和思考。最后，他广泛游历，传说他去过埃及，在那里他学会了几何和天文学，并从祭司那里学到了一些文化知识；又去过腓尼基、卡尔迪亚、阿拉伯，可能还有印度。总之，毕达哥拉斯在智力上非常幸运：他有丰富的经验、观察、问题和想法，这些都是哲学的发酵物。

　　50岁左右，他结束旅行，回到家乡，发现萨摩斯岛已被暴君波利克拉篡夺。因此，毕达哥拉斯，可能还有一些追随者，向西前往意大利，并在一个有矿泉的地方：克罗托纳，定居下来。在那里，他创办了古代伟大的学校之一。

　　他的学校是一个学习机构，一种培养精神的庇护所。学校的建筑物面积很大，

毕达哥拉斯在学园内授课

足以容纳数百名学生。学员发誓忠诚，并坚持严格的规则。他们共享财产，一起吃饭，穿一种独特的白色装束，以他们平静的生活、适度的行为、庄严的礼仪而为人所知。

学员分为两组："外传弟子"（exoterici），需要经过 5 年不言不语的阶段（"沉默期"），在此期间，只可听讲，不许发言，也见不到毕达哥拉斯本人；通过身体与精神考验的新人，获准成为"内传弟子"（esoterici），准许接触教派的秘密，并可聆听毕达哥拉斯的亲传。毕达哥拉斯也是最早的女性主义者之一。在他的学校他承认女性与男子平等，给予他们基本相同的教育：哲学，数学，音乐，艺术；但另外还会给她们安排职业培训：照护家人和家庭。

如果我们可以相信后来历史学家的描述，也就不难重建毕达哥拉斯团体一天的生活。

一早醒来，练习记忆，试着回想上一天发现的确切的事情；然后是再上一天发现的，依次类推。这一做法可能与毕达哥拉斯的一种想法有关：所有的学习都是回忆，即记住先前已知的真理；所以拥有完美的记忆能力，就能更好地领悟永恒的真理。

然后，每个成员独自进行早晨散步。成员重视孤独和沉默，并全天践行。这种晨间漫步有助于他们保持个体内心的和谐，应对外在世界对他们的紧迫要求。

随后成员开始上课。他们研究和讨论他们正在学习的科目、教派的教义、管控他们共同生活的规范。然后洗涤身体，吃早饭。再一次散步之后，他们进行一小时左右的体育锻炼。"在花园和树林里摔跤或跳高，其他人则可能会表演哑剧艺术。"

他们共进午餐，吃抹蜂蜜的面包片。下午会进行更多的研究。快到傍晚时分，他们很享受闲逛，三三两两一起走在街头或穿过乡村。他们走路很有节奏，在所有的事情上都保持和谐。晚餐分成不同的小群体进食，包括玉米、面包、生的和熟的蔬菜、草药、一点肉和少量的酒。

晚餐过后，祭拜酒神。毕达哥拉斯学派禁止用动物作为牺牲，认为动物和人类一样都"拥有灵魂"。团体崇拜太阳神，生命的赐予者，但也崇拜其他神，仪式包括魔法和占卜。

晚上是一段社交时间，但不许闲聊。成员分成不同的群体阅读和讨论，年轻学员阅读老学员选择的东西。晚间学习快结束时会提供更多一点酒，一位长老会做简短的谈话或讲道。睡觉前，所有成员都会穿上"纯白色的夜间服装"，躺在"纯白色的床上"。"通过这样的纪律，他们试图把自己的生活目的安排成完全是为了跟随神。"

〔俄〕布朗尼科夫，《毕达哥拉斯学派礼赞日出》，1869年

翱翔在团体上空的是哲学家本人，最终的权威，神的化身——一个基督一样的人物。毕达哥拉斯身材高大，总是穿着一尘不染的白色长袍。他的一些追随者相信他会魔法，可以上演奇迹。据（亚里士多德）说，克罗托纳的公民把他看作是阿波罗的化身，并认为他拥有一双"金色的大腿"，他曾在奥林匹亚赛会上展露过。他生活简单，吃东西很有节制：一点面包和蜂蜜，一些蔬菜，一点点酒。他喜欢数学、天文学和音乐，所有这三者成为他的神秘宗教的元素。

毕达哥拉斯可能是在生命晚期与一位克罗托纳女人结了婚。他们的女儿达摩（Damo），成为她的父亲秘密著作的托管者，儿子泰洛惹斯（Telauges）则接替父亲成为毕达哥拉斯团体的负责人。

                        ⁂

是毕达哥拉斯发现了大自然的手法：数学。"大自然的语言是数学"，就像伽利略后来所表述的。这是人类最伟大的发现之一，它使得自然科学和我们的科技文明的发展成为可能。罗素曾经写道：毕达哥拉斯"在智力上是有史以来最重要的人之一，无论是在他明智的时候，还是在他不明智的时候"。

流传已久的故事讲的是，毕达哥拉斯路过一家铁匠铺，听到里面传出的铁锤砸在铁砧上的响声。打击产生了各种不同的音调。毕达哥拉斯走进去观看，发现较低的声音来自较重的锤，较轻的锤子产生的是较高的音调。毕达哥拉斯已经试过对重量的测量，知道任何物体的重量都可以被分解成分数单位，用数学来进行描述。他可能也研究过丝弦乐器，知道谐波间隔是由振动的弦的长度决定的，可以精确地用抽象的数字来表示。现在他恍然大悟，所有的自然物都有自己的振动，整个宇宙间物质的运动都有一个数学结构。他得出结论：宇宙中的一切都在振动，世界就像是一个伟大的乐团，每一物质对象都是该乐团的一件乐器，发出自己的音高。砧、铃、钹、密集的鼓点；瓷器的叮当声；雕刻家的凿子在大理石上敲出的声音；火山喷发的热潮，甚至是在夜空中运行的星星——一切都在震动，发出音声。毕达哥拉斯组合创造了一个短语"天球和声"（the music of the spheres），并声称自己实际上听到过这样的音乐。

这是一个重要的知识事件：从单独的对象/事件的运动，到普遍的数学概括。这一发现在毕达哥拉斯身上激起了其终身对抽象的数学和几何学的喜爱，并促成了许多发现。他发现了几个几何定理,其中最有名的还是以他的名字命名的"毕达哥拉斯定理":直角三角形两条直边的平方和等于斜边的平方。(我们被告知,毕达哥拉斯作出这一发现后欢欣鼓舞,特意向神献祭。)他也研究了平方根,发现$\sqrt{2}$是一个除不尽的数。(它的存在成为毕达哥拉斯团体的秘密之一,因为它是不应该存在的;其成员之一因为说出了这一"非理性数字"的存在而被逐出团体。)

其他爱奥尼亚哲学家试图发现世界是由什么物质组成的,如水、气、火,或是其他什么东西。但是毕达哥拉斯认为,现实并不是一种物质,而是一个正式的结构,可用纯数字表示。"整个现代物理学,光、辐射、原子结构等的数学理论,都是同一条思想链条的延续,都是对毕达哥拉斯观点的辩护。"(柯林武德)现代物理学的方法仍是毕达哥拉斯的方法:宇宙由什么"组成"是次要的,我们追求的是"摆动"的量化,不管其真正的实体是什么。

由于这些变化的数学模式可以被人的心灵认识,了解世界也就真正成为可能。这是毕达哥拉斯发现的哲学意义。

毕达哥拉斯不仅是一位科学家和数学家,他还是一个神秘主义者和救赎者。他为他自己和他的追随者寻求生活的秘密;他似乎开发出了一种历史上最早的智识上连贯的"解放的方式"。

关键是"和谐"。任何结构,只要其所有部件一起"振动",就都会处于一种和谐状态。毕达哥拉斯认为宇宙是一个和谐的整体。同理,灵魂这一小宇宙,当其所有部件一起工作时,也可以享受和谐状态。只是大多数时候,灵魂——被囚禁在身体中,在千变万化的混合对立中变戏法——很难协调其所有部件。

毕达哥拉斯教导我们,现有的生命不过是灵魂漫长旅程的一个短暂插曲。每个灵魂都会转世多次转化为物质形态,在每个化身中,身体再次成为灵魂的监狱。每次到了人生尽头,灵魂都会下降到地狱,清除其罪恶,然后返回地球,再次化身。

毕达哥拉斯认为,生活的目标就是制止这一重生"轮回"。要做到这一点,只有通过过一种道德的生活——毕达哥拉斯的意思就是一种灵魂和谐——灵魂与自身和宇宙相协调。真正和谐的灵魂不会返回重生,而将永远成为神圣的世界灵魂的一部分。

如何才能实现这种和谐?首先,冥想宇宙的和谐。其次,过一种平衡的生活(饮食,运动及良好的生活习惯)。这也是毕达哥拉斯团体存在的理由:提供一个封闭的没有压力的环境,随着时间的宁静,就可践行健康的生活习惯和常规。

因此,"天球和声"与灵魂和谐可以融为一体。

�❧

毕达哥拉斯至少活到 80 岁。克罗托纳的民众被毕达哥拉斯学派的政治活动所激怒,后者认为只有拥有真正知识的人才应该进行统治。克罗托纳人将异教视为一种威胁。暴徒冲入学校将其一把火烧毁,杀死了一批团体成员,并驱逐了一批。

毕达哥拉斯被迫逃离。在袭击者的追赶下,他跑到了一块蚕豆地,这是毕达哥拉斯给自己设定的禁忌(不得践踏蚕豆)。他停下脚步,宣称他宁可让自己被杀,也不能泄露团体的秘密教义。袭击者赶上来杀害了他。时间是在公元前 497 年左右。

毕达哥拉斯团体既是宗教修会,又是政治集团,还是学术团体,它存在了约有一个世纪的时间,然后就从历史上消失了。

7-2

空间、时间、运动

世界是如何运作的？在回答这一长久存在的问题时，爱因斯坦提出了自己的一种看法，将宇宙视为一个弹性事物的庞大系统，只有光速是绝对的。一切都是可变的：时间，质量，体积，甚至空间都是可变的；对其变化的感知则各不相同，具体取决于谁或什么在去感知。本章涉及物理科学的某些哲学方面，分析心灵如何不断地创造物理学，并讨论了某些哲学问题，这些问题在我们做物理的方式中仍然存在。截止2010年，解释宇宙运动的物理学系统有三种：经典的牛顿物理学，相对论和量子力学。用费曼的评论来说，物理学想要弄清楚"到底发生了什么"，在这个问题上我们现在有了新的见解——自然也有相伴而来的新的困惑。

物理学是什么不是什么？

1 最早的古希腊哲学家有一种了解世界的激情，但他们缺少——他们知道他们缺少——做到这一点的基本工具：物理学。约公元前525年，古希腊神秘主义者毕达哥拉斯发现"世界是由数字组成的"，但他无法用他的发现去做任何事。然后，两千年过去了，有一天，数学家伽利略坐在教堂里，观看一盏吊灯来回摆动。伽利略突然明白了一切，他回到家中，开始研究来回摆动的吊灯的数学。物理学就此诞生了。

今天，我们可以用三种物理学系统描述世界。**经典物理学**（或牛顿物理学）很好地描述了普通日常经验的运动，如倒塌的树木，烧开的水，卫星轨道等。**相对论**物理学描述高速运行的物体的移动，如伽马射线、中子星和重力波。量子物理学描述非常小的粒子如光子、电子、夸克的运动。到目前为止，看起来，宇宙中所有的运动都可被这三种物理学系统中的一种或多种所描述——几乎是这样。

站在21世纪的今天，我们很容易认为：经典物理学已被完全理解，其他两个物理学系统中只有少数认识论问题仍然存在，但这却是不真实的。真正麻烦的问题是，必须解决作为一个整体的物理学的性质。一句现代讽刺语："你若是认为你了解它，你肯定需要帮助！"同样适用于物理学思维的性质上。

2 物理学这门科学常被误解，甚至是被物理学家误解。有几点需要加以澄清。首先，根据定义，物理学处理运动且仅处理运动；它是可用数学符号公式捕获的移动物体的运动，如在方程 $d=vt$ 中，d 代表距离，v 代表速度，t 代表时间。有了这个简单的公式，物理学家就可以计算出每一个移动物体在宇宙中所走过的距离。$d=vt$ 是所有方程，包括相对论和量子力学中复杂的数学公式在内，如何运行的一个范例。由于宇宙中的一切都在运动，所以物理学是一门普遍科学。

需要澄清的第二点是，我们从来没有看到运动。所有我们看到的是正在移动的物体。为了解释我们所感知的对象做了什么，我们在心灵中创建了一个抽象概念，称为"运动"。因此，运动是一种精神的东西，而非一件真实的事情。我们假设运动是真实的，但运动是由观察者的意识创立的。由于移动物体遵循数学模式，所以我们可以用数字将那些模式符号化；这一符号化过程也是精神的。由此应该清楚：我们关于物理世界的知识完全是象征性的。就物理学而言，我们的理解会忽略宇宙中所有的真正对象，将它们的运动简化为抽象公式。

物理学是人类伟大的成功故事之一。它始于前苏格拉底时期的希腊人，然后在黑暗的中世纪徘徊良久，只是到了伽利略、牛顿、开普勒等有数学能力的人出现，才得到振兴。尽管如此，今天的许多物理学家都想要声明：领域内的知识需要到领域外去探求，不要忘记他们的科学仅限于运动，甚至他们的理解仅仅是象征性的。

3　物理学中最棘手的问题在于人类思维的性质，而这只有在纯粹的想象力中才可以克服。假定你在花园里坐着看鸽子回巢。鸽子需要一定**时间**飞回它的巢，它必须飞越**空间**才能到达那里。公式 d=vt，可以使你计算出鸽子在既定时间内按照一定速度飞行的距离。

但是，这里面有一个问题。时间和空间并不是"事物"。时间并不是一个真实的像河流那样的事物，移动的物体可以在上面航行；同理，空间也不是一个具体的"东西"，鸽子可以从中飞过，尽管物理学家几乎普遍假设时间是真实的，然而时间是且仅是一种经验，没有持久意识的鲜活经验者，时间也将不复存在。所以，当你看到鸽子在10秒钟内飞过傍晚的天空，是你的经验时间让你感受到鸽子的运动。只有在你有意识的心灵中，你才会感觉到它飞"越时间"。同样，我们所说的"空间"是我们看到鸽子飞过的"空虚"，而那一"空虚"完全没有内容，不可能被说成是真实的。

因此，所有的物理学思维，都是将主观因素（时间和空间）与客观运动结合到一起，去创建方程，用来量化宇宙的运动，并使其易于理解。在物理学思维中，这种主客体组合是不可避免的，没有它，人类的智慧也就无法理解任何移动的事物——这意味着宇宙中的一切。

4　哲学的目标之一就是把现象的位置固定住，这样我们就可以严谨地思考它们；为了做到这一点，我们需要能够去思考事物它们在哪里，而非它们不在哪里。如果我们无法明确一个事件所处的"位置"，我们也就不可能清楚地去思考它；我们就会得出一些虚假的联系，曲解它。如果我们认为时间是真实的，我们就可以谈论时间的开始和结束，而这则是荒谬的（事物只有**在时间中**持续存在时才会有一个开始和结束）。同样，如果我们认为空间是真实的，那么我们就可以谈论空间的收缩、空间的扩张、空间的弯曲等；但这也是荒谬的。

什么是真实的与什么仅仅是经验的之间的关键区分，在物理学思维中已被完全抹除，致使做到下面这一点几乎不可能：即按照事物真正所是的样子去思考事物，而不是用虚假的关系错误地去解释它们。有一次，我问一位物理学家，物理学家们都是如何处理主客体问题的。他回答说："他们只是忽略它。"这是因为，作为物理学家，他们必须这样。物理学的性质要求消灭主体–客体的界限，

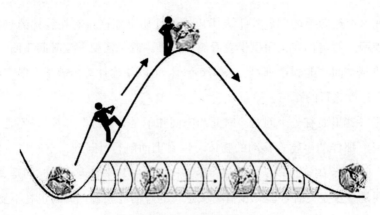

经典物理学与量子物理学之别

只有这样才能顺利进行研究。

因此，问题在于能够区分：什么时候应让我们的心灵创造实用的"时空"公式，什么时候应将时间和空间视为完全不同的、独立的实体去思考。一旦我们开始认为时间和空间是真实的，我们就有麻烦了。

经典物理学

5 物理学直接处理前苏格拉底时期最早的哲学家关心的问题：基本元素是什么？在我们认识的各种物质背后是否有一种普遍的、不变的物质？什么使得元素聚合到一起，形成我们感觉到的宏观物理对象？究竟什么是运动、什么导致运动？一句话，到底真正发生了什么，为什么？

我们今天所理解的现实，是由原子和它们的粒子成分组成的，通过力场获得能量。宇宙中似乎有四种力量：电磁力、强力、弱力、引力，它们都已被数学所征服。我们对原子的理解也是惊人的详细，可以在大量试验中使用它们单个的成分：质子、中子、电子等。大多数物理学家都同意，宇宙中发现的每一种运动，不论大小，现在都可以用三种物理学系统中的一种或多种从数学上作出解释。

我们所有人都很熟悉经典物理学的运作；即便我们没有正式的物理学知识，我们仍然可以在玩棒球、浇草坪或一块砖头砸在我们脚上时使用它们，提醒我们受到重力的吸引。牛顿为经典物理学奠定了基础。他认为，自然界里的万物都是由相互吸引或排斥的原子和力组成的；化合物可被解释为这些原子的组合。他也认识到了看似非物质的过程，如光和热。质量与能量守恒，无论它们经过什么样的物理或化学变化。因果关系原则是一种普遍规律，它是完整的和不可改变的。时间和空间作为绝对的性质存在。总之，根据牛顿原则，自然界的一切都可以用物质的基本概念和假定的力、因果关系、守恒定律来解释。整个宇宙，万物皆在其中，都遵循这些定律。

相对论物理学

6 接下来登场的是爱因斯坦与相对论物理学，在它面前，井然有序的经典物理学原则开始变得模糊不清。亚历山大·蒲柏带有抒情色彩的观察[约翰·斯夸尔(John Squire)爵士则对其做了修改]，是对物理学故事一个不错的概述：

> 自然和她所有的法则都藏在夜间。
> 上帝说："让牛顿出！"于是便有了光。
> 但它并没能持续多久。魔鬼高喊道："嗬！
> 让爱因斯坦出！"于是一切都又恢复了原状。

爱因斯坦提出了两种相对论理论：1905年的狭义相对论，主要涉及光；1916年的广义相对论，侧重于引力。自从17世纪以来，曾有两种相互竞争的光学理论。牛顿认为，光由物质的微小粒子组成，而克里斯蒂安·惠更斯(Christiaan Huyghens)则坚持认为光更有可能是一种波浪运动。19世纪初，实验结果表明，光的运动像波，因此到了爱因斯坦所在的时代，波动理论遥遥领先于粒子理论。

波是特定物质中发生的一种起伏或振荡。例如，震波通过岩石移动；声波通过空气和水移动。当然，波是真实的，但是，因为它们是时间现象，所以我们对它们的了解是一种感知和智力活动。把卵石投入一个池塘，波在水面上向外移动。可能在我们眼中水是在向外移动，但这是一种错觉。水仍在原位，只是波在其表面上向上和向下移动。当我们对一个波的运动（比如，从波峰到波峰）进行量化时，我们是在测量纯粹的运动，而不是推动运动的介质（水）；这种测量是一种心理活动，结果是一个抽象概念。

但是，光穿过的介质是什么？自亚里士多德以来，人们一直以为这一介质就是"以太"，一种无形的气样液体，人们认为是它填补了所有空间。因此，人们重新起用以太作为光波的传播介质。这一想法相当起用，直到1887年，两位物理学家阿尔伯特·米切尔森（Albert Michelson）和爱德华·莫利（Edward Morley）完成了一项实验，基本上证明了不存在任何此类介质。物理学家们勉强接受了他们简洁实验的结果。即便如此，问题仍然存在。

爱因斯坦提出了两个初始假设：(1)牛顿的绝对空间不存在；(2)不存在以太这样的事物。这样一来，既没有绝对空间也没有以太，爱因斯坦说，那么，我们也许就可以假定光是一种别样的事物，不需要介质在里面移动。光波也许是"自由波"，可以自己振荡自己通过空间传送。

然后，在他1905年的相对论论文"论动体的电动力学"中，爱因斯坦又进一步提出了两个假设，两者都既出自直觉，也为挥之不去的经典力学中的矛盾所鼓励。首先，当两个或多个系统彼此相对匀速运动，不但各系统（内部的）物理学会维持正常，而且不可能分出哪个系统是在运动哪个系统是在静止。也就是说，所有的运动都是相对的，没有办法区分两种相对运动中的物体。举例来说，如果两架客机彼此经过对方，双方的速度都是每小时600英里，你可以——如果你愿意——争辩，其中一架飞机是在静止，另一架是在运动，或者说，后面那架在静止、前面那架在运动。你选择说谁在运动谁在静止是完全任意的；在物理学中不存在选择一个或另一个之说，无论选择哪种方式，方程都一样起用。

爱因斯坦的第二个假设是，光在被测量时总是会以相同的速度——每秒299792公里——移动，无论光的来源有任何运动，或者测量光的人是谁。光是恒定的，是宇宙中唯一恒定不变的。

第一个假设的意思是这样。伽利略和牛顿都描述过不只是单个对象的运动，也有系统的运动，他们的结论是：系统内的运动规律保持一致，不论它们的速度是多少。例如，如果你乘坐一架商业客机，相对于地面以每小时600英里的速度飞行，所有的物理学定律（就像你在地面上经历它们一样）将保持不变。当你从座位上站起身想活动一下腿脚，在过道上前后走动，你在飞机上的动作将是你知道的在家中的熟悉运动。**在系统内**（即"坐标系"内），一切正常。假定这时有第二架客机（另一"坐标系"）从相反的方向飞来，那么，如果两架飞机上的乘客都能看到彼此，对所有的观察者来说两个系统看上去都很正常。换句话说，只要一套物理学定律就足以说明宇宙中所有的运动，无论是个体或是在系统中，甚至是这些运动正在以很快的速度相对于另一个发生。

爱因斯坦同意，这些描述是准确的，只要它们被限定在那些以比较适中的速度移动的物体上。但当涉及很高的速度时，这些方程就不再起效。实际发生的情况是：一架客机上的乘客将会模糊地看到另一架客机上的乘客，真正看到一组不同的物理学定律在运作。她将会看到：时间放缓，质量增加，每样事物（平行于飞行路线）的长度发生收缩和扁平。

这两个假设是狭义相对论的基石。有了严谨的数学，爱因斯坦就可以着手在它们之上建立一门新的物理学，它在逻辑上是一致的，（相对）忠实于经验事实。

7 按照爱因斯坦的相对论方程，会出现几个离奇的后果。首先，速度的增加和减少（这是牛顿力学中的一个重要原则）不再可能。例如，如果飞行员通过公共广播系统宣布，你们正在以每小时600英里的速度（"地面速度"）飞行，但你们的飞机遇到逆风时速减少50英里，那么你可以确信，从600中减去50，就是你们的实际飞行时速550英里。

但在非常高的速度下，这一简单计算将不再起用，因为时间已不再是一个有效的量尺。时间本身已经成为可变的。时间（"时钟时间"或可被观察和测量的时间）是"弹性的"，可以收缩（但不会扩大）成不同程度，具体取决于与观察者有关的对象的相对速度。任何时钟，达到相对于观察者的每秒161000英里的速度，都会被判断为已减慢为其正常速度的一半。

其次，这种"弹性时间"概念，取消了"同时"的观念。在相对论中，每个

相对论

人和每个系统都有自己的私人时钟。在低速下，时钟会出现同步；但在高速时，它们就会显示出不同的时间。运动中的时钟可以改变自己的节奏。这是一个真实的相对论，在这里，逻辑连贯性和一致性、同时性统统不再是可行的概念。每一种时间观点都是真实的，或者更准确地说，一种时间经验是"真"或"假"的判断是不适用的。在狭义相对论中，一个人的视角就是一个人的视角，事情就此了结。

第三个推论是，光在真空（标志为 c）中的速度有一种通用的速度限制：没有什么能比光更快。牛顿理论认为，任何事物的数量都可以无限增加，但是，爱因斯坦的方程对速度、质量和体积的增加设定了严格限制。当一个物体以接近光速移动，它的质量会急剧上升，并且在真空中，它的质量将会变得无穷大——这是不可能的。因此，只有光可以以光速移动，宇宙中没有一样东西的移动速度能超出光速。

8 在他 1905 所写的最后一篇论文中，爱因斯坦写道："一个物体的质量就是其所含能量的度量单位。"他说，狭义相对论的假设意味着，质量和能量并不是两件事情而是一件事情。它们是等效的。质量可以转化为能量，能量也可以转化为质量。能量并不是一种没有重量的东西，它有质量。质量是能量的"结晶"，能量是"解放的"质量。质量与能量的转换，可以用公式 $E=mc^2$ 精确地计算出来。用尔格（一种能量单位）来衡量，一克质量中存储的能量等于光的速度乘以光速，得到的数字令人难以置信。因此，极小量的质量就可被转换成大量的能量。这个简单公式的结果就是原子弹——和原子能时代。就世界而言，在广岛和长崎引爆的原子弹，足以证明相对论方程是起效的。

9 1908 年，数学家赫尔曼·闵可夫斯基（Hermann Minkowski）——爱因斯坦称其为"我在苏黎世的伟大老师"——在一次科学家聚会上称赞了狭义相对论："诸位！"他说，"从现在开始，空间本身和时间本身应该放下它们的架子，只有两者的联合才能保持其独立性。"因此，是闵可夫斯基连起了一桩"婚姻"——把时间和空间结合到一起，形成一个单一的概念，叫做"时空"。爱因斯坦接受了这种融合的实体，并使其成为他的广义相对论的基石。

广义相对论基于"等效原理"，这是爱因斯坦提出的一个想法，后被他称为"我的一生中最幸福的思想"。该原则指出，引力场中一个庞大的物体产生的吸引力，与在非引力坐标系中产生的加速度相同。我们都知道重力的感觉，它让我们坚实地踩在地面上，让我们知道，只要有机会，每一个大的物体都会尽力向下移动或掉落。爱因斯坦确信，外层空间的加速经验，与引力的这一"拉"的经验是一样的。从月球上返回地球的宇航员，当火箭推进器实现了一次航向校正时，会在她的座位上被向后推；飞行舱中的其他一切，也会被移动到后方。熟悉了这一加速后，如果航空器上没有窗户可供她观看和定位自己，她将无法说出她的加速经验与返回地球后的引力经验之间的差异。让爱因斯坦兴奋的是，他认为，这两种情况都可以用同一个公式来描述。加速度和引力在数学上是等效的。

10 爱因斯坦花了几年时间研究等效原理的影响。首先，想象一束光从一艘加速飞船的一边移动到另一边。随着飞船达到极限速度，光束——当它在有限的时间量内穿过飞船——将会向下偏转并撞击在对面墙上，撞击的点会低于没有加速前的；因为在光离开一边墙壁到达对面墙壁之间，飞船会向前移动，使光弯曲。因此，由于加速使得光线弯曲，由于加速度和引力是等效的，爱因斯坦得出推论，引力也应像光线一样弯曲。

这一想法当时并未得到观察或实验的支持，直到1919年，两支英国探险队被分别派往巴西的索贝瑞尔和非洲的普林西比岛观测日食。目的是确认星光在近距离经过太阳这一庞大的物体时是否会发生弯曲；而只有在发生日食时，来自遥远恒星的光线才能被观测到。测量证实了爱因斯坦的估计。今天几乎每天或者每夜都能观察到这种现象，它被称为"引力透镜"；例如，来自遥远类星体的光，通过介于我们与光源之间巨大的星际透镜，是弯曲的。

从等效原理出发，爱因斯坦还得出了其他推论，其中有：时钟将被视为在不同的引力场以不同的速率运行，来自庞大物体像太阳或星星辐射的光会失去它的部分能量。这两者都不得不等待更先进技术的发展来予以证实。

11 但是，究竟什么是引力？为什么引力场中的大型物体会像它们表现的那样行动？这是最基本的问题，并随之衍生出其他问题。牛顿力学得出结论认为，引力是一种神秘的力量，跨越遥远的距离即时性运作，但是，爱因斯坦的狭义相对论已经证明："即时性"是不可能的，因为没有什么能比光更快。

因此，为了回答这些问题，爱因斯坦放弃了经典物理学，创建了一种全新的思想体系。他的理论认为，引力并不是一种力，越过长距离把大型物体拉过来。引力是塑造空间。它可以扭曲，变形，挤压，变弯，就像一块弹性胶板；巨大的物体，如月亮、太阳和行星，在那块胶板上打滚，当它们在自己的轨道上越过另一个时，就会相互作用。这一理论使得爱因斯坦在处理引力时，完全专注于运动，而不是力。

因此，引力是在有巨大物体出现时空间自身的一种变形。就像宇宙学家约翰·惠勒（John Wheeler）所说，物体告诉空间如何弯曲，空间告诉物体如何移动。例如，太阳就是以这样一种方式塑造它周围的空间，所以行星必须遵循弯曲空间的几何学。在距离引力源很远的地方，空间是平坦的，时钟时间运行正常；但在离巨大的引力源越来越近的地方，空间就会变得越来越弯曲，时钟会慢下来，光线会发生弯曲。在有引力出现的地方，时间和空间都会受到影响，就像它们都会受到加速度的影响一样。

要想描述这一宇宙行为，不仅需要极其复杂的数学，还需要一种新的几何，爱因斯坦花了几年时间研究黎曼几何（非欧几里得几何），希望能够描述广义相对论，并将其整合入狭义相对论。

量子力学

12 随着量子物理学的出现，我们对物理学世界的认识变得更加模糊不清。量子物理学的开始日期可以追溯到 1900 年 12 月 14 日，那天马克斯·普朗克（Max Planck）在柏林的德国物理学会上宣读了一篇论文。他在论文中假设，像光这样的辐射是由离散的能量包（他称为量子）组成的，他还提出了一个数学公式来描述它们的行为。能量此前一直被认为是连续的（波状），普朗克重新将其解释为是不连续的（粒子状）。

但是，后来科学家研究发现，这些量子具有双重性质：它们既是离散粒子又是连续波。这些波粒子是如此难以捉摸，以至于它们的位置和速度不可能在同一时间被确定下来；它们只能通过概率论被理解。

今天，几乎所有的基本概念，我们在日常生活中再熟悉不过的概念，如因果、物质、能量，乃至"现实"，都已被量子物理学所打破。量子物理学只是简单地透露，在微观物理学层面，自然遵循一套不同的规则，那些规则看上去很是奇怪和任意。由此科学家和哲学家都不得不重新思考实在和我们关于实在知识的性质。

13 量子物理学的历史主要是一个试图弄清原子结构的故事：原子的组成是什么、它是如何工作的。如果我们还记得前面提到的原子有多么小：一个典型原子的直径是一厘米的一亿分之一，一个典型的核的直径则是一厘米的十万亿分之一，我们就会明白，1900 年以来微观物理学领域取得的科学进步有多么神奇。

是卢瑟福（Ernest Rutherford）证实，原子并不是物质的最小单位。他证明了原子的大部分都是空的空间，包含着大量质子非常小的正离子核，为轻量级电子轨道云的负离子所环绕。卢瑟福的学生玻尔（Niels Bohr）提出，轨道电子会从一个轨道跳到另一个轨道上。每跳一次，电子就会要么以光子的形式放出不连续量（"量子"）的能量，或者，如果它与光子撞击，就会吸收不连续量的能量。玻尔推论说，在一个包含多个电子的原子中，它的电子必须存在于"壳层"中，最外层电子决定着各元素的化学性质。

卢瑟福和玻尔的模型，彻底摧毁了德谟克利特的原子概念。原子具有结构，随着20世纪的科学研究进展，该结构显得日益复杂。

14　1925年，海森堡（Werner Heisenberg）发表了著名的"不确定性原理"（Uncertainty Principle），认为原子粒子永远不能完全确定，因为越是想固定它们的运动，它们的位置就会变得越发不确定。这就意味着，在微观粒子层面，我们的观察扰乱了我们正在试图观察的对象，所以我们也就永远看不到它们的原始状态。因此，在试图准确地评估所观察的事物时，必须考虑到观察者的存在，他或她同样是方程的一部分。这种不确定性是否仅仅是观察的一种人工制品，或者是否在某种意义上它内置于现实本身——这一问题，及其重要影响，立刻成为激烈争论的话题。

它是重要的原因有两个。首先，因为如果这种不确定性情况是自然本身的一个方面（一个重要的"如果"），那么作为普遍的牢不可破的"自然法则"的

海森堡原理漫画

因果关系原则就会崩溃，必须被一种概然律代替，没有人想或知道如何去应对。因为这一原则经常被解释为自然是不确定性的，它已经严重地改变了科学思维，创建了一种看法：世界是反复无常的和不可预知的，没有秩序或意义。

第二个重要意义是，人的心灵永远无法确切地知道现实。人类的智慧可以逐步了解真实的世界一直是一个珍贵的信仰公理，可以追溯到毕达哥拉斯和柏拉图时代。现在突然发现这一梦想是毫无根据的，将会严重打击人类的自信。

15 自从卢瑟福首先证实原子有内部结构，研究者已经发现了200多个粒子，每个粒子在原子系统中都有自己的作用。宇宙中所有的物质都是由质子、中子和电子组成，而它们反过来又似乎是由6个相对较重的点状物体（夸克）和6个轻量粒子（轻子）组成，夸克和轻子在四种基本的力场中运作。

如果我们将物理现实视作一个洋葱，物理学家已经穿越一层又一层，进入他们以为的洋葱的中心，结果却只发现，下面还有另一层。许多物理学家认为，夸克和轻子可能就是真正的元素。不过，他们坚持想要剥开另一层洋葱。

16 关于量子力学一个引人关注的事实是，它的许多创造者都想否认与它的关系。普朗克对用量子方式去看事物总是很不高兴。薛定谔说："我不喜欢它，我很抱歉我做过的一切。"爱因斯坦发现它令人反感："内心有一个声音告诉我，这不是真实的东西。"

数学家海森堡则抱怨说："这里的语言问题真的很严重，我们用来描述普通物理对象的所有词语或概念，如位置、速度、颜色、大小，等等，如果我们试图在基本粒子中使用它们，都会变成不确定的和有问题的。"

17 关于量子物理学的一切都可以用奇诡来描述。单是一个简短的令人费解现象清单，就足以看出物理学家对量子行为的烦恼深度。关于波粒二象性，问题仍然存在：自然在本质上是粒子还是波状？我们关于自然最根本的描述是确定性的还是概率论的，是粒子还是场？问题仍没有结论。

18 量子理论中有许多其他奇怪的事件：

- 严格的因果关系被抛到九霄云外。
- 粒子会从很远的地方相互影响，即使它们之间没有力或关系存在。
- 量子粒子可能同时出现在两个地方，或者也可说，它可以在同一时间占据两个不同的地方。
- 粒子的环境往往决定了它的特点，实际上一旦离开与它的背景的关系，它就会被认为是"不太真实"。
- 超然的观察者的概念在量子物理学中是不存在的。
- 现实变成一个模糊的概念，它常被认为是"既／又"而不是"或／或"。例如，薛定谔的猫可以同时既活着又死去。
- 对一些量子场论理论家来说，没有空的空间这样的东西。
- 存在就是消逝。

量子的陌生感不难在所有实验层面和理论层面发现。虽然它继续挑战物理学家和哲学家的智力，但是，一种实用主义态度已经在物理学界确立下来。只要方程"起效"，进一步的问题就不再被严格追问。

尽管如此，最严峻的问题仍然存在于智识和理解领域。玻尔甚至认为，人的心灵无法理解量子世界，因此不应去尝试。他说，物理学家惦记着解决无法解决的矛盾，完全是在浪费时间。但在大多数物理学家眼里，玻尔走得太远了。薛定谔则拒绝参与讨论。

19 如何解释这一切？什么是真实？海森堡说："根据量子理论……基本粒子不再是真实的，不具有日常生活事物如树木或石头是真实的那种意义。"玻尔说："一个独立的现实既不属于现象也不属于观察的代理人。"最极端的解释来自约翰·惠勒："在下面这一点上没有什么能比量子物理学更重要：它已摧毁了世界的概念，让它们都'待在外面'。"

一个常见的回答是，"真实"一词应该为观察者所看到的保留，如果不同的观察者看到不同的东西，那么每个人都必须接受自己的认知去生活，因为所有的看法都被说成是同样"正确"。爱因斯坦表明，经典物理学神圣的时空坐标系没有任何客观意义，但是他将其视为一个"弹性"框架，用来描述一个人对一个快速移动的世界的相对看法，使得这一问题变得更加严重。

由此，观察者有史以来第一次成为所观察对象不可分割的一部分。一个观察者看到他所看到的，他所看到的可能并不是那里所有真正发生的。换句话说，真实，在本质上是人类研究的禁地，我们有理由使用"真实"这个词来指我们的主观感受——这一观点并不新鲜，至少可以追溯到古希腊怀疑论者，并将在接下来两千年继续存在。

标准而可用的解释是所谓的哥本哈根解释，它得名于波尔（波尔首先提出）；这一解释认为，量子对象在被测量到之前没有真正的物理存在，"真正的物理存在"被定义为定位性。这一属性可以用概率统计来描述，但只有当粒子被测量时，它才会突然有一定的时间和空间坐标。

更极端的诠释认为，"现实"在某种程度上是被意识所决定乃至创造。这可能意味着，不同的性质在被观察到之前永远无法确定；或者它也可能意味着，在被观察到之前没有什么事物具有独特的性质；或者它还可能意味着，在被观察到之前什么都不存在。在所有这些解释中，观察者并非只是一个被动的观察者，而是一个对决定现实基本性质有着很大影响力的参与者。

在相对论和量子物理学之后，事情远非仅仅是"情人眼里出西施"。

爱因斯坦

我只是比一般人更好奇

历史学家阿道夫·冯·哈纳克（Adolf von Harnack）曾经宣称："人们抱怨我们这一代没有哲学家。这很不公正：只不过是今天的哲学家出在另一个学科，他们的名字是普朗克和爱因斯坦。"

爱因斯坦不仅过去是而且现在也仍是一个令人费解的现象。传记作家徒劳地试图解释一个人如何能够在如此短的时间内（1905年一年内，这一年常被称为爱因斯坦的"奇迹年"）取得这么大的成就。当时他26岁，刚刚结婚，是瑞士专利局的一个小职员。他没有学位证书或实验室，科学界对他完全是一无所知。他在空闲时间——空闲时间！——写作！他写了五篇简短的论文，并将它们提交给柏林的月刊《物理年鉴》。

这五篇论文震撼了全世界。在第一篇论文中，爱因斯坦建立了新的原则来确定分子的大小。在第二篇文章中，他摸索出布朗运动的数学，布朗运动是分子的一种不平稳运动，曾困扰科学家75年。他的第三篇文章解释了光电效应，通过假设光由离散的能量包组成，这些能量的行为既是波又是粒子，为此他获得了诺贝尔奖。第四篇文章处理狭义相对论，在这篇文章中他修改了我们的时间和空间的基本概念，通过表明光是一个常数，所有对时间、质量和运动的测量都是相对于观察者。第五篇也是最后一篇文章指出，质量和能量是等价的，任何物质的粒子都可以被转换成一个巨大的能量。这一想法的符号化表示就是公式 $E=mc^2$，它也是原子时代诞生的象征。

关于爱因斯坦理论的后续工作逐渐表明，他已经给了我们一个我们可能永远不会想到的奇怪的世界，一个包含第四维的宇宙，在那里时间会加速和减缓，时间旅行实际上是可能的；一个会像气球一样缩小和扩大的宇宙；一个疯狂的世界，在那个世界，你乘坐的飞机不会降落在机场，而是机场降落到你的飞机上。

❧❦

爱因斯坦小的时候与常人并没有什么两样。1879年，他出生在德国西南部乌尔姆市。他的父亲赫尔曼·爱因斯坦（Hermann Einstein）和母亲保利娜·科赫（Pauline Koch）都讲施瓦本方言，这成了爱因斯坦的母语。赫尔曼开了一家生产电器设备的工厂，后来生意失败，全家搬到了慕尼黑。在那里有段时间公司业务蓬勃发展，爱因斯坦能够住进郊区带有树木和花园的家。赫尔曼是一个沉稳的、乐天知命的人，一个勤奋的人，他喜欢他的家庭，花很多时间与家人去乡下郊游，在那里他会在小酒馆停下，买点啤酒，慢慢咀嚼萝卜和香肠。母亲是位钢琴家，她对音乐的热情全都传给了自己的儿子。

爱因斯坦最初所受的教育是在他家附近的一所天主教小学。他有一个习惯，就是回答问题前先要停下来把问题想透了，而这在他的老师和家人眼中则觉得是他可能有智障的一个迹象；而且，他说话也慢，所以他的老师断定他日后不会有什么出息。赫尔曼曾问过学校校长自己的孩子未来适合干什么职业，校长告诉当父亲的："无所谓干什么，因为他干什么都不会成功。"

爱因斯坦进入天主教学校五年，然后转学到了慕尼黑的路易博德文理中学，这年他10岁。六年来，他学习拉丁文和希腊文，历史，地理，数学。他还发现，没有比要求死记硬背和惩罚更糟的教育体系。"这种对待会破坏学生身上健康的感情，诚信，自信。"他没有拿到毕业证就离开了路易博德文理中学，显然是被赶走的，因为现存的一份通知上写道："你在课堂上的表现具有破坏性，会影响其他同学。"

1895年秋季（16岁），他被瑞士苏黎世理工学院录取。他热爱科学，而学校里也正好有科学教师可以激发他，然而他的物理学教授最终对他的冷淡变得不耐烦，并建议他去学习医学、法律或文学——随便什么都行，只要他放弃物理学。"你是一个聪明的年轻人，爱因斯坦，但你有一个问题，"他被告知，"他人无法告诉你任何东西。"尽管如此，爱因斯坦仍在努力钻研，吸收了大量科学知识。

1902年6月,他被伯尔尼专利局聘用,并在那里工作了七年。每天早上他都会从他的单身公寓走路去上班,午饭就在办公桌上吃,午饭是自带的;做完他的本职工作,每天仍有多达8个小时可以想他的物理学。他也开始去想一个漂亮的黑头发的女孩,她叫米列娃·马里奇(Mileva Marić),是来自萨格勒布的一个学习物理的学生。他们住的地方非常近,就在同一栋楼,他们一起研究,发展出了友谊,后来则成为情侣。1903年1月他们喜结良缘。随着时间推移,两个儿子汉斯和爱德华也来到了这个世界上。

爱因斯坦于1909年离开专利局,开始从事教学,先是在苏黎世大学,接着是在布拉格大学。1914年春天,他接受了柏林大学物理学教授一职。第一次世界大战期间,他仍然躲藏在柏林,紧张地研究引力。1916年,他发表了一篇论文,题为"广义相对论的基础"。在这篇文章中,他摧毁了牛顿的引力概念,认为引力是巨型物体创造的时空弯曲的结果。他指出了可以验证他的预言的方式,1919年伦敦皇家学会宣布,他的理论已在日食期间得到证实。有了这一确认,几乎是在一夜之间,他就成为一个世界著名人物,他接受了这个事实,只要它不干扰他的工作。

他与米列娃的关系开始恶化;战争结束后,米列娃返回苏黎世,她的后半生都在那里度过。两人于1919年正式离婚。爱因斯坦在1919年的夏天迎娶了他从小就认识的表姐埃尔莎(Elsa)。一位朋友写道:"他们的婚姻,当它发生时,似乎对他们两个来说是世界上再合适不过的事。"他们安静地生活在柏林,带着她上一桩婚姻留下的两个女儿。

在这些年里,他广泛游历,就他的物理学理论进行讲学。他通常都会坐火车到达要去的一些城市,手上拎着他的小提琴。1933年希特勒上台时,爱因斯坦正在加利福尼亚。在回柏林的路上,爱因斯坦被告知,纳粹警察洗劫了他的夏季别墅,没收了他的帆船。飞机降落在比利时,他前往德国大使馆,宣布放弃了他的公民权。他们短暂定居在比利时,

爱因斯坦拉小提琴

然后搭船前往英国和美国。新泽西州的普林斯顿成为他们的新家园，爱因斯坦的余生都在高等研究院工作。每天他都会步行一英里到他的办公室，在那里研究他的统一场论；他演奏他的小提琴，并在附近湖上划小帆船。他于1941年成为美国公民，不过他承认，他仍然觉得自己更像是一个欧洲人。

但他承受的考验，给他带来了深刻的变化。一位朋友写道："好像有什么东西让他变得迟钝。阳光下，他坐在椅子上，指间扭动着头上的白发，像梦游般说着话。他再也没有笑过。"

埃尔莎于1936年去世，他再次成为一个人。他说自己就像"一头住在自己洞穴里的熊"，沉浸在他的工作中。他的朋友利奥波德·英费尔德评价说："似乎对爱因斯坦来说，生死之间的差异仅仅是能研究物理学和不能研究物理学的区别。"

尽管名声远扬占去了他的时间，他仍在继续研究他的统一场论。在普林斯顿默瑟街的生活还是不错的。白天去研究院，晚上与朋友或弹钢琴或阅读。陪伴他的是他多年的秘书，名叫玛戈的继女，和他的妹妹玛雅。最后，他的健康恶化，他得了动脉瘤。慢性疼痛迫使他放弃划船，抽烟，直至放弃拉小提琴。1955年4月18日，他在普林斯顿大学医院的睡眠中静静地离开了这个世界。

❧❧

虽然他大部分时间思考的都是物理学，但他也默认自己是一个哲学家。"与其说我是一个物理学家，不如说我是一个哲学家"，他曾这样说过。但他不是他鄙视的那种传统哲学家，那些哲学家试图用长长的单词表达无法表达的内容。他是一个追寻真理和智慧的哲学家，唯一的激情就是去认识世界。用他自己的话来说就是："我对这种现象或那种现象，或者是这一元素或那一元素的光谱不感兴趣，我想知道的是上帝的想法，其他的都无足轻重。"

爱因斯坦总是迷惑于数学结构的简单和美感，他敬畏麦克斯韦场方程，甚至包括他自己的物理学理论。他的朋友菲利普·弗兰克曾这样说过："爱因斯坦的宇宙宗教一直是，相信存在着具有伟大的美和概念简单性的符号系统，从中观察到的事实可以被逻辑推导出来。至于系统看起来像什么、使用的符号是什么，都不要紧。"

仔细注意这两个词"符号系统"。爱因斯坦的目标——事实上也是所有科学的目标——是确切地了解：人类的心灵怎样才能发现真正发生的是什么。对爱因斯坦来

人生就像骑自行车，只有不断前行才能保持平衡

说，这个问题极为重要，他清醒地认识到，这个问题是他工作的核心。

这个问题的答案令人不安。首先，我们必须记得，爱因斯坦是一个彻底的经验主义者。"关于现实的一切知识，都是始于经验并终于经验"，他说。关于我们真实的世界，纯粹的逻辑思维（没有来自感官的信息），什么也没有告诉我们。

但是，一旦通过观察建立了经验模式，心灵就可以用数学去捕捉和符号化那些模式。数学符号删除了来自感官知觉的现象，将其转换成精确的抽象方程；爱因斯坦认为，只要数学公式保持不变，它们就可以被接受为不只是有效的，还是客观真实的。

因此，爱因斯坦的信念就是，只有通过数学，世界的结构才可以被理解。但数学并不是真实的，它们"不属于这个世界"，它们是人的心灵创造的并栖息在人的心灵中的概念。**数学是符号性的**。因此，只有通过符号，动态现实世界的真相才可以被人类智慧所理解。科学家在"观看"现实时，他们不是在看世界，而是在看符号。正如玻尔提出的，科学"是一种纯粹的符号过程"。数学符号"永远不会描述自然本身"，詹姆斯·金斯爵士说。"我们的研究永远不会让我们与现实接触。"阿瑟·艾丁顿爵士宣称。

爱因斯坦对这一结果并不满意。它使得理性精神不快；发现我们必须隔着巨大的符号距离去研究这个世界，是一种屈辱。爱因斯坦渴望了解世界的真相——最终和最后的真相。但几乎每个人，包括科学家和外行在内，都已放弃了试图把握物理现象的深层含义。物理学家可以在成功地创建了一个数学公式时，理直气壮地为之欢喜。但是，显然，爱因斯坦既不是第一个也不是最后一个觉得关于"现实"一定有比抽象方程更多的故事的人。

7-3 宇 宙

本章涉及宇宙学,即将宇宙作为一个整体进行研究。所有伟大的宗教传统,都会包括一个宇宙模型。所有的神话都说明,人类需要知道我们在事物发展进程中所处的位置。今天的宇宙学家获得的信息,主要来自新技术望远镜、哈勃太空望远镜、射电天文学、红外和X射线天文学、光谱学,以及其他许多来源,他们都在努力构建能与观察相一致的新模型。这些新模型继续服务于满足我们人类了解我们自己和我们在宇宙中所处位置的需要。本章提出了一些问题:生活在大爆炸的宇宙、膨胀的宇宙、弯曲的宇宙,以及也许是一个垂死的宇宙,意味着什么。

古代宇宙观

1 我们的类人类祖先与星星的关系非常近。他们的生活受到它们非常大的影响,尤其是那些稳定的光点,在星域漫游,好像它们仍然活着一样。事实上,它们可能是明亮的物体,在蓝黑色的苍穹,在木星、金星、火星下方运转。

人们感到自己像是被封闭在某个有限的容器:一个盒子,或是一个山谷上面倒扣着一个天碗,或是一个平盘上面是一个巨大的结晶圆顶。当思想家试图去理解他们的宇宙时,他们看到了不同的东西。

埃及人把他们的扁平地球想成是一个矩形盒子的地板。有些人还看到平面的天空一直延伸到盒子遥远的角落,但其他人则看到一个碗状的天空,得到四边的支持,一系列山脉环绕世界,像一堵巨大的墙。星星是燃烧的灯,高高地悬挂在屋顶或圆顶上方。

2 古巴比伦人认为,平坦的地球是一个圆盘,漂浮在巨大的海洋上。在海洋之上,有高山耸立,支撑天国的圆顶。这些天国是神的住所,是凡人的禁区,人类唯一的活动领域就是地球这个圆盘。他既不能访问地球最外角,也望不见不朽神灵的居所。

古希伯来人看到他们上方摆着一个巨大的碗,用捶打的金属做成(如荷马《伊利亚特》中"黄铜色的天国"),将上下两界隔开。"苍穹"上有许多小孔,通过它,水可以落到地球上。太阳和月亮每天都要滚过拱形苍穹。苍穹由范围很广的许多高山支撑("天空的支柱")。海洋里的水扩展到倒扣的碗的两侧就会流入地下。水面上方高高地居住着天神。下方平坦的表面住着人,平面下方则是深不见底的水域,"地球之根"就藏在那里。同样是在地下,在靠近地心的地方,有一个巨大的洞穴,叫阴间/冥府,(据说)人死后的鬼魂就睡在那里。

3 夜晚可能是安静的,但却是白天那强烈而耀眼的火球主宰着人类的生活。

对古埃及人来说,烧焦沙漠和给蜿蜒的尼罗河带来绿色生活的是阿蒙-拉神,他坐在驳船上,漂浮过整个液体的天空。日落时他回到山谷,黎明时从山谷出现。

美索不达米亚人看到东方的大门每天早晨都会打开,沙马什太阳神坐在一辆野驴拉的战车上在天上驰骋。太阳是战车燃烧的明亮的车轮之一。日落时分,沙马什通过西方大门驶离天空,整个晚上赶着他的战车沿着宇宙边缘高山下一条黑暗的隧道前行,等到了黎明,他就会再次从东方大门出现。

对早期古希腊人来说,赫利俄斯每天都会驾着四匹白色公马拉着的双轮战车从东边的大海中出现。随着火热的战车升到天空,星星就会四下散落,一头扎进大海。等到下午晚些时候,他驶近地球的西部边界,远方靠近地球边缘生活的人们会被他的战车的热量烤晕。

古埃及人的宇宙观

古希腊人的宇宙观

对古人来说，宇宙是封闭的，他们在这一认识中可以获得一种安全感。神、邪灵和生活在地球表面上的人类之间有着持续不断的互动。一般来说，好的事物会待在上方，不好的东西会藏在下方，人类知道他的位置是在中间某个地方。

今日宇宙

4 现今人类对宇宙的认识，与所有想要获得一个统一世界观的前科学尝试，形成了鲜明对比。宇宙的生命故事，正如我们今天所知道的，涉及难以想象的世代、巨大的物质数量，以及远远超出苍白的日常经验的强力，这些力量是如此巨大，以至于情感根本理解不了。只有伴随着理性的抽象物，我们才能将此类事件简化为可以掌握的数量，并开始去理解到底发生了什么，以及这个故事可能意味着什么。

宇宙学是科学的一个分支，致力于理解作为一个整体的宇宙的起源、结构和特点。这个词源于希腊语：kosmos，原意是"秩序"或"有序的宇宙"。这个词的一种用法是指和谐的装饰品，如项链和耳环，女性穿戴来美化自己，其含义是星空的创造是为了装饰和美化地球。现在，宇宙学是一门带有一定哲学色彩的学科，致力于建立一个统一的理论框架来解释宇宙的所有知识。虽然它会吸收所有来源的知识，但主要还是依靠物理学和天文学中的发现。

5 现在是 21 世纪初，当我们站在夜空下，我们知道：当我们望向太空，我们也是在使时光倒流。虽然星光的传播速度非常快，每秒 186282 英里，但在我们看到它之前，它要穿越极其遥远的距离，而那则需要很长时间。所以，每当我们看到空间中的任何一个对象，我们看到的事件都是发生在过去：当我们看到最近的自然物体（月亮），时间已经过去了 1.25 秒；看到最近的恒星（太阳），已是 9 分钟前；看到第二颗最近的恒星（半人马座阿尔法星），已是约 4 年前；凝视我们附近的邻居星系（仙女座），已是约 240 万年前。有了今天的新技术望远镜、自适应光学望远镜、哈勃太空望远镜，我们可以窥视到过去约 13 亿年前

托勒密的宇宙模型

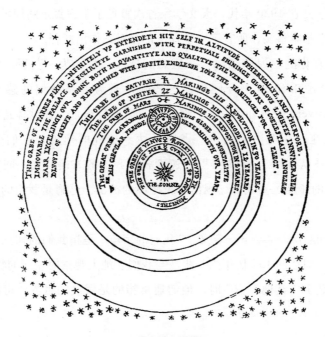

哥白尼的宇宙模型

的时间。我们看到的太空越远，我们的时光倒流也会越远。

天文学家今天共享一种独特的兴奋感，因为存在下面这样一种可能性：我们看到的过去足够远，就有可能看到宇宙诞生时发生的事件。有些我们现在看到的物体，如类星体，有可能是在宇宙诞生后不久开始出现的现象。

膨胀的宇宙

6 现代宇宙学以 1929 年美国天文学家埃德温·哈勃 (Edwin Hubble) 的一个单一的发现为基础。1923 年，他发现仙女座"星云"其实是一个完整的星系，一个由数十亿颗恒星组成的宇宙岛，而不仅仅是我们自己银河系里一个模糊的恒星聚类。然后他接着测量了几十个类似星系的视向速度，测出约为 500 光年。他在 1929 年宣布，它们似乎正在远离我们，星系后退的速度和它们与我们之间的距离总是成正比。他总结说，所有的星系一定都在彼此远离。宇宙正在膨胀。

因此，正是在 1920 年代，天文学家首次瞥见了宇宙真正的规模和性质。宇宙膨胀是一个基本事实，所有宇宙学理论都会对它作出解释。

你可以在你的脑海中画出一个假想的球体，直径为一英里，每隔一英尺放上 25 美分硬币和 50 美分硬币。这些硬币磁盘便是我们的感知宇宙 (our perceptual universe) 的星系，它们都在离我们渐行渐远。在球体边缘附近，其速度接近光速。从理论上来讲，当星系达到这样的速度，它们变得不再可见。每个星系以每秒 186282 英里的速度朝着我们的方向发光，同时也以每秒 186282 英里的速度远离我们，越出可见距离的范围。这将是我们的感知宇宙的边缘。

"宇宙"这个词需要下一定义。"我们的宇宙"是指我们的知觉领域的一切事物，时间范围在约 137 亿年内，服从与我们在地上观察时相同的物理学定律。当宇宙学家讲到"其他宇宙"时，他们通常指的是假设的世界，可能超越这一领域。

宇宙的故事

7 就像古代说书人围着营火对着如醉如痴的听众描述他们知道的世界，现代宇宙学家也可以对感兴趣的听众讲述宇宙的故事——因为我们知道这一故事。我们的描述中会有更多的经验事实，但也不乏想象力。

今天，我们已经大致了解了我们的宇宙是如何诞生的，又是如何成熟进入明亮的恒星现在的年龄，它将会如何下降，以及在它死之前它将会如何度过其10的100次方生日。这是一个宏大的视角，在这一视角下，100万年仅仅是宇宙时间中的一秒。我们人类以及宇宙中其他任何有意识的生命形式都是它的一部分。虽然我们很难感到自己是这样大事件的参与者，但是我们仍然可以陶醉于它们的伟大中，发现可以在同一个问题上取得一致意见是一种特别美妙的人类经验。

两位天体物理学家弗雷德·亚当斯（Fred Adams）和格雷格·劳克林（Greg Laughlin），在他们合写的《宇宙的五个时期》（*The Five Ages of the Universe*）一书中，讲述了我们的宇宙的故事：从其爆炸诞生，一直到在遥远的未来不可避免地冷死。他们确定的五个时期是：原初时代，生星时代，简并时代，黑洞时代，黑暗时代——所有的命名都很恰当。

原初时代（The Primordial Era）

8 大约137亿年前，伴随着一声巨响，宇宙似乎诞生了。在这个"大爆炸"模型中，前宇宙的所有物质被引力吸到一起进入一个（一些大胆的宇宙学家认为有更多）原初的热球，形成微小的能量。当它达到巨大的、超出刻度水平的压力和温度时，这一引力崩塌导致宇宙爆炸，碎片被抛向四面八方。大爆炸后的几秒钟什么都不存在，除了一种粒子的"夸克汤"和辐射，因为物质不可能在一万亿度的温度下存在。像我们现在知道的物理学定律，在那时还没有起作用。

进入大爆炸后一秒，温度下降到100亿度，冷得足以让夸克凝结成质子和中子，后两者再反过来融合成原子核——物质；因为这些原子核与电子绑定在一起，所以无法抵御引力，它们聚集和凝结成巨大的氢气云和尘埃。凝结继续进行，轻微的旋转被保全，旋转磁盘产生巨大的旋涡。

生星时代（The Stelliferous Era）

9　这是一个光辉的时代，在这个时代，星星到处都在出生、度过它们光辉的生命，然后死去。当巨大的气体旋涡和尘埃凝聚到一个点，在这个点上，热核反应在它们的中心开始发生时，恒星就诞生了。这件事发生在宇宙大爆炸后最初几百万年。宇宙最终被照亮了。这些恒星逐渐集聚到一起，在10亿年时形成星系，其中许多在其中心区域都是特大质量的黑洞。这些星系按"家庭"聚在一起，其分布就像串串珍珠，沿着空的空间的巨大气泡的表面，跨越亿万光年。借助现今工具，我们可以看到和拍下大量星系。像我们银河系的螺旋星系可能包含数十亿颗恒星，而巨大的椭圆星系则可能包含多达万亿颗恒星。每个星系都是一个伟大的造星机器。

10　恒星出生后的大小和颜色的排列让人吃惊。每一百个出生的恒星中，有45个将是褐矮星，40个将是红矮星，10个将是中等质量恒星，类似于我们的太阳，4个将是巨大的，1个是超大的。这些剧中人是恒星舞台上的演员。

　　恒星的生命线仅取决于原初的氢气云凝聚出的质量。所有的恒星都始于燃烧氢转变成氦。小质量恒星燃烧它们的氢气缓慢，寿命更长；大质量的恒星燃烧飞快，很快就会用完它们的燃料，过早死去，但是死得很壮观。不变的是，恒星的质量越大，其寿命就会越短。

　　褐矮星被称为"失败的恒星"。它们无法成为耀眼的恒星，因为它们初始体积的气体和尘埃不足以支持核心热核燃烧。褐矮星燃烧如此缓慢，用的燃料如此之少，以至于它们几乎可以永远生活。它们过着平静的、不引人注目的生活，它们很少出现在照片中的天空。

　　红矮星是居间者：它们拥有比褐矮星更多的质量，因此可以成为热核的燃烧炉，但其质量又只有太阳的约十分之一，还是不够大，不足以燃烧得更加明亮，所以它们发出暗红色。即便如此，它们仍是宇宙中最常见的恒星类型，在我们的银河系中约有数十亿颗。与褐矮星一样，红矮星也生活了万亿年，所做的也就是将氢转变成氦燃烧。所有其他星星都消失后，红矮星仍会在一个逐渐黑暗下来的宇宙中显得红彤彤的。

11　中等质量的恒星，如我们的太阳，过着有趣的生活：它们可以有规律地跳动，改变颜色，让重元素发生变化，创造美丽的行星状星云；它们最终会变成白矮星死去。它们的光非常亮，因为它们的中央核心就像10亿个热核炸弹，会产生巨大的能量。这种能量，约1600万度，向外推挤引力的作用，产生暂时的一种平衡。那一能量来自燃耗恒星原初的燃料：氢，它会被转换成氦。氦仍然保存在恒星的内部深处，而能量则按照自己的方式到达恒星的表面，逃逸到太空，成为星光。当核心的氦气被用完，恒星将会收缩，变得更热，密度更大，并扩展它的外层成为一颗红巨星。它的中心区域将会继续产生能量。然后恒星紧缩，弹出它的外层进入空间，创造出一种巨大的球形发光物质云——一种行星状星云。烧坏的核心在耗竭其核燃料后，变成一颗白矮星。

12　大质量的恒星是如此具有戏剧性，以至于抢尽风头。它们有八个或更多太阳质量，猛烈地燃烧，度过它们热烈而短暂的一生。大质量恒星是炼金术士。它们的特点是巨大的燃烧循环，燃烧创建了像洋葱一样的恒星内部一层层的重元素。它们在约1000万年内燃烧它们的氢转变成氦，然后约有50万年，核心氦融合成碳；然后碳融合成氖和氧气，这两者融合成硅，最终核心转换为铁。

　　铁不能燃烧或转换。由于铁芯不能维持自身抵制引力，所以它倒塌了。几乎是在一瞬间温度变得如此之大，以至于它破坏了铁，将其转换为中子。但是，接下来这一中子核心继续崩溃，当它达到饱和密度，它调转方向以冲击波的形式冲向外面。这一浩浩荡荡的"反弹"推动冲击波穿过恒星，几乎同时实现了三个令人难以置信的结果：当它通过恒星的外层时，它创造出了重元素，如金、铅、铀；它炸开了恒星，把恒星物质扩散到空间；它内爆创建了一个小得令人难以置信的致密物质——中子星的核心。这一爆炸被称为超新星。几秒钟内，由超新星产生的能量超过整个可见宇宙的能量。通过天文望远镜可以看到它在其他星系的爆炸。

银河系里的中子星有几百万颗,平均尺寸为5-10个太阳质量。一茶匙的中子星物质的重量可能重达千亿吨。中子星疯狂旋转,并从其核心高速射出巨大的物质。当这些喷射朝着地球方向发射电波,我们就会看到脉动闪烁的光,称其为脉冲星。

如果恒星超大,有时它会内爆产生一个黑洞,其引力是如此之大,没有什么东西可以逃避得掉,甚至包括光;它的逃逸速度超过了光速。尽管至少包含三个太阳质量,黑洞的直径却只有一两英里,一个桔子大小的黑洞将会包含地球五倍的质量。虽然比较少见,但在我们的银河系仍有数十亿个恒星黑洞。

简并时代(The Degenerate Era)

13 谚语自有谚语的意义:所有的事物都有走到尽头的时候,这一点就连星星也不例外。当星系用完了所有的氢气,生星时代就会合上大幕。恒星诞生停止,逗留不去的星星慢慢地燃烧、消逝。当这一消逝发生时,宇宙将已生活了约100万亿年。它会留下各种顽固的残余,如褐矮星、红矮星、白矮星、旋转的中子星、黑洞。

大多数恒星级都会以白矮星结束自己的生命。数十亿年过后,白矮星会变得越来越暗淡,因为其表面温度将会降至绝对零度。这将会是我们的太阳在120亿年后的终极命运:一个寒冷、黑暗、致密的球体——一颗死去的恒星。

但是,当这些恒星的残余物最终消逝,变成一片由光子和中微子组成的辐射之海,以及一些正电子和电子,然后留下了什么?黑洞。

黑洞时代(The Black Hole Era)

14 对于一个漫长的、缓慢消失的、没有时间限制的时代,最终没有什么会存在,除了黑洞。没有星系,没有星星,没有行星,只有巨大的"隐形妖怪"通过提供引力、热,也许还有一点亮光掌控着宇宙。黑洞是一个不再存在的星系的遗留。每个星系至少都有一个核心的黑洞,可能有10亿个恒星黑洞。黑洞的总数在宇宙的倒数第二个时代开始时,将会有约300亿个超大质量的黑洞和

3万亿个恒星黑洞。

但是，就连黑洞也不可能永远活着。它们也会辐射掉自己的能量。与星星一样，这一过程需要多长时间，取决于其初始质量。一个有着100万太阳质量的超级巨大的黑洞，就像在我们银河系中心地带存在的，将会在一亿亿亿年后蒸发。再过另一个一亿亿亿年之后，所有的黑洞都会消失，给宇宙留下一片得到极大扩张的粒子和辐射之海。

黑暗时代 (The Dark Era)

15 莎士比亚在描写一个人的人生七个阶段时，将我们的第一个阶段比作一个哭泣的婴儿，而最后一个阶段则是"再来的幼稚，全然的遗忘……什么也没有"，他这样写某种意义上也预言了宇宙的老年。在这个衰老的黑暗时代，没有什么东西闪耀。没有更多的工作可做。我们现在知道的物质将不复存在，只剩下基本粒子和辐射，就像在原初时代一样。这些就是恒星宇宙的"废气"。

仍有难解之谜存在

16 虽然我们现在可以简述宇宙生命的故事，但是仍然存在许多未解之谜。目前还没有人能明确地作出回答。即便如此，它们依旧存在于文学中和我们痴迷好奇的灵魂中。

宇宙学家经常会问一个显而易见的问题：如果约137亿年前大爆炸发生，那么大爆炸之前的宇宙是什么样？或者说是否有一个宇宙？科学家声称，他们可以用已知的物理学定律推论出初始爆炸后 10^{-43} 秒钟，在那一刻之前一切都是一个问号。那么大爆炸之前呢？一无所知。常识可能会告诉我们，那是另一个宇宙，创建火球，然后爆炸。在我们的大爆炸之前或许有许多宇宙；也许我们是生活在一个多泡的宇宙，其中，无限多的宇宙都在爆炸，膨胀，收缩，然后再次爆发。

在我们的知觉宇宙之外是什么样的呢？星系是否会继续后退，也许是永远？这些远飞的星系可能延伸到无穷吗？在此背景下"无限"究竟是什么意思？"空间"——星系移动通过的空虚——会继续下去吗？"空间"又是什么意思？空间（空虚、虚无）怎么能永远持续下去呢？"永远"又是什么意思？

17 另一个难解之谜是明显存在的暗物质和暗能量。我们可以在夜空下观察到明亮的星光，包括璀璨的星云、恒星和星系，但是，它们合到一起也只占宇宙质量的大约2%。其余的就是所说的"暗物质"，之所以说它是黑暗的，是因为它不发光，尽管它对星系的引力非常巨大。暗物质是什么？没有人知道。

暗能量也是假设的。1998年，研究人员在研究两个遥远的超新星时发现，宇宙的膨胀速度正在加快。这与人类的预期正好相反：人们一直认为地球引力正在把扩大的星系拉回它们的起源地，因此宇宙正在慢下来。但是，最新证据表明，事情并非如此。这种失控的宇宙加速膨胀"并非仅仅又是一个谜"，费米国家加速器实验室的约瑟夫·莱肯（Joseph Lykken）说。"从中将会发现一些对我们理解引力、能量和量子理论很重要的东西。这可能需要我们再努力20年[弄清它]，但它会打开物理学上全新的一章，是我们对宇宙的理解上的一场革命。"一些宇宙学家提出建议，认为这种"暗能量"是"空的空间"自身的内在质量；其他人则在猜测，它是某种奇特粒子，如中微子。还有一些人则认为，问题在于方程，暗能量可能并不是真实的。难解之谜仍在继续。

神秘的黑洞

18 对生命而言，它意味着什么？诺贝尔奖物理学家乔治·沃尔德（George Wald）说："行星地球花了 45 亿年时间才发现它有 45 亿年老。"这一直是生命历史学家的一个困惑：地球上的进化为什么会等这么久，才产生出复杂得足以去思考和理解的有机体。对大图景（Big Picture）是否同样可以这样说？宇宙为何不一开始就创造出智能生命，难道它也要等上约 130 亿年才能这样做吗？换句话说，在何时何地宇宙开始意识到自身？

生命无法存在，直到有了星星和冷却的行星，但这些可能在宇宙早期就已开始进化。同样必要的是一个漫长的恒星发展阶段，结束于超新星爆炸，喷溅出生命的基本要素：碳、氧、钙、铁等，进入星际空间。罗伯特·迪克（Robert Dicke）在 1960 年代指出："宇宙必须存在足够长的时间，才能得到氢以外的元素，因为众所周知，碳对组成物理学家是必要的。"由于生命是水性，就像我们已经知道的，氢、氧也必须开始合成。因此，生命的进化需要时间，而且是很长的时间，约有几十亿年之久。

所以，根据我们自己当前的情况来看，进化需要约 40 亿年时间，才能产生出具有自我意识的理性智能。将这一模式外推到银河系里的其他行星，是否有意义呢？我们不知道。如果生命存在的条件相似，那么在其他地方也一定有足够的时间发展出自觉意识。但到目前为止所有这一切都只是猜测，自我意识之谜无疑还会在未来的日子里困扰我们很长一段时间。

这一切是什么意思（如果有的话）？

19 思考下面两位哲学家的两段陈述，他们也是理论科学家。第一段陈述来自富勒：

> 在所有的无序 – 有序的转换中，迄今为止人的心灵给人的印象最为深刻。人类最强大的形而上的驱动力就是去理解，去排序，然后以更加有序、更好理解的建设性的方式重新安排。

第二段话来自罗素：

> 学院派哲学家，自从巴门尼德那个时代以来，一直认为世界是一个整体……我最基本的智力信仰则是，这一看法毫无意义。我认为宇宙是无数的斑点和跳跃，没有整体，没有连续性，没有连贯性或有序性或任何其他属性……它由短暂的、微小的、杂乱无章的事件组成。有序、整体和连续性是人类的发明，就像目录和百科全书同样是人类的发明一样。

这两段话中包含着同一个真理，它们都告诫我们：在赋予自然以秩序时要小心再小心。为什么呢？因为人的心灵过于喜欢有序，以至于它会在原本没有秩序的地方创造出秩序。心灵连接事件，然后将这些连接具体化；其结果就是，重复和模式很容易被视为是真实的。许多科学家都将宇宙进程视为是从无序中创造出有序、从混乱中创造出功能系统、从无意义中创造出意义的证据。但是，这些看法是否有效呢？当然，某种意义上，所有的模式都是人的心灵创造的；意义是神经活动的人工制品。所以，我们的任务就是：仔细检查我们的心灵创造，确保它们与观察到的现实相对应。

宇宙是有序的。思考一下追寻系统的天体物理学。系统就是由紧密工作在一起的部分组成的一个实体。系统会不断重复模式。从这个意义上说，我们知道行星－月球系统，太阳系统，银河系统，脉冲星系统，双星系统，等等。物质将其自身组织成系统和子系统。事实上，物理学这一科学学科建立在运动中的物质（或能量）持续重复的行为基础之上。正是在这样的模式内，人们才可能有效地搜寻重大的、也许是有意义的线索。

20 有一类搜寻完全是主观的。卡尔·萨根指出，人类有一种很深的渴望，想要确立一种"宇宙背景"。这种渴望其实也就是想要找出我们是谁和我们是什么，了解我们是如何融入那幅宏大图景的。我们明白，它的意思与家庭、文化、部落、民族或宗教有关。我们喜欢了解我们的连接。但是，人类伟大的宗教表明，我们也在寻求更大的连接。巨石阵表明，我们觉得自己是一个宇宙圈的一部分；太阳、月亮和星星，以及季节，决定着我们的命运，我们想要了解这一神秘力量。吉萨金字塔表明我们参与了来世：精神连接是永恒的。我们对超自然神灵的信仰与天使相伴，揭示了我们与天国连接的深层需要。

我们想知道宇宙的其他地方在发生什么。那里是否有生命存在？是否有具有感知能力的生物存在？他们是否有意识？他们是否会像我们一样充满希望、受到伤害，然后死去？他们能活多久，他们知道死是什么意思吗？

这些持久的问题不会轻易消失。正如彼得·安杰利斯（Peter Angeles）看到的那样："一旦人类开始搜索起宇宙中的其他生命，搜索就永远不会结束；因为除非我们找到它，它就总是有存在的可能；除非找到它，否则搜索永远不会结束。"

由此看来，我们人类这一宇宙舞台上的后来者，涉足的进程却是宇宙范围的。

伽利略

我要用我自己的眼睛
去看这个世界

伽利略成为现代物理学的创始人,是因为他拥有一种罕见的天赋:他能看到。

在他生活的那个时代,有关现实的一切都是事先已被规定好的,而不是被感知的。描述说明现实世界是伟大权威的职责,当你看世界时,你只能看到你被告知的那个世界;既不多,也不少。

伽利略愤怒地抗议道:"我会做我自己的观察!我自己会看到到底存在什么。"

这一立场可能会被称为"伽利略原则"——声明我们不允许他人或外来权威干预我们对我们自己经验的阐释。但是,这样的自负——相信我们可以为我们自己而看——足以威胁到伟大的权威,燃起宗教裁判的火焰。

伽利略的父亲文森佐(Vincenzio),是一个受过良好教育的佛罗伦萨乐师,他想要把自己的儿子培养成具备文艺复兴人的所有素质;他辅导他的拉丁文和希腊文,教他数学和音乐,素描和绘画。他的母亲朱莉娅(Giulia Ammannati)出身亚曼纳提贵族家庭,人很聪明,受过良好教育,但是敏感易怒,难以取悦;她把她身上的固执和好竞争传给了她的后代。伽利略出生于1564年,是他们七个孩子中的老大。

10岁那年他进入离家30里外的瓦隆布罗萨一家修道院学校;在那里的五年间,他沉浸在拉丁文和意大利文学中。17岁时他就读于家乡的比萨大学,学习医学,他的父亲认为学医很有前途,以后可以过上富有的生活。他很快就厌倦了学医,而是表现出了科学的资质,尤其是对数学充满激情,数学始终是他一生的最爱。

有一天,他在比萨大教堂独自坐着想问题。他呆呆地望着头顶悬挂的大吊灯,一旦点亮被放回,就会来回摆动。伽利略发现,不管吊灯摆动的幅度大小,每次摆动的时间都是一样的。为了证明这一点,他用自己的脉搏跳动来定时波动。回到家中,他建造了两个相同长度的钟摆,让它们以各种弧线摆动,然后记下时间。不管弧度有多大,波动都用了同样的时间。伽利略发现了"等时",他用数学对其进行了量化和描述。这是物理学——研究运动中的物体——一个安静的开始。

在比萨时,伽利略获得了一个异议者的声誉。他挑战他的老师们的独裁言论,与他们持续不断地争论,为自己塑造了一个完美的"讨人厌"形象,为此他获得了一个绰号"争执者"。在这种情况下他离开大学时没有获得学位,也就没有什么可奇怪的。

1592年,他获得帕多瓦大学教职,在那里一待就是18年,他教数学、几何学、力学(物理学)和天文学。他宽敞的家中收有一些寄宿生(那时多数大学教授家中都会租房给学生住,换得一些房租补贴家用),他的大门永远对朋友和源源不断的访客

比萨斜塔实验

开放。他和所有与他交谈的人一起分享他的创新思想。所有机械的东西都会引起他的兴趣,他喜欢在他存满物品的作坊里制作小工具。

伽利略身材匀称,体格敦实,并非没有吸引力。他既可能让人着迷也可能让人厌烦,具体取决于他的心情而不是环境。他拥有一种罕见的智力(估计智商185),一张三寸不烂之舌,用来哄朋友,让学生敬畏,让公众感兴趣,让交谈变得充满机智,让诽谤者出洋相。他是一个天才的作家。若不是他那巨大的文学天赋,我们不会拥有他笔下的杰作——当然,他也不会让自己一直陷入不断的麻烦中。

早在1609年7月,伽利略就听到传闻说一位荷兰制镜者制造出了一种具有放大功能的仪器,外形像个管子,通过它,可以看到三倍远距离外的东西。少数见过那一仪器的人认为那不过是一个新鲜玩意而已,但是富有洞察力的伽利略在获得仪器后,威尼斯是当时世界上一个主要的制镜中心,将它从一个小玩意转化成了获取科学知识的一个主要工具。

他在家中屋后的花园里安装了一架望远镜,镜头对准广袤无际的苍穹。透过薄薄的镜片,闪现出了一个奇异的世界:无数颗星星从黑暗中纷纷蹦了出来;平日肉眼望去模糊不清的银河,变成了一条星带,数不清的星星密密麻麻地聚集在那里;月球上的高山峡谷清晰在目,显得坎坷不平。

1610年1月,在冬日的寒风中瑟瑟发抖,伽利略把他的望远镜对准木星,在木星的两侧看到"三个小星星,虽然小但是很亮"。三个晚上之后,他确认了它们是什么:轨道卫星。"我们用我们自己的眼睛所看到的是四个小星星围绕木星,就像月球围绕地球转动一样;它们绕太阳公转一圈,需要12年的时间。"

伽利略所看到的——他对其作出了正确的解释——将会毁掉整个地心世界观,将会打破亚里士多德/托勒密教条的专政。他把他的发现写成了一本拉丁文小册子,取名《星际信使》,意思就是来自星星的消息。它立刻既为他赢得了赞誉,也在一些人中引起了愤怒。其中一本被送到德国伟大的天文学家约翰内斯·开普勒手上,他赞誉这本书是划时代的。伽利略被邀请到罗马,受到很好的款待。在那里,他赢得了耶稣会天文学家的尊重(如果说没有赢得他们的感情的话),并被引介进入一所著名的科学院(罗马公学)。

但是他的敌人的数量和敌对情绪也在增加。他写的书籍和文章显然成了他的发现是一种邪教的幻想的标志。1613年,他发表了关于太阳黑子的三封信,再次得罪了亚里士多德派科学家，后者认为太阳是完美的，不可能有"斑点"。同一年，他还写了一封信，就宗教与科学之间的合适关系提出了他的意见，这封信在比萨大学的教师成员之间传阅。短短几个月内，这封信已经传到了负责审判异端思想的罗马宗教裁判所。教皇任命一个特别委员会来调查此事，1616年3月5日，宗教法庭公布了其官方立场：

伽利略观测星星

> 认为太阳一动不动地站在宇宙的中心这一看法是愚蠢的、在哲学上是错误的，完全是一种异端，因为它违背了圣经。认为地球不是宇宙的中心甚至每天都在旋转这一看法是错误的，至少是一种错误的信念。

伽利略有好些年时间一直在忙着写一本对比两种世界观的巨著，它在1632年出版，书名是《关于托勒密和哥白尼两种伟大的世界体系的对话》。写这本书花了他五年时间，它是伽利略一生充满洞见的观察和才华横溢的推论的结合——一本杰作。

伽利略发现，运动物质的世界是一个简单的系统，可以用数学来进行描述。他是通过自己的实验，如测量吊灯摆动的时间、从比萨斜塔上扔铁球，发现这一点的。

此外，他还看到（就像古希腊人做的），只有观察能告诉我们关于宇宙的知识。一些匀加速的例证给了我们关于整个宇宙中所有坠落物体的知识。伽利略在帕多瓦他的实验室工作，提出公式去了解宇宙最遥远的边陲。地面动力学和宇宙动力学合二为一。这是一个令人不安的发现，因为宇宙知识迄今为止一直被保护在神圣神学的圣所内。

当然，伽利略仍然属于他那个时代。他不是一个不可知论者，他从来没有质疑过上帝存在。他认为，是上帝用数学模型创造了世界。但让伽利略高兴却让神学家惊惶的是，他认为我们人类的知识与上帝的知识是一样的。数学的理解是完美的理解，伽利略已经看到了无论是在上帝的心中还是在我们的心中发现的。所有这一切可以归结为，上帝通过两种方式揭示自身：经文**和**自然。圣经的启示是晦涩、暧昧乃至神秘的，而自然的启示（借助数学）则是明确的、确定的，因此也就是一种更优的知识。当伽利略进一步合乎逻辑地推论说，圣经中的自然知识应予纠正，他的推理的危险性可谓昭然若揭。这一立场是伽利略自己的"新教"革命，反抗任一权威的专政。

1632年8月，宗教裁判所禁止销售《对话》，市面上现有的书籍全部被没收。伽利略奉命到罗马受审。战士的力量消失了，但他仍然坚持自己的意见。4月12日，在接受审讯时，他指出，他的书一直得到当局的许可，他所持有和讨论的哥白尼的观点，仅仅是一种理论而不是事实。

教皇亲自下令对伽利略采取强硬措施——如果他在酷刑的威胁下继续质疑，如果他仍然顽抗，他就要在神圣的宗教裁判所接受审讯，他将要么被监禁，要么绝口不提。

1633年6月21日，伽利略站到了宗教裁判所内。法官恳求他诚实地承认自己的真实看法。他则迂回地答道，他从来就不是一个哥白尼。对他用过酷刑后，他仍然继续认为，自从19年前受到警告以来，他便认为哥白尼的观点是错误的。当然他

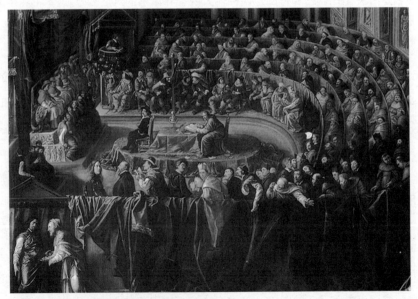

《审判伽利略》（17世纪意大利学院派作品）

是在撒谎,而他们也知道他在撒谎。他被带回了自己的房间。

次日,1633年6月22日,他被重新带入宗教裁判所的大厅。法官和红衣主教盛装出场。他被判处终身监禁,这是宗教裁判所的一致决议。他被迫在供认状上签字。

庭审结束后,伽利略最终被允许返回佛罗伦萨附近,在那里一座软禁他的小屋里度过了余生。他可以在花园里漫步,学习,接待朋友,教他的学生,但就是不能离开院子一步。他最喜爱的女儿,玛丽亚·切莱斯特(Celeste)[①]和他一起住了几个月,帮他恢复活力。但他的健康状况不断下滑,他的女儿在1634年去世使得他的健康状况更是急剧下降。他在给友人的信中写道:"我感到无限的悲伤和忧郁,我吃不下东西;我恨我自己,我不断地听到我亲爱的女儿在呼唤着我;我真想随她而去。"

在友人的帮助下他投入写作,重又挺了过来。然而,1637年,最后的讽刺到来了——他失去了视力。他在绝望中哭喊道:"对于这个宇宙,我曾经用令人惊讶的观察和明白无误的论证,把过去几个世纪的聪明人通常所能看到的范围扩大了几百倍,不,扩大了几千倍,但它现在对我来说已经缩小了,它已经缩小到只限于我的身体这么大的一点点地方了。"[②] 他的老朋友卡斯泰利听到他双目失明的消息后写道:"自然所创造的最高贵的眼睛黑暗了,那双眼睛所看到的超出了所有人的眼睛,那双眼睛给所有人都开了眼。"

即使如此,火焰并没有完全消失。虽然所写的东西禁止出版,他还是又写出了一本巨著《关于两门新科学的对话》,从而奠定了现代物理学的哲学基础。好友将手稿偷偷携带到荷兰,于1638年出版。荷兰政府授予他金链,以表彰他作出的许多贡献,但是宗教裁判所则否决了他有接受它的权限。

1641年11月,他的力气已经没有了。终生都是一位虔诚的天主教徒的他,接受了教堂最后的圣礼。1642年1月8日,凌晨四点,他在弟子们的怀中离开了这个世界。

---

① 切莱斯特(Celeste),源于拉丁语 Caelestis,意思是"天空"。——译注
② 〔美〕达娃·索贝尔,《伽利略的女儿》,谢延光译,上海世纪出版集团,2005年,第353页。——译注

7-4 生物宇宙

"天文学和生物学上的新进展向我们揭示了,与我们祖先心目中那个整齐的世界相比,宇宙要远为宏大,更让人敬畏。"(卡尔·萨根)我们对宇宙的认知,逐步扩大到包括其他太阳系和它们可能有智能生物这一可能性上。搜索"宇宙背景",就像我们的宗教神话中透露的,是人类的一种深层需求,它才刚刚开始。本章将会追问:如果我们在宇宙中并不孤单,这可能意味着什么?如果有其他智能生物存在又会怎样?如果它们有非常先进的思想和意识又会怎样?在宇宙中搜寻智能生命,有可能给我们的自我感知、我们的道德、我们的宗教、我们的哲学带来一场革命。

我们并不孤单

1 仅在几十年前,科学界对其他星球上是否有生命存在这一问题还是持坚定的怀疑态度,任何科学家宣称"我们并不孤单"这种观念,都会被认为是不正确的、不专业的。1934年,英国天体物理学家阿瑟·爱丁顿爵士总结科学共识说,其他星球上有可能存在"像人类一样高度发达的生物,但我们认为他们并不常见"。

在刚刚过去的二三十年内,所有这一切都发生了改变。现在科学界已经接受了下面这一想法:行星的普遍存在很常见,更重要的是,靠近恒星的轨道上的几十个行星现在都已被发现。那种认为太阳系的出现是10亿年前的一个偶然事件的观念已经过时。今天流行的理论是：太阳系是由星云凝聚而成；类似于我们自己的行星系统被认为是分散在宇宙，绕着它们母星的轨道旋转，其方式与九大行星绕着太阳旋转一样。这些行星中的一些无疑非常幸运，可以在合适的条件下创造和维持生命。

2 最早勇敢地论证存在外星生命的现代科学家之一是美国天文学家哈洛·沙普利（Harlow Shapley），他发现了银河系的真正性质。1957年，沙普利写道："有感知能力的生物，作为生化进化的产物，必然是宇宙中的一个普遍现象。"考虑到行星起源的性质、行星表面化学化合物的混合和生物进化机制的性质，几乎可以肯定，至少存在1000万个"高等生命"的栖息地。他推测，这些合适的行星，一半已经演变出高级生命形式，或是比地球上的人类更先进。因此，"我们认为，我们在宇宙中并不孤单"。

3 由于沙普利早期对这个问题的思考，真的存在外星生命形式这一想法，在科学家和普通大众（至少是那些看电视电影的人）之间，已经变得再平常不过。

我们的银河系

由于《星际迷航》《星球大战》《第三类亲密接触》《阿凡达》和深夜重播的无数老科幻电影，我们的潜意识（和噩梦）中都有无休止的非常真实的外星人。可能存在外星人这一意识的影响是如此深远，以至于"外星人绑架""抢尸体"等耸人听闻的事件看上去就像日常琐事一样。

4 当然，恒星上不可能存在生命，因为它们上面温度过高、表面波动剧烈；所以生命最有可能在恒星周围椭圆形轨道上的行星上得到发展，那里的温度适合细胞结构生长。同样必要的是某种大气层和水源。具备这些条件后，很可能就会有某种形式的活的有机体最终得到发展。

沙普利做了一个保守的估测，可能每一千颗恒星中有一颗会有一个行星系统，每一千个系统中可能有一个具有恰到好处的生命可以承受的温度；然后，这些行星也许只有千分之一有足够数量的空气和水，将有机分子改造成原生质。沙普利使用这些数字估计，在一万亿颗恒星中，只有一个有一个符合所有要求的行星。不过，如果宇宙中恒星的总数是约 1000 亿，那么具备合适生活条件的行星数就是 1 亿。"这是最低的，"沙普利得出结论，"就我个人而言，我会建议至少乘以一千倍，有可能是一百万倍。"

5 自从沙普利经过深思熟虑提出了他的估算，研究者一直都在考虑可能存在的外星生命形式的数量。弗兰克·德雷克（Frank Drake）和卡尔·萨根提出了一个合理的公式，用来计算现今我们银河系中可能存在的文明数量。在他们的方程：$N = R_* F_p N_e F_l F_i F_c L$ 中，这种先进文明的数量，N，被假定为是七个变量的函数：

R_* = 我们银河系每年新诞生的恒星（很好估计：每年 10 个）

F_p = 拥有行星的恒星的平均数（平均约为 1）

N_e = 在一个平均的行星系统中可居住的行星数（同样，大概每个行星系统有 1 个）

F_l = 出现任何生命形式的可居住的行星数（再次，可能 1 个）

F_i = 生命进化到智慧生命的可居住行星数（可能是 1）

F_c = 技术能力发展到能与其他行星系统通信并愿这样做的外星社会数（保守猜测：也许是1%）

L = 这样一种可以交流的文明的平均存在期。（这里我们遇到一个困境，并且可能只能猜测，因为我们只知道一个这样的文明，就是我们自己。如果我们能使其通过接下来几个世纪，我们的"交流文明"还会持续多久？）

把数字代入公式，我们就可得出：

$$N = 10 \times 1 \times 1 \times 1 \times 1 \times 1/100 \times L$$

$$\text{或 } N = 1/10 \times L$$

因此，结论就是，目前情况下我们可以与之交流的银河系文明的数量是十分之一这样一种技术文明的平均寿命。如果像我们现在这样的科学社会，比如说在200年后达到技术文明，那么200的十分之一就是20。即，在我们银河系逾千亿颗恒星中，我们能接触到的只可能有20个。看到这一点，我们可能想要放弃在生物宇宙中寻找其他智能生命的希望，学习带着我们的孤独与幻想生活。

但是，**如果文明渡过生存危机**，然后继续存在了数百万年，那就会存在数千或数百万外星社会。这一数字可能是一百万的十分之一或十亿的十分之一，但无论在哪种情况下，我们跨越光年的空间进行接触的尝试都不会是徒劳的。

人类的宇宙背景

6 卡尔·萨根提醒我们，所有人类社会，就像人类婴儿一样，最开始都是生活在一种以自我为中心的条件下。"人类婴儿在发现自己并不是整个宇宙时，开始达到成熟。探索他们周围环境的社会，也是同样道理。"成熟必须包括持续重新评估自己与自己所在世界的关系、与那个世界组成部分之间的关系。了解我们在事物发展进程中所处的位置已经开始具有特殊意义，这既是因为人类在这个世界上遇到了重重问题，也是因为其他星球上可能有生命存在。用诺贝尔物理学奖获得者乔治·沃尔德的话来说，"我们需要对我们在宇宙中所处的位置有一个广泛认同的观点"。

寻找外星生命应该被看作是我们在我们的种种关系中所做的"现实调整"中再自然正常不过的下一步。在各方面都要进行这样的调整：在人与人的关系上，在我们与其他动植物的生态关系上，在与我们的环境中维持生命的物理元素的关系上。我们生活在一个快速变化的时代，获取关于我们自身和我们所处世界的重要信息比处理它们要快上很多。我们迫切需要知道我们所处的位置，以便我们可以作出合理的生存判断和适当的行为。

"今天，"萨根指出，"在一个旧的信仰日渐枯萎的时代，出现了一种哲学饥饿，一种想要知道我们是谁和我们是如何走到这里的需要。有一种持续不断的寻找，这种寻找往往是无意识的，即为人类找寻一种宇宙视角。"

从它们共同的起点开始，哲学和科学便一起工作，努力获取一幅关于人类的起源、我们的本性、我们的命运的更加真实的画面。

我们的宗教神话表明，我们人类急切地想要成为一个有意义的生物宇宙计划的参与者。实际上，有可能我们已经是参与者，并将始终都是。希望在不太遥远的将来，我们可以最终发现，我们属于一个真正的生物宇宙。

我们不断扩展的意识

7 艾萨克·阿西莫夫已经勾画出了一个宇宙度量简史，展示了"人类不断扩大的宇宙图景"。

> 公元前500年：5000英里（跨越已知宇宙两端的距离：一个扁平的圆盘形地球，有一个拱形圆顶。计算者：米利都的赫克特斯）
>
> 公元前225年：直径为8000英里（球形地球。计算者：昔兰尼的埃拉托色尼）

公元前 150 年：48000 英里（一个虚构的球体，包括月球。计算者：尼西亚的希帕克斯）

1671 年：180 万英里（已知宇宙的直径：太阳系土星。计算者：乔万尼·卡西尼）

1704 年：600 万英里（已知宇宙的直径，来自哈雷彗星的轨道。计算者：埃德蒙·哈雷）

1840 年：320 万亿英里或 54 光年（已知最远距离织女星的直径。计算者：弗里德里希·冯·斯特鲁维）

1906 年：5.5 万光年（假设圆盘状星系的直径。计算者：雅克布·卡普坦）

1920 年：33 万光年（银河系的直径。计算者：哈洛·沙普利）

1923 年：540 万光年（包括新确认的仙女座星系在内的一种球形宇宙。计算者：埃德温·哈勃）

1940 年：4 亿光年（已知的宇宙，包括距离我们 2 亿光年远的星系。计算者：米尔顿·赫马森）

1963 年：20 亿光年（在马腾·施密特发现第一个类星体后）

1973 年：240 亿光年（基于对当时在宇宙中观察到的最遥远对象的测量，一个类星体，被称为 OH471）

2010 年：250 亿光年（基于一个遥远的红星系，哈勃太空望远镜的高级巡天相机拍下的照片，距离地球 125 亿光年）

这份名单远非一份数字摘要。它是我们不断扩大的意识的一个比喻。就像随着我们的世界观逐渐长大，我们对构成世界观各个部分，如道德、宗教、美学、认识论等的认知也在长大。

科幻作家拉里·尼文提醒我们，位于宇宙中一个精确位置上的星球居民，倾向于从小处思考。我们不能否认我们的历史：洞视现象（tunnel-vision，认知狭隘）一直困扰着我们的认知。今天我们面临的挑战是，了解宇宙真正所是的样子。这个巨大的泡沫宇宙就在那里，它无疑包含所有的生命形式，当我们发现了我们的宇宙背景，我们的原始世界观就会演变成一种新的视野。

后果

8　如果我们与外星人建立起联系,这将意味着什么呢?由于我们对自身在地球上的未来抱有疑虑,很有可能,认识到它们的存在本身就将是最重要的信息。天文学家乔治·阿贝尔(George Abell)建议,如果我们"发现哪怕只有一个其他文明,它已存在几十万年",我们也应兴高采烈,"至少如果那些家伙创造了它们,可能那就是我们的希望!"

　　它将会深刻地影响到我们如何看待我们自己。从进化角度来看,这可能是不可避免的,即在生存游戏中只有某个单一物种战胜地球上所有其他物种最终胜出;抽象推理能力给了我们人类决定性的优势。但是高高在上是孤独的!——那种孤独远远超出我们肯对自己所承认的,这种本体论上的孤独肯定是许多人类行为背后具有激励作用的推动力,对那些行为我们通常会给出其他浅显的解释:我们自己物种内毁灭性的竞争(如果我们被迫与几种同等智能生命形式发生联系,这种带有敌意的竞争是否会被重新定位?);我们虐待其他生命形式(即,我们对其他生灵普遍缺乏同情和尊重);与交流本身相比,我们专注于交流的噪音(文字、演讲、对话和其他沉默断路器);在我们与他人的关系中遇到的不同问题(例如,个体异化以及由此产生的压力)。如果我们被迫与同辈或上级发生联系——被迫去理解,同情,容忍,尊重——那么,我们个体和集体的自我形象可能会迅速发生变化。

9　宗教观念也会发生变化。在一个人口稠密、有着不同的旋转时间("天")和运转周期("年")的生物宇宙中,将终极实在与地球功能连接到一起的教义和教条,将会感受到极大的压力,作出应变。比如:神圣的空间[地理:"圣洁之地",圣城(麦加,耶路撒冷,贝拿勒斯),神圣的庙宇,神龛,"至圣所"];神圣的时间(圣日,圣周,神圣的节日);神圣的语言(梵文,阿拉伯语,希伯来语,圣经英语);神圣的食物(古希腊神秘主义的玉米,圣体的面包和酒,"犹太"的食物);基于地球历史的神圣的电视宇宙剧("亚当与夏娃和蛇",忠实的遗迹和获选之人,新耶路撒冷,"世界末日");关于神的拟人化图像(注意米开朗基罗画在西斯廷教堂天花板上的壁画)。

西斯廷教堂天花板上的壁画

10 我们的伦理和审美观念将会受到威胁。我们将不得不提出新型问题。外星人是"人"吗？他们有"自我"吗？他们有"生命权"吗？依照什么标准可以确认他们值得享有我们的道德关注？（一个人可以不在道义上关心外星人吗？）在道德思考中，移情的作用是什么？我们可以同情外星人吗？若是因为他们的外表，我们无法做到同情他们，又该怎么办？或者若是因为我们的外表，他们不同情我们，怎么办？（同情是习得的还是与生俱来的？）

假如外星人作出的行为在我们看来显然是不道德的，如通过自虐仪式来发展"道德品质"，实施"情感暴力"以维持"生存准备"等，那么他们在我们看来越是具有更多的人性化，我们也就越容易被他们那些被定义为淫秽、猥亵、恶心、不道德的行为所冒犯。

11 基于这一情况，我们迅速重新定义"对""错""美""丑"的能力是什么？他们快速重新定义的能力可能是什么？我们是否可以列出一种"最低限度的反应"，用来指导人类对待外星人的行为，这样我们可以造成尽可能少的伤害？我们能否把这样一种准则传达给他们？一种生物宇宙视角是否有助于澄清道德和审美编码的实用特性？人类会如何应对一种真正先进的道德？（什么是"一种真正先进的道德"？）

在一点上大家达成了普遍共识：不论外星人会长什么样子，他们都不会像我们。他们不会是人形。"我们当然期望其他行星上的生物不与我们一样，因为彼此双方的进化过程和生活适应性的统计特性显然有所不同。"这一结论出自弗兰克·德雷克和卡尔·萨根之手，从而为人类心灵所能想象到的每一种貌似有理的外星生物形象打开了大门。

人类自然保护区

12 人类在宇宙中所处的位置是什么？我们对宇宙的了解一直在增长，旧的观点已经过时。新的答案更加现实，但有时却也会让人更加痛苦。

历史上，人类已经经历了三次痛苦的去中心化。我们一直都在稳步地抵制这一去中心化，然而与此同时，矛盾的是，我们积累的知识则已逐渐迫使我们放弃了关于我们处于中心位置的所有幻想。

对人类在事物进程中所处位置进行的第一次痛苦的重新评估，是**宇宙论的去中心化**（cosmological decentralization）。哥白尼在1540年代复兴了古老的理论，认为地球绕着太阳转，这是一个翻天覆地的概念，我们的地球家园不再是人们所希望和宗教所信奉的所有创造物的中心。然后，在17世纪早期，哥白尼的理论获得了伽利略的观测和开普勒与布拉赫的数学计算的支持。那些捍卫人的权利是宇宙的中心的人，与那些同意事实开始看到日心说理论是经验真实的人之间的战斗非常激烈。但是，随着证据的积累，痛苦也在增多。

伽利略因为人们抵制太阳中心说而遭受了最多的痛苦。伽利略带着天真的乐观主义公布了他的理论，并邀请学者和教士前来检查他的支持日心说理论的证据。但他显然没有预见到自己将会得到的敌对反应。当他邀请某位哲学教授通过他的望远镜看到木星的卫星，教授只是笑了笑，拒绝承认看到的一切。那位教授认为，单从逻辑上来说，木星不可能有卫星，而站在神学的立场上来说，地球是宇宙的中心。

13 伴随着第一次宇宙论替代，其他两个宇宙转换也已发生。第一次发生在 20 世纪初，天文学家发现，我们的太阳系并不是银河系的中心。相反，它坐落在一个旋臂上，实际上也就是位于我们的岛宇宙的边缘。

第二次宇宙位移发生在 1930 年代，当时的研究确认，银河系只是许多岛宇宙中的一个。我们仅仅是二十多个星系集群之一；宇宙由亿万个星系组成，我们仅是其中无穷小的一部分。我们的银河系怎么着都不是宇宙的中心，除了对我们自己来说。

从理论上来讲，有可能还有第四次宇宙位移：发现我们的气泡宇宙只是许多宇宙中的一个。虽然理论上可以那么说，但是是否存在其他脉动宇宙，似乎远远超出我们现有的知识水平。然而，我们似乎也没有很好的理由不去相信，有脉动气泡散落在宇宙的各个方向。坚守只有一个气泡宇宙这一信念，现在看来就像是另一个贵族中心主义式的宣称。从宇宙学上来说，我们是宇宙的一部分，而宇宙无疑是在不断向外延伸，远远超出我们目前可以知道的。

14 人类也经历了**生物学的去中心化**（biological decentralization）。我们过去一直认为自己优于所有其他生物，并相信我们拥有一个神圣的使命：去征服、驯化、猎杀"低等"动物。（达尔文告诫我们要反对这种层次化的语义，他说："永远不要说更高或更低。"）此外，人与动物之间存在一种质的区别：前者有灵魂，后者则没有。

达尔文使得这场争论变得像开了锅的热水。1859 年《物种起源》出版后不久，便形成了两条战线。人并不是被作为人（独特的智人形式）创造出来放在神的花园里这一观念，和人类可能是在很大的时间跨度内从原始的动物生物进化而来的这一观念，被视作与宇宙学去中心化一样，是对人类的一种侮辱。

1925 年田纳西州代顿市发生的"猴子审判"，很可能会被认为是战斗的高潮。年轻的科学老师约翰·斯科普斯（John Scopes）因为在高中课上讲授进化论而被起诉。当时的辩护律师克拉伦斯·达罗（Clarence Darrow）展示了反对进化论的论点的谬误，把检察官威廉·詹宁斯·布赖恩放到了受审台上，这一审判成为一个世界性的奇观。达罗在法律上输掉了这场官司，但是时间则早已表明，思想自由的原则，是真正的胜利者。自从斯科普斯审判以来，我们已经慢慢地

漫画

接受了我们的祖先可能是其他"不是人类一样的"东西这一观念。

通过重估我们的生态地位，我们现在正在经历生物学去中心化的另一个阶段。虽然我们的骄傲似乎较少参与这个过程，但是我们都意识到，人不过是系统的一部分。按照一些标准，我们可以宣称自己是系统中的卓越部分，但我们必须承认这一事实，即我们离不开系统。我们也不能继续对我们周围的动植物做我们想做的任何事。为了生存，我们必须顺从生态系统内部起效的平衡机制。人不是系统；我们不会**制造**系统。我们属于它。

15 人类也经历了**心理学的去中心化**（psychological decentralization），而且有很大可能这仅仅只是一个开始。

到目前为止，还没有什么能够挑战人的智力优势，其证据是我们具有如下能力：抽象推理，沟通，知识存储，心理灵活性和文化进化。在人类挣扎求生的进化环境中，这些特质显然具有更高的优势。但是，如果人类必须面对其他智能生命形式，这可能会变成人类不得不面对的最痛苦的"成年礼"。（我能想象到的唯一更大的自我冲击，将是震惊地意识到：人类物种正在不可避免地走向灭绝。）

很有可能我们正在接近这样的对抗，只因我们已经开始考虑宇宙中存在其他形式智能生命的可能性。我们正在发现，高等灵长类动物具有超出我们想象的知识技能——我们的脑海中会浮现出海豚、大猩猩、倭黑猩猩等的影子。它们可能拥有一种与人类一样伟大的智力，但与人类又是如此不同，以至于我们小看了它们，因为我们无法理解它们。

最严重的重估我们是谁和我们是什么，将会来自我们面对外星智能时。几乎不可避免的是，他们会与我们联系，这也就意味着，在某些方面，他们的先进度将会远远超出我们。他们的智力可能会优于我们人类的——智商250对他们来说仅仅是正常。通过比较——不管这一比较会对我们造成什么样的创伤——对我们人类来说，唯一合适的立场可能就是谦卑地调整我们的态度。

16 先驱者号和旅行者号行星探测器是人类最早的星际旅客，它们反馈回来的信息，揭示了人类栖息的星球的起源，并传回了其他星球上可能生活其上的生物的图片。最引人注目的事实是这样一个明确的假设：其他智能生物可能有一天会拦截探测器，好奇是谁发射的它在空间飞驰。

所有这些人类已经经历或是将要经历的去中心化危机，本质上是宗教性的，因为它们要解决的是终极问题：人类在宇宙中的位置，我们与它的关系。

迄今为止，西方宗教的一个作用始终是肯定人的价值。宗教机构所保有的信念：人只低于天使（人是神的儿女），一直给我们以安慰，并具有一定疗效。没有这种信念给予我们的价值感和目的感，人类可能不会在生存斗争中存活下来。

然而，当一个孩子慢慢长大，他会意识到，如果想要在成人世界中生活下去，他必须让他的自我中心本性作出妥协。人类的去中心化是我们作为一种文化物种成长的一部分。它们是我们人性化的一部分。现实地面对我们在事物发展进程中所处的位置，同时也为我们调整自身适应世界所是的样子提供了又一次机会。对一些人来说，接受现实要比捍卫信念更易让人满足，不管那些信念可能具有多么大的疗伤作用。当我们不再需要贵族中心主义式的神话时，我们会对我们自身和他人产生一种更好的感觉。

萨根

我在开往星星的夜车上

一

他立在海边的岩石峭壁上。波浪翻腾,海鸥掠过浪花。他穿着一件橙色的风衣。

"宇宙现在是这样,过去是这样,将来也永远是这样。只要一想起宇宙,我们就难以平静……我们知道我们正在探索最深奥的秘密。"

他拔下岩石缝隙中长出的蒲公英的种子,让它们随风而舞。

"跟我来,"他挥了挥手。

未来数年,萨根将会作为一位雄辩的太空导游广为人知,他在他的13集电视系列片《宇宙》中,带着我们穿越了许多光年的时间和空间。蒲公英种子转化成"飞船的想象",萨根得到一个有天赋的电影工作者和科学家团队的支持,透过炫目的特效,向我们展示了我们的宇宙奇观。

"几千年来,我们对宇宙及我们在宇宙中所处的地位作出了最惊人的和出乎意料的发现。"

萨根邀请我们分享他的知识和兴奋,这一"个人航程"将会成为最伟大的冒险。在系列片结束之前,他向我们展示了超新星、脉冲星、黑洞、星团、爆炸的星系、大爆炸,可能会在其上发现其他智能生活的世界,以及其他无数的宇宙和历史事件。

"这些探索活动提醒我们:好奇是人类的习性,理解是一种乐趣,知识是生存的先决条件。"

二

萨根靠在停车标志牌上，看着一名乘务人员分发车票，听着火车车厢呼啸而过。他穿着同一件橙色风衣。

"我住在布鲁克林……我非常熟悉我的左邻右舍：每一栋楼房，每一个前廊后院，每一堵玩中国手球的壁墙。这是我的整个世界。"

他回忆说，在冬天，他能看到星星。"我看着它们，心中非常好奇：它们是什么？"他的朋友告诉他：它们是天上的光。"我也知道星星是天上的光，可又是什么光呢？"刚好母亲给他办了第一张借书卡，告诉他"书里一定有答案"，他就跑到图书馆，找到一本讲星星的书。"我在图书馆里屏住呼吸，打开书，书上说了一些让人吃惊的事情——原来太阳也是一颗星星，只是离我们特别近而已。一颗颗星星实际上就是一个个太阳，只是它们离我们太远了，所以就成了小小的光点。"

"我那时还什么都不知道……但我清楚地明白，如果星星就是太阳，它们必定非常远，远过86街，远过曼哈顿，甚至可能远过新泽西州。

"这些想法只是闪过我的脑海，在那之前，我的邻居就是我的整个宇宙。现在我试着想象，我必须把太阳移动到离布鲁克林老远老远的地方，才能使它像一颗星星那么大点发出淡淡的光。那是我第一次感受到宇宙的广袤。从此我就迷上了宇宙，它的壮美再也没有离开过我。"

萨根然后决定长大后他要当一名天文学家。

"可是，"为他这一选择担忧的外公问道，"你靠什么生活呢？"

1934年卡尔·萨根出生于布鲁克林，他有一个在美国出生的母亲和从俄国移民而来的父亲。父亲是父亲叔叔开的服装厂的裁料工。母亲精力充沛，爱逞强，善于写东西，特别疼爱儿子，逢人就夸儿子聪明能干；母亲过于强势，认为儿子是自己的，也影响到萨根日后的成长及婚姻。

二战爆发后，在母亲的精心安排下，萨根没有感受到战争的恐怖；母亲这样做是想让他长成一个乐观主义者，而这既可能给他最大的力量，同时也会让他背上最大的负担。当时左邻右舍的政治观念比较偏左，培养了萨根毕生的自由意识和宽容态度。

1948年，在父亲叔叔的提携下，父亲成为工厂分厂的管理人。父亲在厂子周边买下一所房子,同年9月,萨根转学到拉威中学。学校课程太容易,他各科都拿满分;老师讲课没有启发性,萨根不太喜欢这所学校。在这所学校,他参与戏剧社和合唱队演出,参加辩论小组,代表学校参加电视竞赛,从而展现了他的表演才能。

一开始他的父母希望他们的儿子接着从事他们的职业,但他们也有眼光支持自己孩子身上显露的天分和知识兴趣。"作为一个孩子,这是我遇到的巨大的好运,我的父母和几个好老师鼓励我跟着我的好奇心去做。"于是,他在城市的灯光下长大,打手球,狂读科幻小说,梦想着其他"惊人的与布鲁克林极不一样的"世界。

高中毕业后,萨根直接选择了科学职业。要想事业有成,除了聪明刻苦,还要与那些有影响的人交上朋友。还在中学里的暑假期间,他就给一些著名天文学家和科研公司写信,从而为其日后研究铺平了道路。

1951年,16岁的他获得奖学金进入芝加哥大学,当时这所大学被誉为"美国中西部的雅典",他是受益于校长哈钦斯推行的"教育大纲"(通才教育)的最后一批学生。萨根兴趣广泛,原因是他认为未来的空间时代将会是一个要求全新跨学科知识的时代。十年后,他获得了科学领域的四个学位,包括生物学、天文学和天文物理学博士。这年他26岁。

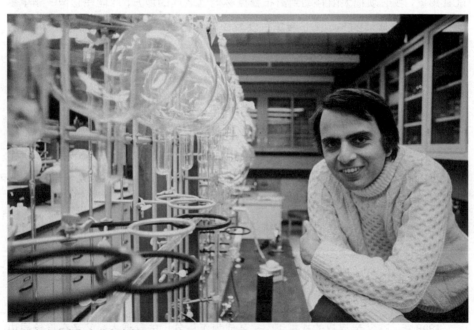

1974年在康奈尔大学实验室

虽然在伯克利分校和斯坦福大学攻读研究生，但是萨根感觉到了生化学家们的工作有可能产生的深远影响。22岁时，他写出了他的第一篇技术论文"辐射和基因的起源"；随后而来的是300余篇文章和十几本书，其中大部分都是有关生命起源的生物化学。萨根是一位杰出的外空生物学家。他曾说过：科学家要是能够不时开列一下自己犯过的错误，就有可能发挥指导作用，照亮科学的道路，减轻科学过程的神秘感，对年轻一代人有所启迪。

"科学是一种快乐，"他说，"它是属于大家的。它并非只是一种属于孤立而遥远的精英们的东西。它是我们与生俱来的权利。"

三

在印度南部热带地区的一座寺庙内，里面供奉着湿婆，萨根走在一些非常古老的印度教诸神的铜像中。

"这些最高雅和最尊贵的青铜器，展示了每个宇宙周期开始时创造的宇宙，这个主题常被称为宇宙湿婆之舞。"

萨根介绍了站在火焰圆圈中间的黑色青铜人物：塔罗阇湿婆，跳着创造和毁灭的宇宙之舞。湿婆右手持鼓，象征着创造；左手持着火炬的火焰，代表大火终将摧毁宇宙。"创造和毁灭。"

萨根走出寺庙，坐在温暖的阳光下。在他上面寺庙墙壁上的一个佛龛中，是一个灰色的石像，他是曾经广为流行的伽内什，象征繁荣和启蒙的象头神。

"最复杂的宇宙的想法来自亚洲，尤其是来自印度，"萨根大声说道，"大多数文化想象世界只有几百代人久远。几乎没有任何人猜测，宇宙可能远比这古老得多。但是古老的印度教徒做到了。"印度教的宇宙周期为86.4亿年——约为我们宇宙世界年龄的一半——这是"对现代天文想法的一种预感"，尤其是振荡宇宙理论。

一个村庄节日会场响起的音乐声飘过棕榈树。

"大爆炸，"他指出，"是现代科学神话。它来自相同的人类需要：解决宇宙学问题。"

萨根正在从事的哲学事业，是他所说的"提升宇宙意识"的一部分。对我们这个时代来说，科学，或者说得更准确些就是科学思维方式，是意识的基本数据的来源。

只有它可以让我们去理解我们宇宙的现实。经过数千年的神话渲染，现在有可能让人的心灵比较现实地（不独爱幻想地）考虑宇宙的编织，并以一种自由的方式去了解宇宙事件。

可理解性变成了自我与世界之间互动的一种功能。萨根在他的作品中，推动了自我与新发现的宇宙之间的这一互动。他引导我们经历了一场太空漫游，可以复活我们所有的理性和所有的情绪。"在宇宙中，我们试着不仅是对头脑说话，也对心灵说话。"从物理和化学到空间音乐再到我们心灵吟唱的诗篇，**没有什么是被排除在外的**。我们的整个人性需要得到表达和重申（再次确认）。

四

萨根走到"想象的飞船"的舵柄边。在控制台中，他伸手在左上角打开了一台监视器，里面显示的是银河系；右上方是一个读出屏，显示着关于每个世界及其生命形式的信息。

"先进的技术文明将会知晓许多世界"，他解释道。一个伟大的蓝白色的螺旋星系出现在飞船前方的屏幕上。

"也许他们会分享他们的发现，把无数世界的知识组装成一些庞大的信息库。他们可能会编译卡拉狄加百科全书。

"也许有一天，卡拉狄加百科全书中将会收有关于我们星球的词条，或者，甚至是现在，就存在一个行星卷宗……关于'地球'的一个词条。他们会了解我们多少呢？"

　　　　世界：806.4615.0110

　　　　文明类型：1.0 $\hat{J}$

　　　　社会代码：4G4，"人性"……

　　　　　　科技：冪

　　　　　　化石燃料/核武器

　　　　　　有组织的军队

　　　　　　环境污染……

　　　　　　生存概率（每100年）：40%

只要我们不自我毁灭,终有一天我们会找到外星智慧。

卡拉狄加百科全书是萨根对"人类的宇宙背景"的一种想象。我们有一种基本的渴望，想要知道我们在哪里融入了事物发展进程。

与此同时，直到获得这样的证据，我们必须用宇宙术语来思考。萨根指出，真理是：自从我们的前早期人类（presapient）的起点开始，我们已经前进到一种宇宙视角。"最深刻的宇宙学问题嵌入在人类的民间传说和神话、迷信和宗教中。"我们早已**假设**了一种与天上众生存在的关系。

"我们一直都在遥望星星，若有所思地想着那上面是否有其他生物也在思考和猜想。在巨大和古老得超出普通人理解的宇宙背景下，我们难免会感觉有点寂寞。"

对人类宇宙背景的搜索已经开始，在找到这一背景前它都不会停下自己的脚步。

"在最深层的意义上，"萨根写道，"寻找外星智慧，也就是寻找我们是谁。"

∽∽

缅怀：1996 年 12 月 20 日

8

第八部分
终极关怀

8-1 终极关怀
8-2 终极实在
8-3 死亡／永生
8-4 意义／存在

8-1

终极关怀

本章论及宗教哲学。宗教心理学已经把宗教放进了它的进化背景中，澄清了它的一些功能。本章提出了宗教的定义，思考了宗教思想的几个方面：拟人化的精神，灵魂附体，神话的功能，宇宙剧；探讨了对历史的天启式解释，世界末日宇宙学，最终的末世，和一些救世主人物，他们将会返回来实施这伟大戏剧的最后一幕。一种温和的观点认为，在宗教的核心处可以发现一种"永恒的哲学"，它以一种单一而重要的视角，将人性结合在一起。

古希腊悲剧

1　宗教信仰是普遍的。在每种文化，在每个时代，在每个人类已经点亮篝火、遭受丧亲之痛、想知道生命意义的地方，都可以发现它的影子。因此，只有当我们逐渐了解自己，只有当我们了解了我们是谁、我们是什么、这一需要是什么，我们才会理解宗教。

大约经过了五六百万年的时间我们人类才开始出现，在这一形成期，几乎关于我们的一切都已发生改变和进化。越过这一时间跨度，我们已经长高，有一副纤弱的骨架，一张柔软的脸，一个下巴骨，一个头盖骨。但是，尽管这些属性都指向一个方向：智人，却有一个独具特色的标志表明我们是真正的人类：一个更大的大脑。正是这一解剖学上的突破，让我们可以进行抽象思维，发展自我意识，制定道德价值观——并创立宗教。

2 有了这个更大的大脑，我们逐渐发现了人类生存境况的真实本质，只是我们所发现的是我们完全无法接受的。我们已经发现，在为满足我们的能力和实现希望与梦想提供必要的基本需求上面，人类的境况全然以失败告终。我们来到这个世界上原本是为了去爱，去成长，去创造，而且要快乐，但是我们发现的却是一种使人衰弱的环境，等待着粉碎我们的人性。

沉思中的佛陀

人生最核心的内容，就是一场古希腊悲剧。佛陀直言不讳地评价道：活着就是受苦。在这种情况下，我们所能希望的最好的结果就是，在我们的痛苦中保持一种高贵的假象。但是，这样做并不能让人满意。

一百万年的进化时间，产生出了一种具有智能意识的生物。现如今，借助这种智能意识，这种生物却发现他被困在一个对其自身不友好的困境中——一个似乎无从逃避的本体论监狱里。

转型

3 宗教是人类对这种让人难以接受的境况所作出的最深切的人性应对。在宗教中，关于人类存在的痛苦真理，要由人的精神、头脑和心灵来面对。就像所有我们的创造物一样，宗教也是一种生存机制，没有它，人类物种可能也就无法生存。宗教把一种不可能的情境转化为可能的；它创建了一种世界观，有了这一世界观，我们就可以过上一种配得上我们本性和愿望的生活。

究竟是什么让我们无法忍受？宗教心理学领域的研究已经澄清了宗教思想所起到的一些适应性功能。研究者发现，有七种基本境况，表现出人类集体经验的特点。

(1) 面对自然灾害，如地震、龙卷风、海啸和飓风；面对生物学上的不幸，如遗传性疾病、病毒和老年化；面对人为的灾害，如恐怖主义和战争，**我们是无助的**。但是，宗教向我们保证，我们并非孤立无助，神的援助是内在可得的。我们可以求告神的帮助。因为是他创造了世界并掌管世间发生的各种事件，所以他也可以改变它们的发生。就算做不到这一点，他也会给予我们力量去面对发生在我们身上的一切。

(2) 我们发现，**宇宙是冷漠的**。我们人类可能认为我们是重要的，但在自然界却没有一样东西会对我们友好以待或支持我们的人性；相反，自然力量充满敌意和破坏性。宗教对此的回应是，向我们保证这一景象是假的。关怀确实存在。上帝亲切地看顾我们，甚至连跌落的麻雀都能注意到。同样，佛陀会派出救世主（众生称为菩萨），在我们受苦时，永远陪在我们身边。每一种宗教都竭力向我们保证并让我们相信，存在一种宇宙意识，或是其他神灵，满怀同情地关注我们的一举一动，关心我们的生活质量。

(3) 由此得出结论：**宇宙是不公正的**，或者换种更好的说法，我们人类对正义的激情，并不是一个在现实世界中可以找得到的特性。不管正义这一概念在我们眼中有多么珍贵，自然对它都是毫无所知。当洪水淹没一个村庄或者疾病降临一户人家，它会带着漠然的态度同时收走好人和坏人。针对这种嘲弄，宗教已经作出回应，向我们揭示了一个绝对公正的宇宙系统。上帝会看穿我们的内心，鉴定我们真正的自我，并相应地万无一失地公平对待我们。在我们的人类系统中，正义可能是罕见的或不存在的，但在一种宇宙视角下，正义总是占据上风，如果不是在这个世界上，那么无疑就是在来世。天堂欢迎好的灵魂，地狱接纳坏的灵魂。或者，在一些东方传统中，积善行德的个体将会获得永恒的幸福，而那些恶业缠身的人则会返回尘世变成动物、昆虫或恶魔。这一系统在权衡美德上从来没有失败过。

(4) **我们都总有一死。** 我们度过我们太过短暂的一生，然后就会死去。但在此之前会生病、老去、埋葬亲人。面对这种侮辱，我们的宗教矢口否认死亡；否认死亡是每种宗教的一个核心宗旨。灵魂是不朽的，它们告诉我们；它生活在一种精神状态，在天国、极乐世界或西方的天堂会经历熟悉的乐趣。对那些善良的人或有信仰的人来说，灵魂永远不死，而是会生活在来世。

(5) **宇宙是反复无常的。** 自然对象/事件的世界主要是随机的、断续发生的集合，没有模式或意义。然而，人类的大脑经过进化，总是渴望秩序，遇到无序，内心深处会觉得是一种破坏性的熵。宗教对此的回应是，向我们保证自然事件不会随机发生。它们都是出自神的意志，没有什么事件会超出神的控制范围。当看似偶然的事件影响到我们的生活时，它们揭示了神对人类的考验，因为它们是神送来测试我们，为我们的灵性成长提供机会。自然事件不是我们所感知的混沌无序地发生，而是一个有计划的体系的组成部分。

(6) **宇宙是没有意义的。** 这是经验科学的一个发现。只是在过去四个世纪内，这一点才渐渐变得清晰起来，物理、化学对人的价值什么都没说。对一个追寻意义的生物来说，这也是一种侮辱。我们人类无法忍受过一种没有意义的生活，但在满足这一需求上，自然和宇宙没有给我们任何帮助。相比之下，宗教则告诉我们，我们是宇宙大戏的参与者，这场大戏远远超出平淡的世俗历史，这出戏是由一位剧作家/导演编织的情节所驱动。我们属于宇宙，在这个宇宙中，每个事件都有意义，并会传达一种信息——只要我们有足够的智慧去破译它。

(7) **未来是没有希望的。** 自然事件服从热力学第二定律，宇宙正在走下坡路，人类历史无路可走，文明解体，个体演完自己的戏，最终死亡战胜一切。但是，宗教视角完全改变了这种惨淡的未来预测。每种主要宗教都向其信徒保证，历史和宇宙始终都在沿着一条预定的道路通向一个目标——一个终极目的。在适当的时候，一位救世主将会返回地球，并迎来一个划时代的繁荣与和平。关于"末日"情境的版本有很大不同，但它们有一点是一样的：没有绝望的理由，因为上帝和宇宙确保我们会有一个充满希望的未来。

4　我们人类是倔强的、叛逆的和有创造性的。我们是幸存者。我们拒绝接受无法接受的。没有提供我们一个居住的地方，我们就会不断地去创建一个人类生活以之为荣的地方。因此，在功能方面，宗教可以改变我们对人类生存条件的看法，以使我们可以存活。这是人类精神最伟大的创造性成就。

总之，我们的宗教已经创造了一个没有死亡的世界；在那里，某个人掌控着人世间所有事件；在那里，有一个关于世界的计划，关于人类历史的计划，关于我们每个人的计划；在那里，我们的生活被赋予价值和意义；在那里，正义盛行（现在或以后）；在那里，我们的个体自我拥有终极价值；在那里，我们得到爱和支持、同情、了解和理解；在那里，我们可以梦想并知道我们的梦想不是徒劳的。

5　上面所说，是对人类宗教一个简短的现象学概述。请注意，这完全是一种经验分析。它不涉及对现实的描述或是对何为真假或哪种宗教是最好的宗教作出价值判断。所有的宗教都是这样：对那些信教的人来说就是真的，对那些不信教的人来说则是假的。

但是，这一描述只是故事的一半。活着的目的是生活，一旦我们拥有一种与我们的人性相一致的世界观，我们就会进而享受一种有质量的生活，这种生活是监狱所拒绝给予我们的。因此，在最后的分析中，宗教的存在是为了改变人类的经验。事实上，相当多的学者都将宗教定义为人类生存的维度，使我们能够超越日常意识。我们经常追问"生命的意义"，对此约瑟夫·坎贝尔回应说，我们问错了问题。他说，我们实际上寻求的不是"生命的意义"，而是活着的经验。印度教徒坚持认为，在我们所有人身上都存在一种直觉；普通意识是不够的，"还有比这更高的东西"，他们说。每种宗教传统都教导说，精神生活可以使人类的心灵进入更高层次的意识。瑞士心理学家荣格写道："不管世界如何看待宗教经验，有过这种经验的人也就拥有一个伟大的宝库，为他提供了生活的意义和美感，而且给予世界和人类一种新的光辉。""只要看见过神，"罗摩克里希那说:"人就不再受世界的羁绊。他将摆脱尘世所有的烦忧和焦虑,获得自由,没有什么过去的东西能再次束缚住他。"

意识的最终转换是神秘;见证神秘的经验,在每种传统(从最简单的到最复杂的)中都有记载。最典型的神秘意识出自丁尼生之手:"突然,超出强烈的个性意识,个性本身似乎溶解并消融于无限的存在,这并不是一种混乱状态,而是最清晰最明显的,完全是言语所无法形容的,在那里死亡是一件很可笑的不可能的事情,个性的失去(如果真是这样的话)带来的似乎不是绝灭,而是唯一真正的生活。"

宗教神秘主义者经常描述一种经验,他们说,感觉就像是"苏醒"。最典型的莫过于佛祖在菩提树下沉思时的经验:"在他眼前突然出现了感知到的崇高真理,点亮真实路径的智慧,驱逐黑暗的光……"在基督徒的心目中,圣保罗在去往大马士革的路上所描述的神秘时刻也是一个范例:"突然,天国投下一个伟大的光圈,环绕着我……我们在某一时刻,在一眨眼间,就被改变了。"

6 不应将宗教与伴随宗教经验而来的各种理性思维形式相混淆。随着时间推移,当人们发现他们有着相似的信念时,就会发展出一种教义。教义是对宗教经验所做的一种正式而抽象的解释,目的是让经验具体化和保存经验的基本要素,使群体内的人可以交流关于经验的性质。教义是一种社会现象。具有相同信仰的人会认为自己属于其信仰群体的一部分;更重要的是,他们会试着复活和参与教义中所说的宗教经验。

随着宗教机构的发展,领导人出现了,他们被赋予权力来区分教义的真假。然后,他们就会宣布一系列教条。**教条**是一种被所有信徒普遍接受的教义。这是一个"封闭的问题"。它必须被当做真实的接受,如果人们想要获得宗教提供的好处的话。

信条也是基本宗教经验的一种形式化。该词源自拉丁语 credo,意思是"我相信"。其功能是区分信徒与怀疑论者。信条常被用来作为会员的密码和符号。

最后,**神学**是所有宗教的理智化。传统上,神学家属于某一种宗教。他并不是一个宗教哲学家,从客观视角去研究全人类的宗教经验。相反,他是一个站在"信仰圈"内的信徒,试图为他自己时代的人们更新和重新诠释信仰的意义。因此，穆斯林神学家的讲说对象是穆斯林，天主教神学家的讲说对象是天主教徒，依此类推。

不过，这一传统角色目前已经有所改变。今天的神学家一般都会宣扬适用于全人类的终极关怀，而不是仅仅针对其所在信仰圈内有限的成员。

神话的功能

7 宗教常会借用神话来进行表达。**神话**就是包含超自然力量的故事，为社会群体（如氏族、部落、族群、宗教、或大或小的社会、民族）中的成员所接受，解释事件的起源、重要性或意义。一旦有人相信这个故事，它就变成了真的；当它通过信仰变成真的时，它就被称为宗教。

信徒通常都会相信某个单一传统的神话。然而，宗教哲学的目标是概述整个人类的神话经验；研究者会将众多传统故事集中到一起进行研究，为的是发现单一传统研究中所没有透露的见解。

自从古希腊人的时代以来，"神话"这个词一直是一个技术术语，并不含有下面这一意思：一个仅仅是"想象的"因此与现实不符的故事。对该术语的这一负面使用的功能主要是为了贬损他人的信念，在批判哲学中立不住脚。"神话"来自希腊语 muthos（或拉丁语：mythos），指一项宗教仪式口传部分包含的故事，有别于这一仪式中表演部分包含的故事。宗教剧通常既包含故事也包括行动。你从行动部分所知晓的，只有当你现场看到它被表演出来才有可能；口语故事则可以脱离戏剧及其宗教意义讲述一遍又一遍，穿越无数时代。

整个20世纪，关于神话功能的图景逐步显现。E. B. 泰勒（《原始文化》，*Primitive Culture*）和詹姆斯·弗雷泽爵士（《金枝》，*The Golden Bough*）是最早辨识神话中经常出现的思想和主题的研究者之一。他们两个人都相信神话揭示了普遍模式或"规律"，通过它，人的心灵得到体现。弗洛伊德（《图腾与禁忌》，*Totem and Taboo*）和荣格（《人及其表象》，*Man and His Symbols*）则增进了我们对用符号、比喻、模式和主题表述自我的潜意识材料的理解。

对神话的最佳阐释来自约瑟夫·坎贝尔（四卷本《千面英雄》）的研究。坎贝尔为我们理解神话世界打开了三扇门：

（1）神话在人类的集体生活中发挥着至关重要的作用。它们并非只是经典的民间故事或令人愉快的故事。神话可以滋养人类的集体精神生活，失去神话容身之地的社会是一个没有灵魂的社会。

（2）正是在神话中，我们发现了对人类生存条件最具影响力的评估。神话生动地揭示了为什么人类境况是不能容忍的，为什么我们不得不改变我们对它的认知。

（3）坎贝尔证实了一个伟大的主题，这一主题主宰了所有的神话：英雄的旅程。这是主宰者的神话，每一个神话故事都说明了这一奥德赛是一个阶段或多个阶段，这是对每个人从生到死及在来世孤独行程中所经历的精神旅程的一个象征性解释。

8 得墨忒耳和珀耳塞福涅的故事是一个经典的神话例子，可以用来说明神话的象征性质。《荷马史诗》中有关得墨忒耳的部分向我们讲述了这个神秘的故事。这是古希腊世界最受人喜爱的宗教故事之一，千余年来，距离雅典以西14英里的小城埃莱夫西斯，给了信徒们一个非常个人化的得救戏剧。

故事讲的是：春天里的一天，得墨忒耳与宙斯的女儿，美丽的珀耳塞福涅，在草地上采花——"玫瑰、番红花和美丽的紫罗兰，鸢尾花、风信子和水仙花"。当她伸手去摘一朵特别美丽的花时，大地突然裂开，从幽冥世界窜出冥王普鲁托，他骑在一辆战车上。"宽阔的路面打了个哈欠"，冥王"捉住了不愿意的她，驾着金色的战车"回到了黑暗的死亡世界。

远处，她的母亲听到她的哭声，但就是怎么也找不到珀耳塞福涅。一连九天得墨忒耳都在天上徘徊，四处寻找。然后赫利俄斯告诉她发生了什么事。对宙斯与冥王合谋囚禁女儿愤恨不已的得墨忒耳，离开了位于奥林帕斯的诸神之家，游荡在人类世界。在埃莱夫西斯镇，她感受到了爱，她以化身出现，决定在那里定居。

最后，她向埃莱夫西斯人说出了她的真实身份，要求他们为她建一座庙。当庙盖好后，她把自己关入她的新家，计划报复宙斯。她下令"让地球上的人

得墨忒耳与珀耳塞福涅

类遭受最可怕最残酷的一年光景",无法播种,没有收成。一个又一个神都来恳求她恢复滋养地球,但她发誓,除非她的女儿再次回到她的身边,否则决不。

最终,宙斯命令亡灵守护者让珀耳塞福涅返回生活的土地。但是,狡猾的冥王"偷偷给了她一些甜美的石榴籽吃",才让她回到明亮的阳光世界。因此,她的一部分属于幽冥世界,她不得不把每年时间的三分之一分给冥王,她的丈夫;其他三分之二时间,她可以与她的母亲和众神及人们在一起。所以,得墨忒耳,带着神圣的正义,每年三分之二时间让地球充满生机,三分之一时间则让它死去。

在回到奥林帕斯前,得墨忒耳把她神圣的秘密教给了埃莱夫西斯人。所有愿意学习的人,通过神圣的仪式净化自己后,都可以分享她那神圣的奥秘。

周年庆典始于一个来自雅典的精心制作的游行,在埃莱夫西斯会一连持续九天。信徒全天都会参加令人感动的仪式和戏剧。他们喝下一种神圣的饮料,从而给他们必死的身体注入神圣神话承诺的不朽。随着庄严的故事逐渐显露出来和重演,随着众神再次在剧中复活,他们每个人都变成了演员。

埃莱夫西斯神话可以起到许多作用。它可以解释自然事件,给人们提供一种对感觉不可控的事物的控制感,减少未知事物给其带来的威胁。它可以提供社会凝聚力和文化的连续性,而且当在戏剧中、歌曲中、舞蹈中和围着篝火讲述时,它也活跃了公众气氛。

埃莱夫西斯神话也揭示了季节的循环。春天是生育时间,万物生长,草地再次变绿;但是,夏天和秋天很快就会到来,到了寒冷的冬天,万物更是一片肃杀。为什么会是这样呢?这是因为生命能量的使者珀耳塞福涅,必须在一个季节死去。神话客观地看待死亡：没有冬天也就没有春天，没有夜晚也就没有白昼，没有死也就没有生。

珀耳塞福涅下降到冥界是一种象征性的死亡，但她在一个永远重复的春天获救再生。这个主题极其普遍。在美索不达米亚，神塔穆兹死亡，但被爱他的伊什塔尔在阴间所寻找和发现。类似故事还有很多，如阿多尼斯被阿佛洛狄忒所找到；奥西里斯被伊西斯所复活。在每个例子中，英雄都为爱他的人所坚持寻找，这种爱，确保英雄不会输给死亡，而是将会重获生命。珀耳塞福涅每年都要下到阴间是一种牺牲（类似于基督在十字架上的死亡）；由于她死了又复活了，所有的生命都将得到延续。

拟人化的神灵

9 早期人类生活在一个自然力量具有攻击性的世界，如暴雨，洪水，森林和草原大火，蝗虫和饥荒，疾病，痛苦和死亡。这些力量大都是敌对的——它们是"邪恶的"。但也有好的力量：雨水滋润农作物，孕育生命的能量给羊群带来了新的羔羊、给家庭和氏族带来了新的孩子，阳光使农作物茁壮成长，好地方可以捕到大量的鱼。这些都是无法控制的力量；无论人类喜欢与否，暴风、洪水、森林火灾都会到来。

隐藏在肆虐的飓风或蔓延的疾病背后的能量是什么？我们是根据自己有限的经验去认知宇宙的。我们无法与看不见的力量谈判协商；我们无法想象不可思议的事情。然而，我们必须去认识它们，我们必须与它们谈判。因此，我们认为它们是有意识的，有头脑、意志、欲望和情感，就像我们一样。我们称它们为"神灵"，它们的出现有许多伪装形式：恶魔，祖先的鬼魂，天使，男神和女神，神明，精灵，等等。

神灵像我们一样，我们就可以与它们交谈。我们可以哄骗，威胁，抱怨，祷告，并与它们讨价还价。我们可以理解为什么有时它们的行为具有一致性（我们会这样做），有时则变得反复无常和不可预知（我们也会这样做）。我们可以贿赂它们去做我们喜欢的事情，我们可以为它们提供不同价值的礼物。更复杂的神灵被认为会回应微妙形式的牺牲：牺牲一个人的意志、地上的货物、享乐，或一个人的自我。

这些过程源自人的生存需要，需要挺过来自自然和社会具有攻击性力量的打击。在和平时期，这些人格化力量可以帮助人类实现目标，它们使我们能够"精神成长"，并变得更加稳定、自信、充满爱——与一个人的自我和谐相处。

宗教的功能就是扮演了一种"拯救"关系。在犹太-基督教术语中，这种关系被称为证成——进入一种"与神的正确关系"。不过，这一关系也可以被概化为：进入一种与湿婆、安拉、伊西斯、基督、佛陀等的权利关系；所有这些符号关系，推动我们走向所期望的目标——"救赎"。

10 如果神灵生活了很长一段时间，它们经常就会成为"神学"复杂的一部分，这一系统是如此宏伟，以至于它们不再为人民大众所接受和理解，它们也不再能满足他们的日常需要。在古希腊罗马宗教中，众神变得如此全神贯注于国事，以至于它们不再有时间去关注普通人的需要。罗马帝国时期，罗马万神殿的众神服务于国家仪式，得到皇帝和其他政要的祭拜。它们变得离普通人是如此遥远，以至于农民和商人早已忘记了它们。

因此，伟大的神灵被地方神灵、家神和财神所替代，后者仍有时间照顾凡人俗事。波莫纳（Pomona）会照顾他们的果树，梅洛纳（Melona）会照顾他们的蜂箱，埃波纳（Epona）会照顾他们的马匹，朱温特（Juventa）会照顾他们的孩子，两张脸的雅努斯（Janus）仍有时间当他的门神，照顾进出人们房屋的人。

这是一种常见的发展。每当神变得太大、太重要——带着它们的荣光离人类太远——无法照顾人类的切身利益，那些较小的神灵必然会取而代之。它们可能会被称为天使、守护神、神灵、家神和财神、圣人、菩萨等。但不拘在什么情况下，只要有需要，它们仍然会作出回应并可为人所用。

灵魂附体

11 灵魂"拥有"人或"栖息在"人身上。我们人类相当肯定这一点，因为我们凭直觉判断自己的身体里存在一个灵魂。如果一个人自己的存在是一种本质与实体（灵魂与身体）的二元论，那么唯一合理的推论就是，其他灵魂也可能居住在我们的身体内。

"灵魂附体"这一现象一直是对人类行为复杂性的一种普遍的解释方式。附体可以解释我们在他人身上看到的奇怪的偏差，如癫痫发作；它可以很好地解释我们在自己身上找到的症状：头晕，发烧，抽搐。大多数"改变精神状态"的宗教意识，如迷狂、幻觉、皈依、言语含混、神谕预言，都可以由此得到解释。其负面影响是，如果被恶灵（如魔鬼、巫婆、恶灵或"罪恶"的化身）附体，我们可能会把我们做的坏事归因于它们，并相应地指责它们。而在另一方面，当被意气相投的神灵附体时，我们就会做好的事情，甚至能够完成超出我们能力的壮举。

从最早的时候起，人们就已发展出一些特殊技术，用于驱除不想要的神灵、诱导良好的神灵。在袄教徒、基督徒和穆斯林眼中，圣灵附体是最为他们所看重的个体经验。

12 人们会有一些对他们具有特殊意义的经验，那些经验会在他们的生活中引发剧烈的变化。我们通过反思和解释它们，保留了这样的插曲的本质。阐释通常借助于熟悉的神学观念和语言工具。因此，这样的经验意味着什么，在一定程度上取决于它们出现在什么样的文化背景下。

试图了解一种宗教经验时，应该考虑两种解释。首先，当然是经验者自身对事件的解释。这种观点将会在人们的宗教信仰框架内得到发展，正是这样的解释赋予经验以意义，并会影响个体的生活。

另一种解释可以由一位客观的观察者作出，他可以借用动机、情感需求、改变身体的化学状态等来解释这一经验。虽然客观解释并不包括经验者自身的经验，但它确实可以提供一个有价值的视角，让我们去理解这一事件更大的背景。

宇宙剧

13 人们极少能够撼动下面这种感觉：他们是一场影响广泛的戏剧或某种目的论运动的参与者，他们的生活是它的计划的重要组成部分。我们对追寻意义的迷恋是如此之深，以至于我们都愿成为任何可以接近的宇宙剧的演员。

宇宙剧方案是每种宗教传统（从最简单到最复杂）的一部分，它们一直都是由神学家和哲学家为其编织无限的细节。因为我们对解释的需要难以抑制，我们的解释通常都会采取一种目的论结构。在某些地方，我们会发现基本的故事线索：一个情节，一个计划，甚至是一个阴谋——例如，可以回想一下《约伯记》，在那里面，上帝和撒旦合谋对不幸的约伯做了很多不好的事情。

我们一出生就已成为宇宙剧的一员。我们的角色需要认真对待，因为我们如何执行我们的角色会影响我们的生活质量，并决定我们的命运。所以也就难怪，我们会投入时间和精力来澄清宇宙剧的情节，从而使得我们可以更好地去理解和扮演我们的角色。

启示录戏剧

14 在前面的章节（5–1）中我们看到，历史哲学家一直在用戏剧这一比喻来解释人类历史的意义和目标。就像一台戏从开场，经过三场或四场被细分成幕的不同场景，并有一个主人公推动悬疑情节，从乱作一团走到最后的闭幕，这一解释历史的方式提供了一个鲜活的故事情节，在这一情节中我们人类可以单独和集体参与。

将历史解释为戏剧，在西方几大宗教（如拜火教、犹太教、基督教和伊斯兰教）中，已经发展到了它的最高点。比如，开幕时间设在公元前 4004 年（大主教厄舍尔著名的计算）或公元前 5737 年（犹太教的计算），闭幕时间则设在公元 156、732、1946、1984 或 2026 年。各种元素的情节都有详细规划，使得一个人在剧中的作用原则上是可知的；如果我们可以理解情节，确定目前正在上演的是哪一幕,理解"时代的标志",我们就会知道我们可以对剧作家期待些什么。随着正确地理解情节(尤其是如果我们有一个脚本),我们就会知道什么时间结局注定要发生。

这些都是个体的线性历史剧,受到上面的控制。它们是启示录戏剧,因为这一方案的多数内容——背景、道具、舞台工作人员和编导——都远离舞台,超越时空之上,监督戏剧的上演;而我们人类则是处在一定的时空中,从一幕到另一幕,直至演到故事结束。

末世——戏剧结束

15 在直线的历史情节中,我们发现,信徒们几乎普遍认为,他们正生活在接近戏剧尾声的地方——末世。他们希望最后的场景能在他们的人生中上演。我们深入骨髓地想要知道,人类痛苦的血腥历史即将结束;和平、正义和善愿即将普遍流行开来;在我们自己短暂的一生中,我们也将能够享受一点点的幸福。

人是一种希望的动物,他的宇宙剧梦想几乎总是预见:在未来的某一时间,生活将会再次变得很好,将不会再有恐惧、痛苦、孤独和死亡。但也正是在这里,揭示了我们人类的悲观情绪。我们凭直觉感知到,我们自己不可能创造出这样的条件,所以我们便设想出超自然生灵,它们会在指定时间出现在地球上,连续击鼓,上演伟大戏剧的最后一幕。

众教归一

16 在人类的宗教中,也有少数人一直都在争辩说,众教归一。多数这样说的人是因为他们希望事情是这样,但是,其中一些断言则是个体经验许多宗教信仰的结果。

通过下一个适当的定义,我们或许可以说,所有的宗教都是一回事。然而,它们彼此之间的差异实在是太明显了。各种神灵被认为具有不同的特点；他们的行为不同，需要他们的信徒对其作出不同的反应。

然而，当不同宗教的个体极度热情地投身到他们的信仰中，通常都会出现一种合一感。这可能表明，我们最深刻的经历是相似的，但却对其作出了不同的解释。这可能是某些普遍的心理生理过程（α节律、幻想、出神机制）运作产生出类似的经历。

这也可能是我们发现了我们正在寻找什么。如果一个人想要发现人类众多宗教间的差异，那些差异就会被发现；但若一个人想要找寻解释生命之谜的各种不同宗教之间的相似之处，同样可以发现那些相似之处。

17 澄清伟大宗教中包含的"最常见元素"较为成功的尝试之一，被称为永恒的哲学（又译"常青哲学"）。奥尔德斯·赫胥黎描述了四个这样的元素，从中我们可以推断出，不管我们经历的路径有多么不同，人类的宗教追求都典型地是归一。

(1) 物质和个体化意识的现象世界，即事物的世界与动物、人乃至诸神的世界，是一个更大的现实（神域）的一种表现。所有的现实经验，包括精神的和物质的，仅仅是那一终极实在的"碎片"。它们仅仅是对那一神域有限的感受。

(2) 人类能够获得关于神域的知识，但这样的知识相对而言并不重要。更大的意义在于下面这一事实：我们可以参与一种直接的直观的知识，这种知识涉及我们的整个生命，而不仅仅是我们的概念化的智力。这是一种神秘的知会，可以将知者与被知者连接到一起。

(3) 就其本质而言，人具有双重的天性（现象的小我和永恒的大我）。我们是由短暂的要素（身体、自我、记忆）和永恒的本质（灵魂）所组成。短暂的元素是暂存的，但永恒的本质则可以与神域合一。

(4) 对每个个体来说，生命的唯一目标就是尽力认识他的存在的本质，与永恒的大我融合在一起，得到对神域的一体知识。

赫胥黎认为，永恒的哲学是人类认识史上的伟大见解之一，当前一些宗教哲学家也认同他的看法。赫胥黎的先见清晰而有力：

> 在现有的情况下，任何传统宗教想要被普遍接受，没有丝毫机会。欧洲人和美国人会看到，没有理由去皈依印度教或佛教。也不可能期望亚洲人民放弃自己的传统宗教皈依基督教，四百多年来帝国主义者一直在系统地攻击、剥削和压迫他们，现在则在试图通过"教化"他们来完成这一破坏工作。但令人高兴的是，存在所有宗教都有的"最常见元素"：永恒的哲学，这一哲学曾经出现在所有先知圣贤的形而上学体系中。对人们来说，这是完全有可能的：在成为一个良好的基督徒、印度教徒、佛教徒或穆斯林的同时，基于完全同意永恒哲学的基本教义而团结在一起。

舞蹈之王湿婆，掌管万物持续不断的流变

18 有一个人，他崇拜湿婆，但却讨厌所有其他神灵。有一天，湿婆出现在他面前，说："只要你恨恶其他神，我就不会高兴与你同在。"那名男子毫不动摇。几天后，湿婆再次出现在他面前，说："只要你不消除你心中的恨，我永远不会高兴与你同在。"那名男子沉默不语。几天后，湿婆再次出现在他面前。这一次他出现时，身体的一面是湿婆，另一面则是毗湿奴。那名男子的脸上半是高兴半是不高兴。他给代表湿婆的那一面献上了供品，代表毗湿奴的那一面则什么也没供奉。湿婆说："你的偏执真是不可救药。我之所以化身双面，是想要说服你，所有的男神和女神都不过是梵天的不同化身。"

坎贝尔

我要做自己的英雄

这是不断上演的同样的故事：无论在什么地方，只要有两个或两个以上的人类成员生起火围坐一旁分享他们的恐惧和梦想，在他们的心灵深处就会浮现出神话般的故事，揭示出它对人类意味着什么。这些故事总是披着神话的外衣，因为神话是潜意识象征性表达的唯一形式。因此，作为一种可被解码的神秘语言，神话可被看作是秘密的珍贵宝藏，这些秘密揭示了最深层次的不断发展的人类心灵。

这是畅销书《千面英雄》的作者约瑟夫·坎贝尔的一个重要发现。坎贝尔的整个职业生涯都在研究和破译世界文化传统中的神话。他发现："神话思想的根本主题保持不变、到处都能通用，不仅贯串整个历史，而且在地球上所有的人类中都是如此。"换句话说，研究过人类传统知识库存中成千上万个神话故事后，他发现了反复出现的几个主题，并认为在这几个主题中存在一个巨大的"元－神话"，即一个单一的神话情节线，可以揭示出什么对人类具有终极重要性。坎贝尔几乎花了他的整个一生来澄清和阐述一个重大的追寻——世界英雄的人生旅程。这种奇异的英雄奥德赛，就其本质而言是每个人的生命故事和人类集体旅程的故事。

☙❧

还在 1987 年去世前很久，约瑟夫·坎贝尔就已意识到，他的生命已经成为英雄之旅的一个典型例子。1904 年他出生在纽约市，是约瑟芬和查尔斯·坎贝尔夫妇的第一个孩子。他们的宗教遗产是罗马天主教，直到他约 15 岁时，他进入了一所天主教走读学校,这一遗产给了他丰富的知识基础和理解人类精神渴望的基础。

12岁时他开始贪婪地阅读起各种书籍,这是一个他后来延续了70年的习惯。15岁时,有一天在学校里,有人送给他一本达芬奇传,他说,这本书帮助他"发现了自己的无知"。"我的整个世界都被这本书给改变了。"他开始研究起美洲印第安人传说和凯尔特英雄传奇。

然后,他被詹姆斯·乔伊斯的《一位青年艺术家的肖像》所"吸引",在这本书中,主角斯蒂芬·迪达勒斯与坎贝尔面临的问题进行抗争。"问题是,当你深深陷入教会系统,你正在失去你的信念"——你会做什么?"这没有什么好玩的。我的意思是,当我开始攻读生物学时,人类物种的生物进化、动植物世界,与你从《创世记》中了解到的绝对没有关系……你如何能用它来指导你的生活?"他的问题是,如何找到一个办法既能挽救精神信仰(用它所有宏大的符号),同时仍能对现代时期积累的经验知识保持一种开放的心态。"乔伊斯帮助我理解了这些符号的普遍意义。"但据坎贝尔回忆说,最终拯救他的则是印度教《奥义书》中的见解。"早在公元前9世纪,印度教徒便意识到:所有的神都是心理力量的投射,它们在你心内,而非在你身外。"

17岁时,他在达特茅斯上学,但是内心深处有一种疏远感;这时的他已成为一个无拘无束之人,对外来的约束和专家告诉他该读什么感到很不耐烦。"就智识世界而言,我对那些狭隘的、专门化的研究从来没有兴趣。我认为它们往往趋向于让你变得非人化。达芬奇将每件事都转化成满含人类价值,在我看来,达芬奇代表了我所寻求的。"

因此,18岁时,他转入哥伦比亚大学。在那里他并非仅仅是进行研究,他参加田径运动(他是一位田径明星),演奏音乐(他在爵士乐队演奏萨克斯管赚钱),并获得了中世纪文学学士和硕士学位。哥伦比亚大学授予他旅行奖学金,所以在23岁时他前往巴黎,学习中世纪语言和亚瑟王传奇——"我的眼前出现了一个新的世界。"在那里,他发现了现代艺术(克利、毕加索和布朗库西)和新作家(叶芝、艾略特和乔伊斯的《尤利西斯》)。

第二年(1928年),他前往慕尼黑,在那里他开始热情地阅读歌德、曼、弗洛伊德和荣格的作品。他学习梵文,从而打开了印度文学的大门——"这是你无法想象的一种觉醒。"他此前所了解的亚瑟王传奇、凯尔特神话和美洲印第安人的民间传说,开始联结到一起,形成"相同的主题"。他正在追随荣格、乔伊斯和曼的脚步:"每个

英雄之旅

正在研究的人都试图保留这一遗产中积极的价值观，同时进入生命的全面时期，在这一时期，我们不要孤立自己，说别人都崇拜魔鬼。"

> 英雄从日常生活的世界出发，冒种种危险，进入一个超自然的领域；在那神奇的领域中，和各种难以置信的有威力的超自然体相遭遇，并且取得决定性的胜利；于是英雄完成那神秘的冒险，带着能够为他的同类造福的力量归来。①

24 岁时的他已不是 18 岁刚进哥伦比亚大学时的那个他；当他结束欧洲之旅回到大学，被告知可以从他离开的地方继续前行（接着攻读研究生）时，他身上的自由精神开始起来反叛。他放弃了博士课程，退居康涅狄格州东北部的伍德斯托克森林，与他的妹妹一起生活，他租了一个小屋，一年 20 美元租金。一连五年时间，他每天所做的事情，"除了读书还是读书，读书，读书"。

在伍德斯托克那些年月过去之后，坎贝尔并不确切知道自己是否想要去找一份

---

① 〔美〕约瑟夫·坎贝尔，《千面英雄》，张承谟译，上海文艺出版社，2000 年，第 24 页。——译注

工作；他只是想读书。尽管如此，他已经发出了大量简历，最终一所女子学校劳伦斯学院给他提供了一个教书的位置。"当我看到所有漂亮的女孩，我说，是的，我想要一份工作。"玛莎·格雷厄姆在劳伦斯学院教舞蹈，她的一个学生，琼·埃德曼，决定选修坎贝尔的个体美学研究课程。后来，当琼进行世界巡演时，他送给了她一本斯宾格勒的《西方的没落》——显然是指定阅读书目，当她归还时需要提交一份个人报告。他回忆说，他被这本书所吸引，他希望她也能被吸引。他们于1938年结婚，接下来50年，坎贝尔夫妇继续追求他们各自的事业，或者单独前行，或者共同前行。坎贝尔读书，写作，讲学；来自夏威夷的琼，则做"我们在这里所有人都做的：舞蹈"。晚上的时间经常是在坎贝尔夫妇相互倾听对方中度过：坎贝尔会把他白天写的东西读给琼，她则与他分享她对舞蹈哲学的反思和她的舞蹈创作的细节。对坎贝尔来说，讲座就像阅读、写作和呼吸一样自然。他在1960年代四处演讲，大多是在大学校园；1970年代和1980年代，他开始在世界各地巡回讲学。他的重要看法是：神话会影响我们度过一生的方式。

在此期间，他继续读书和写书，几乎从不间断。《千面英雄》于1949年出版（此前被多家出版社拒绝）。1968年四卷本《神的面具》(*The Masks of God*)出版，这套书汇聚了21年来他研究世界神话学的心血。1972年，他的广受欢迎的演讲合集《我们赖以生存的神话》(*Myths to Live By*)出版。1986年，《外层空间对内心的影响》(*The Inner Reaches of Outer Space*)出版，书中提出：对宇宙的沉思，有助于人类去理解自己内心精神生活的奥秘。五卷本《世界神话历史图集》(*The Historical Atlas of World Mythology*)则在他过世后于1988年出版。

1984年，在旧金山的美术宫举行了庆祝他80岁生日的活动，有一千名崇拜者参与，其中包括受其著作影响的众多名流。一部专门讲述他的生平和作品的电影《英雄之旅：约瑟夫·坎贝尔的世界》，1986年在纽约现代艺术博物馆进行首演，没过多久就出现了六小时电视节目PBS系列《神话的力量》，由比尔·莫耶斯制作和指导。几个月后，10月30日，坎贝尔静静地死在檀香山，终年83岁。

∽∾

虔诚的信仰者总是相信，人类的神话是真实的历史，某种意义上则是对真实事件的描述；没有这样的信念（"信仰"），他们就无法去完成他们的任务。但是神话中描绘的事件并不是历史（事件）。从来没有一个伊甸园有会说话的蛇，从来也没有一个巨大的眼镜蛇惊醒佛，也没有神明守卫稻田。

那么，"是谁发明了这些不可能的故事呢？"坎贝尔问自己。"为什么——尽管明显是荒谬的——它们却到处都被如此虔诚地相信呢？"

坎贝尔逐渐相信，通过比较世界上所有传统的神话故事，"一个人可以获得一种理解：理解它们的力量、它们的来源和可能的意义"。因此，半个多世纪以来，他一直潜心钻研人类的神话和宗教——东方的，西方的，古代的，近代的，原始的。他发现，《吠陀经》是对的："真知只有一个，只是智者们用了不同的称谓罢了。""神话是'上帝的面具'，通过它，各个地方的人们寻求将他们自己与存在的奇迹联系到一起。"它们照亮了人类集体心理的内在生活，成为人类经验的精神源泉。在这一精神领域的原型中，我们创建了我们称之为神的人格化。

> [神话]不是通过外在的事件来说话，而是通过想象的主题来说话。因为它们表现出的功能实际上是普遍的，所以它们必须以某种方式代表我们一般的种族想象力的特征，人类精神（用今天的话来说就是心灵）的持久特征。它们告诉我们对我们很重要的事情，接受它的基本原则是一件好事，事实上，对我们来说，很有必要知道，我们有意识的头脑是否与我们自己最隐秘的动机深处保持联系。总之，这些神圣的故事和它们的图像，是传递给有意识心灵的信息。

究竟是什么在推动我们的神话？首要的是，坎贝尔写道，在"我们这个奇妙的人类大脑"中，产生了一种特殊意识（所有其他生物显然不知道的）：我们每个人都知道他是会死的。"意识到自己的有死性和超越死亡的需求，是神话学第一个伟大的冲动。"人类看到了自己的终局这一真相，他感到如此恐怖，如此可怕，如此完全不能接受，为了继续生活下去，他被推动去找寻一种解决方案，这种解决方案只有在神话中可以找到。人也知道，他是一个更大的社会团体的一部分；我们作为个体终有一死，但是作为一个持续存在的社会却是不朽的。个体通过认同他的社会中持续不断的代际循环，达到不朽。

    坎贝尔天生就有神奇的记忆力，可以捕捉人类神话传统中的无数细节；他所拥有的头脑，持续不断地把这些细节编织成一种奇异的视角：他被推动着，一如既往地，走向更大的全景。同时，他既是一个如饥似渴的读者，又是一个思想家，正是他那热情的天赋创造的关于整个人类现实的远见，给他在哲学史上赢得了一席之地。他将多种多样愉快的民间故事改编成一种普遍的洞见。他很是不屑于那种与生命不相关的稳重沉闷的哲学传统，所以他让自己变成一位整合哲学家，他选择将神话当做一个窗口，透过这扇窗户，他可以凝视世界，在宏大的传统中，追寻关于人类事业和现代人类困境的真理。

    坎贝尔逐渐完成了对世界和生活的肯定。像我们一样，在他的一生中，他也见证了肉体所承受的方方面面的欢乐和悲伤，他在神话中重温了人类的痛苦和幸福。不过，虽说有了这些真理——相同的真理使得佛教得出活着就是受苦、叔本华表明生活永远都不应该是现在这样——坎贝尔仍然坚持看到杯子是半满的。首要的一步在于"认同丑陋的生命本质"和"意识到它就是这样，它不可能被改变……因此，如果你真想帮助这个世界，你必须做到的就是学会如何在其中生活。如果没有学会如

人们害怕进入自己的内心，以至于错过了许多宝贵的洞见

何在其中生活,没有学会如何在喜悦的悲伤和悲伤的喜悦中生活,没有人能帮助这个世界。"

人们问我:"你对这个世界乐观吗?"我说:"是的,自然便是伟大。你不可能改变它,没有人能把世界变得更好。它也永远不会变得更好。这就是它,要不要随你。你不可能改变它。"

顺其自然本身就是喜悦。我不相信有人意欲如此,但生命就是如此。詹姆斯·乔伊斯有一句值得记诵的话:"历史是我企图从中醒来的噩梦。"从中醒来的方式就是不要恐惧,并且认识到所有的这一切都只是创造力量的自然表现。事情的终结总是痛苦的。但只要世界存在,痛苦就是其中的一部分。①

---

① 〔英〕约瑟夫·坎贝尔、比尔·莫耶斯,《神话的力量》,朱侃如译,万卷出版公司,2011年,第89—90页。

8-2 终极实在

本章继续尝试去理解宗教现象。它指出了我们的拟人化思维习惯,提出了"神性知识"问题。近两千年来,对西方哲学家和神学家来说,上帝的存在一直是一个令人不安的主题。本章涉及三种证明上帝存在的经典尝试:宇宙论论据,本体论论据,目的论论据。尼采具有强大影响力的宣判"上帝死了",在20世纪上半叶对基督教神学产生了很大影响。托马斯·默顿则表明,山总是会有它的另一面的……

终极问题

1

埃塞俄比亚人造出他们的神,黑皮肤,塌鼻子;色雷斯人说他们的神有蓝眼睛和红头发。如果牛马有手可以用它们的手画出它们的神,就像人类的艺术作品一样,那么马画出的它们的神一定看起来像马,牛画出的它们的神一定看起来像牛——每一个都是按照他们自己的形象,去创造他们的神。

——色诺芬

终极实在

2 我们所追问的终极实在问题,当然总是就我们自己特殊的世界观而言;对一个印度教徒或佛教徒来说有意义的问题,对一个基督徒或穆斯林来说则很可能毫无意义。离开了它们被提出的思想背景,终极实在问题也就无法被理解。

我们西方人追问的这个问题看似简单实则不然:上帝是否存在?他喜欢什么?我们怎样才能知道他想要我们做什么?

在东方宗教中,印度教可能会问:超越神灵之上的终极实在的真正本质是什么?物质世界是否只是幻境?我怎样才能摆脱轮回获得自由?佛教可能会问:佛声称活着就是受罪,这是真的吗?如果是这样的话,我怎样才能脱离苦海获得证悟?

或者,远东的崇拜者可能会问:真正的生命之路——道——是什么?我怎样才能最好地求道,从而过上一种平和而全面的生活?上天想要我做什么?

3 哲学既不是神学(它试图使宗教在智识上有意义),也不是传福音(它想要去说服别人相信)。相反,哲学主要关注形而上学和认识论。

形而上学:终极实在是什么?存在多少种现实秩序?是否有一种超自然的现实秩序?神灵是否存在?上帝是否存在?事实上,这些术语的真正意思到底是什么?

认识论:我们人类属于自然秩序,是否能知道属于超自然秩序的事情?如果可以,怎样知道?上帝(或神)会"透露"吗?他会透露给一个人(像一些基督教神学家声称的)或是一些信息内容吗?我们怎样才能确信通过人类介导的超自然的事实宣称?

神性知识问题

4 人所持有的神的形象，很大程度上是特定时空环境下的产物。西方宗教的近东起源把神构想为男性。我们追问他是否存在，我们说话时会称其为父神。然而，大多数人类都把自己的神构想为是女性，他们向这些女神祈祷说情，求得温柔的关怀、爱和产生生命的能量。

犹太－基督教的神必然是男性的，因为我们的上帝概念起源于贝都因酋长国，他们穿过阿拉伯沙漠，进入肥沃的新月地区。这些游牧部族的神仿照的是酋长首领。他们是带有强烈男性气质的神，与自然界中具有侵略性的力量相联系，如火山、地震、风暴；并与部族间的争斗相连。在父权制的贝都因社会，不说没有也是极少会演化出一种女性神的概念。早期希伯来神耶和华身上就体现了酋长首领的特点。他是独裁者，监视追随者对他的忠诚。他待人严厉，要求很高，谁敢背道立马严惩不贷。他是一个"嫉妒的神"，从不容忍别的神灵与他竞争。这一早期的希伯来世界是一个父权制社会，在神身上，必要的生存特质是权威性和坚定性；他特别容易愤怒，在战斗中可以掌握强大的力量。神通过血约将他与他的部落（贝都因人）绑定在一起（《出埃及记》24：4-8）；只要他们听从并"遵守盟约"，他就会是他们的领导者和保护者。

与此相反，在广阔的葡萄园覆盖的山坡、在种满粮食和果树的山谷里，我们更容易找到女神和她们的伴侣。在温和的气候和社会环境下，与女性角色相关的素质——爱情，生育，养育——要比沙漠神可怕而好战的素质更有价值。这些女神同时也是地母、生育女神、神圣的处女。作为地母，她们产生赋予生命的力量，是万物诞生和成长的基础。作为生育女神，她们将生育象征化，并且通过神秘仪式、寺庙祈祷和春天的节日等方式，她们可以被说服去刺激人类氏族、羊群、作物的生育。作为永恒的处女女神，她们的主要目的是象征纯洁，值得凡人为其奉献。

5 当神灵被认为是男性时，他们经常与凡人妇女交配。宙斯永远都纠缠在风流韵事中，牧羊人神克里希纳的大部分时间都有漂亮的挤奶女工相伴左右。在琐罗亚斯德教的神话中，琐罗亚斯德的种子，千百年来保存在水晶般纯净的湖

传教

泊中,将会浸渍每三千年出现一个的三位处女,她们将会生出人类历史上各个时期的救星神,最后一个是 Soshyans,他将进行最后的审判。

在西方历史上,圣母玛利亚这个谜,比任何其他事件,都产生了更多的教义、召开了更多的会议。一个男神与一个凡人少女交配产生逻辑上的半神半人这一想法,在人类宗教中是一个极为常见的主题,但是基督教版本的救世复杂性,需要几百年的分析和辩论。这一"神的儿子"自身是人还是神或是两者兼而有之?在前四个世纪的基督教中,牧师认为他要么是神要么是人,但最终还是他既是神又是人这一学说占了上风。然而,这一结论只是提出了更进一步的问题。如果他是两者,他的神性与人性如何协调?耶稣的神性与天父的神性之间的关系是什么?(325 年尼西亚会议上解决了这些问题;牧师重申了他的双重性,并得出结论,儿子和父亲身上的神性"在本质上"是一样的。)意志问题呢?如果他既是神又是人,他是否有两种截然不同的意志?(681 年君士坦丁堡会议上解决了这个问题:耶稣有两种意志,神性的与人性的,但人性的意志服从于神性的意志。)圣母玛利亚的问题呢?如果耶稣真的既是神又是人,这岂不意味着玛利亚是神的母亲吗?(431 年以弗所会议的回答是肯定的。她被指定为圣母。)

6 当我们发现我们自己在神学上陷入上面那样的世俗人类关系,我们很容易失去我们的哲学观点。但是,如果我们能够挺过这样的辩论的微妙之处,我们可能会觉得我们的人格化已经走得太远了。色诺芬很早就注意到"凡人假设,神是生出来的,他们有声音和躯体,并像人一样穿着衣服",他抱怨说:"荷马和赫西奥德把人类作出的各种声名狼藉的和不法的事情,如盗窃、通奸、相互欺骗,都安置到神灵身上。"

我们伟大宗教中的超自然人物可能在道德上和精神上要更高贵，但其拟人化特质却像人类一样（如奥林匹亚山上的诸神和女神）。

7 知道我们拟人化思维方式的其他西方哲学家，已就神性知识问题作出了许多思考。

亚历山大的斐洛（Philo of Alexandria，活跃于公元 40 年）辩称，人类心灵所能想象出的特质，没有一样适用于神。神是无法想象的。

无论什么时候我们觉得正在思考上帝，我们只是把人的特质给"神化"了而已。所有我们能做的，斐洛总结道，就是去说上帝不是什么。

大约公元 500 年，一位匿名作者，被称为伪狄奥尼修斯（Pseudo-Dionysius），认为有两种认识上帝的方式。按照积极的方式，我们可以收集我们使用于人身上的定性概念——人是善良的、智慧的、有爱心的，等等——将这些特质和属性的终极形式赋予神性。也就是说，上帝是善良的、智慧的、有爱心的，等等。因为上帝是完美的，我们可以肯定，我们将完美的品质归于神是正确的，即使我们自己设想不出那些完美的品质。但是，还有认识上帝的第二种方式：消极的方式。我们可以在心中收集所有我们相信上帝不可能具有的素质：上帝不是有形的物质，他不是邪恶的，他不会仇恨、欺骗，等等。通过一个"删除"过程，当我们思考上帝时，所有这些特质都不在考虑范围之内。这样一来，当我们继续减去所有神不会拥有的特质，我们就会留下日益准确的神。经由"不知之黑暗（the darkness of unknowing，意即没有主动寻求知识和理解）"，我们可以就上帝事实上是什么得出一个神秘的概念。

上帝存在的论据

宇宙论论证

8 在西方哲学传统中，一直有人试图从理性上或经验上证明上帝是存在的。其中至少有三种尝试值得关注。它们是上帝存在的宇宙论论据、本体论论据、目的论论据。

宇宙论论据最早由亚里士多德提出，后由托马斯·阿奎那进一步发展而成。这一论据试图从逻辑上证明必须有一个"不动的动者"，这样一种力量实际上就是我们所想到的上帝。

我们生活在一个物质运动的世界。这是一个再明显不过的经验事实。阿奎那观察到，如果一个物体是静止的，那么它就不是在运动；但是任何静止的物体潜在地都在运动。运动是一个特定对象实现了的潜力。所有静止的对象潜在地都是在运动，但是没有物体会造成移动，除非它被某个移动的物体所推动。静止的物体不会被静止的物体所推动，静止的物体自身也不会运动。这就意味着，每个运动中的物体都是被别的运动的东西所推动，但是别的东西也必须是被在它之前的某一运动中的物体所推动，以此类推。因此，我们面临的是一个无穷级数的对象，其中每一个都是靠这一系列中的前一个实现了潜在的运动。但是，如果我们想要通过追溯一个无限回归运动来解释运动，我们会发现自己处在一种逻辑矛盾中——一条死路。必须有什么东西开启这个系列，而且从逻辑角度来看，这个东西必须是没有先前的推力。这种推力必然是纯粹的现实，而不是潜在的现实。无论这种纯粹的现实是什么，这一"不动的动者"，阿奎那写道，"每个人都明白就是上帝"。

本体论论据

9 本体论论据是由坎特伯雷的安瑟姆（1033–1109）发展而来。安瑟姆有时也被称为经院哲学之父，那是 12、13 世纪出现的一场运动，在中世纪之后重新燃起了智力活动的火苗。圣安瑟姆是一位虔诚的本笃会僧侣，其著作、辩论和教会领导大大影响了他所生活的那个时代。

阿奎那的宇宙论论据建立在物质运动的经验观察之上，安塞姆的论据则没有这样的经验参照。他试图单纯从思想的性质出发，去证明上帝的存在。连着多个星期，安瑟姆一直坚信这样一种证明是可能的。他花费了很多时间进行思考和祈祷，终于在斋戒节日前一天深夜，他在心中清楚地证明了神的存在。安瑟姆确信他知道（单凭思考）上帝存在——事实上，上帝必须存在。

这里是他的论点：上帝是如此真实，以至于不能设想他不存在。因为，一个不能被设想为不存在的存在者完全是可能设想的，这种存在者要比那个能被设想为不存在的东西更为伟大。因此，如果那无法设想有比之更大的存在者居然能被设想为不存在，那么，那无法设想有比之更大的存在者自身就不是那无法设想有比之更大的存在者，但这只能是自相矛盾。因此，那无法设想有比之更大的存在者是如此真实，以至于他不能被设想为不存在。哦，主，我们的上帝！那样的存在者就是你。因此，主啊！我的上帝，你是如此真实确切地存在着，以至于你不可能被设想为不存在。

安瑟姆很高兴自己能从理性上证明他已经知道是真实的东西。证明之后，他向上帝进行感恩祈祷："感谢你，仁慈的主，谢谢你，因为靠你的光照我已如此清楚地理解了那些由于你的眷顾而让我信仰的东西，以至于即使我不愿相信你存在，我也不能不理解到你存在……"他继续说："你的存在是如此的真实，主啊，既存在于理性中，也存在于现实中，以至于对于那些不知道你的存在的头脑来说，这是不可能的。"

目的论论据

10 上帝存在的目的论说法基于自然和宇宙中明显存在的秩序和设计，以及进化的目的本性。

从最早的时候起，人类就对恒星和行星的循环运转、日夜和季节的无尽轮回、自然运作的一致性、人类世界里有秩序的节奏模式充满好奇。古希腊思想家用"逻各斯"（其字面意思是"词"）来解释这一秩序。这一逻各斯可被视为是一种"世界理性"，一种组织力量，可能来自一个神圣的心灵，那一心灵将自然中所有的动态元素组合成一种起效的秩序。

当然，今天我们已经知道，宇宙要比古人能够想象的有秩序得多，这一秩序可以用数学公式、物理化学公式、心理生物过程来加以描述。活的生物体具有独特的代谢规律和生命周期节律，它们很大程度上取决于每个人身上复杂的DNA码。亚原子研究已经揭示了能量模式的复杂配置。我们也知道，宇宙进程——涉及太阳、银河系，甚至是包括脉动的宇宙本身在内——通过有序的序列运行，类似出生、成长、死亡。

问题：所有这一切美丽的和谐，能否在没有一种安排秩序的智能、也即这种秩序的创造者和支撑者的情况下存在？其他人不论，斯多葛学派提出了一个简单的类比。人的心灵在根本上是一个组织者：它会安排次序，系统化，贴标签，存储经验，以供日后使用。我们的心灵会为我们的现实经验安排次序。同理，必然也有一个宇宙心灵（Cosmic Mind）安排存在的现实本身，让其朝着相似的结局运转。除了一个宇宙智能的排序，我们知道的这一有序的世界，不可能在没有宇宙智能安排的情况下得到解释。

目的论论据——就像"目的论"这一词语所表明的——必须解决方向或命运；正是生命的发展和进化的运动，似乎再清楚不过地证明了存在一种指引性智能的可能。

上帝之死（众神之死）

11 上帝死了？尼采是这么认为的。

> 你是否听说过，有一个疯子大清早手持提灯，跑到菜市场，不断地大喊：我找到上帝了！我找到上帝了！由于四周的人均不信上帝，遂引起一阵骚动；怎么搞的！他失魂了吗？其中一个说道。他是不是走错路了？另一个说。还是他迷失了自己？他害怕我们吗？他在梦游吗？人们议论纷纷，哄然大笑。这个疯子突然闯进人群之中，并张大双眼瞪着大家。
>
> 上帝到哪里去了？他大声喊叫，我老实对你们说，我们杀了他——你和我！我们都是凶手！但我们是如何犯下这件案子呢？我们又如何能将海水吸光？是谁给我们海绵而将地平线拭掉？当我们把地球移离太阳照耀的距离之外时又该怎么办？它现在移往何方？我们又将移往何方？要远离整个太阳系吗？难道我不是在朝前后左右各个方向赶吗？当我们通过无际的空无时不会迷失吗？难道没有宽阔的空间可让我们呼吸与休息吗？那儿不会更冷吗？是否黑夜不会永远降临且日益黯淡？我们不必

在清晨点亮提灯吗？难道我们没有听到那正在埋葬上帝的挖掘坟穴者吵嚷的声音吗？难道我们没有嗅到神的腐臭吗？——就连上帝也会腐坏！上帝死了！上帝真的死了！是我们杀害了他！我们将何以自解，最残忍的凶手？曾经是这块土地上最神圣与万能的他如今已倒卧在我们的刀下，有谁能洗清我们身上的血迹？有什么水能清洗我们自身？我们应该举办什么样的祭典和庄严的庙会呢？难道这场面不会对我们显得太过于隆重了吗？难道我们不能使自身成为上帝，就算只是感觉仿佛值得一试？再也没有比这件事更为伟大的了——而因此之故，我们的后人将会生活在一个前所未有的更高尚的历史之中！

说到这里，疯子静下来，举目望望四周的听众，听众也寂然无声并讶异地看着他。最后，他将提灯掷在地上，而使灯破火熄。我来得太早了，他接着说，我来得不是时候，这件惊人的大事尚未传到人们的耳朵里，雷电需要时间，星光需要时间，大事也需要时间，即使在人们耳闻目睹之后亦然，而这件大事比星辰距离人们还要更为遥远——虽然他们已经目睹！

同一天，那个疯子还跑到各个教堂，并吟唱他的安魂曲，而当有人问他缘由时，他总是回答说：假如这些教堂既非上帝的陵墓，也不是纪念馆，那么，究竟是什么玩意？①

12 尼采和其他人都曾宣告过上帝死了。但这样的声明是什么意思？现代神学家威廉·汉密尔顿（William Hamilton）反问道："真有这样一件事可被恰切地称为'上帝死了'吗？或者说它仅仅是当前无数喋喋不休的、困扰我们这个时代的短语之一？"他回答说："不是的。上帝之死确实已然发生。对我们这些相信上帝的人来说是这样，对那些不信神的人来说也是这样。对玩世不恭者和狂热分子来说，同样如此。上帝死了，无论这意味着什么。"

对尼采来说，它意味着西方思想传统孕育的上帝的概念，不再具有像它过去那样可以改变人类生活的力量。对上帝的信仰仍由个人持有，并为无数其他

---

① 〔德〕尼采，《悲剧的诞生》，周国平译，三联书店，1986年。——译注

口头上承认上帝的教义所持有。但是，这些信念不再去做信仰被认为应该会去做的事情：去理解个体存在与终极真理之间的关系，去牢牢确立一个有意义的宇宙剧计划；去改变性格进而改变个体的生活品质；使人感到自身是重要的、具有无限的价值；提供安全感和关于生死问题的最终答案。

世界观已经发生了变化。灵魂和恶魔都已死去：我们现在用操作性条件反射和动机来解释人类的行为。魔鬼已经死了："魔鬼"什么也不是，它只不过是一个被我们人格化和客体化的精神抽象物。一个反复无常的、太人性化的神也不再能够引领我们的奉献。我们已经看到了太多的神；我们的拟人化习惯显然已被置之不理。上帝也死了。

13 神学家的任务之一就是更新信念，使其易于为他的同时代人所理解。在用现代术语来处理"对上帝的认识"问题上，神学家们作出了无数尝试。其中一个突出的例子是蒂利希博士。

蒂利希争辩说，我们不可能知道任何关于上帝的事情，但是，这一局限并不妨碍上帝在我们的生活中发挥作用。了解他和经历他几乎是相同的。上帝是"我们存在的理由"。我们存在，万物存在；然而，"存在"是人类的一种思想分类，上帝则超越存在。他是纯粹的存在本身。

但是，蒂利希注意到，我们都陷入了一个人类困境中，我们最好接受这一困境。这是事实，我们无法去设想不可设想的，或是言说不可言说的。如果我们想要去设想或言说，那么我们必须用观念去思考，用语言符号去言说。因此，我们必须持续这样做下去，同时心里明白，我们的思想和话语所指的什么也不是，不管所指的东西有多真实。蒂利希认为，通过与我们的困境抗争，我们什么也没获得。相反，我们必须接受它，并在其局限性中生活。我们可以继续用"他"（或者在其他传统中是"她"）来言说神；我们也可以继续思考神会"知""看""听""爱"等。这些都是思考和感受的实用方式。人是一种符号动物，我们可以接受我们所处的条件，只要我们不把符号与现实生活相混淆。像"上帝"和"他"这样的词，作为符号是不可缺少的，但我们绝不能将其误认为是现实。

唯一"存在"的"神"是超越人类的神。由于我们所有的思维本质上都是象征性的，所以基督徒可以继续把基督想象成圣保罗所描述的"新人"、整个人的存在与本质已成为一体的"全人"。他象征着我们每个人的终极可能性。只有通过接受这些符号它们真正所是的——作为人类境况的本体论一面——我们才能接受我们的存在，表达我们"对终极实在的终极关怀"。

14

宗教经验是绝对的。这是不容置疑的。你只能说，你从来没有过这样的体会，你的对手则会说："对不起，我有。"在这里，你们的讨论将会告一段落。不管整个世界如何思考宗教经验，凡是有过这种经验的人就会拥有一个最大的宝藏：赋予他的生活以意义和美感，给予这个世界和人类一种新的辉煌。他相信[信仰]与和平。你是否可能会说，这样的生活是不合法的，这样的经验是无效的，这样的信仰只不过是一种错觉？然而，事实上，关于终极事情的真理，能有比可以帮助人生活更好的吗？

——卡尔·荣格

默顿

我在默坐中看到世界的另一面

1968年10月15日，托马斯·默顿，一个来自肯塔基州特拉普派者修道院的美国天主教和尚，开始了属于他的一场精神旅程。"我正在回家，"他在日记中写道，"在一个我的身体从未去过的家。"

事实上，他正坐在旧金山国际机场一架泛美飞机上等待起飞。目的地：东南亚。时间是清晨，飞机滑行在温暖的阳光下，

> 起飞的那一刻让人狂喜……我们离开了地面——我在心中做着祈祷，怀着一种伟大的命运感，在多年的等待、怀疑和虚度光阴之后终于走上了属于我的真正的路。但愿我回来时，已经解决了那件大事。

这次东南亚之旅将会让他经历在印度、斯里兰卡和泰国的时间表外的冒险。在曼谷，伟大的事情将会得到解决。

☙❧

世人最早知道托马斯·默顿是在1948年，那年他的自传体小说《七重山》出版，书中透露了他是谁，以及他是如何成为一个特拉普者的。

"在一个战争的年代，在西班牙边界一些法国山峰的影子下，我来到了这个世界上"——1915年。"那个世界就像是一幅地狱的画面，到处都是像我这样的人，爱神

又恨神；天生就爱他，但却生活在恐惧和绝望自相矛盾的饥渴中。"

他的父母都是艺术家——意志坚强，独立，前卫——他们在过早去世前塑造了自己儿子的内心世界，他的母亲在他6岁时去世，他的父亲在他15岁时去世。他从父母身上得到了一种酒神动力，充满"对工作和远见以及表达的愉悦"。他的母亲拥有"无限多的美好梦想"和"追寻完美"的伟大抱负；她"担心我、鼓励我、批评我"，在智识上对他有很高的要求。她记下了一本详细的日记，里面记载着她的儿子的一举一动。

双亲过世后，在外祖父的支持下，默顿继续在英国求学。默顿的青年时代很是不安和不幸福。他的寂寞困扰他一生，很早他就开始写下他的想法和感受。8岁时，他已写了三本"小说"。

十八九岁时，在他身上发生了一次奥古斯丁式的转向：疯狂的狂欢和持续不断的个人事情（习惯于辜负他的女友们）。当他在18岁进入剑桥时，一名年轻女子为他生下一个儿子；默顿抛弃了他们两个，后来他们在伦敦的空袭中丧生。他在上交学校的论文中添加了淫秽的插图，一度成为一个低俗的杂耍。

1934年11月默顿移居美国，并于第二年春季进入哥伦比亚大学。在导师的引领下，默顿的心里燃起一团火焰。在巨大的负罪感、困惑和孤独的推动下，他开始强烈渴望爱、美和完善，他想去当和尚。23岁时他皈依了天主教，接下来两年多时间似乎更多地都花在了忏悔上。尽管如此，风流韵事、疯狂派对、悲惨的宿醉仍在继续。

转折点出现在1941年12月——珍珠港遭到轰炸。默顿放弃了这个世俗世界，进入革责马尼特拉普派修道院。

特拉普过去是（现在仍是）世界上最严厉的禁欲主义者社区之一。他们是经过改革的天主教西妥修道会的主要一支，以苦行和发誓沉默为特征，1664年始建于法国西北部的拉特拉比斯修道院。他们严格遵守规章制度，并发展出一种甚至比他们的祖先还要严峻的生活方式。

他们每天的日子都在祈祷、工作和沉默中度过。他们凌晨2:00起来祈祷、沉思或读书至5:30，7:45至11:00进行更多的祈祷，4:30晚祷，6:10阅读，7:00上床休息。他们吃着微薄的素食，在修道院的果园和田里锄地，切割，脱粒，照料牲畜和维修。他们生活在沉默中，所有的交流都靠400个基本手势。

默顿修行的小屋

默顿在这里的第一年过得比较开心,尽管体力劳动、禁食和微薄的饮食常常让他感觉浑身无力。远离尘世,他的精神找到了些许和平,他开始了漫长的治疗过程。他被允许住在一个"隐士之家",那里离寺院有一英里半。

他仍在持续而热情地写作,在他作为和尚的第七年,他出版了《七重山》。出乎所有人的意料,它迅速登上了畅销书榜,作者被视为一个新的奥古斯丁——"美国最重要的精神领袖"等。一夜成名和来自尘世的赞美,都降临到这个放弃尘世的和尚头上。热情的读者、拜师的弟子和知名人士纷纷来到"隐士之家",默顿失去了他的孤独。尽管如此,他还是继续写作诗歌、散文、小说和大量信件。他的作品最终收集到一起超过了四十卷。

1968年夏,默顿应邀出席在泰国曼谷举行的一次宗教会议。十二年来,他一直都在研究东方文学和宗教,早就感觉到自己与其他"修行者"(退出尘世优先看重其精神生活的人)之间的血缘关系。(一位印度教僧侣最早劝他阅读圣奥古斯丁的《忏悔录》。)他与小乘佛教僧侣、西藏的灵修大师、印度教中的哲人、道长和儒家祭司进行通信。他与禅宗大师铃木大拙结下了一种温馨的友谊,感到自己与禅特别接近。

1965年,他出版了《庄子之道》,解释中国的圣人,他在庄子的教义中找到了共鸣。庄子曾写过:"物物而不物于物,则胡可得而累邪!"对此他深有同感。

他从旧金山开始的飞行是他第一次到曼谷,在那里他亲身经历了"另一个世界"(他通过书籍和信件对这个世界已经有了很好的了解),然后去了加尔各答——一个充满神秘的城市。下一站是达兰萨拉,在那里他与佛教密宗进行了深入交谈。

随后默顿前往印度东北部的大吉岭,北边是壮丽的干城章嘉峰的阴影。在路上,他拜访了恰扎仁波切,讨论了冥想和实现"完美的空虚"的难处。

在斯里兰卡,默顿与居住在康提附近洞穴里的隐士交谈,然后远航到波隆纳鲁沃。在一个天然的圆形凹地,一个巨大的花岗岩被雕刻成四尊佛像。

默顿为现代世界展现了在宗教理解上一个新的成熟阶段——一种新的对话精神和一种新的倾听方式。值得一提的是,他并不是从假设"众教归一"(他觉得太俗套)或是通过对教义相似性进行智识上的对比到达这个阶段的。

默顿逐渐看到的并不是一种对追寻者来说很罕见的认识:经验打开了沟通的渠道,信念则关闭了他们的沟通渠道;经验鼓励对话,信念则鼓励宣判;经验导致同情和赞赏,教义则产生反感和蔑视。

山总是有它的另一面的

默顿发现,那些进入"对话经验"的人,可以彼此分享和学习。正是通过这种方式,默顿在波隆纳鲁沃的石佛前沉吟。他的内心宁静如水,可以让这些新的符号产生新的洞见。默顿从斯里兰卡飞回曼谷。1968年12月10日上午,他在"马克思主义与修道士的视角"研讨会上发言。他幽默地指出修道士与马克思主义者都认为"世界充满欺诈性",他在讲话结束时呼吁对其他宗教保持同情心,对"痛苦的内心变革"保持开放心态。

午饭后不久,默顿回房休息。当没人看到他再露面时,他的朋友跑去他的小屋,发现他躺在地板上,一个电动风扇仍在他的胸前转动。他不小心触了电。

೭⊙৩

几个星期前,在参观阿萨姆森林茶场时,默顿曾站在那里仰望白雪覆盖的干城章嘉峰。他在日记中写道:"昨天晚上,我做了一个关于干城章嘉峰的奇怪的梦。我一直在望着山峰,它是纯白色,绝对白色的,尤其是偏到西部的山峰。我看到了它们的形状和轮廓的纯净的美,全都是白色的。而且我听到有一个声音在说——或者说是得到了一个明确的想法:山总是有它的另一面的。"

默顿独自攀登过属于自己的高峰,就像所有人都会那样做的一样。追寻者——不论他是佛教徒、基督教徒、印度教徒、犹太教徒、穆斯林、耆那教徒——都必须找到自己的路。在这样的追寻之路上,需要巨大的勇气,也许还需要一种特殊的恩典,才能看到事物还有它的另一面。"干城章嘉峰有它的另一面,每一座山都有它的另一面。"

8-3

死亡 / 永生

本章提出了死亡的意义这一哲学问题。每种宗教传统都会想出一些办法来减轻死亡给人带来的痛苦,帮助我们接受它。但是,我们究竟为什么会害怕死亡这一非存在?为什么人类会普遍否认它?人们提出关于不朽的各种建议,给出各种支持和反对灵魂不朽的论据。

所有的死亡都是一个错

1 "你一直都在忙着进入坟墓吗?"猎人问道,语气就像他知道我会回答"是的"似的。

"不,"我说。

我的回答着实让他吃了一惊。他试图不露出惊讶来。

"他们全都在忙着进入坟墓,"他说。

"可我不是。"

他在他的脑海里搜索一种礼貌的询问方式。"我的意思是……"他说,"为什么不呢?"

我说:"因为这是错误的坟墓。"

"当你屈尊来到它这里时,所有的坟墓都是错误的,"他说。

"不，"我说。"有正确的坟墓和错误的坟墓，就像有的人死的是时候有的人死的不是时候。"

他点点头。我已说到了他知道的一些东西，或者至少是感觉正确的一些东西上。

"没错，我知道有些人死得非常完美。"他说，"你会觉得那样实在是再好不过。我认识的一个人，坐在桌边等着吃晚饭，他的妻子在厨房做饭，当她端着一大碗汤走到桌边，他已经坐着死去了。对她来说这自然不是件好事，但我的意思是，对他来说这难道不是（死去的）一种好方式吗？没有病。什么也没有，就是坐在那里等着吃晚饭，从不知道是否会上来一大碗汤。我还有位朋友。他有一条老狗，已经14岁了，眼睛都快瞎了，老态龙钟，最后他决定把它送到收留所，用人道方法让它永远睡去。他把这条又老又瞎又累的狗抱到车前座上，那条狗轻轻地舔了舔他的手。我的朋友觉得有些可怕。他开车前往收留所。在去那儿的路上，没有一点声音，狗去世了，就死在前排座椅上，仿佛它知道主人想要做什么，便自己选了一个更好的办法，把自己交了出去。这就是你想说的，对吧？"

我点点头。

"那么，你认为山上的坟墓对一个正直的人来说是一个错误的坟墓，是吗？"

"没错。"我说。

"你觉得对我们所有人来说在人生的路上会有各种各样的坟墓？"

"可能是这样，"我说。

"如果我们可以看到我们的生活是这种或那种方式，我们肯定会选更好的一种，对吧？走到终点，回望过去，"猎人说，"我们会说，地狱就是那个时间和那个地方，不是又一年和又一个地方，而就是那个时间和那个地方。我们说的就是这种意思，对吧？"

"我们必须自己选择，要么就是被推着往前走，"我说，"你说的没错。"

"这是一个不错的主意，"猎人说，"可是我们中又有多少人会有那种感觉？我们大多数人都没有足够的聪慧，喝完杜松子酒便离开派对。我们经常是在那里留恋不舍。"

"没错,我们留恋不舍,"我说,"真丢脸。"

我们又要了一些啤酒。

2 我们对死亡的感受是所有动机中最隐秘也是最强烈的。在人类的境况中,没有哪个问题会比对一个人自己死亡的预见,一直更多地受到人类创造性想象力的影响。欧内斯特·贝克尔(Ernest Becker)写道:"没有什么事情能比死的念头、对死的恐惧,更多地困扰人类动物,它是人类活动的主要动力——人类活动很大程度上就是为了避免致命的死亡,人们通过认为它是人类的宿命来否认它进而克服它。"

比起死亡,没有哪种经验更能甚至迫使我们中最非哲学的人进行哲思。柏拉图认为哲学就是死亡练习。蒙田写道:"像哲学家一样思考","就是学习应对死亡"。叔本华将其总结为:"死亡是真正鼓舞人心的天才,或哲学的缪斯……事实上,没有死亡,人类几乎不会进行任何哲学思考。"

我们每个人在如何避免面对我们终有一死这一事实上,有着显著的不同。死后意识的证据是模糊的,而这则只会增加我们对下面两者的需要:减轻我们

"我把每天都当最后一天过!"

对不存在的焦虑；减轻我们与垂死相连的痛苦。我们的心灵创造出精心设计的神话，来减轻我们在这一事件上感受到的痛苦。然而，这是一个普遍事件，也是宇宙的一个基本功能。

3 很难定义"死亡"，除非是用一些比较随意的术语。长期以来，我们一直相信"一个人心跳停止就是死了"。但是，这个古老的标准已经过时，因为随着现代医学技术的不断进步，身体的物理过程，包括心脏跳动，借助人工手段可以继续存在几个月或几年。除非机器被关闭，心跳不会停止。在这种情况下，心脏跳动的个体是否还活着？

脑波是一个更好的指标，因为作为一个人而存在，就是有大脑意识。没有意识的可能性，也就没有人，只剩下一个物理有机体，已经失去了作为人的潜力。因此，当脑电图上所有的脑电波都是平的，我们就可以得出结论，这个人死了。

然而，即使这样也是不准确的。有些情况众所周知，脑波不存在了好几个小时（也就是潜在的人显然不复存在），但是个体最终却又恢复到身体和精神都完全健康。

生/死的另一种测验方式是大脑的用氧量。如果大脑不再吸入氧气，脑细胞就在死亡。一旦有足够的细胞死去（缺氧几分钟后会发生这种情况），大脑就会达到一个不可逆转的点。在那个时间点上，可以宣称一个人"死了"。

由此可见，我们对死亡的定义有多么宽松，但又是多么重要！目前，我们可以就"生"和"死"的某些工作定义达成一致意见，而无需考虑生和死到底是什么意思。

死亡是一种非体验

4 我们无法体验死亡，尽管在我们对死亡的恐惧和混乱中，我们可能无法意识到这一点。我们永远都不会体验死亡，因为死亡是经验的中止。维特根斯坦带有讽刺意味的逻辑会对我们有所帮助："死亡不是生命中的任何事件。它并不是世界中的任何事实。"我们也许可以在一定程度上体验死亡。如果有人认为他快要死了并且事实上他的确如此，他可能会体验到一种渐进性的死亡事件。但是，如果一个人相信他快死了，但其实他并非如此（也就是说他恢复了），那么他并没有经历过死亡。可以肯定，一个人只有在他死去时才会经历死亡；因此，从严格的逻辑角度来看，没有一个人可以肯定他有这样的经历。

死亡学专家（研究死亡事件的哲学家）作出了一个对我们有帮助的独特的区分：内在体验（意识的中止）和外在经验（生理过程的终止）。通过观察他人的死亡事件，我们可以得到后者。我们可以看到他人逐步恶化的生活进程，然后是他们身体的实际终止，我们说这就是生命的终结：这就是死亡。

在我们自己身体内部，我们体验到的是意识开始终止。这往往是一个渐进的过程，始于我们的生理过程终止很久之前。大多数人都会在死亡发生前某个时点进入无意识状态或是陷入昏迷状态，所以他们也就不会经验导致死亡事件的后来（可能是多变故的）阶段。

5 我们害怕得拼命想要避免这两个事件（意识中止和生理过程中止）中的哪一个？还是这两者我们都害怕都想避免？如果确信我们的意识不会终止，我们是否还会真的在意我们的生理过程会终止？

我们并不惧怕死亡本身，死亡（意识的停止）并没有什么可担心的。每天晚上当我们进入睡眠，我们就会经历意识的停止；这一经验可能类似于伴随死亡而来的最终停止。单从字面上来说，每天晚上我们都会死去。（但是，我们会再次醒来。难怪睡眠早就成为死亡的代名词，也难怪我们普遍认为自己会从中醒来。）

与死亡相伴的恐惧有三种不同类型，其中之一，害怕受苦，是最现实的。人们不用活得太久就会懂得，痛苦和悲伤是死亡的同伴。作为孩子，我们看到动物在死前痛苦；在我们的生活中，我们见证了个体身陷战争、事故和疾病之中而受到的痛苦。痛苦与死亡之间持续不断的联系从未停止，以至于我们很难想到死而不感到（我们已经适应了与它相连的）害怕。

另一种较不常见的恐惧，则是困惑的结果。例如，一个十多岁的女孩多次从关于死亡的噩梦中醒来，她的恐怖变得如此强烈，以至于它主宰了她醒着的时候。当治疗专家与她探讨她对死亡的想法时，发现她真正害怕的是被活埋。也就是说，她的身体在梦中其实是死了，但她却无法区分有意识的想法与被埋的尸体。爱伦·坡和其他人所写的知名故事，提供了可以促成产生这种噩梦的想法。意识到这里面的谬论，女孩对死亡的恐惧也就逐渐减弱下来。

害怕不存在

6 另一种死亡焦虑可以说是无孔不入。这是一种普遍的恐惧：恐惧 [自己] 不存在。它不是害怕地狱或炼狱中一些可能的处罚，也不仅仅是一种对未知的恐惧。相反，我们是对不存在本身产生了一种不间断的痛苦。我们担心 [自己] 不存在，却没有意识到这是一个自相矛盾的术语。然而，人类没有办法对一种非理性的恐惧作出理性的应对。

我们可以提醒自己，我们已经知道了"不存在的经验"。比如说，200年前，我们中没有一个人活着，但这并未让我们感到焦虑，我们现在也不关心它。除非取得一项重大科学突破，我们中没人会活到200年后。但是这却困扰了我们。在未来不存在会扰乱我们，而在过去不存在则不会扰乱我们。

这是为什么呢？

7 瓦尔哈拉（Valhalla，北欧）：永生的伟大宫殿，英灵战士们等待奥丁一声令下参加在诸神的黄昏中那场最后的战斗。极乐世界（希腊）：世界尽头俄刻阿诺斯河岸边的一个地方，那些得到神青睐的人可以获得完美的幸福奖励。伊甸园（波斯）：一个草木繁茂郁郁葱葱的绿色公园，作为正直灵魂等待耶稣最后复活时一个临时栖息之地。乐园（伊斯兰）：奖励忠于真主的信徒的地方，他们穿着丝绸和锦缎长袍，享有所有人类可以想象到的世俗快乐。天堂（基督教）：上帝的居所，所有的义人在最后的审判之后，在神面前过着完美幸福的生活。天堂（吠陀）：高居尘世之上的一个欢乐世界，在那里，尘世中忠实的、美好的东西将会永远存续下去。布莱斯特群岛（俄耳甫斯）：神秘的希腊小岛，在那里可以得到净化和重生，获得永恒幸福的奖励。奥西里斯之国（埃及）：西部沙漠中的绿洲，有着茂密的植被，得到祝福的亡灵，将会永远憩息在树影下。

我们对多种多样的天堂和地狱所做的无尽的沉思，反映了我们所抱有的一种信念：我们并不会真的死去。在内心深处，我们直觉到我们是不朽的。事实上，我们被一种关于死亡之谜的矛盾心态撕成两半。一方面，我们知道我们会死，作为一种社会习俗，我们承认这会在他人身上发生；但在另一方面，我们每个人又都对其有一种类乎本能的抵制："它实际上并不会发生在我身上。"

一般情况下，人不会把一个人的身体与自我／本质看成一样。当我们看别人的时候，我们当然看到了身体；我们感知到了物理生物体。但当我们仔细观察他人的眼睛，我们看到的不仅仅是一个传感器的工作部件（角膜、虹膜等），我们是在"看"一个人。当我们观看他人的面部表情时，我们在他人那里"看到"了我们在我们自己身上所感受到的：寄居在身体内部的自我或灵魂，而非仅仅是它的一部分。在我们的经验意识中，感觉就像有一个"精神"住在一个"房子"里，各种不同的宗教传统把"精神"的来去归因于进出身体。它"栖息"于身体中。事实上，一些精神可能同时聚居在身体内，或者反之亦然。

8 古希腊人形成了一种信念：人的精神是自由的，具有很大价值，而身体，一个相当独立的实体，则没有多大的重要性。精神可以离开身体，随着它的意志四处飘移。一些古希腊哲学家认为，灵魂只有在人体这一"监狱"死亡并释放它时，才会得到真正的自由。因此，古希腊人对损毁或火葬没有强烈的感情。他们关切的是能否给予尸体适当的仪式，没有这一仪式，灵魂就找不到释放的途径，最惨莫过于水手们在海上失踪，永远无法得到妥善安葬。然而，像这样的身体并没有太大价值。

我们的犹太－基督教的心理－学（"灵魂－学"）一直较少是二元的。犹太人和基督徒区分了精神和身体，但他们却从不认为它们是两个可以分离的实体；因此，死后重组身体材料是生存所必需的。希伯来人无法想象精神离开身体四处游荡。对希伯来人来说，就像对埃及人、苏美尔人和其他人来说一样，身体的毁损是一个悲剧性的不幸，因为我们必须进入来世生活，无论我们这辈子受到什么样的创伤。

耶稣曾经说过：如果你的眼睛或手叫你跌倒，那就去掉它，因为"你只有

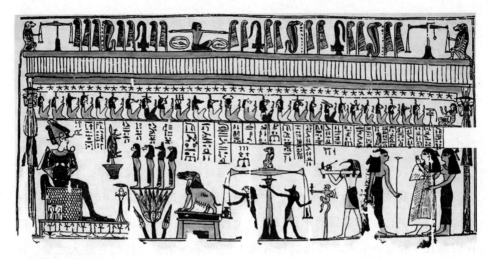

死后称重〔古埃及〕

一只眼进入神的国,强如那两只眼被丢在地狱里"(《马可福音》9:47)。这些话并非只是象征性的,它们反映了后期犹太教观念:无论我们在这个世界上遭受什么样的伤痕,我们都会考虑到来生。

反抗死亡

9 在西方思想中,我们的宗教向我们保证,我们会在肉体死亡之后继续存在。东正教教义否认我们会死。记载的事实声称,耶稣在肉体死亡后苏醒并允诺我们将会做相同的事情,是我们西方神学史的一部分。我们继承了一种对死亡事件的具体解释:自我没有死亡,肉体死亡仅仅是一部持续不断的戏剧中的一个事件。

由于这些不同的反对死亡的概念是我们自己宇宙世界观的一部分,所以我们很容易避开下面这一确定的想法:死亡事实上正在前方等待着我们。彻底被遗忘的想法并没有被广泛接受或认真对待。

10

  我们难以接受死亡的终局，可以从我们的语言话语视角来做一简单分析。我们谈论死亡一般有两种方式：我们讲到自己的死是"我的死"，说到别人的死是"你的死"。当我坐在打字机后面思考死亡时，更容易去思考"你的死"。我读着晨报上他人的死亡，我在电视晚间新闻中看到它，我看的一部近期电影中有人形象地描绘过它。偶尔我会在高速公路上看到对面车道上他人的死。也许我是一直都能看到有人死去的那些罕见的人之一。在这样一个瞬间，我观察到"你的死"是呼吸和心跳停止，简言之就是身体进程终止。但是，"我的死"则是一件完全不同的事情。不仅我不可能观察到它，就连思考和想象它是什么样子都很难。一个人如何思考自己的不存在？正是这个问题导致弗洛伊德认为，每个人在其潜意识中都相信自己是不朽的。在观察病人时弗洛伊德发现，拒绝功能，作为一种应对机制，可以帮助病人处理他们对自己死亡的担心。弗洛伊德指出，每次我们尝试去思考我们自己的死亡时，我们都是作为观众这样去做，也就是说，我们没有能力去思考或想象我们自己的不存在。弗洛伊德在临床上所描述的，就是我们在思考作为一种个体经验的死亡上所遇到的压倒性的困难。

  出发点是调查当我们考虑并试着思考我们自己的死亡时我们的经验的性质。我自己的经验（假定你与我有相同的经验）涉及什么？我知道的第一件事是含糊其辞。当我认识到我自己必有一死和我的死是一个现实这一事实，我感到很无助，甚至很沮丧，因为我对它什么都做不了。我觉得自己为一些我不了解也无法避免的力量所困。伊丽莎白·库伯勒-罗斯在她的临床经验中发现，她那些身患绝症的病人中，很多人都认为死亡是一种无法控制的、强大的力量降临到他们头上，他们对此无能为力。一位病人说："我这会儿感觉很好，但我知道在我身体里面有某种超出我的控制的东西在增长。"正是这种意义上的"无路可逃"，没有逃离"死亡是其终点"的办法，赋予了关于人类境况的基本歧义。

——理查德·多斯（Richard Doss）

11 在试着面对死亡这一事实时,常伴我们身边的电视没有起到任何帮助作用。它通过在我们面前呈现一个不朽的幻象,混淆了活人与死人的区别。电视一直被称为"伟大的不朽者"。每天我们都会从那里面看到无数早已不再活着的人物。然而,很明显,他们仍然活着。他们就活在我们眼前。一些物理有机体不再存在于时空中这一(所谓的)事实,似乎看上去并没有什么不同。

从我们接受正规教育起,历史伟人就生活在我们的书中和我们的脑海中。他们活着,就像我们读到的其他可能活着也可能已不活着的人一样。我们在活着与不再活着之间,无法作出任何明确的区分。乔治·华盛顿死了吗?对数百万学童来说,非也。马丁·路德·金死了吗?约翰·肯尼迪呢?德蕾莎修女呢?吉米·斯图尔特呢?玛丽莲·梦露呢?约翰·韦恩呢?猫王呢?迈克尔·杰克逊呢?他们都在电视上,一遍又一遍地,展现他们在我们心中留下的个性。我们在电视上一遍又一遍地看到:罗伯特·肯尼迪在大使酒店进行的胜利演说,戴安娜王妃最后离开酒店走向一辆黑色的奔驰。

12 对于那些不相信意识还会真正存在的人来说,人的心灵已经合理化出各种安慰的替代品。它们使我们能够保留一种感觉:在我们不再存在之后我们还会留下一些东西。

古埃及墓穴壁画(公元前 1400 年前)

生物学不朽强调了从父代到后代遗传基因的连续性。社会不朽提醒我们,我们将会因为我们做过的善事而存活在他人的记忆中。道德不朽认为,虽然我们可能会被遗忘,但是我们为人类物种持续的道德发展添加了我们小小的贡献。生命周期不朽表明,能量永远不会丢失,而是会转化入其他活着的东西中:从生命到尘土再到生命。

在科幻小说中，我们可以用准不朽状态，如人体冷冻或器官移植来安慰自己。科学家也在研究再生机制，对一些低等生物，如海星和龙虾来说，这一机制很起效。

但是，所有这些观念都只是一种安慰，而不是真正的不朽。它们的目的是缓解死亡给我们带来的疼痛——我们已经失去了对意识会胜过死亡的信念。

真正的不朽——有意识的自我继续存活——是否真的存在？是否有什么办法可以让我们确信：在我们的生理过程终止后，可能仍有一种持续的意识经验？什么样的论据——不论是理性的还是经验的——有可能让我们相信，这种连续性确实会发生？

关于永生的争论

13 **支持永生最强有力的理性论据**基于下面这一信仰：上帝是善良的。这是一种"如果……那么"式的论据：如果上帝存在，如果他是善良的，那么永生必然存在。

根据这一推理，很难想象，上帝创造出有目的的人，这些人会做梦、有无限生长的能力，只是为了让这一切最后全都成空。善良的上帝怎么可能会不为实现这些梦想和潜能提前做好准备？事实是，人类在其短暂的人生中几乎没有开始去理解生活和成长。我们中的大多数人都是刚刚开始找到自己的梦想和解决一些问题——生命便戛然而止。对一个有同情心的上帝来说，耍弄他的孩子，这肯定是一个痛苦的玩笑。

因此，必然存在一种来世生活，一个人的自我/本质可以在那里继续成长。这将会是一种多么伟大的成长潜能，尤其是在它摆脱了身体束缚的情况下，只是对此我们只能想象。

14 **支持永生最强有力的经验证据**——可能在一些人看来有些奇怪——来自降神会（设法与亡灵说话），在降神会上，人们可以与没有实体的灵魂建立联系。

95%的巫术活动都含有"特效"和/或催眠，因此，可能有5%的降神并非欺诈，而是真实现象的展示。在这 5% 中，绝大多数发生的事情都可以用已知的心理学原则或心灵感应假说来解释。还留下 1% 存在一个必要的假设，即认为存在无形的灵魂。在这个非常小的百分比中，有趣但也是有问题的事件时有发生。例如，"无形的灵魂"经常透露此前没人知道的信息。一直有人建议，有一种"集体潜意识"或"超意识"，被头脑介质所利用，而这样的理论并未超越可能性的领域，存在无形灵魂的假说似乎提出了一种更简单也是更好的解释。

在这一小部分通灵现象中，可以找到经验数据来支持这一想法：肉体死亡之后意识持续存在。目前，我们还没有这方面经过核实的数据，还需要在这方面进行更多的研究。

反对永生的论据

15 反对永生最强有力的**理性论据**来自经验观察：人有一种深刻的"本能"想要永久活下去。我们受到这一最后的未知的恐吓，伴随这一终极恐惧而来的是人类不可思议的想象力。我们可以创建出各种层出不穷的概念，来满足我们的情感需求。因此，借用一个简单的公式——一个人的强烈需求加上他/她丰富的想象力——我们就有可能解释他们所有永生的梦想：对极乐灵魂的想象，轮回计划，关于天堂和地狱没有结束的神话，以及我们如何进入其中，或者置身事外。调查人类关于死后生活的幻想，看上去它们似乎只可能是我们的创意产物。人类梦想天堂，但尘世生活什么都是，唯独不是天堂。在某个地方必然有一个天堂……这是一种合理的说法，但它建立在经验观察的基础之上，并具有相当的一致性；尽管它不能证明什么，但是作为一种感性的假设，它的力量是强大的。

16 反对永生最强有力的**经验证据**是观察到——显然无一例外——生理过程的终止，紧接着意识停止，就像脑电图及其他仪器设备所显示的。也就是说，我们的身体死去，我们没有关于意识以任何方式继续存在的任何证据（除非真有"无形的灵魂"）。目前，我们还没有关于与意识的延续性相一致的科学知识；实际情况正好相反，我们所拥有的最好的科学知识，都表明意识会随之停止。

死亡的未来

17 我们如何看待"死亡问题",部分取决于在任何特定时间地点向我们开放的态度选项。人类对待死亡的一般立场,介于顽固的拒绝和不情愿的顺从之间。我们的宗教神话否认个体自我的死亡,同时又证实了无法忍受肉体死亡的焦虑和痛苦。

西方人一直试图用新的方式去看待死亡,依据最近的调查,死亡现在被认为是一件极其复杂和模棱两可的事件。伊万·伊里奇的尖叫,从虚无主义角度来看,描绘了一个毫无意义的生命临近结束时面对自己死亡的恐怖。但是加缪往前更进了一步:"因为死亡,人类的存在已经没有任何意义。人类能够犯下的所有的罪,与死亡这一基本的罪相比,什么都不是。"

相比之下,那些把死亡看作一个独特事件,把人的生命和行动作为其意义最终来源的人,则表达了一种更加积极的感觉。如果没有死亡,他们抗辩道,我们的生活将会毫无意义。一个人活多长时间都无关紧要。如果一个人的生活中充满了丰富的经验,那么即便只活50年也已享尽幸福;但若一个人的生命是没有意义的,那么,就是活上500年,也将如在地狱中一般。

18 最近出现了一种新的视野:生命可以延展到永生的边界。因为只要我们人类将自己定义为"有死的人"面对死亡境况"无处逃离",我们也就不可能去梦想替代品。我们不可能让自己认为有可能有一个"安全出口"。当我们非常想要一样东西,而这样东西对我们来说又完全遥不可及时,梦想拥有它实在是太让人痛苦了;但若有抓住它的机会,哪怕机会比较小,我们也会去梦想。更多的生命——可能是在质量上,但肯定是在数量上——可能指日可待。

在上个世纪的西方世界,科学已经把人的寿命延长了约25年,我们有充分理由相信,这一趋势将会继续增加下去。如果我们能够解开老龄化的秘密,人的一辈子会变得有多长?或者,如果我们能够学会移植所有人类的重要器官或是用合成代替物取代它们,人的寿命会变多长?或者,如果我们能够发现一种化学物质,可以防止衰老和丧失记忆,人会活多长?或者,如果我们开发出一种优生技术，可以大幅增加人类长寿的遗传因素配对，情况又会怎样？微生物学及相关领域的最新发展趋势，使我们第一次开始认真考虑这些可能性中的一些。

19 当前重估人类在一个由活的生物组成的生物宇宙中的位置，为我们提供了另一个有用的视角。无论我们在不久的将来是否会成功地接触外星人，这一"为了人类的宇宙背景"已经成为一种合乎逻辑的世界观，由此我们可以重新思考人的本质和人的命运。从这个角度来看，我们正在面临一种新的关于死亡的问题。

假设我们发现外星人实际上可以活到 300 岁、500 岁，甚至上千岁。那么，我们是否可能会觉得，人就活 60 或 80 或 100 岁，实在让人无法忍受？

如果外星人能够实现他们的计划和梦想的程度超乎我们想象，我们人类可能会有什么感受？我们是否还会继续温顺地接受我们的梦想被缩短或无法实现吗？

就我们的自尊而言，我们是否可以继续忍受就活七八十年？我们所有的死亡，难道不会都被视为未成熟吗？

如果我们发现一些外星人能活成百上千年（按照地球上的时间标准衡量），在当前的情况下我们会想要活多久？

我们根据什么理由认为死亡事件在整个宇宙都是普遍存在的？也许我们的这一看法仅仅是基于我们地球上的例子。

是否可以想象，外星人那里可能会有超越"进程终止"（死亡）的办法？

更高的生命形式难道不会至少是去尝试控制生命终止的条件吗？

这样的控制难道事实上不就是我们当下科学和医学目标的一个延伸吗？

如果人类可以完成这样的控制，它会如何影响整个人类生存的目的和意义？

如果我们能活 2000 年，我们当前对永生的深刻需求是否会被缓解？到那时我们最梦寐以求的东西会是什么？

海亚姆

我怎能坐看流光飞逝

"在巴尔克城,在买卖奴隶的大街上,在阿米尔·阿布·赛尔德的屋子里"——故事就这样开始了,讲故事的人是撒马尔罕的尼扎姆(Nizam of Samarkand)——"我加入了一群快乐的客人中。在我们友好的交谈过程中,我听到海亚姆说:'我的坟墓将会是在一个树木每年花开两次的地方,它们的花朵将会洒落在我上面。'

"在我看来,他说的话是不可能实现的,因为我们都知道,一年只有一个春天。可是,我心里又很清楚,他从来都不会说一些没有意义的话。

"因此,在今年,也就是1162年,距离这位伟人离去已有一些年头,我来到了尼沙布尔;上周五傍晚,我去参观他的墓地,一位向导带我前往。他把我带到希拉墓地。我向左边望去,他的墓地位于花园的墙脚下,上面是梨树和桃树的花枝。他的坟上落下了那么多的花瓣,把他整个覆盖在下面。

"然后,我想起了他在巴尔克城说过的话,突然间我失声痛哭了起来。因为,在整个地球上,我发现没有人可以与他相提并论。

"愿真主保佑他!"

⁂

海亚姆是一位数学家、天文学家和诗人,出生在波斯最东北角的尼沙布尔。他生活在约1038年到1123年。"海亚姆"的意思是"造帐篷者",那是他父亲易卜拉欣的职业,可能他也继承了这一职业。他显然是在家乡接受的教育,很早就被认为天赋过人。他成为马里克沙国王的宫廷天文学家,国王让他掌管天文台,并给他王室津贴。几十年来,不用担心生活,他一直忙于他所热爱的星图(他改革了旧历)、几何(他写了一篇评论欧几里得的文章)和数学(他的作品包括《代数论》);他还写下了许多优雅的诗歌。他受到同时代科学家的尊重,得到国王的尊敬,他的忠实追随者的崇拜,但同时也招致宗教领袖的仇恨。

这几乎是我们所知道的海亚姆的全部生活。关于海亚姆的内心世界,我们了解得相当多。他被公认为是他那个时代最伟大的思想家,拥有一个非凡的头脑,远高于他的同时代人。最了不起的是,海亚姆既是一位才华横溢的数学家("左脑")又是一个杰出的诗人("右脑"),极少会出现这种情况:分析能力与诗人的浪漫直觉会如此和谐地集于一人之身。

他的诗歌翻译者爱德华·菲茨杰拉德(Edward FitzGerald)说,他的一生都在"忙着获取每一种类的知识"。海亚姆精通哲学和数学。他研究古希腊哲学,并对其做了详细阐述;他沉思阿维森纳的思想体系并对其做了批评。他尝试了代数方程和几何作图,早于他所在时代有五百年。他的记忆力好得惊人:他曾在通读一本书七遍后,几乎一字不差地将其默写出来。

海亚姆明晰的智力,使他与根深蒂固的宗教机构产生了直接冲突。尽管有古希腊思想和即将发生的启蒙推动的理性的涌入,什叶派正统仍然束缚着人们的思想。新的想法受到暴力压制,各种新兴的政治教派彼此争吵不休。

这种压制是海亚姆所不能容忍的,他继续无畏地说出自己的想法。他批评顽固的盲从、偏见、迷信和盲目遵守习俗。作为一个科学家,他的举动触怒了头脑狭隘的个体,那些人持有那些违背最简单的理性观察的信念。他与那些无知的神职人员(那些人拒绝考虑任何经文或传统不认可的想法)持续进行论战。结果,他被他的时代谴责为是一个"极端的自由思想者",并受到警告"说话要小心"。

海亚姆的直言不讳招来了批评和报复。他受到苏菲派的挑战。后者嘲笑他是"一个不幸的哲学家,无神论者,唯物主义者",并引用他的诗句来证明他的"混乱和错误程度"。阿尔–加扎利(al-Ghazzali)不喜欢他,阿尔–基夫提(al-Qifti)则公开谴责他的理性主义。伟大的诗人鲁米·贾拉鲁丁(Rumi Jalalu'd)则抱怨,许多人因为海亚姆的原因都已转向古希腊哲学。阿勒卡兹维尼(Al-Qazwini)告诉我们,一位神学家,每天早上悄悄去海亚姆那里学习哲学,但一到晚上就公开谴责他是一个"自由思想家和无神论者"。

在波斯，海亚姆的声名主要来自他在数学和天文学上取得的成就，但在西方，人们则是因为他的诗歌而喜爱他。他在诗中吐露了他的激情和痛苦。

在海亚姆的《鲁拜集》中，每个鲁拜都是一首完备的短诗，表达一个完整的思想。其节律格式为 aaba，第三行的悬念在最后一行得到解决。每个人只要手中有笔，从学步的儿童到高雅的获奖者，都能写出鲁拜。记在海亚姆名下的诗超出千首，但其中大部分可能都是出自其他诗人之手。

在 12 世纪的波斯，这些"鲁拜"有一个特殊目的：表达自由。由于人们可能会为此付出高昂的代价，所以人们借用含蓄的典故，保护自己避开（异端审问的）裁判者。虽然其他韵文形式可能也会讲述故事或体现宗教思想，但是"鲁拜"可以包含作者更真实的感受和想法，从而成为一种非常个人化的表达媒介。最非正统的想法，可以给予无恶意的解释，从而不得罪任何人。

我们在海亚姆的诗（这些诗都不是为了出版而写）中所发现的，是一种充满活力的"自由思想家"的思想，他与心胸狭隘和虚伪斗争。这些诗歌展现了灵魂所经历的巨大的个人抗争。此外，它们还表示了对时间、命运和人类梦想的荒谬徒劳的愤怒。海亚姆痛苦的呐喊来自一个事实，即他的头脑清楚地看到，关于生命和死亡的宗教说教是错的，但是，尽管他做过尝试，他却无法找到任何可以安慰自己的解决办法。当他看到命运攫取走所有他珍惜的东西：辉煌的大理石宫殿，美丽的玫瑰，情人的笑声和爱，他的诗中满是痛苦。他嘶喊，他嘲笑，他设法去欢庆；但到最后，他绝望了。在这样的生活中，不可能有平和。

海亚姆热爱生命——这是大多数宗教强烈阻止的一种情感。他的心里充满美好的东西：金黄谷物的田野，红玫瑰和紫色的风信子，流动的水，飘荡的风，沙漠里的雪，驼铃声声的驼队，书籍，与朋友共欢笑，美妙动听的乐曲，他亲吻过的嘴唇和爱抚过的秀发，一壶美酒，巨大的陶土罐，宣礼塔上传来的圣歌。

但是，一道阴影使得所有他看到的辉煌都黯淡下来。海亚姆提醒自己：玫瑰是玫瑰，月亮是月亮，他的情人是他的情人。但他最终完全失败了，因为玫瑰不是玫瑰，而是今天是一个可爱的花朵，明天就会枯萎成尘。他的情人，现在依在他身边"在旷野唱歌"——明天，他的情人就将化为玫瑰尘土下方的灰尘。月亮——

海亚姆诗歌插图

　　那边升起了找寻我们的明月——
　　今后她还有多少回阴晴圆缺，
　　将多少回在这园中找寻我们，
　　但我们中有人或已消歇寂灭！

（黄杲炘译）

　　对海亚姆来说，玫瑰不是玫瑰，它是一朵时间中的玫瑰。时间是我们的敌人。他为它对我们所做的事情而愤怒——带给我们生命、美、梦想，然后又冷冷地扑灭那美，扼杀梦想，毁弃生命。时间带来的，时间又将其带走。时间摧毁了一切。就像是一位前爱因斯坦的相对论者，他知道，现实只存在于一个四维时空方程中。他无法认为一朵玫瑰就只是一朵玫瑰。他是一个现实主义者。

　　生命的琼浆一滴接一滴渗漏
　　生命的落叶一片接一片飘落

因此，海亚姆试图回到当下

> 来，亲爱的，请你今日满斟了这杯酒，
> 凭它忘却过去的遗憾未来的担忧……

但这并不能很好地起效。"为今天而活——这就是我们的所有。"这就有点像是说：忘了世界，去躺在沙滩上，只听到大海欢乐的声响——而你的心早已碎成一片一片。

这就是成为人的意思：知道你所拥有的就是当下的现在，但要明白在你所有的现在，时间很快就会到来，过去，当现在成为过去——然后呢？

> 啊，地狱之威胁，天堂之希望！
> 只有一事是真——便是生之飞丧；
> 只有此事是真，余皆是伪；
> 花开一次之后永远凋亡。

（郭沫若译）

通读海亚姆的四行诗，首先感受到的就是令人耳目一新的真诚坦率。他写出了我们很多人想说的话。他谴责宇宙。"我不会屈服……自尊的人类灵魂，不会过着一种既定的生活。它羞辱我们的希望，摧残我们的梦想。"这是直言不讳的思想，我们可能更喜欢我们的哲学家含混不清一些。海亚姆的言辞有时是模糊的，有时则不是。

在最后的分析中，海亚姆用他自己的方式提到了死亡，特别是他自己的死亡。他的宗教传统给信徒提供了一整套关于死亡和来世的假设。但是这些假定并不能让海亚姆满意，他用勇气和坦诚去着手了解他自己关于死亡的现实。海亚姆亵渎了神明，因为他必须这样去做，但他是代表我们去亵渎神明。

分析哲学家可能会争辩说，海亚姆的问题本身就有一些问题；他的假设是错误的，他的逻辑是有缺陷的。他若是一个生物学家或物理学家，而不是一个诗人，他可能会用化学进程和因果事件序列去进行思考。但在最后的分析中，海亚姆可能是正确的：他为我们言说我们的痛苦，大声呼喊反对时间的暴政。

一些学者建议，应该用常识态度去聆听海亚姆的想法：我们对他的描述必然不是一个蓬头垢面的路边醉汉，而是一位安静的圣人，每天过着惯常的日子，观察星星，用指南针画图，与朋友们一起喝酒。他的痛苦并非不深，他的四行诗并不是冰冷的方程。但对海亚姆来说,就像对我们所有其余人来说一样,生活必然仍是一个小时一个小时地度过,带着一个古老的"自由思想家"可以激起的热情。

认为海亚姆的绝望会被他所拥有的机智一点点缓解,会让我们感到一丝愉快,因为我们被告知,有一天,海亚姆偶然遇到一些瓦工正在修理尼沙布尔学院。他们在一头驴子身上遇到了麻烦:那头驴子驮着砖,可就是拒不入院,不管怎么踢它打它都不进。海亚姆笑了,走上前去,在驴子耳边低声说道:

> 迷途终于知返,"尽管多受了不少磨难"
> 人们早已想不起你的名字,
> 你的指甲变为蹄子、胡子变为尾巴,
> 你已变得不同从前,完全可以转身相见!

没有再费周折,驴子转身快步进入大楼,工人们问他是如何说服这头顽固的动物的。他回答说,这头驴子的前身是这个学院的讲师,直到它得到认可和承认,它才不情愿地去看望它的老朋友。

如果你看到一头驴子的举动像一个傻瓜,你能抗拒走到它耳边说点话这一诱惑吗?海亚姆的笑声回响在其身后几百年的时空中,虽然早期作家错解了海亚姆的喜悦,用奇怪力量和轮回教义的重要影响去加以解释。

今天,海亚姆的墓地已经少有人知,参观者也是寥寥无几。它位于尼沙布尔城东南4英里,毗邻一座清真寺。可以肯定,来到这里的访客一定会受到海亚姆的热情欢迎:我们应该带着欢乐到达他已化为尘埃的坐场,举起酒杯,为他也为我们自己"痛饮一觞"!

《在海亚姆墓前》(Jay Hambidge)

8-4
意义 / 存在

本章返回我们人生中的终极意义这一问题，也即世界之谜，其核心是：我们真正想要的是什么？在最后的分析中，是什么在驱使并引导我们？我们努力去完成的目标是什么，如果有的话？难道我们真的想要社会告诉我们我们想要什么（在当今社会，它必然会是某种形式的消费主义）？对我们每个人来说，要达成的目标是否是基因决定的？或者，我们是否有真正的自由去选择我们觉得是正确的道路？在这个世界给我们提供的众多替代品中，事情似乎经常是，正确的选择必须尽力去追求、确认并为之奋斗。正如萨特所说："你是自由的，因此你必须选择。"

知识伤人最深

1

　　从前，古城阿富卡住着两个很有学问的人，他们相互看不起对方并贬低对方的学问。因为其中一人不信神，另一人则是一个信徒。

　　一天，两人在市场相遇，他们站在各自的追随者中，开始辩论是否存在神灵。争论数小时后，他们各自回了各自的家。

　　那天晚上，不信神者走进寺院，拜倒在神坛前，祈求神灵原谅他过去的无礼与任性。

同一时间，信神者则烧掉了他所有的圣书，从此成为一个异教徒。

——纪伯伦

2

唐璜的心灵：没有哪位哲学家或诗人是他不知道的。他所缺乏的是去热爱他所知道的事情，缺乏追寻知识的喜悦和好奇心。直到最后，留给他的没有别的，就是对他伤害最大的知识，就像一个醉汉最终喝了太多苦艾酒和甲基化酒精。结果，他渴望地狱——这是唯一仍然吸引他的知识。也许这一点也将消失，就像他知道的每件事。如果是这样的话，他将不得不一脸漠然地穿越永恒，走向幻灭，让自己变成一块冰冷的石头，期盼他永远不会获取的最后一顿知识晚餐。因为在这整个世界上，没有什么东西可以填补他内心深处的饥饿。

——尼采

我想要什么？

3 我们中是否有人不曾在心中问过自己——不管是偶尔还是经常——"我在这里做什么？""我想要什么？"但是，答案是什么？

苏格拉底认为，我们来到这个世界上是为了获得幸福，获得幸福的办法就是通过知识，知识会让人获得美德，进而获得幸福。伊壁鸠鲁教导说，我们来到世上是为了培养快乐的心灵——智慧和理解；但是北非古国昔勒尼的哲学家亚里斯提卜则教导我们，我们来到世上是为了培养乐趣，乐趣越多越快乐（快乐的心灵仅是其中一种）。拿撒勒的先知耶稣则建议，我们来到世上是为了学习忠诚和互爱的品质，使我们得以进入天国。在那之后不久，保罗则布道说：我们来到世上是为了信仰弥赛亚，使我们可以洗去原罪，做好准备迎接基督回归。

老子显然认为，我们来到世上是为了寻求道，明了内在和谐的自然之道；但是，孔子不同意他的看法，宣称我们来到世上是为了发现我们与他人打交道

的正确方式。佛陀教导我们来到世上是为了超越贪爱（自私的渴求，这是人类痛苦的原因），进入涅槃状态。印度教神秘主义者商羯罗相信，我们来到世上是为了发现这个世界只是一个"幻觉"，并认识到我们每个人都是终极实在的一部分。

　　穆罕默德认为，我们来到世上是为了忠实地服从真主。约翰·加尔文告诉他的信徒说，我们来到世上只为爱上帝，过一种忠诚和守纪律的生活，这样我们就会永远与上帝同在。但是，理性主义哲学家黑格尔则极力说服我们，我们来到世上是为了发展我们的理性能力，在这样做的过程中，展现人类（尤其是德国）历史运动中绝对精神的逻辑。

存在与现实：持续混乱

4　《恶心》的主人公洛根丁，阐述了萨特对人类生存意义的思考。

> 就在不久以前，我还未预感到"存在"意味着什么。……一般说来，存在是隐藏着的。它在那里，在我们周围，在我们身上，它就是我们。

人们说话必定要谈到它，但是触摸不到它。……存在不是某种你可以站在远处去思考的东西，它就是事物的原料本身。

存在，不过是在这里；存在物出现了，让人遇见了，可是我们永远不能把它们推论出来……我相信有人懂得了这一点。只不过他们尝试创造一个必然的自在之物来克服这种偶然性。而任何必然的东西都不能解释存在；因为偶然性不是一种假象，不是一种可以被人消除的外表；它就是绝对，因而也是完全没有根据的。一切都是没有根据的……等到我们发觉这一点以后，它就使你感到恶心。这就是恶心，这就是[人们]试图用权利的思想对自己掩饰的。但这是多么可怜的谎言！谁也没有权利，他们和别人一样也是完全无动机，因此他们无法不感到自己是多余的人，而且，在他们内心，隐秘地，他们是多余的，也就是说朦胧的、不确切的、忧愁的。一切存在物都是毫无道理地出生，因软弱而延续，因偶然而死亡。①

5

人是原因的产物，不晓得末后的结局；人的出生、成长、希望与惧怕，爱与信念，只不过是原子的偶然排列组合；激情、英雄气概、深邃的思想与强烈的感受都不能留住生命使之逃离死亡；世世代代的劳苦，所有的热情，所有的灵感，所有辉煌的才华注定要在太阳系茫茫的死亡中消逝，人类成就的殿堂终归要埋在宇宙废墟的瓦砾中。所有这一切，即便不是无可非议，也是真实确凿，任何哲学都无法否认。只有在这些真理的脚手架内，只有在不屈的绝望的坚实基础上，今后的灵魂的居住才能安全地建成。②

——罗素

---

① 〔法〕让-保罗·萨特，《恶心·"存在"意味着什么》，杜长友译，中国友谊出版公司，1999年。——译注
② 〔英〕伯特兰·罗素，《为什么我不是基督教徒》，沈海康译，商务印书馆，1982年。——译注

琐事

6 但是在那种情况下,类似这样关于存在的荒谬性的声明,难道不会成为关于现实世界的陈述吗?难道它们不是与反思性的价值判断相似吗?毕竟,说世界毫无意义,也就是说"我没有从中找到意义"。价值判断是个体的反应,而不是科学的描述。

许多现代西方哲学争辩说,存在没有真正的价值;我们每个人都必须给自己的生活注入意义。像海德格尔和萨特这样的存在主义者认为,个体只有在对抗死亡本身的情况下才会赋予我们的生活以意义,但这种"闪光的本真性"无法成为我们日常意识的一部分。不过,这一看法值得商榷,因为"有些意识状态,既不是'日常意识',也不是'先验的'。这些意识产生了一种明确的价值观和目的感。"科林·威尔逊(Colin Wilson)说的这句话也许更接近真理,他接着说道:

> 所有的"高峰体验"似乎具有相同的"内容":人类的主要错误是太过关注日常琐事。我们是极其低效的机器,仅仅利用了我们力量的一小部分,这样做的原因是我们的短视。凯斯特勒"神秘的"洞察力让他感觉,甚至死亡的威胁都是一件应被忽略的琐事;"那又怎样?……你根本无需过多地去担心它。"死亡向我们揭示了,我们的生活一直是一个很长的基于细枝末节的误判。
>
> 画家画一幅大油画时必须贴近画布,但是,每过上一段时间,他都会退后几步,看看画作的整体效果。这些全景浏览会增强他的目的感。

忙忙忙……忙得失去了方向

7 批判质疑这些观点,构成哲学任务的一个重要方面,因此,我们参与的是一个既是非常个人化的同时也是"间接感受到的"实验。我们不仅要考虑暴露我们的意见的个人风险，而且因为我们的意见也是我们所处文化中绝大多数人的，因此也是我们整个文化的智识观念正在经受考验。如果我们遭受了一些我们所珍视的信念崩溃的痛苦，那么不仅是我们自己受苦，那些我们文化中分享这些信念的许多人也在受苦。然而，只有通过这样的受苦，人类思想才得以进步。

　　人类思想确实进步了，这就使得受苦成为值得的。在将我们与我们的原始祖先分开的漫长的时间间隔中，很多人必须遭受我们一直在讲的那种智慧的痛苦；但可以毫无疑问地说，我们看世界的方式——我们的世界观——要比迷信、万物有灵、有魔力的意见等更接近真理。如果我们的观点不是全部的真相——它肯定会放肆地说它是——那就让我们继续朝着这个可望而不可即的目标尽我们所能前进。正是信念的诱惑（更接近真相）召唤我们，让我们对那些缺少那一目标的信念感到不满。

——威廉·霍尔沃森

8 什么时候出现了一种像人一样的意识——自我意识的形式——我们现在还无法清楚地说出。也许是 200 万年前，也许是 1400 万年前，也许更早。但这只是一个纯学术性的问题。重要的事情是，很久以前我们便开始诞生，成长，开花；这是一次光荣的开花，不管我们要为此付出什么样的痛苦。花开过后，多数花都会死去，虽然大多数植物并没有死，而是继续生活和成长。人类意识必然开花是完全无法避免的，就像一朵花，逐渐地，缓慢地，从萌芽开始成长，直到向世界绽放，没有回头路可走；它要么绽放，要么死亡。

世界之谜

9 每个人都有自己的方式，哪怕是绝望的方式，去让自己短暂的一生变得有意义。我们认同宇宙中那些相对永恒的事物，如高峻的山岩，辽阔的海洋，遥远的星星，隐秘的进化，无尽的生命本身，觉得它们似乎会永远存在下去。或者我们也可以通过下面的方法减轻不存在感：融入伟大的事业、伟大的原则和

早安，地球

伟大的人民；或是成为我们的社会和我们的宗教宇宙剧的一部分。

在这一切的背后，是我们身上承载的死亡意识。我们必须试着让自己去变得不朽，去成为神，好去缓解内心深处"不存在"给我们带来的恐惧。

但是，我们可以尽力想象一下，星星对死亡会有什么样的感觉——恒星会死，地球上的光会熄灭，当下的生活会暗淡和消失。没关系：我们是宇宙无限计划的一部分，如此微小的一部分。我不会欺骗自己，以为我通过祈求太阳或是沉浸在生活中就可以多得到一些时间。我就是星星。我就是生活。我认同所有时代所有的出生和所有的死亡。当我死了，我不需要觉得好像从来没有来过；我就是我，这已足够。我是永恒的一部分。我仍然是所有过去和所有未来的一部分。我是运动、生命、目的这一能量系统内部的一刻。

这是否会缓解我的寂寞？是的。所有这一切都来自我的意识关联性不断扩大的边界：无限背景下有限的自我。

10 存在的意义是什么？

若解答不可说，其问题也就不可说。谜是不存在的。当一个问题可以提出,它也就可能得到解答。……因为怀疑只能存在于有一定问题的地方,一定问题只能存在于有一定解答的地方,而解答则只能存在于有某种东西可说的地方。我们觉得,即使一切可能的科学问题都已得到解答,也还完全没有触及到人生问题。当然那时不再有问题留下来,而这也就正是解答。人生问题的解答在于这个问题的消除。(有些人在长期怀疑之后发现他们明白了人生的意义,但是又不能说出来这意义究竟是什么,不就是这个道理吗?)①

——维特根斯坦,《逻辑哲学论》

---

① 〔奥〕维特根斯坦,《逻辑哲学论》,贺绍甲译,商务印书馆,1996年,第109页。——译注

卡赞扎基斯

我不知道我会在哪里停泊

现在一天的工作完成了。"我收起我的工具：视觉，嗅觉，触觉，味觉，听觉，智力。夜幕降临……我像一只鼹鼠一样回到家中。不是因为我累得无法工作。我不累。只是太阳已经下山了。"

伴随着这些话，卡赞扎基斯开始了他的生活故事，那是一场思想和精神的冒险，一场奥德赛——一场攀登。

三千年前，古希腊诗人荷马讲述了海员奥德修斯的故事，他离开自己的家乡，参加伟大的战斗，航行于爱琴海小岛之间，饮酒，恋爱，回到家乡看到种种背叛深感厌倦，然后再次起航，去经历和征服更大的世界，这个世界是梦想家们永远都不知道的。

1938年，卡赞扎基斯创作了荷马史诗的续集，他从荷马停笔的地方开始写起。奥德修斯仍然是英雄，他回到家里，杀死了他妻子的情人，恢复了他的权威地位，作为一位父亲沉闷地看管着后代，最终他彻底厌倦了这一切。于是，他招集起他的追随者，造出一条船，扬帆远行，进行最后一次伟大的征程。这次航行没有地图，没有行程，没有计划：这是一次不是事先安排好的航行，他们自由地去探索已知的世界，最后胜利地死在南极地区。

奥德修斯是否找到了他所寻找的？没有。他是否拯救了自己的灵魂？也没有。但这都不要紧。通过寻找本身，他获得了一种高贵的精神。重要的不是最后他没有实现解脱；他经过了灵魂的七层战斗，完成了他自己。他的灵魂一直在寻找他的神。"我的灵魂，"奥德修斯呼喊道，"你一直航行在你的故土！"

卡赞扎基斯出生于克里特岛一个充满激情的农民阶层，在渔民、农民和牧人中间长大。他的父亲米哈里斯（Michaeles），是一个身材魁梧的爱国者，为了哀悼克里特岛沦陷土耳其人之手，留起了长长的黑胡子。

卡赞扎基斯后来写道，在父亲那里他从来没有感到任何慈爱或疼爱——他所感受到的只有恐惧。"他在我心里激起的恐惧是如此之大，以至于其余所有的——爱，尊重，亲密——全都消失不见。""他就是一棵橡树，有着坚硬的树干，粗糙的叶子，苦涩的果实，没有花朵……他吃尽他周围所有的力量，在他的阴影下所有其他的树都枯死了。我枯干了……是他把我的血化作了墨。"

卡赞扎基斯很早就展现出学者的素质：细心，质疑，害羞，有创造力，不服常规；他的父亲则远远地站在一旁，不知所措地看着儿子一天天长大。"我的父亲是个狂热的人，没有受过教育，但他从不否认我在智力发展上遇到的任何问题。有一次，在他心情很好时，我无意中听到他对他的一个朋友说：'谁在乎血腥的葡萄园，或葡萄干、葡萄酒和橄榄油！为了我的儿子，我情愿让整个收获都化成纸张和墨水！我对他充满信心。'"

相比之下，卡赞扎基斯与母亲玛尔格希（Marghi）的关系，则是可靠而满足的沉默。在他心中，母亲身上始终有一种神秘的影子，她给他讲她的家乡，讲她的祖先和远航的船只。"我从来没有见过我的母亲大笑过，她始终只是微笑，用她那充满耐心和善良的深陷的眼睛凝视着每个人。她像一位慈祥的精灵在屋子里走来走去，预先满足我们的每一种需要，不带一点噪音……"她的生活世界由以下内容组成：缝缝补补，洗菜做饭，与邻居交谈，照顾孩子，在门口迎接丈夫。

"我的父母的遗传都在我的血液中循环，一个勇猛、强硬、阴郁，另一个则温柔、善良、圣洁。我这一生都带着它们，没有一个消失。只要我活着，他们就会活在我的内心，以对立的方式支配我的思想和行动。我的一生都在努力调和他们，以便一个可以给我他的力量，一个可以给我她的柔情；使他们之间的不和谐——持续不停地在我身上突然爆发——在他们儿子的心里变得和谐。"

他的童年是在简朴的村庄和赫拉克里翁（Herakieion）繁华喧闹的街道上度过的。5岁时，他的母亲给他脖子上挂了一个金色的洗礼十字架，他的父亲——说他这样看上去"就像一个小牺牲品"——把他带入希腊东正教教士开设的一所本地学校。"你要在这里学习读和写,这样你就可以成为一个男人了,"他的父亲解释说,"画十字圣号。"

在学校里,他学习了地理、历史、政治、土耳其人、希腊人、希腊文法;但最吸引他的还是宗教史。它是一种奇妙的童话,"有会说话的蛇,有洪水和彩虹,有盗窃和谋杀。兄弟互相残杀,父亲想杀掉他唯一的儿子。上帝每隔两分钟就会出手干预,参与杀人,人们双脚不湿就能渡过大海。"

所有这些神奇的事情是如何发生的,"我们不明白。我们问老师,老师咳嗽一声,愤怒地举起手里的教鞭,喊道:'休得无礼!我要警告你们多少次——不许交头接耳!'

"'可是我们不理解,先生',我们发着牢骚。

"'这是神的所作所为,'老师回答说,'我们不该理解。它是一种罪过!'

"我们缩回我们的课桌,不再吭声。"

希腊人和土耳其人之间的仇恨酿成了流血事件,米哈里斯带着家人去了纳克索斯岛,在那里,卡赞扎基斯进了一所法国天主教徒开设的学校。"在这之前,克里特岛和希腊一直是我那挣扎的灵魂所局限的舞台;现在,世界拓宽了,分裂的人性开始聚合,我那青春期的胸膛想要把它们都包容在内。在这一刻之前,我已猜到但从未这样清楚地知道,世界是非常大的,苦难和辛劳不仅是克里特岛人的同伴,还是每个人的同伴……"

1897年克里特岛人举行起义成功地赶走了土耳其人后,父亲带着儿子回到了一个自由的克里特,这是一个充满激情的自由之夏。他的教育仍在继续,但是现在已被青春期的动荡打乱。在他心中惊醒了两个野兽:一种是豹子,代表肉体——无尽的饥饿;一种是鹰,代表心灵,永不满足地渴求了解。然而,就目前而言,心灵的需求远高于肉体。"我一直在问自己,人们为何会歌唱,他们的心为何不关注神的本质是什么、我们来自哪里、我们要去哪里。"

中学教育结束后,卡赞扎基斯航行到雅典,在那里度过了惨淡的四年大学生活,攻读法律学位。虽然他所有的法律课程全都失败,却也滋养了他的头脑或心灵的需求。他带着悲伤回忆说:"回想我在雅典的大学生活,很是让人心伤。我四处张望,却什么也没有看到……我在克里特岛已经开始反抗我的命运。有段时间我把自己交给了酒,有段时间则把自己交给了一个爱尔兰女孩。但是,这不是我想走的路……"

大学毕业后，卡赞扎基斯回到了克里特岛，在那个夏天，他在乡村闲逛，独自一人，远离他的书本和笔记本。他开始满意地感受到写作的美妙之处。"这是我的路，我责无旁贷。"他在生命和死亡的终极主题之间苦斗。"每个人都会通过与他的敌人的搏斗获得声望。我为此感到高兴，即使这意味着我会在与上帝的角斗中被毁灭。"

❧❧

在他的自传《向希腊的报告》的序言中，卡赞扎基斯写道，灵魂有三种：一种灵魂说："主啊，我是你手中的弓。挽开我，免得我腐烂。"另一种说："不要挽得太紧，主。我会断的。"但第三种说："往紧里挽，主，谁在乎我断不断呢。"

卡赞扎基斯拥有的当然是第三种灵魂。

缠绕卡赞扎基斯心灵一生的问题是：谁/什么是神？人在世界上的位置是什么？人类的终极命运是什么？

他在巴黎期间，很快便熟悉了两个伟大的西方哲学家尼采和柏格森的想法。他不只是受到他们的影响，他们让他不堪重负，他被他们所摧毁。他写道：

> 在那里的早些年间，愤怒征服了我。我记得，我不能忍受人类的存在如同烟火一般转瞬即逝：生命是如何在瞬间点燃，无数的彩色信号弹在空中爆裂，然后一下子消失了。谁点燃了它？是谁给了它如此这般的美丽和魅力，然后又突然之间，无情地予以扼杀？"不，"我大声说，"我不接受，也不认同，我会找到一些方式来保持生活不会终止。"

卡赞扎基斯拜倒在尼采的咒语下，并去这位诗人哲学家曾经生活过的德国所有城镇进行了一次朝圣。尼采的酒神意象：人纯粹通过意志和勇气的力量把自己塑造成超人，捕获了卡赞扎基斯的想象力，教导他一个人获得自由的必由之路就是去奋斗——没有畏缩、没有害怕、不抱奖励的希望地勇猛战斗。

但是，随着斗争继续，最终是柏格森治愈了他。卡赞扎基斯早已放弃了基督教传统中过于看重物质享乐主义的拟人化意象。现在，他被柏格森的阿波罗概念（一种能够操控和组织事情的生命活力）所打动。在柏格森的引导下，他不再把神视为一个人或一个人物形象，而是视为活着自然的一种基本的力场，这一力场会影响更复杂的组织，不停地和机会性地趋向更高的生命形式。上帝并不重要，世界/宇宙也不是(泛神论)"神的身体"。神，毋宁说是一种反熵的生命力，将基本元素组织成系统，可以体现越来越微妙和先进的存在及意识形式。在生命链上，我们人类自有我们的位置，促生做梦也想不到的生命形式。当我们意识到我们自身是该链条中的链接时，我们的生命就会发展出意义。

> 我们的责任是尽力找到上帝演进的节奏，当我们发现它时，尽可能调整我们渺小而短暂的生命去适应他的节奏。只有这样，我们凡人才能成功地获取一些不朽的东西……我们所有人都将一起提升，通过一种神秘的和无形的推动力(Urge)。我们要去哪里？没有人知道。不要追问，只管尽力往上攀登！也许我们无处可去，也许根本没有人会为我们的生命向我们支付奖励。那就更好了！因为只有这样，我们才可以征服最后的、各种诱惑中最大的诱惑：希望。我们奋力抗争，因为这是我们想要的……我们放声歌唱，即使我们知道没有人听；我们辛苦劳作，即使到了天黑的时候没有雇主付给我们工资。

尼采向卡赞扎基斯展示了如何提出问题，柏格森则指出了找到答案的方式。"当我听到柏格森那神奇的声音，我的心就会恢复平静……他说的话就像施加了神奇的魔法，为我打开了一个小门，让光涌入。"

在寻求上帝时，卡赞扎基斯是从哪里出发的？不是作为一个真正的信徒。不是作为一个马克思主义的预言家。当然也不是作为一个圣人。不是作为用十字架救赎的基督，或脱离苦海的佛。也不是作为一个家庭母亲的情夫或父亲的情人。这些事情都不重要：他的国不属于这个世界。最终——在遵循他的导师奥德修斯的觉醒之后——他没有**成为**某种东西，他没有**获得**（什么成就），他没有**变形**为精灵，这是否很重要？这并不重要。

荷马的奥德修斯寻找他的家乡，卡赞扎基斯的奥德修斯则寻求上帝。"先是发现他的伊萨卡，然后成为杀死上帝的人，只为寻找真正的上帝。"最终，卡赞扎基斯明白他就是奥德修斯，但却不知道他是否会永远停泊在伊萨卡——"除非伊萨卡就是航程本身。"

"苦行僧"卡赞扎基斯

卡赞扎基斯看上去就像一个苦行希腊学者应该是的样子：高高瘦瘦，棱角分明，炯炯有神的眼睛和浓密的眉毛。他穿着简单的黑色西装和水手的毛衣。他吃的东西不多，经常夜以继日地工作，忘了吃饭。每天早上他都是六点起床，早饭前会散上两小时步。

他不停地工作。最后十二年间，他的生活的特点就是：得到缓和的内心矛盾和多产的写作。1948年到1957年，他写了八本书。到他70岁时，他的小说已被译成30种语言，在欧美享有盛名，他在美国的影响主要来自根据《希腊左巴》改编的同名电影。

他爱他的孤独。他的内心充满强烈的情感，但在外人眼中，他则显得非常宁静安详。他拥有"一种远远超出常人的精神和心理能量"，这是一位心理学家告诉他的。他喜欢大海、音乐、雨天和旅游。他诚实，简单，质朴，一点都不做作。

1953年，卡赞扎基斯患上了白血病，但这对他的生活和工作几乎没有产生任何影响。他知道他还没有完成他的工作，他还有很多东西要写，他需要更多的时间。"我觉得自己就像在做柏格森所说的事情——走到街角，伸出我的手，开始乞求：'兄弟们！请把你们每个人一小时的四分之一给我。'哦，再多一点点时间，就足以让我完成我的工作。在那之后，让卡戎（冥河上的船夫）来吧。"

1957年他接受中国政府的邀请访问中国；他违背医生的建议决定出行，想看看自从他20多年前去过之后那里都发生了什么样的变化。他在广州接种天花疫苗时出现了过敏反应，发烧40.6°。他途经东京、阿拉斯加和丹麦飞回家，最后到了德国弗赖堡。在大学诊所接受治疗时，史怀哲拜访了他，这是当时世界上他最钦佩的人。然后，在妻子的陪伴下，他"睡了过去，深情、恬然、美丽，毫无怨言"。他死于1957

年 10 月 26 日,再有四个月就是他的 75 岁生日。

卡戎最终还是来了。

⊱⊰

卡赞扎基斯不可避免地充满争议。很少有人理解他,容易激动的希腊人在试图了解他之前就会变得勃然大怒。他的想法太过微妙,他的短语太过博学,他的典故太过含蓄,他的话语充满歧义,他的哲学思想对一般读者来说太过空灵。因为不被人理解,他便被人歪曲。与尼采一样,他也为他从来没有说过的话语而受到攻击。

1939 年希腊东正教指控他持有无神论,审判日期已经确定,但他从来没有接到传唤。1953 年,教会之父被他在《基督的最后诱惑》中关于耶稣的想象所激怒,再次对他提出指控。1954 年,这本书被列入罗马天主教教会的禁书目录。卡赞扎基斯给委员会发去一封电报,说他会让主自己来审判他。他给希腊教会领导人写信说:"圣父,你给我诅咒,但我给你祝福,愿你的良心和我的一样纯净,愿你和我一样有道德有宗教信仰。"

卡赞扎基斯逝世后,雅典大主教拒绝让他接受天恩眷顾和为他的葬礼举行弥撒。在克里特岛的家中,人们为他举行了一场基督教葬礼,他被安葬在他出生城市伟大的长城边。

他的墓碑上刻着这样三句话:"我不希望任何东西。我不惧怕任何东西。我是自由的。"

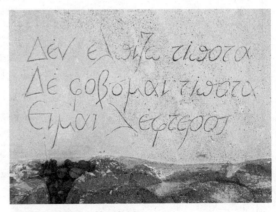

卡赞扎基斯墓碑上的三句话

后记
圣人的故事

昔有一圣贤,
寻道在人间。
一日到河边,
遥望川对面。

流雾去来散,
美景开人眼。
修竹绿青山,
鲜花红欲燃。

圣人暗自言:
我要去一观。
树下系筏船,
俯身解绳缆。

路途长又难,
激流加险滩。
紧紧用力划,
始得船不翻。

行到水中央,
两岸都不见。
心中一凛然,
道路在哪边?

挥桨出细汗,
终于到对岸。
踏上梦桃源,
不觉绽笑颜。

回望来时路,
倏然都不见。
浮云随风远,
空余天地闲。

编后记

读一本书就像交一个朋友，了解其人生阅历，更易读懂其言行背后的真心。

1927年，詹姆斯·克里斯蒂安出生于亚利桑那州的凤凰城，他本科毕业于亚利桑那州立大学，随后进入波士顿大学攻读历史神学硕士，在此期间作为卫理公会主教的私人助理在非洲待了3年，积极参加传教活动。获得波士顿大学历史哲学博士学位后，他前往西部发展，先是去了爱荷华州的辛普森学院（Simpson College），这是一所隶属于教会的文理学院，学校社团众多，他广泛参与，充分锻炼了自己的能力；然后去了加州奥兰治的查普曼大学（Chapman University），这是一所综合性私立非盈利大学，也是加州最负盛名的私立大学，有来自世界各地的优秀学生。他花了两年时间帮助设计阿波罗太空计划的土星火箭，然后进入圣安娜学院，一待就是30年。

在这30年间，绝大多数时间他都在讲授哲学入门，他留给大家的印象是一位有激情、有吸引力、有感召力的教授。他邀请知名作家和艺术家到课堂上与学生交流，一起讨论哲学问题。当学生问他是否相信上帝，他回问道："你说的是哪一个？"1960年代学生中间流行吸食迷幻药，为了理解学生的感受拉近师生之间的关系，他也学吸迷幻药。1973年出版《像哲学家一样思考》，成为哲学系主任。1995年退休赋闲，继续在家写作，2002年出版两卷本《追寻智慧的人：伟大的西方哲学家》（*Wisdom Seekers, Great Philosophers of the Western World*）。2012年去世。

克里斯蒂安身上带有一定"文艺复兴人"的色彩，他对世间万物有着极其广泛的兴趣：年轻时喜欢在国内外四处游走，是一名优秀摄影师；认识每一个星座，经常用望远镜观察它们；收集希腊硬币；集邮；编制古今所有鸟类的清单；制作恐龙脚印石膏模型，后来这一手工品非常出名；善拉手风琴；喜欢自然，爱种树种花，尤其是无花果树、番石榴和秋葵；在大草原上放马奔驰。他是数百位学生婚礼的主持；说一口流利的希伯来语；与印度的金菩萨一起冥想；乘坐当年新出品的超音速飞机，只为亲身体验超音速的感觉，攀登秘鲁的马丘比丘山，感受古老文明的遗存。可以说，他是一个热爱生活有着丰富阅历的"整合人"。

✌ ✌

下面还是说说本书吧。

作为克里斯蒂安一生的代表作，这是一本开先河的教科书，改变了当时哲学教科书的写作方式，最早采用了独特的编排方式：边框、图画、插图、漫画、彩图、专栏、小传，这些技巧当年乍一出现让人眼前一亮，很快就风靡一时，如今早已成为教科书写作惯例。多年来，这本书一直拥有"二手书销量最低"记录，这意味着学生们都将这本书收藏了起来。截止作者去世，近 40 年来这本书在美国一直排名哲学入门类教科书销量第一。本书第 1 版于 1973 年出版后，更是迅速成为美国青少年优秀读物。

本书原名直译为《哲学：惊疑艺术入门》，中文版改名《像哲学家一样思考》，是一本散文体哲学家《沉思录》，就像一位哲学家进行思考时的过程实录；书中不是一味地向学生灌输西方文化中的形式思维历史，而是以学生喜闻乐见的方式，阐释他们在日常生活中迟早都会遇到的持久存在的问题，"授之以渔"，让学生找寻自己生活的意义，培养学生用一种整合视角去看待自身和世界，尊重古往今来所有的人类体验。

作者受到其老师阿诺德·汤因比的深刻影响，着力推广古希腊时代广为流行的整合哲学；关于他的方法，用他自己的话来说，"在智识上，我是我的老师阿诺德·汤因比的孩子，是他教给我一种激情，既看到世间万物的存在是一个整体，也不忽略那些最微小的细节——洞穴里的一幅壁画、沙地上的一个脚印、墙缝间的一朵小花。"

不过，遗憾的是，由于涉及版权问题，书中的图片和一些引文都无法使用，从而多多少少影响了读者朋友感受原书的吸引人之处，现在读者朋友看到的书中图片，是在编辑过程中重新挑选配置，均来自雅虎英文网站，部分有版权的图片因为没有联系方式，还请版权人看到后与我们联系，寄赠费用。另有一点需要说明的是，本书每章最后都有一个思想家小传，个人觉得这是书中的亮点所在，从中可以看到思想家何以成为思想家。

希望本书能够帮助读者朋友培养自己的思考能力，成为一个"整合人"，一个拥有丰富生活的人。